KiWi 105

Simone Signoret
Ungeteilte Erinnerungen

Simone Signoret

Ungeteilte Erinnerungen

Aus dem Französischen
von Gerlinde Quenzer und Günter Seib

Kiepenheuer & Witsch

Titel der Originalausgabe
La nostalgie n'est plus ce qu'elle etait
© 1976 by Editions du Seuil
Aus dem Französischen von Gerlinde Quenzer und Günter Seib
© 1977, 1986 by Verlag Kiepenheuer & Witsch, Köln
Umschlag Hannes Jähn, Köln
Gesamtherstellung May & Co, Darmstadt
ISBN 3 462 01765 9

Vorwort

»Das ist nicht richtig!« sagte Simone Signoret häufig während der langen Gespräche zu mir, die als Grundlage für dieses Buch dienten: »Das ist nicht richtig: Sie bringen mich zum Reden und lassen mich reden und reden, und selber erzählen Sie gar nichts!«

Aus Achtung und aus echter Neugier – denn sie ist viel neugieriger auf die anderen als diese es ihrer Meinung nach auf sie selbst sind, zum Beispiel ist sie sehr viel eifriger dabei, die Bücher anderer zu lesen, als ihr eigenes zu schreiben – hätte sie gern die Rollen vertauscht gesehen: daß der Befrager zum Befragten wird, daß der vertraute Gesprächspartner zu vertraulichen Mitteilungen, der Polizist zu Geständnissen übergeht. Ich bin mir tatsächlich bewußt, daß ich im Verlauf unserer akrobatischen und auf Tonband festgehaltenen Sprünge von Frage und Antwort nacheinander und gleichzeitig (und häufig ungeschickt und unbequem) die Rolle des Polizisten, des Beichtvaters, des Psychiaters, des Biographen, des Geschichtsschreibers, des politischen Kommissars, des Geheimagenten, des kauernden Schreibers, des Untersuchungsrichters, des Trauzeugen und des Taufpaten gespielt habe . . . Und ich glaube letzten Endes, daß die zwei oder drei Dinge, die ich von ihr gelernt habe, gut und gern die zwei- oder dreitausend wert sind, die sie von mir lernen wollte. Ich bin mir vor allem bewußt, daß ich zwischen der Place Dauphine, dem Haus in Autheuil und der Colombe d'Or ein außergewöhnliches literarisches Abenteuer, eine phantastische Schatzsuche erlebt habe, deren Ausbeute schließlich mit diesem Buch vorliegt.

Zu Beginn zwei Katzen auf einem Sofa, in einem großen stillen und sonnigen Haus. Man beobachtet einander, reibt sich aneinander, beschnuppert einander, streckt eine Kralle aus, zieht sie wieder ein, sträubt das Fell und macht einen Buckel. Kommt eine Maus vorbei, lächelt man sich zu, fängt sie, teilt sie und frißt sie auf. Man merkt dabei, daß man woanders und früher schon etliche gefressen hat. Kann man sich da nicht als zur selben Familie gehörig fühlen? Da redeten wir schon seit einigen Stunden miteinander: der Beweis dafür, daß wir miteinander reden können. Die Nacht senkt sich über die großen Bäume von Autheuil.

– Aber was ist denn? Sie wollen schon gehen? fragt mich Simone. Haben Sie keinen Koffer mitgebracht?

Das ist ihre eigene Art, grünes Licht zu geben. Am nächsten Tag bin ich wieder da, mit meinem Koffer ... Außerdem mit meiner Freundin Dominique und unbestechlichen Ohren: ihren beiden eigenen und dem des Tonbandgeräts, das nun läuft und läuft und läuft ...

Bunt durcheinander stopfen wir in dieses Gerät Erinnerungen an Kindheit, Krieg, Arbeit, Liebe und Politik hinein. Wir kümmern uns weder um Grenzen noch um die Chronologie. Ich verheddere mich in den Lebensabschnitten und in den verschiedenen Filmen. Ich verwechsle munter Yves mit Marc und ungeniert Marcel mit Marcel. Simone lacht, schimpft, schreit, sieht es mir nach, oder auch nicht. Mehr als die Geschichte interessiert uns das Leben selbst, mit seinem Schweif von Freuden und Leiden, Ruhm und Schrecken, seinen blitzartigen Momenten von Wahn oder Klarsichtigkeit, mit seinem Spiel von Licht und Schatten, dessen Grenzlinien sich zwischen Herausforderung und Verpflichtung, Einsatz und Risiko hindurchschlängeln. Wir interessieren uns für die Menschen, für die Masken und Tänzer, die diesem Schweif folgen oder ihn kreuzen und die wie nach dem Zufall oder nach den Zeitungsschlagzeilen Montand, Chruschtschjow, Tito, Marilyn, Malraux, Overney heißen ... Und wie vielen Leuten sind wir auf dieser Reise begegnet! Bei Simone war stets diese sagenhafte Beobachtung der anderen, diese Klarheit und Nüchternheit. Durch dieses halbe Jahrhundert sind wir schließlich wie beim Bockspringen, spielerisch, geeilt – auch auf die Gefahr hin, bisweilen bei einem Wolf oder einem Schakal zu landen.

Wenn Simone Signoret ins Erzählen kommt, ist sie fesselnd und unerschöpflich. Man merkt nicht, wie die Stunden und Tage vergehen. Wir hocken in der Runde auf dem Teppich, um die Gottheit des Tonbandgeräts herum, wie die Gläubigen auf den Knien vor ihrem Götzen. Wie still ist es doch bei diesem Gespräch! Man hört nicht einmal mehr die Eiswürfel im Glase klirren. Plötzlich bemerkt man, daß das Feuer im Kamin knistert, welches vom guten Geist des Hauses geheimnisvoll entzündet wurde.

Dann ist es Zeit zusammen weiche Eier, Hausmacher Leberpastete und Karamelpudding zu essen. Wir sind wahrhaftig erschöpft. Um uns nach so viel Reden auszuruhen, halten wir ein kleines Schwätzchen . . . Bisweilen fuchst es mich, daß Autheuil nicht wie Watergate mit Mikrofonen gespickt ist, daß so viele andere Geschichten, so viele andere Dinge, die uns Simone anvertraut hat, unserem von einem leichten Bordeaux umnebelten Gedächtnis entfallen sind.

Spät in der Nacht hören Dominique und ich in unseren kleinen, stillen und verschwiegenen Zimmern ganz oben in dem Haus mit den roten Backsteinfußböden, was wir an diesem Tage aufgelesen haben. Und die Lese war gut, denn beim bloßen Zuhören lachen und weinen wir zugleich. Und wir fügen neue Szenen hinzu: Dominique spielt Maurice, und Maurice spielt Simone. Wir erfinden die Geschichte noch einmal mit unseren kleinen Geheimnissen, wir sind die Ährenleser dieser außergewöhnlichen Ernte und die ersten Mohikaner in einem grenzenlosen Wilden Westen. Simone Signoret hat öfter zu mir gesagt, daß ich eines Tages noch ein weiteres Buch schreiben müßte, die Geschichte des Buchs, das wir nicht geschrieben haben.

Es ist eine merkwürdige Art Abitur: Das Mündliche kommt vor dem Schriftlichen. An einem Regentag im Herbst 1975 kommen wir, Simone Signoret und ich, in ihrem Haus in Autheuil wieder zusammen. Vor uns, auf dem grünen Überzug des runden Tisches, liegen 600 getippte Seiten auf rosa Durchschlagpapier. Es handelt sich um das Rohprodukt der genauen und sorgfältigen Niederschrift der Tonbänder, mit denen Dominique den ganzen Sommer lang beschäftigt war.

Auf dem Weg dorthin im Auto, von den Kastanienbäumen der

Place Dauphine bis zu den Linden im Park von Autheuil haben wir sorgfältig vermieden, darüber zu reden. Aber zum erstenmal breitet sich zwischen uns ein gewisses Unbehagen aus: es liegt am Gewicht dieses dicken Manuskripts, das mit Gummibändern umwickelt auf der vorderen Ablage des Matra direkt vor unseren Augen liegt. Den ganzen Nachmittag schieben wir es vor uns her, es aufzuschlagen, wie man am Prüfungstag so lange wie möglich den schicksalhaften Augenblick hinausschiebt, wo man entdecken wird, welches »Thema« gestellt ist.

Schließlich mußten wir mit der Prüfung anfangen. Es war katastrophal. Rechtschreibung: gut. Satzbau: 5–6. Stil: 6. Gliederung und Aufbau: 6. Wir bringen den Abend damit zu, auf dem rosa Papier mit blauem Stift kreuz und quer durchzustreichen. Von zweiundvierzig Seiten streichen wir kühn achtunddreißigeinhalb weg, fügen hier und da zwei esoterische Sätze ein und kritzeln kabbalistische Zeichen an den Rand. Dann schlagen wir in schönster Übereinstimmung mit dem erhabenen Gefühl, ein Sühneopfer zu bringen, die Schwarte zu und vergießen ein paar Tränen darüber. Wir erklären uns bei der schriftlichen Herbstprüfung für durchgefallen. Aus. Das Buch wird nie erscheinen. Trinken wir einen, um es zu vergessen, und reden wir von etwas anderem.

Aber Simone verblüfft mich! Spät in der Nacht, schon unter der Tür, legt sie mir das umfangreiche Manuskript wieder in den Arm.

– Man kann nie wissen, sagt sie. Vielleicht können Sie eines Tages doch noch etwas daraus machen!

Das ist ein großer Vertrauensbeweis. Nun bin ich es, der dieses formlose, unbehaltene, nicht druckreife, und dennoch unermeßlich gehaltvolle Werk zu verwahren hat. Ich wollte, ich könnte alle die verrückten Ideen wiedergeben, die mir durch den Kopf schossen, während ich in der einsamen Nacht über die ewig nebligen kleinen Landstraßen der herbstlichen Normandie fuhr. In meiner Mühle angekommen, schloß ich das Manuskript in meine große lederbeschlagene Truhe ein und drehte den Schlüssel zweimal herum.

Den ganzen Winter sitze ich darüber und brüte über den Problemen des gesprochenen und des geschriebenen Worts. Zwischen dem »Gesprochenen« und dem »Geschriebenen«, dessen Autorität und Vorzüge Montaigne so gelobt hat, klafft eine Lücke, durch welche Wahrheit und Lebendigkeit auf subtile Weise entweichen. Der Schriftsteller hat das Recht, »wahr zu lügen« – und ich persönlich lasse es mir nicht nehmen. Es fehlt mir schrecklich an Genauigkeit, und meine Bücher wimmeln von kleinen Lügen, kleinen Feigheiten, kleinen Heucheleien. Der Memoirenschreiber, ob er nun Montaigne, Rousseau oder Signoret heißt, ist sich schuldig, die Wahrheit zu berichten. Doch in den Äußerungen von Simone Signoret, hinter der Wahrheit der Worte, der Namen, der Fakten, hinter den treffenden Bildern und den präzisen Gedanken spürt man Wärme, Gefühl, die Stimme, das Lachen, den Beruf und die Begabung. Beim Lesen erscheinen dieselben Äußerungen verkürzt und trocken, fast verlegen in ihrem schriftlichen Gewand. Es fällt mir schwer, Simone zu lesen, ohne sie sprechen zu hören, ich lasse mich leicht vom Gehörten in Bann schlagen, nicht aber vom Gelesenen. Sie selber kann sich nicht hören, wenn sie sich liest. Sie erkennt sich nicht wieder.

Jeder für sich und bisweilen gemeinsam bemühen wir uns, die fatale Kluft zwischen dem Gesprochenen und dem Geschriebenen zu schließen. Doch es ist, als wolle man einen Damm aus Wasser auf dem Meer errichten! Die Monate und Jahreszeiten gehen ins Land. Es ist die Zeit, wo sich Simone zwischen zwei Filmen in Saint-Paul-de-Vence niederläßt und ich etliche Male zwischen der Normandie und der Provence hin- und herpendle.

Kühn versuche ich, mit Worten die Sätze nachzubilden, die ich gehört habe. Ich schreibe nach dem Gehör. Welche Aufgabe! »So etwas hab' ich nie gesagt!« ruft Simone aus – und trotzdem habe ich es nicht erfunden! »Und wie kommt es, daß wir gar nicht darüber geredet haben?« »Na ja, dann reden wir eben jetzt darüber!« – »Nein, das werde ich selber schreiben.« Ich schreibe, du schreibst, sie schreibt. Wir deklinieren ihre Erinnerungen in allen möglichen Schreibweisen. Wir streichen, fügen hinzu, verbessern, vervollständigen, präzisieren, verzichten, halten durch und wiederholen tausendmal den kleinen Wassertropfen auf der Schläfe der Statue.

Simone findet Gefallen an dem Spiel – und nimmt die Sache in die Hand. Ich hatte die Fragen in den Antworten aufgehen lassen, und sie erfindet Fragen, um auf Antworten hinzuleiten. »Gar nicht schlecht, meine Frage, was?« Bald ist es so weit, daß sie keine Fragen mehr braucht – und es ist auch kein Spiel mehr. Je mehr sie schreibt, um so besser versteht sie, daß das Schreiben niemals ein Spiel sein kann, niemals ein unterhaltsames Sprechen, das auf Papier übertragen wird. Das Buch von Simone wird zu einer Offenbarung, zu einer außergewöhnlichen und bisweilen schmerzhaften Anstrengung, sich selbst schriftlich zu erzählen, der eigenen Wahrheit näherzukommen, ohne sich am Leben zu vergreifen. Sie hat ihre Ausdrucksweise gefunden, halbwegs zwischen dem geschriebenen und dem gesprochenen Wort, es ist viel mehr als eine geschriebene Lektüre, es ist eine Art vorgelesene Schrift.

Im blumenbestandenen Hof von La Colombe d'Or spricht ihre Schreibmaschine. Dann wieder an dem grünen Tisch in Autheuil. Von Woche zu Woche entdecke ich die langsame und geheimnisvolle, aber immer irgendwie rührende Verwandlung eines im Geist vorhandenen Werkes in seine Schriftform.

Und hier liegt es schließlich vor, dieses Buch, an das man nicht mehr glaubte, und an das vielleicht nur Simone nie den Glauben verlor, und das zum guten Abschluß zu bringen sie sich gezwungen hat, ohne Verpflichtung, aber nicht ohne Zwang, einfach weil sie es versprochen hatte. Gestützt auf ein erstaunliches Gedächtnis und wunderbare – und außergewöhnliche – Erfahrungen, ohne jedoch von der Genauigkeit und Klarheit abzuweichen, die bisweilen so weht tut.

Bei diesem Buch, das ich auswendig und doch kaum wiedererkenne, war ich weder Ko-autor noch »rewriter« wie manche Leute leichtfertig schreiben. Ich war sein erster Zuhörer – und der fleißigste Leser. Vor allem war ich über die Jahreszeiten hinweg der treueste Komplize. Das ist kein geringes Privileg.

Maurice Pons

I

Sie haben lange gezögert, Ihre Erinnerungen zu schreiben: »Meine Erinnerungen gehören nicht mir«, haben Sie gesagt.

SIMONE SIGNORET: Nicht bloß meine Erinnerungen gehören mir nicht, sondern mein ganzes Leben! Ich meine, daß man nur von den anderen gestaltet wird, und daß man von den anderen erzählt, sobald man anfängt, über sich selbst zu erzählen. Selbst die Entscheidungen, die man im Leben trifft, hat man immer jemand anderem zu verdanken, einer Begegnung oder dem Wunsch, der Meinung einiger anderer würdig zu sein. Einiger, nicht vieler. Ich weiß recht gut, daß das, was ich als »mein Gewissen« bezeichne, mein Ansehen bei fünf oder sechs Personen ist. Das müssen nicht unbedingt Leute sein, die ich oft sehe. Das sind Leute, die keine Ahnung davon haben, daß sie mein Gewissen sind. Ich aber weiß, daß sie ein Auge auf mich haben. Wie ich mir das vorstelle, sind das Männer. Das ist sehr merkwürdig: Ich kann nicht so recht daran glauben, daß viele Frauen auf mich achten. Aber es sind auch nicht unbedingt Männer, mit denen ich eine Liebesgeschichte gehabt habe.

Ich bin 1921 in Wiesbaden während der französischen Besetzung geboren. Als meine Eltern nach Frankreich zurückgegangen sind, war ich zwei Jahre alt. An diese Zeit erinnere ich mich daher nicht.

Mein Vater war der Sohn eines polnischen Juden, eines Diamantenhändlers, den ich nie gekannt habe. Seine Mutter war eine österreichische Jüdin, die ich nicht sehr gemocht habe, weil sie meine Mutter nie richtig akzeptiert hat. Eine Nichtjüdin zu heiraten, war das Schlimmste, was ein Sohn einer jüdischen Familie tun konnte. Und genau das tat mein Vater. Geboren war er in Frankreich, in Saint-Gratien. Er gehörte zu der Generation, die drei Jahre Militärdienst, vier Jahre Krieg und dann drei Jahre Besatzungszeit in

Deutschland ableisten mußte. Er hatte eine Ausbildung als Rechtsanwalt, arbeitete aber in einer Werbeagentur, bei der Firma Damour. Der Chef dieser Firma hieß Etienne Damour. Bei so einem Namen stellte ich mir einen sehr großen und sehr schönen Mann vor... Eines Tages traf ich ihn und war ein wenig enttäuscht. Dumm war er jedenfalls sicher nicht, denn die Brüder Prévert arbeiteten mit ihm, und Grimaud, Aurenche und Marcel Carné und ein Photograph namens Zuber.

Die Firma Damour veröffentlichte eine Zeitschrift, die *Vendre* hieß. Auf ihrem Umschlag befand sich eine Zeichnung: Ein Kopf im Profil mit offenem Mund, als ob er etwas ausrufe und mit einer Art phrygischen Mütze, die den Blechhauben ähnelte, die in Paris auf den Kaminen sitzen. Mein Vater arbeitete bei einem Gott, der Damour hieß, und wirkte an einer Zeitung mit, die einer Kaminhaube ähnelte.

Eines Tages, ich muß damals etwa fünf Jahre alt gewesen sein, kam mein Vater um Punkt zwölf Uhr mittags schluchzend nach Hause. Wir wohnten im vierten Stock, ohne Aufzug, im allgemeinen kündigte sich mein Vater schon im Treppenhaus damit an, daß er Siegfrieds Hornruf pfiff, der stets das Erkennungszeichen der Familie war. An diesem Tag kam er die Treppe Stufe um Stufe herauf und brach in unserem kleinen Flur weinend zusammen: Damour war tot.

Und Ihre Mutter?

SIMONE SIGNORET: Meine Mutter ist in Paris geboren, als Tochter einer bescheidenen Modistin aus Valenciennes und eines unbekannt gebliebenen Malers aus Marseilles.

Wie hat Ihre frühe Kindheit ausgesehen?

SIMONE SIGNORET: Das war Neuilly. Das war eine kleine Wohnung in der Rue Jacques Dulud, der Jardin d'Acclimatation, der Markt, und eine Singer-Nähmaschine. »Schau dir mal die kleine Spule an«, sagte mir meine Mutter immer, wenn sie wieder Faden aufspulen mußte. Sie schneiderte mir sehr putzige kleine Kleider aus Rodier-Stoffresten, die sie auf dem Markt von Neuilly gekauft hatte.

Der Markt von Neuilly ist in meiner Kindheit als Einzelkind von großer Bedeutung gewesen. Vor allem der in der Avenue de Neuilly. Eines Tages hatte mich meine Mutter verloren und fand mich bei Camille auf einer Pyramide von Kartoffeln sitzend, quietschvergnügt und seelenruhig, da ich sicher war, daß sie mich holen würde. Ich hatte überhaupt nicht den Kopf verloren. Aber sie!

Auf dem Markt von Neuilly reichte ich gerade bis in die Höhe der interessantesten Auslagen. Am liebsten war mir die beim Milchhändler: Zwischen mir und dem Milchhändler lagen halbe Käselaibe von Gruyère; sehen konnte er mich nicht, weil ich zu klein war, und da bohrte ich in den Löchern vom Emmentaler herum, die zu regelrechten Höhlen wurden, während sich meine Mutter ihre Landbutter abwiegen ließ.

Außer den Stoffresten von Rodier und den Kartoffeln bei Camille kaufte sie viel bei Charlot ein. Das war eine Art Koloß, der die Kundschaft anschnauzte und dessen sehr schöne Frau an einem Schulterband eine lederne Geldtasche trug, wie ein Straßenbahnschaffner. Sie schminkte sich die Lippen fast schwarz. Auslagetische gab es nicht, alles stand auf dem Boden, und das, was da stand, war die Ausverkaufsware der berühmten Schuhläden und Ledergeschäfte. Ich erinnere mich lebhaft an zwei Paar Abendschuhe, das eine in Goldlamé und das andere in Silberlamé, die meiner Mutter zu überhaupt nichts nütze waren – sie war überhaupt nicht mondän –, die sie aber schließlich gekauft hatte und die ich anzog, um die große Dame zu spielen. Sie stopfte sie mir mit Zeitungspapier aus, und ich stöckelte in meinem Zimmer herum mit einem Vorhang auf dem Kopf, wenn ich wegen Keuchhusten oder Masern unter Hausarrest stand.

Einen Monat im Jahr mußte der Markt seinen Platz an die Jahrmarktbuden des Fests von Neuilly abtreten – oder vielmehr mit ihnen teilen. Morgens konnte man zusehen, wie die über-hellsichtigen Hellseherinnen in Morgenrock und Lockenwicklern vor ihren Wohnwagen und hinter den Auslagen der Gemüsehändler ihren Haushalt besorgten, und auch Mademoiselle Theresa bewundern, die Frau von 200 Kilo, ohne ihren Umhang aus blauem Satin, ohne ihren falschen Hermelinkragen, ohne ihr Straßdiadem und ohne ihren Thron, auf dem sie sich dem Publikum präsentierte, das einen der riesigen gepuderten Schenkel betasten durfte, den sie unter ihrem Umhang hervorstreckte. Eines Tages, sicher an einem schulfreien Donnerstag, an dem man mir erlaubt hatte, eine Runde auf dem Holzpferdchen des Karussells zu drehen, hatte die derzeitige junge bretonische Haushaltshilfe, die mich begleitete, dem Reiz nicht widerstehen können, ihre Freude mit mir zu teilen und sich einer so bedeutenden Kuriosität wie Mademoiselle Theresa zu nähern. Dieselbe junge Bretonin sollte uns bald wegen eines Samstagsabends auf dem Jahrmarkt von Neuilly verlassen, wo sich, wie ich sehr viel später erst begriff, alle Zuhälter von Paris jener Zeit für die Saison mit Nachschub versorgten.

Haben Sie noch andere Erinnerungen an diese Zeit?

SIMONE SIGNORET: Ich erinnere mich noch, daß ich meine Mutter im Spiegel oder vielmehr in immer anderen Spiegeln gesehen habe, und Sie werden gleich verstehen warum. Ich hatte eine Frisur à la Jeanne d'Arc und sie brachte mich zu Herrenfriseuren, um mir die Haare schneiden zu lassen. Ich habe »Friseure« gesagt, weil wir zwischen meinem fünften und sechsten Lebensjahr bestimmt ein halbes Dutzend davon verschlissen haben. Wir kamen hin, und ich wurde auf zwei Adreßbücher zwischen zwei Herren gesetzt, die sich rasieren oder die Haare schneiden ließen. Meine Mutter prüfte, ob die Watte, die zwischen den großen Umhang und meinen Hals gelegt wurde, auch richtig sauber war, was den Haarkünstler, dem sie ihre Instruktionen gab, bereits ein wenig verdroß. Und dann setzte sie sich hin und lächelte mir im Spiegel zu. Dann nahm sie sich zu lesen, was gerade da war, und es war immer *le Rire* oder *le Sourire*, das heißt das für jene Zeit recht schlüpfrige und recht französische Äquivalent des heutigen *Playboy*. Sie blätterte es mit angewiderter Miene durch und legte das Objekt dann demonstrativ auf das Tischchen zurück.

Solange sich der Haarkünstler mit meinen Stirnfransen oder Schläfenhaaren beschäftigte, war alles gut, abgesehen von den Härchen, die mir in die Augen und auf die Nase fielen und die er mit einer Art weichem Pinsel wegwedelte. Dann aber kam der Nacken dran: zwei sachkundige und harte Finger drückten mir den Kopf nach vorn, ich sah das Spiegelbild meiner Mutter nicht mehr, wußte aber, daß ich nun den folgenden Satz hören würde, der immer gleich war: »Ich möchte Sie doch bitten, Monsieur, Ihr Instrument richtig auszuglühen«, und zwar genau in dem Augenblick, wo das Klacken der Haarschneidemaschine anfing, und bevor es ernst wurde. Das Klacken hörte schlagartig auf, ich blieb mit gesenktem Kopf sitzen, und der Haarkünstler sagte irgend etwas wie: »Madame, Sie sind hier in einem erstklassigen Salon.« Da stand dann meine Mutter auf, kam zum Sessel, zeigte auf die Gasflammen auf beiden Seiten des Spiegels und hielt eine kleine Vorlesung über Hygiene, aus der hervorging, daß ich ein Kind sei, daß die erwachsene Kundschaft oft Bazillen mit sich herumtrage, und daß die Gasflammen schließlich nicht für die Katz seien. All das brachte sie mit ausgesuchter Höflichkeit vor. Dann setzte sie sich wieder hin. Der Friseur fuhr also mit der Haarschneidemaschine durch die Flamme, nicht ohne seinen beiden Kollegen vielsagend zuzulächeln, was mir nicht entging, er rieb meinen Nacken mit etwas Kühlem ab, und dann war wirklich nichts mehr zu hören außer der noch lauwarmen Haarschneidemaschine auf meinem Hals. Kölnisch Wasser wurde nicht angeboten, eine Seifenprobe bekamen wir nicht geschenkt, man pellte mich wieder aus meinem großen Umhang heraus, wir bezahlten, gingen, und draußen sagte meine Mutter zu mir: Zu diesem Friseur gehen wir nie wieder!

Als Einzelkind wurden Sie sicher sehr umsorgt?

SIMONE SIGNORET: Eine Katze hatte ich nie, weil einem Nachbarsmädchen von der ihren ein Auge ausgekratzt worden war, Rollschuhe bekam ich keine, weil sich ein Vetter meiner Mutter auf einer Bordsteinkante in Arles im Jahre 1911 einen Schädelbruch zugezogen hatte, aber Kanarienvögel und Goldfische durfte ich haben. Wenn sie eingingen, hielt man das geheim vor mir, und tauschte sie in der Nacht durch lebende aus, die nie ganz dieselbe Farbe oder Größe hatten.

Eines Sommers in Pouliguen (an der Atlantikküste) haben wir sogar Krabben gerettet. Ich hatte drei davon und einen kleinen Taschenkrebs gefangen. Am Abend wurde der Eimer mit Meerwasser auf den Kaminsims in dem Zimmer der Familienpension gestellt, meine Mutter legte sich hin und fing zu lesen an, da sie keine von den Damen war, die ihr Kind ins Bett legen und dann tanzen gehen. Ich weinte, und sagte ihr, daß ich die drei Krabben und den Taschenkrebs ins Meer zurückbringen wollte. Sie zog mir meinen Spielanzug wieder an, wir nahmen den Eimer und leerten ihn ins Hafengewässer. Ich war voll zufrieden ... und sie auch. Seit ich diese Geschichte einmal Suzanne Flon zwischen einer Nachmittags- und einer Abendvorstellung erzählt habe, erhalte ich bisweilen aus allen Häfen der Welt Postkarten, deren Text ungefähr wie folgt lautet: »Sie haben meiner Urururururgroßmutter das Leben gerettet. Unterschrift: Eine dankbare Krabbe.«

Ich war ein echtes Einzelkind, mit dem man redete und vor dem man redete. Eines Tages fürchtete ich, daß Madame Albertine, die aus Puteaux kam, um einmal die Woche zwei Stunden im Haushalt zu helfen, nie mehr kommen würde, da sie »verschwunden war«, und man entzifferte mir klugerweise – ich war damals sechs Jahre alt – unbegreifliche Worte: »Zug-mit-amerikanischen-Bevollmächtigten« und »Saccovanzetti«. Eines Abends im Jahre 1927 erklärte mir meine Mutter, als sie in meinem Zimmer die Vorhänge zuzog: »Da ist er!«, weil ein Flugzeug am Himmel brummte und das Lindbergh war; und eines Morgens im selben Jahre sagte sie zu mir: »Sie haben es geschafft.« – Es waren Nungesser und Coli ... Man erzählte mir von Siegfried, und weil man mir auch von Achilles erzählte, fand ich, daß sich diese schwachen Stellen in der Unverwundbarkeit eigenartig ähnelten. Angst machte ich mir selber mit den Illustrationen von Gustave Doré zu Andersens Märchen. Als ich sieben Jahre alt war, hatte ein Freund der Familie mir etwas Gutes tun wollen, indem er sie mir schenkte. Von Verbrechen wurde in meiner Anwesenheit nicht gesprochen, die Rubrik »Vermischtes« wurde zensiert, wodurch ich später und aus Reaktion unheimlich neugierig auf Affären wie die von Violette Nozières wurde, über die ich heute noch ein unschlagbares Gedächtnis besitze.

Aber die Schule, das war doch schon die große Welt?

SIMONE SIGNORET: Meine erste Schule war ein kleiner sehr vornehmer, nach Lafayette benannter Kindergarten, der unter anderen Vorzügen den besaß, sich sehr nahe bei der Rue Jacques-Dulud zu befinden, in der wir wohnten. Aus dem Lafayette-Kindergarten habe ich nur kleine königsblaue Stühle in Erinnerung behalten, eine kleine Mitschülerin, auf die am Ausgang ihr Chauffeur wartete, und meinen Nachbarn, der mir mit der Hand in mein Unterhöschen faßte und dabei flüsterte: »Wenn du etwas verrätst, kommst du ins Gefängnis. Mein Vater ist nämlich Abgeordneter.« Er war rothaarig und ich habe ihn, wenn man so sagen kann, im Alter von sechs Jahren aus den Augen verloren.

Dann kam ich in die Schule, in die erste Klasse im Lycée Pasteur, das zu jener Zeit gemischt war. Auf fünf oder sechs Mädchen kamen bei uns etwa zwanzig Jungen. Wir mußten uns beim Klang einer Trommel, die Monsieur Félix schlug, reihenweise aufstellen; meine Lehrerin hieß Madame Arrighi und der Rektor Monsieur Champagne. Jawohl! Er war jung, er hatte einen nach oben gezwirbelten Schnurrbart und kam häufig Madame Arrighi besuchen, während wir uns mit unseren ersten Subtraktionen plagten. In der Pause spielten wir Krieg: die Jungen teilten sich in zwei Parteien und wir Mädchen mußten die Spioninnen spielen. Nicht etwa Krankenschwestern, sondern Spioninnen. Da wir unweigerlich von der einen oder anderen Partei abgefangen und wegen unserer nichtswürdigen Agententätigkeit grausam verachtet wurden, schmiß man uns auf den Kies im Hof dieses im Stil Louis XIII. erbauten Schulgebäudes in Neuilly-sur-Seine.

Es gab zwei Anführer. Der eine hieß David, er war ganz klein, und der andere, mein persönlicher Quälgeist, Malissard, der es auf meinen kleinen grauen Filzhut mit dem schwarzen Samtband abgesehen hatte. Er ging sogar so weit, ihn an einem Regentag in die Pfützen auf dem Hof zu treten. Daß ich von Malissard gequält wurde, hatte ich vor meiner Mutter immer geheimgehalten. Aber an diesem Tag ertappte sie ihn in flagranti, während sie hinter dem Gitter auf mich wartete. Sie drohte ihm, ihn an den Ohren zu ziehen, Malissard wurde rot, beteuerte, daß er es nicht wieder tun wollte, und mein Leben mit ihm wurde in den Pausen zur Hölle. Im Ausgang senkte er als wohlerzogener kleiner Junge respektvoll den Kopf, wenn er an meiner Mutter vorbeiging. Sie jedoch war ganz stolz darauf, daß sie eingegriffen hatte.

Es gibt ungeheuer viele riesige Lastwagen, die kreuz und quer durch Frankreich fahren und auf ihren Seitenwänden den Namen von Malissard, oder vielmehr von den Malissards tragen, denn dort steht zu lesen: Firma Malissard & Sohn. Jahrelang, ohne daß ich auch nur wußte, ob mein Malissard vielleicht dieser Malissard und Sohn war, wirkte so ein Lastwagen beim Vorbeifahren auf mich, als versetze es mich in jene Zeit zurück. Ich stellte mir sogar vor, wie ein Malissard Junior diese Armada der Landstraße kommandiert, halb Admiral und halb Korsar, grausam und rücksichtslos, wie er – ich wußte es nur zu gut – sein konnte.

Eines Tages im Jahre 1954 brachte mir der betreßte Portier im Filmstudio von Saint-Maurice zwischen zwei Szenen von *Die Teuflischen* sehr respektvoll eine Visitenkarte, auf der ungefähr folgendes stand:

> JACQUES MALISSARD
> An den Sie sich sicher nicht mehr erinnern,
> bittet um Entschuldigung,
> möchte Ihnen aber gern seine Huldigung darbringen,
> sofern man ihm erlaubt,
> zum Atelier vorzudringen.

So begegnete ich also wieder dem großen Malissard, der eine kleine halbe Stunde an jenem magischen und unbegreiflichen Ort verbrachte, den ein Filmatelier nun einmal darstellt. Er hätte sich gern alles von mir erklären lassen, doch ich redete nur von meinem kleinen Hut, von Madame Arrighi, von Félix dem Trommler und von Monsieur Champagne, der ein Star im Radio geworden war; ich fragte ihn nach seinen Lastwagen aus – da wurde er rot; er war schüchtern geworden.

Die Versetzung von der ersten in die zweite Klasse schaffte ich glänzend. Unsere neue Lehrerin, Mademoiselle Hendrix, mochte mich nicht: Ich nahm nicht an den Katechismusstunden teil, die sie ihren Schülern außerhalb des Unterrichts erteilte. Sie ging zwar nicht soweit, ihre Kritik offen zu äußern, aber sie hatte eine Art, ihre kleinen Schäfchen nach der Grammatikstunde oder der Morallektion um sich zu scharen, bei der es mir rückblickend kalt den Rücken hinunterläuft.

Mademoiselle Hendrix mochte mich also nicht. Meine Mutter aber liebte die Erdkunde heiß und innig. Und so kam es, daß ich in den Erdkundestunden wunderschöne Farbzeichnungen unseres sechszipfligen Frankreichs vorlegen konnte. Umrahmt waren unsere Küsten, ob im Norden, im Westen oder im Süden, zunächst mit dem dunkelsten Ultramarin des Farbkastens, um in der Ferne immer heller zu werden, unsere Vogesen, Alpen, Pyrenäen gingen vom Schokoladenbraun über gebranntes Siena bis zum schmutzigen Weiß; unsere schönen Flüsse entsprangen an der Quelle himmelblau und ergossen sich in jadegrünen Flußmündungen ins Meer. Die Küstenlinien waren einwandfrei: Kein Kap, keine Bucht, keine Halbinsel war ausgelassen. Dazu muß gesagt werden, daß meine Mutter, wenn erst einmal der Umriß auf zuvor gebügeltem Butterbrotpapier durchgepaust war, sich mit Hingabe an das Ausmalen machte. Es lag auf der Hand, daß Mademoiselle Hendrix, die persönliche Gründe für ihre Abneigung gegen mich hatte, auch die Meisterwerke meiner Mutter nicht mochte, die ich mit unschuldigem Blick anbrachte, als ob ich sie selber als Hausarbeit gemacht hätte. Dann begann sie ihr Spiel mit Fleißbildchen: Sie legte zwei davon auf mein Pult, machte ein paar Schritte im Gang zwischen den Pulten, kam zurück, überlegte lange und nahm mir wieder eines davon weg. Sie stellte nie die Frage, ob man mir zu Hause helfe, und ich glaube, daß sie vor allem meine Mutter damit für mein Fernbleiben vom Religionsunterricht strafen wollte, indem sie ihr nur ein Fleißbildchen zugestand, während ihr doch der Preis für hervorragende Leistungen gebührt hätte.

Einmal, am Sankt-Karls-Tag, kam eine Schauspieltruppe, von der ich lange glaubte, daß sie von der Comédie-Française gewesen sei, und spielte unter der hallenden Überdachung des Pausenhofs den *Eingebildeten Kranken*. Alle deklamierten in einer Art und Weise, die mir so unnatürlich vorkam, daß es noch sehr lange dauern sollte, bevor ich mir vorstellen konnte, es könne auf dem Theater auch natürlich zugehen. Da ich Berufsschauspieler auf diese Art reden und vor allem lachen gehört hatte, mußte das wohl so sein – es gibt nicht wenig Leute, deren Urteil sich in dieser Frage leider nicht gewandelt hat.

Meine Großmutter väterlicherseits nahm mich bisweilen am Sonntag unter dem Vorwand mit, daß sie mich an die »frische Luft« führen wolle. Ich kann mich nicht daran erinnern, daß sie mich jemals an eine andere »frische Luft« als die des Kinos geführt hätte. Auf alle Fälle weiß ich noch, daß ich *Der Jazzsänger* gesehen habe (den ich mir seither nie wieder angesehen habe, so daß sich hier bei mir bestimmt keine Erinnerungsbilder überschneiden), daß mich meine Großmutter genau in dem Augenblick, wo die Mama des Helden auf der Leinwand dahinstirbt und ihre junge Schwiegertochter darüber vor Schmerz zerfließt, anstieß und mir zuflüsterte, wie schön es doch sei, eine Familie zu sehen, in der sich Schwiegertochter und Schwiegermutter so innig liebten. (Ein kleiner Wink mit dem Zaunpfahl.)

Natürlich war da auch der Jardin d'Acclimatation mit den Löwen, die mich in ihren Käfigen – bevor man ihnen die mickrigen Betonfelsen hingestellt hatte – zum Weinen brachten. Die Seehunde schienen mir glücklich zu sein; sie wenigstens hatten Wasser und bekamen kiloweise Fisch, den ihnen ein Wärter hinwarf, der nur deutsch zu ihnen sprach.

Einmal durfte ich auf dem kleinen Karussell am Rond-point der Champs-Elysées ein paar Runden drehen. Das war die Zeit, in der meine Mutter zum Zirkel der Annales ging und sehr von Proust angehaucht zurückkam. Ich glaube mich daran zu erinnern, daß sie gedankenverloren vor dem Häuschen mit der Aufschrift »Bedürfnisanstalt« stehen blieb. Ich auf meinem kleinen Holzpferd, mit dem Stöckchen in der Hand, stach regelmäßig an dem Ring vorbei. Ich schaute auf meine Mutter, die mir zulächelte. Es gab da kleine Genies, die am Ende der Runde auf dem Karussell so viele Ringe auf ihrem Stöckchen hatten wie heute die Hippies an ihren Fingern. Ihre Mütter waren stolz und glücklich und meine tröstete mich ohne Bitterkeit darüber, daß ich sie bloßgestellt hatte. Es mußte schon Proust sein, der uns soweit von zu Hause weglockte, weil meine Mutter und ich schließlich, mit Ausnahme der Besuche bei meinen Großeltern mütterlicherseits in der Avenue de Ternes, und bei Onkel Marcel und Tante Irène am Square Lamartine, selten aus Neuilly herauskamen.

Mein Onkel Marcel und meine Tante Irène, über die ich mich nicht stundenlang verbreiten will, waren die einzigen reichen, schwerreichen Mitglieder der Familie Kaminker-Signoret. Ich weiß nicht mehr genau, über welches Verwandtschaftsverhältnis der

Onkel Marcel mein Onkel und die Tante Irène meine Tante war, doch fuhren wir bis zu meinem siebten Lebensjahr an manchen Sonntagabenden gegen fünf Uhr im Taxi – was meine Mutter immer zu der Bemerkung veranlaßte, daß man genausogut den Omnibus hätte nehmen können – zum Haus Nr. 7A am Square Lamartine vor einem flaschengrün lackierten Portal vor, das dem Erdgeschoß dieses großen Gebäudes den Charakter eines vornehmen Privathauses gab. Auf das Klingeln hin öffnete immer ein Mann namens Rémy, ein treuer Diener, verkleidet als Gepäckträger mit gestreiften Hosen, der uns aus unseren Mänteln half, nicht ohne mich mit »Mademoiselle Kiki« anzusprechen, was für mich eine Abwechslung gegenüber dem »Bonjour ma cocotte« von Madame Albertine aus Puteaux war. Zunächst war da eine runde Diele, dann ein riesiger Salon mit Flügel, dann ein kleiner Salon. Nach diesem kleinen Salon kam das Zimmer von Tante Irène, das im Stil von Marie Antoinette ganz mit blauem Stoff bespannt und mit einem Frisiertisch mit ovalem Spiegel ausgestattet war, um den herum rosa, graue und schwarze Perlenhalsketten hingen, ein Badezimmer, das einem Salon ähnelte und in dem ungeheure Seifenschalen um die Badewanne herum angebracht waren. Dann kam das Zimmer von Onkel Marcel, das ganz mit Mahagoni getäfelt war, und auf dessen tüpfelgleiche Kopie ich im ersten englischen Grand-Hotel stoßen sollte, in das mich meine Erfolge schließlich führten. Wie in der Ersten Klasse eines Luxusdampfers, nur zehnmal größer, spiegelte auch das ganz in Kupfer, Marmor und Mahagoni gehaltene Badezimmer meines Onkels im ganzen eine seriöse, männliche und arbeitsame Atmosphäre wider, die mir nicht entging. Dann führte ein Korridor in das sogenannte »Boudoir«, ein intimes Zimmer, das auf einen kleinen Innenhof hinausging. Der Boden dieses Innenhofs bestand aus Glasbausteinen, die wie das Unterteil einer Flasche aussahen und durch die das elektrische Licht eines Untergeschosses schimmerte, in dem sie ein ultramodernes Gästeappartement eingerichtet hatten. Orangenbäumchen in Töpfen kümmerten auf dem Glasboden dahin, und eine grüne Sprossenwand aus Holz, die perspektivisch auf einer Mauer angebracht war, erweckte die Illusion eines unendlich langen Gangs, der in irgendeinen Park führte. Natürlich heiterte das diese graue Mauer ein wenig auf, die zwar im vornehmen 16. Arrondissement lag, aber auch halt nur eine Mauer war. Der Korridor führte zur großen runden Diele zurück, auf deren rechten Seite sich das Eßzimmer auftat. Dort waren die Wände ganz mit Aubussons bespannt, die einem den Appetit verschlugen, weniger wegen der Petit-Point-Stickerei, die die Stickerinnen des siebzehnten Jahrhunderts geduldig zusammengestichelt hatten, als wegen der dargestellten Themen, die sich unweigerlich auf die Jagd bezogen.

Bei Tante Irène und Onkel Marcel war man gleichzeitig in Versailles, Malmaison, im Louvre und im Schloß Bagatelle, mit einem Schuß Le Corbusier im Untergeschoß. Die Küche und die Anrichte, in denen eine Person namens Maria regierte (von der ich nie erfuhr, ob sie nun die Lebensgefährtin von Rémy war, eine Frage, die mich faszinierte, weil ich Rémy sehr schön und Maria zu dick fand), wurden mir nur einmal aufgetan. Schließlich war ich zwar das kleine arme Fräulein, aber auch das Schloßfräulein. Die wöchentliche Zeremonie spielte sich im allgemeinen im kleinen Salon ab. Onkel Marcel hatte einen weißen Bart und roch nach Veilchen, da er Veilchenpastillen lutschte. Er nahm mich auf die Knie, hatte mich recht gern und sagte mir das auch, mit einem kleinen österreichischen Akzent. Er trug eine Hausweste aus schwarzem Samt mit bestickter Knopfleiste. Die Tante Irène trug diamantene Ohrgehänge mit einem tropfenförmigen Anhänger, der je nach Jahreszeit ein Rubin, ein Saphir, eine Perle oder ein Smaragd war, und sehr elegante Kostüme aus feinster Wolle in altrosa, beige, pastellblau oder weiß. Sie war schlank, hübsch, klein und unnahbar. Sie nahm mich nie auf die Knie. Außerdem gab es noch Freunde des Hauses, unter anderem eine Prinzessin Ismet (?) und bisweilen einen Bischof, der, wie man mir erklärte, Onkel Marcel und Tante Irène beigestanden hatte, als sie zum Katholizismus konvertierten. Viele Orientteppiche lagen auf dem beigen Teppichboden, aber kein Teppichboden lag im großen Salon, dessen Parkett aus Honig zu bestehen schien. Auf Konsolen standen auch blaue, schwarzgeränderte, runde, riesige Schachteln mit der Aufschrift »Chez Boissier, confiseur«, und silberne Teekannen, Zuckerdosen, Tassen, die keinen Fuß, sondern statt dessen kleine Greifenklauen hatten, silberne Zuckerzangen und Löffelchen, die so klein waren, daß sie gerade zum Umrühren taugten. Dort wurde von allerlei Dingen gesprochen, von denen ich nicht viel verstand. Ich hatte Langeweile. Der Onkel Marcel auch, und er ließ mich auf seinen Knien reiten, nach einer kleinen Melodie, die er aus den Tiefen seines Gedächtnisses hervorholte, das bei ihm, dem kleinen österreichischen Juden, der neuerdings alteingesessener Franzose geworden, zum Katholizismus übergetreten und zu Reichtum gelangt war, schon gewisse Schwächen zeigte. Ich glaube, daß er mit Erfolg an der Börse spekuliert hatte.

Dann schlug die Stunde zwischen viertel nach sieben und halb acht, wenn meine Mutter heuchlerisch murmelte, daß wir wieder heim müßten. Es roch zwar nicht nach Essen, doch im großen Speisezimmer klapperte diskret das Tafelsilber. Und wir zogen unsere Mäntel wieder an, ohne zum Essen gebeten worden zu sein – denn natürlich war es in meinem zarten Alter und bei den schweren Lernanforderungen empfehlenswert, wenn ich früh schlafen ging.

Mir macht es Spaß, vom Square Lamartine zu erzählen, weil Irwin Shaw vor fünfzehn Jahren, als er sich gerade in Frankreich niedergelassen hatte, ein kleines Fest in seiner Pariser Wohnung am Square Lamartine 7A gab. Als einzige Überraschung entdeckte ich nach fünfunddreißig Jahren ein Kinderzimmer im Boudoir. Das war sehr viel heiterer.

Bei uns in der Rue Jacques-Dulud, im vierten Stock, gab es einen kleinen Korridor, ein Eßzimmer und zwei Schlafzimmer – das eine war meins und das andere das meiner Eltern, als Salon eingerichtet – eine große Küche und einen sehr kleinen Waschraum. In diesem Waschraum befand sich seit kurzem ein Gegenstand, der mich faszinierte, vor allem wegen der Vorsichtsmaßnahmen, die mit ihm verbunden waren. Er bot sich dem Auge als eine hölzerne Kommode mit einer Deckplatte aus Marmor dar, in die eine Waschschüssel aus Steingut eingelassen war, welche man pfiffigerweise so aufgehängt hatte, daß man sie zum Entleeren kippen konnte. Das Wasser, das man zuvor mit Krügen heranschleppen mußte, wurde in einen Behälter gegossen. Dieser lag hinter einem Spiegel, der der falschen Kommode das Aussehen eines falschen Frisiertischs verlieh, und wenn man einen Hahn aufdrehte, lief das Wasser in die Schüssel. Je nach Tageszeit war es heiß, kalt oder lauwarm. Wenn das Wasser lief, war alles gut und schön, denn das gab der Sache einen Anstrich von »fließend Wasser«. Und genau das konnte man auf den zu jener Zeit unzähligen Schildern »Zu vermieten« lesen, die außen an den Häusern von Neuilly angebracht waren. Wenn das Wasser nicht lief, war das nicht mehr so gut, und ganz schlimm wurde es, wenn es überfloß. Ich meine damit: Wenn der Zauber zusammenbrach und sich das Geheimnis schlagartig enthüllte, weil der verhohlen im Unterschrank der falschen Kommode verborgene Eimer nicht rechtzeitig geleert worden war. Es kam vor, daß es am Sonntagabend soweit war. Das schloß den Tag immer schön malerisch ab. Mein Vater half meiner Mutter, das türkisblau und gelb gemusterte Linoleum aufzuwischen, das sich bereits stark zu werfen begann.

Bei meinem Vater war es im Grunde der Square Lamartine, den er liebte. Sobald die schönen Sonntage begannen, und dank der Nähe des Bois de Boulogne, nahm er, der sonst nie spazieren ging, mich gegen halb zwölf Uhr mit zu einer Promenade auf der Allee des Acacias und der Avenue du Bois. Die Spaziergänger dort waren sehr gut gekleidet, und mein Vater grüßte viele, die er kannte oder andere, von denen er glaubte, daß sie ihn kannten. In der Avenue du Bois lüpfte er den Hut vor einem Palais aus rosa Marmor, und seine Erklärungen über Boni de Castellane blieben für mich sehr viel dunkler als die meiner Mutter über Sacco und Vanzetti. Insgesamt waren es recht snobistische Spaziergänge, an denen meine Mutter nie teilnahm – sie machte während dieser Zeit ihren Haushalt, bereitete das Huhn mit Reis und wartete darauf, daß wir von Chavy, dem Bäcker und Konditor, den Sonntagskuchen mit nach Hause brachten. Sie selber war dort schlecht angesehen, nachdem sie die junge Verkäuferin ersucht hatte, doch den Daumen nicht anzulecken, wenn sie nach dem Stück hellbraunen Seidenpapiers griff, in das sie die Baguette, unser täglich Brot, einwickelte, bevor sie es an beiden Enden zuzwirbelte. Ich hoffe, daß ich mich mit dieser Schilderung zur Genüge affektiert und von Proust beeinflußt erwiesen habe – der Verweis auf Boni de Castellane wird dem Leser nicht entgangen sein.

Der Sonntagnachmittag lief also für meinen Vater auf eine lange Pause zwischen dem Vormittag hinaus, an dem er den Sapziergang Allee des Acacias–Avenue du Bois machte, und dem mondänen Besuch bei meinem Onkel, auf den er bis zu dem Moment, wo er das Taxi rief, das uns zum Square Lamartine brachte, voll Ungeduld wartete. Während der Episode am Morgen war ich das niedliche kleine Mädchen gewesen, das mit den Stoffresten von Rodier gekleidet war, die meine Mutter auf ihrer Singermaschine zusammengenäht hatte, dann kam der unfeine kleine Augenblick, wenn der Kuchen gekauft wurde – wenn dies auch noch in den besten Romanen über die französische Bourgeoisie am Sonntagmorgen fast ein Ritus ist – und schließlich brachen wir zu der Welt auf, von der er träumte. Ich habe zu erwähnen vergessen, daß mein Vater, während sich mein Onkel Marcel damit unterhielt, sich mit mir zu langweilen, selber keine Sekunde Langeweile hatte und sichtlich seine Zuhörer auch nicht langweilte – außer meiner Mutter, die sich davon nicht mehr beeindrucken ließ. Sie war hübsch, schweigsam, dank ihres eigenen Geschicks für diesen Anlaß gut gekleidet und fragte sich, was sie da zwischen diesen Konfektschachteln von Boissier, den Zuckerzangen und den fernen Aubussons im Speisezimmer zu schaffen hatte. Vielleicht dachte sie an das, was sie mir zum Abendessen machen wollte, vielleicht dachte sie auch an das Buch, das sie wirklich gelesen hatte und von dem alle Welt sprach, ohne es je aufgeschlagen zu haben. Vielleicht dachte sie auch, daß sie an den Eimer des falschen Waschtischs hätte denken sollen, oder vielleicht dachte sie auch an ihre Eltern, die immer noch kein elektrisches Licht hatten.

Nach der Avenue des Ternes, zu den Eltern meiner Mutter, gingen wir manchmal am Donnerstagnachmittag zu Fuß von der Rue Jacques Dulud aus. Wir gingen dann die Avenue de Neuilly entlang, züchtig am Lunapark vorbei, dessen Achterbahn sich auf und nieder wand und über die Bretterzäune hinweg von simulierten Angstschreien widerhallte. Ich wußte nur, daß es im Lunapark Attraktionen gab, und daß diese Attraktionen noch nichts für mein Alter waren. Auf der linken Seite der Avenue de la Grande-Armée bogen wir in eine kleine Straße ein, deren Namen ich nie erfahren habe, und die ich wegen eines kleinen Hotels, das mir nur von Japanern bewohnt schien, die Rue des Japonais nannte. Dann langten wir am Carrefour Saint-Ferdinand an, ich ließ meine Mutter wieder von ihrer ersten Kommunion erzählen, die sie in der Kirche Saint-Ferdinand gehabt hatte, und wir marschierten bis zur Nummer 49 der Avenue des Ternes.

Meine Großeltern wohnten in einem Haus, das von außen hochherrschaftlich aussah, doch ging ihre Wohnung auf den Hof hinaus. Mein Großvater hatte sich nie darüber trösten können, daß er aus dem Midi weggezogen war, und er malte weiterhin in seinem kleinen Atelier in der Rue Émile-Allez im 17. Arrondissement Sonnenuntergänge auf dem Mittelmeer. Er hatte eine Kundschaft von griechischen Reedern aus Marseille, die Photopoulos oder Graphopulos hießen und ihm die Sonnenuntergänge abkauften, um ihre Salons in Marseille damit auszuschmücken.

Ich erinnere mich daran, daß ich manchmal, als ich noch sehr klein war, in dieser winzigen Wohnung geschlafen habe, die immer nach Kaffee und Petroleum roch. Man legte mich im »Salon« auf einem Sofa schlafen, umgeben von den Schatten, die die Petroleumlampe warf, und inmitten der Skulpturen eines Studienkollegen von der Ecole des Beaux-Arts, dem Bildhauer Roux, der den Prix de Rome gemacht hatte und sehr »erfolgreich« geworden war. Mein Großvater hingegen war überhaupt nicht »erfolgreich«: »Wenn man sich vorstellt, daß nur die Scharlatane Erfolg haben!« murmelte meine Großmutter. Unter diesen Scharlatanen war wohlgemerkt auch Picasso. Jedesmal, wenn ich als kleines Mädchen von Picasso reden hörte, hieß es: »Dieser Scharlatan Picasso.«

> Also hat sich in Ihrer Kindheit letztendlich fast nichts ereignet?

SIMONE SIGNORET: Doch, ich habe im Alter von neun Jahren zu Weihnachten einen Bruder bekommen. Schon seit Monaten, wenn in der Schule von Weihnachtsgeschenken die Rede war, gab es Mädchen, die sich auf einen silbernen Drehbleistift, ein schönes Füllhalteretui oder ein Fahrrad freuten, aber ich freute mich auf »einen kleinen Bruder oder eine kleine Schwester«. Man hatte mir das nämlich versprochen. Ich hatte keinen Hund gehabt, keine Katze, keine Rollschuhe, und wenn man mir diesen kleinen Bruder oder diese kleine Schwester nicht geschenkt hätte, wäre das Verrat gewesen. Kurzum waren meine Eltern sehr verständig, indem sie bei mir eine Vorfreude auf das erzeugten, was in anderen Familien jene vielzitierten »*Verdrängungstraumas*« erzeugt, über die es zentnerweise Literatur gibt, die ich im übrigen nie gelesen habe. Alles war höchst einfach: Wenn ich ganz brav war, würde ich einen kleinen Bruder bekommen. Und ich bekam ihn auch.

Meine Mutter hatte den Termin nur um drei Tage verfehlt: Alain wurde am 28. Dezember geboren, und ich fand ihn vor, mit allem, was mich an ihm in größtes Erstaunen versetzte: Mit Fingernägeln und Haaren, Augen, einer Nase, Öhrchen, einer eigenen Stimme, lag er eingewickelt wie eine Puppe in einem kleinen Bettchen. Das war bei meiner Rückkehr aus Brüssel, wohin man mich vorsichtshalber für die Ferien geschickt hatte, zu meiner Tante Rosa und meinem Onkel Georges, deren Geschichte ich hier nicht erzählen werde. Obwohl meine Tante Rosa, die aus Arles stammt, Kriegerwitwe und leibliche Kusine meiner Mutter war, den jungen Georges als jungen belgischen Besatzungssoldaten in Wiesbaden getroffen hatte – was ein recht interessantes Kapitel abgeben könnte, wäre das Papier nicht so knapp ...) Ich scherze jetzt, doch an sich nur, um dieses Kind zu vergessen, das seit 1958 ein junger Toter ist, und mit dessen Geburt ich sozusagen eine Schwelle überschritt.

Sie sprechen immer von Brüdern ...

SIMONE SIGNORET: Ja, ich spreche von meinen Brüdern, weil zwanzig Monate nach der Geburt Alains Jean-Pierre zur Welt gekommen ist. Ich habe nie richtig verstanden und habe auch nie unbedingt wissen wollen, warum diese Leutchen – mein Vater und meine Mutter – die neun Jahre ins Land hatten gehen lassen, bevor sie sich ein zweites Kind anschafften, dann gleich Schlag auf Schlag zwei erzeugten! Es bleibt die Tatsache, daß sie damit ermöglicht haben, in einem kleinen Mädchen alle mütterlichen Instinkte zu wecken, zu denen es fähig war.

Sie haben also die Schwelle vom Kind zum Erwachsensein im Alter von neun Jahren überschritten?

SIMONE SIGNORET: Nein, die Schwelle der Verantwortung.

Was ist das, ein Kind mit Verantwortung?

SIMONE SIGNORET: Meine Mutter ging schon acht Monate und drei Wochen mit meinem zweiten Bruder schwanger, und wir hatten beschlossen, den Sommer in Paris zu verbringen. Wenn ich

»wir« sage, soll das heißen: sie und ich. Seit er nicht mehr bei Damour arbeitete, war mein Vater immer mehr auf Reisen, da er Dolmetscher bei den großen internationalen Kongressen geworden war. Er ist übrigens, wenn ich mich recht erinnere, der erste gewesen, der das Simultandolmetschen erfunden hat, und ich sehe ihn noch vor mir, wie er an einem Abend im Jahre 1934 einmal nach Hause zurückkam, völlig ausgepumpt davon, daß er auf diese Weise für den französischen Rundfunk nacheinander weg die erste große Rede von Hitler in Nürnberg übersetzt hatte.

Plötzlich, am Vorabend des 15. August, stellte meine Mutter fest, daß wir nicht gut aussähen, daß es tatsächlich in Paris zu heiß sei, und schon am nächsten Tag nahmen wir den Zug nach La Baule, ohne zuvor ein Zimmer bestellt zu haben. Wir hatten einen großen Koffer voll warmer Sachen dabei, weil man ja nie wissen kann, die Krabbennetze vom Vorjahr und unglaublich viel Handgepäck. Nachdem der Koffer erst einmal aufgegeben war, stiegen wir in unseren Waggon dritter Klasse mit unseren Eßwaren: Der Speisewagen war ja nicht sauber genug. Die belegten Brote wurden nicht zu Hause zurechtgemacht, sie wären doch während der Reise pappig geworden. Statt dessen nahmen wir in einem Päckchen die Butter mit, den Schinken in einem andern, und das Brot, und das Messer zum Brotschneiden... Das ergab recht viele Pakete, das Kind von zwanzig Monaten ungerechnet, das jederzeit ins Höschen machen konnte! Wir trugen immer unsere ältesten Kleidungsstücke: man weiß doch, daß man sich im Zug immer so schmutzig macht! Zur gleichen Zeit sah ich auf den Bahnsteigen sehr elegante Damen in Beige oder Kastanienbraun vorbeigehen, mit Krokodilhandtaschen und Moderevuen unter dem Arm. Aufgrund dieses Eindrucks habe ich, als ich anfing, mein Brot selber zu verdienen, meine »Reisekleidung« sehr gepflegt. (Eine Sorge, die ich heute überhaupt nicht mehr kenne.)

Wir kamen also in La Baule an, fanden ein Zimmer in einer Familienpension, und am nächsten Tag machte sich meine Mutter auf die Suche nach einer Klinik und nach einem Gynäkologen, die sie im vornehmen Viertel von La Baule fand. Alles ging auf die allereinfachste Weise vonstatten. Eines Nachts weckte mich meine Mutter und sagte mir: »Ma chérie, ich glaube, daß es jetzt soweit ist.« Ich stand auf, ging die Treppe hinab, telefonierte mit der Klinik, weckte die Wirtin der Pension, ein Taxi wurde gerufen und meine Mutter hineingesetzt. Am nächsten Morgen nahm ich meinen kleinen Bruder mit in die Klinik, und wir fanden dort in einer Wiege einen weiteren kleinen Bruder vor.

Ich war elf Jahre alt, und einige Tage lang habe ich ganz allein meinen Bruder Alain versorgt. Ich zog ihn an, nahm ihn mit zum Strand, in die Klinik, gab ihm zu essen, und das alles erschien mir vollkommen selbstverständlich. Die Leute sahen mich überrascht an, und ich verstand überhaupt nicht warum.

> Kommen wir auf Ihren Vater zurück: Sie haben gesagt, daß er nicht mehr da war?

SIMONE SIGNORET: Von Zeit zu Zeit kam er vorbei und brachte Geschenke an. Aber meine Eltern verstanden sich immer schlechter. Ich ergriff restlos Partei für meine Mutter. Wir zogen um, die Wohnungen wurden immer größer, doch wir fühlten uns immer verlorener. Unsere letzte Wohnung lag an der Ecke zwischen der Rue d'Orléans und der Avenue du Roule, in einem jener prächtigen Gebäude von der Jahrhundertwende, mit hydraulischem Aufzug, geschliffenen Spiegeln und einer schrecklich würdevollen Concierge, die uns sehr verachtete. Wir waren in diese riesige Wohnung eingezogen, ließen aber nie tapezieren, sondern wohnten statt dessen mit Untertapeten an den Wänden, die übrigens hübsch lachsfarben waren, ungefähr wie ein Futterstoff. Wir lebten im Lachs! Ein beiger Teppichboden war darin gewesen, doch hatten die Vormieter ihn beim Auszug mitgenommen und es war nur ein winziger Rest davon in einem kleinen Kämmerchen zurückgeblieben. An der Decke hingen die Glühbirnen ohne Lampenschirm. Die nächste Woche wollten wir uns um die Leuchter kümmern...

> Warum kamen Sie sich verloren vor?

SIMONE SIGNORET: In einem Haus wie diesem, mit einer hochherrschaftlichen Treppe, und einem sehr steilen Dienstbotenaufgang, in dem die Familien immer noch dieselben alten Dienstboten behielten, waren wir eher schlecht angesehen. Bei uns arbeiteten die Dienstmädchen drei Wochen und gingen dann, im allgemeinen ohne zu kündigen. Zu Beginn fand meine Mutter sie noch wundervoll: »Arbeitsam und bescheiden«, wie es in den Zeugnissen heißt, aber nach drei Wochen war sie langsam von ihnen enttäuscht. Am vierten Montag waren sie nicht mehr da... Ich erriet es sofort, wenn ich mittags von der Schule nach Hause kam, weil meine Mutter so lange brauchte, um mir die Tür zu öffnen.

Sie gingen ins Lyzeum?

SIMONE SIGNORET: Ich ging in die Oberschule. Zu jener Zeit gab es in Neuilly kein Mädchenlyzeum. Doch lag die Oberschule genau gegenüber dem Knabengymnasium, dem Lycée Pasteur, wo ich in die Grundschule gegangen war, und die Mädchen trafen weiterhin die Jungen, die sie kennengelernt hatten, als sie noch ganz klein waren. Ich nahm viele Mitschülerinnen mit nach Hause, doch war mir das oft unangenehm, da meine Mutter in bestimmten Sachen einen Fimmel hatte. Zum Beispiel verlangte sie an Regentagen von den Mädchen, daß sie ihre Stiefel auszogen. Sie pflegte zu sagen: »Es ist äußerst ungesund, mein Kind, im Hause die Stiefel anzubehalten; dadurch werden die Füße feucht.« Dennoch fanden meine Freundinnen unseren Haushalt sehr viel lebhafter, sehr viel lustiger als ihr eigenes Zuhause, wo alles wohlgeordnet war und wohin wir donnerstags zu einem allzu gut organisierten Nachmittagskaffee eingeladen wurden. Bei mir konnte man in die Küche gehen und sich das Brot selber heruntersäbeln. Alles, was mir ein wenig peinlich war, fanden sie recht unterhaltsam.

Von den Schülern und Lehrern der Oberschule haben Sie doch sicher später wieder welche getroffen?

SIMONE SIGNORET: Die Oberschule und das Lycée Pasteur waren fast ein- und dieselbe Lehranstalt. Wir hatten die gleichen Lehrer. Wir sahen Daniel-Rops, Georges Magnane, Gabriel Chevalier kommen und gehen, und schließlich Sartre. Die Oberprima ist die einzige Klasse, die ich in Neuilly nicht absolviert habe. Meine Kameradinnen haben ihn aber als Lehrer gehabt. An dem Tag, als Sartre in Neuilly ankam, haben sie zunächst gegrinst, wie sie diesen kleinen Mann mit seinem etwas querstehenden Auge aussteigen sahen. Er kam im Taxi und um ein Haar zu spät. Er trug einen großen

Mantel aus haarigem Stoff und einen marineblauen Pullover mit Rollkragen, was zu jener Zeit überhaupt nicht schicklich war. Er hatte das Buch *Der Ekel* geschrieben, das im Laufe dieses ersten Jahres am Gymnasium herauskam. Zu Beginn hielten ihn die Jungen für einen Verrückten. Es waren die Söhne der Kleinbürger von Neuilly, die Söhne von Ingenieuren, die aus der Ecole Céntrale hervorgegangen waren. Und dann hat sie Sartre vollkommen in seinen Bann geschlagen. Am Ende wollten sie alle ihre Staatsprüfung in Philosophie machen!

> Während der Jahre vor dem Zweiten Weltkrieg hat sich Wichtiges ereignet, auf der Welt, in Deutschland... Wie wurden diese Ereignisse in der kleinen Welt von Neuilly-Sur-Seine wahrgenommen?

SIMONE SIGNORET: Wirklich in mein Leben eingetreten ist Hitler erst mit der massenhaften Aufnahme von deutschen jüdischen Mädchen in die Oberschule. Wenn die Leute sagen: »Wir wußten nicht, was in Deutschland vorging.«, frage ich mich, wie sie das gemacht haben. Ich weiß nicht, wie sie sich die Augen zugehalten und die Ohren verstopft haben! Zuhause kamen regelmäßig deutsche Juden an. Merkwürdigerweise war es nicht mein Vater, der diese Flüchtlinge zu uns brachte, sondern meine Mutter, die letztendlich viel empörter war als er selber, zumindest, was die Jüdische Frage anging. Ich erinnere mich an einige Mädchen, die meiner Mutter ein wenig zur Hand gingen. Die eine von ihnen hieß Lotte, sie war außergewöhnlich schön und rührend. Wir haben sie nie aus den Augen verloren. Es gab auch welche, die einige Tage bei uns blieben, bevor sie woanders hinreisten. Es wurde viel diskutiert, und zwar in deutsch. Ich erinnere mich noch sehr gut an die Ankunft einer Gruppe von Juden, von denen die einen dann nach Amerika und die anderen nach Palästina weiterfuhren. Diese Kluft hatte schreckliche Ähnlichkeit mit derjenigen, die sich am Ende des letzten Jahrhunderts anläßlich der großen Wanderung auftat zwischen denen, die es vorzogen, in den New Yorker Schwitzbuden Mützen herzustellen, und den anderen, die hingingen, um sich am See von Genezareth mit den Moskitos herumzuschlagen.

> Ihre Mutter war aber selber keine Jüdin?

SIMONE SIGNORET: Nein, und vielleicht gerade darum konnte sie sich besser einfühlen. Jedenfalls machte sie nichts wie andere Leute. Ungefähr um dieselbe Zeit bemerkte sie plötzlich, daß eine soeben gekaufte Zahnbürste »Made in Japan« war. Sie ging zu dem Drogisten zurück, der eine Baskenmütze trug und sicherlich den Feuerkreuzlern angehörte. Mit großer Höflichkeit sagte meine Mutter zu ihm: »Ich möchte gerne diese Zahnbürste umtauschen, weil sie, wie sie sehen, in Japan hergestellt ist. – Ja, na und?« antwortete der Drogist. »Verstehen Sie doch, Monsieur«, erklärte ihm meine Mutter, »die Japaner haben soeben einen Pakt mit den Italienern und den Deutschen unterzeichnet, und jede japanische Ware, die verkauft wird, auch die geringste Zahnbürste, bedeutet Waffen für Japan, Italien und Deutschland. Waffen für faschistische Länder.« In diesem Augenblick hätte ich alles auf der Welt dafür gegeben, nicht dabeizustehen! Aber der Mann fuhr fort: »Sie wollen also eine französische Zahnbürste? – Nein, ich bin keine Chauvinistin. Ich möchte nur eine Zahnbürste, die weder deutsch, noch italienisch noch japanisch ist.« Wir mußten uns schließlich mit einer englischen Zahnbürste zufrieden geben. Meine Mutter war der Meinung, daß sie ihren Tag nicht vergeudet hatte, und ich glaube heute, daß sie vollkommen recht hatte. Wenn man aber zwölf oder dreizehn Jahre alt ist, ist einem so etwas furchtbar peinlich.

Waren Sie sich darüber im klaren, daß Ihr Vater Jude war, daß sie selber mit diesen Flüchtlingen etwas gemein hatten?

SIMONE SIGNORET: Nein, nicht so recht. Das waren Dinge, die anderswo passierten, und die bei uns nie vorkommen konnten. Ich kann auch nicht sagen, daß ich eine Erweckung zum Judentum erfahren hätte. Übrigens bin ich auch persönlich nie mit dem Antisemitismus konfrontiert worden. Mein Vater war ein typischer assimilierter Jude, und ich bin völlig agnostizistisch erzogen worden.

Diese Oberschule war keine konfessionelle Schule?

SIMONE SIGNORET: Nein, überhaupt nicht. Die konfessionelle Schule in Neuilly war bei Madame Daniélou, der Mutter des Kardinals, das waren die Mädchen aus der Schule Sainte-Marie. Sie trugen Uniformen, und wurden reihenweise in den Straßen von Neuilly spazierengeführt. Sie sahen sehr auf uns herunter, aber wir machten uns nichts daraus. Über die Privatschule der Martenots kannten wir einige davon.

Diese Schule wurde von den zwei Schwestern Martenot, Madeleine und Geneviève, geleitet und befand sich in einem kleinen Privathaus in der Rue Saint Pierre.

Sie hatten eine sehr hübsche Methode mit einem Musiklotto erfunden und Übungen, um die Finger gelenkig zu machen, die ich noch heute weiß! Sie hatten einen jüngeren Bruder, der im Kriege im Nachrichtenwesen gedient hatte. Bisweilen sah man ihn wie einen Verrückten durch die Gegend flitzen, immer in einem weißen Arbeitskittel. Er arbeitete in einem Pavillon hinten im Garten, aus dem fürchterliche Geräusche hervordrangen: Eine Art menschliche Stimmen und ganz kuriose Töne. Er arbeitete an einer Erfindung, die schließlich auch das Licht der Welt erblickte: Die Martenot-Wellen.

Mit einem Schlag wurde die Schule der Martenot berühmt. Die Mädchen aus der Schule Sainte-Marie trafen wir am schulfreien Donnerstag. Ich kann mich nicht erinnern, daß ich mich frustriert fühlte, als sie ihre feierliche Kommunion in der Kirche Saint-Pierre hatten. Vielleicht war ich doch ein bißchen neidisch, als ich sie in ihrem weißen Kleid mit Schleier sah, ganz zu schweigen von der Uhr oder dem Füllfederhalter, der ihnen gerade geschenkt worden war... Aber was Mystik anbetrifft, hatte ich nicht das Gefühl, daß es mir an irgend etwas fehlte. Die Mutter einer Freundin hatte mich einmal in ihr Landhaus eingeladen und hatte begonnen, mich unter ihre Fittiche zu nehmen, indem sie mir erklärte, daß man beten müsse. Ich habe wohl auch ein paar Mal gebetet, aber geholfen hat es nichts.

> Hatten Sie in bezug auf die politischen Dinge bereits ein gewisses Bewußtsein?

SIMONE SIGNORET: Ja, auch das hatte ich meiner Mutter zu verdanken. Wenn man dem Drogisten eine japanische Zahnbürste zurückbringen kann, heißt das, daß man verstanden hat, was vorgeht. Auch wenn diese Haltung völlig im Sentimentalen steckenbleibt. Meine Mutter hatte zum Beispiel immer das Bild von Briand über ihrem Bett... Und außerdem war sie »Besatzerin« in Deutschland gewesen und hatte diesen Zustand verabscheut. Seit meinen frühesten Erinnerungen erzählte sie mir, wie sie in Wiesbaden in einem großen Haus gewohnt hatte, und wie die Nahrungsmittel für die Franzosen im Überfluß angeliefert wurden. Die deutsche Familie, bei der wir wohnten, war im Dachgeschoß untergebracht und hatte nichts zu essen. Meine Mutter gab den kleinen deutschen Kindern Milch. Schon von frühester Kindheit an bin ich im Haß auf die Besatzung großgezogen worden; und als Frankreich seinerseits besetzt wurde, hatte ich darin schon eine gewisse Erfahrung.

Meine Mutter bekannte sich zu einer Art donquichotte'schen Pazifismus, den sie mir gewiß eingeprägt hat. Sehr viel stärker als mein Vater, der aus Assimilationsbedürfnis keine allzugroße Lust hatte, sich in den Vordergrund zu spielen. Ich würde nicht sagen, daß er reaktionär war, doch war er weit davon entfernt, ein Linker zu sein. Die Zeitungen, die er ins Haus brachte, waren *Gringoire* und *Candide*...

Um diese Atmosphäre gut zu beschreiben, muß ich Ihnen etwas erzählen, was zur Zeit der Volksfront passiert ist. Meine andere Großmutter, die Mutter meiner Mutter, kam aus Valenciennes. Sie hieß Dubois, erinnerte aber gern daran, daß sie eine Dubois de Poncelet war, und daß einer ihrer Großväter während der Revolution guillotiniert worden sei. Darüber redete sie viel, aber sie sprach nie über ihren Vater, der glaube ich, Metzger war. Sie war Modistin gewesen und war in sehr jungen Jahren meinem Großvater begegnet, der Kunstmaler war und Signoret hieß. Er war groß und sah sehr gut aus. Er stammte aus Marseille und war der Sohn des Repetitors an der dortigen Oper. Meine Großmutter, die gern auf den Ruhebänken in den schönen Avenuen des vornehmen Neuilly Gespräche anknüpfte, brachte am Schluß immer an: »Mein Mann, der ein großer Künstler ist...« Da wurde sie für die Frau des Schauspielers Gabriel Signoret gehalten und ließ sich dieses Mißverständnis gern gefallen...

Als mein Großvater starb, ließ sich meine Großmutter bei uns nieder. Sie war eine sehr kleine Person mit weißen Haaren. In Amerika war sie auch gewesen, bei einem Vetter aus Valenciennes, der dort sein Glück gemacht hatte, aber in seiner Jugend gewiß Dummheiten angestellt hatte. Sie erzählte mir vom New York 1890 und Indianergeschichten: Ihr Vetter hatte Schnapsfässer rings um seine Besitzung aufgestellt; Indianer kamen des nachts, um das »Feuerwasser« zu saufen, und der Vetter aus Valenciennes fing sie sich ein! ... Das stimmte sicher nicht, aber meine Großmutter erzählte und erzählte. Sie klimperte auch auf dem Klavier herum und sang Operetten: »Un grand singe d'Amérique qui regnait à Piombino...«, »De Madame Angot je suis la fille...« Ich jedenfalls fand, daß sie schwafelte, und ihre Geschichten langweilten mich. Heute würde ich ein Vermögen dafür geben, sie noch einmal zu hören!

Zur Zeit der Volksfront also gab es einen Vorbeimarsch auf der Avenue du Roule in Neuilly. Wir wohnten im sechsten Stock des besagten luxuriösen Gebäudes, und da meine Mutter von der Angst verfolgt wurde, daß meine kleinen Brüder hinunterfallen könnten, hatte sie über dem Balkon ein Gitter anbringen lassen, eine Art Hühnergehege, das sich gegen den grauen Himmel verlor und von der Straße aus nicht zu erkennen war. Am Tag des Vorbeimarschs ging meine Großmutter auf den Balkon, um zuzusehen. Da sie sehr klein war, zog sie sich mit einer Hand am Gitter hoch, und von unten konnte man eine weißhaarige Dame sehen, die mit Ausdauer die Faust emporstreckte, ganz oben in diesem Luxusgebäude. Die Leute fingen an, sie zu beschimpfen. Das waren zum Großteil aktive Anhänger der royalistischen Action Française, die Halbwüchsigen aus dem Gymnasium. Ich blickte nach oben und sah meine Großmutter. Mit Volldampf sauste ich zum Aufzug und holte meine Großmutter vom Balkon...

> Das liest sich fast wie eine Szene aus *Die Kindheit eines Chefs*: Sartre hat von diesen Jungen geschrieben, die die Zeitschrift *l'Action Française* am Ausgang der Kirche Saint-Pierre in Neuilly verkauften. Waren das Ihre Schulkameraden?

SIMONE SIGNORET: Auf alle Fälle erinnere ich mich an eine Art Schönling, der zu unserem Kreis gehörte. Ich erinnere mich an den Tag, an dem er die berüchtigte Nummer mit der Schlagzeile »La France sous le Juif« (Frankreich unter dem Juden) verkaufte. Da habe ich doch im tiefsten Innern hebräisch reagiert. Das war, bevor Sartre an das Lycée Pasteur ging...

Glauben Sie, daß sein Gastspiel die Geisteshaltung der Jugend von Neuilly ein wenig verändert hat?

SIMONE SIGNORET: Ganz ohne Zweifel. Auf alle Fälle bei manchen von ihnen, die noch nicht recht wußten, wo sie standen. Er nahm sie mit ins Bistro, das war das erste Mal, daß ein Lehrer das riskierte. Und er lieh ihnen Bücher aus. Er brachte sie dazu, die großen amerikanischen Romanciers zu lesen: Hemingway, Dos Passos, Steinbeck, Faulkner. Da ich mit diesen Jungen zusammenkam, gelangten seine »Lehren« auf Umwegen auch zu mir.

In dieser Gruppe von Jungen und Mädchen war Chris Marker. Damals schon; außerdem waren da auch Jacques Besse, Daladier junior, Louis Saenz, der den Orinoko hinuntergefahren ist, und Kanapa, der inzwischen seine Lehrprüfung in Sprachen hat, und dann gab es Micheline, Claudie, Monique...

Wir trafen uns mittags nach dem Unterricht auf der Avenue du Roule, bei einem kleinen Zeitungsladen, der sich »Au Sabot bleu« nannte, was durch ein riesiges Schild hervorgehoben war. Wir gingen nicht ins Café, das gehörte sich für diese Zeit ganz und gar nicht. Auch hatten wir nicht das Recht, auf die andere Straßenseite zu gehen: Die Jungens durften nicht auf den Gehweg der Mädchen, und die Mädchen nicht auf den Gehweg der Jungen. Der Treffpunkt war der »Sabot bleu«, dort begann der Bummel, der von der Rue d'Orléans bis vor das Kaufhaus Julien Damoy ging. Wir schlenderten dahin und redeten... Zunächst und vor allem redeten wir über Charles Trenet: alle Jungen hatten sich Hüte, blaue Hemden und weiße Krawatten gekauft. Trenet, das war uns ungeheuer wichtig. Und der Hot Club. Im Haus der Chemie wurden die ersten Konzerte mit Django gegeben. Und wir sprachen auch über Bücher, die wir für wichtig hielten, wie *Poussière* und *Sparkenbroke*...

Sind Sie viel ausgegangen? Ins Theater? Ins Kino?

SIMONE SIGNORET: Sehr wenig. Ich habe die großen Filme dieser Zeit erst später im Filmklub oder in der Cinématheque gesehen. Die Filme, die ich in meiner Kindheit und meiner Jugend gesehen habe, kann ich an den Fingern einer Hand abzählen. Sie haben mich im übrigen unglaublich geprägt. Zum Beispiel der Film *Les Quatres*

Filles du Docteur March. Den einzigen Horrorfilm meines Lebens habe ich am Tag vor meinem ersten Abitur angesehen. An diesem Tag sind wir zuerst im Bois du Bologne kahnfahren gegangen und dann ins Kino, »um uns zu entspannen«. In Wirklichkeit sahen wir einen schrecklichen Streifen mit Basil Rathbone, der sich *l'Etrange Visiteur* nannte, und den ich mir gelegentlich wieder vorstelle, wenn ich Angst bekommen will . . . Ich habe auch *Drei Kameraden* gesehen und habe am Ende geschluchzt. Zwölf Jahre war ich alt, als ich Fritz Langs *M* gesehen habe. An der Kasse hatten wir gefragt: »Ist das etwas für uns Madame?« und sie hatte geantwortet: »Jaja, das ist ganz gut, da werdet ihr euch vorsehen . . .«

Das einzige Kino, in das wir in Paris gingen, war das l'Ermitage, weil es dort Klubsessel gab. Wir nahmen eine Karte für sieben Francs und setzten uns in die Klubsessel, die zehn Francs kosteten. Danach gingen wir im Pam-Pam einen Fruchtsaft trinken und hörten dabei Charlie Kuntz. Ins Theater ging man wenig,: in die *Comédie-Française*, und ins *l'Atélier*. Ich habe *Hunger* von Knut Hamsun mit Hamlet von Laforgue im ersten Teil gesehen, wo mich Roger Blin, den ich im Kino in *Entrée des Artistes* (Künstlereingang) gesehen und hinreißend gefunden hatte, völlig in seinem Bann schlug. Ich habe mir *Julius Cäsar* in der Aufführung von Dullin angesehen, mit Marchat in der Rolle des Marc Anton, den ich wirklich sehr schön fand, und mit Jean Marais, der einen Gallier spielte . . . Die Schauspieler grüßten sich auf römische Art und Weise, indem sie sich an den Unterarmen faßten, und das hatte uns derart beeindruckt, daß wir uns in der Schule in der Folge nur noch so begrüßten.

Das ist die Zeit der berühmten Weltausstellung von 1937. Waren Sie dort, wie alle anderen Leute auch?

SIMONE SIGNORET: Zunächst war da diese schreckliche, abscheuliche Kolonialausstellung, wo ich zu meinem Bedauern hingeschleppt wurde – durch die Schule glaube ich. Ich habe den Tempel von Angkor Wat gesehen und einen kleinen Ring aus Elefantenhaar geschenkt bekommen . . . Das französische Kolonialreich, was! . .

Von der Weltausstellung erinnere ich mich an den russischen Pavillon mit seinen leeren Schautafeln: Die Bilder waren entfernt worden, da sie Generale darstellten, die soeben liquidiert worden waren. Auch an den deutschen Pavillon, weil es im Aufzug einen Liftboy von märchenhafter Schönheit gab, genau den Prototyp des jungen Nazis. Unaufhörlich fuhren wir mit dem Aufzug hinauf und hinunter, nur um den schönen Liftboy betrachten zu können! Und an die beiden spanischen Pavillons, wobei im republikanischen Pavillon *Guernica* von Picasso und ein Quecksilberbecken zu sehen war, in das die Leute ihre Sous hineinwarfen. Ich erinnere mich daran, als ob ich noch davorstünde, und unser Französischlehrer erklärte uns Guernica sehr gut. Bis dahin kannte ich den Krieg in Spanien hauptsächlich aus den Karikaturen im *Gringoire* und im *Candide*. Ich brauche Ihnen wohl nicht zu sagen, daß ich vor dem »Sabot bleu« meine jungen Freunde nie davon reden hörte, daß sie auf der einen oder anderen Seite an die Front gehen wollten, während zur gleichen Zeit achthundert Kilometer weit weg in Cabucelle der junge Montand von nichts anderem als von bevorstehenden Abreisen an die Ebrofront reden hörte, die im übrigen nicht alle erfolgten...

Nein, für uns, am »Sabot bleu«, betrafen die Reisepläne die näherrückenden großen Ferien. Schon seit mehreren Jahren fuhren wir regelmäßig ins Morbihan, nach St. Gildas-de Rhuis. Die Bretonen zu jener Zeit vermieteten im Sommer ihr Haus und schliefen bei ihrer Verwandtschaft. Das berüchtigte Inventar umfaßte stets die sechs japanischen Eierbecher und die farbige Ansichtskarte einer Bucht von Tongking, die der Sohn nach Hause gebracht hatte, der Seemann war.

Die Feriengäste waren in der Hauptsache Familien aus Nantes, Vannes und Rennes, die dort sehr schöne Ferienhäuser hatten. Das schönste war die Villa Messmer, im Hafen lag das Schiff Messmer und in der Kirche gab es womöglich sogar Gebetbänke für Messmer. Von außen bewunderte ich die in den wunderschönen Gärten vorhandenen Schaukelgeräte, und das ist der Grund dafür, weshalb ich sehr viel später, als wir das Haus in Autheuil gekauft hatten, und bevor ich an ernsthafte Sachen ging, beim Tischler als erstes ein kombiniertes Schaukel- und Klettergerüst bestellte. Ich sagte zu meiner Tochter: »Du wirst eine Schaukel haben«. Und sie antwortete mir: »Ach ja?«.

Mein Vater tauchte nur noch selten in St. Gildas auf, da er sich von der ausgesprochen gutbürgerlichen Familienstimmung, die am Strand herrschte, wenig angezogen fühlte, und so brachte uns unter der prallen Sonne im September 1938 der Briefträger ein in München aufgegebenes Telegramm, welches besagte: »Der Frieden ist gerettet – Papa.« Das brachte uns dort ganz schön in Verlegenheit, daß mein Vater an dieser berüchtigten Delegation von Dummköpfen teilnahm.

Ein Jahr später, und ohne ein Telegramm meines Vaters, der das Ereignis ankündigte, fing die Sturmglocke im Kirchturm von St. Gildas an zu läuten: Es war Krieg.

2

> In Saint-Gildas erfuhren Sie, daß Krieg war. Also fuhren Sie nach Paris zurück ...

SIMONE SIGNORET: Nein, wir nicht. Die jungen wehrfähigen Familienväter fuhren weg, die Urlaubsgäste, die gerade Zeit gehabt hatten, sich einen ersten Sonnenbrand zu holen, fuhren zurück, um zu ihrer Armeeinheit zu stoßen, und ihre Familien reisten ihnen nach. Wir aber blieben auf heftiges Zureden meines Vaters, der endlich die unverhoffte Gelegenheit sah, sich ohne Bindung in einem Paris zu bewegen, von dem er uns erklärte, daß das Leben dort unmöglich, gefährlich, ja sogar mörderisch sei. Meine Mutter, die noch die Dicke Bertha von Krupp kennengelernt hatte, ließ sich darauf ein, nicht zurückzufahren.

Wir blieben daher in Saint-Gildas, gaben das Haus auf, das ohnehin nur bis Mitte September gemietet war, zählten das scheußliche Inventar durch, und dann mieteten wir ein anderes, riesengroßes Haus, aber spottbillig, da es »außerhalb der Saison« war, zählten auch dort das Inventar durch und auf diese Weise schlugen Mama, meine kleinen Brüder und ich unser Winterquartier in der guten Atlantikluft auf. Die Gören gingen in die Dorfschule, holten sich ihre ersten Läuse, und ich schrieb mich in Vannes für die Oberprima ein.

> Waren Sie im Internat?

SIMONE SIGNORET: Nein, zunächst wohnte ich bei einer Familie in Vannes, bei der schönen Madame Franco, wie man in der Stadt sagte. Dann zog ich zu »Tante Claire«, zu einer Freundin meiner Mutter. Eliane und Jean, ihre Kinder, waren meine Freunde von frühester Kindheit, wir saßen ein wenig eng aufeinander, doch war ich bei ihr glücklich. Ich hatte in der Stadt auch einen Kameraden, der Alain hieß, dessen Vater Apotheker war und Resnais hieß. Und außerdem auch Louis Monnier: seine Abenteuer zu erzählen, würde genausoviel Zeit erfordern, wie die von meinem Onkel Georges und meiner Tante Rosa.

Wir waren zwölf in der Oberprima: Mädchen aus Vannes, einige »Evakuierte«, doch ich war die einzige Pariserin. Als Geschichtslehrer hatten wir eine wunderbare Frau, Madame Samuel. Ihr Unterrichtsprogramm war aufregend, da wir es gerade miterleben konnten. Es fing, glaube ich, 1917 mit der Russischen Revolution an und behandelte das Aufkommen des Faschismus in Italien und in Deutschland bis in unsere Zeit. Madame Samuel erklärte uns das alles mit Leidenschaft und Feuer.

Unseren naturwissenschaftlichen Unterricht erhielten wir in einem Anbau des Lyzeum, der an ein merkwürdiges Gebäude grenzte. Jeden Mittwoch sah man dort eigenartig aufgedonnerte Damen eintreten: Das waren Mädchen aus dem Bordell von Vannes, welche kamen, um sich vom Amtsarzt der Stadt untersuchen zu lassen. Und ihre Visite fiel genau mit der Stunde praktischer Experimente in Naturwissenschaften zusammen. Die jungen Schülerinnen des Lyzeums, denen nicht erlaubt war, ohne Kopfbedeckung hinauszugehen – ich hatte mir eine Baskenmütze gekauft, die ich mir tief auf die Augen herunterzog – kamen und gingen zur selben Zeit wie die Mädchen aus dem Bordell...

Zu Anfang hatte ich gar nichts begriffen. Ich muß sagen, daß ich absolut naiv war. Es ist eigenartig: Wenn ich in jene Zeit überhaupt irgendwie »aufgeklärt« wurde, dann durch diese Mädchen aus der Provinz, die Töchter der bretonischen Bourgeoisie. Da war das erste Mal, daß ich unanständige Witze hörte, schlüpfrige Anspielungen, die bei uns in Neuilly überhaupt nicht im Schwange waren. Ich kapierte nichts, und man mußte es mir immer erklären.

Eines Tages verließ uns Madame Samuel: Sie war mitten im Jahr versetzt worden. Ich war sehr traurig darüber, diese Frau hat mir schrecklich gefehlt. Bis zu einem Tage, lange, lange Zeit später... Lange Zeit später, im Jahre 1947 – ich hatte bereits zwei oder drei Filme hinter mir – wurde ich von zwei jungen befreundeten Schriftstellern, die noch wenig bekannt waren, von Claude Roy und Jacques-Francis Rolland gebeten, an ihrem Stand beim Nationalkomitee der Schriftsteller zu verkaufen. Dies spielte sich im *Maison de la pensée française* ab, dessen König und unbestrittener Prediger Aragon war. Da waren alle, von Aragon bis Mauriac: das waren die singenden *lendemains*... Der Verkauf sollte um 2 Uhr beginnen, doch waren wir auf halb zwei bestellt, damit wir die Bücher auslegen konnten. Im Saal hingen Tafeln von der Decke herunter, auf denen der Name der Autoren stand, und unter ihnen bemerkte ich den von Lucie Aubrac, eine Frau, von der bei der Befreiung sehr viel die Rede war. Mitten im Krieg, als sie gerade schwanger war, hatte die Gestapo ihren Mann als Angehörigen der Resistance zur gleichen Zeit wie Jean Moulin verhaftet. Sofort wurde sie bei Barbie am Sitz der Gestapo von Lyon vorstellig und spielte denen eine fabelhafte Komödie vor: »Der Kerl, den ihr da verhaftet habt, ist mir scheißegal, ihr könnt ihn ruhig erschießen. Aber er ist ein Schweinehund, der mich vergewaltigt und geschwängert hat. Ich will, daß er mich heiratet, ob er will oder nicht, damit mein Kind einen Namen hat. Danach können Sie mit ihm machen, was Sie wollen.« Und sie fielen darauf herein! Da die Eheschließung nicht im Gefängnis vorgenommen werden konnte, organisierte die Gestapo einen Transport, und die Resistance überfiel das Gefängnisauto mitten in Lyon: Auf diese Weise hat Lucie Aubrac ihren Mann befreit.

Als ich dieses Schild sah, sagte ich mir sofort: »Ich möchte sehen, wie sie aussieht, diese tolle Frau.« Ich kroch unter dem Büchertisch durch und – Sie haben es bereits erraten – stand vor Madame Samuel.

> Kommen wir noch ein bißchen auf das Lyzeum von Vannes, auf den Krieg, auf das Abitur zurück...

SIMONE SIGNORET: Bis Ende Mai war es das Übliche. Die Panzergrenadiere nahmen im Sturm die Caféterrassen und machten wochentags Geländeerkundungen in der Gegend des Mädchengymnasiums. In der Zwischenzeit stellte ich mit Freuden fest, daß alle die Themen, die bis zu meiner mittleren Reife tabu gewesen waren, nunmehr zu Aufsatzthemen wurden. Zum ersten Mal las ich *La Condition humaine* und *les Thibault*. Jeden Samstag nahm ich den Bummelzug nach Saint-Gildas.

Und dann ging alles plötzlich sehr schnell. Der Zusammenbruch war für uns eine Flutwelle von Flüchtlingen, die in Vorortzügen ankamen, man wußte nicht, woher, und um deren Beherbergung sich die Einwohner von Vannes nicht gerade rissen. Viele brachte ich nach Saint-Gildas mit. Meine Mutter nahm sie in unserem großen Haus auf. Zunächst in guter Stimmung, während der ersten Tage. Dann mit einer gewissen Ungeduld, wenn sie im Laufe eines Gesprächs merkte, daß die bedauernswerten Opfer häufig Antisemiten, Rassisten, ja sogar Faschisten waren.

Im Juni marschierten die Deutschen in Saint-Gildas ein. Zu Pferd! Sie sahen prachtvoll aus, waren hochgewachsen und braungebrannt. Wie Figuren aus einer Wagneroper. Das bringt mich darauf, daß wir damals so bald meinen Vater nicht mehr hören sollten, wie er Siegfrieds Hornruf pfiff. Wir hatten überhaupt keine Nachricht mehr von ihm, doch war er zum letzten Mal in der Gegend von Bordeaux gesehen worden. Ohne daß wir Beweise dafür hatten, war uns klar, daß er sich nach England eingeschifft hatte. Am Tage nach der »Einnahme von Saint-Gildas« wurde an die Küchentür geklopft, und ich stand plötzlich vor einem deutschen Offizier und einem Soldaten. Ich rief meine Mutter. Sie schaute sie an und sagte: »Wer sind Sie, meine Herren?« Sie waren einen Augenblick fassungslos. »Wir sind Vertreter der deutschen Wehrmacht.« Die Szene war eines Barrès würdig. »Und was wollen Sie?« fragte meine Mutter. »Wir wollen sehen, Madame, ob wir hier jemand einquartieren können, ohne zu stören.« Sie besichtigten das Haus, das ihnen sehr gut gefiel, und beschlossen dann, daß sie uns vier Soldaten schicken würden. Am selben Abend wurden uns drei Bauern aus der Gegend von Hannover zugeteilt, die Dialekt sprachen, und ein Landjunker, der ebenfalls aus dem Hannoverschen kam, Schröder hieß, und den meine Mutter von Anfang an terrorisierte.

Die drei Bauerntölpel hatten noch nie das Meer gesehen. Sie waren ganz entsetzt, weil sie am ersten Morgen nach dem Aufstehen, als die Ebbe eingetreten war, glaubten, daß das Meer verschwunden sei... Meine Mutter schickte sie Wasser holen und die Hasen füttern, und veranlaßte sie, sich die Füße abzutreten, wenn sie ins Haus zurückkamen... Indem sie die Gelegenheit benutzte, um ihre Deutschkenntnisse weiterzuentwickeln, die sie in Wiesbaden erworben und bei den Begegnungen mit den geflüchteten deutschen Juden aufgefrischt hatte, gab meine Mutter diesem kleinen Völkchen ihre Anweisungen für den Haushalt und die »Landwirtschaft«. Darüber hinaus logen wir. »Der Papa? Wo ist der Papa?« fragten die Deutschen. Wir hatten keine Ahnung, er war in dem Durcheinander verschollen. »Und Kaminker, bretonischer Name?« Ja, tatsächlich, das konnte man für einen bretonischen Namen ausgeben! Der Herr Schröder faßte eine große Zuneigung zu mir, blieb jedoch dabei unendlich respektvoll. Nach Barrès spielten wir nun Vercors.

Vor dem Haus zog sich ein Garten die Küste entlang, und dann kam das Meer und eine vorgelagerte Insel gegenüber. Er hatte meine Mutter gefragt, welche Insel das sei, und sie hatte geantwortet: »Das ist Birmingham!« Er drang nicht weiter in sie. Er nämlich wußte, daß das Meer Ebbe und Flut hat! Er war gebildet! Eines Tages war ich mit meinen kleinen Brüdern im Garten und er kam auf die Veranda hinaus, mit einem Etui in der Hand. Er öffnete das Kästchen und preßte sich ein Monokel ins Auge. Das Monokel fiel herunter, er bückte sich und hob die Scherben auf. Er schaute auf, ob ich es gesehen hatte, und ich hatte es gesehen. Da lächelte er, aber sehr traurig, verzweifelt, und ging wieder hinein. Über diesen Versuch, als Krautjunker aufzutreten, diesen totalen Fehlschlag vor meinen Augen, über diese Entmystifizierung des Requisits eines hundertprozentigen Preußen hätte ich eigentlich lachen müssen, doch ich tat es nicht.

Eines Tags hat man ihnen sicher gesagt: »Schluß mit den Ferien« und sie verschwanden. Sie gehörten meiner Ansicht nach zu jener ersten Welle von Deutschen, die versuchten, in England zu landen und die die Engländer dadurch zurückwarfen, daß sie Feuer auf dem Meer legten. Die französischen Krankenhäuser waren voll von Deutschen mit Brandwunden, und ich habe immer geglaubt, daß Schröder unter ihnen war. Vor dem Abmarsch hatte er uns ein wenig aus seinem Leben erzählt. Bei dieser Gelegenheit hatte er uns sein SA-Abzeichen und ein paar kleine Trophäen, einige Judensterne zeigen wollen... Das wurde langsam *schwummrig*, wie meine Tochter sagen würde – oder wie sie wenigstens letztes Jahr zu sagen pflegte...

Die vier Kavaliere von Hannover waren noch Gold gewesen. Dann wurde Saint-Gildas von einer Motorradkompanie aus der Gegend von Berlin besetzt. Sie legten nicht vier ins Haus, sondern zwölf! Und das auf Anweisung eines Kerls, der Link hieß, sehr schlau und gerissen war und sich sehr schnell über uns im Ort erkundigte. Eines Tages sagte er mir lächelnd in der Küche: »Ich weiß, daß Ihr Vater Jude ist. Und daß er in England ist.«

Er hatte seine eigene kleine Untersuchung angestellt: Einige liebenswürdige Bretonen aus dem Dorf, die immer noch oder schon wieder Separatisten waren, und die weder die Pariser, noch die Juden, noch die Engländer leiden konnten, hatten Link sofort das Nötige gesteckt.

Bei uns zu Hause waren wir uns darüber im klaren, daß hier für die Familie Kaminker keine gute Luft mehr wehte. Die Deutschen gaben uns vierundzwanzig Stunden, um eine andere Wohnung zu finden, und meine Mutter sagte: »Wir fahren nach Paris zurück.«

Ich nahm mir noch die Zeit, in Vannes mein zweites Abitur in einem besetzten Lyzeum zu machen. Ich plagte mich drei Stunden lang, die von Nagelstiefeln und dem Geräusch abfahrender Autos untermalt waren. Da es kein mündliches Examen gab, standen die Ergebnisse sehr schnell fest: Ich hatte bestanden. Ich hatte mir ein schönes Thema ausgesucht: »Definieren Sie das Verhältnis zwischen Leidenschaft und Willen.« Es sollte nicht mehr lange dauern, bis ich beides wirklich entdeckte.

Die Familie Kaminker kommt also in das verödete Paris von 1940 zurück.

SIMONE SIGNORET: In jenen prächtigen, aber menschenleeren Bau. Die einzige Bewohnerin ist die Concierge, sie ist immer noch so würdevoll und wird immer unfreundlicher: Jetzt hat sie endlich triftige Gründe dafür. Sie weiß bereits, daß die Miete schon seit Monaten nicht mehr bezahlt worden ist; für uns wird das eine unangenehme Entdeckung. Wir haben keinen Centime auf der hohen Kante, und trotz unserer Sonnenbräune von diesem Jahr in der Bretagne sehen wir nicht gut aus. Aber noch ist es schönes Wetter, wir nehmen die sieben lachsfarbenen Räume und den stets wunderbar besonnten Balkon von neuem in Besitz, meine kleinen Brüder finden ihr Spielzeug wieder, das seit einem Jahr verlassen herumliegt; wir sind nach Hause zurückgekehrt, fühlen uns jedoch, ohne uns das einzugestehen, noch »verlorener« als zuvor.

Ich habe mich sofort auf Arbeitssuche gemacht. Die erste Arbeitsstelle, die ich fand, wurde mir von meinem ehemaligen Lateinlehrer, Philippe Vantieghem, vermittelt. Im Gedächtnis aller Mädchen von der Oberschule in Neuilly wird Vantieghem ein ehrenvolles Angedenken bewahrt. Er sah so gut aus wie Melvin Douglas, kam in einem Rosengart an, trug einen Mantel, in dem man das Firmenzeichen »Lanvin« sah, wenn er ihn an den Garderobenhaken hängte, er spielte mit einem silbernen Drehbleistift und sagte gern, indem er sich an das unscheinbarste Mädchen unter uns wandte: »Mademoiselle, erzählen Sie mir etwas über die Liebe... (lange Pause)... bei Racine.« Die Legenden darüber, wie er immer wieder durch die Selbstmorde seiner verlassenen Ehefrauen zum Witwer wurde, waren für uns sehr aufregend. Die Jungen vom Pasteurgymnasium haßten ihn. Wie dem auch sei, an ihn beschloß ich mich zu wenden, um einen Job zu finden. Vantieghem hat mir auch sofort Nachhilfestunden in Latein und Englisch verschafft, mit denen ich einige Wochen lang Schülern zur Versetzung von der Sexta in die Quinta half. Von daher datiert mein falscher Ruf als »Sprachlehrerin«, mit dem ich noch in einigen meiner ganz alten Filmographien ausstaffiert werde...

Und worin bestanden diese Stunden?

SIMONE SIGNORET: Das war rosa, die Rose und »What is pink?... The rose is pink...« Zwischen zwei »What is pink« sah ich die Kleinanzeigen durch. So kam es, daß ich mich an einem Nachmittag bei einem Großhändler in den Markthallen vorstellte, der eine Lageristin suchte. Ich wurde in einem Zwischenstock empfangen, in dem ein paar alte Damen und Herren auf kleinen Mahagonischreibtischen Papier vollkritzelten, beleuchtet von Lampen mit grünen Opalglasschirmen, dieselben, die ich später im Village suisse recht teuer bezahlen sollte und die mir an jenem Tage wie der Inbegriff der Trostlosigkeit vorkamen. Das mußte man wohl auch auf meinem Gesicht gelesen haben: Ich wurde nicht eingestellt. Darüber war ich gleichzeitig gekränkt und irrsinnig erleichtert.

Allmählich kamen auch meine Klassenkameraden und -kameradinnen und die vom »Sabot bleu« zurück. Die einen schrieben sich an der Universität ein, andere im Louvre, und ich traf mich immer noch mit ihnen. Ihre Eltern waren freundlich, neugierig, wie es uns ergangen war, und machten sich Sorgen um unsere Zukunft, aber mit einer vorsichtigen Zurückhaltung, die mir keineswegs entging. Durch die Blume fragte man mich aus, was es Neues von meinem Vater gebe, doch ich hatte bereits seit Saint-Gildas die rührende Antwort bereit: »Wir wissen es nicht, er ist verschollen«, die alle zu befriedigen schien, denn niemand versuchte, mich weiter darüber zum Reden zu bringen. Das war die Zeit, in der die Leute einander nicht erzählten, ob sie nun Radio London hörten oder nicht, sie wußten noch nicht, ob es nützlich war, sich damit großzutun. Es war die Zeit, in der Pétain alles hatte, was er brauchte, um die gutwilligen Franzosen zu beschwichtigen. Es war der Herbst 1940, und diejenigen, mit denen ich damals verkehrte, hatten keinen der Gründe, die ich für meine Ängste hatte. Ihr Leben ging weiter, was nicht heißen soll, daß sie schlechte Menschen waren. Sie warteten ab. Die anderen, die meine Ängste hätten teilen können, waren einfach nicht da. Sie waren nicht zurückgekommen. Zu jener Zeit waren das hauptsächlich die Menschen aus dem 4. Arrondissement, welche die alte Gewohnheit, in Ängsten zu leben, wieder aufnahmen. Diese Leute waren einfach deswegen wieder da, weil sie gar nicht fortgewesen waren. Aber das 4. Arrondissement lag recht weit von Neuilly-Sur-Seine entfernt, und ich kannte dort niemand. In unserer Gegend gab es auch die, deren Väter Gefangene in Offizierslagern waren, und von denen sie allmählich gute Nachrichten erhielten. In den Schaufenstern einiger Läden waren Orden aus dem Ersten Weltkrieg zu sehen, die besagten, daß der Inhaber ein guter Franzose war, auch wenn er den Namen Lévy trug. Diese Orden wurden einige Zeit später durch ein Schild mit der Aufschrift *Jüdisches Geschäft* ersetzt, aber soweit waren wir noch nicht... Kurzum, alles lag in der Luft, aber nichts war bis jetzt amtlich.

Da las ich eines Tages eine Kleinanzeige, die für mein restliches Leben von entscheidender Bedeutung wurde: »Das Studio Harcourt stellt für seine Verkaufsabteilung junge Mädchen ein, die gut aussehen und Fremdsprachen beherrschen.« Fremdsprachen beherrschen war zu jener Zeit eine verschämte Form, auf gut französisch zu sagen: Deutsch beherrschen. Doch war ich an dieser Anzeige nur wegen eines einzigen Wortes hängengeblieben: dem Wort »Harcourt«.

Warum?

SIMONE SIGNORET: Hören Sie, mit sechzehn Jahren, als ich aus dem Film *Port Arthur* herauskam, in dem Danielle Darrieux als Japanerin geschminkt war, habe ich mich vor meinen Spiegel gestellt, habe meine Lider mit zwei Fingern nach den Schläfen gezogen, habe meine Oberlippe mit den unteren Schneidezähnen eingeklemmt, damit sich die Kontur meiner Oberlippe streckte, und dann die Darrieux im Spiegel gesehen. Simone Simon war meine Zwillingsschwester, und Anabella meine Doppelgängerin. Also hörte sich das Studio Harcourt für ein Mädchen meines Alters, das vom Filmemachen überhaupt nichts wußte, wie Hollywood an.

Kam Ihnen das als eine Art offene Tür zum Film vor?

SIMONE SIGNORET: Ich hätte es niemand gegenüber eingestanden, und mir selber noch weniger, doch rief diese Kleinannonce beim Lesen bei mir Erinnerungen an das wach, was ich in den wenigen Ausgaben von *Cinémonde* und *Pour vous* hatte lesen können, die mir in die Hände gefallen waren, und dort wurde häufig berichtet, wie eine kleine Verkäuferin, eine Oberschülerin oder eine kleine Sekretärin auf der Straße oder hinter einem Schalter einem Regisseur »aufgefallen« war, der dort zufällig vorbeiging. All das hat nichts mit dem zu tun, was man eine Berufung nennt. Ich war wie unzählige kleiner junger Mädchen, das Kino blendete mich, die »Stars« waren unerreichbar, aber wenn ich dort bei Harcourt-Hollywood, als Verkäuferin aufgemacht, hin und her ging, würde sich bestimmt jemand finden, der plötzlich zu mir sagte: »Mademoiselle, wollen Sie einen Film drehen?« Wir wissen alle, daß sich das nie so abspielt, aber wir wissen genausogut, daß wir das alle einmal geglaubt haben. Als Montand fünfzehn Jahre alt war, ging er ständig auf einer Straße in Marseille hin und her, wo die Regionalvertreter von Warner, Fox und Paramount ihre Büros konzentriert hatten: Er wartete darauf, daß er jemand auffallen würde; er fiel aber niemand auf... Was diese Kleinanzeige angeht, gebe ich zu, daß ich sekundenlang diesen flüchtigen und geheimen, ein wenig verschämten Hintergedanken gehabt habe. Das, worauf es ankam, war konkret: Jemand bot Arbeit an, einen Broterwerb, und zwar sofort. Ihn galt es zu ergattern.

In diesem Augenblick erinnerte ich mich an eine Mitschülerin, die Rosita hieß, und die wir Zizi nannten. Sie war kurz vor Ende der Obertertia abgegangen und hatte dabei gesagt: »Ich werde jetzt Filme drehen!« Zu jener Zeit hätte ich mir eher die Zunge herausschneiden lassen, als einzugestehen, daß ich das auch gern getan hätte, und wie die anderen, Kleinbürgermädchen, ich meine die kleinen Bürgermädchen aus meiner Klasse, hatte ich gegrinst und die Achseln gezuckt, während ich mich wieder auf meinen Virgil konzentrierte. Zizi hatte zwei oder drei kurze Auftritte in Filmen, die wir uns zu mehreren im Chézy ansahen. Da wir keinerlei Begriff vom Film hatten, verwechselten wir kleine Rollen mit Statisterie und zuckten erneut die Achseln. Und dann wurde Zizi plötzlich Corrinne. Corrinne Luchaire in *Prisons sans barreaux*, die Entdeckung des Jahres, wie alle Zeitungen schrieben, und das stimmte. Wir gingen sogar als Gruppe bis zu den Champs-Élysées, um uns davon zu überzeugen. Dann zuckten wir nicht mehr mit den Achseln. Wir waren furchtbar beeindruckt.

Kamen Sie noch mit ihr zusammen?

SIMONE SIGNORET: Nein, natürlich nicht. Aber eines Abends tauchte sie wie eine Fee wieder auf. Als ehemalige Schülerin der Oberschule, ganz wie Tarassov, genannt Henri Troyat, als ehemaliger Schüler des Pasteurgymnasiums, im Verlauf eines Fests, das von den beiden Anstalten gemeinsam organisiert wurde. Sie trug ein dekolletiertes Kleid aus nachtblauem Samt mit sehr schmalen Satinträgern, und ein weißes Fuchscape. Sie umarmte mich, warf einen Blick auf mein Kleid aus weißem Musselin, dessen Schnittmuster aus *Marie Claire* stammte, und sagte zu mir: »Das ist aber hübsch, wer hat es Dir gemacht?« – »Meine Mutter.« – »Was hast du ein Glück, ich muß zu den großen Couturiers gehen.« Sie trank ein Glas Sekt und verschwand dann wieder mit den drei ausgewachsenen Pfadfindern, die sie aus gutem Grund mitgebracht hatte und die sichtlich bemüht waren, sie bei der Absolvierung ihrer »guten Tat« zu unterstützen – was sie übrigens mit viel Geschick hinter sich brachte. Sie umarmte mich nochmals und sagte zu mir: »Auf bald, ruf mich doch 'mal an!« Das war im Juni 1938.

Und haben Sie angerufen?

SIMONE SIGNORET: Ja, aber erst im September 1940. Am Telefon war Françoise Luchaire, ihre Mutter. Nein, Zizi war nicht da, sie hielt sich im unbesetzten Teil Frankreichs auf... Eine Empfehlung für Harcourt... Warum Verkäuferin spielen, wenn man das Abitur hat? Und mein Vater, wo war mein Vater?... ja, ach so... Wenn du Arbeit suchst, werde ich dir einen Termin bei Jean vermitteln... und daß ich ihn im *Petit Parisien* aufsuchen soll, wo er Chefredakteur ist, daß er mich schon gekannt hat, als ich noch ganz klein war, daß er eine neue Zeitung aufziehen und sicher etwas für mich finden wird... Und so kam es, daß ich mich am übernächsten Tag ohne berufliche Qualifikation, ohne Maschineschreiben zu können, und ohne daß mich Jean Luchaire noch einmal gefragt hätte: »Wo ist dein Vater?« in jenem dunkelroten Büro vom *Petit Parisien* mit Polstertüren wiederfand, eingestellt für 1400 Francs monatlich als Assistentin der Chefsekretärin des zukünftigen Direktors jener großen Abend- und Kollaborationszeitung, die später *les Nouveaux Temps* heißen sollte. Ich kam in unsere Wohnung in der Avenue du Roule heim und verkündete meiner Mutter und meinen kleinen Brüdern, daß ich Arbeit gefunden hatte. So weit war es nun. Ich war kaum neunzehn Jahre alt, war Familienoberhaupt und würde 1400 Francs monatlich ins Haus bringen. Noch heute höre ich den Klang, den meine erste, von einigen Münzen beschwerte Lohntüte von sich gab, als ich sie einen Monat später auf den Küchentisch legte. Nach Barrès und Vercors wurde nun Zola gespielt.

Haben Sie gleich mit der Arbeit begonnen?

SIMONE SIGNORET: Nun ja, wenn man das Arbeit nennen kann. Die Zeitung war gerade erst im Entstehen, Luchaire steuerte diesen Prozeß von seinem Büro im *Petit Parisien* aus und war auf der Suche nach Räumlichkeiten. Tatsächlich fing meine erste Arbeit an einem Sonntagmorgen an. Ich befand mich mit meinem Chef – der mir gesagt hatte »Bring' Papier und Bleistift mit« – in riesigen Geschäftsräumen im ersten Stock der Rue du Louvre Nr. 32. Außerdem war noch ein alter Herr da, der, glaube ich, Seligmann hieß, und der sehr traurig und sehr würdevoll bereit war, seine Räumlichkeiten zu verkaufen, in denen er bis dahin eine der größten Kurzwarenhandlungen in Frankreich betrieben hatte. Er hatte begriffen und zog es vor, sich rechtzeitig zurückzuziehen, bevor die Kommission für Jüdische Fragen sich mit ihm beschäftigte. Er führte uns herum. Die Wände in den meisten Zimmern waren von einer Unzahl kleiner schmaler Schubladen besetzt, in denen Kilometer von Quasten, Borten und Seidenbändchen auf ihr Schicksal harrten. Er redete wenig, Luchaire auch nicht viel mehr, und das Geschäft wurde sehr rasch und sehr verbindlich abgeschlossen. Luchaire verfügte sichtlich über Mittel... Und dann ging der alte Herr. Danach ließ mich Luchaire den Rundgang noch einmal machen, diesmal als neuer Eigentümer, ich folgte ihm mit meinem kleinen Heft in der Hand und er sagte zu mir: »Da kommt mein Büro hin, notiere das. Und dort das Wartezimmer, notiere das.« Ich notierte und sagte gar nichts. Wir gaben ein merkwürdiges Paar ab.

Das Mädchen und der später standrechtlich Erschossene...

SIMONE SIGNORET: Ach ja! Dann plötzlich, nachdem er einen der Räume »Redaktionssaal, notiere das« getauft hatte, wechselte er das Thema und sagte, ohne mich anzusehen, im selben Tonfall: »Weißt du, Deinen Vater wirst du wiedersehen, mach dir da keine Sorgen.«

Am selben Tag nahm er mich zu O. P. Gilbert mit, dem er soeben den Posten des Chefredakteurs angeboten hatte. Ich habe überhaupt nicht verstanden, warum er mich mitgenommen hatte, denn ich wurde nicht aufgefordert, Notizen zu machen. Ganz im Gegenteil habe ich im Lauf dieser zwei Stunden sehr schnell kapiert, daß ich dabei war, allerhand zu lernen. Zunächst, daß O. P. Gilbert ein großartiger Mann war, sodann, daß mein Arbeitgeber von seinem zukünftigen Chefredakteur nicht besonders ernst genommen wurde, der große Zweifel über die Reinheit der Absichten äußerte, über das, was in *Le Nouveau Temps* gedruckt werden würde. In der Tat war *le Temps*, ein nüchternes Börsenblatt, nicht mehr erschienen, seit die Deutschen gekommen waren. Mit der schlauen Wahl des Titels *le Nouveau Temps* machte man sich ein Mißverständnis zunutze, das gleichzeitig auch der Zeitströmung diente, die sich unter dem Banner des *Ordre Nouveau* ankündigte, und versuchte dabei gleichzeitig, die alten Leser des guten alten *Temps* an sich zu binden. Kurzum, ich notierte mir nichts, doch entging mir keine einzige Note . . . Aus ihrem Gespräch ergab sich, daß O. P. Gilbert, der ein alter Gefährte von Luchaire aus der Zeit der deutsch-französischen Annäherung war – auf die meine Mutter so große Stücke hielt, man erinnere sich an das Bild von Briand – sich nicht darauf einlassen würde, Chefredakteur einer faschistischen Zeitung zu werden. »Wofür hältst du mich?« antwortete Luchaire laut auflachend. O. P. Gilbert spielte mit einer weißen Haarsträhne, die eine Kriegsverletzung nur schlecht verdeckte. Ich wußte, daß ich einen Vater in dieser Zeitung haben würde, wenn er annähme. Er nahm an und war während der zwei oder drei Monate, die dem an diesem Morgen bereits vorhersehbaren Bruch vorausgingen, wie ein Vater zu mir.

Die Zeitung kam mit einer ersten Nummer in Gang, die rasch beschlagnahmt wurde. Da die Erben des *Temps* die Wortverbindung zwischen *Nouveau* und *Temps* nicht zulassen wollten, wurde *le Nouveau Temps* gebeten, sich in *les Nouveaux Temps* umzubenennen, was absolut nicht mehr dieselbe Bedeutung hatte, sondern viel weiter ging . . . All' das kommt mir heute in den Sinn, aber damals hatte mir das keinen großen Eindruck gemacht, ich glaube sogar, daß ich es nicht recht verstanden habe. Da ich nicht viel konnte, hatte man mich in einem kleinen Winkel im Büro von Madame Baudouin untergebracht, der Chefsekretärin von Luchaire und meiner unmittelbaren Vorgesetzten. Ich hatte ein Telefon und eine alte Schreibmaschine für meine Fingerübungen – das habe ich sehr schnell gelernt, und wenn ich heute noch einen sauberen Geschäftsbrief schreiben kann, verdanke ich das Madame Baudouin. Ich war eine Art Laufbursche, man ließ mich Besorgungen machen, wie zum Beispiel Blumen für berühmte Damen wie Zarah Leander kaufen, wenn sie durch Paris kam . . . Ich siebte die Telefongespräche aus, indem ich den Namen recht laut ankündigte, damit Madame Baudouin beurteilen konnte, ob es anging, den Gesprächspartner zum Chef durchzustellen. Auf diese Weise hörte ich jeden Morgen die Stimme des Botschaftsrats Achenbach, von dem vor drei Jahren so viel die Rede gewesen ist, und die von Abetz oder seiner Frau, welche in den dreißiger Jahren die Sekretärin von Luchaire gewesen war (sie meldete sich im übrigen sehr einfach und sagte: »Sagen Sie ihm, Suzanne ist am Apparat«), bevor sie die Frau des deutschen Botschafters wurde. Jeden Tag kam außerdem ein Anruf aus dem »Kabinett des Präsidenten«; ich brauchte eine Weile, um zu kapieren, daß darunter Laval zu verstehen war. Und dann waren da vor allem verlegene Stimmen, die sagten: »Von Maurice ... die SDN von 1935, er kennt mich schon ...« oder aber: »Eine Freundin seiner Schwester.« (Das war noch eindeutiger: Luchaires Schwester war mit einem jüdischen Arzt verheiratet.)

Dieser Winkel war außerdem auch geographisch gesehen ein sehr bevorzugter Posten. Er ging unmittelbar auf den kleinen Korridor hinaus, der zum Büro von Luchaire führte. Es war ein prunkvolles Büro, er hatte überall Bücherregale anbringen lassen, die mit der kompletten *Collection du Masque* bestückt waren, und er verfügte über ein Toilettenzimmer mit allen Annehmlichkeiten, und über ein sehr großes Sofa. Am Nachmittag empfing er immer sehr viele Leute. Im Verlauf dieses Winteranfangs im Jahre 1940 habe ich viele Damen rasch hinter diesen Polstertüren verschwinden sehen, manche, weil sie einen Mann im Gefängnis hatten, den sie wieder herausbekommen wollten (ich habe sogar eine mit ihrem Mann ein paar Wochen später noch einmal kommen sehen ... um sich zu bedanken), und ich habe auch andere gesehen, die die Genehmigungen für irgendein kommerzielles Unternehmen loseisen wollten. Ich habe auch Männer und Frauen gesehen mit denen die Gespräche – das spürte man schon aus ihrer Gespanntheit, bevor sie durch die Tür gingen – nicht auf dem großen Sofa stattfanden, und die Luchaire bis zum Empfang zurückbegleitete, wobei er ihnen auf die Schulter klopfte und ihnen versprach, daß er sich »darum kümmern« würde.

Und das stimmte auch, er kümmerte sich darum. Ich habe viele Leute da hineingehen sehen, die nicht wußten, daß ich sie betrachtete, die mich vielleicht flüchtig bemerkten und sich heute noch fragen, wo sie mich zum ersten Mal gesehen haben. Ich habe sehr wenig von allen diesen Leuten auch nur das Geringste für Luchaire unternehmen sehen, als er zu einem Tod verurteilt war, den er sicherlich verdient hatte ... Das einzige Gnadengesuch, das nach dem Ende seines Prozesses eingereicht wurde, war das, zu dem ich meinen Vater zwang, als er 1945 zurückkam. Aber ich greife vor ... Im Augenblick trage ich immer noch meine Schulmädchenkleidung, ich habe einen sehr artigen kleinen schwarzen Dutt, eine große Verantwortung für die Familie, die mich erschreckt und gleichzeitig mit Stolz erfüllt, Madame Baudouin ist sehr nett zu mir, sie nennt mich »Petit« – es ist eigenartig, daß außer ihr Montand der einzige war in meinem ganzen Leben, der mich viele Jahre später »Petit« genannt hat ...

Alle die Leute, die in dieser Zeitung arbeiten, sind sehr nett zu mir. Sie machen eine Zeitung, die bald zu einer Schmach wird, und sie sind alle sehr nett. In einem gepflegten Tonfall – dem des *Temps* – fangen sie an, ihre ersten antisemitischen und englandfeindlichen Artikel zu schreiben, aber sie sind sehr nett zu der kleinen Kaminker, deren Vater in London ist. Und das wissen alle. Sie müssen es wissen, weil mich Luchaire eines Tages in sein Büro gerufen hat, mich gebeten hat, Platz zu nehmen und mir feierlich mitgeteilt hat: »Ich habe eine gute Nachricht für dich, ich weiß, wo dein Vater ist ... (Pause). Er ist in London und spricht im Radio.« Ich habe irgend etwas wie »Ah, mon Dieu!« von mir gegeben, und habe mich dabei sicher schlecht verstellt. Darauf sagte Luchaire zu mir: »Deshalb bist du hier besser aufgehoben als anderswo.« Die Nummer »Papa ist verschollen« war also nicht mehr gefragt, und das vereinfachte die Beziehungen. Mit Ausnahme von zwei oder drei Dreckskerlen, deren Namen ich nicht nennen werde, weil ich das prinzipiell nicht mache, vor allem dann nicht, wenn die Leute für ihre Taten gebüßt haben, erinnere ich mich im übrigen nicht, bei *les Nouveaux Temps* Leute angetroffen zu haben, die wirklich an das glaubten, was sie schrieben. Man könnte mir erwidern, daß in diesem Fall sie die Dreckskerle gewesen sind ... Falsch wäre das nicht.

Ein reines Fest war es für mich, wenn ich nicht gerade äußerst kostspielige Blumensträuße bei dem Luxus-Blumenhändler an der Place de la Madeleine zu holen oder die Sitzordnung für das »Galadiner zugunsten unserer teuren Gefangenen« im Aiglon, im Maxim oder beim Jahrmarktsfest in die richtigen Hände (!!!) zu übergeben hatte, ein reines Fest, wie gesagt, war es, wenn Madame Baudouin mich in die Redaktion schickte, um irgend etwas Unwichtiges hinzutragen, was häufig geschah, wenn sie ein Gespräch führte, das sie lieber vor mir geheimhielt. Dort traf ich Henri Jeanson zum ersten Mal, wenn er kam, um sich mit seinem alten Kollegen O. P. Gilbert über die unmögliche Lage zu unterhalten, die sie miteinander gemein hatten und nicht länger verantworten konnten: der eine konnte nicht mehr Chefredakteur von *Aujourd'hui* bleiben, und der andere nicht mehr von *Nouveaux Temps*. Dort traf ich auch einen sehr gut aussehenden Mann, der Claude Blanchard hieß und zu mir sagte: »Na so 'was! Was soll ich deinem Vater morgen ausrichten?« – Er kam aus London und fuhr am nächsten Tage wieder hin. Dort in dem gewundenen Gang zwischen der Direktion und der Redaktion hatte auch ein Witzbold von Kollaborateur in einem Mauerwinkel zwei Angelruten hingestellt, die nur dazu da waren, daß die daran Vorbeigehenden bemerken konnten: »Tiens, deux Gaules...«*

Ich kam mit einem Papier in der Hand dorthin, das im allgemeinen völlig bedeutungslos war, und alle diese Kerle fragten mich danach aus, was es »da vorne« neues gäbe – als ob »da vorne«, das heißt die »Direktion« hundert Kilometer entfernt sei – mit einer gewissen Verachtung gegenüber ihrem Brötchengeber, der ich mit gemischten Gefühlen gegenüberstand. Ich hatte eine sehr keusche Schwäche für A. M. Julien, den Kritiker der Variétés, der nur einmal pro Woche seinen Artikel anbrachte, und den ich hinreißend fand, vor allem deswegen, weil er der Julien in *Gilles et Julien* gewesen war, und weil er die Locke »à la Marius« beibehalten hatte, die in den schönen Jahren von früher seine Bühnenfrisur gewesen war. Ich wurde sicherlich begehrt, aber respektiert. Vielleicht erzwang ich diesen Respekt durch meine große Jugend, durch meine Verantwortung, deren sich alle bewußt waren; jedenfalls nutzte keiner die Lage aus, wie man so sagt. Zugegeben, ich war ganz niedlich, doch waren das, so *nouveau* sie auch sein mochten, andere Zeiten als heute. Außerdem starb ich fast vor Angst bei dem Gedanken, die Mutter eines dritten Kindes zu werden. Ich mußte bereits zwei kleine Brüder unterhalten... und außerdem eine Mutter.

---

* Anmerkung des Übersetzers: Anspielung auf de Gaulle in London.

Wie spielte sich das Leben in Neuilly ab?

SIMONE SIGNORET: Die Kälte – dieser erste Besatzungswinter war furchtbar – hatte uns gezwungen, uns auf ein Minimum von Wohnraum zurückzuziehen. Wir bewohnten hauptsächlich die Küche und das Eßzimmer, das in eine Art Schlafsaal für uns vier verwandelt worden war. Meine kleinen Brüder gingen in die Volksschule, ich brachte das Geld nach Hause. Ich mußte die drei Orientteppiche wegbringen, die uns noch verblieben waren, als meiner Mutter mitgeteilt wurde, daß wir gepfändet würden: Ich habe sie zu einem recht guten Preis an einen falschen Marquis verkauft, der bei der Zeitung verkehrte.

Meine Mutter versuchte, die Steckrüben schmackhaft zuzubereiten, wir hörten Radio London und waren nie sicher, ob das wirklich mein Vater war, dessen Stimme wir erkannt zu haben glaubten. Wir feierten zu viert Weihnachten vor ganzen Haufen von billigem kleinen Zeug, das ich bei *Aux armes et cycles de St.-Etienne* in der Rue de Louvre erstanden hatte, bevor ich in die Metro stieg. Ich hatte hundert Francs ausgegeben und besaß dafür alles von Abziehbildchen über die Ausschnittbogen »Rückkehr zur Erde« bis zum Gänsespiel; es war sogar ein winziger faltbarer Ersatzweihnachtsbaum aus hellgrünem, viel zu hellgrünem Papier dabei.

Da man uns das Telefon abgestellt hatte, schickte ich vorsichtshalber immer dann, wenn ich das Gefühl hatte, daß Überstunden in der Luft lagen, meiner Mutter Rohrpostbriefchen, die ich mit der Maschine schrieb, damit sie auf meine Fortschritte stolz sein konnte. Im allgemeinen war das an den Abenden dieser berühmten Galas »zugunsten von« ... die damit anfingen, daß die Gäste von Luchaire in den Salons von *Nouveaux Temps* auf ein Glas zusammenkamen. Sie trafen ein, reich an Frauen in Skunks, die hohe Hüte und die ersten korkbesohlten Schuhe trugen. Ich wurde gebeten, ein wenig beim Telefon zu bleiben, das war nicht aus Staatsräson, sondern lediglich, um mögliche Meldungen über Verspätungen der Gäste entgegenzunehmen. Zizi, die bei allen diesen Festen dabei war, ließ es sich nie nehmen, ihre arme kleine Freundin in ihrem Winkel zu umarmen, sie war von Jacques Fath hinreißend angezogen – ich erinnere mich noch an ein Kleid mit Querstreifen, aus schwarzer und weißer Seide! Ich möchte meine literarischen Anspielungen nicht übertreiben, aber in solchen Augenblicken spielte man Delly.

Wenn ich eben gesagt habe, daß ich Rohrpostbriefchen an meine Mutter schickte, damit sie sich nicht beunruhigte, so lag dies daran, daß sie die ganze Zeit in Unruhe war, die Ärmste, und sie hatte auch Grund dazu! Sie war zugleich entsetzt und beruhigt, daß ich bei dieser Zeitung arbeitete. Die monatlichen 1400 Francs verwaltete sie mit sehr viel Geschick, und das war auch nötig! Zusammen hatten wir ausgerechnet, daß ich 14 Francs pro Tag brauchte, um die Metro und das Mittagessen bezahlen zu können, das ich bei *Chez André* gegenüber der Zeitung einnahm. Ich weiß nicht, ob André darauf hörte, was seine Gäste sagten, aber wenn er es tat, muß er nach 1945 viel zu erzählen gehabt haben. . . . Meine Mutter stand Ängste aus, wegen der bevorstehenden Pfändung; sie hatte Angst um meine kleinen Brüder, die wir in aller Hast protestantisch taufen ließen, wobei der Pastor Ebershold in Neuilly, der sehr entgegenkommend die Taufurkunden vordatierte, unser Komplize war; sie hatte Angst um mich, um meine Jugend, und vor den Versuchungen, denen ich hätte erliegen können. Hierin hatte sie unrecht; ich war sehr, sehr, sehr brav. Und zwar genau aus dem Grund, den ich soeben genannt habe: ich hatte panische Angst davor, schwanger zu werden. . . . Soweit zu dem, was sich in Neuilly abspielte. Sonntags traf ich weiterhin meine Freunde und Freundinnen, aber mit dem Herzen war ich nicht mehr dabei. Ich arbeitete, sie studierten oder taten so als ob, manche Mädchen heirateten. Wenn es bei meinen alten Jugendgefährten irgendwelche Anwandlungen von »Widerstand« gab, habe ich zu jener Zeit überhaupt nichts davon gemerkt. Es kann natürlich auch meine Zugehörigkeit zu dieser Zeitung gewesen sein, die meine Freunde vorsichtig machte; das ist möglich, aber wenig wahrscheinlich, und jedenfalls ist es nie ausgesprochen worden.

Wie lange sind Sie bei *Nouveaux Temps* gewesen?

SIMONE SIGNORET: Acht Monate. Vom September/Oktober 1940 bis Mai/Juni 1941. Schluß war damit, als ich vom rechten Seineufer zum linken überging und ins Café de Flore kam.

3

SIMONE SIGNORET: An einem Märzabend im Jahre 1941 überquerte ich, statt am Louvre die Métro nach Neuilly-Sablons zu nehmen, die Pont des Arts, ging die Rue Bonaparte entlang und stieß die Tür des Café Flore auf, weil sich ein Junge mit mir dort verabredet hatte. Ich hatte keine Ahnung, daß ich mit dem Durchschreiten dieser Tür in eine Welt eintrat, die für mein weiteres Leben entscheidend werden sollte.

Die Geschichte, die ich Ihnen erzähle, hätte nämlich auch so beginnen können: »Ich, oder vielmehr die, die ich heute bin, wurde an einem Märzabend im Jahre 1941 an einem Tisch im Café de Flore am Boulevard Saint-Germain im sechsten Arondissement von Paris geboren.« Als Kind von Neuilly, das vorübergehend Laufbursche bei den Kollaborateuren geworden war, schickte ich mich nun an, ohne daß mir das klar gewesen wäre, meine dritte Schwelle zu überschreiten und endlich meine eigentliche Welt zu finden, nach der ich mich unbewußt schon lange sehnte. Wenn man das so hört, klingt es ein bißchen hochtrabend. Dem aber läßt sich leicht abhelfen, wenn ich hinzufüge, daß ich die Zelluloidglocke, die über die Ersatzmakronen auf dem Tisch gestülpt war, runtergeschmissen habe, als ich mich auf dieser historischen Bank niederließ ...

Ich hatte also ein Rendezvous mit einem Jungen. Zwei Tage vorher hatte ich mir im Théâtre des Mathurins aufgrund einer Einladung, die Madame Baudouin bisweilen am Tag vor einer Premiere verschenkte, *La Main passe* angesehen. Ich war dort ganz allein und sehr befangen. Ich war befangen, weil ich einer Premiere beiwohnte, und genierte mich, weil ich so allein war. In der Pause sah ich im kleinen Foyer des Theaters zum fünften Mal das Programm durch, inmitten von Leuten, die in Gruppen zusammenstanden und recht ungeniert und laut miteinander redeten. Doch auf den Stufen der Treppe zum Balkon stand ein Trio, das keinen Lärm machte und mich ansah. Ein sehr gutaussehender junger Mann, eine schöne junge Frau und Roger Blin, der mich im l'Atelier schon so beeindruckt hatte. Sie schauten zu mir her: das Mädchen sehr nett, der junge Mann sehr ernst, und Roger Blin . . . fast gar nicht.

Während des letzten Akts sah sich das Mädchen das Schauspiel an, Blin ebenfalls, aber der junge Mann sah mich an, und ich mußte auch zu ihm hinsehen, weil ich merkte, daß er mich ansah. Beim Ausgang, auf dem Gehsteig der Rue de Mathurins, sagte das Mädchen sehr laut: »Salut, bis morgen«, und der junge Mann kam zu mir her und fragte ganz einfach: »Wo gehen Sie hin?« Ich antwortete: »Nach Hause«, worauf er vorschlug: »Kommen Sie, wir trinken noch ein Gläschen miteinander«, und ich mitging. Wenn wir nach einer Freundschaft von nunmehr vierunddreißig Jahren, die häufig von Stürmen und Auseinandersetzungen hauptsächlich ideologischer Art unterbrochen war, zufällig zusammenhocken, zum Beispiel im Flore, und uns jemand fragt, wo wir uns kennengelernt haben, haben Claude Jaeger und ich Spaß daran, ganz ernsthaft zu antworten: »Auf dem Gehsteig der Rue de Mathurins.« An diesem Abend bin ich nicht nur mit ihm in ein Bistro in der Nähe vom Bahnhof Saint Lazare gegangen, sondern habe ihm auch, weil er einen schönen und überdies auch klugen Kopf hatte, alles erzählt. Restlos alles. Daß mein Vater in London ist, daß ich Halbjüdin bin, daß ich meine kleinen Brüder und meine Mutter zu versorgen habe, und über *les Nouveaux Temps* und meine 1400 Francs pro Monat. Er hörte bloß zu. Er brachte mich zur letzten Metro, und auf der Fahrt vom Bahnhof Saint Lazare nach Sablons wurde ich mir über den unverzeihlichen Leichtsinn klar, den ich mir soeben hatte zuschulden kommen lassen. Wie sich später erweisen sollte, machte ich mir unnütze Sorgen.

Nachdem ich also die Glocke von den Ersatz-Makronen hinuntergeschmissen und mich bei dem erzürnten Wirt entschuldigt hatte, bei dem ich noch lange brauchen sollte, bevor ich ihn duzte und Paul nannte, sah ich mich um. Das Café Flore war proppenvoll, und zwar von Leuten, die aussahen und gekleidet waren, wie man das weder in Neuilly noch in der Rue du Louvre zu sehen bekam. Ob sie nun sehr jung, nicht mehr so jung oder im fortgeschrittenen Alter waren, sie waren einander alle ähnlich. Sie waren wie eine große Familie, und ich war die Neue. Wir saßen in einem Bistro, doch die Gespräche wurden nicht lärmend geführt, ihr Tonfall war ernst; die Beleuchtung war bereits spärlich, zwischen den Biergläsern lagen Bücher und Broschüren auf dem Tisch. Alle schienen einander zu kennen, kein einziger Deutscher saß dabei, doch hörte man ausländische Akzente. Die Männer trugen Cordsamtwesten, Rollkragenpullover, schmutzige Regenmäntel, und die Haare ein wenig zu lang; die wenigen Mädchen waren nicht geschminkt. Niemand ging mit der Mode: sie hatten alle ihre eigene.

Die hübsche junge Frau, genau die, die so laut gesagt hatte: »Salut, bis morgen«, saß an einem der Tische und lächelte mir zu. Sie lächelte der Neuen zu und lächelte um so mehr, als sie wußte, wie die Neue dorthin gekommen war. Sie setzte sich dann zu uns, und ich vermute, daß sie ein wenig mehr über das Mädchen wissen wollte, das ihr Kumpel aufgetan hatte. Sie hieß Sonia, Sonia Mossé, sie war außerordentlich nett, und ich habe sie in den folgenden Monaten immer nur lächelnd gesehen, bis zu dem Tag, wo ich sie überhaupt nicht mehr sah, weil sie die Gestapo eines Morgens zusammen mit ihrer Schwester nach Drancy verschleppt hatte, von wo sie nie mehr zurückkehrten. Ich habe ihren Familiennamen genannt, Mossé, aber an diesem Abend hätte ich von keinem der Leute, die ich dort traf, den Nachnamen angeben können. Die Leute kamen an den Tisch und sagten beim Händeschütteln: »Fabien«, oder »Roger«, oder »Nina«; ich war dabei, eine Gesellschaft zu entdecken, in der man nicht unbedingt seinen Nachnamen nannte. Eine Gesellschaft, in der die Schauspieler sagen, daß sie Schauspieler sind, auch wenn sie unbekannt und arbeitslos sind; eine Gesellschaft von Malern und Bildhauern, die in der Mehrzahl in keiner Galerie stehen . . . Ich war vollkommen »fehl am Platz«, und dennoch hatte ich eben meinen Platz im Leben gefunden. In den Märchen gibt es gute Geister, die einen ins Maxim mitnehmen, aber es gibt auch solche, die einen im Flore absetzen, bei Prinzen, die schön, klug, großzügig, lustig und arm sind. Was habe ich doch für ein Glück gehabt!

Sind Sie sich an diesem Abend darüber völlig klar gewesen?

SIMONE SIGNORET: Nein, ich habe das nur gefühlt. Ich war befangen, beeindruckt, verblüfft, schockiert und fasziniert.

Und am nächsten Tag sind Sie wieder hingegangen...

SIMONE SIGNORET: Und am übernächsten. Am Anfang traf ich mich noch mit Claude, und dann sehr bald mit dem Flore an sich. Unsere idyllisch begonnene Beziehung entwickelte sich rasch zu einem freundschaftlichen Verhältnis, ich war noch nicht so weit und hatte Angst; und weil er sehr nett war, sehr verliebt in ein anderes Mädchen und sehr begabt, was seinen ernsten Blick angeht, den er heute noch gern mit Erfolg anwendet, war zwischen uns recht bald alles klar. Wir hatten uns gern und redeten miteinander. Er war sehr viel älter als ich... Er war vierundvierzig Jahre alt! Er beschützte mich und bereitete sich halben Herzens auf den Eintritt in den Rechnungshof vor, wobei er immer noch davon träumte, Filmregisseur zu werden.

Von nun an war für mich alles verdreht und voller Widersprüche. Ein junges, gesundes und ausgeglichenes Mädchen kann nicht nach Feierabend auf den Caféhausbänken des Flore sitzen, bei Leuten, die alle ein wenig verfolgt werden, ein wenig jüdisch sind, unter denen es viele Kommunisten oder Trotzkisten, italienische Antifaschisten, spanische Republikaner, Nichtstuer, Bruder Lustigs, arme Poeten, Mitverzehrer von Lebensmittelkarten, fahrende Gitarristen (hier habe ich Crolla im Sinn) geniale Alleswisser oder zeitweilige Tunichtgute gibt, wenn es seinen Tag damit verbracht hat, Reichsbotschafter Abetz mit Jean Luchaire zu verbinden oder Madame Baudouin dabei zu helfen, die Gästeliste für den Galaabend zusammenzustellen... Das heißt, daß ich zwar meinen Platz auf den Plüschbänken des Flore gefunden hatte, daß aber die Stammgäste des Flore, denen die Kollaboration zutiefst verhaßt war, begannen mir diesen Platz streitig zu machen, weil ich an dem Ort arbeitete, an dem ich eben arbeitete. Das Doppelleben zwischen der Rue du Louvre und dem Flore wurde immer unmöglicher.

Also suchte ich nach knapp drei Monaten, bestärkt durch das, was ich an den Tischen des Flore aus Unterhaltungen mit Schauspielern, Regieassistenten oder Autoren, die alle mehr oder weniger arbeitslos waren, gelernt zu haben glaubte, um ein Gespräch bei Luchaire nach und erklärte ihm, daß ich nicht mehr bei ihm bleiben könne und hiermit kündige. Er fragte mich: »Und was wirst du nun machen?« Ich habe gebluufft und geantwortet: »Filmen.« Er lächelte. Da setzte ich noch hinzu, sicher um dem Anspruch meiner neuen Freunde gerecht zu werden, die mich allerdings dabei nicht sehen konnten: »Jedenfalls gehe ich hier weg, weil ich Ihnen eines sagen will, Monsieur: Sie werden alle an die Wand gestellt.«

Er lachte, wünschte mir »viel Glück«, umarmte mich und fügte noch hinzu: »Wenn du irgend etwas brauchst, weißt du, wo ich zu finden bin.« Er war weichlich, schwach, korrupt, schön, großzügig und, wie ich damals in meiner neuen Kompromißlosigkeit gesagt hätte, ein Feigling. Das kann ich nicht mehr sagen, weil ich weiß, wie er vor dem Hinrichtungskommando gestorben ist, mit einer Zigarette zwischen den Lippen und dem Ruf »Vive la France!«, was für den Internationalisten, als den er sich gern ausgab, ein Anachronismus war, was aber sicher sehr schwer auszusprechen ist, wenn man soeben die Augenbinde verweigert hat und wahrscheinlich am liebsten vor den Grünschnäbeln in Ohnmacht fallen möchte, die amtlich dazu bestellt sind, auf einen anzulegen und soeben abdrükken.

> Sie haben gerade gesagt, daß Sie Luchaire gebluufft haben, als sie erklärten, daß Sie jetzt filmen wollten. Haben Sie sich dabei auch selber gebluufft?

SIMONE SIGNORET: Nein, es war soweit, ich hatte das Tabu gebrochen. Der kleine Teufel, der in mir schon lange, um nicht zu sagen schon immer schlummerte, war ein für allemal erwacht. Ich wollte schauspielern und sagte dies auch, es war nichts mehr, dessen man sich schämen mußte. Vorher, als der kleine Teufel noch schlief, dachte ich einfach so: Alle Leute möchten gern schauspielern, genauso wie alle gern schön, reich und beliebt sein möchten, aber so etwas spricht man nicht aus, das gehört sich nicht, so etwas tut man nicht. Noch heute fällt es mir sehr schwer, an die Aufrichtigkeit von Leuten zu glauben, die behaupten, daß sie in ihrer Jugend nie davon geträumt hätten, Schauspieler zu werden. Ich halte sie gern für Lügner, und bei manchen habe ich wahrscheinlich Recht. Ich machte mir also nichts vor. Auch meiner Mutter machte ich nichts vor, weil das gar nicht ging. Seitdem ich meine neue Welt entdeckt hatte, war ich immer später nach Neuilly nach Hause gekommen, äußerte ich mich anders, und sie verfolgte von ferne – ins Flore hat sie nie einen Fuß gesetzt – die Veränderungen, die sich bei ihrer Tochter abspielten. Wenn ich vom Flore sprach, vermied ich das Wort »Café«; wenn man mich so hörte, war das Flore ein Ort, der auf ein Mittelding zwischen Kantine und Zirkel hinauslief, wo sich »großartige«, »irre interessante« Leute trafen. Sogar mein Wortschatz wandelte sich allmählich, ich antwortete begeistert und ausweichend zugleich, wenn sie genauer wissen wollte, worin diese Leute eben so »großartig« und so »irre interessant« seien. Ich betonte deren Nonkonformismus, der ihrem eigenen in der Episode mit der japanischen Zahnbürste ähnelte, und das sagte ihr zu, doch ich wußte, daß sie dieses »Café« verabscheut hätte, in dem sich alle duzten.

Weil ich immer weniger davon erzählte, was bei der Zeitung vorging, und immer mehr von dem, was ich im Flore während der Zeit entdeckte, die ich vor dem Nachhausegehen dort verbrachte, war sie keineswegs überrascht, als ich ihr meinen Entschluß verkündete, die Zeitung zu verlassen und »Künstlerin« zu werden. Sie reagierte sogar großartig, und das keineswegs in Gänsefüßchen! Trotz der Fallstricke, die sie durchaus gesehen hat, fand sie, daß es den Versuch lohne und hat nichts getan, mich davon abzubringen. Sie verhielt sich wirklich sehr anständig. Wenn sie mich bei *les Nouveaux Temps* kündigen ließ, hieß das, daß sie auf das kleine, aber sichere Monatseinkommen verzichten mußte. Aber gleichzeitig hieß dies auch, daß wir unser Brot wieder in Ehren aßen. Sie sagte mir, daß sie mir vertraue. Das sollte heißen, daß sie auf das vertraute, zu dem sie mich erzogen hatte. Sie hatte Recht. Wenn ich auch nicht gleich »drehen« sollte, würde ich mir auf jeden Fall nicht den Kopf verdrehen lassen... Das wußte sie und sagte es mir auch. Auf diese Weise klärte ich in zwei Tagen meine Probleme mit meiner Familie und meinem Chef, wurde Schauspielerin in spe und ganztags »Floristin«.

Schauspielerin in spe, was soll das heißen?

SIMONE SIGNORET: Zugegeben, in der ersten Zeit meiner ersten Freiheit hieß das nicht viel, es sei denn, im Flore rumzulungern und für mich selber gute Gründe dafür zu erfinden, warum ich das tat. Anstatt im Vorübergehen, nach der Arbeit und vor der Heimfahrt nach Neuilly, dort den Abend zu verbringen, gewöhnte ich mich daran, es so zu machen wie alle, die sich dort trafen, man kann fast sagen: dort wohnten. Das hieß, gegen Mittag hinzukommen, dann mittagessen zu gehen bei Chez Rémy in der Rue des Beaux Arts oder Chez Chéramy in der Rue Jacob auf Marken und häufig auf Pump, oder aber Au Petit Saint-Benoît, auch auf Marken, aber nicht auf Pump. Dann gegen 14 Uhr ins Flore zurückzukommen, um einen Ersatzkaffee mit Saccharin zu trinken. Dann zwischen 15.30 Uhr und 17.30 Uhr im Quartier Latin herumzubummeln, die Place Furstenberg, eine Rue du Chat-qui-pêche, den Cour de Rohan zu entdecken oder auf die Brüstung des Quai des Grands Augustins gestützt den Quai des Orfèvres zu betrachten. Dann pünktlich um 18 Uhr wiederum im Flore aufzutauchen und dort diejenigen wieder zu treffen, von denen man sich um 15 Uhr getrennt hatte, falls es nicht dieselben waren, mit denen man herumgebummelt war. Dann eine Limonade zu bestellen, nur eine, die man bis zum Abendessen strecken mußte. Dann in der vorletzten Metro nach Neuilly zurückkehren, mit einem leichten Schuldgefühl, weil man den ganzen Tag unnütz totgeschlagen hatte, und dann zu versuchen, für die Mutter schönzufärben. Ich hatte zu Unrecht Schuldgefühle: ich war dabei, alles zu lernen, kunterbunt durcheinander, indem ich den anderen beim Erzählen zuhörte. Ich hatte jetzt Zeit.

»Die anderen«, von denen Sie gerade sprachen, wer war das eigentlich?

SIMONE SIGNORET: Das waren Roger Blin, Fabien Loris, Raymond Bussière, Leduc, Decomble, Mouloudji und Crolla, Frankeur, das sind die ersten Namen, die mir für dieses Frühjahr 1941 in den Sinn kommen. Sie sehen, Namen von Stars kann ich Ihnen nicht nennen. Stars gab es dort keine, aber alle konnten Sie Ihnen von der Gruppe Oktober erzählen und halblaut um den Tisch herum von neuem die *Schlacht von Fontenoy* nachspielen, weil sie sie 1934 in den Fabriken gespielt hatten, oder *Numance*, oder *le Tableau de Merveilles*, das ihr Kollege Barrault in einem Speicher in der Rue des Grands Augustins aufgeführt hatte. Sie summten »J'ai seize ans, tu as seize ans, à nous deux, ça fait trente . . .« vor sich hin und redeten von den »Nußknackern«, die noch nicht zurück waren . . .

Von den »Nußknackern«?

SIMONE SIGNORET: Ihre Freunde Jean Rougeul und Sylvain Itkine hatten in Marseilles eine kleine Fabrik für »Süßwaren« gegründet, für die als Rohstoff, wenn ich mich recht erinnere, ausschließlich Nuß- und Mandelschalen verwendet wurden. Die Fabrik wurde mit Hilfe einiger weiterer Flüchtlinge aus dem Flore betrieben, die auf zweifelhafte Visa nach Portugal oder Mexiko warteten. Sie beschrieben ihre Kollegen so lebendig, daß ich, die Neue, einen von ihnen, der es satt hatte, auf sein Visum zu warten, den die Paste aus Mandelschalen anwiderte und der das Exil nicht mehr länger aushalten konnte, bereits erkannte, als er durch die Tür des Café Flore kam, nachdem er mehr oder weniger illegal die Demarkationslinie überschritten hatte, und zwar bevor er mir seinen Namen gesagt hatte. Es kam nicht dazu, Itkine zu erkennen, denn er tauchte nie wieder auf. Als ich mir nach dem Krieg *La Grande Illusion* ansah, konnte ich mir nur mit Mühe vorstellen, daß dieser kleine schüchterne Mann, der Gabin-Maréchal, dem das im übrigen völlig schnurz war, erklärte, daß »diese Tür da« sehr wohl aus dem vierzehnten Jahrhundert sei, derselbe war, der – wie man uns einige Monate später erzählen sollte – in einem Gestapo-Keller unter der Folter gestorben war, ohne daß man ihm auch nur ein Wort hätte entreißen können.

Alle, von denen eben die Rede war, waren arm dran. Sie hatten wenig Arbeit, und weigerten sich sogar manchmal zu arbeiten, wie zum Beispiel Roger Blin. Man hatte ihn aufgefordert, die Szenen, die er mit Marcel Dalio in *Entrée des Artistes* (Künstlereingang) gedreht hatte, mit einem anderen Schauspieler nochmals zu drehen, damit der Film ohne den Juden Dalio herauskommen konnte. Ein alter Freund von Dalio hatte sich sofort darauf eingelassen, an dessen Stelle zu treten . . . Da aber Blin sich weigerte, wurde aus dem Geschäft nichts, wenn man so sagen darf . . . Ich lernte schnell.

Und dann lernte ich vor allem Jacques kennen, der überhaupt nicht da war. Alle ihre Erinnerungen an Gelächter, Zärtlichkeit, Ferien, mutig vom Zaun gebrochene Skandale, Feste, das war Jacques. Damit meine ich Jacques Prévert. Selber hatte ich weder *Drôle de Drame,* noch *Quai des Brumes* (Hafen im Nebel), noch *le Crime de M. Lange* (Das Verbrechen des Herrn Lange) gesehen, aber bevor ich ihn endlich kennenlernte, was erst im Jahre 1942 war, dachte ich schon wie er, sprach wie er, lachte über dieselben Dinge wie er, hatte ihn auswendig gelernt, dank der anderen, die ihn in ihr Herz geschlossen hatten. . . . .

Das hieß es, wenn man im Café Flore herumlungerte und trotzdem seine Zeit nicht vergeudete. Das hieß auch, plötzlich zwischen Picasso und Dora Maar zu sitzen, weil sie mit Jaeger flüchtig bekannt waren und uns beide zum Mittagessen einluden, weil wir nett, jung, hübsch, unschuldig, frech und ungeheuer beeindruckt waren. Und das hieß auch, daß ich mir plötzlich sagen mußte: »Mensch! Du ißt ja mit dem Scharlatan zu Mittag!« Das hieß auch, »Gelb Nr. . . . .« (ich hab's vergessen) für den Maler Soutine zu kaufen, der sich nicht mehr in das Farbengeschäft wagte, aus lauter Angst, von der Inhaberin, die ihn schon seit jeher belieferte, denunziert zu werden. Das hieß auch, sich in der Nummer der gelben Farbe zu irren und sich von einem Herrn anschnauzen zu lassen, dessen Gemälde man nie zu Gesicht bekommen hat, von dem man aber nach seinem Tode entdeckt, daß er ein großer Maler war. Das hieß auch Tränen lachen, wenn ein Schweizer aus der italienischen Schweiz, der die schönsten Runzeln von Humor, Angst und Freundlichkeit im Gesicht trägt, Kräuselhaare und einen Stock hat, einem erzählt, wie er gerade die Büste einer sehr reichen Dame modelliert, die aber so häßlich ist, daß er das Stück jeden Tag noch etwas kleiner macht, um die Häßlichkeit abzumildern. Das hieß, im Quatre Vents mit ihm, seinem Bruder Diego und Jaeger den Vorschuß zu verfressen, den die Dame bereits ausgezahlt hat, die im Begriff ist, zum Schrumpfkopf zu werden. Das hieß auch, im Quatre Vents noch einmal Tränen zu lachen, und fünfundzwanzig Jahre später, in einem prächtigen Penthouse in New York, auf dasselbe Werk zu stoßen, das so groß ist wie ein Paket Marlboro, und das eine sehr mondäne Dame zwischen ihren gelackten Fingernägeln hält, die einem erklärt, daß sie ein Vermögen für diesen Giacometti ausgegeben habe, der sehr selten sei, weil er aus seiner »depressiven Periode« stamme, die ihn dazu getrieben habe, alles sehr klein zu sehen. Das hieß, aus dem eigenen Mund des »Scharlatans«, am Tag danach die Antwort zu hören, die er Deutschen gegeben hat, welche ihn vor einer Reproduktion von Guernica fragten: »Haben Sie das da verbrochen? – Nein, das waren Sie!« und schallend darüber zu lachen, weil er das selber erzählt, und weil es keine Anekdote ist, die man später in allem Ernst in einem Buch über die Besatzungszeit liest. Und dann hieß es auch, sich an einem Junimorgen, während im Rundfunk Léo Marjane »Ah, qu'il était beau, qu'il était grand, mon amant d'la Saint-Jean« sang, von erleichterten Menschen erklären zu lassen, daß sich jetzt alles ändern würde, weil letzte Nacht die Sowjetunion überfallen worden ist und Schluß ist mit dem Hitler-Stalin-Pakt.

Wieviel hatten Sie 1939 von diesem Pakt begriffen?

SIMONE SIGNORET: Überhaupt nichts. Wenn Madame Samuel das ganze Schuljahr bei uns in Vannes geblieben wäre, vielleicht hätte sie uns dann das Ganze gehörig erklärt. Mehr als der Händedruck zwischen Ribbentrop und Molotow hatten mich 1939 die schicken Pelzkappen der »Lottas der tapferen kleinen finnischen Armee« beeindruckt!

Wie haben Sie sich damals materiell durchgeschlagen?

SIMONE SIGNORET: Es war noch ein bißchen Geld übrig von den Orientteppichen, die ich dem falschen Marquis verkauft hatte, und ich veräußerte einige Bücher, die wir in der Familie für Raritäten gehalten hatten, die aber keineswegs alle so selten waren, wie wir geglaubt hatten. Zu Hause fing es an, knapper zu werden, wir retteten einige Sachen, die Freunde meiner Eltern, die Bazaines, vor der Pfändung und Versteigerung bei Drouot bei sich einlagerten, und schließlich wurde die Räumung vom Polizeikommissar von Neuilly vorschriftsmäßig durchgeführt. Meine Mutter entschloß sich sehr tapfer, eine Arbeit als Wäschefrau in Valréas in der unbesetzten Zone in einem Krankenhaus anzunehmen, wo man ihr und meinen kleinen Brüdern freie Kost und Logis anbot. Sie klemmte sich also die beiden kleinen Jungen unter die Arme, und diesmal nur ein Minimum an Paketen, von denen aber eines nichtsdestoweniger einen kleinen Elefanten aus Watte enthielt, der mit grauer Wolle umhäkelt war: es war ein selbstgebasteltes Spielzeug, in dem sie einen alten Revolver meines Vaters versteckt hatte, den sie 1940 nicht auf dem Bürgermeisteramt abgeliefert hatte. Sie hatte nicht die leiseste Absicht, ihn zu gebrauchen, aber so wenig wie man Zahnbürsten beim Feind kauft, überläßt man ihm seine Waffen...

Ich war traurig, daß sie fortgingen, und gleichzeitig erleichtert. Traurig war ich, weil wir vier zum ersten Mal auseinandergingen, erleichtert, da ich nicht mehr schönzufärben brauchte. Ich sage nicht lügen, ich sage bloß schönfärben. Zum Beispiel meine erste Fühlungnahme mit dem Beruf, meinen ersten Tag beim Film, meinen ersten Tag Statisterie schönzufärben...

Dank einer sehr liebenswürdigen Frau, die mich einem ihrer Bekannten, einem Regieassistenten, empfohlen hatte, erhielt ich eines Tages eine Aufforderung, ins Atelier von Saint-Maurice zu kommen. Das las sich ungefähr so: »Sie werden gebeten, sich um 8 Uhr im Atelier Saint-Maurice einzufinden. Dekoration: eine elegante Bar. Kleidung: Frühjahrspelz. Rolle: Statistin. Honorar: 120 Francs. Unterschrift: die Regie. Film: *le Prince charmant*. Produktion: Harispuru.«

Ich stieg in Neuilly in die Metro, nachdem mich meine Mutter und meine kleinen Brüder umarmt hatten, die der Meinung waren, daß ihre große Schwester fortginge, um groß im Kino herauszukommen. An der Metro-Station Château de Vincennes erwischte ich den Holzvergaser-Autobus, in Saint-Maurice fragte ich mich zum Atelier durch, und Punkt 8 Uhr stand ich vor dem Herrn, der mit »die Regie« unterzeichnet hatte, und der mich nach meiner Arbeitskarte fragte. Ich hatte sie »vergessen«... Bevor man damals als Statistin arbeiten konnte, mußte man eine Karte des COIC haben, die von der Propagandastaffel ausgestellt wurde und der Nachweis für rein arische Abstammung war. Er tat so, als glaube er mir, konstatierte, daß von dem in der Aufforderung als Kleidung empfohlenen »Frühjahrspelz« nichts zu sehen war, und sagte mir dann: »Wir werden Sie in den Hintergrund setzen, keine Schminke, das lohnt sich nicht, gehen Sie zur Halle A.« Und in der Halle A verbrachte ich den Tag sitzend an einem Tisch im Hintergrund der »eleganten Bar«, die als Dekoration für die Liebesgeschichte zwischen Renée Faure und Jimmy Gaillard diente, welche die Hauptdarsteller des Films waren.

Ich war sehr betrübt darüber, daß ich nicht geschminkt worden war, so dumm und kindisch war das also! Der Statist, den man als Verlobten, Ehemann oder Vetter an meinen Tisch gesetzt hatte – selbst wenn man nur im Hintergrund saß, gehörte es sich damals nicht, daß diese elegante Bar den Eindruck machte, als säßen nur Frauen ohne Begleitung darin – wunderte sich, daß er mich zum ersten Mal sah. Er war ein echter Profi, besaß bestimmt eine Arbeitskarte und machte sich daran, mich aufzuklären. »Ohne Garderobe, sagte er mir, indem er betrübt das kleine Winter-Frühlings-Herbst-Kostüm musterte, das ich von Vannes bis zur Rue du Louvre und vom Flore bis zum Atelier von Saint-Maurice mit mir herumgetragen hatte – wirst du nichts ausrichten können.« Er selber verfügte über alles: einen Jagdanzug, einen weißen Smoking, einen Spenzer und einen Glencheck-Anzug. Von Zeit zu Zeit gab ein großer, sehr gut aussehender junger Mann durch: »Ruhe bitte! Meine Damen und Herren Statisten, auf mein Zeichen hin klatschen Sie Beifall.« Und da mein falscher Ehemann, falscher Vetter, falscher Verlobter diese Anweisungen sehr sorgfältig befolgte, klatschte ich auch Beifall zu Dingen, die ich nicht gesehen hatte, da man dabei war, die Gegeneinstellung für das zu machen, was aufgenommen worden war, als der sehr schöne junge Mann gesagt hatte: »Die Damen und Herren Statisten können nun die Bühne eine halbe Stunde lang verlassen.« Am Ende dieses Arbeitstages erfuhr ich, daß ich ins Bild gehörte und deshalb am nächsten Tag wiederkommen sollte, »zur selben Zeit, und in der gleichen Kleidung«.

In der Metro, die mich an diesem Abend nach Neuilly zurückbrachte, ohne daß ich einen Abstecher zum Flore machte, war ich etwas ratlos darüber, wie ich meiner Familie den Verlauf dieses ersten »Filmtages« erzählen sollte. Er hatte mir überhaupt nicht gefallen, dieser erste Tag, und ich wußte nicht, wie ich ihn beschreiben sollte. Daher habe ich vermutlich schöngefärbt: das ist es eben, was ich gerade sagen wollte...

Ich glaube nicht, daß auch nur ein einziger von uns – ich spreche von den Schauspielern – sich den Fragen seiner Familie nach den ersten Schritten in seinem neuen Beruf stellen konnte. Dieser Tag, den ich im Hintergrund der »eleganten Bar« mit einem berufsmäßigen Statisten zugebracht hatte, der in keinerlei Beziehung zu meinen Freunden aus der Gruppe Oktober und noch weniger zu meiner Mutter stand, die Proust feinsinnig kommentieren konnte, also mein erster Tag im Atelier war so blöd, zusammenhanglos, enttäuschend und mechanisch verlaufen, daß ich nicht in aller Ehrlichkeit darüber berichten konnte. Denn Ehrlichkeit hätte bedeutet, sich zu sagen: »Das ist unmöglich, das ist einfach zu blöd.« Statt dessen habe ich schöngefärbt. Ich habe sicher gesagt, daß ich sehr müde sei, und daß ich am nächsten Morgen früh aufstehen müsse, weil ich wieder bestellt sei, und dabei zu verstehen gegeben, daß ich am Spiel- und Handlungsverlauf von *Prince charmant* einen so großen Anteil habe, daß meine Anwesenheit einfach unerläßlich war. Ich hatte mich dafür verachtet, ein Objekt zu sein, das Beifall klatschte – für nichts und wieder nichts, und 120 Francs für dieses Beifallklatschen bekam, ich verachtete mich dafür, am nächsten Morgen wieder hinzugehen, und dafür, daß ich nicht die Wahrheit sagte. Man kann es drehen und wenden wie man will, das ist es, was ich schönfärben nenne.

Doch bestand meine Schönfärberei hauptsächlich in dem, was ich ausließ. Vom ersten Tag an, den ich im Atelier von Saint-Maurice verbracht hatte, war es mir klar geworden, daß das mit dem »Vergessen« der COIC-Karte nicht endlos so weitergehen konnte. Entweder hatte ich von nun an mit Leuten zu tun, die das Risiko eingingen, ein Auge zuzudrücken und so taten, als glaubten sie mir (das war für sie, das kann ich Ihnen versichern, schon eine Art »Widerstand zu leisten«), oder ich würde es mit Schweinen zu tun haben, die mir nicht gestatten würden zu arbeiten, was für sie eine Art war zu kollaborieren: bei der »Wiedergeburt« des französischen Filmwesens!

Und diese Karte des COIC konnten Sie nicht bekommen?

SIMONE SIGNORET: Ich habe nie den Versuch gemacht, danach zu fragen. Nach den neuen Gesetzen war ich nur Halbjüdin. Aber ich hatte nicht die Taufurkunde, die nötig war, wenn man zur richtigen

Seite gehören wollte. Ich war zwar in Wiesbaden vom Feldgeistlichen der Besatzungsarmee notgetauft worden (sicher um meiner Großmutter Signoret-Dubois-de-Poncelet eine Freude zu machen), aber da 1921 niemand vermuten konnte, daß dieses Taufzeugnis eines Tages zu einem entscheidenden Dokument für meine Zukunft werden würde, hatte man dieses Papier nicht aufgehoben . . .

Sie hätten den Pastor Ebershold bitten können, sie zur gleichen Zeit wie Ihre Brüder protestantisch zu taufen . . .

SIMONE SIGNORET: Das hätte ich tun können. Er hätte es sicher gemacht. Ich habe ihn nicht darum gebeten.

Das war doch recht leichtsinnig, oder nicht?

SIMONE SIGNORET: Das war leichtsinig, und bestimmt nicht klug, und vor allem nicht »vernünftig«.

Sie hätten doch Luchaire bitten können, die Sache in Ordnung zu bringen?

SIMONE SIGNORET: Das hätte ich tun können. Er hätte das sicher sehr gut gemacht und wäre deswegen sehr mit sich zufrieden gewesen. Ich hatte bei *les Nouveaux Temps* einen viel zu günstigen Platz gehabt, um dies nicht zu wissen.

Warum also nicht?

SIMONE SIGNORET: Wenn ich mich wieder in das junge Mädchen hineinversetze, das ich damals war, kann ich auf diese Frage nicht antworten. Ins Atelier war ich auf den Namen Signoret bestellt worden. Den Namen Kaminker hatte ich unterschlagen, weil er für Kenner zu wenig bretonisch war. Heuchlerisch spielte ich mit dem »Sind Sie mit dem großen Gabriel Signoret verwandt? – . . . Ein Onkel . . .«; Hierin tat ich es meiner Großmutter mit ihrer Mystifizierungs-Nummer auf den Bänken von Neuilly nach. Zur gleichen Zeit spazierte ich mit einem echten Personalausweis auf den Namen Kaminker in der Gegend herum.

War das irgendwie unbewußt?

SIMONE SIGNORET: Nein, das war ein Spiel. Es war nichts Heldenhaftes daran, weil es niemand von Nutzen war. Ich spielte es nur für mich selber aus Opposition gegenüber einer bestehenden Ordnung, die ich restlos ablehnte. Es war auch nicht, weil ich irgendeine Zugehörigkeit zu einer jüdischen Gemeinschaft empfand, von der ich nie eine Ahnung gehabt hatte. In jedem Fall zog ich es vor, dieses Spiel ganz allein zu spielen, ohne Zeugen für künftige Niederlagen, die ich nach diesem ersten Drehtag bereits geahnt hatte.

Sie hatten noch nichts angefangen ...

SIMONE SIGNORET: Ich hatte begriffen, daß ich beruflich gesehen an einer Slalomkonkurrenz teilnahm, zu der man sich jederzeit anmelden konnte. Ich konnte dabei mein Bestes tun, um nicht durch die falschen Tore zu geraten oder sogar die richtigen zu erwischen, aber am Ziel konnte mich das nicht auf die Bühne führen. Bevor man nämlich auf die Bühne steigen konnte, mußte man den Ausweis des COIC haben. Ich will versuchen, jetzt nicht mehr von diesem verfluchten Fetzen zu reden, aber ich glaube trotzdem, daß es wichtig ist, den jungen Menschen – und ich kenne einen Haufen davon, die heute schauspielern wollen – beizubringen, daß die Barrieren in unserem Land vier Jahr lang nicht von den Kinobesitzern, den Regisseuren, den Verleihern, den Produzenten aufgerichtet wurden, sondern schlicht und einfach und ohne Rücksicht auf das potentielle Talent von Polizisten, die sich an die deutschen Rassegesetze hielten. Also gut, ich versuche nicht mehr weiter darüber zu faseln, aber das wird mir sehr schwerfallen. Weil ich nämlich jedes Mal, wenn ich während dieser vier Jahre hätte »landen« können, nie zu etwas anderem gekommen bin als zur Statisterie, zur sprechenden Statisterie oder zu kleinen Rollen, die im Vorspann nicht erwähnt wurden.

Stellt die sprechende Statisterie einen Fortschritt gegenüber der stummen dar?

SIMONE SIGNORET: Das ist eine Statistenrolle, bei der gesprochen wird. Das kommt kurz vor der kleinen Rolle. Es geht nur um ein oder zwei Sätze. Das heißt, daß jemand, der mitten in der Menge an einem Tisch sitzt, genau in dem Augenblick, an dem die Kamera den Abgang des Hauptdarstellers verfolgt und über den Tisch schwenkt, an dem er sitzt, sagt: »Es ist heiß« oder »Ober, zahlen!« Konkret bedeutet die sprechende Statisterie aber das dreifache Honorar am Ende des Arbeitstages. Ich bin keine große Anekdotenerzählerin, aber trotzdem kann ich mir nicht verkneifen, die berühmte Replik eines bekannten Produzenten zu zitieren, der die Funktion des Produzenten, des Regisseurs und des Finanzchefs in seiner Person vereinigte und einem Statisten, welcher ihm vorhielt, daß sein Honorar nicht mehr 120 Francs, sondern 500 betrage, weil er gesprochen hatte, folgendes entgegnete: »Na und! Da hast du halt eine Gelegenheit verpaßt, das Maul zu halten!«

Leben, das heißt Überleben, müßte ich sagen, konnte ich nur dank der winzigen Sprechrollen. Am Ende meines zweiten Drehtages als Statistin in der mondänen Bar sprach mich das Skriptgirl an, dem ich aufgefallen war – ganz nebenbei weise ich darauf hin, daß es immer sehr viel vorteilhafter ist, dem Skriptgirl aufzufallen, als dem Produzenten – und sagte zu mir: »Monsieur Boyer wird gleich anschließend einen weiteren Film produzieren, und Sie werden einen Satz zu sprechen bekommen.« So spielt sich so etwas beim Film ab, sofern man nicht zu blöde ist, in seiner Ecke Ruhe hält, und es auffällt, daß man sich für das interessiert, was vor sich geht. Mir widerfuhr das schon am zweiten Tag, weil das Publikum der mondänen Bar so zusammengeschmolzen war, daß wir nur noch zwei oder drei Staffage-Statisten waren, die »ins Bild gehörten« und dadurch auch stärker in die Handlung einbezogen und nicht mehr aufgefordert wurden, im Hof spielen zu gehen, während die Erwachsenen am Arbeiten waren. Ich sah zu und verstand viel besser, was vor sich ging. Ich war dabei zu lernen. Und da man mir das sicher ansehen konnte, kam ich auf diese Weise zu meiner ersten Sprechrolle.

Das war in einem Film mit dem Titel *Boléro*, dessen Hauptdarstellerin die Arletty war. Ich mußte einen Satz sagen, während ich die Treppe des Modehauses hochging, für das ich einen Tag lang als »Schneiderlehrlings-Sprechrolle, Honorar 500 Francs« eingestellt war. Der Satz lautete wie folgt: »Madame! La comtesse d'Arménise erwartet Sie im Salon«, oder auch: »Madame la comtesse d'Arménise erwartet Sie im Salon.« Gesprochen wurde er in die Kulissen. Sie fanden mich recht komisch, und ich war um so komischer, als ich nicht wußte, daß Arménise der Name des leitenden Kameramanns war, und daß ich an einem intimen Gag teilgenommen hatte. Sie sagten mir, daß ich eine natürliche Art zu sprechen hätte, was mich sehr freute. Das mit der »vergessenen« Karte des COIC hatte sehr gut geklappt. Was den Lohn für einen Arbeitstag anging, war er im Vergleich zu meinen 1400 Francs monatlich bei der Zeitung schwindelerregend. Das alles spielte sich im Atelier Pathé in der Rue Francœur ab. Und da man mich komisch gefunden hatte, wurde den Direktoren der Firma Pathé nahegelegt, mich in eine Schule aufzunehmen, die sie soeben gegründet hatte, die sich Cours Pathé nannte und von Solange Sicard geleitet wurde.

Solange Sicard war eine sehr liebenswerte Frau. Sie hatte ein wenig unter Jouvet gespielt, sie hinkte infolge einer Kinderlähmung, sie hatte nie Erfolg gehabt, war aber darüber nicht verbittert, sie war eine gute Lehrerin, soweit es überhaupt Schauspiellehrer gibt. Sie brachte mir nicht bei, wie man es machen soll, aber sie lehrte mich, was man unbedingt vermeiden muß. Wie zum Beispiel die Verben dehnen. Man darf nie sagen »Je vous *hais*«, sondern: »Je vous hais«: das hört sich unbedeutend an, ist aber sehr wichtig. Sie hatte mich sofort als Komikerin – infolge eines kleinen Sprachfehlers, wegen dem ich ch und j im Französischen immer etwas zischend aussprach – unter meinen Klassenkameraden eingeordnet, die Suzanne Flon, Jacques Dynam, Andrée Clément, André Valmy, Jacques Dufilho, Liliane Bert und Hermantier hießen. Die Kurse fanden zweimal wöchentlich statt. Was mich angeht, habe ich immer nur eine Szene im Hinblick auf Regisseure, die auf Talentsuche waren, richtig beherrscht: Es war die Szene des zweiten Aktes von *la Femme en blanc* von Marcel Achard, die ich mit meinem Kollegen Dynam »aufsagte«. Daß ich das Wort »aufsagen« gebraucht habe, liegt daran, daß ich mich nicht daran erinnere, damals unter »Spielen« irgend etwas anderes verstanden zu haben, als seinen Text sehr gut zu kennen und ihn in der vom Lehrer angegebenen Form aufzusagen. Merkwürdigerweise befand ich mich in derselben Verfassung wie am Sankt-Karls-Tag im Lycée Pasteur.

Wie dem auch sei – das anspruchsvolle Projekt der Firma Pathé lief darauf hinaus, eine Schule für Nachwuchstalente zu gründen, so wie es sie bei den großen amerikanischen Filmgesellschaften gab, und selbstverständlich auch bei der UFA im Nazi-Deutschland. Die Belohnung sollte, wenn man fleißig gearbeitet hatte, in einem Vertrag bestehen, dessen Summe ich vergessen habe, und zwar aus gutem Grunde, und der ein kleines Fixum garantierte, und vor allem in Engagements in den Filmproduktionen der Firma Pathé. In *la Femme en blanc* war ich sicher aus den bereits genannten Gründen nicht überwältigend, aber da wir alle aus demselben Schmelztiegel kamen, war ich sicher auch nicht schlechter als die anderen.

Verstoßen wurde ich von der Firma Pathé, weil ich beim Drehen eines kleinen pseudomedizinischen Streifens mitgewirkt hatte, ich glaube mit dem Titel *Wie man seine Schüchternheit überwindet*, in welchem ich die keineswegs schüchterne Freundin von Liliane Bert abgab und sie das arme, schüchterne Mauerblümchen, das sich nirgends durchsetzen konnte. Das Ganze, das rasch in einem Metro-Waggon heruntergekurbelt wurde, hatte nur zwei Drehtage erfordert und sollte als Film sieben Minuten laufen. Man muß schon annehmen, daß die Zensur wachsam war, da die Firma Pathé mir mitteilte, daß ich sie über meine besondere Situation hätte informieren sollen ... Und daß ich Verständnis dafür haben müsse, daß in meiner Situation von einem Vertrag oder auch nur von der Zugehörigkeit zum Cours Pathé keine Rede mehr sein könne.

Mutter Sicard gab auch zu Hause Unterricht. Ich ging hin, sie ließ mich nie auch nur einen Sou bezahlen, und ich traf dort die anderen, von denen einige den berühmten Vertrag mit dem kleinen Fixum geangelt hatten. Von der schmerzlichsten und traurigsten Niederlage jener Zeit will ich jetzt gleich erzählen, und dann gehen wir zu den erfreulicheren Dingen über. Louis Daquin hatte Probeaufnahmen mit mir für *le Voyageur de la Toussaint* gemacht. Wir waren sechs Mädchen und sieben Jungs. Von den Mädchen behielt er nur mich, und ich mußte allen sieben das Stichwort geben. Anscheinend hatte ich die Sache in der Tasche, und alle im Atelier glaubten am Ende des Tages, daß ich engagiert sei. Und trotz allem, war mir bekannt war, hatte ich auch angefangen, daran zu glauben. Es kann doch nicht verboten sein, einmal zu träumen! Aber Louis durfte mich nicht engagieren, er redete mit mir über meine Haare, die nicht gut genug frisiert seien, er war untröstlich, machtlos, und wagte nicht mir zu sagen: »Sag' mal, du hast doch keine Papiere, ich kann dich nicht nehmen . . .« Das waren die Dinge, die man nicht aussprach. Also kam ich in *le Voyageur de la Toussaint* zu einer sehr hübschen Nebenrolle. Und es war bereits außerordentlich nett von ihm, daß er an mich gedacht hatte!

Bevor ich von dem erzähle, was ich gerade die erfreulicheren Dinge genannt habe, möchte ich ein Wort über die Nebenrolle sagen, da ich das sonst vergesse. Es ist sehr schwierig, im Film eine Nebenrolle zu spielen. Im Theater ist das anders; wenn man nur den Rosenkrantz im *Hamlet* spielt, ist man trotzdem Teil eines Ganzen und hat wochenlange Proben, die Kaffeepausen und das Lampenfieber der Premiere erlebt. Im Film ist das völlig umgekehrt. Sagen wir einmal, Sie spielen die Kusine. Auf dem Aufforderungsschreiben haben Sie lesen können: »Rolle: Kusine. Bild: Hochzeitsschmaus und Testamentseröffnung.« Seit diese Aufforderung mit der Post gekommen ist, träumen Sie von dieser Kusine, die sie ein oder zwei Tage von Ihrem eigenen Leben werden verkörpern müssen, ohne überhaupt etwas über sie zu wissen. Ob es nun eine arme Kusine ist, eine verführerische Kusine, ob es nun die Kusine der Braut ist, oder die des Bräutigams, in welchem Fall sie vielleicht in den Bräutigam verliebt ist, oder vielleicht auch eine habgierige Kusine, die bei der Testamentseröffnung maßlos enttäuscht sein wird. Kurzum, Sie träumen von irgend etwas, wovon Sie überhaupt nichts wissen, weil Sie das Drehbuch nicht gelesen haben. Sie kommen im Atelier an, und die Garderobiere der Produktion – das heißt also nicht die Chefgarderobiere – empfängt Sie und sagt dazu: »Was machen Sie? Ach so, die Kusine? Garderobe 4.« »Sie sind die Kusine! . . . Gehen Sie zum Schminken, Mademoiselle!« Der Erste Maskenbildner hat keine Zeit, sich um Sie zu kümmern, weil er sich eben um seinen Star kümmert, er gibt seinem blutjungen oder steinalten Assistenten, der Sie oberflächlich beschmiert, ein paar Instruktionen. Selber ist er währenddessen dabei, mit äußerster Sorgfalt das Gesicht einer Dame oder eines Herrn zu modellieren, die Sie nicht gleich erkennen, weil das Schminken erst angefangen hat und sie noch Lockenwickler in den Haaren haben. Von Zeit zu Zeit läßt er sein Werk eine Sekunde lang im Stich, um mit einem Auge zu überwachen, was man mit Ihnen anstellt. Da Sie vor Lampenfieber halbtot sind, halten Sie den Mund; die aber reden von der gestrigen

Vorführung, von den Außenaufnahmen, die sie hinter sich haben und von der Kuh, die so komisch war, als sie ins Bild tappte. Dann kommen weitere Schauspieler, die zur Familie gehören und ganz genau wissen, daß sie der Vater oder der Liebhaber sind, und sie fangen unweigerlich wieder von den Außenaufnahmen von gestern und von dieser Kuh an... Während Sie sich selber fortwährend fragen, wem Sie sich nachher an den Hals werfen müssen, mit dem freudigen Ausruf: »Ach Julien! Ich bin so glücklich, daß diese Heirat zustandegekommen ist. Ich habe es Dir ja schon immer gesagt, und Du hast es verdient...«, oder auch: »Die arme Tante Jeanne, sie hat Dich ja so geliebt«, also die beiden Dialogfetzen, die man Ihnen per Rohrpost zusammen mit der Arbeitsaufforderung geschickt hat, und die Sie schon sehr, sehr genau auswendig können, ganz haargenau. Gleich werden Sie sie zu jemand sagen müssen, den Sie im wirklichen Leben nicht duzen, mit dem Sie noch nicht zusammen in der Kantine gegessen haben, der nicht weiß, wie Sie heißen und sich beim Schminken bis zu dem Augenblick, wo der Erste Maskenbildner nach einem Blick auf sein Arbeitsblatt »die Kusine« angekündigt hat, fragt, ob sie als Kellnerin für das Hochzeitsessen oder als Kusine engagiert sind. Erwartet wird von Ihnen, daß Sie »in die Haut« des Mitglieds einer Familie »schlüpfen«, mit der Sie in doppelter Hinsicht nichts zu tun haben. (Das jedenfalls meinen die Leute, die nichts davon verstehen, denn man kann nie in die Haut einer Rolle schlüpfen, sondern gibt seine eigene Haut für jemand anders her.) Sie haben nicht den geringsten Grund, über diese Heirat froh zu sein, Sie wissen nicht, inwiefern dieser Herr sie verdient hat – wer die Tante Jeanne ist, ist Ihnen auch völlig schleierhaft, und Ihr Filmvetter sitzt in seinem Sessel, während die Beleuchtung an seinem Double eingestellt wird, das sich im allgemeinen als einer der Statisten entpuppt, mit dem Sie bereits gearbeitet haben und der Sie infolgedessen duzt...

Soviel zu der kleinen Nebenrolle. Ich habe in diesen vier Jahren nicht viele gespielt, und nach 1944 gar keine mehr. Wenn ich heute Filme drehe, beobachte ich immer noch, wie solche kleinen Rollen gespielt werden, und wenn man mir das auch nicht ansieht, erkenne ich doch noch meine eigenen Ängste und Tolpatschigkeiten von damals wieder. Es ist überhaupt kein guter Einfall, mit einem dickleibigen philosophischen Wälzer unter dem Arm anzurücken und ihn auf den Schminktisch zu knallen, um den Eindruck zu erwekken, daß einem das Filmen schnurz ist, während man in Wirklichkeit vor Lampenfieber und Ungeduld fast vergeht. Das verärgert die Komödianten, die keine Philosophie studiert haben, man wird belächelt von den Intellektuellen, die aus eigenem Wunsch Komödianten, aber dadurch keineswegs Schwachköpfe geworden sind. Ich weiß das genau, ich habe den Gag mit dem dicken Wälzer nur einmal und kein zweites Mal probiert!

Aber gehen wir jetzt zu den erfreulicheren Dingen über. Die erfreulichen Dinge, das sind reine Wunder!

Warum Wunder?

SIMONE SIGNORET: Weil es an Wunder grenzt, wenn man sich halten kann, obwohl alle Wege verschlossen sind. Und da man sich nur dank der Anderen halten kann, ist es ein Wunder, daß man ihnen begegnet ist. Es ist ein Wunder, wenn man für die gesamte Drehzeit der *Visiteurs du Soir* verpflichtet wird, weil es im Flore einen Kumpel gibt, der Sabás heißt und einen zu dem Filmkönig Marcel Carné geschickt hat, und einen Carné dann als eine der vier Schloßdamen verpflichtet. Das bedeutet nämlich, daß man in jedem Bild mit drin ist, beim Tanz, beim Bankett, bei der Jagd, entsprechend gekleidet, geschminkt (endlich!), zwar immer noch als Statistin, aber mit einer Art Eigenpersönlichkeit in bezug auf die Handlung, die sich unter den Augen der Schloßbewohner abspielt. Es grenzt an Wunder, wenn man mit der ganzen Gruppe mit in den Midi genommen wird, obwohl diese an der Demarkationslinie zum unbesetzten Frankreich eine Gruppenkontrolle passieren muß. Und es ist ein Wunder, wenn einen Carné den ganzen Film lang behält.

Drei Monate lang war ich eine der wenigen unter den Statisten, die sich hatten halten können. Carné entließ nämlich nach jedem Bild ein paar Leute: er stellte uns in einer Reihe auf, schritt sie wie ein Oberst ab und sagte dabei: »Sie, fertig«, »Sie, fertig«. Mich behielt er. Wir waren nur drei, die beim ganzen Film dabei waren: Arsénio Fregnac, Madeleine Rousset und ich. Carné behielt uns, weil er uns nett fand und wir ihn zum Lachen brachten. Bei den Außenaufnahmen setzte ich mich auch dann, wenn ich nicht gerade drehte, in eine Ecke und schaute zu. Zum ersten Mal hatte ich Umgang mit Stars! Ich guckte mir die Augen aus! Und es war auch nicht irgendwer: es waren Arletty, Jules Berry, Ledoux, Marcel Herrand.

Wir wohnten in Vence. Die Statisten wohnten in der Pension Ma Solitude, an den Bahngeleisen, und die Stars wohnten im Grand Hôtel de Vence, das inzwischen abgerissen worden ist, am Marktplatz, mitten zwischen den Platanen. Um ein wenig mehr zu verdienen, hatte ich angegeben, daß ich ausgezeichnet reiten könne.

Mit Ausnahme von zwei oder drei Leuten, die diese Arbeit angenommen hatten, um in den unbesetzten Teil Frankreichs zu gelangen, bestand der Großteil der Truppe aus berufsmäßigen Statisten, aus solchen mit eigener Garderobe. ... Arsénio war wirklich äußerst komisch. Madeleine und ich – wir waren alle drei unzertrennlich – profitierten sehr viel von seinen Lacherfolgen. Die Arletty, Ledoux und Herrand waren besonders nett zu uns. Auch hier war ein Wunder im Spiel: in Paris wäre nie ein derartiges Verhältnis zwischen den Statisten und den großen Schauspielern entstanden wie in diesem winzigen Provinznest oder in den Schluchten des Verdon, in denen wir auf Pferden der Garde mobile unser Leben riskierten. Ernährt wurden wir bei den Außenaufnahmen sehr schlecht, doch lag das nicht an dem Produzenten Paulvé, sondern an einem Requisiteur für Außenaufnahmen, der Geld sparen wollte, das aber keineswegs auf unsere Pappteller fiel, sondern in seine Tasche. Eines Tages spielte sich sogar eine Szene wie aus Eisensteins *Panzerkreuzer Potemkin* ab, als wir die Schüsseln mit den Bohnen in das Gras eines Felds bei Tourettes kippten, weil die Schloßfräulein und ihre Kavaliere Bohnenkäfer darin entdeckt hatten. Jacques Le Breton, der Toningenieur, lud mich, Arsénio und Madeleine eines Sonntags ein, einen Ausflug nach Saint-Paul-de Vence zu machen. Wir sahen uns den Hof der Colombe d'or von außen an, wagten uns aber nicht hinein und aßen gegenüber ...

Eines Tages sahen wir einen neuen Regieassistenten ankommen, der mit den Statisten sehr sanftmütig, schüchtern und höflich umging, während wir ihm gegenüber recht grob und herausfordernd auftraten. Er war Italiener und Vertreter der Scalera, mit der zusammen der Film in Koproduktion gedreht wurde. Er hieß Michelangelo Antonioni. Bei der Rückkehr nach Paris zur Aufnahme der Szenen beim Bankett und auf dem Ball begegnete ich in der Statisterie unter den Schloßknappen Alain Resnais, Chaumette – der ein sprechender Schloßknappe war – und Jean Carmet, einem Jugendfreund. Carmet gehörte zur Truppe von Herrand und Marchat; auf diese Weise kam ich zu einem Engagement beim Théâtre des Mathurins, und zwar als »Frau aus dem Volk von Theben« in einem sehr schlechten Abklatsch von *Ödipus* mit dem Titel *Dieu est innocent*. Ich war kein »Schloßfräulein« mehr mit einem Honorar von 200 Francs täglich zu Pferde und 170 Francs zu Fuß. Das Honorar der »Frau aus dem Volk von Theben« betrug 15 Francs pro Tag, doch war ich sehr froh darüber, Theater spielen zu können. Marchat spielte den Ödipus, die Balachova spielte Jocaste, Jandeline die Antigone, Claude Magnier den Eteokles oder den Polyneikes, und Erno Crisa den Polyneikes oder den Eteokles, der verabscheuenswerte Vandéric spielte Teiresias und Daniel Gélin den Hämon. Eine Frau aus dem Volke von Theben in einer Menschenmenge zu spielen, lief vor allem darauf hinaus, zusammen mit einigen anderen Tragöden, die in Anbetracht der kleinen Bühne des Théâtre des Mathurins und des bescheidenen Budgets recht wenig an der Zahl waren, wehklagend einige Sätze herunterzuleiern, von denen der längste ungefähr so ging: »Jocaste . . . Königin Jocaste ist tot . . . Weh' uns . . . weh' uns . . . weh' uns . . .« Die Kollegen Tragödienspieler, mit denen zusammen ich wehklagte, hießen Jean-Marx Thibault, Christian Duvaleix, Yvette Ètiévant, Gilles Quéant, Jean Carmet (er hatte zusätzlich noch ein Matrosenlied zu singen) und Arsénio, den Herrand gleichzeitig mit mir verpflichtet hatte. Da *Ödipus* keine sehr lustige Geschichte ist, lag die Bühne stets fast im Halbdämmer, und ein in der Kulisse verborgener Plattenspieler spielte eine Platte mit dem Titel *Volksgemurmel* ab, der unser Wehklagen untermalen sollte, um den Eindruck zu erwecken, daß zweitausend Thebaner unten in der Rue des Mathurins versammelt waren, die uns bloß als Abordnung geschickt hatten. Allerdings kam es bisweilen vor, daß der zerstreute Inspizient die andere Seite der Schallplatte auflegte, die das Etikett *Flugzeugdröhnen* trug. Mit Ausnahme der Generalprobe und vielleicht auch der Premiere und der zweiten Vorstellung kann ich mich an keine einzige Aufführung erinnern, in der das keineswegs zahlreiche Volk von Theben sich nicht schon halb totgelacht hatte, bevor es wehklagend auf die Bühne kam. Das überfiel uns fünf Minuten vorher schon auf der Treppe, ließ uns auch auf der Bühne nicht los und dauerte bis zum Abgang. Auf der Bühne nahmen wir nichtsdestoweniger eine schöne griechische Haltung ein, schlugen die Hände vors Gesicht, senkten trauernd und demütig den Kopf, und kicherten, gackerten und alberten herum!

Eines Tages befand ich mich blödsinnigerweise genau in Blickrichtung von Marchat, kurz nachdem er sich die Augen ausgestochen hatte, und er erwischte mich dabei, und zwar nur mich allein. Die anderen alberten zwar genauso, aber mich mußte er dabei erwischen. Er gab sich große Mühe, um in dieser miserablen Rolle glaubwürdig zu wirken, die ein Herr mit viel Geld hundeschlecht geschrieben hatte; Herrand und Marchat waren von ihm beauftragt worden, das Stück herauszubringen, was diese nur getan hatten, um danach *Deirdre des Douleurs* von Synge inszenieren zu können. Daher kann ich gut verstehen, daß er mein Verhalten übelnahm. So kam es, daß mir das Théâtre des Mathurins kündigte, was mir doch ein bißchen gegen den Strich ging. Ich mußte mich also mit meinen von Galvin geliehenen Bühnensandalen davonmachen. Es waren schwarze Sandalen mit Riemen aus echtem Leder; sie hatten schon in *Golgotha* von Duvivier mitgewirkt, und es wurde behauptet, daß es dieselben seien, die Gabin getragen hatte, denn der hatte sehr kleine Füße.

Es ging mir gegen den Strich, aber ich war trotzdem recht munter: seit der zweiten Probewoche lebte ich zum ersten Mal wie eine Frau mit Hämon-Gélin im fünften Stock eines kleinen Hotels in der Rue Monsieur-le-Prince zusammen. Wir waren gleichaltrig und hatten uns sehr gern. Wir hörten *Daphnis und Chloé* und legten eine 78iger Schallplatte von Bing Crosby auf. Ins Flore gingen wir selten, das Flore machte ihm damals ein wenig Angst. Wir liefen viel auf den Straßen herum und versteckten uns im Eingang der Métro-Station Rennes, wenn es genau Mitternacht war und wir die deutsche Patrouille kommen hörten. Er verstand sich sehr gut mit den Straßenmädchen, die in den anderen Stockwerken des Hotels wohnten. Daher waren sie sehr nett zu mir und liehen mir Schuhe, wenn ich vorsprechen ging. Sie waren recht traurig, wenn es nicht geklappt hatte.

Da Daniel und ich im gleichen Alter waren, war ich zu alt für ihn. Damals begegnete ich Marcel Duhamel. Er hatte mich sehr gern, und war trotzdem gleichzeitig bis über beide Ohren in Germaine verliebt. Da er mich sehr gern hatte, ließ er mich an seiner Freude teilhaben, wenn eine Postkarte von Germaine aus dem unbesetzten Teil Frankreichs eintraf. Ich liebte Germaine aus der Entfernung, ohne sie zu kennen, und ohne Eifersucht. Sie war die Frau, die diesen vierzigjährigen Mann liebte, der mir vom Surrealismus erzählte, mich die Rohfassungen seiner Übersetzungen von Henry Miller lesen ließ, Fletcher Henderson und Red Nichols schon beim Aufstehen auf den Plattenspieler legte, von der Moskaureise der Gruppe Oktober im Jahre 1934 erzählte, mir immer wieder von Germaine berichtete, mich in Zärtlichkeit einhüllte und mich mit seinem leicht inzestbehafteten und väterlichen Schutz umgab, den ich sicher nötig hatte. Und das alles bei fast völliger Mittellosigkeit. Aber schön war es doch.

4

SIMONE SIGNORET: Pierrot Prévert war der erste von den Brüdern Prévert, der nach Paris zurückkam. Und zwar mit einem Drehbuch von Jacques Prévert für einen Film mit dem Titel *Adieu Léonard*, dessen Dreharbeiten zum größten »Unterschlupf« für alle die Ausweislosen des Café Flore wurden.

Die Stars waren diesmal Charles Trenet, der recht unglücklich darüber war, daß er schauspielern mußte, Brasseur und Carette. Die weibliche Hauptrolle spielte die charmante, drollige und hübsche Jacqueline Bouvier. Und dann gab es eine Menge von Kleinrollen für alle die kleinen Berufe, die Jacques Prévert so gern hatte: Blin spielte einen Zigeuner und Vitsoris, einen griechischen Trotzkisten, der sich in Paris versteckt hielt. Ich spielte eine Zigeunerin, ich hatte gekräuseltes Haar und trug ein schönes Kleid. Ich hatte kein Wort zu sagen, und wir flochten Körbe. Mouloudji spielte einen Kaminfeger. Robert Scipion, der damals noch nicht die Kreuzworträtsel im *Nouvel Observateur* erfand, machte den Regieassistenten und außerdem den Pflanzer von Caiffa. Er lief vorbei und schrie: »Caiffa! Caiffa!« Außerdem war da eine junge Frau der Gruppe Oktober, deren Namen ich vergessen habe: Sie war Jüdin und ihr Mann war im KZ. Sie hatte ihre kleinen Kinder in Paris gelassen, um diesen Film mit uns zu drehen und ein wenig Geld zu verdienen, sie weinte die ganze Zeit.

In unserer Mannschaft hatten wir einen Regieassistenten mit Namen Maréchal. Die eine Hälfte seines Gesichts war von klassischer Schönheit, und die andere völlig narbenzerfetzt. Das Schöne und das Schreckliche. Es war ein Andenken an Spanien. Er war der Held einer der Episoden von Malraux' Spanienfilm *L'Espoir* (Die Hoffnung) gewesen.

Wir wurden alle zu den Dreharbeiten in Dax in Südwestfrankreich mitgenommen. Es war schönes Wetter, wir hatten Arbeit: es war wie ein Atemholen. Doch vor allem war es das Café Flore auf einem Ausflug! Es war schon ein Glückstreffer für mich, so jung genau mit diesen Leuten in gerade dieser Produktion zusammen zu sein, bei der nicht der geringste Unterschied zwischen Statisten, Schauspielern, Technikern und Stars gemacht wurde. Brasseur und Carette erzählten in einem fort Anekdoten. Carette fing mit einer an, Brasseur schien sich darüber halb totzulachen, hatte aber schon die nächste auf Lager. Trenet war der einzige unter uns, der über Geld verfügte. Er kaufte in der Gegend ganze Schinken für uns ein und wir machten uns gierig darüber her. Das Skriptgirl Witta plagte ihn, weil er »tran-way« sagte, und sie ihm unbedingt beibringen wollte, »tram-way« zu sagen. Wir setzten uns mit ihm ins Gras, und er machte Lieder. Er erfand etwa zehn am Tag, die er sofort wieder vergaß. Es gab auch einen Zigeuner – diesmal einen echten – einen Vetter von Django wohlgemerkt, der Camembert hieß und Gitarre spielte. Sowie Trenet anfing, eine Melodie zu summen, machte Camembert mit seiner Gitarre weiter. Mit den Anekdoten von Brasseur und Carette, den Späßen von Jacqueline Bouvier, Pierrot und Lou Bonin und den kleinen Konzerten von Camembert und Trenet bekamen wir ständig etwas geboten.

Zurück fuhren wir mit dem Zug, und ich befand mich im selben Abteil wie Carette, seine Frau Ninette und Maréchal. Eine halbe Stunde nach unserer Abfahrt von Dax wurde der Zug auf freiem Feld gestoppt. Deutsche Polizei. Kontrolle. Die Papiere. Carette zog seinen Personalausweis hervor, Ninette den ihren. Die Fritzen sahen Maréchal an: so ein Kriegsbeschädigtengesicht nötigt Achtung ab, und sie schlugen die Hacken zusammen, als sie ihm seinen Ausweis zurückgaben. Mein eigener Personalausweis lautete immer noch auf den Namen Kaminker. Die beiden Kerle hatten eine Art großes Wörterbuch dabei, und sie fingen an zu suchen, ob der Name Kaminker darinstand. Mir schien es, als dauerte das lange, sehr lange, länger als eine Stunde. Ninette und Carette sahen zum Fenster hinaus. Maréchal ließ mich nicht aus den Augen, er fixierte mich, er drückte mir mit seinem Blick den Daumen... Die Fritzen blätterten ein zweites Wörterbuch durch. Dann schlugen sie es zu, gaben mir meinen Personalausweis zurück und verließen das Abteil. Niemand sagte ein Wort, ich sagte nicht einmal »Uff«. Maréchal lächelte mich an, und ich lächelte zurück.

Einige Monate gingen ins Land, und eines Tages erfuhr ich, was mit Maréchal geschehen war, der urplötzlich aus den Filmateliers verschwunden war. Wie man mir sagte, war er als Widerstandskämpfer ins Maquis gegangen und hatte im Vercors den Tod gefunden. Die Ursache dafür war ein englischer Fallschirmspringer, der sich dort verbarg und unvorsichtig gewesen sein muß. Sie wurden beide von den Deutschen geschnappt und auf der Stelle erschossen. Die Deutschen gingen bis ins erste Dorf hinunter und verkündeten: »Da oben liegen zwei Leichen. Ihr könnt sie beerdigen.« Die Bauern bestatteten die beiden Toten und schrieben schlicht auf ihre Gräber »Ein Blonder« für den Engländer und »Ein Brauner« für Maréchal. Es geht das Gerücht, daß sich eines Tages zwei Frauen, die einander nicht kannten, an diesem Grabe trafen und feststellten, daß Maréchal zwei Frauen gehabt hatte: Maréchal, der nie redete.

Auf dem Bahnhof d'Austerlitz wartete an diesem Abend jemand auf mich, als der Zug aus Dax ankam. Diese Begegnungen auf Bahnhöfen sind im Kino allzu oft benutzt worden, als daß man nicht befürchten müßte, ins Klischee abzurutschen. Daß sie aber so oft benutzt wurden, liegt eben daran, daß sie die Wirklichkeit so gut wiedergeben. Das schüchterne, keusche, ungeschickte Benehmen eines Mannes und einer Frau, die sich nach drei Wochen Trennung wiederfinden, wo ihre Liebesgeschichte doch erst drei Tage vor der Abfahrt der Frau angefangen und sich jeder für sich während der drei Wochen gefragt hat, ob der andere genausoviel an einen denke wie man selbst an ihn, läßt sich schauspielerisch gut darstellen... Noch schöner ist es aber, wenn man es tatsächlich erlebt. Unsere Gedanken waren die gleichen gewesen, und so fingen wir, Yves Allégret und ich, ein Verhältnis an, das sechs Jahre dauern sollte.

Sie sind sechs Jahre verheiratet gewesen?

SIMONE SIGNORET: Nein, verheiratet waren wir nur ein Jahr lang, das letzte, von 1948 bis 1949. Es war eine Art Legalisierung, die keine große Bedeutung mehr hatte, da das Schönste, das wir unter riesigen Schwierigkeiten miteinander geteilt hatten, schon vorbei war ... Und das Schönste war, daß wir uns ungeheuer liebten, während wir uns aufs erbärmlichste durchschlugen, um uns schließlich nach der Befreiung gemeinsam durchzusetzen, er als Regisseur und ich als Schauspielerin.

Als sie ihm begegnet sind, war er da schon Regisseur?

SIMONE SIGNORET: Das war er, aber weil der einzige Film, mit dem er das hätte beweisen können, im Entwicklungslabor verbrannt war, blieb er für die Filmleute der Champs-Elysées der Bruder von Marc, der Regieassistent... Im Flore war er ganz einfach Yves. Als früheres Mitglied der Gruppe Oktober hatte er einen sehr hübschen Kurzfilm mit dem Titel *Prix et Profits, ou l'histoire d'une pomme de terre* (Preis und Profit, oder die Geschichte einer Kartoffel) gedreht. Er war einer der vier oder fünf jungen Leute gewesen, die Trotzki in Barbizon als Sekretär gedient hatten. Seine Familie wollte nicht viel von ihm wissen. Von mir wollten sie überhaupt nichts wissen, mit Ausnahme der zarten Nadine Vogel, die damals die Frau von Marc war und deren Schwester Marie-Claude-Vaillant-Couturier man soeben nach Auschwitz deportiert hatte. Der einzige Kontakt, den ich je mit der Familie Allégret hatte, bestand darin, daß ich in einem winzigen Zimmer des Hotels Saint-Yves, in dem wir wohnten, von einer Dose Gänseleberpastete kostete. Diese war am selben Morgen von den Beständen abgezweigt worden, die die Schwester Allégrets in ihrer Wohnung im dritten Stock eines herrlichen Gebäudes aus dem achtzehnten Jahrhundert gehortet hatte, das den Vorteil besaß und immer noch besitzt, sich gegenüber der Terrasse des Café Flore zu befinden. Gewöhnlich ließ mich Allégret bei einer Tasse Ersatzkaffee mit Saccharin sitzen und sagte zu mir: »Ich seh' mal nach wie es ihnen geht«, überquerte den Boulevard Saint-Germain, war nach zehn Minuten wieder da, zog heimlich eine Konservendose aus der Tasche, steckte sie sofort wieder zurück und sagte zu mir: »Es geht ihnen sehr gut.«

Mir war es recht, daß es ihnen gut ging, weil es mir lieber ist, wenn es Leuten gut geht, auch wenn ich sie nicht kenne. Ich kannte sie nicht, sie kannten mich nicht, wir waren alle sehr diskret. Die ihnen eigene Diskretion war und blieb beispielhaft. Weder bei der Geburt meines ersten Kindes im Jahre 1945, noch bei seinem Tod neun Tage später, noch bei der Geburt von Catherine im Jahre 1946 setzten sie sich je über ihre angeborene Diskretion hinweg.

Dazu muß gesagt werden, daß die Diskretion zwar auf dieser Seite des Boulevard Saint-Germain üblich war, weniger aber auf dem zuständigen Bürgermeisteramt. An dem Tage, wo ich der Meinung war, daß Catherine alt genug sei, zu erfahren, daß sie unter der Rubrik »Vater unbekannt« ins Leben getreten war, beschloß ich, ihr die Sache so zu erzählen, wie ich Ihnen das jetzt gleich erzählen werde. Im Jahre 1946 herrschte zwar wieder Frieden, aber die Rationierung galt immer noch. Ungefähr in meinem sechsten Schwangerschaftsmonat machte ich mich eines Morgens munter zum Bürgermeisteramt an der Place Saint-Sulpice auf, um die Zusatz-Lebensmittelkarten für Butter und Milch abzuholen, auf die ich wegen meiner »anderen Umstände« Anspruch hatte. Als ich am Polizeikommissariat im Erdgeschoß des Gebäudes vorbeikam, dachte ich an jenen Märzabend 1944 zurück, wo wir, Allégret und ich, in eine Razzia geraten und dort einige Stunden lang festgehalten worden waren, und sagte mir: »Was für ein Glück wir doch gehabt haben! Was für ein Glück, daß das alles vorbei ist!« Ich war wirklich in Hochstimmung. Ich trug einen schönen Schottenmantel, der aus einer Wolldecke geschneidert war, die mir Marcel Duhamel 1942 im Tausch gegen eine andere Wolldecke aus Fellimitation gegeben hatte. Diese Wolldecke war immer noch sehr tragbar... Im dritten Stock befand sich ein großer Saal mit einer Art Schaltern, hinter denen die Damen thronten, die die Lebensmittelkarten und die Bezugscheine für Kleidung ausgaben. Sie trugen Hüte, verwalteten Schätze und gaben uns Almosen. Wir Frauen mit den dicken Bäuchen standen Schlange und versuchten einander an der Nase anzusehen, wie viele Monate uns jeweils noch von der Niederkunft trennten. Als ich an die Reihe kam, sagte die thronende Dame zu mir: »Geben Sie mir Ihr Familienstammbuch. – Ich habe kein Familienstammbuch.« Ihre Bemerkung »Also schreiben wir ledige Mutter« schallte durch den Saal und war für die ganze Versammlung gedacht. Da ich weder von einem bösen Mann im Stich gelassen noch Neurasthenikerin war, wiederholte ich: »Ja, ledige Mutter«, und das mit einem Lächeln, das zu verstehen gab: »Und jung! und glücklich! Und du kannst mich mal, du arme Alte.« In den folgenden Monaten wurde das eine Art Spiel für sie. Sie erspähte mich wegen meines Schottenmantels, den ich absichtlich jedes Mal anzog, um die Probe aufs Exempel zu machen... Und bevor ich auch nur drankam, rief sie mir über den Kopf der anderen Frauen mit lauter Stimme zu: »Was ist? Immer noch kein Familienstammbuch?«, und ich sagte zu ihr: »Nein. Immer noch ledige Mutter.«

Im achten Monat verlangte ich von ihr meine Bezugsmarken für Babywolle. Das schien ein großes Problem für sie zu sein. Sie besprach sich mit einer anderen Wohltäterin, beugte sich über ihre Akten und streckte mir schließlich einige kostbare J.K.2 hin, mit denen ich meine Fähigkeiten beim Stricken von Babyjäckchen erproben sollte. Ich ging sofort in der Rue Saint-Sulpice in ein Kurzwarengeschäft, das zwischen zwei religiösen Buchhandlungen lag. Die steinalte Wollhändlerin schaute sich meine Bezugsscheine an, dann meinen Bauch, dann verschwand sie in ihrem Hinterzimmer, kramte eine längere Zeit darin herum und kam schließlich mit khakifarbenen Wollknäueln wieder! Die khakifarbene Wolle war während des Kriegs viel verkauft worden, damit man damit Ohrenschützer für unsere teuren Gefangenen stricken konnte, aber offensichtlich hatte der Krieg nicht lange genug gedauert, um die Lager zu räumen. Ich bedankte mich bei der Ladenbesitzerin, nahm meine Bezugsscheine, stieg die drei Treppen im Bürgermeisteramt wieder hinauf, gab der Madame Fichini de Fleurville-Rosebourg die Marken wieder zurück und sagte zu ihr: »Ich weiß nicht, ob ich einen Jungen oder ein Mädchen bekommen werde. Ich möchte blaue, rosa oder weiße Wolle, aber auf jeden Fall möchte ich mein Kind nicht jetzt schon als Soldat verkleiden«. Und mit dieser schönen Antwort kehrte ich dem Bürgermeisteramt des sechsten Arrondissements den Rücken.

Ich war tief bewegt, als ich es einige Jahre später in Begleitung von Montand wieder betrat, um der Preisverteilung in der Volksschule der Rue du Jardinet beizuwohnen. Catherine bekam dort den ersten Preis als Belohnung für ihren Fleiß und die Fortschritte, die sie im ersten Jahr im Kindergarten gemacht hatte...

>Hat Catherine verstanden, warum sie unter »Vater unbekannt« geboren wurde?

SIMONE SIGNORET: Da es in meiner Geschichte keine Bösewichte gibt, hat sie das natürlich verstanden. Als ich Allégret begegnete, war er verheiratet und hatte ein Kind. Er lebte seit zwei Jahren von seiner Frau getrennt, er liebte mich, ich liebte ihn, und ich schmachtete nicht nach gesetzlicher Wohlanständigkeit, ich habe ihm nie nahegelegt, sich scheiden zu lassen. Die Gesetze waren damals so, daß ein verheirateter Mann ein außereheliches Kind nicht anerkennen konnte, wenn er bereits ein eheliches hatte. Catherine hat das nicht nur verstanden, sondern ihr gefiel meine Geschichte, die auch die ihre ist, recht gut.

Ich bin ihr eine so gute Mutter gewesen, wie das eben ging. Das, was meine Mutter für mich war, konnte ich für sie nicht sein: ich war nicht die, die sie jeden Morgen weckte und jeden Abend zu Bett brachte. In unserem Beruf geht so etwas nicht. Wenn ich Ihnen gesagt habe, daß ich meinen Brüdern eher eine Mutter war als meinem Kind, trifft das absolut zu.

Wenn ich auf Reisen war, hatte ich das außergewöhnliche Glück, von beispielhaften Frauen ersetzt zu werden, die ich liebte, weil sie mein Kind liebten, weil mein Kind sie liebte und weil ich nie eifersüchtig war. Ich habe das Glück gehabt, daß meine Schwägerin Elvire zur zweiten Mutter von Catherine wurde und das heute noch ist. Catherine hat ihre richtige Mutter nie für sich gehabt, mit Ausnahme der 21 ersten Tage ihres Erdendaseins, als ich sie stillte. Ihr Kopf lag warm auf meinem Unterarm, warm war die Milch, die sie alle drei Stunden schluckte, beklemmend jedes Gramm, das sie seit dem Vortag verloren hatte, entsetzlich die Sicherheitsnadeln, die aufgehen konnten. ... Und rührend die Lippenbewegungen, die man so lange für das erste Lächeln hält, bis einem ein junger Kinderarzt, Raymond Mande, erklärt, daß es vermutlich nur kleine Koliken sind ... Nun ja, es war dasselbe wie bei allen anderen Leuten.

Es hat nicht viel gefehlt, und ich hätte mich gehenlassen und wäre in diesem animalischen und beschaulichen Zustand verblieben. Aber als ob sie mit ihrer Ankunft auf dieser Welt auch gleichzeitig das mit sich gebracht hatte, worauf ich schon so lange wartete, verließ ich das Haus, um die Probeaufnahmen für die erste große Rolle meiner Karriere zu machen, nachdem ich zuvor noch einige Fläschchen für den Notfall zubereitet hatte. Ich hatte naiverweise geglaubt, diese Probeaufnahmen zwischen zwei Stillungen machen zu können. Von einer Freundin hatte ich mir ein Kleid geliehen, das dann von der Milch durchtränkt wurde, die zu dieser Zeit eigentlich durch den Schlund meines Herzenskinds hätte rinnen müssen. Ich kam nach Hause zurück, fünf oder sechs Stunden, nachdem ich fortgegangen war. Catherine hatte bereits ihr erstes Fläschchen probiert, und auf diese Weise war für sie und für mich bereits alles geklärt.

Im Alter von 21 Tagen bekam sie eine Mutter, die nicht mehr die gleiche war wie die, die sie am Tag zuvor noch gestillt hatte. Wenn einen fremde Menschen für eine wichtige Rolle in einem Film engagieren, nachdem sie einen unter zehn anderen sorgsam ausgewählt haben, hört man auf, eine echte Mutter zu sein. Man wird zu einer Berufsschauspielerin. Und der Säugling wird zu einem Schauspielerkind. Wenn seine Eltern noch ein bißchen Sinn für Würde haben, ersparen sie ihm die Puppenspiel-Reportagen, die im allgemeinen sonntags gemacht werden, wenn die Schauspielerin sich nach einer Woche Arbeit endlich mit ihrem Kind beschäftigen kann. Sie beschäftigt sich mit ihm, hat aber auch die Szene im Kopf, die sie am Montag spielen muß, und sie hat Angst vor dieser sonntäglichen Unterbrechung. Sie hätschelt das Kind, schielt aber mit einem Auge auf den Text. Und sie besieht sich ihr Kind und stellt die Fortschritte fest, die es im Laufe der Woche ohne sie gemacht hat. Und dann fragt sie sich, ob sie nicht doch gerade etwas Wichtiges verpaßt. Weil sie aber montags ganz froh ist, wieder zu ihrer zeitweiligen Familie zu stoßen, stellt sie sich keine weiteren Fragen.

Catherine ist meine Tochter, sie ist die Tochter von Allégret. Im Alter von drei Jahren ist sie auch die Tochter von Montand geworden, sie hat auf den Knien von Gérard Philipe gelallt. Sie hat sich von Jacques Becker mit Jod bepinseln und ihre Ferien-Hausarbeiten von Clouzot machen lassen. Die Jahre voller Fehlschläge, Sorgen und Ängste hat sie nicht kennengelernt. Sie ist in die Welt von heute hineingeboren und hat deswegen nie eine Zeit wie ich bei Harcourt-Hollywood durchmachen müssen. Beim Eintritt in unseren Beruf, in dem sie ausgezeichnet ist, hat sie Handicaps überwinden müssen, die das genaue Gegenteil von den Schwierigkeiten sind, die junge Schauspielerinnen aus einem anderen Milieu überwinden müssen. Es ist schwer und ungerecht, wenn man ein Schauspielerkind ist, fragen sie doch mal Romy Schneider, Jane Fonda, Claude Brasseur und fragen Sie Catherine selbst . . . Aber jetzt habe ich doch einen Riesensprung gemacht, weil mir ein Ende dieses khakifarbenen Wollknäuels in die Finger geraten ist! Das liegt sicher daran, daß ich recht schnell zum 6. Juni 1944 kommen will . . .

 Hat sich in den letzten Besatzungsmonaten nichts mehr ereignet?

SIMONE SIGNORET: Es hat sich so viel ereignet, daß ich damit jetzt noch vierhundert Seiten füllen könnte und doch nicht zum Ende kommen würde. Im Verlauf dieser letzten Monate war jeder Tag ein Abenteuer. Er fing mit dem Aufwachen an und hörte erst mit dem Aufwachen am nächsten Tag auf, d. h. wenn man in der Zwischenzeit nach Hause gekommen war. Das war das Schicksal der ganzen Bevölkerung. Einschließlich der Kollaborateure, die spürten, wie gleichzeitig mit der näherrückenden Niederlage der Deutschen ihre guten Tage zu Ende gingen. Sie fingen an, Drohungen zu erhalten. Es gab immer mehr Razzien. Jedermann konnte ohne irgendwelchen heroischen Grund einfach so, ganz aus Zufall aufgegriffen werden. Alle Männer, die im richtigen Alter waren, in Deutschland Zwangsarbeit zu leisten, hatten mehr oder weniger ihre Papiere gefälscht. Alle befanden sich dadurch in einer illegalen Situation. Die anständigen und ruhigen Familien, die während der ersten Besatzungsjahre diese Ordnung und diese »Korrektur« begrüßt hatten, die Frankreich so nötig hatte . . . entdeckten plötzlich, daß die Deutschen Barbaren waren, weil ihr eigener Sprößling am Ausgang der Fakultät für Politische Wissenschaften in der Rue Saint-Guillaume kassiert worden war, die man zu diesem Zweck an beiden Enden mit französischen Polizeiautos abgesperrt hatte (das waren die Mütter jener Mütter, die 1968 plötzlich beim Versorgen der verschwollenen Gesichter und verätzten Augen ihrer eigenen Sprößlinge entdeckten, daß die Polizei, von der sie geglaubt hatten, sie sei nur da, um den Verkehr zu regeln, auch ganz schön zuschlagen konnte, natürlich ist alles sehr relativ).

Im Wohnviertel tauchten Gesichter auf, die man schon jahrelang nicht mehr erblickt hatte. Manche glaubten, daß sie sich in der

Großstadt besser verstecken könnten. Sie hatten die Dörfer verlassen, in denen sie monatelang unter falschem Namen gelebt hatten. Und das, weil der Kolonialwarenhändler, der nebenbei auch ein wenig der Petainschen Miliz angehörte, mürrisch geworden war und mißtrauisch den falschen Namen auf der Lebensmittelkarte buchstabierte, wenn er sich nicht scheinheilig gab und durchblicken ließ, wie kulant er doch in den vergangenen Monaten gewesen sei... Diese beiden gleichermaßen bedrohlichen Haltungen scheuchten sie in die große Mausefalle zurück. Man spürte, daß das Ende nahe war, und man spürte auch die panische Angst, dieses Ende vielleicht nicht mehr zu erleben, nur weil man blöderweise Brot holen gegangen war. Ich kann mir also vorstellen, was das für die wahren Helden gewesen sein muß.

Haben Sie welche gekannt!

SIMONE SIGNORET: Ich bin vielen begegnet. Daß sie Helden waren, wußte ich nicht.

Sind Sie mit der Résistance in Berührung gekommen?

SIMONE SIGNORET: Wir müßten zuerst einmal klarstellen, was man unter dem Wort »Résistance« versteht... Ich würde lügen, wenn ich das so hinstellen würde, als hätte ich beim Widerstand mitgemacht. Widerstandskämpfer nenne ich nur die, die wirklich ganz bewußt gehandelt haben. Selber habe ich keine Heldentat vollbracht. Ich habe nichts Schlechtes getan, was an sich schon gar nicht schlecht ist. Rückschauend habe ich begriffen, daß ich häufig in gewisse Sachen verwickelt war... Man hatte mich Dinge erledigen lassen, über deren nähere Zusammenhänge ich nicht orientiert war. Ich habe Ihnen bereits von Tante Claire erzählt, bei der ich von 1939 bis 1940 in Vannes wohnte. Im Juni 1941 wurde Jean, ihr Sohn, der einer meiner Freunde war, von den Deutschen in Nantes verhaftet. Tante Claire hat mich gebeten, nach Vannes zu kommen, aber vorher in Nantes Station zu machen und zwei Koffer aus einem Hotel abzuholen. Für mich waren da drin die Wäsche, die Bücher und Sachen von Jean, der in Nantes studierte. Als ich in Vannes ankam, wurden die Koffer aufgemacht: im einen waren Papiere und im anderen war Revolvermunition. Eine Heldin wäre ich gewesen, wenn ich gewußt hätte, daß ich da Munition mit mir herumschleppte. Aber ich machte das in aller Unschuld – was doch rückschauend ziemlich erschreckend ist! Ich erinnere mich, daß aus dieser Revolvermunition kleine Päckchen gemacht wurden, die wir dann in die Rabine warfen, eine Art Meeresarm, der sich bis in die Altstadt von Vannes erstreckte.

Tante Claire ist in Ravensbrück umgekommen. Ich nicht. Es hätte mir genauso passieren können, aber das wäre Zufall gewesen. Wenn man auf dem Quai Voltaire Jean Painlevé mit einer Baskenmütze begegnet, der nicht stehenbleibt und zu Allégret sagt: »Grüß dich, du hast mich nicht gesehen«, und dann hintenach entdeckt, daß er einer der führenden Köpfe des Widerstandsnetzes beim Musée de l'homme ist, so ist das noch kein Widerstand. Und wenn man eine Nacht lang Jaeger bei sich aufnimmt, der eine Viertelstunde vor Mitternacht plötzlich bemerkt, daß er zu müde ist, um nach Hause zu gehen, obwohl er ganz in der Nähe wohnt, ihm ein Feldbett aufschlägt, ohne Fragen zu stellen und um 7 Uhr morgens einen kleinen Zettel findet: »Danke, tschüs, bis bald« und ihn dann nach der Befreiung als Oberst der Francitreurs et Partisans (FTP) wieder auftauchen sieht, der für die ganze Region M, den ganzen Westen Frankreichs zuständig war – das ist auch kein Widerstand. Und wenn man aus einem Hotel-Restaurant, dessen Besitzer Kollaborateur ist, ohne zu zahlen auszieht und eine riesige Fahne zurückläßt, ist das auch kein Widerstand. Und wenn man am 6. Juni abends, am Tag der Invasion, in einen Zug steigt, der einen weit weg von Paris aufs Land bringen soll, ist das ganz sicher auch kein Widerstand. Dennoch hieß das, »ins Maquis gehen« . . .

Was war das für ein Maquis?

SIMONE SIGNORET: Ein persönliches. Ein Allégret-Maquis. Das war La Sapinière, ein großes Haus in Charmes-La-Grande im Département Haute-Marne, das seit Jahren leerstand und in dem es noch die Überbleibsel davon gab, was die Ferienzeit der Kinder des Pastors Allégret – es waren sechs – in den zwanziger Jahren ausgemacht hatte. Ich habe den Pastor Allégret nie kennengelernt, er war schon lange tot. Ich glaube, daß ich ihn gern gehabt hätte, weil er mir gegenüber sicher weniger diskret gewesen wäre als die Familie am Boulevard Saint-Germain. Es war ein leerstehendes Haus, dessen Hausherr aber sichtlich ein guter und großzügiger Mensch gewesen war. Auf jeden Fall hielt sich in dem winzigen Dorf das Andenken an einen herzensguten Mann. Die »Maquisards« waren in der ersten Zeit Serge Reggiani, Janine Darcey, Allégret und ich. Serge war zu jener Zeit noch italienischer Staatsbürger und infolgedessen Deserteur, Allégret wurde vom Reichsarbeitsdienst gesucht, Janine folgte Serge und ich folgte Allégret. Später, das wäre aber zu lang zu erzählen (verzeiht mir, Danièle, Daniel, Serge, Janine, und auch Sie M. und Mme. Reggiani mit ihrem Hund), bestand dieses »Maquis« aus uns neunen: die Eltern von Reggiani hatten ihren Sohn wiedersehen wollen, und ihr Hund war mit ihnen gekommen. Gélin wurde vom Reichsarbeitsdienst gesucht und Danièle hieß neuerdings Delorme aufgrund falscher Papiere, mit denen sie ihren wahren Namen Girard verbergen konnte. Ihr Vater war in London und ihre Mutter, die schon monatelang in Compiègne eingesperrt gewesen war, war schließlich nach Ravensbrück deportiert worden. Danièle war fast noch ein Kind, ich war die ältere von uns beiden. Auch heute noch bin ich die ältere, sie ist kein Kind mehr, und der Abstand wird nie einzuholen sein. Sie ist immer noch meine jüngere Freundin geblieben, und ich bin immer noch verblüfft darüber, wie viel sie weiß und wie ernsthaft sie ist. Das geht nun schon zweiunddreißig Jahre so.

Keiner von uns hatte auch nur ein bißchen Geld. Wir lebten zum großen Teil von dem etwas verwilderten Grünzeug, das weiterhin im ehemaligen Gemüsegarten wuchs. Die Bauern aus der Gegend meinten, daß der Sohn vom Pastor merkwürdige Freunde hätte. Allégret, Gélin und Serge fuhren mit dem Fahrrad auf Hamsterfahrt. Das ging dann so, daß sie stundenlang mit den Bauern redeten, die vor allem unbedingt wissen wollten, wer denn die Damen waren, die man früher nie gesehen hatte, und wer denn der Herr mit dem italienischen Akzent sei, den sie im Tabakladen getroffen hätten. »Also Sie machen einfach bloß Ferien, Monsieur Yves?« ... Manchmal kamen sie mit Eiern zurück, und einmal mit so viel Mehl, daß Madame Reggiani eine antimussolinische Pastasciutta machen konnte ...

Wir hörten den Rundfunk ab. In einem uralten Atlas hatten wir die Umrisse der Sowjetunion auf eine Karte des zaristischen Rußland übertragen. Wir versuchten, auf dieser Karte die befreiten Städte zu finden, die inzwischen andere Namen hatten. Bei der Westfront war das leichter, Saint-Lò und Caen und Evreux, das kannten wir. Die Befreiung von Paris erlebten wir am Radio in Charmes-la-Grande. Wir lachten, weinten, fielen uns um den Hals und waren wütend darüber, das verpaßt zu haben. Gerührt hörten wir die Glocken von Nôtre-Dame läuten, und beinahe wäre wegen der Marseillaise von Rouget de Lisle eine Tragödie passiert. Das Radio spielte in einem fort die Marseillaise. Das war genau der Tag dafür. Serge konnte die Marseillaise nicht ausstehen. Jedesmal, wenn er in seinem Wohnviertel die Marseillaise gehört hatte, wurde sie von irgendwelchen Saukerlen gesungen, die ihm »Makkaroni« nachriefen. Wir aber waren mit einem Schlag wieder stolze Franzosen geworden, und wollten sehr wohl unser Marseillaise hören und sie sogar selber singen und dabei den revolutionären Sinn der ersten Strophe betonen (die zweite weiß bekanntlich keiner). Dieser wunderbare Tag endete ein wenig bitter, und um so bitterer, als zwar die Glocken von Nôtre-Dame geläutet hatten, der Glockenstuhl der kleinen Kirche von Charmes-la-Grande aber, mit Ausnahme seines Stundenschlags, auf patriotischem Gebiet beharrlich schwieg. Die Deutschen waren immer noch da. Nun mußte man den Ablauf des Zweiten Weltkriegs nicht mehr auf einem Atlas, sondern auf einer Départementskarte verfolgen. Einige Kilometer entfernt, bei Chaumont, war die Schlacht in vollem Gange. Wir hörten den Geschützdonner. In einem benachbarten Dorf hatten die Deutschen vor ihrem Abzug ein kleines improvisiertes Blutbad angerichtet. Wir fingen an, uns zu fragen, ob es nicht vielleicht besser gewesen wäre, nicht ausgerechnet hier ins Maquis zu gehen. In Paris hatten es alle so gut, mit ihren Armbinden der FFI und der Pariser Polizei, die niemand mehr Angst einjagte. Man hatte ihr sogar die Ehrenlegion verliehen.

Eines Morgens waren die Männer auf Nahrungssuche und Erkundung ausgezogen. Wir Mädchen machten den Haushalt. Aus dem Fenster vom ersten Stock sah ich dann beim Ausschütteln eines Staublappens ganz unten vor dem Grundstück ein komisches Auto, das eine Acht fuhr, bevor es wieder verschwand. Ein gleichmäßiges

Brummen war zu hören. Da sind wir alle drei bis zur Straße gerannt, die nach links lag und hinter den Bäumen verborgen war. Da war auch das komische Auto. Es war unser erster Jeep. Das Brummen war eine Panzerkolonne. Es regnete, es war ungefähr 11 Uhr morgens. Alle die Kerle da aßen gerade dasselbe, eine Art rötlicher Paste, sie waren braungebrannt, sahen gut aus, und keineswegs wagnerisch... Unter ihnen gab es Gary Coopers, Paul Munis, Spencer Tracys, John Garfields und Donald Ducks. Sie lachten. Mitten zwischen den Bauern hatten sie plötzlich drei Zwitter auftauchen sehen, die als Jungs verkleidet waren und englisch sprachen...

Warum Zwitter?

SIMONE SIGNORET: Weil Serge uns allen dreien die Haare ganz kurz geschoren hatte, und wir Klamotten aus amerikanischen Überschußbeständen aus dem Ersten Weltkrieg trugen, die wir im Speicher aufgestöbert hatten. Wir hatten sogar amerikanische Knobelbecher an. Da waren wir der Mode ganz schön voraus! An dieser Straße, in diesem winzigen Dorf fielen wir schon auf! Sie machten es wie meine Mutter vier Jahre früher, aber diesmal wurde nicht mehr Barrès, sondern eher Hemingway gespielt und fragten: »Who are you? Are you peasants, or what?«* Wir nahmen vier von ihnen mit ins Haus und machten hochgestochene Konversation mit ihnen, während wir darauf warteten, daß die Männer zurückkamen, die wir mit unserem Friedensfang beeindrucken wollten. Sie aber brachten auch vier mit, denen sie auf der Straße kurz vor dem Dorf begegnet waren, und hatten ihre Fahrräder hinten auf den Dodge geladen. Wir redeten von allen den Dingen, von denen wir vier Jahre lang abgeschnitten gewesen waren. Ob Louis Armstrong noch am Leben war? Ja, aber Carole Lombard war gestorben, und Gershwin auch. Ob *Der große Diktator* und *Vom Winde verweht* gute Filme seien? Clark Gable war Oberst! »Was ist das für ein rötliches Zeug, das Sie da gegessen haben? – K.-Rations, wollen Sie etwas davon abhaben?« Aber klar. Die K.-Rations spielten dieselbe Rolle wie früher die Glasperlen in den Ländern, in denen es Gold gab. Wenigstens annähernd, da wir damals nichts im Tausch dage-

---

* »Wer seid Ihr? Seid Ihr Bauern, oder was?«

gen anbieten konnten ... Doch, die Bewunderung auf den Gesichtern der Eingeborenen vor dieser genialen, gefetteten, wasserdichten und hitzefesten Verpackung von der Größe einer Zigarettenstange, in der alles enthalten war, was zur Ernährung, Zerstreuung, Erleichterung, Erfrischung und Stärkung nötig war. Außer auf dem Päckchen mit den fünf Zigaretten und dem kleinen Heftchen Klopapier war auf der Verpackung überall – bei den Fleischkonserven, dem Käse, dem Zitronensaftpulver, der Schokolade, den sauren Drops und den Kaugummis – der genaue Gehalt an Vitaminen und Kalorien aufgedruckt, die ein amerikanischer Bürger zum Leben brauchte. Auch hatten die Hersteller von Fleischkonserven, Käse, Fruchtsaft, sauren Drops, Kaugummi und Klopapier Wert darauf gelegt, daß ihre Boys draußen im Felde erfuhren, daß auch sie zu den Kriegsanstrengungen beitrugen. Aus diesem Grund trugen alle Päckchen das Markenzeichen.

Wir aber freuten uns sehr, auf den Miniaturausgaben der normalen Päckchen der Lucky Strike den roten und weißen Kreis auf grünem Grund zu entdecken. Wir waren hell begeistert davon, daß wir Zitronenlimonade ohne Zitronen und Kaffee ohne Mühle und ohne Ersatz, aber mit richtigem Kaffee machen konnten. Unser »Gary Cooper« war im Zivilleben Pastor, und das Gebetpult im Eßzimmer entging ihm nicht. Unser »Donald Duck« war Kommunist und glaubte naiverweise, daß er das auch noch lange offen verkünden könne. Er war in Moskau gewesen, Allégret auch. In welchem Jahr? Nein, er war später dort gewesen. Madame Reggiani brachte beim Herumreichen der Sektkelche ein bißchen die *thank you's* und *danke schön's* durcheinander ...

Sie blieben einige Tage in der Gegend. Sie hatten Zelte aufgeschlagen, kamen aber ins Haus, so oft sie konnten, weil wir englisch sprachen, weil es bei uns etwas zum Lachen gab, weil wir ihre Musik und ihre Kultur kannten. Als sie abfuhren, machten sie uns Geschenke. Und zwar keinen unnützen Tand: sie gaben uns einen Citroën-Lastwagen, einen Fünftonner, den sie seit Saint Lô mit sich schleppten – aber gar nicht mochten, denn im Einsatz zogen sie ihre Dodges vor! – und zwei BMW-Motorräder, die sie den Deutschen abgenommen hatten und mit denen sie nichts mehr anfangen konnten ... Sie ließen das Ganze auf dem Rasen stehen, sagten »You are wonderful people!«, schrieben ihre Adressen auf, luden uns alle nach New York, Pittsburg und Milwaukee ein und fuhren davon.

Sie fuhren davon, aber eine Zeitlang kamen die anderen wieder: wir lagen mitten im Kessel von Arnheim... Den Lastwagen und die Motorräder hatten wir in einer Scheune versteckt. Dann und wann gingen wir sie bewundern, rührten sie aber nicht an. Und dann mußten die anderen endlich ein für alle Mal abziehen. Und zwei oder drei Tage lang lebten wir ohne Freund und ohne Feind dahin – bis auf einen: ein armer kleiner Kerl von 15 oder 16 Jahren, der sich im Wald versteckt hielt. Er wurde von den Kugeln eines örtlichen Kommandos durchsiebt, da sich zwanzig Mann hoch aufgemacht hatten, um ihn zu erlegen und wie eine Trophäe zum Bürgermeisteramt zu bringen. Er ist wie ein kleiner Hund in seiner viel zu großen Uniform gestorben.

Die Amerikaner kamen wieder. Nicht dieselben, aber die gleichen. Diesmal war es soweit, Charmes-la-Grande war befreit, und die Glocken auf dem Kirchturm läuteten zur Feier des Siegs. Die französischen Trikoloren, die in der vorigen Woche schleunigst wieder eingeholt worden waren, flatterten verwegen an den Fenstern jener mutigen Kopfjäger. Und zu diesem Zeitpunkt trat der Bürgermeister in unser Leben.

Gary Cooper, Donald Duck und ihre Freunde hatten uns, als sie uns ihre Geschenke zurückließen, erklärt, daß das einzige, wovon sie bei schlimmster Strafe nichts abgeben konnten, das Benzin war. Und Benzin brauchten wir. Wir hatten beschlossen, in dem Fünftonner nach Paris zurückzukehren. Wir hatten bereits angefangen, ihn als Wohnwagen auszustaffieren. Wir spielten *Fracasse*. Vor der neuen amerikanischen Truppe spielten wir die Schiffbrüchigen auf dem Festland. Die kulturvolle Atmosphäre in unserem Haus zog sie an. Wir ließen sie ihre Jeeps neben der Küche parken. Im Speisezimmer unterhielten wir uns mit ihnen über Dos Passos und Mae West. Unsere Männer entschuldigten sich einen Augenblick und saugten dann aus Herzenslust, wenn man so sagen kann, mit Hilfe eines Gummischläuchleins die ersten rosa Tropfen des texanischen Golds, das dann schnell ihre vorher bereitgestellten Weinflaschen füllte. Sie spülten sich den Mund unterm Wasserkran aus und setzten sich dann wieder seelenruhig zu uns. Nach einigen Tagen hatten wir zwar noch nicht so viel, daß es nach Paris gereicht hätte, aber wenigstens aufbrechen konnten wir, und auf jeden Fall den »Wohnwagen« aus der Scheune fahren.

Weil sie eben ihren Spieltrieb hatten, konnten die Männer der Versuchung nicht widerstehen, auf der Landstraße mit den Motorrädern ein bißchen wrom-wrom-wrom zu machen. Nur mal sehen, wie sie liefen. Sie liefen sehr gut. So gut, daß es die ganze Gegend mitbekam und sich der Bürgermeister feierlich zu uns begab, um uns das schöne Spielzeug abzunehmen, das er als »Kriegsbeute« bezeichnete... Nicht ohne hinzuzufügen, daß es sehr unfein sei, wenn man als Pastorensohn zum Dieb würde. Daß wir sie geschenkt bekommen hatten, wollte er einfach nicht glauben. Wir haben uns noch lange gefragt, unter welchen Hintern vom Département Haute Marne unsere schönen teutonischen Motorräder schließlich gelandet sind, und für welche Rübentransporte unser Lastwagen hat herhalten müssen, dieses Musterstück der Fließbandarbeit des französischen Proletariats, das beinahe zum Thespiskarren geworden wäre!

Nun, wo man uns unser gemeinsames Transportmittel weggenommen hatte, beschloß das »Maquis« von la Sapinière, auf eigene Faust heimzukehren. Die Reggianis für sich, und Allégret, Danièle, Daniel und ich für uns. Ich ging hochschwanger mit dem kleinen Jungen, der im Alter von 9 Tagen sterben sollte. Ich habe mich an den Straßenrand gestellt und meinen Bauch schön vorgestreckt. Ein Herr hielt an, und ich winkte die anderen herbei, die sich ein wenig im Hintergrund gehalten hatten. Der Herr war guter Laune, er lachte bloß. Er nahm uns alle vier bis nach Paris mit.

So, das hätten wir. Man braucht lang, um diese Zeit von 1940 bis 1944 zu erzählen. Sie dauerte zwanzig Jahre.

Für uns war es zu Ende. Für die in den Konzentrationslagern noch nicht. Für die Soldaten auch nicht. Für die Kollaborateure fing es erst richtig an. Und für alle die, die ihr Leben dabei gelassen hatten, war es schon lange zu Ende.

An einem hochsommerlichen Wintertag in Kalifornien im Jahre 1959 hat Montand plötzlich gesagt: »Im Grunde sind wir die Davongekommenen!« Wir saßen bei Tisch, der Kellner hatte gerade die Wassergläser mit Eiswürfeln vor uns hingestellt. Das Klirren der

Eiswürfel ist das Hintergrundgeräusch bei allen amerikanischen Mahlzeiten, und besonders in Beverly Hills in Kalifornien, wo man den Stadtlärm nicht hört. Man hört nur ein leises Rauschen ... Irgendjemand hatte gerade von den »Mandareens ... von Simone de Biuvuare ... geredet, daß man daraus einen schönen Film machen könnte, besonders aus der Liebesgeschichte in Amerika, aber mit dem übrigen ...« Alle diese Geschichten aus der Besatzungszeit, das sei ja so kompliziert, ... Wir erklärten sehr höflich, daß die Handlung der *Mandarins* nach der Besatzungszeit spiele ... Sind Sie da sicher? ... Aber ja, wir waren da ganz sicher! Auf dieser Seite der Welt konnte man schon den Krieg und die Zeit danach verwechseln. Für sie war das »hei-ho, hei-ho, heioheioheioho« ein Ding, das sie vielleicht aus einem Kriegsfilm kannten, aber nie eine Kolonne, die die Champs-Élysées hinuntermarschierte. Von Brest bis zu den Leningrader Vorstädten waren wir die, die dem gemeinsamen Verhängnis entgangen waren. Als Montand sagte: »Wir sind die Davongekommenen« sprach er nicht bloß von uns beiden.

Die Engländer haben die deutschen Bombardierungen überlebt, aber sie haben das »hei-ho, hei-ho, heioheioheioho« nie auf Londons *Strand* hören müssen. Was die Amerikaner angeht, sind sie mit Ausnahme der Indianer und der Schwarzen weder Davongekommene noch Überlebende. Um so besser für sie.

Was ist nach Ihrer Rückkehr aus dem »Maquis« passiert?

SIMONE SIGNORET: Sehr schnell haben wir echte Maquisards getroffen. Oberst Claude Jaeger hat bei dem ehemaligen Deserteur Yves Allégret einen Dokumentarfilm über die Befreiung von Le Mans durch die patriotischen Francs-Tireurs et Partisans (FTP) bestellt. Frankreich war noch nicht vollständig befreit, an der ganzen Atlantikküste gab es noch eingekesselte deutsche Stützpunkte und die Franctireurs von Tillon betrachteten sich noch nicht als demobilisiert. Sie hatten noch ihre Waffen, die wenigen Waffen, die man ihnen per Fallschirm abgeworfen hatte. Diese Geschichte, die übrigens ein Teil der Geschichte überhaupt ist, geht mich als Nichtkommunistin zwar nichts an, doch ist es sattsam bekannt, daß man den kommunistischen Widerstandskämpfern gegen Kriegsende nichts mehr abwarf. Häufig landete es auch auf der falschen Seite... André Dewavrin, ein ehemaliger gaullistischer Widerständler mit dem Decknamen Colonel Passy und Jorge Semprun, ein ehemaliger Maquisard der FTP, haben diesen Streit in aller Höflichkeit vor drei Jahren hier in meinem Haus vor einem Kaminfeuer ausgetragen, im Verlauf eines dreistündigen Gesprächs, dem Florence und Jean-Pierre Melville, Chris Marker, Madame Dewavrin, Colette Semprun, Montand und ich mit offenem Munde zuhörten, und das durch folgende Bemerkung von Jorge ausgelöst worden war: »Alors, Colonel, auf diese Maschinenpistolen warten wir noch heute...«

Aber kommen wir auf Le Mans zurück. Die Francs-Tireurs führten uns überall hin, zu den Bauern, die sie versteckt hatten, in die Wälder, wo noch die ganz frischen Spuren ihrer Lager zu sehen waren, zu den Lichtungen, die sie häufig für nichts und wieder nichts kenntlich gemacht hatten. Sie erzählten viel, und es war mitreißend. Nur einer war dabei, der kein Wort sagte und immer traurig aussah. Sie gingen sehr freundlich mit ihm um und ließen ihn keinen Schritt allein. Schließlich fragte ich sie, wer das sei: »Das ist einer von uns, er ist geschnappt worden, und unter der Folter hat er geredet, aber er hat uns noch rechtzeitig Nachricht zukommen lassen können, daß er geredet hat. Und weil wir jetzt Angst haben, daß ihn uns einer umlegt, haben wir ihn immer dabei.«

Der Dokumentarfilm, von dem die Rede war, und in dem ich zeitweilig als Skriptgirl fungierte – das ganze Team bestand nur aus fünf Personen – wurde nie beendet. Allégret bekam die Diphterie, was mit vierzig Jahren schon eine Leistung ist. Wir gingen nach Paris zurück, ich kam nieder, und dann habe ich mein Kind verloren, das an den Folgen einer ungeheuerlichen Fahrlässigkeit gestorben ist, in einer Klinik, die sündhaft teuer war – wenigstens damals für unsere Verhältnisse.

Allégret und ich haben immer in Hotelzimmern oder kleinen möblierten Wohnungen gehaust. Die letzte, aus der wir ausgezogen waren, um nach la Sapinière zu gehen, lag in der Rue du Dragon Nr. 7. Wir hatten sie fast umsonst mieten können, aber dafür gab es auch gute Gründe. Sie war der tote Briefkasten eines der größten Widerstandsnetze. Die Gestapo machte dort zweimal Haussuchung. Was sie vorfanden, waren lediglich wir, und das war nicht was sie suchten. Wir als neue Mieter machten den toten Briefkasten wieder unverdächtig. Aber die neuen Mieter wußten nicht Bescheid. Erst Jacques Sigurd hat uns nach der Befreiung alles erzählt. Er gehörte zu diesem Widerstandsnetz und hatte versucht, uns vom Einzug in die Rue du Dragon Nr. 7 abzubringen, da er sich aber weigerte, auch nur den geringsten Grund anzugeben, hatten wir ihm gesagt, er solle abhauen. Wenn ich bedenke, daß wir in dieser Mausefalle frohen Muts das Feldbett für Jaeger aufgeschlagen haben, der schon keine zwei Nächte mehr hintereinander am selben Ort schlafen durfte ...

Nach der Befreiung haben wir weiterhin in billigen möblierten Wohnungen gelebt. Wir haben fast die ganze Rue Vaneau durchgemacht, die Nr. 54, die 52 und schließlich haben wir eine kleine Wohnung in der Nr. 56 gefunden. Es war unser erster eigener Haushalt, mit eigenen Stühlen.

Was hat sich in dieser Zeit beruflich bei Ihnen abgespielt!

SIMONE SIGNORET: Ich habe die letzte Episodenrolle in meinem Leben gespielt. In einem Film mit dem Titel *le Couple idéal* unter der Regie von Rouleau. Ich spielte ein blödes Stubenmädchen, das man nachsehen schickt, ob der Obelisk immer noch an Ort und Stelle steht. Und im Sommer 1945 habe ich endlich meine erste interessante, sehr kurze aber sehr markante Rolle gespielt, und zwar in einem Film von Allégret mit dem Titel *les Démons de l'aube* (Die Dämonen des Morgens). Während der Dreharbeiten für *les Démons de l'aube* habe ich auch Catherine hingekriegt. Der Film kam acht Tage vor ihrer Geburt heraus. Das hat mir die »milchgetränkten« Probeaufnahmen für *Macadam* eingebracht. Es war soweit, ich war in Fahrt! Ich machte Film auf Film: ich konnte mir nicht mehr vorstellen, einen Film zu drehen, ohne den Vertrag für den nächsten bereits unterschrieben zu haben ... In *Macadam* habe ich sehr viel von Jacques Feyder, von Rosay und von Paul Meurisse gelernt. Ich habe einen *Fantômas* gedreht, in dem Marcel Herrand meinen Vater spielte, und einen Film in London, *Against the wind* ..., der weder die Engländer noch die Franzosen vom Stuhl gerissen hat, aber eine erste Kontaktaufnahme mit dem englischen Film war, der mir im Jahr 1958 meine größte Chance bieten sollte ...

Konnten Sie denn genug Englisch dafür?

SIMONE SIGNORET: Ja! Aber ich habe vollständig vergessen, Ihnen von meinem Aufenthalt in Sussex zu erzählen, ich glaube das war im Jahre 1937, in einer Familie von Gentlemen Farmers. Es waren reizende Leute, die nebenbei auch etwas gaunerten. Ich war der klassische zahlende Gast für den Sommer. In drei Monaten sollte ich über die tausend Kleinigkeiten des Alltags, mit denen ich in der Fremde fertig werden mußte, die Sprache Shakespeares vollkommen beherrschen lernen. Schon nach acht Tagen kam ich sehr gut zurecht. Meine Gesprächspartnerin hieß Audrey, sie war in meinem Alter, im Kopf aber erst acht Jahre alt und redete nur mit ihrem Pony Pixie. Ihre Eltern waren sehr redselig, wodurch ich auch redselig wurde. Und dann kam eine andere junge Französin, deren Eltern sich weißgeblutet hatten, damit sie Englisch lernen konnte. Ich war ihr um acht Tage voraus. Wenn sie etwas sagen wollte, bat sie mich, das für sie zu sagen und die Antwort zurückzuübersetzen. Sie fuhr wieder ab, wie sie gekommen war, aber ich kam doppelt zweisprachig zurück. Audrey kam zu uns in die Avenue du Roule, um Französisch zu lernen, hielt aber die Trennung von Pixie nicht mehr als acht Tage aus. Da sie auf Englisch heulte, tröstete ich sie auf Englisch. Auch sie fuhr wieder heim, wie sie gekommen war, und so kam es, daß ich zehn Jahre später keine Probleme hatte, als ich verpflichtet wurde, in einem englischen Film englisch zu spielen. Allerdings mußte ich die Grundsätze von Solange Sicard wieder verlernen. Denn jetzt plötzlich mußte ich die Verben betonen, um richtig verstanden zu werden. »I hate you« mußte nun ausgesprochen werden »I *hate* you«, sofern es nicht darauf ankam, daß ich *Sie* haßte, und nicht jemand anders, in welchem Fall es dann heißt »Ich hasse *Sie*«, oder aber, wenn die Tatsache, daß »Ich« Sie hasse an erster Stelle steht, sofern tatsächlich ich es bin, der Sie haßt, dann muß das so gespielt werden »*Ich* hasse Sie«. Das klingt etwas verworren, wenn man das so sagt, aber alle französischen Schauspieler, die einen Versuch mit dem angloamerikanischen Film und mit dem *coach* gemacht haben (mit dem Anleiter für das Schauspielern in einer Sprache, die man nicht richtig kann), werden mich verstanden haben. Das Englische ist eine sehr sparsame Sprache: Gedanken und Gefühle werden darin mit der Betonung ausgedrückt.

Während ich noch in den Ateliers von Ealing Betonung übte, waren Allégret und Jacques Sigurd (der sein erstes Drehbuch schrieb) dabei, ein schönes Geschenk für mich vorzubereiten...

Dédée d'Anvers? War das ein sehr wichtiger Film für Sie?

SIMONE SIGNORET: Als wir ihn drehten, war ich mir dessen nicht bewußt, und ich ahnte nicht, daß die Rolle, die mir angeboten wurde, so ein phantastisches Glück für mich bedeutete. Ich hatte auch keine Ahnung von der riesigen Publicity, die man damit machen konnte, weil das damals noch gar nicht üblich war. Wenn heute ein kaum bekanntes Mädchen einen so wichtigen Film mit einem derartigen Erfolg bei der Kritik und beim Publikum drehen würde, hätte sie die Titelseiten aller Zeitschriften für sich! Das wäre für sie übrigens äußerst gefährlich.

Es war Sascha Gordine, der *Dédée d'Anvers* (Die Schenke zum Vollmond) produzierte. Er war immer auf der Suche nach vier Francs fünfzig, um daraus fünf zu machen! Aber den Film liebte er! Er hatte Lust, mit mir einen Film zu machen, weil ich durch den Erfolg von *Macadam* anfing langsam interessant zu werden... Ich hatte in *Macadam* mitgespielt, weil die Rolle der Hure unbesetzt war: hätte es darin eine Rolle als Laborantin oder Nonne gegeben, hätte ich versucht, mir die Laborantin oder die Nonne zu schnappen! Zufällig war ich in der Rolle als Hure sehr gut. Übrigens nicht so gut, wie ich selber glaubte. Ich habe mir vor kurzem *Macadam* nochmal angesehen und kann Ihnen sagen, daß das, was ich dort machte, nicht so besonders war. Aber ich war ein neues Gesicht, und das gibt immer den Ausschlag...

Sascha Gordine hatte ein Gespür für das, was das Publikum will, und er war ein Geschäftsmann. Er schlug mir daher diese Geschichte vor, die einem guten alten Melodrama entnommen war, Allégret und Sigurd machten sich an die Arbeit und schrieben ein sehr gutes Drehbuch mit schönen Rollen für Blier, Dalio, Pagliero, Marken und einer herrlichen Rolle für mich. Wir haben gedreht und wir haben viel gelacht, alle. Der Film hatte einen Riesenerfolg, was Sigurd und Allégret ermöglichte, mit Gérard Philipe ein Projekt zu verwirklichen, das ihnen allen dreien schon seit langem am Herzen lag: *Une si jolie petite plage* (Ein so hübscher kleiner Strand), der nicht gut ging, aber eine Art Meisterwerk darstellt. Danach habe ich nicht mehr aufgehört, zu arbeiten.

> Wie haben Sie auf den Erfolg von *Dédée d'Anvers* reagiert, als Sie der Star eines großen Erfolgsfilms geworden sind? Hat sich daraufhin Ihre Berufsauffassung gewandelt?

SIMONE SIGNORET: Überhaupt nicht. Das heißt, was sich geändert hatte, war, daß ich mir sagen konnte: »Diesmal hat es hingehauen.« Was sich nicht änderte – und sich bei mir immer noch nicht verändert hat – ist ein ganz eigenartiges Gefühl. Ich überlege mir für mich selber folgendes: »Diesmal hat es geklappt, sie haben angebissen, ich habe sie glauben gemacht, daß ich was kann. Aber eines Tages werden sie die Täuschung merken, weil ich doch bloß ein Amateur bin.« Selbst heute noch, wenn ich einen Film anfange, den man mir angetragen hat, und für den ich bereits bei Vertragsunterzeichnung bezahlt worden bin, sage ich Ihnen auf Ehrenwort, daß ich am ersten Tag, in der ersten Minute, wo ich zu dieser Person werde, für die man mich auf Treu und Glauben eingekauft hat, in dem Moment, wo diese Person ihre Stimme hergeben muß, welche die meine ist, ihren Kopf, der auch meiner ist, und mit meinen Füßen gehen muß, bei mir denke: »Was ich ihnen jetzt vormache, ist vielleicht gar nicht das, was sie erwarten...« Und ich habe Lust, zu ihnen zu sagen: »Wenn das nichts ist, machen wir Schluß, und ich zahl's zurück...« Genau das geht mir am ersten Drehtag durch den Kopf. Inzwischen ist es fast schon Routine, ich weiß, daß ich da durch muß. Jedesmal, und vielleicht sogar jedesmal schlimmer. Es ist fast schon ein moralischer Betrug, wenn man behauptet, diese oder jene Rolle spielen zu können, unter Berufung auf alle Rollen, die man bereits gespielt hat, wo es doch jedesmal etwas anderes ist, etwas ganz anderes... Eins brachte der Erfolg von *Dédée d'Anvers* auf jeden Fall für mich mit sich: ich begriff, daß ich Gefahr lief, auf die Hure festgelegt zu werden, und daß das nun zwei, drei, vier Jahre so weitergehen konnte!

Was ich nicht verstand – es kam mir überhaupt nicht in den Sinn – war, daß die Leute *Dédée* deswegen so gerne hatten, weil die Arme so viel Pech hatte, so sanftmütig und großzügig war, letztendlich ein pures Opfer der Gesellschaft. Wenn ich das verstanden hätte,

hätte ich nur noch sympathische Rollen gespielt. Und damit hätte ich mich um große Freuden gebracht. Ich hatte so wenig davon begriffen, daß ich mich in aller Unschuld an die Dora in *Manèges* (Eine Frau im Sattel) heranmachte, an dieses Monstrum, dieses Ekel, diese Lügnerin, diese Hure ohne Straßenecke und ohne bösen Zuhälter, die mir Sigurd und Allégret zusammengebraut hatten. Die Leute mochten diesen sehr schönen Film nicht so recht, weil er ihnen unter die Haut ging. Was mich anging ... sie verabscheuten mich. Nicht die Kritiker, nein, die Leute auf der Straße! Noch einmal, während der Dreharbeiten haben wir, Blier, Marken, Villard, die Pferde und ich, viel gelacht. Und weil es nicht mehr die Zeit des Théâtre des Mathurins war, konnte uns der Regisseur nicht mehr hinausschmeißen.

Vor *Manèges* habe ich ebenfalls einen Film von Maurice Tourneur gedreht, *L'Impasse des deux anges,* mit Paul Meurisse, in dem Danièle Delorme ihre erste Nebenrolle spielte und Marcel Herrand die Rolle meines reichen Liebhabers. Dann ging ich nach Zürich, um an einer amerikanisch-schweizer Koproduktion mit dem Titel *Four Days Leave* mitzuwirken, an der sich schlaflose Amerikaner heute noch in der »Late Late Late Show« (dem allerletzten Nachtprogramm auf einem ihrer dreizehn Kanäle) ergötzen können. Alex, der einzige Starfriseur, selber ein Star, der geruht hatte, meine Haare in der verfluchten Zeit der sprechenden Statistierie anzufassen, und der natürlich mein Leibfriseur geworden und mein guter Kumpel geblieben war, war mit auf dieser Reise nach Zürich. Das war im Jahre 1949. Wir plünderten die Geschäfte für Schokolade, Uhren, Regenmäntel und Kinderkleidung – es waren jetzt zwei, ich hatte Catherine und Gilles. Es ist komisch, ich hatte das fast vergessen, aber 1949 brachten uns markenfreie Apfelsinen und Bekleidung noch ganz aus dem Häuschen.

Sie haben von Gilles gesprochen, wer war Gilles?

SIMONE SIGNORET: Der Sohn von Allégret, der seit 1946 bei uns in der Rue Vaneau wohnte. Bei der Geburt seiner kleinen Schwester war er elf Jahre alt. Für mich war das wie eine Verbindung mit meinen »kleinen Brüdern«. (Ich werde meinen dritten kleinen Bruder nicht mehr oft erwähnen, er ist mit zwanzig Jahren gestorben.)

Meine kleinen Brüder waren nach den Jahren in Valréas, wo meine Mutter es fertiggebracht hatte, den kleinen falschen Protestanten durch den Direktor der katholischen Schule dieser Stadt, in der sie die falsche Wäschefrau im Krankenhaus war, Latein beibringen zu lassen, nach Paris zurückgekehrt. (Wenn ich falsche Wäschefrau sage, heißt das nicht, daß sie eine schlechte Wäschefrau war... Ich will damit sagen, daß sie zwischen zwei Kapiteln, die sie las, die Wäschefrau spielte. Ich hatte sie eines Tages in Valréas während des Feldzugs der *Visiteurs du soir* [Satansboten] besucht, ich hatte in einem großen weißen Zimmer mit hoher Decke geschlafen, in dem sie alle drei wohnten. Es war ein wenig, als sei ich erneut in der Avenue du Roule, aber hier war Sonne und waren keine Deutschen – oder wenigstens noch nicht. Ich hatte den Eindruck gehabt, daß sie dort sehr geschützt waren, daß es aber für sie kein Vergnügen war. Ich schickte Geld, sobald ich das konnte. Damals, während der Dreharbeiten zu den *Visiteurs,* hatte ich viel mitgebracht. Erst heute erinnere ich mich daran, daß die Schwester Oberin, nachdem sie erfahren hatte, daß ich da war, um meinen Besuch gebeten hatte. Sie hatte davon reden hören, daß die Tochter der Ausfhilfswäschefrau »Künstlerin« war... Ja, natürlich, ich sei gerade dabei, einen Film in Nizza zu drehen... Ich sei praktisch zwischen zwei Einstellungen auf einen Sprung vorbeigekommen... Da sie nie einen Fuß in ein Kino gesetzt hatte, hielt sie mich für einen Star, und sie hat sich sicher gefragt, was die Mutter eines Stars und die kleinen Brüder eines Stars bei ihr zu suchen hatten... Also gut, meine kleinen Brüder und Mama sind zurück in Paris.) Meine kleinen Brüder holten im Fluge die Klassen vom Lycée Lakanal nach, wo sie auch Internatsschüler wurden und einen Tadel bekamen, weil sie in ihrem Pult das Foto einer Schauspielerin versteckt hielten, die in *Macadam* eine Prostituierte gespielt hatte. Ich habe das Gepäck meiner Mutter nicht durchsucht, aber ich bin sicher, daß der kleine Elefant mit dem Revolver immer noch darin war...

1945 war mein Vater in Uniform nach einer Abwesenheit von fünf Jahren zurückgekommen, die ihn von London nach Accra, von Accra nach New York und von New York wieder nach London geführt hatte. Er fand sein liebes Kind hochschwanger von einem Regisseur, der noch keinen Film gedreht hatte, und der außerdem, um das Maß vollzumachen, der jüngere Bruder des Oberst Allégret, seines unmittelbaren Vorgesetzten beim General de Gaulle war. Bei der Familie Allégret setzte ich mich entschieden immer mehr in die Nesseln! Sein liebes Kind, das er als Jungfrau und Oberschülerin zum letzten Mal gesehen hatte, war nun Schauspielerin ohne Vertrag, ledige Mutter in spe, und setzte dem ganzen noch damit die Krone auf, daß sie von ihm verlangte, er solle ein Gnadengesuch für Luchaire einreichen, diesen Luchaire, dem es, wie man sich erinnern wird, zu verdanken war, daß sich seine Familie eine Zeitlang über Wasser halten konnte... Ich habe immer geglaubt, daß Claude Blanchard es bei seiner Rückkehr nach London im Jahre 1941 nicht für nötig gehalten hatte, meinem Vater genau zu sagen, wo er mich getroffen hatte. Mein Vater ging dann wieder nach New York, er hat die meisten Dolmetscher der UNO ausgebildet, bevor er dann zurückkehrte, um in Straßburg diejenigen des Europarats anzuleiten. Er ist ein Mann, der bei allen, die mit ihm gearbeitet haben, außerordentlich geachtet und beliebt war. Wir haben ein wenig aneinander vorbeigelebt, er und ich. Gewiß, er hat die Freude gehabt, die »Triumphe« wie meinen Oscar zu erleben, aber die schlechten Zeiten haben wir nicht miteinander geteilt.

5

In welchem Jahr sind Sie Montand begegnet?

SIMONE SIGNORET: An einem 19. August, in Saint-Paul-de-Vence, in der Colombe d'Or, gegen 20.30 Uhr. Es war einer seiner freien Abende in einer Sommertournee. Er war da mit seinem Pianisten Bob Castella, der immer noch sein Pianist ist, und seinem Gitarristen Henri Crolla, der das nicht mehr sein kann. Seit Herbst 1960 kann er für niemand mehr Gitarre spielen. Es ist der einzige Tote, den ich gekannt habe, der auch noch von dort, wo er jetzt ist, seine gesamten Freunde dazu bringen kann, auch unter Tränen Tränen zu lachen.

Montand war 1949 bereits einer der größten Stars der französischen Music Hall. Sind Sie oft in die Music Hall gegangen? Haben Sie ihn auf der Bühne erlebt?

SIMONE SIGNORET: Allégret und ich sind große Freunde der Music Hall. Wir hatten Montand von seinen Anfängen an verfolgt, aber vom Saal aus. Hinter den Kulissen hatten wir nur Crolla besucht, weil wir stolz auf unseren kleinen Kumpel aus dem Café Flore waren, den wir noch aus der Zeit kannten, als er nichts zu nagen und zu beißen hatte. Montand zu besuchen, das trauten wir uns nicht, seine Künstlergarderobe war immer voller Leute.

Und wie weit waren Sie selber?

SIMONE SIGNORET: Ich war eine Schauspielerin »die sehr gefragt war«. Nach *Dédée d'Anvers* hatten die Amerikaner uns, Allégret und mir, Angebote gemacht. Wir hatten soeben *Manèges* abgedreht, und für den Herbst war eine Erkundungsreise nach Hollywood vorgesehen. Ich hatte einen Vierjahreskontrakt mit Howard Hughes unterschrieben, über jeweils einen Film jährlich, den wir gemeinsam auswählen sollten. Ansonsten machte ich Ferien mit meinen Kindern, das heißt mit Catherine, die drei Jahre alt war, und mit Gilles, der vierzehn war.

Ging Montand ins Kino?

SIMONE SIGNORET: Er ging dauernd ins Kino. Er hatte alles angesehen, oder fast alles. Alles außer meinen Filmen. Das erste Mal, daß er mich spielen hat sehen, war in *Manèges*... Da lebten wir schon seit drei Monaten zusammen. Er hat immer behauptet, daß er es sich zweimal überlegt hätte, sich in diese »Schlampe« zu verlieben, wenn er *Manèges* gesehen hätte, bevor er mich traf... Das ist die Gefahr, die man läuft, mit seiner Rolle verwechselt zu werden: Darauf wird man bestimmt noch einmal zurückkommen.

Sprechen wir von dieser Begegnung in Saint-Paul. Also Montand kam doch zum Abendessen...

SIMONE SIGNORET: Und am nächsten Tag kam er zum Mittagessen und am Abend fuhr ich hinunter nach Nizza, um ihn singen zu hören, und er fuhr wieder rauf nach Saint-Paul, und ich fuhr wieder runter nach Cannes, um ihn singen zu hören, dann fuhr er mit Crolla und Castella fort, um woanders zu singen, ... und das war furchtbar. So war das. Ich will nicht in den Stil von *Intimité* oder *Nous deux* verfallen. Binnen vier Tagen war etwas Umwerfendes, Indiskretes und Unabänderliches geschehen.

Inwiefern indiskret?

SIMONE SIGNORET: Weil diese Liebesaffäre so offenkundig gewesen war, daß es Zeugen gab. Die Préverts waren da, alle Préverts, die Pigauds waren da, die Roux, die ganze Familie Roux war da, und Gilles war da, alle hatten sie Allégret gern, alle hatten sie Montand gern und alle mich. Es waren Zeugen, und ich wollte keine Komplizen aus ihnen machen. Als Allégret zurückkam, habe ich ihn an der Straße abgepaßt. Ich wollte nicht, daß er in die Bar von la Colombe d'or hineinkommt und damit begrüßt wird: »Nun Monsieur Allégret, zufrieden mit Ihrem Aufenthalt in Paris?... Hier war sehr schönes Wetter ...« Ich war die erste, die ihm gesagt hat, daß etwas passiert war.

Haben Sie bereits gewußt, daß es unabänderlich war?

SIMONE SIGNORET: Ich wußte nicht, daß das siebenundzwanzig Jahre dauern würde, aber das, was vorgefallen war, war für mich unabänderlich, und ich wollte jedenfalls nicht, daß wir eine Schmierenkomödie spielten. Feydeau, das ist gewiß großartig! Diese pompösen Dummköpfe, diese talentlosen Ehrgeizlinge, diese idiotischen und herzlosen Bourgois-Weiber, verdienen vollauf das Gelächter eines Publikums, das sich die meiste Zeit gar nicht klar darüber wird, daß es sich selber sieht, wie es leibt und lebt. Es gibt viele Franzosen, die hingerissen sind von Affären, die in ihrem Mund zu »Bettgeschichten« werden, und das sind dieselben, die wild sind auf Affären von Homosexuellen, die, wie jedermann weiß, »Schwulengeschichten« sind... Aber da wir nicht im Theater Palais-Royal waren, hat niemand gelacht. Ich wußte noch nicht, daß so viel geweint werden würde, mir kam es darauf an, daß niemand grinste.

Wer hat denn geweint?

SIMONE SIGNORET: Vor allem ich. Es gibt nichts Traurigeres auf der Welt als jemand wehzutun, dem man nur Gutes will; und unfähig zu sein, das Einzige zu tun, wodurch sich alles regeln würde, das heißt aufhören, den anderen zu lieben. Es ist lächerlich, wenn man sich mit dem Verstand helfen will. Es ist fürchterlich, wenn man an den anderen denkt, der nicht da ist, und der einen vielleicht vergessen hat. Es ist wie ein Wunder, wenn man vom anderen Ende Frankreichs einen Telefonanruf erhält. Und es ist mörderisch, wenn man so tut, als ginge es einem gut und man die ganze Zeit Kummer hat. Es war schließlich wie bei allen Leuten, wenn solche Dinge passieren.

Sie sind also auf und davongegangen?

SIMONE SIGNORET: Nein. Ein paar Wochen lang haben wir alle drei ehrlich versucht, die Wunden zu heilen. Das hat überhaupt nicht funktioniert. Der Sommer war vorbei. Wir waren alle nach Paris zurückgekehrt. In einem Gesellschaftsroman hätte das ein

Kapitel von der Art »Idylle unter der Stadtmauer« sein können ...
Idyllisch war das überhaupt nicht. Das war diesmal die Leidenschaft, mit allem was dazugehört.

> Und Sie haben sich frei dafür entschieden, für Ihre Leidenschaft zu leben.

SIMONE SIGNORET: Ich weiß nicht, wie weit man frei ist, darüber zu entscheiden, wie man leben will. Wenn ich Montand in einer fremden Stadt getroffen hätte, weit entfernt von meinen vertrauten Gesichtern, von seinen und von denen von Allégret, und wenn es keine Zeugen gegeben hätte, hätte es nicht diese Blicke gegeben, die alles verzehnfachen. Ich glaube, daß es sich mit den Liebesgeschichten so verhält wie bei den Engagements, die man im Leben übernimmt, die schließlich auch Liebesgeschichten sind. Montand hat mir ein Ultimatum gestellt. Er hat mir erklärt, daß er Damen, die ihn am Nachmittag besuchten, bereits zur Genüge kenne, daß ich meine Sachen zusammenpacken und mit ihm leben müßte, oder es besser ganz sein lassen sollte, auch das Telefonieren.

> Er war nicht verheiratet, hatte keine Beziehungen?

SIMONE SIGNORET: Er war mit der Music Hall verheiratet und er hatte die Art Beziehungen, von denen ich gerade gesprochen habe. Als sehr junger Mann hatte er seine große Affäre mit der Piaf gehabt. Mit dreiundzwanzig Jahren war er verzweifelt, als Edith nichts mehr von ihm wissen wollte. Sie wollte von dem Augenblick an nichts mehr von ihm wissen, wo er ihr beruflich praktisch gleichwertig geworden war. Am Anfang war er der, dem man etwas beibringen konnte. Sie hat ihm nicht alles beigebracht, weil es Dinge gibt, die einem niemand beibringen kann, weil man sie in sich hat. Und dann, sowie er anfing, auf eigenen Füßen zu stehen und seine Chansons selber auszusuchen, oder nicht mehr das singen wollte, was sie ihn singen lassen wollte, hat ihn Edith verlassen. Da er sie liebte, und außerdem gern mit ihr lachte – mit Edith konnte man nämlich gut und viel lachen – war er lange Zeit sehr unglücklich. Das war er inzwischen nicht mehr. Er war in jeder Hinsicht ungebunden, und unsere Affäre hat ihn wie ein Blitz aus heiterem Himmel getroffen. So eine Leidenschaft beschäftigt einen. Wenn man jeden Abend singen muß, ist es besser, wenn man sich nur mit dem Chansonprogramm beschäftigt. Das stört sehr bei der Arbeit, so eine Leidenschaft.

Haben Sie dann Ihre Sachen gepackt?

SIMONE SIGNORET: Ich habe ein ganz kleines Bündel geschnürt. Ich habe Allégret und Gilles sehr wehgetan, weniger Catherine, die noch zu klein war und an meine Abwesenheit gewöhnt war, und ich habe die Gewohnheiten meiner Freunde durcheinandergebracht. Wenn man sein Leben ändert, ändert man auch ihr Leben. Ich bin von Leuten gerichtet, verdammt, aber von manchen auch bestärkt worden, die Allégret gegenüber nicht die Zärtlichkeit empfanden, die ich hatte, und die auch geblieben ist. Es ist schwierig und grausam und noch einmal rücksichtslos, im Leben neu anzufangen. Das alles spielt sich unter vielen Tränen ab. Und man muß sich schon ganz besonders lieben, um diesen merkwürdigen Zweisitzer, der ein gemeinsames neues Leben heißt, vom Boden abzuheben und zu fliegen. Trotz allem, gegen alles und alle . .

Wenn Jean-Christophe Averty Montand zu Hause besucht, kommt immer der Augenblick, wo er sich zu mir hindreht und spöttisch sagt: »Dieses Lied da, das hat er in der Zeit gesungen, wo du noch Groupie warst ...« Die Groupies laufen den Sängern und Musikern nach, sie sind im allgemeinen jung, hübsch, ohne bestimmten Beruf und vor allem vollkommen austauschbar. Als ich Groupie von Montand wurde, sang er in einem Nachtlokal namens Bacara, das schon seit langem untergegangen ist, und übrigens das letzte Nachtlokal seiner Laufbahn war. Dort habe ich die außerordentliche Verschworenheit entdeckt, die zwischen dem Personal und den Künstlern eines Nachtlokals existiert. Es gibt nur zwei Seiten: die Gäste und die anderen. Ich gehörte zwangsläufig zu den anderen ... Montand machte sich in einem kleinen Sperrholzverschlag im Untergeschoß fertig, der von der Küche abgeteilt worden war. Der Dekorateur des Hauses hatte einen Stern aus Silberpapier auf die Tür geklebt, sie innen bespannt und einigen Firlefanz angeheftet. Das war die Künstlergarderobe. Montand übte seine Stimme, Crolla spielte sich auf seiner Gitarre die Finger warm, die Kellner brüllten Bestellungen und die Köche schrien einander an. Da ich ihn singen hören wollte und mich nicht gut jeden Abend an einen Tisch setzen konnte, hatte ich ein Arrangement mit dem Barmann. Ich wartete hinter den Kulissen in der Küche im Untergeschoß. Sowie es anfangen sollte, kam der Oberkellner und holte mich. In der Dunkelheit schlüpfte ich hinter die Bar und spielte dort, neben dem Barmann stehend, das Groupie. Flüsternd verglichen wir »sie« während des Beifalls mit »denen« vom Vorabend. Wenn »sie« schlecht waren, waren »sie« unweigerlich auch schlecht, was die Limonade anbelangt.

Nach der Aufführung brachten wir Crolla zu seinem eigenen Groupie nach Hause. Das war »Crolette«, oder vielmehr Colette. Sie wohnten seit ihrer Heirat in der Place Dauphine im City Hotel. Eines Abends, noch während des Kriegs, als ich zwischen Blin und Loris mit den Ellenbogen aufgestützt an der Brüstung vom Quai des Grands-Augustins stand, hatte ich beim Zählen der Gebäude des Quai des Orfèvres – ich glaube es sind sechzehn – ganz feierlich erklärt: »Eines Tages werde ich in einem dieser Häuser dort wohnen! . . .« Da es noch nicht soweit war, fuhren wir, nachdem wir Crolla abgesetzt hatten, um die Insel der Cité herum, über die Seine und kamen nach Neuilly zurück . . . Ins vornehme Viertel von Neuilly, nicht in das Neuilly vom »Sabot Bleu«, ins Neuilly Saint-James. Dennoch mußten wir da die Avenue de Neuilly hinauffahren, über den Marktplatz, an der Ampel in Höhe der Rue d'Orléans vorbei, an deren Ende die Avenue du Roule und meine Erinnerungen an die Oberschule, an die Zwangsräumung und an die Dreharbeiten zu *les Manèges* anfingen . . . Für Neuverliebte war das keine gute Route!

In der schmucken kleinen möblierten Wohnung regierte eine Person, die mich in Angst und Schrecken versetzte. Ihren Namen weiß ich nicht mehr. Sie staubte das weiße Klavier ab, kochte ein bißchen, bediente sehr oft das Telefon und verkündete gegenüber Montand halblaut vor mir: »Das ist schon wieder Mademoiselle Ghislaine«, oder: »Was soll ich Mademoiselle Chantal sagen? . . .« Sie kam mit einem Hut zur Arbeit, von dem sie sehr gern betonte, daß er ein Geschenk von Madame Dingsda . . . sei »Monsieur erinnern sich? . . .« Wenn ich »nur vorübergehend« dagewesen wäre, hätten wir uns vielleicht sehr gut verstanden, und hätten miteinander gelacht, aber auf Dauer störte ich. Kurzum schließlich wollte ich, wenn wir schon etwas anfingen, auch völlig neu anfangen. Und Montand auch. Eines schönen Tages, eines sehr schönen Tages, wollte ein Kumpel, dem wir die Frage stellten, die wir die ganze Zeit schon an alle Leute stellten – »Weißt du keine Wohnung?« – den Witzbold machen und antwortete uns: Nein, aber ich weiß einen Laden...« – Sehr witzig! Und wo ist dieser Laden? – Am Quai des Orfèvres.« Eine Stunde später hatten wir die Sache in der Tasche. Es war eine Buchhandlung, neben dem Restaurant Paul, der Buchhändler war ein alter Freund aus dem Lycée Pasteur, den ich zehn Jahre lang nicht mehr gesehen hatte.

Im Zwischenstock befand sich eine Wohnung, die über eine kleine Innentreppe mit dem Laden verbunden war. Am Ende des Ladens befand sich eine vernagelte Tür. Hinter dieser Tür lagen zwei kleine Zimmer, die auf die Place Dauphine hinausgingen, und in denen ein Herr seltene Bücher verkaufte. Wir gingen um den Häuserblock herum, schlugen ihm vor, uns seinen kleinen Laden abzutreten, er ließ sich darauf ein, schenkte uns nichts, aber darauf waren wir vorbereitet. Er hieß Berggruen, er ist seither ein sehr großer Galerist geworden. So kam es, daß wir an einem einzigen Tag unseren »Zigeunerwagen« gefunden haben, in dem wir immer noch leben. Damit fingen wir wirklich etwas Neues an. Die Wohnung hatte alles für sich: wir wohnten sowohl am Quai des Orfèvres als auch an der Place Dauphine. Das war gerecht, normal und wohlverdient.

Ich hole Catherine zu mir und hörte damit auch auf, die Dame zu sein, über die die frühere Concierge, wenn sie mich vor ihrer Loge vorbeigehen sah, die Bemerkung machte: »Guck' 'mal, da ist die Frau aus dem zweiten Stock, die ihren Mann verlassen hat und jetzt ihre Kleine besucht...« Meine Kleine ist in diesem »Zigeunerwagen« groß geworden, hat auf der Treppe des Justizpalasts mit einer ganzen Bande von Kindern gespielt, die zum Spaß Klingeln drückten, hat in einem Bett geschlafen, das in dem Zimmer zur Place Dauphine immer aufgeklappt und wieder zusammengeklappt wurde, wie es in den Frauenzeitschriften beschrieben ist, die erklären, wie man Platz gewinnen kann, wenn man nicht viel Platz hat. Ihre ersten Schularbeiten hat sie zum Rhythmus der Gitarre von Crolla, des Klaviers von Bob und des Kontrabasses von Soudieu gemacht, begleitet vom Schlagzeug von Paraboschi und der Stimme von Montand. Sie hat diese Riesenwohnungen mit den nüchternen Korridoren nicht kennengelernt, an deren Ende dann das Kinderzimmer liegt, wo die Kinder darauf warten, daß man ihnen gute Nacht sagen kommt. Sie hatte Glück, daß sie ein kleines Mädchen war, oder vielmehr ich hatte Glück, daß ich keinen kleinen Jungen mitgebracht hatte. Sie war noch keine vier Jahre alt, und Montand noch keine neunundzwanzig, es war Schicksal ... sie haben sich ineinander verliebt. In unserem »Zigeunerwagen« gab es jetzt zwei Groupies.

Also gut, das kleine Groupie geht zur Schule. Und Sie, gehen Sie ins Atelier zurück?

SIMONE SIGNORET: Nicht mehr so regelmäßig. Ich war nicht mehr die Schauspielerin, die den Gedanken nicht ertragen konnte, nicht schon einen anderen Filmvertrag in der Tasche zu haben, wenn sie gerade noch einen Film drehte. Die Leute haben gesagt, daß ich »meine Karriere opferte« ... Ich opferte überhaupt nichts. Ich war ganz einfach schlau genug, nicht mein Leben zu vertun, und ich war schlau genug, mir die wirklich guten Filme nicht entgehen zu lassen, wenn man sie mir antrug. Soviel zu der Legende vom Opfer ...

Ich war auch dabei, Neuland zu entdecken, das Neuland der Music Hall, und das war alle *Four Days Leave* der Welt wert, ob sie nun in Zürich oder an den Ufern des Nils gedreht wurden! Es gefiel mir sehr, die neuen Chansons anzuhören, die man ihm vorschlagen kam, und es gefiel mir sehr, alle die Geheimnisse und Schwierigkeiten dieses Handwerks zu entdecken, von dem ich nichts wußte. Ein Drehbuch konnte ich schon lange lesen, und nun entdeckte ich die Lektüre eines Chansons, dieses kleinen Drehbuchs von drei Strophen. Ich lernte, daß ein gelungenes Chanson »rund« sein muß. Ich lernte, daß der Platz eines Chansons in einem Programm und noch viel mehr bei einem Chansonabend so wichtig ist, wie das Schneiden beim Film. Seitdem es mit mir beim Film richtig lief, hatte ich immer unter Leuten aus meinem Fach gelebt, mit denen ich von gleich zu gleich diskutieren könnte. Plötzlich lebte ich nun mit jemand zusammen, der etwas beherrschte, was ich nicht konnte und nie können würde. Ich war neugierig, gebannt und etwas befangen.

Wieso befangen?

SIMONE SIGNORET: Wenn Montand singt, kommt er sehr früh in seine Garderobe. Wenn er um 9 Uhr abends singen muß, ist er schon um 7 im Theater. Aber wo er auch ist, ist er schon seit 6 Uhr nicht mehr vorhanden. Er ist woanders, und bereits ganz für sich. Am Anfang war das schwer zu begreifen. Plötzlich war das so, als ob er von mir wegginge. Er war noch da, war aber auch schon fort. Ich habe eine Zeitlang gebraucht, bevor ich begriffen hatte, daß ich ab 6 Uhr nicht zu reden hatte. Ich sollte zur Verfügung stehen, unsichtbar sein, und vor allem nicht woanders sein.

Und dann kommt man in dieses leere Theater. Die Platzanweiserinnen, die Staub wischen und einander ihr Leben erzählen, die eine vom ersten Balkon, und die andere im Orchestergraben. Im betonierten Untergeschoß liegt der Gang mit den Künstlergarderoben. In den Stehklosetts läuft ein bißchen Wasser. Das ist das einzige Geräusch, das zu hören ist. Ich bin dabei, Ihnen von dem ehemaligen Théâtre de l'Etoile zu erzählen, das inzwischen ein Parkhaus ist, und in dessen Kulissen ich im Laufe der Jahre mehr Stunden verbracht habe, als viele Leute die dort gesungen, getanzt oder am Hochtrapez geturnt haben ... Jedesmal, wenn sich Montand dort niedergelassen hat, war das für sechs Monate.

Wir kommen also in die Künstlergarderobe. Es ist Post da. Briefe von Amateurkomponisten, und viele, viele Briefe von Frauen, die keine Ahnung davon haben, daß der Mann, der um 6 Uhr abends die Frau kaltgestellt hat, die er zur Zeit auf der Welt am meisten liebt, jetzt überhaupt nicht wissen will, was seine Stimme dort verursacht hat, wo sie ihr Herz vermuten. Ich hab' sie gelesen, diese Briefe. Mit einer ziemlich schäbigen Mischung von Eifersucht und Stolz. Es waren auch sehr schöne darunter. Madame Bovarys, die ihm literarisch kamen. Und dann gab es auch sehr direkte Briefe, mit sehr direkten Fotos ... Wenn sie sich über sein Repertoire ausließen, interessierte ihn das. Die Fotos auch ... Bisweilen.

Langsam kommt Leben in den Gang, die Musiker treffen einer nach dem anderen ein, klopfen an die Tür, kommen herein und lachen. Das ist die Quadrilla, die den Torero vor Beginn der Veranstaltung besucht. Umkommen wird keiner, weil kein Stier da ist, aber es besteht die Gefahr, einen kleinen Tod zu sterben, wenn die Vorstellung schlecht ist. Wenn der Torero seinen Anzug fürs Scheinwerferlicht anlegt – in diesem Fall einen dunkelbraunen Bühnenanzug – fühlt sich das »Groupie-afficionada« so unnütz, so überflüssig, auch wenn der Torero und die Quadrilla sie gern haben, daß sie ein wenig auf dem Gang spazierengeht. Das ist es, was ich mit Befangenheit gemeint habe. Und das gilt auch noch heute. Wenn Montand seinen dunkelbraunen Bühnenanzug anlegt, wird er wieder der Einzelgänger. Daß jeder von uns aus all' dem besteht, was diese Jahre jedem von uns gebracht haben, ändert nichts an der Sache. Er ist es, der auf die Bühne muß, ganz allein. Es ist kein Zufall, daß Chris Marker dem Film, den er über ihn gedreht hat, den Titel *la Solitude du chanteur de fond* gegeben hat.

Eines Tages habe ich mit Brel ein außergewöhnliches Gespräch geführt. Jacques Brel hatte einen ganzen Tag bei Radio Luxemburg zu füllen. Er konnte machen was er wollte, und er hatte eine Unzahl Leute interviewt. Unter anderem auch mich. Ich habe sofort begriffen, daß er mich mehr deswegen ausgesucht hatte, weil ich die Frau von Montand war, als wegen mir selber. Er hat mich über verschiedene Themen ausgefragt, aber am Schluß habe ich ihm auch eine Frage gestellt. Ich habe ihn gefragt: »Wie muß Ihrer Meinung nach die Frau beschaffen sein, deren Mann in der Music Hall auftritt?« Er antwortete mir: »Die gibt es nicht, so etwas existiert nicht. – Nehmen wir einmal an, daß es in einer idealen Gesellschaft eine gibt: wie müßte sie sein?« Er hat sie mir ungefähr so definiert: Sie muß vorher da sein, ohne daß man sie sieht; sie muß während er singt im Saal sein, sie muß auch am Ende da sein, aber in dem Augenblick verschwinden, wo die Leute in die Künstlergarderobe drängen, sie muß dann ganz schnell nach Hause, das Essen machen, auf dem Treppenabsatz stehen, wenn ihr Mann heimkommt und dabei schon sagen: »Bravo, bravo, es war noch besser als gestern!...« Er hatte recht, so eine Frau gibt es nicht. So eine Frau bin ich nicht gewesen. Vielleicht zur Hälfte. Erstens bin ich nicht nach Hause gerast, um zu kochen... und dann war das für mich eine Bereicherung, verblüfft, befangen zu sein. Angst um den anderen zu haben, stolz auf ihn zu sein. Ich hatte mich dafür entschieden, Groupie zu sein, ich war nicht rekrutiert worden. Ich hatte einen Beruf, den ich aus freien Stücken nicht ausübte. Das war aufregend, begeisternd, amüsant.

Warum amüsant?

SIMONE SIGNORET: Weil wir hinter den Kulissen aus Stahlbeton vom Théâtre de l'Etoile viel lachten, wenn die corrida erst mal vorbei war. Ich war um 6 Uhr abends im Stich gelassen worden, aber um 11.15 Uhr fand er wieder zu mir zurück. Zurück zu mir fand er während er sich verbeugte: er dankte »ihnen« höflich, und sie schrieen »Zugabe«... Der Vorhang schloß sich, ging wieder auf, und während der kurzen Pause, wo er geschlossen war, war ich es, die er ansah und der er zulächelte. Sie schrieen sehr lange »Zugabe« ... dann ging das Licht im Saal wieder an, und sie machten enttäuscht: »Oooooooh!« Wir gingen in die Garderobe zurück, und dann gab es noch einen merkwürdigen kleinen Augenblick, wo ich das Gefühl hatte, daß ich gut daran tat, nur zu reden, wenn man mich fragte. Und dann konnte er sich entspannen, und das Gelächter fing an. Ich würde noch einige hundert Seiten brauchen, um zu erzählen, wie es nach diesen Vorstellungen im Théâtre de l'Etoile war. Die Garderobe wurde zur Kabine der Marx-Brothers, und das sprach sich so schnell herum, daß die Kollegen, die anderswo auftraten, sich beim Abschminken beeilten, um rechtzeitig dazusein und den Gag, den sie gestern versäumt hatten, mitzubekommen. Wenn Sie mir nicht glauben, können Sie sich unter anderem bei José Artur, François Périer, Bernard Blier, Roger Pigaud, Serge Reggiani, und bei Jacques und Pierre Prévert erkundigen, die seriöse und glaubwürdige Leute sind.

Waren Sie nicht frustriert darüber, daß Sie nicht schauspielerten?

SIMONE SIGNORET: Überhaupt nicht. In den Zeiten, in denen ich nicht spielte, war ich nie darüber frustriert. Umgekehrt interessiert mich nichts anderes mehr, wenn ich spiele. Das läuft darauf hinaus, daß ich mich nie für irgend etwas oder irgend jemand interessiert hätte, wenn ich die ganze Zeit gespielt hätte. Ich habe versucht, gegen diese Wahrheit anzugehen, die ich noch nicht ganz begriffen hatte. Ich habe einige Tage im *Reigen* von Max Ophüls gedreht, den Sketch mit Reggiani und den mit Gérard Philipe, in dem er großartig war, und für den ihn die Kritik verrissen hat. Ich drehte, aber ich sah auf die Uhr. Außerdem habe ich *le Traqué* gemacht, einen Kriminalfilm von Frank Tuttle. Da es die Zeit im Nachtlokal Baccara war, ging ich um 3 Uhr morgens ins Bett, stand um 7 Uhr auf, gähnte dauernd und lauerte, bis Montand ankam, der mich vom Atelier abholte und sich in seiner neuen Rolle als »Liebhaber« der Schauspielerin gar nicht wohlfühlte... Dann habe ich auch noch einen Film mit dem Titel *Ombres et Lumières* gedreht, in dem ich eine wahnsinnige Pianistin darstellte, die ein Opfer ihres Traumas wird, während sie das große Crescendo des Tschaikowski-Konzerts spielt – in der Sowjetunion waren sie hingerissen. Das war übrigens der einzige Film, den sie von mir gesehen hatten, als wir 1956 nach Moskau kamen. Im Grunde war ich zu jener Zeit eher beim Drehen frustriert. Ich war mit dem Herzen nicht dabei, und mit dem Kopf woanders.

> Sollten Sie nicht im Herbst 1949 nach Amerika gehen? Was war mit dem Vierjahresvertrag, von dem Sie gesprochen haben?

SIMONE SIGNORET: Die Amerikaner schickten nach der Befreiung schleunigst Talentsucher nach Europa, die beauftragt waren, alles nach Hollywood abzuschleppen, was geeignet war, die Bestände des amerikanischen Films aufzufrischen. Jede Filmgesellschaft hatte ihren Agenten. Das Angebot war immer dasselbe: »Exklusivvertrag auf sieben Jahre.« Montand selber hatte 1948 bei Warner unterschrieben, er hatte sehr schnell gemerkt, als er den Vertrag viel zu spät noch einmal lesen und richtig übersetzen ließ, daß er sich soeben für sieben lange Jahre an Händen und Füßen gebunden hatte, während deren er ein Angestellter mit Wochenlohn sein sollte und das tun mußte, was über ihn beschlossen werden würde, ja sogar unter Umständen gar nichts tun durfte. Er hatte seinen Vertrag angefochten, Warner hatte ihm einen Prozeß gemacht, und das hat in Paris ganz schön Wirbel erzeugt. Es hatte ein berühmtes Telegramm von Montand an Warner gegeben, das damals

50 000 alte Francs gekostet hatte, so ausführlich war es. Aus einem ganz falschen und demagogischen Anlaß hatte diese Affäre zwischen Montand und Warner eine etwas politisch-chauvinistische Färbung angenommen, die sehr schnell breit ausgewalzt wurde. »Montand sagt Nein zu den Amerikanern und will die Dollars nicht...« Das ungefähr war der Tenor der Zeitungen. Die wahren Gründe waren künstlerischer Art, und wenn der Kalte Krieg auch schon begonnen hatte, war er doch noch nicht offiziell erklärt. Er sagte weder zu Amerika noch zu den Dollars Nein, er sagte Jack Warner »Rutsch' mir den Buckel runter«, wie er es zum Chef von ABC gesagt hatte, der das Klavier nicht stimmen lassen wollte.

Was mich angeht, war ich auch von den Talentsuchern »aufgetan« worden. *Dédée d'Anvers* war in New York sehr gut gelaufen, aber ich hatte systematisch jede Möglichkeit eines Vertragsabschlusses über sieben Jahre und jede Möglichkeit eines Exklusivvertrags mit der Paramount, mit der Metro-Goldwyn und vielleicht auch mit der Fox abgelehnt, ich weiß es nicht mehr genau. Ich war nicht klüger als er, aber ich konnte Englisch sprechen und lesen, und ich war vielleicht besser beraten. Wie dem auch sei, ein noch hartnäckigerer »Talentsucher« als die anderen, Charlie Feldman, der ein sehr guter Agent war, legte mir das einzige vernünftige Angebot vor, das ich auch annahm. In Wirklichkeit war es nicht nur vernünftig, sondern fabelhaft. Es war ein Vertrag ohne Exklusivklausel über vier Filme, die gemeinsam von Howard Hughes und mir ausgewählt werden sollten, und der in vier Jahren zu erfüllen war. Howard Hughes kannte ich nicht, ich wußte, daß er Flugzeuge baute, und ich wußte auch, daß er Filme produziert hatte, in denen die Schauspielerinnen schöne Rollen hatten. Die Reise nach Hollywood im Herbst 1949 habe ich nie gemacht. Ohne Montand hätte man mich nicht von der Porte de Vincennes bis zur Porte d'Asnières gekriegt. Geschweige denn nach Amerika... Ich habe mich entschuldigt und versprochen, daß aufgeschoben nicht aufgehoben sei. Mr. Hughes war geduldig, er wartete auf mich... Tatsächlich hat er ziemlich lange warten müssen. Im Jahre 1950 hatten wir beide, Montand und ich, den Stockholmer Appell unterschrieben... Mit Amerika war es für uns erst einmal vorbei.

6

Der Stockholmer Appell galt als kommunistisch inspirierte Erklärung?

SIMONE SIGNORET: Es war eine pazifistische Erklärung, die der Weltfriedensrat veröffentlicht hatte und in der das Verbot aller Kernwaffen verlangt wurde. In der Weltfriedensbewegung gab es Kommunisten. Es gab aber auch eine sehr große Zahl von Nichtkommunisten. Evangelische und katholische Pfarrer, Großbürger, Arbeiter und Intellektuelle waren dabei. Es war das große Nein zur Atombombe. Wenn die Leute nicht unterschreiben wollten, konnte man ihnen eine sehr treffende Frage stellen: »Sie sind also für die Atombombe?« Sie wagten nicht, »Ja« zu sagen, sondern antworteten statt dessen, daß sie sich nicht um Politik kümmerten... Sie logen, denn das war ja Politik, wenn man sich mit den Amerikanern nicht anlegen wollte, die damals die einzigen waren, die diese Bombe besaßen und sie auch eingesetzt hatten. Es war schwierig zu sagen: »Ach, da bin ich sehr dafür!« wenn man sich die Fotos von Hiroshima ansah! Also war es schwierig, diese Erklärung nicht zu unterschreiben...

Der Figaro hat eine Umfrage bei den Leuten gemacht, die den Stockholmer Appell unterzeichnet hatten...

SIMONE SIGNORET: Ja. Er hat verblüffende Antworten erhalten. Zum Beispiel die des verstorbenen Maurice Chevalier, der ungefähr folgendes sagte: »Ich habe ihn nicht gelesen gehabt, ich habe das nicht absichtlich getan! Wenn ich das gelesen hätte, hätte ich nicht unterschrieben...« Fernandel wiederum hatte unterschrieben, »um dem Kameramann eine Freude zu machen«. Die schönste, klügste und anständigste Antwort hat François Périer gefunden: »Sie erzählen mir, daß dieser Text von den Kommunisten stammt. Ich habe mir diese Frage überhaupt nicht gestellt. Ich habe ihn gelesen, und er erschien mir sehr klug und wichtig. Ich selbst bin Christ, und ich hätte es lieber gesehen, wenn er vom Vatikan stammen würde. Leider aber war es nicht der Vatikan, der mich um meine Unterschrift gebeten hat.«

Hat der Figaro Sie auch interviewt?

SIMONE SIGNORET: Nein.

Waren Sie Kommunisten?

SIMONE SIGNORET: Nein. Wir waren uns mit ihnen in vielen Dingen einig. Praktisch in allen. Aber keiner von uns hat jemals der kommunistischen Partei angehört.

Wie kommt es dann, daß alle Sie für Mitglieder der Partei hielten?

SIMONE SIGNORET: Weil das eine Zeit war, wo man mit der Übersendung eines Dementis an eine Zeitung, die einen als Kommunisten »beschimpfte« – die Gänsefüßchen gebrauche ich mit Absicht –, den Eindruck erweckte, sich von einer Anschuldigung reinwaschen zu wollen. Wir waren nicht der Meinung, daß es unzulässig sei, Kommunist zu sein. Die Kommunisten, denen ich während des Kriegs begegnet war und von denen ich damals nicht immer wußte, daß sie Kommunisten waren, waren Leute, die meine Achtung hatten. Im Jahre 1950, während die Amerikaner in Korea Krieg führten, führten wir Franzosen unseren in Vietnam, ich meine in Indochina – na ja eben in Tongking! Und der kommunistische Matrose Henri Martin saß in Melun ein, weil er sich geweigert hatte, die Kanonen seines Schiffs in eine Richtung zu drehen, die nicht die war, für die er sich 1944 freiwillig gemeldet hatte... Es handelte sich nicht mehr um Japan! Die aktive Kommunistin Raymonde Dien hatte sich mit 19 Jahren auf die Schienen des Bahnhofs von Saint-Nazaire gelegt, um einen Waffentransport zu verhindern. Bei den Demonstrationen und im Quartier Latin waren es damals die Kommunisten, die Gewerkschaft CGT und die Studenten des

Studentenverbands UNEF, die die Polizeiknüppel auf den Kopf bekamen. Altbekannte Worte wie Meuterer, Söldner, Kolonialreich, Schandgesetze, Brot der Arbeiter, Moskauer Gold wurden wieder Mode, je nachdem, ob man die eine oder die andere Presse las. Gesang war keiner mehr in diesem neuen Morgen. Es waren epische Zeiten... Und ich hatte soeben die Lage der arbeitenden Klasse entdeckt!

Seit dem Café Flore hatte ich mich in einem sogenannten »linken« Milieu aufgehalten, und fühlte mich darin sehr wohl. Aber ich hatte nie Berührung mit dem gehabt, was man die Arbeiterklasse nennt. Ich kannte sie in Wirklichkeit nur über das, was ich lesen konnte und was man mir darüber erzählt hatte. Ich war der vollendete Typ der »Linksintellektuellen« mit allem, was da an etwas Lächerlichem, aber auch an Großzügigem dazugehört. Merkwürdigerweise ist meine Begegnung mit Montand mein erster Ausflug in die Lebenswelt der Werktätigen geworden, in die sogenannte Welt der Arbeit, ins Proletariat, um nicht zu sagen Subproletariat. Auch wenn er ein Star ist, stammt Montand zunächst vom Land in der Gegend von Florenz, und dann hat er eine Kindheit im Lumpenproletariat des Midi hinter sich. Er war zwei Jahre alt, als sein antifaschistischer Vater emigrierte. Die Familie Livi kam in Frankreich an, ohne ein Wort französisch zu sprechen, und strandete in la Cabucelle, einem Elendsvorort von Marseille, mit dem verglichen Aubervilliers noch Neuilly-sur-Seine ist!

Wenn Reggiani in Paris ein kleiner »Makkaroni« war, war Montand in la Cabucelle ein kleiner »Babi«, der französisch lernte und gleichzeitig mit seinen Spielkameraden, deren Väter und Mütter die Arbeitskollegen seiner Eltern waren, auch ein wenig armenisch, arabisch, griechisch und spanisch. Die Arbeit war das, was man ausländischen Hilfsarbeitern anbietet, und war nicht weit von zu Hause weg. Die Sirenen der Gasanstalt, der Wursthäutefabrik und der Werften dienten dem ganzen Stadtviertel als Zeitmesser. Als Montand mich dorthin mitnahm, war das das erste Mal in meinem Leben, daß ich mich zu Leuten an einen Tisch setzte, die alle zumindest einen großen Teil ihres Lebens in der Fabrik gearbeitet haben. Als die Kollegen aus dem Viertel hörten, daß er mit seiner »Braut« da war, wollten sie mich kennenlernen, und nachdem erstmal die üblichen Floskeln über die Zwänge des Erfolgs und des Lebens in Paris gesagt waren, wo nie die Sonne scheint, haben sie von ihrer Arbeit geredet. Ihre Arbeit war genau das, was Montand nicht mehr machte, was er nach allen Regeln der Logik immer noch mit ihnen zusammen machen hätte müssen, wenn er nicht durch eine Laune der Natur, die ich mir heute noch nicht erklären kann, schon ganz früh und ganz von selber begriffen hätte, daß Fred Astaire noch viel toller ist als man denkt, daß Trenet reine Poesie ist, daß es einen Prévert gibt! Was mich angeht, mit meinem Vater, der Siegfrieds Hornruf pfiff, mit meinem Großvater und seinen gemalten Sonnenuntergängen, mit meiner schönen Literatur, mit Neuilly und dem Café Flore, und selbst mit meinen Abreisen zu den Außenaufnahmen in Allerherrgottsfrühe, bei denen wir uns einen Augenblick lang unter die Arbeiterklasse mischen (weil wir gerade dann am Quai du Point-du-Jour vorbeikommen, wenn sie durch die Fabriktore drängt), nun gut, was mich angeht, ich fing an, die Dinge wieder in Frage zu stellen.

Wann spielte sich das ab?

SIMONE SIGNORET: Das spielte sich von dem Augenblick an ab, wo wir anfingen, zusammenzuleben. Das ist das erste, was Montand tun wollte: mich seiner Familie vorstellen. Ob man nun naturalisierter Franzose ist oder nicht, wenn man eine Frau liebt, führt man sie seiner Mutter, seinem Vater und seinen Freunden vor, das macht man noch heute in der Toskana und in Florenz. Woanders auch.

Sie wußten, daß Ihnen mit der Unterschrift unter den Stockholmer Appell die Einreise in die Vereinigten Staaten verwehrt war?

SIMONE SIGNORET: Ja, zu diesem Zeitpunkt war der Kalte Krieg offiziell erklärt.

Und Howard Hughes war immer noch geduldig?

SIMONE SIGNORET: Kurz vorher hatte Feldman mir seine Mitarbeiterin Minna Wallis geschickt, eine Pionierin von Hollywood, die in den Ateliers schon zu der Zeit Sekretärin gewesen war, wo sie noch Glashäuser waren. Sie kämpfte verbissen mit mir bei dem Versuch, mich nach Amerika mitzunehmen. Sie hatte uns, Montand und mich, zusammen in den Ferien in Saint-Paul erlebt. Als gute Talentsucherin diskutierte sie zwei Tage lang, und dann ergab sie sich schließlich ihrem Schicksal, wie die Ziege des Herrn Seguin. Sie umarmte uns beide, gönnte sich noch einen weiteren Ferientag, während dem sie uns erklärte, daß wir recht hätten, uns nicht zu trennen, auch nicht für einen Tag. Sie hatte so viele »love stories« wie die unsere erlebt, die an Hollywood kaputtgegangen waren! Sie würde nach der Heimkehr allerhand Vorwürfe zu hören bekommen, aber das sei ihr die Sache wert, wir seien »wonderful people«... Das weckte Erinnerungen bei mir... Dann fuhr sie ab. Nachdem ich den Stockholmer Appell unterzeichnet hatte, habe ich mich oft gefragt, ob sie nicht viel schlimmere Vorwürfe zu hören bekommen hätte, wenn es ihr gelungen wäre, mich mitzubringen...

Sie haben mich gerade gefragt, ob wir Kommunisten waren, und ich habe darauf mit nein geantwortet. Ich habe Ihnen gesagt, daß wir praktisch in allen Dingen mit ihnen einig gingen. Und jetzt werde ich Ihnen sagen, warum wir keine Kommunisten waren, oder vielmehr warum wir damals nicht in die Kommunistische Partei eingetreten waren, obwohl alle Leute glaubten, wir seien Mitglieder. Alle Leute mit Ausnahme der Kommunisten – wenigstens derjenigen, die die subtilen Unterschiede in ihren Zeitungen erfassen konnten, in denen »unsere Freunde Yves Montand, Simone Signoret...« stand, genau wie später »unser Freund Gérard Philipe...«, und dann sehr schnell, »unsere Freunde Yves Montand, Gérard Philipe, Simone Signoret...«. Freunde sind keine »Genossen«, aber immerhin sind das Freunde, und was gibt es kostbareres als Freunde, vor allem wenn sie nicht lauthals verkünden, daß sie keine »Genossen« sind?

In die Kommunistische Partei Frankreichs sind wir deswegen nicht eingetreten, weil uns ihre kulturpolitischen Positionen häufig erschütterten. Montand war kein Metallarbeiter mehr, doch konnte er sich noch gut an die Forderungen der Metallarbeiter erinnern. Ich war keine Bergmannstochter, aber ich verstand die Forderungen der Bergarbeiter, auf jeden Fall besser als vorher. Unser Interesse aber galt der Kultur, der höheren oder niederen, je nachdem, ob man den Film und das Chanson zu den niederen oder hohen Künsten zählt. Wir hatten uns in den Filmclubs *Tschapajew* oder *Maxims Kindheit, die Dreizehn* oder *die Letzte Nacht* angesehen (ich werde nicht darauf hereinfallen, von *Panzerkreuzer Potemkin* zu reden) und hatten uns eine bestimmte Vorstellung vom »sowjetischen« Genie gemacht, das wir mit Absicht nicht als russisches Genie bezeichneten: das war verständlich, da alle die Filme, die ich eben zitiert habe, in der Sowjetunion geschaffen worden waren ... Und dann plötzlich verirrten wir uns, angelockt von einer Filmkritik in den *Lettres Françaises* oder im *Écran français* in eine Vorführung von eineinhalb Stunden, die acht Stunden zu dauern schien, und in der keine Spur von sowjetischem und noch weniger von russischem Genie zu finden war. Das gefiel uns nicht, wir waren verstört, vielleicht war unser Geschmack verdorben. Die Malerei gefiel uns auch nicht. Oder vielmehr die, die nach Vorschrift gefallen sollte. Fougeron ... der hat uns auch nicht gefallen.

Wir sprachen die Kommunisten darauf an. Sie waren geduldig und verständnisvoll. Natürlich waren wir es, die das nicht verstehen konnten. »Ein Chanson über die Bergleute, das wäre jetzt sehr wichtig ... – Das ist wichtig, wenn es ein gutes Chanson über die Bergleute ist, antwortete Montand. – Noch besser, wenn es gut ist, antworteten sie, aber das wichtigste ist, daß es was über die Bergleute aussagt ... *Luna-Park*, das ist ganz lustig, aber glauben Sie wirklich, daß jetzt die Zeit zum Lachen ist? Die Arbeiterklasse hat samstags etwas anderes zu tun, als Achterbahn zu fahren ... *C'est si bon*, das ist ganz hübsch, aber als Rhythmus ist das doch ziemlich amerikanisch, oder nicht? – Ja, das ist eher amerikanisch, schön, dieser amerikanische Rhythmus ... Es sind die Schwarzen, die den amerikanischen Rhythmus erfunden haben ... – *Sanguine, joli fruit*, das ist doch ein bißchen zu erotisch, oder nicht? – Schlaft ihr, in der Partei, denn nie miteinander? – Ah! Ah! Was ist er doch für ein Witzbold! ...« Auf jeden Fall konnten sie zu *Quand un soldat* schon bravo sagen! Denn wenn einer *Quand un soldat* (das im Radio verboten war) im Théâtre de l'Etoile mitten im Indochina-Krieg vor vollem Haus sang, in dem ein oder zwei, manchmal sogar eine ganze Rotte von Provokateuren saßen, die Streit suchten, dann war das schon eine Leistung. Und alle Plakate in Mantes-la-Jolie am Tag des Auftritts von kleinen Rowdys mit Teer vollgeschmiert zu finden, war nicht besonders angenehm. Es war um so unangenehmer, als in derselben Woche der Tod von André Gide in der *Humanité* mit dem lapidaren Satz abgetan wurde: »André Gide ist nicht gestorben, er war schon tot«, der mich eine hitzige Diskussion genau mit denen vom Zaun brechen ließ, in deren Namen sich Montand seine Plakate vollschmieren ließ. Auch Hemingway waren diese kleinen Shdanowschen Seitenhiebe zuteil geworden: »Ob es nicht eine Schande sei, seine Zeit und sein Talent damit zu vergeuden, die Geschichte von einem alten Mann und einem Fisch zu erzählen, wenn über den McCarthyismus so viel zu sagen wäre.« Das alles war nicht falsch, Gide hatte die *Retouches* geschrieben, und Hemingway schwieg, aber ich, der sie alle beide und vollständig gelesen hatte, empfand das als ein etwas leichtfertiges Herangehen. Vielleicht war das meine bürgerliche Herkunft, die mir so schlechte Gedanken einflößte ... Eines Tages, in der Nähe der Porte de Vincennes hatten bei einer großen Kundgebung der Weltfriedensbewegung, die an die Frauen der ganzen Welt gerichtet war, Gérard Philipe *Liberté* vorgetragen, Montant *Quand un soldat* gesungen, Danièle Delorme ich weiß nicht mehr was gemacht, und ich hatte mir einen kleinen und sehr einfachen Text geschrieben (ich bin keine gute Vortragskünstlerin, und singen kann ich auch nicht), eine Art Gruß an alle Mütter, Bräute, Ehefrauen, Schwestern, Töchter, Kusinen (das wurde damals viel gemacht) der ganzen Welt. Eingeschlossen waren darin die Französinnen, die Russinnen, die Chinesinnen, die Koreanerinnen, die Vietnamesinnen und die Amerikanerinnen ... In dem Bericht der *Humanité* am nächsten Tag waren die »Américaines« dummerweise ausgelassen worden. Das sei ein Druckfehler, sagte man mir. Es war aber kein Druckfehler, sondern eher ein Loch. Ich hatte weder »Arimécaines« noch »Sacriamines« lesen können, sondern überhaupt nichts. Obendrein war es noch blöde, da ich im Saal mit meinen Américaines einen Riesenerfolg gehabt hatte. Dort hatten sie sehr wohl gewußt, was ich ihnen damit sagen wollte.

Hat Ihnen das überhaupt keinen Kummer gemacht, zu wissen, daß Sie nach Amerika keinen Fuß mehr setzen konnten?

SIMONE SIGNORET: Wir sagten uns: »Schade, wir werden nie den Broadway sehen, wir werden nie Fred Astaire tanzen sehen, nie Henry Fonda begegnen, nie wissen, wie Hollywood aussieht, oder Golden Gate, auch nicht die Brücke von Brooklyn, wir werden das nie kennenlernen, was der amerikanische Film für alle Leute in unserer Generation und in unserem Beruf gewesen ist. Aber darüber hinaus ging es nicht. Leichten Herzens haben wir das abgehakt. Alles wurde wieder einfach. Es gab die Guten und die Bösen. Die Bösen waren die, die die Atombombe hatten und einem verboten, zu ihnen zu kommen, wenn einem ihre Bombe nicht gefiel. Und wir würden ihnen jetzt nicht plötzlich sagen, daß sie uns gefiel, bloß um ein Visum zu bekommen. Blieben noch die Erinnerungen an die lächelnden Befreier, an das schöne Bild der Alliierten, Russen, Engländer, Amerikaner und Franzosen im Paris von 1945.

Die anderen hatten Recht. Sie waren arm, sie hatten fast zwanzig Millionen Menschen geopfert, ihre Kinder waren in den belagerten Städten verhungert, und die Nazis hatten mit Neugeborenen Tontaubenschießen gespielt und sich dabei auch noch stolz fotografieren lassen. Stalingrad war abgebrannt und hatte gesiegt. In der Ukraine hatten sie ihre Getreidefelder angezündet, um den Feind zum Rückzug zu zwingen: das war mit Sicherheit wahr, wir hatten es in dem Film *Wofür wir kämpfen* ... gesehen. Und die französischen Kommunisten waren die Partei der Erschossenen. Ich sage Ihnen, alles wurde wieder einfach, so glaubten wir. Es war zu einfach.

Sie sind immer noch nicht in die Partei eingetreten?

SIMONE SIGNORET: Nein, wir waren sozusagen verlobt, aber den Bund fürs Leben schlossen wir nicht. Hören Sie, ich werde jetzt nicht auch noch von der Stalin-Ära zu erzählen anfangen, während deren so viele gutgläubige Leute so sehr getäuscht, ausgenutzt und hintergangen worden sind, daß sie selbst ihren natürlichsten Reaktionen mißtrauten und sie selber als subversiv und konterrevolutionär beurteilten. Darüber gibt es haufenweise gute Bücher. Und auch weniger gute, bittere und herzzerreißende. Das sind die Bücher der ehemaligen aktiven Parteimitglieder, die an dem Tag, wo sie ihren Glauben verloren, alles verloren haben. Wir selber sind

1956 nach der berühmten, der französischen Partei nach angeblichen Rede von Chruschtschow aus allen Wolken gefallen. Aber schließlich war Stalin für mich nie vollkommen das gute Väterchen gewesen. Von meinem schlechten Umgang mit den Anarchisten, Trotzkisten und »Floristen« hatte ich schlechte Gewohnheiten zurückbehalten. Was Chruschtschow soeben enthüllt hatte, war ein Dolchstoß für alle, die nie gezweifelt hatten, oder nie hatten zugeben wollen, daß sie im Zweifel waren, für die, die alles geschluckt hatten, die »Affaire der Ärzte«, den »Verräter Tito und seine Clique«, »Claude Bourdet, den Intelligence-Service-Agenten«, »Nizan, den Fünfgroschenjungen«, »Sartre im Sold des Imperialismus«, »Marty und Tillon, Polizeispitzel«. Ansonsten war es Balsam für manche Parteimitglieder, die ausgeschlossen worden waren, gerade weil sie bestimmte Kröten nicht hatten schlucken wollen, die in Wirklichkeit Pythonschlangen waren. Wir selber hatten ein paar davon geschluckt, aber andere wieder ausgespuckt. Immerhin waren wir frei und durften uns auch irren. Wir hatten an manches geglaubt und wir hatten rechtgetan, daran zu glauben. Es war unbedingt geboten, den Versuch zu machen, die Rosenbergs zu retten, und es war unbedingt geboten, die zu verachten, die ihre Unterschrift nicht hergeben wollten. Aber genau in der gleichen Zeit haben wir auch Dinge geglaubt, die wir nie hätten glauben dürfen. Einen Text von Paul Éluard – er hatte sich überreden lassen und geglaubt, er müsse ihn schreiben – zur Zeit der Affäre Kalandra in Prag, und er besagte: »Ich habe zuviel mit Unschuldigen zu tun, die ihre Unschuld hinausschreien, um mich mit den Schuldigen beschäftigen zu können, die ihre Schuld beteuern«, das war nicht unbedingt notwendig, und dies um so weniger, als es sich später als ungeheuerlich und verbrecherisch erwies. Und Jaeger Glauben zu schenken, der einem erklärt, daß man unterschreiben muß, war auch nicht unbedingt notwendig, selbst wenn wir damit jemand glaubten, den wir achteten. Das hätte uns nicht ausreichen dürfen, zu behaupten, daß es keine Lager in der Sowjetunion gibt und sich dabei auf die *Lettres françaises* beziehen, die gegen Krawtschenko eine Klage angestrengt haben, weil er ein Buch darüber geschrieben hat, das ist Naivität und Ignoranz. Wenn man aber auf der anderen Seite weiß, daß in den USA der Ausschuß für antiamerikanische

Umtriebe die Leute verfolgt, weil sie irgendwann 1936 bei einer Sammlung für das republikanische Spanien 50 Cents gespendet haben, daß zehn Hollywoodszenaristen ins Gefängnis geworfen worden sind, weil sie sich geweigert haben, mit dem Ausschuß zu kooperieren, ihre Freunde zu denunzieren und zu sagen, ob sie, ja oder nein, an irgendeinem Tag ihres Lebens Kommunisten gewesen sind, wenn man weiß, daß Dashiell Hammett, der Verfasser von *Der gläserne Schlüssel, Der Dünne Mann* und vom *Malteserfalken* aus denselben Gründen im Gefängnis sitzt, wenn man weiß, daß Lillian Hellmann, die Verfasserin der *Kleinen Füchse* nicht mehr arbeiten kann, weil sie sich geweigert hat, auf die Fragen des Senators McCarthy zu antworten – mit der Bemerkung, daß man ihr in der Schule als erstes beigebracht habe, daß man als amerikanische Bürgerin seine Klassenkameraden nicht angeben dürfe – wenn man das alles weiß, heißt das, daß man sich mit den aktuellen Geschehnissen auf dem laufenden hält, und nicht mit Klatsch und Gerüchten. Mit Klatsch und Gerüchten von der Art, wie sie die amerikanische Presse publiziert und das Fernsehen sie verbreitet, das ständig auf die »Angeklagten« von Washington hinweist. Wenn man erfährt, daß Elia Kazan sich eine ganze Seite in der *New York Times* geleistet hat, um sechsundsechzig seiner alten Freunde zu denunzieren, so heißt das auch, daß man sich auf dem laufenden hält, und daß man einen Brechreiz beim Gedanken daran bekommt, daß einem seine Filme gefallen haben.

Das war's. Das war der Kalte Krieg. Um das zu wissen, war es auch nicht unbedingt nötig, ein Mitgliedsbuch der Partei zu haben. Es gab Sachen, die man wußte und solche, die man nicht wußte. Die, die wir nicht wußten, waren die schlimmsten. Und die wahren Schuldigen waren diejenigen, die davon wußten und sie verbargen. Da ich jetzt schon eine ganze Zeit keine literarischen Anspielungen mehr gemacht habe, werde ich mir gleich eine leisten: Wer die Wahrheit nicht weiß, der ist bloß ein Dummkopf. Aber wer sie weiß und sie eine Lüge nennt, der ist ein Verbrecher! (Brecht, *Leben des Galilei*).

> Brecht ist während seines Exils in den Vereinigten Staaten ebenfalls von dem Ausschuß für unamerikanische Umtriebe verhört worden . . .

SIMONE SIGNORET: Ja, es gibt sogar eine Schallplatte über sein Verhör. Man hat ihm ganz irrsinnige Fragen gestellt: »Kennen Sie einen gewissen Kurt Weill? --- Haben Sie dann und wann über Politik mit ihm geredet?« Und außerdem: »Aus welchen Gründen haben Sie Deutschland 1933 verlassen?« Seine Antworten haben die Inquisiteure nicht viel weitergebracht, er ist kurz danach nach Ostberlin zurückgekehrt, wo andere Erlebnisse auf ihn warteten.

Das war's. Ich habe Ihnen erklärt, warum wir keine Kommunisten waren, und warum auch keine Antikommunisten.

Wenn Sie über diese Zeit Bilanz ziehen, was können Sie darüber sagen?

SIMONE SIGNORET: Daß es bisweilen schwierig war, aber auch ungeheuer bereichernd. Schwierig insbesondere wegen der Stichelleien einer gewissen Presse... In regelmäßigen Abständen hatte man mich angeblich dabei gesehen, wie ich »im Nerzmantel die *Humanité Dimanche* verkaufte« oder noch schlimmer »mein Dienstmädchen verkaufen schickte und von weitem beobachtete, ob sie auch gut verkaufte«... Ich ließe mir »bei Hermès einen Overall schneidern«... Das war schon weniger blöd, da schließlich die Jeans, die heute alle jungen Mädchen der guten Gesellschaft tragen, nichts anderes sind als die amerikanische Arbeitskleidung.

Welche Presse meinen Sie?

SIMONE SIGNORET: Für die will ich keine Reklame machen... (in einer anderen Presse wurde ich totgeschwiegen. Aber da ich das selber nicht totschweigen will, sage ich Ihnen, wers war: *Paris Match*). Auf die mit Teer beschmierten Plakate von Montand, auf die Stinkbomben, auf das Tränengas im Théâtre des Célestins eines Tages in Lyon will ich nicht weiter zurückkommen. Auch nicht auf die Provokationen und Drohbriefe. Das waren Schikanen, weiter nichts!

Und die Aspekte der Bereicherung?

SIMONE SIGNORET: Das war alles Übrige, und das war viel. Moralisch, künstlerisch – und ich überlasse nicht Ihnen, das an meiner Stelle zu sagen – auch materiell. Moralisch und künstlerisch, da wir uns innerlich wohl fühlten und frei waren. Wir hatten das Glück, Franzosen zu sein. In Frankreich gab es keinen McCarthy, und auch keinen Shdanow. Montand konnte singen, was er wollte. Da wir nicht in Wolkenkuckucksheim lebten, sondern auf einer großen Erdkugel, auf der allerhand passierte, wurde für ihn die Auswahl der Chansons noch schwieriger, ob sie nun komisch, poetisch, oder wie man heute sagt »engagiert« waren. Um der Ansichten, die wir hatten, würdig zu bleiben, mußten wir rechts aufpassen und links aufpassen. Nichts, was den Reaktionären schmeicheln konnte, und nichts, was in Volkstümelei oder Demagogie verfallen würde. Weil wir gute Arbeit leisteten, lief das gut. Und wenn es läuft, bringt es viele Bravos, und »Ooooooooohs«, wenn sich am Ende der Vorhang nicht noch einmal hebt, und zwangsläufig... viel Geld. Das Publikum war sehr gemischt. Das Publikum aus dem Volk hatte Montand, da er definitionsgemäß ein Volkssänger ist. Die Volkssänger kommen aus dem Volk, und sehr selten aus der Rue d'Ulm... Es ist sehr hübsch, wenn es ein Volkssänger fertigbringt, daß die Leute auf ihren Fahrrädern die Melodie der *Saltimbanques* von Apollinaire pfeifen. Die anderen aber hatte er auch: Wenn es gut ist, sind sie nicht nachtragend...

Eben so eine Gestalt hat sich Clouzot für *Lohn der Angst* ausgesucht. Mit Absicht gebrauche ich das Wort Gestalt: um den Mario zu spielen, hat sich Clouzot gleichzeitig den Menschen Montand und den Montand des Varietés geholt. Wenn man eine Persönlichkeit der Music Hall ist, ist man das Gegenteil von einem Schauspieler. Man muß nämlich sich selber darstellen, in einem eigenen Kostüm, mit Hilfe eines selbst ausgewählten guten Repertoires, ebenfalls selbst ausgewählten guten Musikern, und einer Beleuchtung, die man auch selber geregelt hat. Man muß den Anspruch haben, ein Publikum zu unterhalten, zu bewegen, zu fesseln, das gekommen ist, einen selbst in seiner eigenen Rolle zu sehen.

Montand hatte bereits mit *Portes de la nuit* ein Experiment gemacht. Mit dreiundzwanzig Jahren war er an die Stelle von Gabin getreten, für den Jacques Prévert die sehr schöne Rolle eines Vierzigjährigen geschrieben hatte. Weder die Freundschaft noch das Talent von Jacques und von Carné hatten ihm etwas anderes aus ihnen herausholen können als den blassen Widerschein einer Persönlichkeit, und zwar seiner eigenen. Nicht den der Rolle. Das Kino gefiel ihm gut genug, um hinzugehen, aber er hatte beschlossen, nie mehr vor einer Kamera zu leiden. Er gab Clouzot eine Absage. Clouzot blieb hartnäckig. Schließlich ließ sich Montand von ihm versprechen, daß er aufhören könne, wenn es nicht ginge. Clouzot versprach das. Montand begann dann an den Szenen von Anouilh zu arbeiten.

Das spielte sich im Gasthaus la Moutière ab, bei Carrère, wo wir uns alle vier niedergelassen hatten, Georges, Véra, Montand und ich. Nachmittags sprach Montand Clouzot vor, wie ein junger Mann, der sich aus der Provinz aufgemacht hat, um den Cours Simon zu belegen ... und gegen sechs Uhr abends fuhr er zum Théâtre de'Etoile, wo er vor vollem Haus sang. Das war ein schönes Arrangement ... Ich habe Clouzot nie glücklicher gesehen als während dieser Zeit, wo er gleichzeitig eine Frau hatte, die er liebte, ein Drehbuch, das großartig wurde, und einen aufmerksamen Schüler, der auch sonst Triumphe feierte, ohne daß Clouzot dazu etwas beitragen mußte.

Gabin lehnte die zweite Hauptrolle ab, weil er der Meinung war, daß sein Publikum ihn nicht einen »Feigling« spielen sehen und Vanel, der schon lange in keinem Film mehr gespielt hatte, wurde nach Probeaufnahmen engagiert, zu denen er sich gern bereitfand. Auf diese Weise spielte er in *Lohn der Angst* und wurde unser Freund.

Lohn der Angst wurde vollständig in der Camargue gedreht. Ich war mitgereist. Véra und ich durchschnüffelten die Abteilungen des Kaufhauses Dames de France in Nîmes. Wir bestickten Pantoffeln mit kleinen schwarzen Perlen. Wir sahen bei den Dreharbeiten zu und badeten in dem eiskalten Gardon, hundert Meter von einem Schild entfernt, das wir nicht gesehen hatten und welches verkündete: »Achtung, Kinderlähmung«. Wir wohnten im »Toto-Hotel«, das heißt in einem Hotel, dessen Besitzer Toto hieß. Clouzot verlangte von ihm, daß er bei den Vorführungen mit dabei war. Vanel und Montand kauften sich im Einheitspreisladen ganze Stapel Teller, die sie während des Abendessens bei vorgetäuschten Streitereien zerschmissen, die von Bemerkungen wie der folgenden ausgelöst wurden: »Ich habe hundert Filme gedreht und lasse mir von einem hergelaufenen Konzertcafé-Gigolo nicht erzählen, wie man das macht! – Und ich habe es satt, mit alten Stummfilmgreisen zu drehen...« Die Teller flogen, und der Vater von Toto zählte die Scherben zusammen in dem Glauben, daß es das eigene Inventar sei. Eines Tages gab auch die Städtische Feuerwehr ihre Schläuche und Spritzdüsen für einen simulierten Angriff aus dem Hinterhalt her, der auf dem Weg zu den Außenaufnahmen stattfinden sollte... Alle führten sich auf, als wären sie vierzehn Jahre alt. Sie waren dabei, einen hervorragenden Film zu drehen, und ich machte wunderbare Ferien. Ich stritt mich viel mit Clouzot herum, aber das war ein Teil des Programms. Er hatte das gern. Und wenn ich einmal zufällig nicht schnell genug aggressiv wurde, provozierte er. Das fing im allgemeinen damit an »Der arme Brasillach... er ist so sensibel, so empfindlich... – So sensibel und empfindlich, daß er an *Je suis partout!** mitgearbeitet hat...« Und so verging der Abend.

Ich habe gerade gesagt, daß ich wunderbare Ferien verbrachte. In Wirklichkeit machte ich verlängerte Ferien, da ich seit eineinhalb Jahren nicht mehr gearbeitet hatte. Zu dem Zeitpunkt, als Montand den Vertrag für *Lohn der Angst* unterzeichnete, hatte ich meinerseits bei Jacques Becker für *Casque d'or* (Goldhelm) unterschrieben. Und so kam es, daß ich an einem Sommermorgen im Jahre 1951 gebeten wurde, wegen der Kostümproben, Frisuren und Schminkproben für den Film nach Paris zurückzukommen.

Kannten Sie Becker gut?

SIMONE SIGNORET: Im Café Flore im Jahre 1942 gab es unter den Leuten, über die gesprochen wurde, die aber nicht da waren, noch einen anderen Jacques außer Prévert, und das war Jacques Becker. Marc Maurette, der mit ihm zusammen Regieassistent bei Renoir gewesen war, sagte häufig: »Ah, du wirst schon sehen, wenn Jacques zurückkommt.« Jacques kam als »Gefangener« zurück, wie man damals zu sagen pflegte. Maurette hatte mich für eine kleine Rolle in dem ersten Film bestellen lassen, den Becker nach seiner Rückkehr gedreht hat, für *Dernier Atout* (Der letzte Trumpf). Mit meinem blauen Rohrpostbriefchen in der Hand fand ich mich zur

---

* Anm. d. Übers.: Zeitschrift des Reichspropagandaministeriums in französischer Sprache (»Signal«).

angegebenen Stunde in einem Büro am Boulevard Malesherbes ein. Am Ende eines kleinen Gangs lag ein riesiges rundes Zimmer, und im Hintergrund dieses Zimmers saßen vier Männer an einem Schreibtisch. Sie sahen sich alle ähnlich. Alle vier hatten Schnurrbärte, was damals merkwürdig war. Genauso, wie man nicht wissen kann, wem man bei einer kleinen Rolle als nächstes um den Hals fallen muß, wußte ich nicht, welcher der Jacques Becker von Maurette war. Es waren mindestens zehn Meter in dem Zimmer zurückzulegen, bevor ich mich vor dem Schreibtisch mit den vier Köpfen befand. Ich durchquerte sie in einem eisigen Schweigen. Und dann sagte einer ein wenig stotternd zu mir: »Weswegen kommen Sie?« Ich wies meine Einladung vor. »Ich soll Sie bestellt haben? – Maurette hat mich . . . – Was haben Sie bisher gemacht? – Nichts, Monsieur . . . – Na gut, gehen Sie auf die Theaterschule, und wenn Sie dann etwas gelernt haben, können Sie 'mal wieder kommen.« Ich ging die zehn Meter wieder zurück, mit meinem Papierchen in der Hand. Kaum hatte ich die Tür erreicht, als er zu mir sagte: »Drehen Sie sich 'mal um. Sie müßten eigentlich fotogen sein . . .« (Ende des ersten Akts).

(II. Akt) Ich bin in Vence mit der Truppe der *Visiteurs du soir* (Satansboten), und an einem Tag mit Nieselregen rufen mich Blin und Decomble, die gerade in Nizza den Kriminalfilm *Dernier Atout* (Der letzte Trumpf) drehen, in der Pension Ma Solitude an und fordern mich auf: »Komm' doch für den Tag zu uns nach Nizza.« Ich schnappe mir den Bus, komme in Nizza an, gehe zu ihrem Drehort, Becker sieht mich und sagt zu mir: »Was, Sie sind in Nizza und haben mich nicht angerufen! – Wieso hätte ich Sie anrufen sollen? – Aber, aber, meine liebe Gaby . . . – Entschuldigung, was haben Sie gesagt? – Sind Sie nicht Gaby? . . . – Nein, ich bin das Mädchen, dem Sie geraten haben, auf die Theaterschule zu gehen, ich bin nicht Gaby. In die Schule bin ich nicht gegangen, aber es ist doch eigenartig, wie viel liebenswürdiger Sie zu Gaby sind, die nicht viel Begabung hat, als zu einer Unbekannten, über die Sie gar nichts wissen.«

(III. Akt) Die Jahre vergingen . . . Zwischen 1946 und 1949 begegnete ich bisweilen Jacques, ich hatte Erfolge, und er auch. Wir waren keine Freunde, damit will ich sagen, daß wir noch nicht die Freunde waren, die wir später werden sollten, nach der gemeinsamen Arbeit. Die Anekdote unserer ersten Begegnung wurde nach den privaten Vorführungen aufgefrischt, wo wir uns bisweilen trafen. Damit konnte man (vor allem wenn der Film nicht gut war) in der Bar das Gespräch wieder in Gang bringen, in die der Public-Relations-Mann einige echt Pariser Statistinnen hinbestellt hatte. Das alles soll besagen, daß Jacques und ich, als ich für *Casque d'or* unterschrieben hatte, uns sozusagen gar nicht kannten.

Das war ein sehr schönes Thema. Viele Leute hatten einen Film darüber drehen wollen. Vor dem Krieg hatten Renoir, Duvivier und Allégret mit dem Gedanken gespielt. Angetragen wurde mir der Film von Becker: vielleicht wollte ich mich unbewußt ein bißchen für die Erinnerung an meinen Besuch im Boulevard Malesherbes revanchieren? Wie dem auch sei, ich hatte einen Vertrag unterschrieben und mußte nach Paris zurück.

Am Morgen meines Abfahrtstages habe ich die ganze Truppe von *Lohn der Angst* nach dem vorgetäuschten Dorf Las Piedras begleitet, das 30 Kilometer von Nîmes entfernt lag. Um drei Uhr nachmittags fing ich an, mich von allen zu verabschieden, und dann brachte mich Montand zum Wagen. Ich schluchzte. Das war das erste Mal in zwei Jahren, daß wir uns trennten. Ich schluchzte auf den ganzen 30 Kilometern Rückfahrt nach Nîmes. Schluchzend packte ich, machte alle Wangen der Familie Toto tränennaß, als ich mich von ihnen verabschiedete und kam heulend am Bahnhof an. Der Zug nach Paris lief ein, ich betrachtete den schönen Schlafwagen, in dem ein Platz für mich reserviert war. Ich heulte nicht mehr. Ich stieg nicht in den Zug, der Zug fuhr ohne mich ab, und in dieser Minute fühlte ich mich so frei wie nie in meinem ganzen Leben.

Als die Truppe mich im Hotel wieder vorfand, wurde ich wie eine Heldin gefeiert. Ich war die größte Liebende aller Zeiten! So etwas hatte man noch nicht erlebt! Meine Agentin Paulette Dorisse, die ich angerufen und der ich gesagt hatte, daß sie irgend etwas erzählen sollte, daß ich aber um nichts auf der Welt nach Paris zurückfahren würde, hatte so etwas auch noch nicht erlebt! Sie aber meinte das ganz anders. Selbst Clouzot, der eine Schauspielerin hätte erschlagen können, die ihm so etwas angetan hätte, ließ Brasillach einen Abend im Stich und trank auf das Wohl einer großen Liebe. Für das »Toto-Hotel« war es ein Fest.

Am nächsten Morgen war mir nicht mehr so wohl in meiner Haut. Ich war auf geharnischte Telefonanrufe, telefonische Drohungen und Regreßforderungen gefaßt. Von Las Piedras aus rief ich das »Toto-Hotel« an: »Hat jemand für mich angerufen? – Nein, Madame, niemand.« Und dann, am Abend gegen neun Uhr, kam Toto an den Tisch und verkündete: »Monsieur Becker verlangt Sie am Telefon.« Die ganze Runde machte »Aha...«. Zeitlebens werde ich dieses Kurbeltelefon hinter dem Empfangstisch vor mir sehen. Jacques sagte zu mir: »Du hast vollkommen Recht, man lebt nur ein Leben. Ein Liebesverhältnis muß man jeden Tag wie ein Pflänzchen hegen und pflegen. – Vielen Dank, Jacques, das ist sehr nett von dir, macht dir das nicht viele Unannehmlichkeiten? – Nein, nein, überhaupt nicht, ich werde das schon irgendwie machen...« Und dann nannte er zwei Namen von Mädchen, die an meine Stelle treten könnten.

Also habe ich am nächsten Tag den Zug nach Paris genommen. Ich bin zurückgefahren, und das ist mir gut bekommen. Denn schließlich kam ich zurück, um einen Film zu drehen, der vielleicht der schönste meines Lebens ist. Jacques erwartete mich am Bahnhof, er schleifte mich zum Friseur, um mir die Haare blondieren zu lassen und kündigte mir an, daß er mich um halb eins abholen würde, um zu sehen, ob die Haarfarbe auch recht sei. Danach würden wir Mittagessen gehen, und danach die Kostüme ansehen, und anschließend die Schuhe bestellen. Er hatte einen derartigen Arbeitsplan aufgestellt, daß ich nicht mehr fliehen konnte, weder physisch noch moralisch. Nach dem Haarebleichen folgte der Epilog zu dem Dreiakter, den ich vorhin erzählt habe. Jacques beugte sich gerade über meine Haarwurzeln wie Louis Pasteur über sein Mikroskop, als ich zu ihm sagte: »Willst du der Dame am Nebentisch nicht guten Tag sagen, Jacques? – Ich kenne sie nicht... Aber doch Jacques, sieh' sie dir doch richtig an... das ist Gaby.«

Während der Dreharbeiten war ich mir nicht klar darüber, wie bedeutend dieser Film werden sollte. Zunächst weiß man das nie, ob das, was man im Begriff ist zu machen, wirklich außergewöhnlich sein wird. Man hofft es zwar immer, aber wissen kann man das nicht. Und dann war Jacques ein Mensch, der die Dreharbeiten nicht mit irgendeinem Zeremoniell belastete, der sich nicht wie ein

Schöpfer von Meisterwerken benahm. Sein Spruch war gewöhnlich: »Heute werden wir einen Haufen Spaß haben.« Und das stimmte, wir hatten Spaß. Für die Außenaufnahmen, die wir in Annet-sur-Marne drehten, hatte er ein Hotel-Café ausfindig gemacht, in dem wir wohnten, er und Annette Wademand, Serge, ich und einige andere, in Zimmern, die kein fließend Wasser hatten, aber sehr hübsche Steingutschüsseln, und die auf ein Gemüsegärtchen hinausgingen, an dessen Ende sich die »Örtlichkeiten« befanden. Die übrige Truppe war in einem richtigen Hotel untergebracht. Diese Idee erschien uns vierundzwanzig Stunden lang recht hirnverbrannt, hingegen genial, sobald wir unsere Kostüme angelegt hatten. Marie und Manda waren da besser untergebracht als in irgendeinem »Goldenen Hirsch«. Und da Jacques Marie und Manda gern hatte, gefiel es ihm auch, ebenfalls auf ein Badezimmer zu verzichten.

Ich könnte Ihnen stundenlang davon erzählen, wie dieser Film in Liebe, Freude, Freundschaft und Humor entstand. Ich glaube, daß man das spürt, wenn man ihn ansieht. Aber ich erzähle Ihnen lieber davon, was mir auf beruflicher Ebene widerfahren ist: Das war meine erste Begegnung mit dem, was man Persönlichkeitsspaltung nennt. Ich hatte nichts darüber gelesen. Es ist noch nicht lange her, daß ich gelesen habe, was Diderot und Stanislavski über die Schauspieler geschrieben haben. Aber bei den Dreharbeiten zu *Casque d'or* ist mir etwas ganz Merkwürdiges passiert. Wir hatten bereits drei Wochen Außenaufnahmen hinter uns. Wenn wir ein bißchen Nebel brauchten, bekamen wir ein bißchen Nebel; wenn wir ein bißchen Sonne brauchten, war die Sonne da. Es war wie ein Wunder. Und dann, an einem Montag – der Montag ist wichtig: bei den Dreharbeiten zu einem Film ist es immer schwierig, nach den Zerstreuungen des Sonntags wieder in Gang zu kommen – schickten wir uns an, auf einem unbebauten Gelände in Belleville, die Szene zu drehen, wo Marie den Manda suchen kommt, der bei dem von Gaston Modod gespielten Kunsttischler arbeitet. Sie schickt den Kutscher des Fiakers mit einem Billet zu ihm. Manda kommt aus dem Laden heraus, und sie begegnen sich auf dem Gelände. Sie gehen auf eine kleine Hütte zu, und da taucht die Braut von Manda auf, die von Loleh Bellon gespielt wurde.

Es ist acht Uhr morgens. Wir lassen uns in einem kleinen Bistro, das die Produktion für die Dreharbeiten gemietet hat, schminken bei der klassischen Montagsunterhaltung wie: »Was hast du gestern gemacht? – Ich habe geschlafen. – Ich bin ins Kino gegangen«, usw. Tatsächlich erinnert nichts an das, was wir jetzt gleich spielen sollen. Ich gehe zum Anziehen in das Schlafzimmer der Wirtin des Bistros hinauf. Meine gewohnte Garderobiere war krank, und die Frau, die sie vertrat, kannte sich nicht darin aus, welche Kostüme für welche Szenen passen mußten. Sie zieht mich also an, schnürt mir mein Korsett, und gibt mir die Kleidungsstücke, die ich ihr nacheinander angebe. Im Film hatte ich zwei Paar Stiefel: ein Paar sehr hübsche Stiefel aus grauem Wildleder, das mit schwarzem Lack verziert war, und ein anderes, sehr gewöhnliches Paar aus braunem Ziegenleder. Die Ankleiderin hält mir die schönen Schuhe hin und ich sage zu ihr: »Ach nein, die ziehe ich erst am Abend an. – Warum? Drehen wir denn auch nachts? – Nein, nein! Vergessen Sie's...« Und da merkte ich, daß ich im Begriff war, mich im Schlafzimmer einer mir unbekannten Bistro-Wirtin vor einem unbebauten Gelände von Belleville anzuziehen, um hinzugehen und zu Manda, das heißt zu meinem Freund Serge Reggiani zu gehen und zu ihm zu sagen: »Komm' heute abend, ich werde dich im Erzengel Gabriel erwarten«... und daß es nicht ich war, die sich anzog – ich, die Frau von Montand und die Mutter von Catherine – sondern Marie, die bereits daran dachte, was sie am Abend tragen würde, um mit Manda auszugehen... für eine Szene, die erst drei Wochen später im Atelier von Billancourt gedreht wurde, wo der Erzengel Gabriel zur Zeit noch gar nicht aufgebaut war...

Das erschien mir sehr seltsam. Ich entdeckte, daß mir Dinge widerfuhren, die ich absolut nicht suchte, für die weder mein Willen noch mein Hirn in Funktion getreten waren. Infolgedessen war ich jemand anders. Das verblüffte mich, und ich sagte mir: »Also das ist es, was sie Persönlichkeitsspaltung nennen! Das ist es, worüber es tonnenweise Literatur gibt!

Ich habe niemand etwas davon verraten, aber das war die Antwort auf alle die naiven Fragen, die einem so häufig gestellt werden: »Wie machen Sie das, wenn Sie weinen wollen?« oder aber »Was müssen Sie aber ein Gedächtnis haben, um das alles zu behalten!«

Dabei ist es gar nicht schwierig, einen Text zu lernen (wenn er gut ist), weil das genau die Worte sind, die die Person in eben dieser Situation sagen würde. Und es ist überhaupt nicht schwierig, zu weinen, wenn man unglücklich ist: wenn die Frau, die ich spiele, unglücklich ist, weint sie, und folglich weine ich.

In meiner beruflichen Laufbahn war *Casque d'or* eine wichtige Etappe. Ich habe endlich entdeckt, daß man über diesen Beruf gar nichts weiß, und daß es darin nichts zu lernen gibt. Je älter man wird, desto weniger Wissen braucht man darüber. Es gibt zwei Schulen: die Schauspieler, die Ihnen erklären, daß sie genau wissen, wie sie die Sache schmeißen werden, daß sie genügend Erfahrung haben, um diese oder jene Klippe zu vermeiden; und die andere Methode, die darin besteht, daß man keinerlei Methode hat. Das ist meine. Ich habe mich nicht dafür entschieden, ich habe nicht beschlossen, daß das eine Methode ist, aber es ist die einzige, die zu mir paßt. Bei mir besteht fast ein Bedürfnis, nicht nachzudenken, und nicht zu analysieren.

> Während der Dreharbeiten brauchen Sie also jemand, der für Sie denkt und überlegt, nämlich den Regisseur?

SIMONE SIGNORET: Nur der zählt! Schauspielern kann man nur auf diese Art und Weise, und das ist der große Luxus: sich selbst zu geben mit dem, was man hofft, leisten zu können – ich betone, daß man keine Gewißheit darüber hat – und vor allem, sich in einer Rolle zu geben, die man nicht selber ausgesucht hat. Wenn ich heute, an dem Punkt, an dem ich in meinem Leben, in meiner Laufbahn und in meinem Beruf angelangt bin, ein Buch entdecke, in dem es eine sehr schöne Frauenfigur gibt, in die ich mich hineinversetzen könnte, verzichte ich von vornherein darauf, sie zu spielen. Es muß einfach so sein, daß die Idee von anderer Seite kommt. Es muß so sein, daß jemand anders für mich daran gedacht hat, daß mich jemand anders ausgewählt, erträumt hat, auch wenn es ein Alptraum ist, auch wenn ich ein Ungeheuer spielen soll.

> Was haben Sie sich dabei gedacht, als Sie den fertigen Film zum ersten Mal angesehen haben?

SIMONE SIGNORET: Ich habe gedacht, daß uns Jacques gut geträumt hatte, als er an uns alle dachte, an Serge, Dauphin, Bussière und alle anderen. Und daß er uns, so glaube ich, dazu gebracht hatte, ein Meisterwerk zu schaffen. Leider aber konnte das Gros der Zuschauerschaft dem nicht folgen, mit Ausnahme von mir, meines Mannes, einiger guter Freunde und einiger sehr seltener anonymer Zuschauer. Der Film war ein völliger Mißerfolg. Ich hebe Kritiken nie auf, daher kann ich nicht genau zitieren, aber die *Cahiers,* die vielleicht damals noch *la Revue de cinéma* hießen, verrissen die Banalität von Dialog und Bildern, und Georges Sadoul, dem er zuerst recht gut gefallen hatte, hatte sich bemüßigt gefühlt, seine Kritik in den *Lettres françaises* eine Woche später zu revidieren, um die Gedankenlosigkeit von Becker zu geißeln, die ihn dazu gebracht habe, einen Film zu drehen, der sich gegen die Arbeiterklasse richte. Seit wann konnte ein anständiger Zimmermann auf dem Schafott enden, wenn es seine Pflicht gewesen wäre, sich gewerkschaftlich zu engagieren, anstatt sich ins Apachenmilieu zu verirren? Für die anderen war der Film ein Stummfilm ohne Handlung oder Spannung. Serge war zu schmächtig, sie hätten lieber einen Kleiderschrank gesehen (die Produzenten auch), das heißt, daß ihnen die ganze scheinbare Zartheit von Manda, hinter der sich eine ungeheure innere Kraft verbirgt, vollständig entgangen war. Von den Kostümen von Mayo, die so echt waren, ließen sie sich auch nicht hinreißen. Sie waren an die adaptierten Nachbildungen gewöhnt, an die korsettgestützten Wespentaillen, die für diesen Zweck 1950 üblich waren und wegen denen man sich heute die meisten damals über die Zeit von 1900 gedrehten Filme nicht mehr ansehen kann. Jacques wußte das, er wollte uns nicht verkleidet sehen. Er wollte keinen Karneval. Serge, mit seinem Schnurrbart, seiner Cordsamthose und seiner schwarzen Drillichweste, war der Zeit weit voraus, er trug das Kostüm, das die Jungs heute anhaben, die *Libération* lesen. Vor allem trug er ein Kostüm, das genauso aussah, als sei es dem *Petit Journal illustré* entnommen.

Bevor er in Paris aufgeführt wurde, kam der Film in Brüssel heraus. Ich glaube, daß das ein Trick der Publicity-Leute war. Ich hielt mich nämlich mit Montand in Brüssel auf, der dort auftrat. Die belgische Presse (es war ein Dutzend Journalisten) ließ sich den Film eines Morgens in einem riesigen Kino an der Place Broucker vorführen. Montand, Crolla, Bob und ich hatten uns auf den Balkon gesetzt, um zu versuchen, die Reaktion der ersten ausländischen Zuschauer auf den Film zu beobachten. Sie rutschten hin und her, redeten miteinander, gähnten. Da der Kinobesitzer freundlicherweise in der Wandelhalle für die Zeit nach der Vorführung ein kleines Buffet aufgestellt hatte, mußten sie mir begegnen. Sie sahen untröstlich aus und sagten nichts. Ich fragte: »Gefällt er Ihnen nicht?« Sie nickten schmerzlich mit dem Kopf. Ein einziger faßte Mut und sagte: »Er ist schwach... recht schwach.«

Casque d'or, der in Brüssel als große Weltpremiere herausgekommen war, blieb nur vier Tage auf dem Spielplan. Und diesmal folgte Paris dem Beispiel Brüssels, das den Ton angegeben hatte. Serge ist nach *Casque d'or* fünf Jahre ohne Vertrag geblieben.

Jacques war sehr traurig und verstand die Welt nicht mehr. Er liebte seinen Film. *Casque d'or,* das ist ein sehr einfaches hohes Lied auf den Ruhm der Liebe und der Freundschaft. Während der Dreharbeiten hatten wir alle wie auf Wolken geschwebt. Jacques war in Annette verliebt, und seine Liebe für die Liebe schlug sich in den Bildern nieder. Ich liebte Montand, und Manda hatte den Nutzen davon, und da Manda Serge war, war es köstlich inzestbeladen, so zu tun, als liebten wir uns auch noch anders, wo wir uns doch schon so lange gern hatten. Und Jacques mochte uns alle. Wir hatten acht Wochen damit verbracht, uns mit Leidenschaft »zu amüsieren«, und die Leute verstanden unseren Film nicht.

Dann drangen aus dem Ausland Gerüchte an unser Ohr. In London wurde *Golden Mary* als Meisterwerk gefeiert, in Rom brachte *Casco d'oro* ein Vermögen ein, und in Berlin war es mit *Goldhelm* genauso. Also wurden wir schließlich doch anerkannt. Wir waren nicht einer kollektiven Verirrung zum Opfer gefallen. Wir hatten tatsächlich einen schönen Film gemacht. Mit *Casque d'or* bekam ich meine erste ausländische Auszeichnung, den British Film Academy Award. Das ist der englische Oscar, und das war im Jahre 1952. Es sollte noch zehn Jahre dauern, bevor *Casque d'or* in einem Kino in Paris aufgeführt wurde. Jacques hat diese Freude nicht mehr erlebt.

Nach den Dreharbeiten zu diesem Film war zwischen uns eine Freundschaft zu dritt entstanden, die für Montand und mich von großer Bedeutung war. Jacques wohnte bei uns auf dem Land, auch dann, wenn wir nicht da waren. Es hatte Annette gegeben, dann gab es Françoise Fabian, und in Autheuil haben sie geheiratet. In diesem großen Haus gibt es auch zwei wacklige Lampen, die keiner anrührt, die Jacques an einem Regentag aus zwei großen Flaschen gebastelt hat, und die übrigens bereits sofort nach der Fertigstellung wacklig waren. Außerdem ein exotisches Objekt, das etwas von einer Amphore und einer riesigen Kaffeekanne an sich hat, und daß er am Ende der Dreharbeiten zu *Ali-Baba* anschleppte, von dem er selber sagte, daß er für alle die, die älter sind als acht Jahre, verboten sein würde... Außerdem eine 45er Schallplatte von einem Lied, das er entdeckt hatte, »Une petite laitue avec de la mayonnaise«, die im letzten Winter fast ein Hit geworden ist...

An einem Novembersonntag im Jahre 1959 hat uns Bob in Hollywood angerufen, um uns zu sagen, daß Jacques gestorben war. Als ich am Abend schlafen ging, blieb die kleine Standuhr stehen, die er mir geschenkt hatte. Ich brachte sie nicht zur Reparatur. Eines Tages tickte sie von ganz allein wieder los. Wenn Sie mir nicht glauben wollen, lassen Sie es bleiben.

1973, während ich *Rude journée pour la reine* (Ein schwerer Tag für die Königin) drehte, den Film von René Allio, wurde *Casque d'or* noch einmal in Paris aufgeführt. Arlette Chosson, die in dem Film von Allio das schwangere Mädchen spielt, und die zur Truppe von Vincent und von Jourdheuil gehört, ging ihn sich mit einigen Kollegen ansehen. Am nächsten Tag kam sie ganz hingerissen zurück und sagte: »Wie schön das ist! Wie schön das ist! Das ist ja wie bei Brecht! – Warum wie bei Brecht? – Weil es so schön ist. – Also ist alles, was schön ist, wie bei Brecht? – Ja. – Shakespeare ist schön, also wie bei Brecht? – Ja...« Ich glaube, daß Jacques gelacht hätte. Wir waren gewiß weit von Auguste Renoir und Toulouse-Lautrec entfernt, aber wie ich mir das denke, hätte es ihm wohl gut gefallen.

Während der acht Wochen der Dreharbeiten zu *Casque d'or* haben Montand und ich uns jeden Tag geschrieben und miteinander telefoniert. Manchmal hat mich Jacques nach Nîmes gelassen. Ich nahm Samstagabend den Nachtzug, kam am frühen Morgen an und fuhr am Sonntagabend wieder ab, um montags pünktlich im Filmatelier zu sein. Einmal haben wir uns verpaßt: Montand hatte mich am Telefon nicht erreicht, und ich hatte ihn genauso wenig im

»Toto-Hotel« erwischt. Er nahm seinen Wagen, um mich zu überraschen ... während ich bereits im Zug nach Nîmes saß. Wir waren sehr unglücklich darüber, daß wir getrennt waren, aber merkwürdigerweise tat das unserer Arbeit keinen Abbruch. Wie dem auch sei, am Ende der Dreharbeiten von *Casque d'or* beschloß ich, meinen Beruf nicht mehr auszuüben. Und das teilte ich auch der Presse mit.

Die Leute verstanden das nicht. Durch den Mißerfolg des Films war ich nicht »entwertet« worden, wie das Serge aus den ungerechtesten Gründen widerfahren war, die ich gerade vorhin erklärt habe. Ich wurde verlangt. Und ich weigerte mich. Ich wollte dort sein, wo Montand war. Ich wollte mit ihm und den Musikern auf Tournee herumreisen. Ich war wieder zur Groupie geworden. Und heute wäre ich vielleicht noch eine alte Ex-Groupie, Ex-Schauspielerin, und vermutlich auch Ex-Madame Yves Montand, wenn wir nicht an einem ganz friedlichen Tag in unserem »Zigeunerwagen« einen kleinen häuslichen Streit gehabt hätten.

In Situationen, wo es darauf ankommt, ist Montand unschlagbar. Wenn es brennt, hat er als erster das Wasser zum Löschen; und wenn Sie am Verbluten sind, weiß er, wie man einen Druckverband macht. Er ist der Mann für kritische Situationen. Bei alltäglichen Situationen jedoch ist er manchmal etwas schwierig, um nicht zu sagen nervtötend. An jenem Tag strickte ich, wie das eine befriedigte und bescheidene Ehefrau zu tun pflegt. Er probte, und das lief nicht genau so, wie er wollte. Und da kam er plötzlich darauf, daß ein kleiner Zettel verschwunden war, den er auf den Flügel gelegt hatte, und an den keiner hätte rühren dürfen, weil er darauf Sachen von allergrößter Wichtigkeit notiert hatte ... Plötzlich war es geschehen: wir hatten die Emser Depesche, oder das angeblich von Dreyfus stammende Geheimschreiben versiebt! Es fand sich wieder, es hatte sich vom Flügel auf das Telefonbänkchen verirrt. Ich weiß nicht, wer an dieser Verschleppung schuld war. Wahrscheinlich er selber, weil diese Notizen für einen Textdichter bestimmt waren, dem er sie vermutlich am Morgen durchgegeben hatte. Auf jeden Fall saß ich da und irritierte meinen Mann, wozu auch noch das Klappern der Stricknadeln beitrug. Er sah mich einen Augenblick lang an und sagte: »Was machst du da? Du hockst herum und strickst . . . – Ich hocke da, weil ich mich wohlfühle, und wenn ich nicht da wäre, wäre ich beim Arbeiten. – Arbeiten, das sagst du so. Zum Arbeiten müßte dich erstmal jemand wollen.«

Ich arbeitete nun schon 18 Monate nicht mehr. Das lag aber an mir selber. Ich hatte keinerlei materielle Sorgen. Alles was ich abgelehnt hatte, hatte ich mit der Gelassenheit der Leute abgelehnt, die keinen Hunger leiden, und keine Sorgen damit haben, wie sie ihre Miete bezahlen sollen. Das ist der Luxus. Ich weiß, daß sich nur wenig Schauspielerinnen diesen Luxus haben leisten können. Eine einzige Ablehnung war mir sehr schwergefallen: *Thérèse Raquin*. Als die Brüder Hakim mir diese Rolle angeboten hatten, hatte ich mündlich angenommen, unter der Bedingung, daß Marcel Carné die Regie führte. Das war während der Dreharbeiten zu *Casque d'or* und vor meiner großen Entscheidung, den Beruf aufzugeben (Hakim war Koproduzent bei *Casque d'or*). Zu Thérèse hatte ich somit zuerst »Ja« und dann »Nein« gesagt, und in der Kartei der Gebrüder Hakim ebenso wie in der sehr gut geführten Kartei von Marcel Carné war ich nun sicher unter der Rubrik »Diva, die nicht weiß was sie will« eingeordnet.

». . . Zum Arbeiten müßte dich erstmal jemand wollen. – Ich könnte jetzt schon dabei sein, *Thérèse* zu drehen! – Für *Thérèse* wollten sie dich doch in Wirklichkeit gar nicht. Übrigens hat es den Anschein, daß die X . . . das machen wird.« Da das eine Sache ist, die bei mir immer sehr gut funktioniert, stand ich auf, rollte mein Strickzeug sorgsam zusammen, steckte die Nadeln parallel hinein und nahm mir endlos Zeit, zum Telefon zu gehen. Ich suchte umständlich nach der Nummer des Produzenten. Dabei wußte ich sie auswendig. Ich sagte mir: Er wird mir sagen: Tu's nicht. Er las Zeitung. Langsam wählte ich die Nummer; ich spiele nicht Poker, aber so ungefähr muß es sein, bei den großen Coups, von denen Montand nach seinen Pokerabenden erzählt. Ich sagte in den Hörer: »Ich bin's, Robert, ich möchte gerne die Thérèse spielen.« Ich war auf alles gefaßt, zum Beispiel auf: »Du kommst zu spät, das interessiert uns nicht mehr. Carné hat eine Stinkwut, und Mademoiselle X . . . hat ihren Vertrag schon unterschrieben . . .« Aber wenn Robert Hakim jemals mit Engelszungen gesprochen hat, dann an diesem Tag, als er mir antwortet: »Das freut mich sehr, machen wir morgen den Vertrag.« Ich legte den Hörer wieder auf und sagte: »Na siehst du.«

Ich war sehr, sehr weit fort gewesen. Wir würden uns von neuem während der Trennung zerreißen können, um uns dann wiederzufinden und festzustellen, daß das fehlerlose Sich-wieder-Finden wie ein Wunder ist. Ich war wieder zu der Frau geworden, die da ist, weil sie da sein will und ich war dem Schicksal einer Frau entgangen, die da ist, weil sie nicht weiß, wo sie sonst hin soll. Bei den Dreharbeiten zu Thérèse traf ich wieder mit Carné zusammen, dem ich alles erzählte, was ihm von unserem Leben als Statisten in Vence entgangen war. Ich hatte Vallone sehr gern. Vallone hatte mich auch sehr gern, aber ich liebte Montand, und Vallone respektiert die Frauen von Italienern, die ihren Ehemann lieben ...

Ich merke, daß ich gerade zweimal hintereinander von meinem »Ehemann« gesprochen habe. Wir haben erst im Dezember 1951 geheiratet, aber die Gewohnheit beibehalten, unsere Ehejahre vom 19. August 1949 an zu zählen. Es war im Bürgermeisteramt von Saint-Paul, wo uns unser Freund Marius Issert zusammenführte. Mein Trauzeuge war Jacques Prévert, »Dichter«; der von Montand war Paul Roux, »Wirt und Besitzer der Colombe d'or«. Es wurde eine Hochzeitsfeier in ganz kleinem Rahmen. Die Eingeladenen waren die Familie Prévert, die Familie Roux, André Verdet, die Familie Pagnol, das heißt Marcel, Jacqueline, vormals Bouvier, und ihr kleiner Sohn Frédéric (er war sieben Jahre alt und über beide Ohren in mich verliebt; er hatte im Plattenschrank seiner Eltern alle Platten von Montand – sie waren damals aus Schellack – zerschlagen. Einmal, als wir bei ihnen zu Mittag aßen, hatte er meinem Bräutigam von hinten mit dem Hammer auf den Kopf geschlagen. Während des Hochzeitsessens, das in der Bar der Colombe serviert wurde, schmiedete er Pläne, die er »Klaupläne« nannte und die dazu gedacht waren, meine Entführung nach dieser von ihm so genannten »Misthochzeit« vorzubereiten ...). Außerdem war da eine ganz reizende und zurückhaltende Frau, die mit ihrem Mann da war: Jeanne David, besser bekannt unter dem Namen Deanna Durbin, die während meiner und ihrer Jugend der größte Star des amerikanischen Kinos gewesen war. Der Weber aus dem Dorf war auch da. Außerdem war Michelle la Cambraisienne da. Und Catherine.

An diesem Tag haben die Tauben, nach denen die Colombe d'or benannt ist, etwas gemacht, was sie sonst nie tun: sie sind hereingeflogen, und eine von ihnen ist auf meinem Kopf gelandet und hat die Flügel gespreizt, es war genau das Bild, das Picasso für den Weltfriedenskongreß entworfen hatte, und wir fanden, daß das ein gutes Vorzeichen sei. Genau in diesem Augenblick kam der Fahrer und Freund von Picasso mit einer Ausgabe von *Verve,* auf deren Vorsatzblatt eine Zeichnung ausgeführt war und Glückwünsche in mehreren Farben, und zwar mit den ersten Filzstiften, die wir in Frankreich zu Gesicht bekamen. Die Zeichnung und die Glückwünsche waren von Pablo Picasso und Françoise Gillot unterschrieben. Das war eindeutig: die Zeichnung war von ihm und die Glückwünsche von Françoise. Sie schrieb damals schon. Eines Tages, das ist noch nicht lange her, haben wir das Blatt vorsichtig abgelöst und rahmen lassen. Das ist das einzige Original von Picasso, das wir im Haus haben, es kann nicht gestohlen werden, weil es unverkäuflich ist. Es ist uns beiden gewidmet und trägt das Datum vom 22. Dezember 1951.

Wir sahen Picasso, wenn er Lust hatte, uns zu sehen. Damals war das die Zeit von Vallauris, die Zeit, als ganze Delegationen von Störenfrieden zu ihm kamen, ihm das Leben unerträglich machten und ihn vom Arbeiten abhielten. Wir wußten es, weil er uns davon erzählte. Er war komisch und grausam, nicht bösartig, grausam, aber gerecht. Er konnte die Hereingeschneiten sehr gut imitieren: die Frauen von Welt oder die »Genossen«, die dazu neigten, ihm auf den Bauch zu klopfen und ihn für einen nicht ganz ernstzunehmenden Illustrator der kommunistischen Parteipropaganda zu halten. Er kam oft nach Saint-Paul mit Françoise, Claude und Paloma herauf. Er wußte, daß er in Saint-Paul Prévert, Paul Roux, den er sehr mochte, und uns antreffen konnte. Bisweilen auch Braque, und es war wunderbar, da am selben Tisch mit diesen beiden so schönen und so verschiedenen Männern zu sitzen. Der kleine Stier attakkierte den großen Normannen, und ließ sich von dem Blau der Vögel an der Decke des Louvre erzählen. Ich sage wohlgemerkt: erzählen. Wie ich ein Drehbuch erzählen könnte. Es war ein Spiel, ein Spiel, das sie schon seit mehr als fünfzig Jahren spielten. Madame Braque spielte nicht mit. Sie konnte Picasso nicht leiden. Sie erinnerte gern daran, sie sie Paulo zu essen gab, als er noch klein war, weil er praktisch ein Findelkind war. Sie konnte den Rummel nicht leiden, der um die Lebensgeschichte von Picasso gemacht wurde. Das stille Wesen von Braque war ihr lieber. Auch Braques Malerei war ihr lieber. Tatsächlich gefielen ihr nur die Gemälde von Braque. Der einzige, über den sie zärtlich sprach, war Modigliani. Sie hatte ihn kennengelernt, als sie noch Modell stand. Sie pflegte zu sagen: »Was für ein schöner Mann Modigliani doch war . . .« Bis in die fünfziger Jahre hinein schien das Braque noch gegen den Strich zu gehen. Sie redete nie über die Malerei Modiglianis, sondern nur darüber wie er aussah.

Picasso kam oft zur Colombe herauf, und deshalb habe ich gerade gesagt, daß wir ihn sahen, wenn er dazu Lust hatte. Bisweilen nahm er uns in sein Atelier mit. Ich fühlte mich dort immer etwas befangen. Es war schrecklich, zu jemand »das ist schön« zu sagen, der sich darüber klar war, daß alles, was er anfaßte, Farben, Pappdeckel, Gips oder Eisen, sich im Kopf der Leute, die sich das ansahen, sofort in Geldbeträge verwandelte. Auch das wußte er. Er fand großes Vergnügen daran, das Verhalten der Leute zu vergleichen, die er einlud. Einmal war das sehr lustig. Er war dabei, die Ziege zu modellieren. Man konnte noch den Fahrradlenker erkennen, den er für die Hörner verwendet hatte, die beiden Flaschenkörbe aus Weidengeflecht, die den Hals darstellten, die Struktur eines Palmwedels, der als Rückgrat diente, die aufgerissene Konservendose als Geschlechtsteil und die runden Steingutkrüge, die das Euter abgaben. Er hatte angefangen, sie mit Gips zu überziehen, und vier kümmerliche Holzscheite hielten sie aufrecht auf ihren Füßen. Wenn ich sagte, daß das lustig war, lag das daran, daß es überhaupt nicht feierlich war, das war nicht vollendet, aufgehängt, zur Schau gestellt. Das war bereits eine Ziege, und war immer noch das Spielzeug, das sich ein Kind gemacht hatte, dessen Eltern nicht in einem exklusiven Spielzeugladen einkaufen konnten.

Er hatte immer ein Stück Kohle in der Tasche und amüsierte sich damit, Fresken und Stierkämpfe auf die geweißte Wand des Hauses zu zeichnen, in dem die Préverts wohnten. Der Mistral und zwei Gewitter würden sie nach zwei Tagen wieder abwaschen . . . Er kam ohne Vorankündigung, und das war ein frohes Ereignis. Es wäre uns nie in den Kopf gekommen, ihn zu überfallen, aber es wäre ihm unvorstellbar gewesen, uns nicht vorzufinden, wenn er sich entschlossen hatte, heraufzukommen.

Im Jahre 1957 nach unserer Rückkehr aus den Ländern des Ostens rief er uns an und wir fuhren ins Californie hinunter, in dieses Riesenhaus von Super-Cannes. Die bronzene Ziege war auf dem Rasen aufgestellt. Da das eine alte Bekannte war, die wir hatten entstehen sehen, beeindruckte sie uns nicht. Wir blieben viele Stunden lang: er wollte alles wissen, er war sehr ernst, und Montand erzählte. Duncan, der große amerikanische Fotograf, machte gerade die Aufnahmen für sein Buch *The private Life of Pablo Picasso*. In den großen Hollywood-Palästen, die immer einen oder zwei Picassos aufzuweisen haben, stößt man auch immer auf das Buch von Duncan. Wir sind da drin, und die Besitzer seiner Bilder, die ihn nie kennengelernt haben, sind ein wenig neidisch. Wir finden das nur gerecht.

Daß Saint-Paul und die Colombe d'or in dieser Erzählung immer wieder auftauchen, liegt daran, daß das unsere dritte Heimstatt ist. Wenn man chronologisch vorgeht, vielleicht sogar unsere erste, da wir uns dort kennengelernt haben. Es gibt Leute, die sich zu Pilgerfahrten nach den Orten aufmachen, wo sie sich zum ersten Mal getroffen haben. Bisweilen erleben sie ganz schöne Überraschungen. Anstelle des kleinen Bistros, wo sie ihren ersten Café crème miteinander getrunken haben, stehen sie vor einer automatischen Wäscherei... Uns kann nichts Derartiges passieren. Wir haben Saint-Paul nie im Stich gelassen. Die Veränderungen haben wir erlebt. Diese Hauptstraße, die wir noch ausgestorben kannten, hat sich allmählich in eine Geschäftsstraße verwandelt, so ist das Leben... Aber die Colombe ist deswegen nicht zu einem Hilton geworden. Die Colombe ist sich selber treu geblieben, und selbst wenn Picasso, Braque und Paul Roux unter dem großen Feigenbaum der Terrasse nie mehr vertraulich miteinander plaudern werden, sind sie doch nicht fern. Wenn die Colombe nicht gewesen wäre, wäre vielleicht die Hauptstraße nicht so groß ins Geschäft gekommen, und sicher wären auch Aimé und Marguerite Maeght nicht auf den Gedanken verfallen, die Stiftung in Hauts-de-Saint-Paul zu errichten. Ich weiß, daß sich für Leute, die nie dort gewesen sind, diese Colombe d'or ein wenig wie das Hotel Crillon anhört. Ich glaube nicht, daß man im Hotel Crillon die Familie Crillon oft zu Gesicht bekommt. In der Colombe gibt es die Familie Roux.

Als wir Francis kennenlernten, war er siebzehn Jahre alt; François, sein ältester Sohn, ist heute zweiundzwanzig. Wir haben am Leben der Roux' teilgenommen, und sie zum Teil an unserem. Paul Roux war der Trauzeuge von Montand bei meiner Hochzeit, und Montand war der Trauzeuge von Francis, als er Yvonne geheiratet hat. Der Barmann Pierrot hat Catherine die ersten Grenadines zu einer Zeit ausgeschenkt, als sie noch nicht über die Bar sehen konnte, und er schenkt sie jetzt an Benjamin aus, den Sohn von Catherine. Titine Roux, Madame Paul, begeistert immer noch die kleinen Jungs und Mädchen, die noch etwas taprig auf den Beinchen sind, wenn sie ihnen langsam und glasklar das Liedchen »Ainsi font font font les petites marionettes« vorsingt; ihr ewig schwarzes Kleid (tatsächlich hat sie sieben genau gleiche...) scheint sie zu beruhigen. Es ist das einzige Viersterne-Hotel, dessen Bar gleichzeitig ein Dorfausschank ist. Viele Leute glauben, daß die Colombe uns gehört. Sie gehört uns nicht. Sie gehört der Familie Roux. Wir aber fühlen uns im Schoße dieser Familie wie zu Hause.

Aber unser wahrer dritter Wohnsitz gehört uns. Das ist Autheuil. Montand hat es 1954 gekauft. Montand, wohlgemerkt. »*Battling Joe* und *Feuilles mortes* stecken da drin«, erinnert er gern, wenn er es sich anschaut. Er schaut es sich oft an. Ich auch. Denn noch heute staunen wir über seine Schönheit und seine Proportionen, und wir staunen vor allem darüber, daß es uns gehört. Dieses Wunder ist durch die vollen Häuser des Théâtre de L'Etoile und durch den Verkauf der Schallplatten möglich geworden. Es ist ein Symbol von Luxus, aber nicht in dem Sinne, wie man dieses Wort im allgemeinen versteht, wenn man von einem Haus spricht. Es ist das Symbol eines gewissen Luxus, der darin besteht, daß man sich etwas mit den Früchten seiner Arbeit kaufen kann, und nicht arbeiten muß, um etwas kaufen zu können. Genau das ist Luxus. Das ist ein sehr wichtiger Begriff. Ich treffe viele Leute, die sagen: »Ich mache diesen Film, damit werde ich das Haus auf dem Land bezahlen können.« Autheuil ist mit dem Geld gekauft worden, das sich ein hart arbeitender Handwerker verdient hat, der sich selber ausbeutet und nur das produziert, was ihm selber Freude macht. Der Höhepunkt ist erreicht, wenn diese Arbeit an ein Publikum gelangt, dem das gefällt, was ihm zu bieten einem selber gefällt.

Autheuil ist ein großes Haus. Im Jahre 1954 lag es mit seinen neunundachtzig Kilometern Entfernung von Paris am Ende der Welt. Da es groß und weit weg war, war es erschwinglich. In fünfzig Kilometern Entfernung von Paris hätte dasselbe Haus das Dreifache gekostet. Möbliert war es mit »guten Möbeln«, was keine »schönen Möbel« bedeutet, die aber trotzdem sehr schön sind – alle Antiquitätenliebhaber werden mich verstanden haben. Das ist ein Haus für den Sommer, für den Winter, für den Herbst und für den Frühling. Es ist das Gegenteil unseres »Zigeunerwagens«, in Paris, weil nämlich eine ganze Menge Leute dort wohnen und arbeiten können ohne sich zu stören oder auch nur zu begegnen, mit Ausnahme zu den Mahlzeiten, oder überhaupt nicht, wenn sie keinen Hunger haben, was aber nie vorkommt. Sehr schnell ist es zu einem Gemeinschaftshaus geworden, in dem viel gelacht und sehr ernsthaft gearbeitet wird. Es eignet sich genausogut dafür, »Ambassadeur« oder »Scharade« zu spielen, wie dafür, für ein Konzert zu proben oder ein Drehbuch oder einen Roman zu schreiben. Es ist ein gutes richtiges Haus, wo alle wieder hinkommen, die einmal dort gewesen sind. Als wir es am Tage unseres ersten Besuchs so weiträumig fanden, wußten wir noch nicht, daß es häufig für die Zahl der Gäste zu klein sein würde. In Autheuil hat es immer viele Kinder gegeben, inzwischen sind es Kindeskinder.

Für Catherine war es bereits das Haus auf dem Land, wie meine kleinen Schulkameraden in Neuilly das hatten, und die kleinen Kameraden von Montand in la Cabucelle überhaupt nicht. Für Benjamin bedeutet es Autheuil-Georges-und-Marcelle. Im Jahre 1954 waren Georges und Marcelle noch sehr jung. Marcelle kochte für uns in unserem »Zigeunerwagen«. Georges arbeitete in den Hallen und sehnte sich nach Landleben. Auch hier wieder haben wir die Sache von hinten angefangen, das heißt von vorne. Wir haben nicht nach Leuten gesucht, die das Haus verwalten sollten, nachdem wir es gekauft hatten, sondern wir kannten Leute, die wir gern hatten und die das Landleben mochten. Also nahmen wir Georges und Marcelle zum zweiten Besuch nach Autheuil mit, bevor wir es kauften. Es gefiel ihnen sehr gut. Da haben wir es gekauft. Und so kommt es, daß für Benjamin und viele andere Autheuil auch Georges und Marcelle bedeutet. Ich glaube, daß José Artur in der Sendung *Micro de nuit* Autheuil viel besser beschrieben hat als ich das kann.

Es war in Autheuil, wohin fast die gesamte Truppe für ein Wochenende gekommen war, wo Raymond Rouleau die erste Stellprobe von *Sorcières de Salem* (Hexenjagd) machte, lange vor den wirklichen Proben. *The Crucible* – so lautet der englische Titel – war mit großem Erfolg in New York aufgeführt worden. Sein Verfasser, in Frankreich so gut wie unbekannt, war selbst einer der von McCarthy mit dem Bannfluch belegten »Hexer von Washington«. Über ihn und sein Stück wußten wir nur das, was unsere Freunde Jules Dassin und John Berry erzählt hatten, andere Hexer, die in Frankreich Zuflucht gesucht hatten. Sie sprachen immer davon, sich den Text des Stückes nach Paris schicken zu lassen und kamen nie dazu. Wir wußten, daß *The Crucible* die Geschichte der Rosenbergs war, die ganz offensichtlich hinter der Geschichte von John und Elizabeth Proctor kaschiert war, welche Opfer der Verfolgung durch eine andere Glaubensrichtung im Jahre 1692 in Salem, Massachusetts geworden waren. Von Zeit zu Zeit erinnerten wir John Berry daran, daß er schon wieder vergessen hatte, Arthur Miller zu schreiben, und er sagte: »Ich mache es morgen.« Aber von Brooklyn aus, wo er damals lebte, und das er nicht mehr verlassen konnte, da man ihm seinen Paß entzogen hatte, vertraute Miller sein Stück seinem Literaturagenten an, und so kam es, daß sich eines Tages Elvire Popesco mit uns in Verbindung setzte, und zwar in bezug auf »ein Stück, chèrrr Monsieur, chèrrrre Madame, von einem Engländerrr, von dem ich den Namen nicht kenne, da ist von Teufeln und Puppen die Rrrrrede, gelesen habe ich's nicht, aber nächste Woche wird sehrrrrr schöne Überrrrrsetzung ferrrrtig sein, und es würde mich sehr frrrrreuen, wenn Sie das lesen würrrden und ich das inszenierrrren.«

Wenn ich die Popesco nachahme, geschieht das in aller freundschaftlichen Verbundenheit und Bewunderung. Es war sehr viel Phantasie nötig, um eine Verbindung herzustellen zwischen dem, was sie über das Stück erzählte, und dem, was wir davon wußten.

Dennoch handelte es sich sehr wohl um denselben Gegenstand. Wir stellten das kurz danach fest, als wir eine sehr gute wörtliche Übersetzung lasen, die uns über A.-M. Julien erreichte. Er hatte sie sich in der Garderobe der Popesco »ausgeliehen« und hatte versucht, um es offen zu sagen, sich in den Besitz der Rechte zu setzen. Das war nur ein kleiner Betriebsunfall. Elvire und Julien sprachen sich aus, umarmten sich und schlossen sich am Ende zusammen, um das Stück in Koproduktion aufzuführen. Von Brooklyn aus hatte Miller eine Bedingung gestellt: er wünschte, daß sein Stück von Jean-Paul Sartre oder Marcel Aymé für die französische Bühne bearbeitet würde, und von niemand anders. Als erster sollte Sartre aufgefordert werden, und nur wenn er ablehnte, Aymé. Sartre lehnte ab. Oder vielmehr Jean Cau, der damals sein Sekretär war, lehnte ab, ohne daß Sartre das Stück gelesen hatte. Auch Marcel Aymé lehnte ab. Er verabscheute Amerika und wollte das Stück gar nicht lesen. Daß er es schließlich doch las, ist einer hervorragenden Schauspielerin zu verdanken, der ebenfalls etwas über *The Crucible* zu Ohren gekommen war, und insbesondere über die Rolle der Abigail. Aymé nahm an, aus *The Crucible* wurden *les Sorcières de Salem*, und Abigail wurde von Nicole Courcel gespielt (die nicht die bereits erwähnte Schauspielerin war). Die Popesco und Julien verpflichteten Raymond Rouleau. Die Proben waren für Oktober vorgesehen, jetzt war gerade Juli.

Ich stellte mich darauf ein, mich auf diese große Prüfung vorzubereiten. Auf die Bühne hatte ich keinen Fuß mehr gesetzt, seit ich in den Sandalen von Gabin-Pontius Pilatus aus dem Théâtre des Mathurins verjagt worden war, und ich hatte schon im voraus große Angst. Ich hatte Rouleau auch versprechen lassen, daß er mich nicht schonen würde. Falls ich das nicht schaffen könne, solle er sich von der Tatsache, daß ich inzwischen ein »Filmstar« geworden war, nicht abhalten lassen, mich nötigenfalls auszutauschen. Ich dachte in meinem Garten in Autheuil gerade darüber nach, als Marcelle mir ankündigte: »Monsieur Clouzot verlangt Sie am Telefon.«

In meiner Beziehung zu Clouzot hatte sich seit *Lohn der Angst* einiges an Auf und Ab ergeben. Als er mich wegen *les Diaboliques* (Die Teuflischen) anrief, ließ er sich von anderen Motiven leiten als denen, aus denen er damals Montand für *Lohn der Angst* genommen hatte. Ich hatte ihn nie vom Stuhl gerissen, und mein Talent, wenn ich eines hatte, hatte ihn nie besonders beeindruckt. *Casque d'or* (Goldhelm) betrachtete er als »Un-Film« und er hatte mir mit wissenschaftlicher Akribie nachgewiesen, wie das zu einem Film hätte werden können, wenn er, Clouzot, anstelle Jacques' der Regisseur gewesen wäre... und wenn Martine Carol die Hauptrolle gespielt hätte. Ich hatte Martine Carol sehr gern, da sie ein nettes Mädchen war, und hatte ihm empfohlen, *Casque d'or* einfach nochmal zu drehen. So ungefähr war der Ton unserer Unterhaltungen. Wir stritten uns und vertrugen uns wieder. Véra schlichtete oder goß Öl aufs Feuer, das hing von ihrer Stimmung ab. Da sie la Colombe entdeckt hatten, wohnten sie seit dem Ende der Dreharbeiten zu *Lohn der Angst* ständig dort. Auf diese Weise konnten wir unsere zwiespältigen und aggressiven Beziehungen pflegen, die uns im Grunde ständig amüsierten.

Clouzot ist ein großer Regisseur. Außerdem ist er ein Mann, der alles lernen kann, der fleißigste Schüler der Welt. Ich habe erlebt, wie er Canasta aus Büchern gelernt und es dann besser als jeder andere gespielt hat, vor allem besser als ich, die ich ihm nie eingestehen wollte, daß ich nichts von seinen Erklärungen begriffen hatte. Ich habe ihn das Malen aus Abhandlungen lernen und anschließend malen sehen. Ich habe erlebt, wie er Bücher über den Stierkampf gelesen hat, und daß ich nicht gesehen habe, wie er in die Arena gegangen ist, lag nur daran, daß sich das in Spanien abspielte. In die Arena gegangen ist er aber, und zwar bei Luis Migúel Domínguin. Schwimmen konnte er nicht, und da hat er es sich mit fünfundvierzig Jahren im Schwimmbecken vom Eden-Roc vom Bademeister beibringen lassen, im Wettbewerb mit dreijährigen Kindern. Zehn Tage später sprang er am Mittelmeer vom Zehn-Meter-Brett. Dann kam das Tauchen. Und dann verlegte er sich auf die Musik. Es kam nicht mehr in Frage, eine Symphonie von Beethoven anzuhören, ohne die Partitur mitzulesen, wenn man nicht als Barbar erscheinen wollte. Das letzte, was er meines Wissens nach lernte, war die Lehre von Gott. Da ich ihn vor genau neun Jahren aus den Augen verloren habe, und diesmal endgültig, kann ich nicht sagen, wieweit es inzwischen gekommen ist... Mit alledem will ich sagen, daß Clouzot im wahrsten shakespeare'schen Sinne ein ehrenhafter Mann ist.

Als ich auf sein Angebot, in *les Diaboliques* zu spielen, an diesem schönen Julinachmittag im Jahre 1954 mit »Ja« antwortete, wußte ich, daß ich mich damit nicht auf beschauliche Tage einließ. Ich hatte keine Ahnung davon, daß ich so zu leiden haben würde, wie ich dann sechzehn Wochen lang leiden mußte. Clouzot holte mich, weil er mich für die Rolle brauchte. Er brauchte vor allem eine Schauspielerin, die für Véra keine Fremde war. Sie war überhaupt keine Schauspielerin, und er zog es vor, sie arbeitete mit jemand zusammen, den sie gut kannte.

War er es, der mit seiner Frau filmen wollte?

SIMONE SIGNORET: Nein, sie wollte filmen. Über Véra Clouzot könnte man drei Bände schreiben. Sie war komisch, unausstehlich, großzügig, verrückt, unglücklich und konnte andere Leute unglücklich machen; sie war auch sehr krank, ich habe sie angebetet und verabscheut, und merkwürdigerweise fehlt sie mir. Sie war es, die drehen wollte, wobei sie sich gleichzeitig vormachte, daß er es war, der sie dazu zwang. En famille waren wir wohl, aber nicht bei den Fenouillards, sondern bei den Atriden! Im Grunde kannten wir uns zu gut. Im Laufe der Arbeit müßten sich die Menschen kennenlernen. So war es mit Jacques gewesen. So hat sich das bei mir mit allen Regisseuren abgespielt, mit denen ich gearbeitet und später wieder gearbeitet habe. Wir haben alle Fehler, die den Arbeitskollegen nicht immer auffallen. Man behält sie für sich, wenn man sich selber ist, und nicht eine »sonstige Person«, die man vorgibt, zu sein. Sie, das heißt ich, die andere, nicht ich.

Also nahm sich Clouzot vor meinen schlimmen Fehlern in acht, und ich mich vor seinen. In der Arbeit hatte ich vielleicht andere Schwächen, aber das waren nicht die, auf die er gefaßt war. Das störte das ganze Gleichgewicht, das sich zwischen einem Regisseur und einer Schauspielerin einpendeln muß. Es war vorgekommen, daß ich Clouzot bei Tisch im »Toto-Hotel« »rutsch' mir den Buckel runter« gesagt hatte. Aber so etwas zu ihm zu sagen, wäre mir während der Arbeit im Atelier nie in den Sinn gekommen. Aber das hatte er nicht begriffen, und die Art, wie er mir zu verstehen gab, daß wir hier weder in La Colombe noch im »Toto-Hotel« seien, bewies, daß er das nicht begriffen hatte. Kurzum, alles war verzerrt.

Aufs äußerste angespannt wurde die Situation eines Tages, an dem er sehr boshaft zu mir sagte: »Ich hätte dich den Schluß des Drehbuchs nie lesen lassen dürfen.« Da hatte er etwas außerordentlich Kluges gesagt, und jetzt war ich es, der das Verständnis dafür fehlte. Ich habe genügend darüber gesagt, wie peinlich die Dreharbeiten waren, um von diesem Moment an die Schuld völlig auf mich zu nehmen. Die Frau, die ich spielte, war schuldig; war eine Mörderin, und die Komplizin ihres Geliebten, den Paul Meurisse spielte. Sie tat so, als stünde sie auf Seiten des Opfers, das Véra zu spielen hatte. Ohne es zu wollen, neigte ich dazu, meine Rolle als Schuldige zu spielen, obwohl die ganze Spannung daran hing, daß das Publikum bis zu den letzten zwei Minuten des Films glauben mußte, daß ich unschuldig sei. Als er mir das sagte, nahm ich das übel. Ich war im Unrecht. Ich wiederhole das, ich wußte damals noch nicht so viel wie heute. Nach diesen Spannungen wurde es die reine Hölle und dann der Weltuntergang, als ein Einschreibebrief vom Théâtre Sarah-Bernhardt ankam, der meine Anwesenheit für die zweite Probenwoche der *Sorcières de Salem* verlangte. Ich hatte mit Clouzot einen Vertrag für acht Wochen unterschrieben, und wir kamen jetzt in die fünfzehnte Drehwoche. Es wurden sechzehn. Er zahlte mir nur acht. Er hatte sehr gut einen Vertrag aufgesetzt, den ich sehr schlecht gelesen hatte. Abends fing ich an, *les Sorcières* zu proben, um meine Kollegen einzuholen, die mir vierzehn Tage voraus waren. Aus der Mörderin verwandelte ich mich übergangslos in die Puritanerin von Neu-England, um dann am nächsten Morgen in den Ateliers von Saint-Maurice wieder die Mörderin zu spielen, wo mein Regisseur, seine Frau und ich kein Wort mehr miteinander wechselten. Glücklicherweise waren Meurisse und Vanel da. Und Jean Renoir drehte in der Halle daneben. Er inszenierte *French Cancan*. Das war ein Vergnügen, und sie hatten ihren Spaß dabei. *Die Teuflischen* brachten ein Vermögen ein, Véra kam auf die Titelseite von *Match*. Georges Sadoul, der bei einem so düsteren Thema weniger kitzlig war als bei den Angriffen auf die Arbeiterklasse, die er in *Goldhelm* entdeckt zu haben glaubte, schrieb eine begeisterte Kritik. Etwas zurechtgerückt hat er sie dann allerdings in seiner Spalte zum Jahresschluß, wo er beklagte, daß »unsere liebe Simone Signoret bei einem so unmoralischen Film mitwirkte«. Aber das alles spielte sich sehr viel später ab. Ich meine: einige Zeit später. Damals spielten wir schon monatelang *les Sorcières*.

Millers *Hexenjagd* mit Montand und mir in den Rollen der Proctors-Rosenbergs mitten im Kalten Krieg in einem riesigen Theater zu inszenieren, war eine Idee, auf die nur die rumänische Verrücktheit von Elvire und die Geschäftstüchtigkeit von Julien kommen konnten. Die rumänische Verrücktheit bestand in dem Glauben, daß ein Music-Hall-Sänger und ein Filmstar imstande wären, eine Tragödie zu spielen. Die Geschäftstüchtigkeit bestand in dem Glauben, daß Montand-Signoret ein schönes Plakat abgeben würden, das unter Umständen Leute anlocken könnte. Die wirklich glückliche Idee war, Rouleau aufzufordern, die Inszenierung zu machen. Diese Idee stammte von uns. Die erste, ausgezeichnete wörtliche Übersetzung hatten wir eines Nachts nach der Rückkehr vom Théâtre de l'Etoile im Bett gelesen, indem wir uns eine Seite nach der anderen zureichten. Um fünf Uhr morgens waren wir fertig. Wir waren erschüttert. Natürlich hatten wir Lust, schon am nächsten Morgen zu Elvire und Julien Ja zu sagen. Statt dessen sagten wir: »Ja, unter der Bedingung, daß Rouleau die Inszenierung macht.« Bei dieser Bedingung gingen wir davon aus, daß Rouleau tatsächlich Lust hatte, mit uns zu arbeiten, und wollten nicht den Eindruck erwecken, daß wir »Stars« seien, die sich einen Regisseur leisteten. Das war schon nach unserem ersten Zusammentreffen klar: Rouleau gefiel das Stück und ihm gefiel auch das Risiko, das er mit berühmten Anfängern einging. Von dem Augenblick an, wo er zustimmte, wurde er zum Chef dieses Unternehmens, das uns dazu bringen sollte, ein hervorragendes Schauspiel ein ganzes Jahr lang aufzuführen. Ihm und Lila de Nobili haben wir zu danken, alle, die wir an dem Abenteuer der *Sorcières* teilgehabt haben.

Ich muß sagen, daß ich unglaublich unterstützt und behütet worden bin. Auf der Bühne habe ich keine »Ausstrahlung«. Ich war daran gewöhnt gewesen, die Effekte so weit wie möglich zurückzuschrauben, alles in einen Blick oder in eine Geste zu legen. Plötzlich fand ich, daß das Thêatre Sarah-Bernhardt riesengroß war! Die Rolle der Mrs. Proctor war weit weniger schwierig als zum Beispiel die von Nicole Courcel, die schreien und völlig außer sich geraten mußte. Mrs. Proctor ist eine Puritanerin mit sehr viel Würde, die nie laut wird. Das war eine Rolle, wo meine Vorzüge vom Film genutzt werden konnten, wenn man die Sache richtig anging. Und sie gingen sie richtig an. So ließ Lila zum Beispiel das Bühnenbild des zweiten Akts überdachen. Sie baute mir eine kleine Resonanzkiste. Das hört sich nebensächlich an, ist aber sehr wichtig. Die anderen fühlten sich auf der Bühne alle zu Hause. Ich nicht. Die Kostüme von Lila, die einfach und authentisch waren, halfen mir bei meinen Bewegungen. Sie saßen gut, nicht in dem Sinne, daß sie der Figur schmeichelten, sondern weil sie schlicht und alltäglich waren, wie sie das bei einer Bäuerin sein müssen, die im Haus und auf den Feldern arbeitet. Dieser Begriff von Arbeit und Landleben war eines der Grundmotive in den Regieanweisungen, die Raymond während der Proben gab. Das Stück war eine flammende Anklage gegen die Intoleranz. In vier Akten sollten ernste Themen abgehandelt werden: gesellschaftliche, metaphysische, sexuelle. Er wußte bereits, daß uns unsere Kostüme, nachdem sie fertig waren, das Aussehen von Personen der holländischen Schule geben würden. Er bekämpfte schon im voraus die Gefahr, die auf uns lauerte, nämlich daß wir uns wie auf alten Stichen benehmen würden. Während der zwei Monate Proben betonte er jeden Tag, daß alle diese Leute arme Bauern waren, die frisch aus England in ein Land gekommen waren, das sie erst urbar machen mußten. Die Entscheidung dafür, daß Pierre Mondy den puritanischen, asketischen Pfarrer spielen sollte, der hart im Glauben und in der Stunde des Zweifels völlig zerrissen ist, war genau aus diesen Gründen ein genialer Schachzug von Raymond. Ein anderer hätte sich einen Schauspieler mit der Statur eines Mystikers geholt, einen großen mageren Inquisitor mit salbungsvollen Gesten. Mit Pierrot, der vierschrötig, kernig, offen und jovial war, erschien die Inquisition um so erschreckender, als sie auch einen Anflug von Gutgelauntheit hatte. Und als der Inquisitor zu spät merkte, daß er es mit einem unschuldigen Proctor zu tun hatte, war er ein ordentlicher Mensch, der daran zerbrach, ganz entsetzt über seinen Irrtum. Die Entscheidung, daß Nicole Courcel, die damals blond, frisch und rundlich war und wie eine freimütige Bäuerin wirkte, die Rolle der Abigail spielen sollte, der Verkörperung von Gemeinheit, Lüge und sinnlicher Leidenschaft, das war Raymonds zweite geniale Idee.

Ein anderes Grundmotiv im Verlauf der Proben bestand darin, daß wir ständig an die Formen der Verfolgung erinnert wurden, die wir Franzosen während der Besatzungszeit erlebt hatten. Raymond kam oft auf den gelben Stern zurück, der von einem Tag auf den anderen auf der Brust der Juden angeheftet worden war. Mit denen, die die Richter spielten, sprach er über die Sondergerichte. Er sprach von den anonymen Briefen, die sich auf den Schreibtischen der Gestapo häuften. Die Inszenierung von Rouleau war außerdem ein eindrucksvolles politisches Panoptikum. Natürlich wurde auch ständig an die Rosenbergs erinnert.

Wir waren siebzehn auf der Bühne, und ich glaube, daß nur wenige politisch bewußt waren. Raymond hatte nicht systematisch linke Schauspieler zusammengeholt. Er hatte sich das Beste geholt, was zu haben war. Und man kann nicht sagen, daß die Schauspielerzunft vor dem Mai 1968 einen Sinn für die Ursachen und für das politische Engagement entwickelt hatte... Eines Tages fragte jemand, ob Miller zur Premiere kommen würde, und als Rouleau erklärte, daß er nicht aus Amerika heraus könne, und zwar aus genau den Gründen, die wir in vier Akten darstellen würden, rief das eine nahezu einhellige Verblüffung hervor. Dieses Beispiel zeigt, in welchem Ausmaß sich diese einheitliche und überzeugende Truppe aus Leuten zusammensetzte, die sich im Alltag von den politischen Geschehnissen fernhielten. Das ist im übrigen auch nicht so wichtig. Ich habe linke Schauspieler kennengelernt, die engagierte Parteimitglieder ohne Fehl und Tadel, aber nicht immer gute Schauspieler waren. Und dann gibt es auch üble Reaktionäre, die wunderbare Komödianten sind. In jedem Fall war für Montand und mich die Tatsache, daß wir von der Unschuld der Rosenbergs damals zutiefst überzeugt waren, eine unschätzbare Stütze. Ich konnte Elizabeth Proctor sein, weil ich davon überzeugt war, daß Ethel Rosenberg unschuldig war. Ich wußte auch, daß die historische Mrs. Proctor Mary hieß, und daß Miller ihr den Namen Elizabeth gegeben hatte, damit die beiden Initialen der Proctors J. und E. waren, wie bei Julius und Ethel.

Ich habe mich jedesmal geweigert, die Briefe von Ethel Rosenberg in der Öffentlichkeit zu lesen, als bald nach ihrer Hinrichtung »Galaabende« – nun ja, so nennt man das – organisiert wurden, um ihre Kinder zu unterstützen und ihr Andenken zu wahren. Ich habe mich geweigert, und wußte dennoch, daß ich einen Triumph eingeheimst hätte. Ich wäre sicher ausgezeichnet gewesen, da ich die Briefe aus der Todeszelle nie lesen kann, ohne erschüttert zu sein, so erschüttert, daß ich bestimmt auch meine Zuhörerschaft erschüttert hätte. Man hätte mir Beifall geklatscht, weil ich meine Arbeit als Schauspielerin gut gemacht hätte. Wenn man an einem Galaabend teilnimmt, geht man zum Friseur, sucht sich ein einfaches kleines Kleid aus, man hat Mikrofon- und Beleuchtungsproben, man übt sozusagen seinen Beruf aus! Und wenn man sehr gut ist, holt man einen persönlichen Erfolg dabei heraus. In diesem Falle hätte ich mir diesen Erfolg mit etwas geholt, das noch brennend war: das Leben von jemand, den man soeben ermordet hatte. Niemand hat mich je verstanden, wenn ich mich darüber äußerte. Da ich nicht der Meinung Vorschub leisten wollte, daß ich Angst hätte, mich durch die Teilnahme an diesem Galaabend zu kompromittieren, ging ich hin und las einen sehr schönen Brief von Zola vor, auf den mich Roger Pigaud hingewiesen hatte. Er trägt den Titel *Brief an die Jugend*. Er hat mir im Leben hervorragende Dienste geleistet, jedesmal, wenn ich mich an dieser Art Kundgebung beteiligte. Dieser Brief wurde zur Zeit der Dreyfus-Affäre geschrieben und ist um kein Komma veraltet. Leider ist er immer noch verwendbar, in allen Ländern der Welt. Oder vielmehr in fast allen.

Ich habe die Briefe von Ethel Rosenberg nie in der Öffentlichkeit gelesen. Ich habe sie für mich allein gelesen. Und gerade weil ich sie gelesen hatte, konnte ich Elizabeth Proctor, ohne mich zu schämen, die bewegten Gefühle verleihen, die diese Briefe in mir wachriefen. Ich brauchte sie erst im vierten Akt, da sich Elizabeth Proctor als beispielhafte Puritanerin bis zu diesem Zeitpunkt versagt, auch den geringsten Widerschein der Leidenschaft und Zärtlichkeit durchschimmern zu lassen, die sie innerlich verbrennen. Raymond hatte ein gutes Bild dafür: »Sie ist wie eines dieser Desserts aus schneeweißem Eis, in dem innen drin heiße Schokoladencreme ist.« (Ich weiß nicht, wo er das gegessen hatte, aber mir erschien das einleuchtend...) Bis zum vierten Akt also mußte ich aus Eis sein. Aber im vierten Akt, in der Abschiedsszene zwischen Proctor und seiner Frau – die außerdem auch ihre erste Liebesszene nach einer jahrelangen Ehe ist, die sie sich mit ihrem Puritanismus und mit Elizabeth' Frustrationen verdorben haben – brauchte ich es, mein Gefühl. Es dauerte ein Weilchen, bevor ich es spürte. Ich glaube, daß es acht Tage vor der Premiere soweit war. Nun verblieb mir nur noch, dieses gesunde, ehrliche, tiefe, warme und aufrichtige Gefühl bei dreihunderfünfundsechzig Vorstellungen wiederzufinden.

Die Premiere wurde ein triumphaler Erfolg. Ein triumphaler Erfolg für das Stück und für die Bearbeitung durch Marcel Aymé, für die Arbeit von Raymond und Lila, für die Truppe, mit außerdem sehr deutlichen persönlichen Triumphen für Montand, der die Schwelle von der Music-Hall zum Theater überschritten hatte, und für Nicole und Mondy. Was mich angeht, hatte ich meine Versetzungsprüfung vom Film zum Theater mit der Note gut bestanden. Einen Preis für hervorragende Leistungen bekam ich nicht. Die Kritik äußerte sich einhellig lobend, von Gauthier im *Figaro* bis zu Claude Roy in der *Humanité Dimanche*. Unsere Kollegen Jacques Becker, Gérard Philipe, François Périer, Bernard Blier, Pierre Brasseur, José Artur, Danièle Delorme, Serge Reggiani und andere – atmeten auf und gestanden uns erst dann, daß sei seit unserer Entscheidung, dieses schwierige, düstere und engagierte Stück zusammen zu spielen, um uns gezittert hatten. Im Falle einer Niederlage wären wir nicht lebend davongekommen. Im Falle eines halben Erfolges hätten wir trotzdem den schäbigen Eindruck erweckt, daß wir den anderen eine Lektion erteilen wollten. Der berüchtigte Achtungserfolg oder die Verbeugung vor dem »Mut von zwei großen Namen, die ein Experiment versucht haben, das ihnen zwar sehr zur Ehre gereicht, aber...« wäre eine echte Katastrophe gewesen, vor allem für das Gleichgewicht des Lebens in unserem »Zigeunerwagen« an der Place Dauphine. Nichts dergleichen trat ein. Es war ein Triumph, und ein echter. Die rumänische Verrücktheit hatte sich bezahlt gemacht, die Geschäftstüchtigkeit auch. Nicole bekam ihr Titelbild in *Paris Match*. Sie hatte es verdient.

> Glauben Sie, daß das Publikum die Verbindung zu den Rosenbergs herstellen konnte?

SIMONE SIGNORET: Der Fall Rosenberg hatte immerhin die ganze Welt bewegt. Sogar der Papst hatte versucht, bei Eisenhower zu intervenieren. Raymond hatte dafür gesorgt, daß wir die Szene des vierten Akts mit Handschellen spielten. Der Kuß, den mir Montand-Proctor gab, indem er meine Schultern mit seinen Ketten umfing, bevor er ging, um gehenkt zu werden, war genau wie das Foto, auf dem Julius Ethel zum letzten Mal küßte, und das in der gesamten Presse erschienen war.

Ich habe genug darüber gesagt, wie uns das Bild dieses Paares dabei geholfen hat, das Stück in aller Aufrichtigkeit zu spielen. Auf die Gefahr hin, mich zu wiederholen, möchte ich sagen, daß wir es vielleicht nicht so gut gespielt hätten, wenn unser Gewissen damals stärker belastet gewesen wäre von dem Drama, das die anderen auf der anderen Seite der Welt erlebten. Den Rosenbergs hatte man gesagt: »Gestehen Sie, und Sie werden am Leben bleiben.« Sie gestanden nicht und wurden auf dem elektischen Stuhl hingerichtet. Den anderen, in Prag zum Beispiel, hatte man gesagt: »Erklären Sie uns, warum Sie schuldig sind, und verlangen Sie den Tod« und den gab man ihnen auch. In dieser abscheulichen Epoche der amerikanischen Geschichte waren Julius und Ethel Rosenberg die einzigen Verurteilten, die ohne Beweise hingerichtet wurden. Auf der anderen Seite gab es viele, die deswegen gestorben sind, weil sie die Beweise für eine Schuld lieferten, von denen ihre Richter wußten, daß es sie nicht gab.

Ich bin jetzt etwas ernst geworden, das Thema eignet sich dazu. Die Überlegungen, die ich heute anstelle, machten wir uns damals nicht. Wir waren alle ganz glücklich darüber, daß wir einen Erfolg hatten, wie alle Schauspieler eines Stücks glücklich sind, das jeden Abend vor vollem Haus läuft. Marcel Aymé, der mich am Anfang ziemlich eingeschüchtert hatte, hatte sich zur Gewohnheit gemacht, alle zwei Tage im Theater vorbeizukommen, um uns zu besuchen, einfach so. Schließlich fing er auch an zu reden. Er war lustig und zärtlich.

    War er politisch an den Problemen des Stücks interessiert?
SIMONE SIGNORET: Er war an den Problemen aller Menschen interessiert. Er war ein freier Mensch. Während der Besatzungszeit hatte er etwas anrüchigen Umgang gehabt. Bei der Befreiung war er

»reingewaschen« und dann einige Jahre später für die Ehrenlegion vorgeschlagen worden. Er hatte das Schriftstück, das er sorgfältig ausfüllen sollte, um seine Meriten genau zu beschreiben, mit einer kurzen Bemerkung zurückgeschickt, auf die er recht stolz war: »Monsieur le Président de la République, Ihre Medaille können Sie sich in den Hintern stecken.« Er räumte ein, daß ihm die hervorragende wörtliche Übersetzung, die er als Arbeitsgrundlage hatte, die Bearbeitung des Stücks sehr viel leichter gemacht habe. Marcel Aymé sprach kein Wort Englisch, war stolz darauf und hatte nicht versucht, das Stück mit eigenen Wortspielen zu verunstalten, die Millers Denken hätten entstellen können. Er hatte einfach mit seinem Talent das Denken eines anderen in die richtige Form gebracht. Einen Änderungsversuch hatte er immerhin darin unternommen, daß er Mrs. Proctor bereits am Ende des ersten Akts auftreten ließ, während sie erst zu Beginn des zweiten Akts vorgesehen war. Ich glaube, daß er das machte, um mich auf die Probe zu stellen. Als ich ihn zum ersten Mal traf, fragte ich ihn nach dem Grund für diese Änderung, und er antwortete mir mit niedergeschlagenen Augen: »Ich war des Glaubens, daß die Damen Schauspielerinnen, wenn sie Stars sind, ihr Erscheinen lieber mit einem Auftritt zu Ende des ersten Akts ankündigen.« Ich mußte ihn enttäuschen. Von diesem Augenblick an ergaben sich zwischen uns herzliche, von langen schweigenden Pausen unterbrochene Gespräche.

Bei der dritten Vorstellung kam Sartre sich das Stück ansehen. Er kam in die Garderobe – »die Garderobe von Madame Sarah« – und erklärte: »Das war für mich gedacht, warum habe ich die Bearbeitung nicht gekriegt?« Wir rieten ihm, seinem Sekretariat besser auf die Finger zu sehen.

Ich habe gesagt, daß wir das Stück ein ganzes Jahr lang spielten, das stimmt; tatsächlich haben wir es in zwei Theaterwintern von jeweils sechs Monaten dreihundertundfünfundsechzigmal aufgeführt. Damals beherbergte das Théâtre Sarah-Bernhardt den Sommer über das Théâtre des Nations. Und es war in diesem Sommer, im Jahre 1955, bevor wir die Vorstellungen im Herbst wieder aufnahmen, daß ich meinen ersten Abstecher in ein Land des Ostens machte. Genauer gesagt nach Ost-Berlin. Noch genauer nach Babelsberg, dem ehemaligen Hollywood des Dritten Reichs.

7

Wolfgang Staudte, der inmitten der noch rauchenden Trümmer von Berlin den ersten deutschen Nachkriegsfilm *Die Mörder sind unter uns* mit der großartigen Hildegard Knef gedreht hatte, war nach Paris gekommen, um uns, Bernard Blier und mich, für die Verfilmung von *Mutter Courage* von Bertolt Brecht zu holen. Die produzierende Firma war die DEFA, das bedeutet die Deutsche Demokratische Republik. Bernard sollte der Koch sein, und ich Yvette Pottier, die französische Hure. Alle anderen Rollen sollten vom Berliner Ensemble besetzt werden, natürlich mit Helene Weigel (der Frau Brechts) in der Rolle der Mutter Courage. Das Berliner Ensemble hatte *Mutter Courage* in Paris gespielt und triumphalen Erfolg damit gehabt. Tatsächlich war das Berliner Ensemble eines der besten der Welt, und die Deutschen in der DDR konnten sich glücklich schätzen, daß Brecht bei seiner Rückkehr in seine Heimat sich auf ihre Seite geschlagen hatte und nicht auf die andere. Da es damals noch keine Mauer gab, hatten die Premieren des Theaters am Schiffbauerdamm aus beiden Teilen Deutschlands den größten Zulauf. Brecht wurde auf beiden Seiten gespielt, aber das Berliner Ensemble im Osten hatte einen großen Ruf, und mein Kollege Bernard und ich waren nicht wenig stolz, mit diesen Leuten zu arbeiten.

    Die DEFA verfügte über umfangreiche Mittel, wie sie alle staatlichen Produktionen in den sozialistischen Ländern haben. Sie hatten einige gute Filme produziert, wie *Rotation* von Staudte, und von eben demselben auch *Der Untertan*, nach dem Roman von Heinrich Mann, aber auch einige schreckliche und Shdanowsche Fresken. Von denen kam nichts über den Verleih im Inland hinaus. Mit *Mutter Courage* wollten sie ihren Markt vergrößern, und dazu hatten sie sich Namen geholt, die im Westen bekannt waren. Bernard und ich waren in Westdeutschland bekannt, und zwar gemeinsam. *Dédée d'Anvers* (Die Schenke zum Vollmond) und *Manèges* (Die Frau im Sattel) waren große Erfolge gewesen. Man muß annehmen, daß die DEFA Vertrauen in den Geschmack der Landsleute im Westen hatte. Ich war, wenn ich so sagen darf, wie die Katze im Sack engagiert worden. Im östlichen Deutschland hatte mich noch keiner gesehen, in keinem Film. Ich war vollkommen unbekannt. Weder einer der Filme von Allégret, noch die von Becker, Carné oder Clouzot waren für würdig befunden worden, dem Publikum in der DDR vorgeführt zu werden. Es sollte mich nun endlich aufgrund meiner ersten Versuche mit der deutschen Sprache kennenlernen. Seit einem Monat paukte ich meinen Text. Von dem Deutsch, das ich als zweite Fremdsprache von der Tertia bis zur Oberprima gelernt hatte, fiel mir genügend wieder ein, daß ich sinnvoll darauf aufbauen konnte. Was Bernard angeht, rechnete er sehr mit den Überbleibseln aus seiner »Kriegsgefangenenzeit«. Ich fuhr mit dem Zug als erste ab.

Der Zug fuhr eine Strecke im Westen, dann eine Strecke im Osten, machte noch einmal einen Abstecher nach Westen, um dann wieder in den Osten zu fahren. Auf dem Bahnhof von Westberlin, der nicht meine Endstation war, ging ich an die Tür. Auf dem Bahnsteig sah ich einen sehr sympathischen Herrn, der aus Leibeskräften rannte. In der einen Hand hielt er einen riesigen Blumenstrauß, in der anderen ein Schild mit meinem Namen und Foto. Es war der größte Filmverleiher in Westberlin. Er hieß mich auf deutschem Boden willkommen. Er betonte, daß das deutsche Volk insgesamt sich freue, daß ich in einem Werk mitarbeiten würde, das vom größten deutschen Dramatiker geschrieben sei. Die Leute von der DEFA kenne er nicht sehr gut, aber sie seien sicher sehr sehr nett. Vor allem sollte ich nicht zögern, ihn anzurufen, wenn irgend etwas nicht klappte... Er gab mir seine Visitenkarte, meine Blumen, der Zug ruckte wieder an und fuhr eine Zeitlang, um dann endgültig im großen Bahnhof von Ost-Berlin anzuhalten.

Ich wurde von einer Delegation erwartet, bestehend aus dem Generaldirektor des Ateliers und den Vertretern des Ministeriums für Kultur. Sie hielten rote Nelken in der Hand. Französischen Schauspielern sind Nelken zutiefst zuwider. Das ist ein dummer und hartnäckiger Aberglaube. In den Kulissen und in den Filmateliers werden Tausende von Geschichten erzählt, in denen der Sturz in den Souffleurkasten oder der Durchfall bei der Premiere der unheilvollen Nelke zugeschrieben werden, die die Rivalin geschickt hat. Das muß endlich einmal gesagt werden: auf dieser Welt gibt es haufenweise Leute, die irrsinniges Geld ausgeben, um undankbaren Franzosen Nelken zu schenken, die in den Ländern mit wenig Sonne der Gipfel des Luxus sind, und bei deren Anblick diese Franzosen nur daran denken, daß sie jetzt bald vor Heiserkeit stimmlos werden oder das Flugzeug abstürzt. Sie hatten also Nelken in der Hand, lächelten, und waren erfreut, endlich in Fleisch und Blut eine Person vor sich zu haben, die sie auf der Leinwand nie erblickt hatten. Unter allen diesen offiziellen Vertretern befand sich auch eine Frau, Rosaura Revueltas, der mexikanische Star von *le Sel de la terre* (Das Salz der Erde), eines Films, auf den ich noch zu sprechen komme. Sie war, glaube ich, da, um zu versuchen, den Verleih des Films zu fördern.

Beim Vertragsabschluß hatte man mir sehr höflich die Wahl gelassen: Ob ich West-Mark wolle? Nein, ich wollte Ost-Mark. Ob ich während der Dreharbeiten am Kurfürstendamm, im Westen wohnen wolle? Nein, ich wollte im Osten wohnen. Wenn ich schon im Osten arbeitete, wollte ich auch das dortige Leben mitbekommen. So kam es, daß man mich nach Babelsberg kutschierte. Babelsberg, das war das Äquivalent zu Beverly Hills gewesen in der Zeit, wo das deutsche Hollywood von der UFA geleitet wurde. Jetzt war es die DEFA. Die Villen der UFA-Stars und der Großindustriellen des Nazi-Regimes waren den Künstlern, Schriftstellern und Regisseuren der DDR zugewiesen worden. Die größte und schönste, die der Wohnsitz von Siemens gewesen war, hatte man in ein Gästehaus verwandelt. Sie lag in der feinsten kleinen Straße, ging auf den See hinaus, und verfügte sogar über einen kleinen eigenen Hafen. Es gab eine table d'hôte, wo die Gäste zusammenkamen: Schauspieler, von denen mancher aus dem Westen kam, um bei der DEFA zu arbeiten. Fräulein Erika, die ganz amüsant war, war gleichzeitig die Leiterin, Hauptkellnerin und Telefonistin.

Nach der Ankunft an diesem ersten Abend verlangte ich eine Verbindung mit Autheuil. Dort hatte ich für vier Wochen Montand, Catherine, Becker, José Artur und die Périers zurückgelassen. Sie hatten mich sehr traurig, aber auch mit einer gewissen Erleichterung ziehen lassen. Die Art, wie ich meine Deutschkenntnisse aufgefrischt hatte (ich wollte meinen Text bei der Ankunft tatsächlich vollständig beherrschen), hatte ihnen ein wenig die Ferien verdorben. Ich war »süß, und so gewissenhaft«, und ich hatte ja so ein Glück, Brecht im Original spielen zu dürfen! Also, fahr' schnell hin und spiel' das, und komm' zurück, wenn du es hinter dir hast. Wir halten das nicht mehr aus, dir deine Stichworte in einer Sprache zu geben, die wir nicht kennen!« So ungefähr war der Tonfall in Autheuil vor meiner Abreise. Ich wollte also meine kleine Familie beruhigen, wie man das nach einer langen Reise ins Ausland macht, und da teilte mir Fräulein Erika mit, daß man vom Gästehaus nur Ostberlin erreichen konnte! Ich muß zugestehen, daß eine Viertelstunde später alles geregelt war. Ich weiß nicht, wen Fräulein Erika alarmiert hatte, nachdem ich meine große Überraschung darüber kundgetan hatte, von meiner Familie abgeschnitten zu sein. Ich konnte also Autheuil anrufen. Und während meines ganzen Aufenthalts dort konnte ich telefonieren, mit wem ich wollte, und wohin ich wollte.

Das feine Sträßchen, an dem das Gästehaus lag, war mit einer hölzernen Barriere abgesperrt. Sie hinderte die Passanten daran, bis zum Seeufer vorzudringen, das sich am Ende des Wegs etwa hundert Meter weiter befand. Sie war etwa zehn Meter vor dem Eingang des Gästehauses errichtet worden, so daß man, um dort hineinzugelangen, diese kleine Grenze überschreiten mußte. Sie hatte auch ihren Zöllner in der Person eines jungen Volkspolizisten, dem man ein hübsches kleines Schilderhäuschen hingestellt und zur Gesellschaft einen schönen Schäferhund beigegeben hatte. Wenn ich eine fleißige Leserin der antikommunistischen Propaganda gewesen wäre, hätte ich bei meiner Ankunft an diesem Abend meine helle Freude daran gehabt. So ein Mensch war ich aber nicht. Ich hatte Verständnis. Ich war durch Westberlin gekommen, und durch Ostberlin. In Westberlin hatte ich das Licht und die Neonreklamen gesehen, und auch den Wiederaufbau. Ich wußte, daß es die Amerikaner waren, die dafür gesorgt hatten. Im Osten hatte ich Zeit genug gehabt zu sehen, daß es dort nicht sehr heiter war. Das störte mich nicht. Schließlich hatten die Russen weder einen Grund, dieselben Geschenke zu machen wie die Amerikaner, noch die Mittel dafür. Die ehemaligen Nazis, die eine unvorhersehbare geographische Trennungslinie nun plötzlich in überzeugte Sozialisten verwandelt hatte, sollten gefälligst zahlen. Ich hatte Wert darauf gelegt, im Osten zu wohnen, weil ich auf eine recht kindliche Art tatsächlich davon überzeugt war, daß im ganzen Ostblock, über den wir so viele Broschüren erhielten, die zwar in schlechten Farben gedruckt, aber trotzdem prächtig ausgestattet waren, alles aus Ver- und Austausch bestand. Ich glaubte dort auf chinesische Ananas zu stoßen, die im Tauschhandel gegen polnische Kohle importiert worden waren, auf Zeiss-Gläser, die man gegen ukrainischen Weizen tauschte, auf russischen Kaviar, den man gegen ungarisches Uran eintauschte. Also war für mich die kleine Holzwand berechtigt, auch wenn sie mich störte. In zwei Kilometern Entfernung war der Westen: sie waren wachsam, und sie hatten recht. Und außerdem würden wir die Arbeit in Babelsberg mit einem schönen Drehbuch, einem guten Regisseur und guten Schauspielern genießen können. In dieser Verfassung empfing ich meinen alten Kollegen Bernard Blier, der sich für die Dauer des Films auch für das Leben im Osten entschieden hatte.

Und dann fing die Arbeit an. Bernard und ich verliebten uns gleichzeitig in unseren Regisseur. Er verehrte die Schauspieler sehr und hatte auch guten Grund dafür. Er war der Sohn eines Schauspielers und hatte selbst schon in seiner frühesten Jugend gespielt. Er war sogar einer der Schüler von Professor Unrat im *Blauen Engel* gewesen und erzählte gern davon, wie alle diese falschen Schüler die wachsende Unruhe von Jannings angesichts der Bedeutung von Lolas Rolle beobachtet hatten, wo er doch naiverweise geglaubt hatte, die einzige interessante Hauptfigur der Handlung zu sein. Staudte wohnte in Westberlin und arbeitete sowohl für die DEFA als auch für die Bavaria. Er hatte uns engagiert, ausgerechnet uns, weil er uns hatte spielen sehen. Er hatte auch Max Douy rekrutiert, den Filmdekorateur von Autant-Lara. In den riesigen und hervorragend ausgestatteten Ateliers hatte Max wunderschöne, fremdartige und trostlose Dekorationen aufgebaut, Kriegsbilder, Bilder von allen Kriegen überhaupt.

Die Mitglieder des Berliner Ensembles erzählten uns aus ihrem Leben. Es hatte in nichts Ähnlichkeit mit dem, was wir kannten. Die Schauspieler waren völlig ausgelastet. Das Wort Arbeitslosigkeit gab es in ihrem Wortschatz nicht. Es kam vor, daß sie ein Stück sechs Monate, ja sogar neun Monate lang probten, wenn Brecht so entschied. Zu ihrer Verfügung standen Kurse für Musik, Tanz, Pantomime. Natürlich spielten sie, was man ihnen angab, da es aber im allgemeinen Brecht war, waren sie sehr zufrieden. Dennoch wären sie gern in der übrigen Welt besser bekannt gewesen. Die Filme, die sie ab und zu gedreht hatten, waren nur im Osten herausgekommen. Im Westen wäre ein junger Mann wie Peter Schall oder ein Mann wie Geschoneck große Filmstars geworden.

Der Herr, der im Westen Filmverleiher war, trat sehr schnell in Erscheinung. Die westliche Filmpresse wollte sich mit uns treffen, mit Bernard und mir, um unsere Eindrücke über die ersten Arbeitstage im Osten kennenzulernen. Wir gingen darauf ein, unter der Bedingung, daß die Filmpresse des Ostens an der Pressekonferenz teilnehmen könne. Sie akzeptierten, und es war ein historisches Datum in der kurzen Geschichte der beiden Deutschland. Zum ersten Mal seit der Spaltung von 1949 konnten die Journalisten aus beiden Teilen Berlins Seite an Seite ihre Fragen stellen – und zwar anderswo als auf den Festivals von Cannes oder Venedig – mitten in Westberlin in den Salons des Hotels Kempinski. Es wurde sehr munter und sehr herzlich. Die ersten Fragen betrafen natürlich die Gründe für unsere Forderung: warum hatten wir sie zusammen haben wollen? Wir antworteten ihnen, daß wir keine zwei Köpfe hätten, einen für den Westen und den anderen für den Osten, und daß unsere Antworten auf ihre Fragen infolgedessen für beide Parteien dieselben sein würden. Ihre Fragen kamen, und sie waren weder bösartig noch gefährlich. Es waren Fragen, wie sie Filmjournalisten Filmschauspielern stellen.

Danach gingen wir bei den Staudtes zu Abend essen, bummelten ein wenig herum, fuhren dann wieder auf unsere Autobahn, die die beiden Zonen zweimal durchschnitt, und kamen schließlich »zu Hause« in Babelsberg an. Es war kurz nach Mitternacht. Der junge Volkspolizist kam aus seinem Wachhäuschen, hinter ihm sein großer Wauwau, und weigerte sich, uns die verschlossene Pforte der kleinen Holzwand zu öffnen. Da erinnerte sich Bernard an alles Deutsch, was er in Schlesien gelernt hatte. Mit Brecht hatte das nichts zu tun. Er brüllte in dem vornehmen Sträßchen herum, und man konnte in seinem Gebrüll sogar einige französische Worte unterscheiden: ».. . fait ch... pendant quatre ans, ces c...-lá, couvre-feu de m...« (etwa: diese Sch... habe ich schon einmal vier Jahre lang erlebt, Saubande! Sperrstunde um Mitternacht Sch...dreck!...«). Hinter einigen Fenstern ging das Licht an. Fräulein Erika kam, um hinter der verriegelten Tür zu parlamentieren. Der junge Held ließ sich schließlich darauf ein, die beiden Helden der ost-westlichen Versöhnung schlafengehen zu lassen.

Die Geschichte hatte in dem Sträßchen und in der Umgebung etwas Aufsehen gemacht. Das Echo ging übrigens über die Grenzen des Viertels hinaus. Am nächsten Tag ließ uns der Minister für Kultur mitteilen, wie sehr er diesen Vorfall bedaure, der sich nicht wiederholen werde. Bernard packte trotzdem seine Sachen und emigrierte nach dem Westen, ins Kempinski, dessen Vorzüge er am Abend zuvor flüchtig mitbekommen hatte. Ich blieb. Ich hatte ein schönes Zimmer, ich hatte Bekannte unter den Gästen gewonnen, und ich war in der Nähe des Ateliers. Und ich versuchte, weiterhin Verständnis aufzubringen.

Weniger gut verstand ich, daß der Film eingestellt wurde. Eines schönen Morgens wurde uns mitgeteilt, daß Helene Weigel nicht mehr filmen wolle. Man setzte sich mit allen Schauspielerinnen auf der Welt in Verbindung, die die Mutter Courage schon gespielt hatten. Niemand ließ sich darauf ein, an ihre Stelle zu treten. Ich hatte noch einige Szenen zu drehen. Die Szenen mit der Mutter Courage drehte ich ohne Partnerin. Das Skriptgirl las den Text der Weigel, und der erste Kameramann bat mich, weder zu hoch noch zu niedrig zu blicken, da man nicht genau wußte, wie groß die neue Mutter Courage werden würde.

Eine neue Mutter Courage hat es nie gegeben. Man schrieb das Jahr 1955, Stalin war wohl tot, aber viele Dinge waren deshalb noch lange nicht geregelt. Später sollte ich entdecken, daß auch Brecht in diesem Land nicht immer ein leichtes Leben gehabt hatte, wo seine offene Geradheit und sein Mut ihn manchmal Dinge schreiben ließen, die Mißfallen erregten.

Ich hatte meine Yvette zu Ende gespielt und fuhr nach Hause zurück, um wieder mit *les Sorcières de Salem* anzufangen. Am Tag vor meiner Abreise empfing mich der Kulturminister zu einem langen Gespräch. Er legte Wert darauf, sich noch einmal für alle diese Vorfälle zu entschuldigen! Er war uns sehr dankbar dafür, daß weder Bernard noch ich das Abenteuer mit der verriegelten Pforte verbreitet hatten. Dazu ist zu sagen, daß damals eine Schlagzeile in der Art »Im Osten können zwei französische Schauspieler nach Mitternacht nicht nach Hause« ein gefundenes Fressen gewesen wäre ... Und er wollte mir auch sagen, daß ich sie nicht in schlechter Erinnerung behalten sollte ... daß sie erst in den Anfängen stünden und die Fehler von Anfängern machten. Und daß ich eines Tages zurückkommen sollte, wann immer ich wollte, und mich auch nicht genieren sollte, ihnen Themen vorzuschlagen. Ich sei immer willkommen, wenn mir der Sinn danach stünde. Das fiel nicht in taube Ohren. Aufgrund dieser letzten Worte wurden kurz danach die Verträge über die Co-Produktion Borderie-DEFA für die Dreharbeiten zu den *Sorcieres de Salem* unterzeichnet, die für den Monat Juli des folgenden Jahres vorgesehen waren. Also für das Jahr 1956.

Schon in den ersten Tagen, als wir sahen, daß das Stück erfolgreich war, hatten wir an die Möglichkeit gedacht, einen Film daraus zu machen. Ich glaube nicht, daß uns das ohne den Beitrag der DEFA gelungen wäre. Die Vertragsverhandlungen fanden in Paris statt. Es war ein wenig wie bei dieser Anekdote vom Kaninchenfrikassee. Die Deutschen steuerten das Pferd dazu bei. Sie wollten die Außenaufnahmen übernehmen, die Statisterie, die großen Dekorationen und natürlich auch die Pferde, alles das, was am teuersten ist. Borderie brachte uns zur Morgengabe, da aber Montand und ich uns zur Beteiligung entschlossen hatten, war seine edle Geste rein symbolisch. Raymond wurde als Regisseur engagiert, und Sartre sollte das Stück adaptieren. Marcel Aymé hatte volles Verständnis dafür, daß wir für die Rollen, die wir schon so lange auf der Bühne gespielt hatten, unbedingt die Frische eines neuen Dialogs brauchten. Die Termine wurden nach unserem Programm festgelegt. Die Spielzeit für das Stück ging im Dezember zu Ende. Ich hatte mit Buñuel einen Vertrag für einen Film abgeschlossen, der im Frühjahr in Mexiko gedreht werden sollte, und Montand mit de Santis für einen Film in Italien, der gleich nach dem Ende der Theateraufführungen anfangen sollte. Selten hatten wir erlebt, daß ein Filmgeschäft so schnell und so einfach geregelt wurde, für ein Projekt, das erst Monate später Wirklichkeit werden sollte.

Die Termine für den Beginn und das Ende der Dreharbeiten waren von erstrangiger Bedeutung. Schon vor eineinhalb Jahren hatte Montand durch Vermittlung der Agentur für Literatur und Kunst einen Vertrag über eine große Veranstaltungstournee abgeschlossen, die im Oktober 1956 beginnen und ihn in Begleitung seiner Frau, seiner sieben Musiker und eines Beleuchtungsspezialisten-Ehepaars zunächst einen Monat lang in die Sowjetunion (Moskau – Leningrad, Kiew) und dann jeweils eine Woche lang in jede der sozialistischen Republiken führen sollte. Die Agentur für Literatur und Kunst war – und ist vielleicht heute noch – die einzige Organisation, die ermächtigt ist, Verhandlungen über Tourneen im Osten zu führen. Die Agentur für Literatur und Kunst war es auch, die sich mit den Tourneen der Comédie-Francaise, des Théâtre National de Paris und der Opéra befaßt hatte und bereits seit zwei Jahren an der kulturellen Verständigung zwischen Ost und West arbeitete. Einer der Leiter dieser Agentur ist Georges Soria. Er ist Schriftsteller und Impresario zugleich. Die Schriftsteller meinen, er sei ein Impresario, und die Impresarios finden, daß er ein Schriftsteller ist. Wie dem auch sei, er ist es, der diese lange Tournee organisiert hatte, die keine Verschiebung duldete. Zwischen jeder Etappe war ein Reisetag vorgesehen.

Am Ende der Verhandlungen zwischen der DEFA, Rouleau und Borderie herrschte Einverständnis darüber, daß der Film spätestens Mitte Oktober beendet sein müsse. Und als alles geklärt war, ging man auseinander. »Prost! – Auf Ihr Wohl!« antwortete Borderie, der soeben ein sehr gutes Geschäft abgeschlossen hatte.

La mort en ce jardin (Pesthauch des Dschungels) ist sicher nicht der größte Film von Buñuel, aber die drei Monate Dreharbeiten in Mexiko waren für mich, Michel Piccoli und Charles Vanel wie unvergeßliche Ferien. Vielleicht auch für Georges Marchal, aber da ich ihn kaum je wiedergesehen habe, hatte ich keine Gelegenheit mit ihm zu schwatzen, wie ich das heute noch mit Charles und Michel tue, und mit Colette Crochot, dem Skriptgirl. Da war zunächst Buñuel; alle Schauspieler, die je mit ihm gearbeitet haben, haben das bereits schon vor mir gesagt: seinen Tag mit Don Luis zu verbringen ist keine Arbeit, sondern ein Vergnügen. Es ist ein wenig, als amüsiere man sich mit Becker, oder als lache man mit Picasso. Und dann war da Oscar. Oscar Danziger, der russischste aller mexikanischen Produzenten, nachdem er der russischste der französischen gewesen war, und der russischste Russe unter den Emigranten, der russischste der charmanten Russen – hier denke ich an Kessel und an Tola Litvak, alle drei konnten sie »Kalitka« trällern, »kleines Pförtchen hinten im Garten...«. Und dann gab es meine beiden Komplizen Vanel und Piccoli, und ungeheure Mystifikationen, und Wasserschlachten mit Wassergläsern, die bald zu Wassereimern wurden. Und schließlich war da Mexiko... Ich wette mit jedem, der will, daß es niemand gibt, der sich nicht in Mexiko verliebt – ich rede nicht von den Landschaften, sondern von den Menschen. Das klingt ein wenig folkloristisch, wenn ich das so sage: um so besser, die Folklore hat bisweilen etwas Gutes an sich, wenn sie Ausdruck ihrer echten Bedeutung ist, das heißt wenn sie auf das Wort »Volk« angewandt wird. Anstatt Volk würde ich sogar sagen pueblo. Und es lebe das Totenfest, selbst wenn an diesem Tag in allen Ecken der Stadt die Knallfrösche krachen und einem ein Zahn ungeheuer weh tut, den man im übrigen nicht mehr hat, weil er einem soeben von einem Zahnreißer gezogen wurde, der politischer Flüchtling und ein wenig ungeschickt ist... Und es lebe der kleine Schuhputzer von elf Jahren, der ein Glas Limonade ablehnt, zu dem man ihn einladen will, und zwar mit dem Einwand, daß er ein Mann sei und daß eine Dame nicht für Männer zahlt. Und es lebe Mexiko, wo es keinen Botschafter Francos gab. Und es leben die großen Sombreros, die Trompeten und Gitarren der Mariachis, die ihre Freunde am Abreisetag anschleppen, die la Gondoleria spielen und einen damit zum Weinen bringen. »Que viva Mexico!«

Es war, als die Knallfrösche krachten, die Absätze der Bambastänzer klapperten und die Gitarrenmelodien erklangen, und es war zwei Schritte vom Gefängnis entfernt, wo Trotzkis Mörder, wie man sagte, ein beschauliches Leben führte, als uns das Gerücht von einem Bericht erreichte, der hier nicht »angeblich von Chruschtschjow stammte«, sondern von Chruschtschjow unterzeichnet war. Er wurde von alten spanischen Republikanern, Freunden Buñuels, ausführlich kommentiert, die sich regelmäßig trafen, um sich von der Schlacht von Téruel zu erzählen: es waren alte Kämpfer der anarchistischen POUM, der FAI oder der kommunistischen Partei. Seit achtzehn Jahren erzählten sie sich von ihrem verlorenen Krieg, und seit achtzehn Jahren stritten sie sich freundschaftlich über ein paar Gläser Tequila. An diesem Tag fanden viele Dinge aus ihrer Vergangenheit ihre Erklärung, und sogar ihre Rechtfertigung. Stalin war nicht der, für den ihn manche gehalten hatten, Stalin war genau der, als den ihn andere hingestellt hatten. »Que viva Kruchev!«

Auf der anderen Seite des Globus, im Schnee der Abruzzen, bekam Montand die italienischen Kommentare zu hören. Auch dort stammte der Bericht nicht »angeblich von« Chruschtschjow, sondern war tatsächlich von ihm *firmato*. Das Filmteam bestand zum großen Teil aus Kommunisten, und da Gramsci geschrieben hatte: »Nur die Wahrheit ist revolutionär«, fanden die compagni, daß der compagno Chruschtschjow den Mut der wahren Revolutionäre aufgebracht hatte. Ich war nicht dort, aber Montand hat es mir erzählt.

Ich kam aus Mexiko zurück, und er aus den Abruzzen. Wir waren bereit, den Film *les Sorcières* anzugehen. Wir waren sogar in sehr guter Stimmung. Wir würden in die Länder des Ostens mit einer anderen Optik reisen, die Geheimnisse und Zweideutigkeiten gab es nicht mehr. Die Bitterkeit darüber, so viele Jahre getäuscht worden zu sein, wurde von der Befriedigung darüber aufgewogen, daß wir manchmal recht gehabt hatten, wenn wir bestimmte Kröten, die ich weiter oben erwähnt habe, nicht geschluckt hatten. Groß war daher unsere Überraschung, als wir in Paris entdeckten, daß die Reaktionen der französischen Kommunisten nicht ganz die gleichen wie die in anderen Ländern waren. In Paris stammte der Bericht »angeblich von Chruschtschjow« ... und sein Inhalt war umstritten.

Für die Dreharbeiten zu den *Sorcières* fiel eine ganze Armee von Franzosen im Gästehaus ein. Fräulein Erika war immer noch da. Die Holzwand war aus der kleinen vornehmen Straße verschwunden. Die Rouleaus hatten ihre Kinder mitgebracht, und wir hatten Catherine. Das ganze Haus stand uns zur Verfügung. Uns, das hieß: Claude Renoir, der erste Kameramann und sein Team; Mylène Demongeot, die im Film die Rolle von Courcel übernahm, Alex für alle unsere Haare und Bärte, aber kein Maskenbildner: Raymond, Lila und Renoir wollten uns absolut glaubwürdig als Puritaner des siebzehnten Jahrhunderts, die weder Reispuder noch falsche Wimpern kannten. Im Théâtre Sarah Berhardt war übrigens auch niemand geschminkt gewesen, die Beleuchter hatten es übernommen, uns zu verschönen, wenn es erforderlich war. Es gab einige Gänsehaut-Vormittage am Rand der Ostsee, wo ein kleiner Tupfer mit dem Puderquast von Monique – der Frau von Alex, der »Maskenbildnerin in Begleitung ihres Mannes zu den Außenaufnahmen mit Arbeitsverbot« –, der armen Mrs. Proctor, die so viel Kummer hatte, ein wenig von der Freude, sich anschauen zu lassen, wiedergegeben hätte, die uns alle ankommt, wenn die Kamera auf Nahaufnahme geht. Es gab keinen einzigen Tupfer mit der Puderquaste, und auch keinen Lidstrich, weder über noch unter den Augen. Kein bißchen Wimperntusche. Wir sahen aus, wie man halt um 7 Uhr morgens aussieht. Genauso, wie die Bauern, die auch nicht mehr wie Zwanzigjährige aussahen und aussehen, wenn sie zur Arbeit gehen.

Das Drehbuch von Sartre war ein Sartresches Drehbuch, das sich ganz getreu an das Stück von Miller hielt. Es war im übrigen das Ergebnis einer langen Korrespondenz zwischen Miller und Sartre während der Vorarbeiten gewesen. Miller hatte immer noch keinen Paß. (Er sollte ihn bald wiederbekommen, aber das ist eine andere Geschichte ... Eine Liebesgeschichte.) Sartre fuhr nicht nach Amerika. Sie setzten sich also schriftlich auseinander. Das Drehbuch von Sartre vertiefte die tatsächliche historische und soziale Situation, in der sich diese Pioniere in Neu-England befanden. Alle zusammen waren sie arm gelandet, und schon nach einigen Jahren waren in dieser Gemeinschaft allmählich soziale Schranken errichtet worden zwischen den ehemaligen Armen und denen, die arm geblieben waren. Da waren die einen, die sich fruchtbaren Boden ausgesucht hatten, und die anderen, die auf schlechten gestoßen waren. Da waren die einen, die mehr arbeiteten als die anderen. Da waren die Ehrlichen und die weniger Ehrlichen. Kurzum, es hatte sehr schnell die Honoratioren gegeben und die anderen. Das alles war im Stück von Miller offen ausgesprochen oder stand zwischen den Zeilen. Es hatte die Leute fasziniert, weil in vier Akten ein furchtbares Drama erzählt wurde, dessen Prämissen in Worten angegeben worden waren. Jetzt hieß es, das im Bild zu zeigen. Aus den drei Wänden der Theaterkulisse waren wir nun heraus. Sie würden zu sehen sein, diese Felder, die mehr oder weniger weitläufig waren, je nachdem, ob sie den Armen oder den Reichen gehörten. Man würde in diese Kirche hineingehen, von der im Stück die ganze Zeit die Rede ist, und feststellen, daß auch hier schon die Reichen ihre eigenen Bänke hatten, und die Armen die ihren, und daß die Schwarzen die Plätze ganz hinten in einer Loggia zugewiesen bekamen, wo sie bei den Hunden standen...

Die schwarze Statisterie wurde von den afrikanischen Studenten gestellt, die an der Universität Leipzig immatrikuliert waren. Sie freuten sich sehr darüber, ein bißchen filmen zu dürfen – bis zu dem Augenblick, wo sie Raymond sehr höflich darum bat, sich mitten zwischen einigen großen Hunden aufzustellen. Sie protestierten und verließen die Dekorationskirche, um sich in der Hauptstraße der kleinen Stadt Salem zu beraten, die Lila unter freiem Himmel, zwanzig Kilometer vom Atelier entfernt, völlig rekonstruiert hatte. Aus ihrer Beratung ging hervor, daß sie ihre heimatliche Sonne für die Nebel von Leipzig aufgegeben hatten, um Chemie, politische Wissenschaften, Deutsch und vor allem den Marxismus zu studieren, aber keineswegs dazu, sich zusammen mit Hunden und in Kostümen, die nur noch Lumpen waren, hinter Sitzenden und sauber gekleideten Weißen aufzustellen. Nun setzte Raymond zu einer langen Erklärung der Texte von Miller und der Philosophie Sartres an, die in markige Erklärungen gegen die Apartheid mündete, um dann wieder zum Ausgangspunkt zurückzukehren: nämlich dazu, daß der Film, der gerade gedreht wurde, genau ein Baustein zu dem Gebäude sei, das auf der ganzen Welt dank des guten Willens aller gutwilligen Männer und Frauen aller Rassen und Hautfarben, aller Konfessionen und Weltanschauungen gegen jede Art von Intoleranz und Verfolgung errichtet werde, wo diese auch immer auftrat, usw. Es war eine Rede wie vor der UNO. Die afrikanischen Studenten waren nicht auf den Kopf gefallen. Sie entschlossen sich, ihre Plätze wieder einzunehmen und bemerkten dazu nicht ohne Ironie, daß sie im Gegensatz zu dem, was wir vielleicht dächten, lesen könnten, und daß eine Lektüre des Drehbuchs, bevor sie sich darauf einließen, von Leipzig wegzufahren, bestimmt einen Zeitgewinn für die Produktion bedeutet hätte.

Die weiße Statisterie wurde von den Bürgern der Deutschen Demokratischen Republik gestellt. Sie war zahlreich: die DEFA machte ihre Sache sehr gut, und Borderie hatte allen Anlaß, sich darüber zu freuen. Die Herren und Damen der kleinen Stadt Salem kamen frühmorgens im Bus an. Sie waren pünktlich, fügsam und stellten nie unpassende Fragen. Sie meldeten sich nur, um etwas beizutragen, soweit dies in ihren Kräften stand. An den Tagen, an denen die Massenszenen gedreht wurden, benutzte Raymond gern ein Megaphon, um seine kleine Armee zu dirigieren. Dann vernahm man auf der großen deutschen Ebene, wie er seine schöne Stimme erhob, um Ruhe zu fordern: »Ruhe bitte ... Konzentration ...« (Die verkürzte und wörtliche Übersetzung seiner liebsten Äußerung: »Allons, mes enfants, un peu de concentration, je vous en prie.«)

Es kam der Tag, wo Proctor, Rebecca Nurse und Martha Correy gehenkt werden mußten. Die Zimmerleute der DEFA hatten einen großen Galgen aufgebaut, festgefügt und dauerhaft. Die Requisiteure hielten für Montand, Jeanne Fusier-Gir und Marguerite Coutand-Lambert jeweils ein Korsett aus Gurten bereit. Dieses Korsett war mit einer unsichtbaren Schnur mit dem Galgen verbunden, damit weder mein Mann, noch unsere kleine alte Jeanne, und auch nicht die friedliche Marguerite plötzlich dummerweise wirklich gehenkt würden, wenn man die Hocker wegzog, auf die sie gestiegen waren, um sich die Schlinge um den Hals legen zu lassen. Die ganze Bevölkerung von Salem hatte sich versammelt und verfolgte die Proben. Die Gurte hielten, es konnte losgehen, Raymond forderte seine geliebte »Konzentration«, als sich in der Menge ein Gemurmel erhob, das schnell zu einer Diskussion anwuchs.

Raymond forderte zum zweiten Mal »Ruhe bitte ... Konzentration ...« Da trat unter vielen Entschuldigungen ein Sprecher nach vorn. Er wollte unbedingt, daß Herr Rouleau Kenntnis von einer kleinen Meinungsverschiedenheit bekäme, die er mit sechs seiner Kollegen habe. Es handle sich um folgendes: sie konnten sich nicht einigen über die Art und Weise, wie die nackten Füße von Montand nach dem Fortstoßen des Hockers ihre letzte Szene spielten. Die Füße Montands führten die letzten krampfhaften Zuckungen nicht richtig aus, die man gewöhnlich bei einem Gehenkten beobachten könne, nachdem er den Geist aufgegeben hat. Er bitte Herrn Montand um Entschuldigung, würde ihm jedoch gern helfen, indem er ihm mit eigenen Händen vorführe, wie Proctors Füße zappeln müßten. Die sechs anderen Kollegen wollten auch mithelfen, damit diese Erhängungsszene vom Gesichtspunkt des Realismus aus unangreifbar würde. Leider aber hätten sich die Erhenkten, die sie gesehen hatten, nicht alle völlig gleich verhalten. Daher die Diskussion.

Vierzehn Hände stellten sich nun in den Dienst der Kunst, der Technik und der Wirklichkeitstreue. Sie streckten sich. Ihre Finger spreizten sich. Manche schlugen übereinander und ähnelten einen Augenblick lang Schmetterlingen, bis alle, jede nach ihrer Weise und nach ihrem eigenen Rhythmus, schließlich jene wohltätige Erschlaffung erreichte, welche bedeutete, daß es nunmehr endgültig vorbei war. Die technischen Berater gingen schließlich an ihre Plätze zurück. Vom französischen Teil der Bevölkerung von Salem konnte wirklich niemand sagen, wer von ihnen recht hatte. Rouleau entschied sich für eine Mischung aus den sieben Methoden, und verzichtete auf sein »Konzentration«. Er sagte nur »Kamera ab!« und Proctor wurde endlich nach allen Regeln der Kunst gehenkt, wie sich alle zum Tod durch Erhängen Verurteilten auf der Welt hängen lassen müssen.

Das alles kostete Zeit. Die Elektriker und Mechaniker der DEFA waren Muster an Ernsthaftigkeit und Effizienz, aber häufig mußte übersetzt werden, was Claude Renoir von ihnen wollte. Das kostete Zeit. Raymond versteifte sich manchmal darauf, einer Ente oder einem Pferd – die beide deutsch waren – erklären zu wollen, was er von ihnen erwartete. Obwohl er das in Deutsch tat, wurde er nicht immer so schnell verstanden, wie er sich das gewünscht hätte. Catherine bekam die Windpocken; Montand, Mylène Demongeot und ich lösten uns beim Pudern ab, je nachdem, ob wir gerade Aufnahme hatten oder nicht. Wenn wir alle drei Aufnahme hatten, übernahm Fräulein Erika sehr liebenswürdig die Pflege. Nicht alle wohnten im Gästehaus, und die Hin- und Herfahrerei zwischen Berlin und Babelsberg war kompliziert. Das kostete Zeit. Borderie hatte begriffen, daß mit den an Ort und Stelle zur Verfügung stehenden Mitteln noch viel mehr wichtige Dinge abgedreht werden konnten, als zu Beginn der Verhandlungen vorgesehen waren. Szenen, die für das Pariser Atelier geplant waren, wurden in den Studios der DEFA gedreht. Das sparte Geld, kostete aber Zeit. Die für Paris vorgesehenen Schauspieler befanden sich plötzlich in Babelsberg, es hatte Zeit gekostet, das zu organisieren. Wir aber sahen nicht, wie die Zeit verging, da wir viel zu lachen hatten. Es ist nicht unpassend, zu lachen, während man dabei ist, eine Tragödie zu filmen. Nur wenn sie viel über dieselben Dinge des Lebens lacht, wird eine Truppe, die einen ernsten Film dreht, imstande sein, den nötigen Ernst aufzubringen in dem Augenblick, wo sie ihn für die Geschichte braucht, die sie in dem Film erzählen will. Wenn man nicht gemeinsam lacht, kann man auch niemand gemeinsam zum Weinen bringen.

Wir merkten also nicht, wie die Zeit verging, und hatten damit unrecht. Wir lachten viel, und damit hatten wir recht. Wir sollten bald nicht mehr viel zu lachen haben, Montand und ich. Es wurde Oktober 1956. Der Film war immer noch nicht fertig. Ich habe bereits genug darüber gesagt, wie unverrückbar das Abfahrtsdatum für diese mehrstufige Tournee in den Ländern des Ostens war.

Schließlich hatten wir alle Mittel, die der DEFA zur Verfügung standen, aufgebraucht: die Pferde, die Massen, die großen Räume und den weißen Sand der Ostsee, in dem immer noch Bernstein zu finden war. Fräulein Erika sah uns alle eines Morgens abreisen. Wir umarmten einander, es war ein wenig traurig. Das Gästehaus sollte wieder in seine Beschaulichkeit zurückfallen. Wir würden nach Paris und in die Ateliers der Rue Francœur zurückkehren. Es blieben uns noch die Szenen zu drehen, die am billigsten waren, was Dekorationen und Statisterie anging, aber am schwierigsten zu spielen. Sehr schnell wurde klar, daß wir auf keinen, auf gar keinen Fall so rechtzeitig fertig werden würden, daß Montand seine Vertragsverpflichtungen hinsichtlich der Tournee erfüllen konnte.

Also telefonierten wir, Montand und ich, noch als Proctors verkleidet, eines Nachmittags vom Büro Borderies bei der Pathé mit Soria und brachten ihm schonend bei, daß die Tournee um mindestens einen Monat verschoben werden mußte. Das hieß also alles über den Haufen werfen. Ungefähr so, wie wenn man die ganzen Fahrpläne eines Eisenbahnnetzes umstoßen will. Zwei Stunden später riefen die Russen aus Moskau an. Es wäre zwar sehr unangenehm, sie hätten aber Verständnis. Das würde sehr schwierig werden, aber wir sollten vor allem in Ruhe unseren Film fertigdrehen. Das ganze sowjetische Publikum wartete auf Montand, wie es auf die Comédie Francaise und das Théâtre National de Paris gewartet hatte. Sie würden das regeln. Wir stießen einen großen Seufzer der Erleichterung aus. Wir konnten also weiterarbeiten. Raymond brauchten wir nicht mehr zu sagen: »Beeil' dich, wir müssen fertig werden.« Das spielte sich ungefähr in der zweiten Oktoberwoche ab, wir sollten also in der zweiten Novemberwoche zur Abfahrt bereit sein. In aller Gelassenheit konnten wir uns also an die erschütterndsten Szenen des Films machen. Wir gingen ans Werk.

Wir beschäftigten uns gleichzeitig mit unseren Rollen und mit so nichtigen Dingen wie dem Gedanken an Mäntel und Pelzstiefel, die wir noch auftreiben mußten, damit wir vor der großen Kälte in Moskau bestehen konnten. Die Nachrichten aus aller Welt verfolgten wir nicht gerade mit gespannter Aufmerksamkeit. Ungefähr Mitte Oktober revoltierten die Polen. Im Atelier gingen die Zeitungen von Hand zu Hand. Wir kamen alle aus dem östlichen Deutschland zurück, und jeder hatte seine Meinung darüber, was ihm an diesem Sozialismus zuwider war oder gefiel. Die Deutschen, mit denen wir dort Seite an Seite gearbeitet hatten, sprachen nie von ihrer eigenen Rebellion in Potsdam einige Jahre zuvor. Sie war in kürzester Zeit niedergeschlagen worden. Zwar hatte die Polizei auf Arbeiter geschossen, doch war dies einer der Fehler der Vergangenheit, über die Chruschtschow eine so gute Rede gehalten hatte ... Im übrigen sprach man in Babelsberg sehr wenig über Politik, man sprach vom Film.

Im Atelier der *Sorcières* in Paris in der Rue Francœur wurde auch viel übers Filmen geredet. Aber plötzlich sprach man nur noch über Polen. Drei Tage lang herrschte große Ungewißheit. Dann hatten die Polen gewonnen: die russischen Panzer fuhren nicht in Warschau ein, Gomulka trat wieder in Erscheinung, und mit ihm die Hoffnung auf eine neue Freiheit, auf die sie nach dem »angeblichen Bericht« scheinbar einen Anspruch hatten. Alle atmeten auf. Die Franzosen mögen die Polen, und es ist sehr anständig von den Polen, daß sie die Franzosen noch mögen, die sie im August 1939 mit ausgestrecktem Arm hatten fallenlassen...

Das Atelier wurde also wieder zum Haus der Proctors, und der »Zigeunerwagen« abends zum Probenraum. Montand hatte schon zwei Jahre lang nicht mehr gesungen. Es war aufreibend für ihn, den ganzen Tag lang Proctor zu sein und einen großen Teil der Nacht der singende und tanzende Montand. Wir fingen an, die deutschen Enten und Pferde ernstlich zu verfluchen, die so viele Stunden Verspätung verursacht hatten, weil sie Raymond nicht gehorchen wollten. Es war ihre Schuld, daß wir erst so weit waren – oder vielmehr daß wir noch da waren, anstatt uns bereits in Moskau zu befinden.

Und dann kam der November. Ich sage das sehr ernst. Der November 1956 hat die ganze Welt erschüttert, hat in Budapest und in Suez getötet, Millionen anständiger Leute enttäuscht und eine große Zahl von Dreckskerlen entzückt. Was uns anbetrifft, Montand und mich, ist der November 1956 der traurigste, absurdeste, grausamste und lehrreichste Monat der siebenundzwanzig Jahre unseres gemeinsamen Lebens.

Budapest brach, wenn man so sagen kann, in den letzten Stunden des Monats Oktober in unser Atelier ein. Von der ersten Novemberwoche an brannte Budapest für die ganze Welt. Budapest brannte, weil die Russen dort mit ihren Panzern eingefahren waren, um niederzuschlagen, was die einen eine Revolution, und die anderen eine Konterrevolution nannten, und was vielleicht am Anfang weder das eine noch das andere war. In wenigen Tagen bildeten sich in Frankreich die Bataillione. Die Anhänger der ungarischen »Revolutionäre« marschierten die Champs-Elysées hinauf, angeführt von Georges Bidault und den Rechtsanwälten Tixier-Vignancour und Biaggi, um zu Ehren der Revolution am Grabmal des unbekannten Soldaten einen Kranz niederzulegen. Die Anhänger der sowjetischen Armee, deren Panzer auf die Ungarn schossen, demonstrierten auf den großen Boulevards und riefen: »Le fascisme ne passera pas!« Sie waren alle überzeugt, daß sie Recht hatten, jeder auf seine Weise. Sie beglichen alte Rechnungen. Die einen erinnerten daran, daß Ungarn bis zum Kriegsende mit Hitlerdeutschland verbündet gewesen war. Die anderen zitierten einige Verse von Petöfi, dem großen Dichter der ersten ungarischen Revolution, die sie die Woche zuvor und zum ersten Mal in ihrem Leben in *Paris Match* gelesen hatten. Wenn man die Polen vierzehn Tage zuvor bewundert hatte, wurden die Ungarn jetzt verehrt. In Paris gab es zwei Bataillone. Ihre Ziele waren klar, und ihre Tränen waren Krokodilstränen.

Die einzigen, die echte Tränen vergossen, waren die, die verstehen wollten und nichts verstanden. Das war das dritte Bataillon. Das der lästigen Störenfriede: der Linksintellektuellen. Ein Bataillon war das nicht, höchstens eine Korporalschaft. Es waren die, bei denen sich unter anderem auch Sartre, Vercors, Claude Roy, Gérard Philipe, Roger Vailland befanden, und die in einem Manifest »allen denen das Recht absprachen, sich über das zu entrüsten, was in Ungarn vorging, die im Vorjahr nicht die Stimme erhoben hatten, als Guatemala zertreten und unterdrückt wurde«.

Es gab die großen Versammlungen der Weltfriedensbewegung, zu der wir auch gehörten; diese Bewegung wurde damals gesprengt. Ich werde nie diesen Sonntagnachmittag in einem Versammlungssaal vergessen, der sich merkwürdigerweise genau in dem Haus befindet, in dem Philippe Henriot während der Besatzungszeit erschossen worden ist. Es waren viele Leute da. Vercors, der bereits sein Buch PPC (*Pour prendre congé*) vorbereitete, hielt eine hervorragende Rede, in der er über Ausstellungsstücke sprach. Er erklärte, daß er sehr lange Zeit als Ausstellungsstück fungiert habe, und auch froh gewesen sei, als schönes Ausstellungsstück bei besonderen Anlässen vorgezeigt zu werden; er sei ein gutes Ausstellungsstück für die Rosenbergs gewesen, aber nun habe er das Gefühl, daß er nicht mehr so weitermachen könne... Auch wir waren häufig schöne Ausstellungsstücke gewesen, die sich bisweilen ganz allein in die Vitrinen gestellt hatten, wo sie sich sehr gut ausnahmen... Wir dachten genau wie Vercors, nur waren wir unter diesem Publikum an diesem Sonntag wohl die einzigen, die sich in einer Situation befanden, die die unsere war.

Ich kann ermessen, wie wenig anständig es ist, in einem so tragischen historischen Augenblick über unsere Personen zu sprechen. Wir waren erschüttert, traurig, traurig und erschüttert, aber vor allem fühlten wir uns sehr, sehr schlecht in unserer Haut.

Der Film war noch nicht fertig, wir waren also »zu erreichen«. Wenn man uns finden wollte, brauchte man nur in die Rue Francœur zu kommen. Das Atelier, wo wir versuchten, Komödianten zu sein – um nicht zu sagen Tragöden –, wurde sehr schnell zum Wartesaal für Delegationen von Ratgebern, die sich uns zwischen zwei Einstellungen aufdrängten. Für diese Tournee im Osten, die vor eineinhalb Jahren vertraglich vereinbart worden war, hatte man vom Augenblick ihrer Ankündigung an eine sehr umfangreiche und schmeichelhafte Propaganda gemacht. Alle wußten, daß wir fahren sollten, und daher bemühten sich alle, uns zum Abfahren oder zum Dableiben zu bewegen. Merkwürdigerweise fanden die Streitigkeiten der beiden Stoßtrupps bei uns ihren Kristallisationspunkt. Auf der einen Seite hatte der Karikaturist Sennep im *Figaro* Chruschtschjow gezeichnet, der aus dem Kreml telefonierte und folgenden Befehl gab: »Schickt Panzer nach Paris, damit Yves Montand singen kann.« Am Vorabend hatte sich das Olympia den Drohungen einer faschistischen Gruppe gebeugt, die Feuer im Saal legen wollte, falls Montand in der Galavorstellung von Europe No. 1 auftreten würde, die ihm als letzte öffentliche Probe dienen sollte. Coquatrix kam sich mit Delanoe in der Rue Francœur aussprechen, und Montand hatte noch sein Kostüm als Proctor an, als er gebeten wurde, seinen dunkelbraunen Anzug für den Abend nicht anzuziehen, sondern zu Hause zu bleiben. Montand verlangte von Europe No. 1, daß diese Rundfunkstation jede Stunde eine Verlautbarung durchgab, damit es ganz klar wurde, daß es nicht er war, der sich drückte. Ich muß anerkennen, daß Europe No. 1 das tat.

Auch die Musiker kamen oft ins Atelier. Sie waren schon vor langer Zeit für eine Tournee engagiert worden, die vier Monate dauern sollte. Sie war bereits um einen Monat verschoben worden, sie hatten viele andere Engagements abgelehnt, um für Montand frei zu sein. Es tat ihnen leid, daß er sich in dieser Situation befand, aber: wie sollte es jetzt weitergehen? Montand hatte sie engagiert und sie wurden von ihm bezahlt. Und zwar in französischen Francs, während Montand seine Gage in der jeweiligen Währung der östlichen Länder bekommen würde. Es war mehr eine Prestige-Tournee als eine lukrative. Damals ahnte noch niemand, daß sie zu einer tragischen werden sollte... Sie brannten nicht besonders darauf, meinten aber, daß Vertrag schließlich Vertrag sei. Und da sie schon 'mal beim Vertrag waren, hatten sie beschlossen, die doppelte Gage zu verlangen, wenn Montand sich entschließen sollte, hinzufahren...' Das war vielleicht ihre Art, uns zu drängen, nicht zu fahren. Aber wohlgemerkt, wenn Montand sich entschloß, nicht zu fahren, schuldete er ihnen dennoch die einfache Gage, die für die vier Monate vereinbart worden war...

Eines Morgens wachte ich mit einer Idee auf, die mir außerordentlich klug erschien. Es war der 7. November. Ich weiß das, weil am 7. November die Oktoberrevolution in der sowjetischen Botschaft gefeiert wird – von wo Louis Aragon, Elsa Triolet und ihre Schwester Lily Brik gerade kamen, als sie an der Tür des »Zigeunerwagens« läuteten, um der dringenden Einladung zu folgen, die ich ihnen am selben Morgen hatte zukommen lassen. Meine Idee war: so schnell wie möglich mit Aragon zu reden und ihn aufzufordern, bei den Sowjets zu intervenieren, damit die Entscheidung, die Tournee auf später zu verschieben, wenn sich die Dinge beruhigt hätten, von ihnen ausginge. Ich hatte nämlich festgestellt, daß sie die Abreisen aller ihrer Künstler in ausländische Hauptstädte verschoben hatten, in welchen diese unter Umständen dem Zorn des Publikums hätten ausgesetzt sein können. Da sie sich bei ihren Leuten der Gefahren bewußt waren, mußten sie es ebenso bei denen sein, die zu ihnen kommen sollten. Auch wenn die Mauern der Botschaft in der Rue de Grenelle noch so dick waren, war es unmöglich, daß die Attacken, mit denen Montand in Paris fertigwerden mußte, dem sowjetischen Botschafter nicht zu Ohren gekommen waren. Und da Aragon gerade dort her kam, würde ich ihn bitten, noch einmal hinzugehen und seinerseits Botschafter zu sein. Und zwar der Botschafter eines Mannes, von dem man die Disziplin eines aktiven Mitglieds der Partei verlangte, der er gar nicht angehörte.

Wie standen Sie zu Aragon?

SIMONE SIGNORET: Während der ganzen Jahre, die ich mit Allégret zusammenlebte, haben die Aragons mich nicht kennen wollen. Ich wurde ihnen vorgestellt, sie machten immer den Eindruck, als suchten sie in ihrem Gedächtnis... Aber nein, wirklich, sie erinnerten sich nicht... Vier- oder fünfmal hintereinander im Verlauf von drei Jahren passierte es ihnen, daß sie sich nicht »erinnern« konnten. Ich war ein wenig traurig, weil nämlich ich, auch wenn Aragon mich nicht hatte spielen sehen, alle seine Werke gelesen und immer wieder gelesen hatte. Von dem Moment an, wo ich mit Montand lebte, wurde ich plötzlich würdig, in meiner Eigenschaft als Frau des großen beliebten Sängers und in meiner Eigenschaft als Schauspielerin anerkannt zu werden. Eines Tages habe ich ihm die Frage gestellt, warum er mich so viele Jahre scheinbar nicht erkannt hatte. Mit spöttisch funkelnden blauen Augen erklärte er mir, daß er gerade weil er mich erkannt hatte, mich nicht kennen wollte. Ich lebte mit einem Mann zusammen, der 1935 Sekretär von Trotzki gewesen war, und er konnte sich nicht gestatten, der Lebensgefährtin eines Trotzkisten die Hand zu drücken. Da wir an diesem Tag zu Scherzen aufgelegt waren, gingen wir die Hände durch, die einander in Paris drücken oder nicht drücken dürften.

Wir sahen Aragon nicht ständig, aber wir kamen hin und wieder mit ihm zusammen, vor allem gelegentlich der Kulturveranstaltungen, bei denen es vorkam, daß er einen von uns um seine Mitwirkung bat, wenn wir es nicht beide waren.

Sie kamen also herein. Es war spätabends. Lily Brik, die aus Moskau gekommen war, um einige Tage Herbstferien bei ihrer Schwester Elsa und ihrem Schwager Louis zu verbringen, war sehr enttäuscht über die Atmosphäre, die in den Straßen von Paris herrschte. Anscheinend war der Cocktail in der Botschaft nicht so glanzvoll gewesen wie in den Jahren zuvor. Viele der eingeladenen Personen hatten darauf verzichtet, der Einladung zu folgen und den Wodka in sich hineinzuschütten und den guten Kaviar zu essen, den sie unter anderen Umständen sehr geschätzt hätten. Kurzum die Reise von Lily nach Paris war enttäuschend. Elsa bat um Tee, sie war erkältet. Diese ganzen Ereignisse nahmen sie sehr mit, und Aragon räumte ein, daß die Situation ernst sei. Da sagte ich ihm mein Sprüchlein über die Mission, die ich ihm anvertrauen wollte. Er allein konnte den Botschafter Winogradow auffordern, ein Telegramm nach Moskau zu schicken, um denen dort die tatsächliche Situation zu schildern, in der sich Montand befand und ihnen zu raten, eine Entscheidung zu treffen, die ihn von der Verpflichtung befreite, um jeden Preis den Vertrag erfüllen zu müssen. Montand, der von den Dreharbeiten und Proben völlig erschöpft war, war nach oben schlafen gegangen. Die schönen blauen Augen von Aragon verdüsterten sich. Er hatte natürlich volles Verständnis, aber er war nur ein französischer Dichter und konnte sich in keinem Fall in die sowjetischen Angelegenheiten einmischen... Ja natürlich gehörte der auch dem Zentralkomitee der Kommunistischen Partei Frankreichs an und er wußte sehr genau, daß keiner von uns in der Partei war... Natürlich war das alles tragisch, aber angesichts der Reaktion mußte man stark bleiben... Kurzum, er konnte diesen Auftrag nicht übernehmen. Außerdem hätte er es auch nicht getan, wenn er es hätte tun können... Denn für Montand gäbe es nur eine Lösung: er müsse hinfahren. Er müsse das einfach. Punktum. Ein langes Schweigen folgte. Elsa und Lily, die in ihrem Leben als sowjetische Staatsbürgerinnen sicher schon anderes erlebt hatten, sagten nichts. Ich aber hatte Lust zu heulen. Und in diesem Moment fing Aragon, ich weiß nicht aufgrund welcher Gedankenassoziation, ein langes Geplauder über Claudel an, den bekannten Dichter und Botschafter.

Ich habe völlig vergessen, was er über Claudel gesagt hat. Ich hörte nicht zu. Mein Versuch war mißlungen. Montand war völlig allein. Niemand wollte ihm zur Seite stehen. Die Aragons gingen, nicht ohne zu sagen: »Also Kopf hoch und gute Reise.«

Im Fernsehen wurden Aufnahmen des brennenden Budapest und Interviews mit Leuten, die über die Grenze geflüchtet waren, sehr viel häufiger gesendet, als Berichte über das, was sich in Suez abspielte. Die Entführung Ben Bellas und seiner vier Kameraden aus Algier wurde als äußerst gelungener Scherz betrachtet. Das Lächeln der Stewardeß und das Grinsen des Piloten, die den Auftrag gehabt hatten, das Flugzeug zu entführen, machten sich auf dem Fernsehschirm und in den Zeitungen breit. Pedrazzini, ein Reporter von *Paris Match*, kam in Budapest ums Leben, und Jean Roy, ebenfalls Reporter beim *Paris Match*, in Suez. In Paris wurden die Fronten zwischen den beiden Stoßtrupps immer klarer. Noch nie zuvor in der Geschichte des Show-Business war es bisher geschehen, daß ein Varietesänger-Schauspieler und eine Nichtsängerin-Filmschauspielerin, zum Spielball eines derartigen Aufeinanderprallens der Kräfte geworden waren.

> Sprachen Sie mit Sartre darüber?

SIMONE SIGNORET: Sartre sagte uns: »Wenn Sie hinfahren, geben Sie den Russen einen Freibrief, und wenn Sie dableiben, den Reaktionären.« Das wußten wir auch selber. Aber im Gegensatz zu Aragon gab er uns keinen Rat. Wir wurden mit Drohbriefen und Ermunterungsbriefen überschwemmt. Die ersteren waren gemein und meistens filzig. Die letzteren waren wegen ihres borniertenSektierertums häufig irritierend. Die einzigen normalen Beziehungen hatten wir im Atelier, unter den Menschen, mit denen wir bereits seit langen Monaten zusammenarbeiteten, und die Stunde um Stunde hatten verfolgen können, wie sich diese unmögliche Situation entwickelt hatte.

Eines Tages Mitte November erschien der berühmteste jungverheiratete Ehemann der Welt in der Rue Francœur. Arthur Miller war endlich gekommen, um die Proctors kennenzulernen. Er fand sie nicht gerade froh und munter vor. Auch er war nicht froh. Die amerikanischen Linksintellektuellen hatten keinerlei Grund, munter zu sein. Wir begegneten uns zum erstenmal, und dennoch war das ein wenig wie ein Wiedersehen. Seit zwei Jahren lebten wir mit den Rollen, die er sich ausgedacht hatte: und daher kannten er, Montand und ich einander bereits sehr gut. Er war nicht munter, aber er war schön und sehr herzlich. Er verbrachte den Tag mit uns und fuhr dann wieder nach London zu Marilyn, die er versprach, mit zu uns zu bringen, falls wir nicht abreisen sollten.

> Sie sind schließlich doch abgereist. Was hat bei dieser Entscheidung den Ausschlag gegeben?

SIMONE SIGNORET: Der berühmte Tropfen, der alle Fässer zum Überlaufen bringt. Montand hatte einen Vertrag unterzeichnet, um mit Max Ophüls *Modigliani* zu drehen. Der Film sollte nach der Rückkehr von der Tournee ins Atelier gehen. Deutschmeister, der Produzent, rief Montand eines Morgens an und setzte ihm die Pistole auf die Brust: »Wenn Du dorthin fährst und singst, wird nichts aus dem Film. Meine Verleiher und die Kinobesitzer haben mich wissen lassen, daß sie in diesem Fall keinen Film wollen, in dem Du mitspielst.« Ich hatte keinen Hörer am Ohr; aus dem Hintergrund des Zimmers beobachtete ich Montand, er hörte zu, er war sehr ernst und sehr ruhig geworden und sagte dann: »Ich war nicht sicher, ob ich fahren sollte. Aber das ist jetzt sehr einfach geworden: ich fahre.« So war das.

In Leningrad zwei Monate später erhielten wir ein Telegramm von Gérard Philipe, der Montand fragte, ob er sich darauf einlassen solle, Modigliani zu spielen. Montand antwortete ihm, daß er das so machen solle, wie er es selbst für richtig empfand. Wir waren in Belgrad, als wir im März 1957 vom Tod Ophüls' erfuhren. Schließlich war es Becker, der den Film drehen sollte, der dann den Titel *Montparnasse 19* bekam. Das Drehbuch stammte von Jeanson. Was den inzwischen verstorbenen Deutschmeister angeht, wurde er der Produzent von *Normandie-Njemen*, der ersten französisch-sowjetischen Koproduktion.

Wir fuhren also. Das stand fest. Die Dreharbeiten waren beendet und bei einem kleinen Abschlußaperitif verabschiedeten wir uns alle voneinander.

Nun hatten wir nur noch zu packen, und uns endlich die Pelzstiefel und Pelzmäntel zu besorgen, die seit Anfang dieses schlimmen Monats November nicht mehr unser bevorzugtes Gesprächsthema waren. Was ein vergnüglicher Einkaufsbummel hätte werden können, wurde zu einer fürchterlichen Strapaze. Die Leute in den Läden wußten alle, daß wir nicht nach Alpe d'Huez fuhren... Es gibt tatsächlich Augenblicke im Leben, wo die schöne volkstümliche Bemerkung »Es steht Dir nicht im Gesicht geschrieben« ihre ganze Bedeutung und ihren ganzen Reiz verliert. M. Capobianco, dem ich hier meine Hochachtung bezeugen will, fertigte mir in kürzester Zeit zwei Paar Pelzstiefel an. Er kam zur Anprobe zu mir nach Hause und versuchte, mich zu trösten. Ich hatte das auch sehr nötig. Ich weinte die ganze Zeit. Catherine war zehn Jahre alt, sie hatte in Babelsberg viel mit uns gelacht und konnte nur schwer verstehen, warum nun bei uns plötzlich alles so traurig war. Ich ging die Direktorin der Volksschule in der Rue du Jardinet besuchen, eine richtige

Schuldirektorin wie man sie in den Romanen des 19. Jahrhunderts findet. Sie versprach mir, darauf aufzupassen, daß Catherine keinen Schikanen ausgesetzt sein würde. Sie versprach mir auch, ihr zu erlauben, zu Hause zu bleiben, wenn es welche geben sollte... Sie umarmte mich und wünschte uns eine gute Reise. Ich ließ meinen Tränen freien Lauf. Je mehr ich weinte, desto ruhiger und entschlossener wurde Montand. In der Woche vor unserer Abfahrt wurde das Haus nicht mehr leer. Es war ein bißchen wie das Haus eines Schwerkranken, bei dem die Leute vorbeikommen, um sich zu erkundigen oder weil sie glauben, die heilende Arznei gefunden zu haben. Es war mörderisch. Alles war mörderisch, das Mitgefühl der einen und der Haß der anderen. Eines Abends setzte sich Montand vor ein Blatt Papier, und wir faßten einen offenen Brief an Obrastzow ab, den Direktor des Moskauer Puppentheaters. Ich habe den Text herausgesucht, und das ist er:

Paris, den 3. Dezember 1956

Mein lieber Obrastzow,

Sie sind einer derjenigen gewesen, die zusammen mit Moissejew und dem Moskauer Ballett am meisten zur kulturellen Verständigung zwischen unseren Ländern und infolgedessen zur Entspannung beigetragen haben, sei es auch nur mit den Erfolgen, die sie in Paris gehabt haben.

Sie haben aber andererseits auch – und das betrifft mich persönlich – dem sowjetischen Publikum ermöglicht, mich kennenzulernen, und wenn in der Sowjetunion die Chansons geträllert werden, die ich singe, so weiß ich, daß ich das Ihrer Patenschaft zu verdanken habe.

Deshalb schreibe ich diesen Brief an Sie.

Worüber ich Sie heute in Kenntnis setzen möchte, ist die tiefe Beunruhigung, in die das Drama in Ungarn viele Franzosen gestürzt hat, und insbesondere eine Reihe von Mitgliedern der Weltfriedensbewegung, die die einzige Organisation ist, in der ich aktiv tätig bin.

Viele Franzosen, die dem riesigen und ungeheuerlichen Apparat der antisowjetischen Propaganda standgehalten haben, und die dies bewiesen haben, indem sie sich an dieser Propaganda keinesfalls beteiligten, haben sich dennoch Fragen gestellt und stellen sie sich immer noch.

Zu diesen gehöre auch ich.

Auch wenn heute nach dem Sonderkongreß der französischen Friedensbewegung unter deren Anhängern noch Meinungsverschiedenheiten darüber bestehen, wie die Ereignisse in Ungarn zu interpretieren sind, während absolute Einmütigkeit gegen die Fortsetzung des Krieges in Algerien und gegen das Abenteuer von Suez besteht, haben wir doch alle zusammen als Verfechter des Friedens aller politischen Richtungen, aller religiösen und philosophischen Bekenntnisse, ob wir nun Kopfarbeiter oder Handarbeiter sind, den feierlichen Beschluß gefaßt, mit allen Mitteln die Rückkehr zum kalten Krieg zu verhindern, und damit auch die Möglichkeit eines Kriegs überhaupt. Was mich angeht, freue ich mich deshalb, daß ich Sie bitten kann, dem sowjetischen Publikum meine baldige Ankunft anzukündigen; ich bin sicher, daß ich auf diese Weise in meinem Bereich dazu beitragen kann, den beiderseitigen Kulturaustausch zu erhalten und zu vertiefen, der ein Beitrag zur Festigung des Friedens ist.

Auf bald also, mein lieber Obrastzow. Mit besten Grüßen.

Yves Montand.

Der Brief erschien am nächsten Tag in *l'Humanité, le Monde* und *France-Soir*. Es war die einzige Möglichkeit, mit der wir uns gleichzeitig vor unseren Mitbürgern und vor den Russen definieren konnten.

Am Abend vor der Abfahrt hatte ich fast fertiggepackt. Der große Schrankkoffer war voller »très bons petits numéros«, wie es in den Häusern der Haute Couture heißt. Damals war ich eitel und hatte tatsächlich was man braucht, um bei allen Gelegenheiten gut angezogen zu sein. Da der Westen den Osten besuchen ging, mußte der Westen dort in seinem ganzen Reiz erscheinen. Es klingelte, es war Claude Roy. Er kam häufig vorbei, er befand sich genau in derselben Situation wie wir. Auch er war daher nicht überschäumend lustig. Er hatte aber dennoch das schelmische Aussehen von jemand, der eine kleine Überraschung parat hat. Und da kam sie: er war sich völlig darüber klar, daß wir viel Gepäck hatten, aber schlau wie ich war, würde es mir sicher nicht schwer fallen, noch einige Ziegenkäse und einige Stangen Gauloises darin unterzubringen. Sie waren für Ehrenburg: »Du weißt doch, wie gern Ehrenburg Ziegenkäse und Gauloises hat... Bis jetzt ist noch keiner von Paris nach Moskau gefahren, ohne Ehrenburg Ziegenkäse und Gauloises mitzubringen... Selbst wenn die Umstände ein wenig ungewöhnlich sind, gibt es Traditionen, die gewahrt werden müssen...« Da er mich zum Lachen bringen wollte, glaube ich, daß er noch hinzufügte, daß das in den Rahmen des berühmten Kulturaustausches gehöre... Schließlich war es Ehrenburg zu verdanken, daß die Sowjets endlich Zugang zur Malerei Picassos gefunden hatten, und das war wohl einige Käse wert...

Aber das war nicht die eigentliche Überraschung. Die eigentliche Überraschung war der Satz, den er beim Weggehen hinwarf: »Vor einigen Tagen ist in einem Pariser Salon Eure Abreise sehr lebhaft diskutiert worden. Aragon war auch da und hat achtlos die Worte fallen lassen: ›Ich finde diese Reise sehr inopportun!‹ Claude umarmte mich und verschwand. Was mich anging, war mir soeben das Haus über dem Kopf zusammengefallen, wie es bei Jean Cocteau heißt. Bis um Mitternacht rief ich jede Stunde bei Aragon an. Ich wollte ihm vor der Abreise immerhin noch sagen, daß er mir den Buckel 'runterrutschen könne. Sein Telefon antwortete nicht.

Am nächsten Morgen umarmten wir Catherine, die in die Schule ging. Der Treffpunkt mit den Musikern war aux Invalides. Es waren auch Freunde da, die uns auf Wiedersehen sagen wollten. Sie brachten damit sehr viel Mut auf. Anwesend waren Périer, José Artur, R. Pigaud, Rouleau, Lila de Nobili, Danièle Delorme, Yves Robert, Francis Lemarque und Hubert Rostaing. Außerdem ein großartiger Mensch, der Jean Roire heißt, Kommunist ist und *Le Chant du Monde* leitet. Noch ein wenig Familie und das war alles.

War die Presse da?

SIMONE SIGNORET: Die Leute von *France-Dimanche* waren da... Unaufgefordert fuhren sie im Bus mit uns bis nach Orly mit. Eine junge Frau wollte bis zur letzten Minute ihre Reportage. Ihren Namen habe ich nicht vergessen... Das Komische an unserer Situation löste bei ihr einen Lachanfall aus, und ihr Fotograf lachte schallend mit. Das ist der letzte Eindruck, den ich aus Paris mitnahm. Eine Frau, die lacht und sich über traurige Leute lustigmacht, von denen sie überhaupt nichts weiß. Dieser Eindruck und der kurze Satz von Aragon sollten mich die ganze Reise über nicht loslassen.

Die Air France beförderte uns bis Prag. Die Zwischenlandung sollte eine Stunde dauern, dauerte aber die ganze Nacht. In einem weit von der Stadt entfernten Hotel gab man uns Nahrung und Getränke, ein Nachtlager und Erklärungen, die zwar meteorologischer Art, aber dennoch sehr nebelhaft waren. Von seiten der Jazzband – deren erste Reise in den Osten das war – wurden die Fragen an den Expeditionschef immer bohrender. Ich spreche hier von Georges Soria. Da er nie um eine Antwort verlegen ist, entwickelte er seine Theorie über die Vorsicht in der Luftfahrt, die einer der großen Vorzüge der Fluglinien in den Ländern des Ostens sei. Man könne nicht vorsichtig genug sein. Das ist richtig, erkannte die ganze Gesellschaft an, die sich erst jetzt langsam entspannte. Am nächsten Morgen nahm uns ein schönes Flugzeug der Aéroflot an Bord, um uns nach Moskau zu bringen. Ein neuerliches Mißgeschick ließ es in Wilna zwischenlanden, der Hauptstadt von Lettland. Die Zwischenlandung sollte eine Stunde dauern, sie dauerte sieben.

Wurden auch hier meteorologische Erklärungen gegeben?

SIMONE SIGNORET: Aber sicher. Ich weiß nicht, ob es der freundliche Empfang an Bord war, oder die Stewardeß ohne Snobismus und Uniform, die auf einem Tablett ein wenig »tschaj« anbot, der in einem Samowar zubereitet wurde, oder die Ankunft auf diesem Flughafen, der eher wie ein großes Schloß Tolstois aussah. Auf jeden Fall breitete sich die Entspannung, die bereits am Vorabend eingesetzt hatte, nunmehr endgültig aus. Wir waren abgefahren, zu Unrecht oder zu Recht, aber wir waren abgefahren. Das heißt, das von nun an die Blicke, denen wir begegnen würden, nicht mehr die Blicke von Richtern sein würden. Die Richter würden vielleicht wir sein, aber über das, was wir entdecken sollten. Diese sieben Stunden wurden zu sieben Stunden Erholung. Wir hatten sie sehr nötig. Auf dem Flughafen von Wilna gab es große Zimmer für Transitpassagiere, um sich auszuruhen. Eine Krippe für durchreisende Kinder. Mit Essen und Getränken bedeckte Tische. Und überall das Bild von Lenin, der auf einem Sessel mit weißem Schutzüberzug sitzt. Soudieu, der Kontrabassist, fragte, wer dieser Mann sei. Bevor er der Kontrabassist des Orchesters wurde, war Soudieu das bei Django gewesen. Er kennt und liebt nur Musik und die Technik. Das war der Auslöser für die echte Entkrampfung. Endlich konnten wir wieder Spaß haben. Crolla interviewte mich auf Chinesisch für eine große Zeitung von Peking, Paraboschi trommelte mit den Gabeln, die auf dem Tisch lagen, Azzola spielte auf seinem Akkordeon die Zigeunerweisen, die er als »kleiner Pariser Italiener« verkleidet in goldgelber Satinbluse bei den Weißrussen in Montmartre gelernt hatte. Bob Castella betrachtete erfreut seine Truppe, die ihre gute Laune wiederfand. Soria telefonierte...

Im Verlauf dieses Zwischenaufenthaltes sahen wir nicht viele andere Transitpassagiere. Vielleicht wurden wir ohne unser Wissen als VIP's behandelt. Vielleicht auch nicht. Es gab immerhin einen sehr netten Rotschopf, der uns fotografierte. Er war aus Wilna und arbeitete für die Lokalzeitung. Groß sei die Freude des sowjetischen Volks darüber, daß wir endlich gekommen seien, sagte er. Da ich kein Russisch verstand, benutzte er jiddisch. Ich konnte genügend Deutsch, um ihn zu verstehen. Er machte seine Fotos, brachte uns Gebäck und schien uns dauernd etwas sagen zu wollen, das er aber nicht über die Lippen brachte.

Einige Stunden später landeten wir mitten in der Nacht, mit einem Monat und einem Tag Verspätung, endlich in Moskau. Dreihundert Journalisten erwarteten uns auf dem Flugfeld: die Russen und die Korrespondenten der gesamten Auslandspresse, der Presseagenturen, des Fernsehens und des Rundfunks. Auf die Begrüßungsansprache von Obrastzow, in der er den Brief von Montand erwähnte, antwortete Montand, indem er die Formulierungen seines Briefes wiederholte und darauf bestand, daß es Fragen gebe, die man sich stellen müsse, und die er bestimmt auch während seines Aufenthaltes stellen würde. Obrastzow erwiderte, daß er Antworten darauf bekommen würde... Wir hörten hier zum erstenmal offizielle Reden in jener Sprache, die wir nicht verstanden, und die die einzige auf der Welt ist, Äußerungen in Gedichte oder Liebeslieder zu verwandeln, die, einmal übersetzt, im allgemeinen genauso flach sind wie anderswo. Aber in dieser Nacht unter den Scheinwerfern konnten wir die Tränen in den hellblauen Augen von Obrastzow sehen, und was er sagte, war nicht flach. Tatsächlich war es Obrastzow gewesen, der für die enorme Popularität von Montand in der Sowjetunion gesorgt hatte. Eines Tages war er mit seinem Puppentheater, dem berühmtesten der Welt, in Paris auf Tournee gewesen, hatte Montand im Théâtre de l'Étoile gesehen und alle seine Schallplatten mitgenommen, um sie dann von seinen Puppen singen zu lassen. Auf diese und auf keine andere Weise hat Montands Popularität dort begonnen. Überhaupt nicht aus politischen Gründen. Gérard Philipe war wegen *Fanfan la Tulipe* (Fanfan der Husar) schon lange vor der Tournee des Théâtre National de Paris berühmt und die Sowjetbürger pfiffen die Melodie der *Grands Boulevards* lange bevor sie *Lohn der Angst* gesehen hatten.

Und Sie, waren Sie dort auch bekannt?

SIMONE SIGNORET: Sie hatten mich nur in *Ombres et Lumières* gesehen ... wo ich mich mit meinem Trauma herumschlage, dank des Konzerts von Tschaikowski. Nein, ich war als Frau von Montand bekannt.

Um auf Obrastzow zurückzukommen, er wußte sehr genau, was das für uns bedeutete, daß wir schließlich doch beschlossen hatten, herzukommen, er gehörte zu denen, deren Welttournee soeben verschoben worden war ...

Ein Konvoi von riesigen Sim-Limousinen nahm uns auf, um uns alle in unser Hotel zu bringen. Wir fuhren durch Moskau, es schneite, es mußte etwa zwei Uhr morgens sein, und es war überraschend, so viele Fenster zu sehen, hinter denen Licht schimmerte, das fast überall orange war. Das Hotel Sowjetskaya ist ein Marmorpalast, in dem die Staatschefs absteigen. Man gab uns die Fürstensuite: Salon, Speisesaal, Flügel und einige Kühlschränke. Die Musiker, der Inspizient und Beleuchter Nino und seine Frau Maryse riefen einander über die langen Korridore zu, um gegenseitig mit ihren Zimmern zu prahlen, die mit denen in den üblichen Tourneehotels nichts gemein hatten. Die Etagenwärterin lächelte uns zu. Unsere vier Dolmetscher erklärten uns, wie die Vorhänge, die Wasserhähne und das Telefon funktionierten. Sie hießen Nadja, Sascha, Slawa und Andrej. Sie sprachen ein einwandfreies Französisch. Die drei jungen Männer studierten an der Universität von Moskau, sie waren 20 Jahre alt. Nadja war die Dolmetscherin während der Tournee des Théâtre National de Paris gewesen und auch während der »Woche des französischen Films«, die René Clair einige Zeit zuvor geleitet hatte. Sie sollten eineinhalb Monate lang unser Leben teilen. Sie waren lustig, klug und nett. Es waren junge Oscar Danzigers, Tola Litwaks, Kessels.

Ich habe gerade gesagt, daß wir nicht mehr auf die Blicke von Richtern stoßen sollten. Das stimmte, stimmte aber auch nicht. Während dieser eineinhalb Monate, die wir in der Sowjetunion verbrachten, begegneten wir auch vielen russischen Blicken und ich werde mich hier nicht auf die übliche folkloristische Art über die Wärme, die Zärtlichkeit und die Leidenschaft verbreiten, die in diesen Blicken liegt. Wir stießen auch auf diese große Traurigkeit, die viel mehr besagt als alles, was nicht ausgesprochen wird. Und da es noch viele Dinge gab, die nicht ausgesprochen wurden, begegneten wir auch vielen dieser traurigen Blicke. Und auch einigen Blicken von Richtern. Diese schienen uns zu sagen: »Ihr seid hierhergekommen, also habt Ihr uns verraten.« Man mußte äußerst wachsam sein, um sie zu entdecken, diese Blicke, sie waren selten in den Augen der Leute, die uns umgaben, sie wurden uns auf der Straße, in der Metro zugeworfen, einige in der Universität von Moskau und zwei, die ich nie vergessen werde, in der Fabrik von Lichatschow. Man mußte äußerst wachsam sein, um sie aufzuspüren, und diese Wachsamkeit erwarben wir erst nach einiger Zeit.

8

Am Tag nach unserer Ankunft, als wir nach unserem ersten Tag in Moskau schlafen gingen, von dem jede Stunde programmiert gewesen war, wußten wir bereits eins: Moskau war eine der wenigen Städte auf dem Erdball, wo nicht über Budapest gesprochen wurde. Das merkten wir, als wir mit einem der Kultusminister zu Mittag aßen. Einige anwesende Funktionäre glaubten ernsthaft, daß die Probleme, mit denen wir zu tun gehabt hatten, nur auf unsere Haltung zur französisch-englischen Bombardierung von Kairo zurückzuführen seien... Über das, was sich einige Tage lang in Budapest abgespielt hatte... alles was sie davon wußten war, daß »die Ruhe wieder eingekehrt war«, übersetzte Nadja. Das Mißverständnis wurde aufgeklärt, und das Essen war ein wenig verdorben. Man sprach über Filme. Das Essen wurde noch etwas mehr verdorben, als ich fragte, wo man *Das Salz der Erde* in Moskau sehen könne. *Das Salz der Erde* war von Michael Wilson und Paul Jarrico geschrieben worden, die beide seit einem Jahr wegen ihrer negativen Haltung gegenüber dem McCarthyismus in Paris im Exil lebten, es war von Herbert Biberman verfilmt worden, einem der »Zehn von Hollywood«, die ins Gefängnis gegangen waren, weil sie sich weigerten, vor dem Ausschuß zur Untersuchung unamerikanischer Umtriebe auszusagen. *Das Salz der Erde* war in allen großen Städten der Welt gelaufen, einschließlich in New York. Es war ein kleiner Film, der 1953 heimlich an der mexikanischen Grenze gedreht worden war. Er wurde als Meisterwerk betrachtet. Ich wußte, daß ihn die Russen gekauft hatten. Ich hatte lediglich wissen wollen, wo man in sehen könne.

Meine Frage stürzte den »Monsieur culture« in große Verwirrung. *Das Salz der Erde*, dolmetschte Nadja... das Salz der Erde wiederholte der Minister. Er ging dennoch telefonieren und kam nach einigen Augenblicken zurück, um uns zu erklären, daß er der Kopie auf der Spur sei. Sie werde z. Zt. gerade nicht vorgeführt... sie sei sicher beim Synchronisieren. Kurzum, man zog es vor, die Sowjets nicht wissen zu lassen, daß es in Amerika mutige Leute gab, die Risiken eingingen. Ob der Film nun beim Synchronisieren war oder nicht, Moskau war eine der wenigen Städte auf der Welt, in der *Das Salz der Erde* nicht gezeigt wurde. Das war der zweite Punkt.

Der dritte betraf unmittelbar uns oder vielmehr Montand. Zusätzlich zu den Vorstellungen, bei denen er jeden Abend zwei Stunden lang singen mußte, war ein ganzes Programm von Besuchen »mit Gesang« etabliert worden... Sie wollten uns alles zeigen: Schulen, Fabriken, Kolchosen, Universitäten und natürlich seien am Ende jedes Besuchs einige Chansons willkommen für diejenigen, die nicht zu den Konzerten gehen konnten. Das lief darauf hinaus, daß Montand und die Musiker ohne Atempause arbeiten sollten. Das würde bestimmt ermüdend sein, aber wahrscheinlich auch interessant. Es wurde nicht nur interessant, sondern mitreißend; es war nicht nur ermüdend, sondern erschöpfend, und außerdem war es lehrreich.

Sehr lehrreich war es z. B., durch die Werkstätten der Lichatschow-Gießereien zu wandern, angetan mit unserer eleganten Pariser Kleidung und geführt vom verantwortlichen Genossen des Werks. Die Frauen und Männer, die dort arbeiteten, sahen uns an und lächelten uns zu. Ein wenig spöttisch beobachteten sie den verantwortlichen Genossen, der redete und redete, und ihr Lächeln besagte: »Glauben Sie bloß nicht alles, was Ihnen dieser Heini erzählt.« Ein Gesicht lächelte nicht, das war der erste dieser besonderen Blicke, von denen ich gerade gesprochen habe. Und es war der Blick einer Frau. Der zweite Blick an diesem Tag war der eines großen Metallarbeiters, der ein Stück Eisen bearbeitete; er betrachtete uns alle, wie wir so dastanden, einen nach dem anderen. Dann drehte er uns entschlossen den Rücken zu und griff sich ein neues Stück, wobei er sich eine Hand als Schutz vors Gesicht hielt. Auf unsere Frage hin gab »Heini« eine Antwort, die man nicht gewagt hätte, dem bösen Vorarbeiter in einem schlechten Film von 1936 in den Mund zu legen: »Sie wissen doch, wie sie sind, man gibt ihnen

Schutzmasken, sie wollen sie aber nicht benutzen.« Da waren wir wieder mittendrin beim »es hat keinen Sinn, ihnen Badezimmer zu bauen, die werden in der Badewanne doch nur die Kohle aufbewahren«. Unser »Heini« gefiel uns also nicht sehr. Aber eine Stunde später, im großen Maschinensaal, auf den Ladeflächen von Lastwagen, die man nebeneinander aufgestellt hatte, gab Montand sein Konzert um elf Uhr morgens – es ist schwer, um 11 Uhr morgens zu singen – vor all' denen, die Einlaß gefunden hatten: es waren Tausende. Den »Heini« hatten wir vergessen. Wo gab es denn schließlich auf der Welt Hüttenwerke, in denen man den Arbeitern an Ort und Stelle die Attraktionen vorführt, zu denen die »Beaux Quartiers« gelaufen kommen? (Salut, Aragon!)

Die »Beaux Quartiers« kamen gelaufen. Die Premiere im Tschaikowski-Saal (dreitausendfünfhundert Plätze) wurde, wenn man den Aussagen der Habitués der Moskauer Premieren glauben darf, die glänzendste, die man seit der Premiere der Comédie-Francaise dort erlebt hatte. Alle ausländischen Botschaften waren vertreten. Nur die Plätze des französischen Botschafters, M. Dejean, und seiner Gemahlin blieben leer. Sie waren selbst so beschäftigt, daß sie sich nicht einmal Zeit nahmen, die vorgetäuschte Entschuldigung zu schicken: »Madame Dejean, die leider erkrankt ist, bedauert sehr, nicht anwesend sein zu können...« Kein Wort. Die beiden besten Plätze in der Mitte der Orchestersitze blieben leer. Sie waren von überall zu sehen, vor allem von den Balkonen, auf denen dicht an dicht Leute standen, denen es doch irgendwie gelungen war, hineinzukommen.

Es gab viele Uniformen im Saal, und eine leichte Erstarrung ging durch das militärische Publikum in dem Augenblick, als Montand mit dem Lied *Quand un soldat* begann. Da die Chansons im Programmheft ins Russische übersetzt waren, konnte man von dort, wo ich saß, einige Köpfe, die über himbeerfarbenen Kragenspiegeln saßen, dabei verfolgen, wie sie mitlasen, was in diesem Chanson erzählt wurde, dessen kriegerischer Rhythmus den entschieden antimilitaristischen Schluß nicht voraussahen ließ.

Die »Beaux Quartiers« verschafften sich Plätze. Die kleinen Leute standen Schlange. Sie wand sich den ganzen Tag um den großen Block herum, in dessen Mitte der Tschaikowski-Saal liegt. Majakowski in Bronze überwachte das Füßestampfen der »Fans«, die ordentlich aufgereiht schrecklich froren, um einen Platz zu ergattern. Das Kulturministerium beratschlagte, und schließlich wurden die Chansonabende meines Mannes für vier aufeinanderfolgende Vorstellungen ins Uljniki-Stadion verlegt, das für zwanzigtausend Menschen Platz hat.

Zwanzigtausend Personen, von denen allerhöchstens zweitausend die Feinheiten der Interpretation direkt mitbekommen. Dreitausend weitere erfassen sie indirekt, und die übrigen fünfzehntausend vertrauen auf ihre Kollegen und auf die Lautsprecheranlage. Sie war hervorragend angelegt. Zwanzigtausend Personen drei Tage lang, die einen lieben, lieben, lieben. Man muß schon besonders ausgeglichen sein und wenig zum Größenwahn neigen, um eine derartige Probe unversehrt zu bestehen. Im fernsten Sibirien wurden Kinder geboren, und wir erhielten Telegramme, in denen uns mitgeteilt wurde, daß man ihnen den Vornamen Yvesmontand gegeben hatte. Vielleicht ist ihnen das jetzt auf der Universität peinlich, nachdem sie in der Grundschule damit so angenehm aufgefallen waren. Es gab sogar Zwillinge, die so taktvoll waren, ein Mädchen und ein Junge zu werden; das Mädchen bekam den Vornamen Simone und der Junge den Vornamen Yves. Nadja ging mit mir ins GUM, ich kaufte zwei silberne Trinkbecher ein und ließ sie gravieren. Die beiden Sprüche in kyrillischen Buchstaben lauteten natürlich: »Für Yves von Simone« und »Für Simone von Yves«. Diese schöne Geste, die ein bißchen an die Gesten der vornehmen Familien erinnert, die einem in erbaulichen Romanen begegnen, wurde in der Presse vielfach gefeiert und vom Fernsehen aufgenommen ... Wo Ihr heute auch seid, Yves und Simone, die Ihr inzwischen 20 Jahre alt seid, Tante Simone und Onkel Yves grüßen Euch mit »Strastwuitje«.

Da wir schon einmal im GUM waren, nützte ich die Zeit für einen kleinen Abstecher in das »Sonderkaufhaus«. Ein alter Herr führte mir verschiedene Qualitäten von Zobel vor. Es war ein sehr alter Spezialist für Zobel. Er war überhaupt nicht altersschwach, es machte ihm Freude, mich einzuweihen, indem er auf das Fell dieses sibirischen Goldes blies. Ich hatte noch nie im Leben Zobel gesehen, ich lernte. Ich lernte z. B., daß es genau diese Qualität sei, in der »unsere Regierung einen langen Abendmantel kürschnern ließ, der ein Geschenk für die Königin von England sein würde, während unsere Regierung in dieser anderen Qualität der Maharani von Kapûrthala eine große Stola geschenkt hat«; und als wir zu dem »großen Umhang kamen, den unsere Regierung der Prinzessin Liliane von Rethy geschenkt hat...« wußte ich alles über Zobel. Ich kaufte einige Felle, sie wurden nicht »von der Regierung geschenkt«. Geschenkt hat sie mir mein Mann, der, wie schon gesagt, in Rubeln bezahlt wurde.

Er wurde in Rubeln bezahlt, damit er am Abend sang. Tatsächlich sang er praktisch den ganzen Tag, die Musiker spielten den ganzen Tag, und ich spielte an ihrer Seite »die intelligente Statistin«. Man brachte uns überall hin, und überall stimmte bei unserer Ankunft jemand das Lied an, das damals sehr beliebt war und den Titel »Ferner Freund« trug. Der ferne Freund war Montand, das Lied ist sehr hübsch, es war der russische Sinatra, der es geschrieben hatte: er hieß Bernes, sah sehr gut aus und wir mochten ihn sehr.

Überall führte man auch für uns etwas auf. In den Schulen konnten die Kinder singen und tanzen. Sie kamen als erste dran, wir klatschten ihnen Beifall, und sie beklatschten uns dafür, daß wir ihnen Beifall klatschten. Das ist eine Geste, die ich nur in der Sowjetunion erlebt habe. Es ist eine sehr hübsche Geste.

Auch in den Kolchosen konnten die Leute singen und konnten sie tanzen. Natürlich waren unsere unvermuteten Besuche bei manchen von ihnen vielleicht nicht so unvermutet, wie man uns gern glauben machen wollte. Wir hielten immer in Modellhöfen an, die ganz zufällig an der Straße lagen, auf der wir nach dem Ausflug in irgendeine entfernte Fabrik wieder zur Stadt zurückfuhren. Es war eine große Freude in dem Kolchos, der vor kultureller Arbeit nur so summte... Ganz zufällig war die Volkstanzgruppe eben dabei, ihr Monatsprogramm zu proben. Aber schließlich gibt es auch andere Länder, wo die Überraschungsbesuche ganz genauso arrangiert werden...

»Dein Herz ist Dir in die Kolchose gefallen«, sagte Crolla zu Paraboschi, der ihm antwortete: »Das muß man in Moskauf nehmen«. Später sollten wir noch »Warschau mal, wie schön!« in Warschau und »Sofiandere Sitten, andere Leute« in Bulgarien genießen dürfen.

Slawa, Sascha, Andrej und Nadja gehörten ganz zu uns. Ich muß schon sagen, wenn im November viel geweint worden war, so haben wir alle Dreizehn im Dezember viel und oft gelacht. Wir haben auch viel miteinander geredet. Sie hatten nicht alle Antworten auf unsere Fragen, aber wir hatten welche auf ihre. Mit ihren Fragen bombardierten sie uns schon vom ersten Tag an. Sie waren ungeheuer naiv und bewiesen damit, daß nach Moskau nichts von dem durchgedrungen war, was sich in den Städten der ganzen Welt im Verlauf dieser berühmten ersten Novemberwoche ereignet hatte. Nicht das Geringste. Diese drei jungen Studenten und diese junge Frau, die kultiviert, intelligent, perfekt zweisprachig waren und unsere gesamte Literatur von François Villon bis zu Vercors kannten, waren genauso unwissend über die Geschehnisse in Ungarn und ihre Auswirkungen, wie es ihre Urgroßväter hätten sein können, die statt mit Schuhen noch mit Fußlappen an den Füßen herumschlurften. Es war schwindelerregend: sie hörten sich an, was wir ihnen erklärten, und hatten Tränen in den Augen, als ihnen klar wurde, daß sie Teil eines Volkes waren, das genau in diesem Augenblick aus guten und aus schlechten Gründen bei einem großen Teil der Menschheit verhaßt war. Sie entdeckten es, und das tat ihnen sehr weh.

Mit Sascha, Slawa, Andrej und Nadja haben wir viel geredet. Auch mit Ehrenburg. Wir hatten ihm seinen Käse und seine »gauloises bleues« in seine Wohnung gebracht. Ihm aber konnten wir nichts Neues erzählen: der Schlag beim Auseinanderbrechen der Friedensbewegung war, obwohl das in der Nähe der Metrostation Solferino passiert war, dennoch bis in die Gorkistraße zu hören gewesen.

Und dann gab es noch die anderen. Die anderen bestanden aus einer Gruppe von Leuten, die sehr liebenswürdig und sehr mondän waren. Ihr Blick war weder traurig noch verurteilend. Das war die Gruppe von Menschen, die man in allen Ländern der Welt im Schatten der Leute findet, die Erfolg haben, solange der Erfolg dauert ... Schauspieler, Regisseure, Schriftsteller: sie liefen uns ständig über den Weg, in den Gängen und der großen Marmorhalle des Sowjetskaja, oder im kleinen Salon der Künstlergarderobe des Tschaikowskitheaters oder auch im Restaurant Praga. Es war die Gruppe der

»Beaux Quartiers«, die nicht Schlange stehen mußte, um Plätze zu bekommen. Mit denen machte man leichte Konversation ... Reden konnte man mit denen nicht. Und Obrastzow, mit dem wir vielleicht hätten reden können, war mit seiner Truppe nach Leningrad auf Tournee gegangen.

Und da ereignete sich etwas, was sich wahrscheinlich in keinem anderen Land der Welt hätte ereignen können. Montand und die Musiker waren nach vier Vorstellungen im großen Stadion wieder in den Tschaikowski-Saal zurückgekehrt. Im Sowjetskaja erwartete uns eines Mittags eine Überraschung. Unser Freund Joris Ivens war da mit seiner Frau. Für den reinsten und größten revolutionären Filmschaffenden dieser Generation war das Jahr 1956 auch kein leichtes Jahr gewesen. Er war auf der Durchreise nach Peking. Am selben Tisch saßen Georges Sadoul und seine Frau. Sadoul war von der Universität von Moskau zum Ehrendoktor ernannt worden und war gekommen, um sich seine Lorbeeren zu holen. Plötzlich saßen wir in diesem riesigen Speisesaal wie bei Lipp. Ich fragte Sadoul schließlich, ob er vorhabe, eine dritte Kritik von *Casque d'or* (Goldhelm) zu schreiben, erleuchtet von Gedanken, die ihm vielleicht beim Lesen des »angeblich von Chruschtschjow stammenden« Berichts gekommen waren. Lachend sagte er, daß er das im Sinn habe. Wir sprachen wieder über einige schlechte sowjetische Filme aus der Ära Shdanow, die uns alle schwer zu schaffen gemacht hatten. Vor allen ihm, gab er zu, wenn er die Kritiken dazu schreiben mußte. Joris erzählte von den Dreharbeiten von *Komsomols*, seinem ersten Film, den er 1932 in der Sowjetunion gedreht hatte. Wir redeten miteinander, fühlten uns wohl, und beim Nachtisch lud mich Rutha Sadoul ein, sie am selben Abend ins Bolschoijtheater zu begleiten, wo sie ihre große Freundin Plessetskaja tanzen sehen wollte. Alle Abende hatte ich Montand ins Theater oder ins Stadion begleitet; diesmal wollte ich ins Bolschoij gehen und ihn anschließend im Tschaikowskitheater abholen.

Einmal waren wir bereits alle dreizehn ins Bolschoij gegangen. Paraboschi hatte gesagt: »Schwanensee ich nicht gern«. Die Ulanowa hatte an diesem Abend nicht getanzt, war uns aber in der riesigen Ehrenloge begrüßen gekommen, die man uns zur Verfügung gestellt hatte. Sie ist eine ganz kleine Frau, die wie eine englische

Gouvernante angezogen ist. Damals war sie die größte Tänzerin der Welt, und Paris hatte ihr einige Jahre zuvor den Affront angetan, sie erst einzuladen und dann nicht in die Oper zu lassen, weil Diên Biên Phû gefallen war. Sartre hatte daraufhin in der Zeitung *Libération* der damaligen Epoche das berühmt gewordene Wort geprägt: »In einem Jahr wird die Ulanowa immer noch tanzen, und M. Laniel wird vermutlich nicht mehr Vorsitzender des Ministerrats sein.« Sie erinnerte sich noch sehr gut daran...

Für diesen zweiten Abend im Bolschoij beschloß ich, mein schönes schwarzes Samtkostüm von Hermès zu tragen und an die Ohren und die Handgelenke steckte ich mir ein paar sehr schlichte, aber sehr gediegene Sachen. Eingemummt in Mantel und Hut aus pastellfarbenem Nerz fuhr ich mit Rutha Sadoul durch Moskau, im Fonds eines riesigen Sim mit grauen Satinvorhängen. Ich hatte immer geglaubt, daß die Autos mit Vorhängen eine Erfindung amerikanischer Filmemacher seien, die sich auf antisowjetische Filme spezialisiert hatten.

An diesem Abend wurde etwas gegeben, das *Der Brunnen von*... hieß, wovon habe ich vergessen. Die Handlung war einer Poesie von Puschkin entnommen, die keine von uns beiden gelesen hatte, da aber Puschkin aus den polnischen Volkssagen geschöpft hatte und Madame Sadoul Polin ist, verließ ich mich sehr darauf, daß sie mir jeweils die notwendigen Erklärungen geben würde. Der Vorhang hob sich. Die kostümierte Gruppe auf der Bühne fing sofort zu tanzen an, übrigens sehr gut. Angesichts ihrer eckigen Mützen, ihrer Stiefel und der Form ihrer Säbel war kein Zweifel mehr möglich, das spielte eindeutig in Polen. Madame Sadoul würde sich sicher darin zurechtfinden. Eine Viertelstunde nach Beginn des Balletts fand sie sich immer noch nicht zurecht, aber alle die Leute tanzten so gut, daß es nicht mehr so wichtig war, etwas von einer Handlung zu verstehen, die sehr leidenschaftlich und nichtsdestoweniger patriotisch zu sein schien. Erst gegen Ende dieses ersten unverständlichen Aufzugs hatte die Primaballerina ihren Auftritt. Sie war hinreißend. Wir waren etwas weit von der Bühne entfernt, aber wir konnten genügend sehen, damit Madame Sadoul bei der tanzenden Plessetskaja die Anmut feststellen konnte, die sie im Privatleben auszeichnete. Sie erschien ihr irgendwie größer. Aber das war normal. Halblaut sagte ich ihr, wie überrascht ich gewesen sei, daß die Ulanowa im Leben so klein war.

In der Pause bat Rutha Sadoul eine Logenschließerin, ihr den Weg zu den Künstlergarderoben zu zeigen. Sie wollte ihre Freundin beglückwünschen. Ich riet ihr davon ab, da die Tänzerinnen wie die Sänger die Pausen brauchen, um sich zu erholen und zu entspannen. Rutha hörte nicht auf mich. Sie wollte unbedingt ihre Freundin sehen. Sofort. Da setzte die Logenschließerin zu einer großen Rede an, in der unglaublich viele »Njet« vorkamen und die mit dem Wort Kiew schloß. Im Klartext und auf französisch wurde daraus: »Getanzt hat die zweite Besetzung; die Plessetskaja tanzt heute abend in Kiew.«

Darüber mußten wir sehr viel lachen, und wir gingen dann in eine große vergoldete Galerie, um uns zu erfrischen und Kuchen zu essen, mitten unter den Familien von Arbeitern, Bauern, Intellektuellen und Staatsbeamten. Die Pausen sind lang in der Sowjetunion. Man hat genügend Zeit, in den Gesichtern die Verschworenheit derjenigen zu erkennen, die das Recht haben, an denselben Freuden teilzunehmen.

Der zweite Akt sollte gerade anfangen, ohne die Plessetskaja und ohne Untertitel, als die Tür der kleinen Loge, in der wir wieder Platz genommen hatten, sich lautlos öffnete und ich im Licht des erlöschenden großen Kristallkronleuchters das Gesicht unseres kleinen Andrej erblickte. Hinter ihm hielt sich aufrecht und bleich »Monsieur Culture«. Ich müsse unbedingt sofort ins Tschaikowski zurück. Es sei sehr ernst. Ich entschuldigte mich bei Madame Sadoul. Ich dachte an Montand, daß er krank geworden sei, daß Feuer ausgebrochen, daß eine schlechte Nachricht aus Paris eingetroffen sei... An alles außer dem, was sie mir eröffnen wollten, nachdem sie mich zunächst erst einmal beruhigt hatten.

Eben noch habe ich mich ironisch über die Überraschungsbesuche geäußert. Zweifellos hatte ich Unrecht. Vor dem Künstlereingang standen zwei Polizisten. Das war alles. Ich ging hinter die Bühne, Montand sang vor vollem Haus, aber diesmal war zum erstenmal seit unserer Ankunft in Moskau die riesige Orchesterloge auf der rechten Seite des Saales besetzt. Ähnliche Vorhänge wie in den Sim-Limousinen waren bis dahin fest zugezogen geblieben.

Nun waren sie offen, und in der Reihenfolge, in der man sie immer auf den offiziellen Fotos gesehen hatte, klatschten Chruschtschjow, Molotow, Mikojan, Bulganin und Malenkow am Ende jedes Chansons Beifall.

Aus den Kulissen, wo ich mich befand, konnte ich drei Schauspiele betrachten: Montand von hinten, sie in ihrer Orchesterloge und einen Teil des Publikums. Das Publikum wiederum konnte zwei Schauspiele verfolgen: Montand auf der Bühne und die fünf Männer in ihrer Orchesterloge. Die Mehrzahl von ihnen sahen sie wahrscheinlich zum erstenmal im Leben leibhaftig vor sich, oder auf jeden Fall aus so großer Nähe.

Am Ende der Vorstellung standen sie alle fünf auf, um Beifall zu klatschen. Auch der ganze Saal stand auf zum Applaus. Einen Klatscher für Montand, einen Klatscher für die Orchesterloge des Präsidiums. Montand verbeugte sich. Zwischen zwei Vorhängen fand er Zeit, mir zu sagen: »Hast du das gesehen?«, wobei er sich mit dem Handtuch abtrocknete, das ich ihm reichte. Nach dem letzten Vorhang kam das enttäuschte »Oooooooooooooooooh!«, das überall auf dieselbe Weise geäußert wird. Wie am Theater de l'Étoile oder in Melun rannte Montand in seine Garderobe. Auch in Moskau sind es wie im l'Étoile oder in Melun die Gänge, in denen man sich nach Verlassen der Bühne erkälten kann. Die Quadrilla und das Groupie liefen wie üblich hinterher. »Monsieur Culture« klopfte an die Tür und verkündete, daß die Genossen vom Obersten Sowjet der UdSSR uns erwarteten. Bevor wir noch etwas zu dem Ereignis sagen konnten, antwortete Montand, daß er sie hier in seiner Garderobe erwarte. Man solle ihm nur die Zeit lassen, sich mit Eau de Cologne abzureiben. Da erklärte »Monsieur Culture«, daß ein kleines Souper im Theater bereitgestellt worden sei. Er sollte uns lediglich die Einladung dazu überbringen. Die Genossen vom Obersten Sowjet wüßten sehr gut, daß sich ein Künstler nach seiner Bühnenleistung entspannen muß. Sie kämen nur deshalb nicht zu ihm, weil sie ihn nicht stören wollten. Wir sollten uns ruhig Zeit lassen, sie würden geduldig warten.

Wir hatten einen protokollarischen Besuch in der Künstlergarderobe erwartet, mit einem Händedruck fürs Objektiv, d. h. ohne sich je richtig anzusehen. Vielleicht noch ein von der Kamera verewigtes väterliches Schulterklopfen. All die Gesten, die auf Zeit und Ewigkeit Augenblicke festhalten, in denen nie etwas Reales vorgeht oder gesagt wird.

Statt dessen trug man uns ein kleines Souper an. Das Wort kleines Souper klingt ein bißchen frivol. Als wir einem Verantwortlichen für die Theaterleitung zu diesem kleinen Souper folgten, wußten wir, Montand, Nadja und ich, noch nicht, daß wir alle drei die aufregendsten Stunden unseres jeweiligen Daseins als Sänger und Schauspieler, Dolmetscherin und Schauspielerin erleben sollten, und zwar in Anbetracht dessen, wie die Dinge auf der Welt in diesem Dezembermonat 1956 lagen.

Sie erwarteten uns alle fünf auf der Schwelle eines Speisezimmers, das man hinter der offiziellen Orchesterloge eingerichtet hatte. Sie stellten sich einer nach dem anderen mit Namen vor, als ob wir nicht wüßten, wer sie waren. Bulganin, indem er an seinem Kinnbart zog, um seinem Bild als gutmütigem Väterchen treu zu bleiben, Chruschtschow spaßig, Molotow finster, Mikojan lächelnd und orientalisch und Malenkow sehr traurig. Sie sagten ihre Namen, wir sagten die unseren und Nadja ihren. »Monsieur Culture« sagte gar nichts.

Ein Tisch war gedeckt. Neun Gedecke waren vorgesehen. Man hatte richtig gezählt: fünf für sie und je eines für »Monsieur Culture«, Montand, Nadja und mich. Es gab keinen Fotografen und keine Fernsehkamera, und wenn es Mikrofone gab, schwöre ich, daß alles, was diese Nacht aufgenommen wurde, sein Gewicht an Wahrheit und gutem Willen wert war. Sowohl in den Fragen, die gestellt wurden, als auch in den Antworten, die von der einen und von der anderen Seite gegeben wurden.

Der Tisch war schmal und langgestreckt. Naja saß an einem Ende zwischen »Monsieur Culture« und Malenkow, Mikojan am anderen Ende zwischen mir und Molotow. Montand und ich saßen also Molotow, Chruschtschow, Bulganin und Malenkow gegenüber.

Ich kann nicht sagen, daß die ersten fünf Minuten besonders entspannt gewesen wären. Mikojan sprach als erster. Nadja übersetzte. Alle um den Tisch waren sich einig, sie hatten den Chansonabend sehr schön gefunden. Montand dankte, ich lächelte. Dann war ein bißchen von dem strengen Klima die Rede, das sicher überraschend für uns kam, da wir aus so gemäßigten Regionen stammten... Wir waren beim Borschtsch. Mikojan brachte den ersten Trinkspruch des Abends aus. Ich glaube, daß darin von der Völkerfreundschaft die Rede war, oder vom Weltfrieden. Jedenfalls fing es nach diesem Trinkspruch richtig an.

Es fing an und dauerte drei Stunden. Drei Stunden, während der man nur die Stimme von Chruschtschjow, von Montand und mir hörte, und vor allem die von Nadja, die mit außerordentlicher Geschwindigkeit sowohl das übersetzte, was Chruschtschjow sagte, als auch das, was wir sagten. Die vier anderen schwiegen entschlossen. Bisweilen nickten sie zu einer Äußerung von Chruschtschjow oder lachten über einen seiner Scherze, oder über einen der unseren. Es waren nicht viele.

Chruschtschjow eröffnete die Diskussion:

— Es war also nicht leicht für Sie, zu uns zu kommen?

— Es ist nicht gerade leicht, in einem solchen Moment zu Ihnen zu kommen, Monsieur Chruschtschjow!

— Weil die Faschisten Druck ausüben?

— Nein, wegen dem, was in Budapest geschehen ist, Monsieur Chruschtschjow... Die Faschisten waren eher begeistert von dem, was da in Budapest geschah... Aber lassen wir die Faschisten...

Und wir erzählten ihnen von den anderen. Von all' denen, von deren Existenz sie anscheinend nichts wußten. Und zunächst sprachen wir von uns. Jetzt kamen mir meine schönen Kleider und mein Schmuck gut zustatten. Ganz ehrlich versuchten wir, uns zu definieren. Ihnen zu erklären, daß die Sympathien, die wir häufig für kommunistische Ansichten gezeigt hatten, wenn sie uns richtig erschienen, von Herzen kamen und keineswegs von persönlichen Interessen diktiert wurden. Mein schönes und sehr teures Kostüm und meinen schönen Schmuck, sagte ich, indem ich den Samt betastete und auf mein Brillantarmband und meine Nerzkappe wies, habe ich mit Geld bezahlt, das ich in einem kapitalistischen Land verdient hatte; Montand fuhr fort, indem er sein schönes Haus in Autheuil beschrieb, das Ergebnis seiner Arbeit, der er frei nachgehen konnte. Er betonte, daß er seine Entscheidungen völlig unabhängig treffen konnte. Dies lief darauf hinaus, daß wir uns persönlich über das kapitalistische System nicht beklagen konnten, daß das aber kein Grund war zu glauben, daß es auch für viele andere vollkommen sei. Wir waren Gefühlsmenschen, keine gewitzten Politiker, und da wir Gefühlsmenschen waren, waren wir als erste von den Bildern der Roten Armee schockiert gewesen, die in den Straßen von Budapest schoß. Wir und viele andere, die keine Faschisten waren und sehr wenig Verständnis für unsere Abreise hatten, die wir übrigens gerne verschoben hätten. Wie sie selber die Reisen ihrer eigenen Künstler verschoben hatten. »Nein, es war nicht leicht, in einer solchen Zeit zu Ihnen zu kommen, Monsieur Chruschtschjow.«

Nadja hatte diese Dinge fast genau gleichzeitig übersetzt, wie wir sie formulierten. Sie hätte unsere Sätze beenden können. Wir hatten bereits wiederholt das gleiche Gespräch mit ihr geführt.

Nun wollte Chruschtschjow uns Erklärungen geben. Und er gab uns noch einmal den »angeblich von ihm stammenden« Bericht. Man mußte tatsächlich bis auf Stalin zurückgehen, um die Situation der sozialistischen Republiken, insbesondere die von Ungarn, verstehen zu können. Er erklärte den Stalinisten Rakosi und seine stalinistischen Fehler. Dann sprach er von Polen und erzählte, wie Stalin die polnische kommunistische Partei und manche Spanier im Exil in Moskau restlos liquidiert hatte. Er ahmte Berija nach. Er sprach von den Lagern – er schlug auf den Tisch, als er die »sechzehn Millionen Toten« skandierte – und auch von der für die Juden der Sowjetunion vorgesehenen Deportation in einen Staat, in dem man sie konzentrieren wollte. Nadja übersetzte. Sie erlebte erneut ihre Kindheit und ihre Jugend. Ich blickte Chruschtschjow an, und ich blickte viel auf Molotow, der niemand ansah. Und in meinem Blick mußte die Frage gestanden haben: »Und Sie, was haben Sie in dieser Zeit gemacht?« Chruschtschjow antwortete darauf, bevor ich auch nur Gelegenheit hatte, sie auszusprechen: »Ich sehe sehr gut, was Sie denken, sagte er, indem er über den Tisch mit dem Finger auf mich zeigte. Sie denken: Und Sie, was haben Sie in dieser Zeit gemacht? Ich konnte nichts machen, weil alles, was man gegen Stalin gemacht hätte, dem Sozialismus geschadet hätte.«

Da brachte Mikojan den zweiten Trinkspruch des Abends zu Ehren des Genossen Chruschtschjow aus, der den Mut gehabt hatte, der Welt die Wahrheit zu sagen, zum Nutzen des Sozialismus. Sa wasche sdarowje!

Das war alles sicher richtig, aber ob Monsieur Chruschtschjow sicher sei, daß er dem Sozialismus genützt hätte, als er die Rote Armee nach Budapest schickte?

— Ja, antwortete Chruschtschjow, wir retten den Sozialismus vor der Konterrevolution.

— Aber, sagte Montand, auch Tito haben Sie früher für einen Konterrevolutionär und einen Verräter gehalten.

— Fehler der Vergangenheit, antwortete Chrustschjow.

— Es ist also jetzt in der Gegenwart kein Fehler möglich?

— Unsere Armee ist in Budapest, weil uns die Ungarn zu Hilfe gerufen haben.

— Das Volk?

— Ja, das Volk, das gegen die ungarischen Faschisten und gegen die Agenten des Imperialismus beschützt werden will.

— Und wenn vielmehr das Volk sich berechtigt glaubte, mehr Freiheit zu verlangen, in dem neuen Sozialismus, den Sie ihm versprochen haben, Monsieur Chruschtschjow, und wenn man das nicht verstanden hat?

— Sie sind es, die nicht verstehen können, antwortete er lächelnd.

— Dann sind wir aber viele, die nicht verstehen können!

Und wir erzählten ihm über Paris im November 1956. Nicht unsere eigenen Sorgen, nicht über die Bombendrohung im Olympia, nichts über *Modigliani*. Aber über die Verwirrung mancher Mitglieder der kommunistischen Partei, die sich trotzdem die Köpfe zerschlagen oder sich beschimpfen ließen, um sie, die Russen, zu verteidigen. Die Sprengung der Friedensbewegung, die bewirkt hatte, daß ihnen auf der ganzen Welt Tausende von alten Weggenossen verloren gegangen waren. In einer Woche hatten sie aufgehört, nur die Helden von 1917 und die Sieger von Stalingrad zu sein. In den Augen mancher Menschen waren sie jetzt auch zu Panzersoldaten in einer Kolonie geworden. In den Augen der Menschen, für die es sehr schwer war, ähnliche Taten zu rechtfertigen, die sie ansonsten verdammten, wenn sie woanders begangen wurden. Und zwar genau deswegen, weil sie gute Weggenossen waren.

Nadja übersetzte. Ohne Betonung.

Und ich schwöre, daß sie uns zuhörten. Es war eine außerordentliche Erleichterung, daß wir den Vertretern der größten kommunistischen Partei der Welt ins Gesicht sagen konnten, was wir versucht hatten, den französischen Kommunisten klarzumachen, die uns geantwortet hatten: »Auf Antisowjetismus lasse ich mich nicht ein.« Es war sehr viel sauberer, das unmittelbar mit dem Obersten Sowjet auszutragen.

Ihre Art, uns zuzuhören, gab uns zweierlei zu denken und das stand im Widerspruch zueinander.

Entweder waren wir dabei, sie zu informieren, und darauf schienen ihre Blicke hinzudeuten. Das lief darauf hinaus, daß ihre offiziellen Berichterstatter dies unterlassen hatten. Und das war ernst. Monsieur Winogradow zum Beispiel wußte ganz genau, daß man einen Unterschied machen mußte zwischen den Positionen von Jean-Paul Sartre und den Parolen reaktionärer Lümmel, die die Mauern seiner Botschaft in der Rue de Grenelle in Paris beschmiert hatten. Und wenn Monsieur Winogradow nach Moskau nicht die Wahrheit darüber berichtet hatte, was in Paris in Zeitungen stand die nicht antisowjetisch waren, oder über das, was in den Kreisen und Salons gesprochen wurde, wo er verkehrte, mußte man annehmen, daß Monsieur Winogradow seine Aufgabe nicht erfüllt hatte. Das war schwer zu glauben. Vor allem, wenn man sich überlegte, wie groß die Zahl der Winogradows war, die in diesem Fall in allen Hauptstädten der ganzen Welt auch ihre Arbeit nicht getan hatten.

Dennoch schienen sie überrascht, als einige Namen fielen, die in der Sowjetunion wegen ihres Talents, ihrer Ehrlichkeit und ihres notorischen Antifaschismus gefeiert wurden. Sie schienen überrascht zu sein, sie verständigten sich untereinander. Gérard Philipe, Vercors, Claude Roy und Roger Vailland, alle hatten sie sich gegen die Intervention ausgesprochen. Indem wir sie zitierten, denunzierten wir sie nicht. Wir gaben Botschaften weiter, die scheinbar in den Diplomatenkoffern verloren gegangen waren. Wieso hatte man sie glauben machen wollen, daß nur die Faschisten sich manifestiert hätten und die übrige Menschheit ihr Vorgehen billigte? Sie lauschten.

Dann blieb noch die zweite Hypothese. Sie wußten das alles, und es war ihnen vollkommen gleichgültig. Sie hatten ein Land von mehr als zweihundert Millionen Sowjetbürgern zu regieren. Das war eine schwere Aufgabe. Die Enttäuschung der Weggenossen im

Westen und die Verzweiflung einiger ihrer Kollegen im Osten ließen sie kalt. Und vielleicht wagten sie bloß nicht, den Satz zu uns zu sagen, den wir verdient hatten: »Ihr Linksintellektuellen ödet uns einfach an!« Diesen Satz hatten wir bereits in Paris gehört. Er stand gewöhnlich am Ende der Diskussion mit den Leuten von der kommunistischen Partei. Im allgemeinen fügten sie noch hinzu: »Ihr seid ein Stück Wegs mit uns gegangen, aber wir werden auch ohne euch auskommen können.«

Nein, Chruschtschjow sagte diesen Satz nicht zu uns, und Nadja brauchte ihn nicht zu übersetzen. Statt dessen mußte sie den von Montand übersetzen. Sie machte es sehr klar, daß sein Kommen keineswegs ein Einverständnis bedeutete, auch wenn der Eindruck entstanden sein konnte. Chruschtschjow lächelte und dankte ihm für seine Offenheit. Dabei rief er seine Genossen zu Zeugen dafür an, wie sehr er diese Tugend bewundere, die in der heutigen Zeit die einzige von Wert sei, und die Worte *Spasibo* und *Prawda* kamen sehr oft vor.

Mikojan ergriff die Gelegenheit, um einen dritten Trinkspruch auszubringen (es waren kleine Gläser, und ich glaube, daß auch viel Wasser getrunken wurde). Diesmal ging er auf den Vater von Yves Montand, auf seine Mutter, seinen Bruder und seine Schwester. Er kannte die Geschichte dieser italienischen Familie, die vom Faschismus verjagt und nach Frankreich emigriert war, zum großen Glück der Musikliebhaber, die in dem hervorragenden Künstler Yves Montand, dem französischen Sänger, die vollendete Verbindung zweier romanischer Kulturen aus zwei Ländern fanden, die schon immer gute Freunde des sowjetischen Volkes gewesen seien... Nadja übersetzte, alle klatschten Beifall, alle lächelten. Außer Molotow.

Zweieinhalb Stunden lang hatte man sich um diesen Tisch herum sehr harte Dinge gesagt. Nach diesem letzten Trinkspruch schien ein Engel vorübergeschwebt zu sein.

Da nämlich ließ sich die Stimme von »Monsieur Culture« vernehmen. Den hatten wir völlig vergessen. Er hatte sich sicher während dieser ganzen Zeit gräßlich gelangweilt. Oder aber hatte er im Gegenteil vielleicht gedacht, daß man sich mit uns nie langweilte... wenn er sich an seine Jagd nach der Kopie von *Salz der Erde* erinnert hatte, zu der wir ihn zwei Wochen vorher mitten beim Mittagessen gezwungen hatten. Wie dem auch sei, eins war klar: mit uns konnte man nur schwer in Ruhe speisen.

Er wandte sich an mich. Er wollte wissen, ob ich Filmpläne hätte. Für einen Kultusminister war dies eine treffende Frage.

Da fiel Chruschtschow ein und sagte, er habe irgendwo gelesen, daß man mir vorgeschlagen habe, *Madame Bovary* in Koproduktion mit der Sowjetunion zu drehen. Ich antwortete ihm, daß mir tatsächlich vor einigen Monaten dieser Vorschlag gemacht worden sei, daß ich aber dankend abgelehnt hätte. Meiner Meinung nach hätten Koproduktionen nur dann einen Sinn, wenn sie Geschichten erzählten, die Personen unterschiedlicher Nationalität betreffen. Ich hätte keine Emma Bovary spielen können, die mit einem russischen Doktor Bovary verheiratet war. In *Bovary* müsse alles französisch sein, auch die Kühe, fügte ich feinsinnig hinzu – was meine Zuhörer auflachen ließ, mit Ausnahme meines Mannes, der höflich lächelte. Er kannte meine Nummer über die Koproduktion bereits. »Monsieur Culture« nickte mit dem Kopf, machte eine lange Pause und seufzte: »Ah! *Bovary* . . . Balzac!«

Ich blickte Nadja an. Sie war puterrot geworden. Ihre Augen flehten: »Sag nichts, sag nichts, sag nichts.« Ich glaube, daß sie in diesem Augenblick mehr Angst hatte als vorher bei der Übersetzung der gefährlichen Äußerungen, die soeben hin und her gegangen waren. Sie, Nadja, die seitenweise Stendhal, Victor Hugo, gerade Balzac und nebenbei auch Flaubert auswendig konnte, war zu einer peinlichen Zeugin geworden. Der einzige unter ihnen, der zu reagieren schien, war merkwürdigerweise Molotow. Er ließ seinen Blick lange auf dem Kultusminister ruhen und sah mich dann zum erstenmal richtig an.

Da wir aber schon über Literatur sprachen, fragten nun Montand und ich, warum *les Thibault* nie auf Russisch erschienen war. Sie kannten es nicht. Sie wollten sich informieren. Nadja buchstabierte Martin du Gard auf kyrillisch für »Monsieur Culture«, der sich Notizen machte.

Es war spät geworden. Inzwischen standen die Leckereien auf dem Tisch. Ich kann mich nicht an die Gerichte erinnern, die zwischen dem Borschtsch und diesen kleinen zuckerbestäubten Kirschen, diesem Zimtmarzipan vorbeigegangen waren. Chruschtschjow erhob sich und brachte einen Trinkspruch aus. Einen Trinkspruch auf unsere Meinungsverschiedenheiten, die sich sicherlich beseitigen ließen, und auch auf die Freude, die er daran gehabt habe, diese Meinungsverschiedenheiten woanders auszutragen als in Konferenzsälen oder über offizielle Gesandte. Wir seien *Tschelowek* und er danke uns. Er war warmherzig wie ein Jean Renoir und schalkhaft wie ein Clown Popow.

Und dann erhob sich Montand. Er bat um Entschuldigung, er sei kein großer Experte in Trinksprüchen. Er wolle ihnen einfach dafür danken, daß sie ihm und seiner Frau gestattet hätten, hier Dinge zu sagen, die woanders ausgesprochen vielleicht einer schlechten Sache gedient hätten. Er sei in die Sowjetunion gekommen, es sei nicht leicht gewesen, wie er bereits zu Beginn der Mahlzeit gesagt habe. Inzwischen sei er sicher, daß er damit richtig gehandelt habe, und wenn es nur deswegen sei, daß er das Privileg gehabt habe, sein Herz auszuschütten. Er dankte ihnen dafür, daß sie dies möglich gemacht hatten, indem sie uns zu einem so wenig förmlichen Treffen eingeladen hätten. Die Argumente von Monsieur Chruschtschjow hätten ihn nicht völlig überzeugt. Er hoffe, daß sie aus unseren etwas Neues erfahren hätten. Er dankte ihnen dafür, daß sie gekommen seien, um ihn singen zu hören, und er hob sein Glas auf das sowjetische Volk und das sowjetische Publikum. »*Sa wasche sdarowje!*«

Alle Tischgäste klatschten.

Mikojan reichte mir ein kleines Glas armenischen Cognacs und bat mich, auch meinen Trinkspruch auszubringen.

Ich erhob mich, sagte, daß mein Mann für mich gesprochen habe und ich mich damit begnügen wolle, mein Glas auf die »Prawda« zu erheben, nicht auf die Zeitung Prawda..., sondern ganz einfach auf die Prawda. Darüber mußten sie sehr lachen.

Wir hatten auf die Wahrheit getrunken. Wir trennten uns. Es war beinahe vier Uhr morgens.

Bevor ich einschlief, dachte ich nochmal an alle die, die in Paris über uns den Stab gebrochen hatten. Und auch an die, die uns zu der

Reise gedrängt hatten. Und an die Karikatur von Sennep, und an ein Foto, das in der ganzen sowjetischen Presse erschienen war: es war ein sehr hübsches Foto, wir waren beide in einer Troika, eingemummt in Pelzdecken, ich lachte strahlend, während mir Montand etwas in der Ferne zeigte. Sie war auch in der französischen Presse erschienen, aber mit der Unterschrift: »Sieh mal den Rauch dort hinten, Simone, das ist das brennende Budapest...« Das war zwei Wochen nach unserer Abreise gewesen. Ich dachte auch an den Artikel des Korrespondenten der *Humanité* in Moskau, an einen sehr netten Artikel über unsere Ankunft in Moskau, den aber André Stil, der Chefredakteur, geglaubt hatte, mit der Überschrift krönen zu müssen: »Yves Montand erklärt: hier habe ich Freunde gefunden.«

Und ich dachte an das bösartige, schallende Gelächter des Mädchens von *France-Dimanche* und natürlich dachte ich auch an Aragon. Ich dachte auch an die anderen. An die Gruppe der »Störenfriede«, deren Sprecher wir drei Stunden lang gewesen waren. Ich glaube, daß sie sich gefreut hätten. Montand zog die Bilanz bevor er das Licht ausmachte: »Nun stehen wir mit allen schlecht, aber wie gut stehen wir vor uns selber da.«

(Vor einigen Jahren habe ich im *Figaro littéraire* gelesen, daß die russische Übersetzung von *les Thibault* von Roger Martin du Gard nach einer vergriffenen Erstauflage von zweihunderttausend Exemplaren neu aufgelegt werden würde. Und da ich unverbesserlich sentimental bin, hörte ich zur gleichen Zeit wie ich das las, die Stimme von Nadja den Namen des Autors buchstabieren. Wenn sie zur Hand gewesen wäre, hätte ich die Platte von Bernes mit dem Titel *Ferner Freund* aufgelegt...

Auch wenn sie nichts anderes von dem behalten haben, was wir ihnen an diesem Abend gesagt hatten, so haben wir unsere Zeit nicht ganz vertan, und sie auch nicht die ihre.)

Ich habe soeben von dem wichtigsten Ereignis während dieses Aufenthalts in Moskau erzählt. Das folgende wird vielleicht fade im Vergleich zu dieser Konfrontation erscheinen, die schon am folgenden Morgen zum Stadtgespräch der Moskauer Gesellschaft wurde.

Alle wußten, daß wir drei Stunden mit ihnen zusammengewesen

waren. Und alle wollten wissen, was besprochen worden war. Alle: das ging vom französischen Botschafter bis zu Ehrenburg, über die ausländischen Pressekorrespondenten und die feinen Leute von Moskau bis zu Soria (er hatte das verpaßt, da er am Vorabend woanders als im Tschaikowski-Theater gewesen war), von dem alten bärtigen Portier des Sowjetskaja, der sich zur Gewohnheit gemacht hatte, mir beide Hände zu küssen, wenn ich ins Hotel zurückkam, bis zum Chefbeleuchter des Theaters, der genausoviel Humor hatte wie alle großen Chefbeleuchter aller Filmateliers und Theater der Welt. Ich werde also versuchen, zusammenzufassen.

Dem französischen Botschafter, der zum erstenmal ein Lebenszeichen von sich gab, nachdem wir schon seit zwei Wochen da waren, ließen wir mitteilen, daß wir ihn nach unserer Rückkehr aus Kiew anrufen würden.

Dem amerikanischen Korrespondenten von UPI, der zufällig einer unserer früheren Nachbarn in der Place Dauphine gewesen war und den ich gern aus liebevoller Erinnerung an Mexiko »Gringo« nannte, sagten wir, daß das Gespräch sehr interessant gewesen sei.

Beruhigen und sicher auch enttäuschen konnten wir die Leute der besseren Gesellschaft, indem wir ihnen bestätigten, daß von ihnen überhaupt nicht die Rede gewesen sei.

Soria sagten wir, daß ihm vielleicht nicht gefallen hätte, was wir gesagt hatten.

Dem alten Portier sagten wir gar nichts, sondern lächelten ihm nur zu.

Dem Chefbeleuchter, der uns fragte, ob wir offen hätten reden können, antworteten wir mit Ja.

Ehrenburg erzählten wir den Verlauf des ganzen Abendessens. Er hatte uns in aller Eile seine Sekretärin ins Hotel geschickt. Sie überbrachte eine Botschaft, die uns für den übernächsten Tag zum Mittagessen auf dem Land in der Datscha der Ehrenburgs achtzig Kilometer vor Moskau einlud. Wenn ich uns sage, will ich damit sagen uns beide. Ganz allein.

Die Sekretärin von Ehrenburg war eine sehr schöne Frau. Sie hatte bis zum Alter von siebzehn Jahren in Paris bei ihrer Mutter gelebt, die eine weißrussische Emigrantin war. In Paris hatte sie sich in den Sozialismus verliebt. Dann hatte sie Paris verlassen und war nach Moskau gefahren. Drei Wochen nach ihrer Ankunft wurde sie verhaftet und nach Mittelasien deportiert. Sie hat sieben Jahre Lager hinter sich, ohne je zu erfahren, warum man sie verhaftet hatte. Vor kurzem war sie rehabilitiert worden. Sie war das erste Opfer der »Fehler der Vergangenheit«, mit dem wir gesprochen haben. Ihre sozialistische Überzeugung war absolut nicht erschüttert. Sie fragte sich sogar, ob Chruschtschjow Recht daran getan habe, einem ganzen Volk so brutal seine Illusionen zu nehmen, welches das, was es geleistet hatte, nur hatte leisten können, weil es an Stalin glaubte. Sie hatte die schönsten Jahre ihres Lebens in einem Lager zugebracht, aber es kam ihr überhaupt nicht in den Sinn, die Jahre, die ihr noch verblieben, woanders als in ihrem Vaterland zu verbringen.

Ehrenburg erzählten wir also den Verlauf des Abendessens. Was den Kern der Geschichte anbetrifft, erzählten wir ihm nicht viel Neues. Er kannte unsere Position und er kannte auch die des Präsidiums. Was anderes war es im Hinblick auf die Form des Gesprächs. Als wir ihm beschrieben, wie höflich und gemütlich die Debatte verlaufen war, unterbrach er uns, indem er laut auflachte, und erzählte uns die folgende Geschichte. Einige Tage vor diesem kleinen Überraschungssouper war eine sehr wohlmeinende Dame, eine führende Persönlichkeit der Weltfriedensbewegung eigens aus Belgien auf eigene Kosten angereist, weil sie ein Gespräch mit Chruschtschjow haben und ihm genau dasselbe sagen wollte wie wir. Sie hatte schließlich eine Audienz erhalten. Er hatte sie nicht ein Wort vorbringen lassen, grob vor die Tür gesetzt und praktisch des Landes verwiesen. Aber das wußten in Moskau nur wenige...

Ehrenburg war sehr komisch. Er hatte lange Zeit in Paris gelebt, sprach ein vollendetes Französisch und benutzte einen veralteten Pariser *argot,* wie die Ausländer es tun, die in der Vorkriegszeit in Paris gelebt haben und die ein Fahrrad noch ein Velociped nennen. Er hatte seine eigenen Ausdrücke, um bestimmte Dinge zu beschreiben, er sagte z. B.: »In meinem letzten Band hat man dem Text etwas die Haare geschnitten...« um zu erklären, daß er erneut in Ungnade gefallen war, »aber nur vorübergehend« fügte er hinzu. »Ich bin immer wieder auf die Füße gefallen, und sogar manchmal auf meine Hände... Daß wir sowjetischen Schriftsteller noch am Leben sind, liegt daran, daß wir die größten Seiltänzer der Welt sind ... Wir alle ... Außer Pasternak.« Wir hörten diesen Namen zum ersten Mal in unserem Leben.

Also erzählte uns Ehrenburg von Pasternak, dem größten sowjetischen Dichter, dem größten Übersetzer von Shakespeare und dem einzigen, der sich geweigert hatte, sich Stalin zu beugen, und der der einzige war, den Stalin nicht anzurühren gewagt hatte. Er wurde nicht gedruckt, aber er war am Leben. Er lebte zurückgezogen, aber nicht in Vergessenheit. »Er ist der einzige von uns, der Respekt verdient.« Und dann erzählte uns Ehrenburg, wie Stalin ihn, Ehrenburg, eines Nachts mit dem Telefon geweckt hatte, um ihm die Anweisung zu geben, in einem politischen Feuilleton das Wort »Nazi« wiederzuverwenden, bezüglich dessen er zuvor die Anweisung erhalten hatte, die Nazis als Deutsche zu bezeichnen, und wie er gerade dadurch früher als alle anderen Leute erfahren hatte, daß es mit dem Pakt aus und vorbei war.

Und dann erzählte er auch, wie sie Stalin eines Tages alle in den Kreml gerufen hatte, um ihnen eine dringende Mitteilung zu machen: »Es gibt nur zwei Arten, zu schreiben. Man muß wie Shakespeare schreiben oder wie Tschechow. Ich selber bin kein Schriftsteller, aber wenn ich das wäre, würde ich wie Shakespeare schreiben. Ihnen rate ich, wie Tschechow zu schreiben. Sie können gehen.«

Ehrenburg war lustig, nüchtern und klarsichtig. Seine Frau klarsichtig, nüchtern und lustig, und die beiden kleinen alten jüdischen Damen, die gar nichts sagten, schauten ihren jüngeren Bruder an, ohne dessen Talent sie vermutlich nie in dieser hübschen Datscha hätten wohnen können.

An den Wänden hingen schöne Bilder von Picasso und Miró. Und außerdem die Bilder junger sowjetischer Maler, die noch nie in einer Ausstellung aufgehängt worden waren. Ich warf einen Blick auf die Bibliothek und zog aus den Bücherreihen ein Büchlein heraus mit dem Titel *Paris*. Die Fotos darin waren in Paris aufgenommen und in der Sowjetunion um 1933 veröffentlicht worden, in der Zeit, als Ehrenburg Korrespondent der Iswestja war. Zu sehen waren zwei elende kleine Kinder, die einen Einkaufskorb schleppten, aus dem eine Flasche Rotwein und ein Brotlaib heraussahen, Clochards, die auf den warmen Entlüftungsschlitzen der Metro schliefen, Prostituierte im Hallenviertel, eine trübselige Ecke von Aubervilliers und Bettler, viele Bettler.

Ich fragte ihn, ob für ihn Paris damals nur daraus bestanden habe. »Es passierte uns halt allen, manches auszulassen, meine Liebe, uns Seiltänzern...« Da er komisch war, lachten wir alle.

Das Haus der Schriftsteller in Moskau befindet sich in einer wunderhübschen Villa. Sie ist der ehemalige Wohnsitz eines Großherzogs. Wenn seine Salons, wie behauptet wird, bis zum Oktober 1917 Zeugen wüster Orgien gewesen waren, so wurden sie an einem Dezemberabend im Jahre 1956 Zeugen eines wüsten Skandals.

Schon vor einer Woche hatten wir eine Einladung angenommen, nach der Vorstellung an einem Empfang teilzunehmen, der in dem Haus der Schriftsteller stattfinden sollte. Das Schicksal oder der Teufel hatten es so gewollt, daß dieses Treffen für den Tag nach dem Essen bei Ehrenburg vorgesehen war... Dem Überbringer der Einladung hatte Montand absolut klargemacht, daß er nicht singen würde. Er sang morgens, nachmittags und am Abend zwei Stunden. Er wollte gerne Überstunden für Leute machen, die nicht ins Theater kommen konnten, aber nicht für Leute, die dort praktisch jeden Abend verbrachten. Dazu muß gesagt werden, daß der Überbringer der Einladung zu der bereits zitierten Gruppe gehörte, die uns ständig über den Weg lief. Er hatte laut aufgelacht: für wen hielten wir sie? Wir waren eingeladen. Man lud uns ein, nach der Arbeit etwas zu trinken und einen kleinen Imbiß einzunehmen, und bei dieser Gelegenheit auch einige Gedanken auszutauschen. (»Gegen was?« hätte Jacques Prévert hinzugesetzt, wenn er dagewesen wäre.) Nein ... Montand habe ihn mißverstanden, nein es ginge nur um eine kulturelle und freundschaftliche Begegnung unter netten Leuten, und vor allem nicht um ein zusätzliches Konzert. Die Musiker seien ganz gewiß willkommen, wenn sie sich uns anschließen sollten. Einverstanden, vielen Dank, also bis nächste Woche.

Kaum waren wir in dem Haus angekommen, das für uns das »Haus der Seiltänzer« werden sollte, wurden wir zu unserer großen Überraschung augenblicklich auf einem Podium plaziert. Auf dem Podium gab es Stühle, ein Klavier und ein Mikrofon. Und vor dem

Podium waren unsere Gastgeber, die verdienten Schriftsteller, die in Sesseln saßen. Sie warteten darauf, daß es anfing. Irgend jemand aus dem Publikum machte uns ein Kompliment. Dann kam uns zu Ehren der Baß Petrow aufs Podium und sang ihnen einige Arien vor, und dann war eine Diseuse an der Reihe, die uns zu Ehren französische Melodien aus dem neunzehnten Jahrhundert sang. Es war spät, Montand hatte Hunger. Wir klatschten Beifall und fragten uns dabei, was wir hier zu suchen hatten.

Die Diseuse war eine sehr, sehr alte Diseuse. Sie hatte sicher ganze Generationen von Zuhörern gefesselt, vielleicht sogar in diesem selben Salon in der Zeit des Großherzogs. Sie war fest entschlossen, uns allen noch eine »Zugabe« zu gewähren, als irgend jemand vorschlug, daß sie sich doch ein wenig ausruhen sollte. Respektvoll und mit großer Vorsicht wurde sie vom Podium entfernt. Und dann skandierten zunächst einige Stimmen, und dann das gesamte Publikum: »Yves Montand, une chanson ... Yves Montand, une chanson ...« Ich stand auf, nahm das Mikrofon und versuchte, dem Charme und dem Humor gerecht zu werden, der uns Franzosen in allen Hauptstädten der Welt nachgesagt wird ... Ich bat sie, mir zuliebe nicht darauf zu bestehen. Wenn er nachgeben würde, hätte bloß ich das auszubaden ... Er sei müde ... Und wenn er müde sei, wäre ich es, die ausgeschimpft würde ... Ich sei sicher, daß sie Verständnis dafür hätten.« – »Bravo! Bravo! Ah! Ah! Wie witzig sie doch ist! ... Une chanson! Une chanson! ...«

Montand stand auf, und gab Bob ein Zeichen, den man neben uns auf das Podium gesetzt hatte. Bob ging zum Piano. Montand nahm meinen Platz am Mikrofon ein. Er sang ein halbes Couplet und hörte dann auf. Er sagte: »Los, Kinder, hauen wir hier ab.« Mit einer raschen und eleganten Bewegung schnappte er sich Bob von seinem Drehhocker, zog mich im Vorbeigehen von meinem Stuhl hoch und schob uns beide vom Podium hinunter. Und dann erst hat er sie beschimpft. Sehr rasch verquickte er ihre gegenwärtige Flegelei mit ihren Feigheiten in der Vergangenheit und vermutlich auch in der Zukunft. Er sagte ihnen, daß er die Mehrzahl ihrer Bücher nicht gelesen habe, daß ihm aber schon die bloße Tatsache, daß sie hier lebend säßen, in ihrem Alter, genüge, um zu wissen, daß er nie mehr Lust haben würde, sie zu lesen. Er fragte sie, wie es Pasternak gehe, bezeichnete sie als dreckige alte Federfuchser, Speichellecker, opportunistische Demagogen und abschließend als Drecksäcke!

So müde er war, seine Stimme trug, wie immer, wenn er wütend oder empört ist. Sie trug sehr gut und das machte viel Lärm. Von Gedankenaustausch war nicht mehr die Rede. Sie saßen da wie versteinert. Alle waren sie sehr kultiviert und verstanden Französisch. Allerdings verstanden sie nicht, warum ihnen dieser so nette große junge Mann so grobe Sachen ins Gesicht sagte.

Soria war anwesend. Er hatte das kleine Souper verpaßt, war auch nicht zum Mittagessen bei Ehrenburg gebeten worden. Als Schriftsteller hatte er diesen kleinen Abend arrangiert. Er ging uns nicht nach, als wir flohen. Er blieb bei seinen Schriftstellerkollegen und erläuterte ihnen vermutlich, daß große Künstler bisweilen auch große launenhafte Kinder sind...

Im Jahre 1962, bei Lipp, entdeckten wir, wie sehr sich das andere Moskau über die Episode an diesem Abend gefreut hatte. Das waren die jungen Dichter und Schriftsteller, die uns nie über den Weg liefen, weder in der großen Halle des Sowjetskaja, noch im Restaurant Praga. Wir wußten nicht, daß es sie gab, aber sie waren über uns sehr wohl auf dem laufenden. Und das mit gutem Grund. Sie schrieben Schmähschriften, in denen sie sich über uns und unseren Umgang lustig machten. Dann, nach dem Skandal bei den Seiltänzern, gingen sie daran, Gedichte zu schreiben, die ebenfalls Schmähschriften waren, aber in denen wir nicht mehr die komischen Figuren darstellten. Gut übersetzt beim Sauerkraut mit sechs Jahren Abstand waren diese Spottschriften und Gedichte für uns traurig und heiter zugleich.

Das Jahr 1956 endete in einer Apotheose. Im Sankt-Georg-Saal des Kremls wurde ein kleines Fest für dreitausend Personen gegeben. 2991 waren anwesend. Dieses Publikum setzte sich aus allem zusammen, was Moskau an ausländischen Botschaftern, Wissenschaftlern, Ministern, Beamten, Militärs, Künstlern und rehabilitierten Helden aufbieten konnte. Und dann gab es noch uns: Montand, Crolla, Castella, Paraboschi, Soudieu, Azzola, Nino, Maryse und mich. Nadja, Slawa, Andrej und Sascha feierten Silvester zu Hause.

Im Verlauf dieses Banketts traten die größten Künstler der Sowjetunion auf einem Podium auf, das man hinter dem Tisch des Zentralkomitees, aber gegenüber den dreitausend Gästen errichtet hatte. Oistrach Vater und Sohn spielten Geige, begleitet vom Geräusch der Bestecke, und die Tänzer von Moissejew machten großartige Sprünge, während das Geflügel herumgereicht wurde. Ich hatte den Eindruck, das schon einmal irgendwo gesehen zu haben ... Natürlich, parbleu, als ich »Schloßdame« in den *Visiteurs du soir* (Satansboten) gewesen war.

Mit dem zwölften Schlag um Mitternacht gingen die großen Kronleuchter aus. Ich küßte meinen Mann im Dunkeln, da legte sich eine Hand auf meine Schulter und das Licht ging wieder an. Nikita Chruschtschjow, denn er war es, zog mich von meinem Stuhl hoch und küßte mich vor seinen 2990 Gästen auf den Mund. Er faßte Montand an beiden Händen und drückte sie. Im Laufschritt holte er den chinesischen Botschafter von einem Tisch weg und führte ihn im Triumph zum Tisch des Obersten Sowjets. Wie auf dem Land rückte man ein wenig zusammen, und der chinesische Botschafter ließ sich zwischen Chruschtschjow und Frau Furzewa nieder. Aus dem Hintergrund des Saals sah man hinter einem Boden mit hochrotem Kopf Marschall Schukow kommen, der gestern noch in Ungnade gewesen war. Auch er ließ sich am Familientisch nieder, allerdings am Tischende.

Weder der streitsüchtige Chinese noch der stürmische General ließen uns wissen, was sie sich in dieser Nacht zum 1. Januar 1957 gedacht hatten. So seltsam sie scheinen mochte, war diese Auswahl doch so getroffen worden: einem Genossen Maos, einem Marschall der sowjetischen Armee, einem französischen Sänger und seiner Frau war in aller Öffentlichkeit verziehen worden, daß sie rebellisch gewesen waren; oder aber öffentlich für ihren guten Willen gedankt worden. Es konnte das eine wie das andere bedeuten. Verstehe das, wer will!

Gegen drei Uhr morgens tanzten Chruschtschjow und Bulganin in einem kleinen Salon des Sankt-Georgs-Saals. Sie stampften mit den Füßen und gingen in die Hocke, wie junge Bauern in der Ukraine. Ein Kreis von Botschaftern aus dem Westen schlug mit den Händen den Takt, wie im Scheherazade, um sie anzufeuern.

Bei unserer Ankunft in Leningrad erwartete uns Peter der Große auf dem Bahnsteig. Er war mit Alexander Newski, Iwan dem Schrecklichen und einem Abgeordneten der Ostsee gekommen: Nikolaus Tscherkassow, der größte sowjetische Schauspieler seiner Zeit, wollte uns in seiner Heimatstadt willkommen heißen. Und es war ganz und gar seine Stadt. Er war ihr Abgeordneter im Obersten Sowjet. Außerdem war er der Sohn einer alten Dame und der Vater eines Jungen, die weder sein Titel noch sein Ruhm vermocht hatte, vor dem Tode zu bewahren. Sie waren beide während der Belagerung von Leningrad, die neunhundert Tage dauerte, verhungert, genau wie die anderen, das heißt wie eine Million Menschen.

In Leningrad gibt es die schönsten Paläste, die schönsten Museen, den schönsten Strom, die schönsten Brücken. Es gibt dort St. Petersburg und Petrograd und Leningrad, und es ist großartig. Auch gibt es dort das Hotel d'Angleterre. Dort waren wir alle dreizehn untergebracht. Das war das erste Mal, daß Nadja, Sascha, Slawa und Andrej tatsächlich mit uns zusammenwohnten. In Moskau gingen sie nach der Arbeit immer nach Hause zurück. In Leningrad, das sie gleichzeitig mit uns entdeckten, gingen wir alle nach dem Konzert zusammen »nach Hause«. Es war im Hotel d'Angleterre, wo sich Jessenin die Pulsadern geöffnet hatte, nachdem er das letzte Gedicht seines Lebens geschrieben hatte. Das war 1925. Als wir auf dem Boden im Salon unserer Fürstensuite hockten, nach einem letzten Gläschen und kurz bevor wir zu Bett gingen, sagte einer von ihnen, ich weiß nicht mehr welcher, daß vielleicht genau auf diesen Plüsch das Blut Jessenins geflossen sei. Und alle vier rezitierten auf Russisch und im Chor das Gedicht des jungen Wahnsinnigen, dessen letzte Zeilen lauten:

> In diesem Leben ist das Sterben nichts Neues,
> aber das Leben ist gewiß auch keine neue Sache.

Einige Kilometer von der Stadt entfernt befindet sich rechts an der Straße, die zum Flughafen führt, ein kleines schwarz gestrichenes Holzschild, das in Weiß eine Inschrift trägt. Das ist das Grenzzeichen. Der Kilometerstein, über den die Nazis nie hinauskamen. Der Werst, den sie nie hinter sich brachten. Auf der linken Seite der Straße, gegenüber dem Schild beginnt ein schmaler Wald von jungen Bäumen, die in regelmäßigen Abständen eingepflanzt sind. Er erstreckt sich in seiner ganzen Länge so weit der Blick reicht. Ein Baum für jeden Toten. Ein Wald von Seelen.

Diesen Wald von Seelen entdeckten wir, als wir hinausfuhren, um das Flugzeug nach Kiew zu nehmen. Die Woche in Leningrad war ganz anders gewesen als die, die wir in Moskau verbracht hatten. Die feine Gesellschaft und die lokalen Seiltänzer hatten sich hier nicht blicken lassen. Vielleicht gab es im Schatten der Eremitage weniger als im Schatten des Kreml. Wir hatten natürlich Fabriken besuchen dürfen, und natürlich mit einem kleinen Konzert, aber ich erinnere mich vor allem an die Gesichter der Kinder. Vielleicht wegen des Pionierpalastes mit seinem Park voller Attraktionen, seiner Rutschbahn, und all' den munteren kleinen Gören, die französisch sprachen und frech zu ihren Erziehern waren, die darüber lachten. Wir hatten auch bei Tscherkassows zu Abend gegessen. In meiner Serviette hatte ich ein Paar Ohrringe aus dem sechzehnten Jahrhundert gefunden, die Madame Tscherkassow für mich darin versteckt hatte. Ein Freund von Tscherkassow hatte beim Dessert Kalitka gesungen (und nicht Kalinka). Es war das Lied, das Piccoli, Marchal und ich uns in Mexiko von Oscar Danziger vorsingen ließen. Und Tscherkassow, der gerade dabei war, *Don Quichotte* zu drehen und morgens sehr früh aufstehen mußte, hatte trotzdem Wert darauf gelegt, uns ins Hotel d'Angleterre zurückzubegleiten. »Hier bei uns müssen die Gäste bis ans Bett gebracht werden.« Nikolaus Tscherkassow ist vor etwa 10 Jahren gestorben. Er war ein großer Mann.

Leningrad war eine alte Stadt mit Phantomen und Überlebenden. Kiew war eine ganz neue Stadt. Die Überlebenden hatten sie wieder aufgebaut. Es gab noch einige Spuren von dem, was die alte Hauptstadt der Ukraine gewesen sein muß, die zu neunzig Prozent dem Erdboden gleichgemacht worden war. Wir haben kilometerweit diese Erde überflogen, die vor Jahren nur noch eine riesige Feuersbrunst gewesen war, von den Ukrainern selbst angelegt, um den Feind zurückzuschlagen. Die Stadt bot bei der Durchfahrt das anachronistische Bild der traditionellen Kleidung der Passanten und der weißen Gebäude der stalinistischen Architektur, die direkt zum Krieg zurückführten.

Montand sang in der Oper. Dann in einem Kolchos, dann in einer

Tanzschule. Ich wüßte gern, was aus diesem kleinen zwölfjährigen Mädchen geworden ist, das so gut tanzen konnte und so hübsch war... In Kiew waren wir sehr weit von Paris und sehr weit von Moskau entfernt. Auch das Lachen klang hier nicht so laut. Es war die letzte Woche der Tournee. Sascha, Andrej, Nadja und Slawa waren nachdenklich, um nicht zu sagen »betrübt«. Ihre arbeitsreichen Ferien neigten sich dem Ende zu.

Als wir wieder »in die Stadt« zurückgekehrt waren, lud uns der französische Botschafter erneut in die Botschaft ein. Wir gingen hin, um einen Schluck Portwein zu trinken, am Tag vor unserem Abflug, morgens um halb zwölf. Madame Dejean erwartete uns im Salon des sehr-schönen-Privathauses, in-welchem-sich-wie-man-sagt-bis-zum-Oktober-1917-Orgien-abspielten, -die ... usw. Sie war gerade dabei, eine Nummer von *Théâtre de France* durchzublättern. Und sie war genau bei der Seite, auf der Montand-Signoret, von Thérèse Le Prat fotografiert, als John und Elizabeth Proctor abgebildet waren. Im diplomatischen Leben wimmelt es von Zufällen.

Ob wir eine gute Reise gehabt hätten? Sie hoffe, daß uns Leningrad gefallen habe, das Venedig des Ostens... Der Herr Botschafter trat ein. Er küßte mir die Hand und zog meinen Mann in eine Ecke des Salons, wobei er verkündete, daß er die Damen lieber ihrem Geplauder überlassen wolle. Ich bekam genügend mit, um zu begreifen, daß der Herr Botschafter sich darüber informieren wollte, worüber im Verlauf dieses kleinen Soupers gesprochen worden war. Über sehr interessante Dinge, sagte mein Mann, der kein Auskunftgeber für den Quai d'Orsay ist.

Der Herr Botschafter kam dann mit meinem Mann zurück und unterbrach das Geplauder der Damen. Er wollte, daß wir erfuhren, wie sehr es ihn und seine Frau betrübt hatte, gezwungen zu sein, uns zu ignorieren. Ah! wenn wir erst jetzt eingetroffen wären, im Januar wäre das alles viel einfacher gewesen... Aber was für eine Idee, schon im Dezember zu kommen! Das war so inopportun wie nur irgendmöglich! Aber ja! Das hatten wir doch schon mal gehört (Ach, dieser Aragon!). Aber jetzt sei alles in Ordnung. Es habe schlecht angefangen ... Ende gut, alles gut, und er wollte trotzdem Montand wissen lassen, daß die sechs Wochen Chansonabende auf diesem großen Kontinent viel zum Prestige Frankreichs beigetragen hätten. Er glaube, daß das wohl das wenigste sei, was er tun könne, es ihm vor seiner Abreise noch mitzuteilen.

Monsieur Dejean ist kein schlechter Mann und er sieht nett aus. Madame Dejean ist eine charmante Frau und sehr hübsch. Als wir sie verließen, haben wir uns gesagt – und ich glaube, wir haben das auch ihnen gesagt –, daß wir lieber in unserer als in ihrer Haut steckten.

Ein paar Funktionäre waren sehr früh aufgestanden, um den letzten Trinkspruch vor unserer Abreise in den Salons des Flughafens auszubringen. Es war fünf Uhr morgens.

Andrej, Sascha, Slawa und Nadja machten ihre Arbeit. Sie übersetzten Mir (Friede), Spasibo (Danke), Rabota (Arbeit), Dorogoj und Dorogaja (Lieber und Liebe) und Sa wasche sdarowje (Auf Ihr Wohl). Sie übersetzten uns die Reden, in denen wir erkennen konnten, welches die echten Worte waren, und welches die leeren. Sie waren traurig. Wir auch. Wie Liebende, denen rücksichtslos und offiziell die letzten Augenblicke vor der Trennung gestohlen werden.

Es war sehr kalt, als wir die Treppe zum Flugzeug hinaufgingen. Wir drehten uns noch ein letztes Mal um, um ihnen »Auf bald!« zu sagen oder vielmehr zuzuwinken. Während der ersten Flugstunde dachte ich an die winzigen Stalaktiten und Stalagmiten, die ihnen vielleicht soeben die Lider zuklebten, da aber Tränen warm sind, sagte ich mir, daß sie schmelzen würden.

Unser Bestimmungsort war Warschau. Unser Flugzeug war ein Salonflugzeug. Da Soria, der von anderen Arbeiten in Anspruch genommen war, uns seit unserer Abreise nach Leningrad aus den Augen verloren hatte, war er nicht mit von der Partie. In Warschau sollte uns sein Stellvertreter Roger Boussinot in Empfang nehmen.

Die Fragen von Crolla, Soudieu, Paraboschi, Azzola, Nino und

Maryse, Castella und von uns selber, Montand und mir, über die Gründe, weshalb wir im Salonflugzeug reisten, konnten wir uns daher nur gegenseitig stellen. Die Genossin Stewardess, die Tassen mit Tschaj herumreichte, verstand kein Französisch. Die Sessel waren mit Quasten verziert, wie im Hotel d'Angleterre. Es gab eine kleine Nische, in der man lesen konnte, und eine kleine Ecke für Kartenspieler. Wir hatten noch nie ein derartiges Flugzeug gesehen. Wir waren uns darin einig, daß es ein hübsches kleines Fliegerchen sei, und daß es äußerst lustig war, ein Flugzeug für sich allein zu haben, bevor man in »Warschau mal wie schön« ankam.

Das kleine Fliegerchen machte in Wilna Zwischenlandung. Der rothaarige Fotograf war zur Stelle, mit seinem kleinen Jungen und den Fotos, die er bei unserer Hinreise aufgenommen hatte. Er machte immer noch den Eindruck, als ob er etwas sagen wollte, was er nicht aussprach. Die Fotos waren Fotos . . . es war aber nett, daß er daran gedacht hatte, sie uns zu bringen, vor allem, wenn man überlegte, daß unser Fliegerchen in keinem offiziellen Flugplan eingetragen war (aber das fiel uns erst lange Zeit nachher ein).

Einige Stunden später setzte das Fliegerchen auf der Piste von Warschau auf. Beim Anblick der Gesichter, die die Leute machten, die zu unserem Empfang da waren, begriffen wir, daß irgend etwas nicht stimmte. Das Fliegerchen war eine der für das Präsidium reservierten Maschinen . . .

Es war die Fortsetzung des Bruderkusses vom 1. Januar im St.-Georgs-Saal. Wir landeten nicht in Warschau, wir kamen nach Warschau . . . unmittelbar aus dem Kreml.

Warschau mal wie schön! . . . Nicht gerade. Es war so wenig schön, daß Paraboschi eine Zeitlang darauf verzichtete, uns diesen ulkigen Kalauer zu servieren.

Die Polen, ob sie nun Sozialisten, Sozialisierende oder Antisozialisten sind, verbinden seit jeher zwei Dinge: sie verabscheuen die Deutschen, und das geht schon auf die Zeit lange vor Hitler zurück, und sie verabscheuen die Russen, und das geht auf die Romanows zurück, über Stalin hinweg und endet bei Chruschtschjow. Dessen letzter Besuch in Warschau hatte kein gutes Andenken hinterlassen.

Erfolgt war er im Oktober. Es war ein Überraschungsbesuch gewesen... Er fiel zusammen mit der Umzingelung Warschaus durch die »zur Unterstützung des Sozialismus herbeigerufenen« sowjetischen Truppen. Chruschtschjow hatte Gomulka nicht gegrüßt und so getan, als wisse er nicht, wer er sei. Er hatte sich wie ein Zar bei den Leibeigenen aufgeführt. Die Polen waren keine Leibeigenen mehr, sie waren Sozialisten, und sie wollten keine Besatzer mehr haben, auch nicht im Namen des Sozialismus. Sie gaben das mutig und klug zu verstehen. So kam es, daß Warschau kein Budapest geworden und Chruschtschjow wieder in sein Flugzeug geklettert war.

Wenn wir also lächelnd aus demselben fliegenden Spielzeug traten, das Chruschtschjow im Oktober hergebracht hatte, war das inopportun... Schon wieder. Vor allem am Tag der Wahl Gomulkas. Er konnte endlich seine offizielle und wohlverdiente Revanche nehmen, nachdem er zehn Jahre lang wegen titoistischer Abweichung in Ungnade gewesen war.

Unser Dolmetscher war sehr nett. Und sehr diskret. Erst nach einigen Stunden entschloß er sich – wobei er sich dafür entschuldigte, daß er sich in Dinge mischte, die ihn sicher nichts angingen –, Montand zu fragen, warum er verlangt hatte, seine Gage in Golddollar ausbezahlt zu bekommen?!!!

Da wurden wir uns darüber klar, daß die Feindseligkeit, die wir bei unserer Ankunft gespürt hatten, nicht einzig und allein auf die besonderen Eigenschaften dieses Flugzeugs zurückzuführen war. Das Flugzeug war nur die Krönung einer sehr geschickt geführten Kampagne in der polnischen Presse. Man hatte ihnen gesagt, und sie hatten geschrieben, und infolgedessen auch geglaubt, daß die ganze Tournee im Osten in Golddollar bezahlt würde. Über die verschiedenen Vorfälle bei unserem Aufenthalt in Moskau hatte man ihnen nichts gesagt und sie hatten nichts darüber geschrieben, und wußten infolgedessen auch nichts darüber. Nichts über den November in Paris. Nichts über den Brief an Obrastzow. Also waren wir für sie Leute, bei denen alles klar war. Wir waren gekommen, um eine Menge Geld zu kassieren, nachdem wir bereits bei den Russen kräftig abgesahnt hatten, und bevor wir in den anderen Volksdemokratien noch viel mehr kassieren würden. Und nicht etwa beliebiges

Geld. Montand war der Totengräber der polnischen Volkswirtschaft und gleichzeitig der liebste Duzbruder von Nikita, der ihm sein persönliches Flugzeug zur Verfügung stellte. So standen die Dinge an unserem ersten Tag in Warschau.

Es mußte reiner Tisch gemacht werden. Zunächst hieß es hier schnell die Zeitungsenten dementieren, wobei man sich auf die Verträge stützen konnte. Danach würde man die ideologischen Probleme angehen. Montand verlangte, daß in der Presse die Summen abgedruckt würden, die er in Zloty erhalten sollte. Wenn sie uns vorher für Schweinehunde gehalten hatten, konnten sie uns jetzt für gefährlich geistig Zurückgebliebene halten. Sie waren selbst gut oder vielmehr schlecht genug plaziert, um zu wissen, daß ihre Währung sehr schwer konvertierbar war, ganz gleich wo man das versuchte.

Schon am nächsten Tag hatte sich die Atmosphäre gewandelt. Man sah lauter Leute zu uns kommen, die sich aussprechen wollten. Sie hatten immerhin ganz vage von dem kleinen Souper reden hören und waren – das war ganz verständlich – des Glaubens, daß dort nichts anderes besprochen worden sei, als das was bei kleinen Soupers eben so üblich ist... Da wir weder Zeugen noch eine Kopie der (eventuellen) Tonbandaufnahme hatten, waren sie gezwungen, unser Wort dafür zu nehmen. Sie waren wütend darüber, daß Chruschtschjow nichts von seinem Überraschungsbesuch bei ihnen erzählt hatte. Zwar hatte er die Liquidierung der polnischen Partei durch Stalin hervorgehoben, doch war er bezüglich der Vorgänge im Oktober sehr verschwiegen gewesen. Und wir auch, da wir durch Budapest konditioniert waren. Sie, die Polen, interessierten sich nicht besonders für Budapest. Oder vielmehr das interessiere sie nur insoweit, als es veranschaulichte, was sie in Warschau hatten vermeiden können. Was das Schicksal Ungarns als Volksdemokratie anging, legten sie Wert darauf, daran zu erinnern, daß man die Vergangenheit von Polen und Ungarn nicht miteinander verquickte. Abgesehen von der Tatsache, daß Ungarn wie Polen unter den Zaren gelitten hatte, vergaßen sie nicht, daß Ungarn das erste faschistische Land der Welt gewesen sei, unter dem Regenten Horthy, und der unerschütterliche Bundesgenosse Hitlers bis in die letzten Stunden des Zweiten Weltkriegs. Sie selber seien die absoluten Opfer des Nazismus gewesen, und man durfte nicht alles durcheinanderbringen. Sie hätten Verständnis dafür, daß die ganze Welt Ungarn bedauerte. Kein Verständnis hätten sie dafür, daß die ganze Welt den Sieg der polnischen Sozialisten nicht stärker feierte. Wir waren im Januar, und das war der Warschauer Frühling. Sie kamen unaufhörlich auf diese Oktobertage zurück (ich sah uns wieder im Atelier bei den Dreharbeiten zu *Les Sorcières* in der Rue Francœur, wie wir egoistischerweise beruhigt waren, als wir gelesen hatten, daß »in Warschau alles geregelt sei«). Von diesen paar Tagen im Oktober mußten sie uns einfach erzählen, und mußten uns auch von den zehn Jahren erzählen, die ihnen vorangegangen waren. Sie redeten, redeten und redeten, sie waren nicht mehr aggressiv, weil wir keine Angeklagten mehr waren. Sie erzählten mit Leidenschaft und wir hörten leidenschaftlich zu.

Die Gespräche fanden in unserem Hotel statt, in den Restaurants, in einer Wohnung, und auch in der Garderobe von Montand. Diejenigen, die nicht wußten, wo sie ihn in der Stadt auftreiben konnten, kamen schnurstracks ins Theater, wo er immerhin von einem bestimmten Moment ab einfach sein mußte, um seine Arbeit zu tun. Sie kamen nicht immer, um ihn singen zu hören. Sie kamen, um zu reden. Sie redeten praktisch bis zu dem Augenblick, wo der Vorhang aufging. Dann setzte sie Montand sanft vor die Tür, indem er auf die Uhr zeigte. Sie hatten Verständnis und sagten, daß sie nach der Aufführung wiederkommen würden, um die Unterhaltung fortzusetzen. Schließlich und endlich wurde das Singen für Montand während dieser Woche in Warschau zu einer Art Pause ... zwischen zwei Gesprächen. Ich weiß nicht, wie er das aushielt. Er sang, und er sang gut, die Säle waren voll: am letzten Abend sang ihm das Publikum nach dem letzten Vorhang *Stolat! Stolat!*, was ungefähr das gleiche sein muß wie *For he is a jolly good fellow*, das einem die Leute in London singen, wenn sie einen sehr gern haben.

Die Zloty dienten dazu, das Hotel zu bezahlen, sowie das Ganzportrait einer charmanten jungen Frau, der Komtesse Potocka, einer Zeitgenossin von Maria Walewska. Henry, unser Dolmetscher, hatte mich ins Staatsverkaufshaus geführt. Das ist der verstaatlichte Antiquitätenhandel. Die junge Komtesse wurde in Autheuil aufgehängt, wo sie die Rolle einer entfernten Urahne spielt ... Die übrigen Zlotys . . . blieben übrig. Sie schlummern immer noch in einem Umschlag. Seit neunzehn Jahren warten sie darauf, daß wir wieder hinfahren.

Als wir Warschau verließen, um nach Ostberlin zu fahren, hatten wir den Eindruck, daß wir Polen glücklich zurückließen. Sie hatten Gomulka gern, den sie soeben mit dreiundneunzig Prozent der Stimmen an die Macht gebracht hatten. Obwohl ihnen doch in Gesprächen entschlüpfte, daß seine Frau »leider Jüdin sei«. Aber, wie es so heißt, »Niemand ist vollkommen«.

Ich habe vorhin gesagt, daß Kiew weit von Paris und Moskau entfernt ist. In Warschau, während dieser Woche, in der Gomulka gewählt wurde, war man weit entfernt von Kiew, aber nahe bei Paris, nahe bei Moskau, bei London, bei New York und beim Vatikan. Aber ich habe so viel von den Warschauern erzählt, daß ich gar nichts über Warschau gesagt habe.

Warschau, das dem Erdboden gleichgemacht und mit Liebe wieder aufgebaut worden war, Stein um Stein, ganz wie früher, sagte Henry, indem er mir den buntfarbigen Platz zeigte. Monatelang hatten polnische Architektenteams aus historischen Dokumenten die kleinsten Einzelheiten entnommen, welche, nachdem sie erst einmal zusammengetragen waren, sie in die Lage versetzten, ihrer Stadt einen der schönsten Plätze der ganzen Welt wiederzugeben. Die kleinen Häuser in Grün, Rosa und Ocker waren an ihrer ursprünglichen Stelle wieder auferstanden. Ein sicher ganz anderes Architektenbüro hatte die Märtyrerstadt mit einem Wolkenkratzer versehen. Entweder ist es das Haus der Journalisten, oder das Haus der Kultur, ich habe das vergessen. Auch dessen Pläne waren nach langen Recherchen in der architektonischen Vergangenheit Polens entworfen worden . . . es war die genaue und servile Kopie der Lomonossow-Universität von Moskau. Sie sollte uns bald überall wiederbegegnen. Wie man überall auf die Arenen von Nîmes und die Triumphbögen des Kapitols stößt. Außerdem gab es damals in Warschau eine Art riesiges unbebautes Gelände. Das war das Ghetto, oder vielmehr das war es gewesen.

Wir haben nicht Polen im Verlauf dieser Januar-Woche 1957 gesehen. Wir haben die Warschauer gesehen. Zum ersten Mal seit eineinhalb Monaten hatten wir Leute getroffen, die auf der Straße und in den Cafés mit lauter Stimme sprachen. Sie waren frech, lustig, aggressiv, charmant, stolz und frei.

In Ostdeutschland schien sich seit unserem letzten Aufenthalt nichts verändert zu haben. Montand trat in einem riesigen Theater auf, dessen Namen ich vergessen habe. Eines Abends sang er im Theater am Schiffbauerdamm, daß heißt beim Berliner Ensemble. Helene Weigel und die Truppe gaben ein kleines Fest für uns. Brecht war vor sechs Monaten gestorben, und bei seinem Staatsbegräbnis sind seinem Sarg die Menschen aus dem Osten und aus dem Westen gefolgt. Bei der Abfahrt nahmen wir, die Arme voller roter Nelkensträuße, alle zusammen den Zug nach Prag.

An der tschechoslowakischen Grenze stiegen zwei Herren mit einem Armvoll roter Nelken zu uns ins Abteil. In Leningrad wurden ausländische Gäste bis ans Bett gebracht. Hier in Böhmen empfing man sie bereits bei der Einreise ins Land.

Die Herren waren gekommen, um uns zu begrüßen, aber auch, um das Angenehme mit dem Nützlichen zu verbinden und die paar Fahrtstunden dazu zu nutzen, Montand mit dem Programm der Woche vertraut zu machen. Auftreten sollte er in einem sehr großen Saal, und sie hatten die Ehre, uns mitzuteilen, daß er bis auf den letzten Platz ausverkauft sei. Das wars. Es war wirklich sehr liebenswürdig von ihnen, daß sie sich die Mühe gemacht hatten, so viele Kilometer hin- und nun wieder zurückzufahren, um uns diese gute Nachricht zu überbringen... Sie hatten doch sicher noch etwas auf dem Herzen. Ach ja, natürlich! Nur zwei kleine Anliegen. Sowohl die tschechoslowakische Polizei als auch die Armee hätten den glühenden Wunsch geäußert, Montand möge ihnen doch jeweils eine zusätzliche Galavorstellung geben... Ob das zu machen sei? Die beiden schienen schmerzlich, um nicht zu sagen tragisch enttäuscht, als Montand ihnen schonend beibrachte, daß er bisher noch in keinem Lande Galavorstellungen für die Polizei oder die Armee gegeben habe, und seine Gepflogenheiten auch nach der Ankunft in Prag bestimmt nicht ändern werde. Ich wiederum stellte die Frage, ob sich die tschechoslowakische Polizei, wenn sie sich schon einen derartigen Galaabend leisten wolle, auch mit der Absicht trage, Frau Slanska einzuladen. Zu jener Zeit und in diesem Zugabteil hatte ich noch keine Ahnung davon, daß es in Prag immer noch Namen gab, die man am besten nicht aussprach. Auch nicht, wenn es sich um Opfer der »Fehler der Vergangenheit« handelte, die inzwischen offiziell als solche anerkannt waren.

Ihre entsetzten Blicke waren ein Vorgeschmack von dem, was wir in den folgenden Tagen noch feststellen sollten. In Prag sollte es anders als in Warschau sein. Sie übergingen meinen geistreichen Scherz mit Schweigen und sprachen dann von der vagen Möglichkeit einer Vorstellung in Bratislawa. Die Bevölkerung der Slowakei hatte sich darüber beklagt, daß sie von diesem Kulturereignis ausgeschlossen sei. Sie hielten uns eine kleine Vorlesung in Völkerkunde, aus der hervorging, daß es recht schwierig war, es allen recht zu machen. Von der Slowakei sprachen sie wie manche Leute in Frankreich von der Bretagne. Da Montand stets für die Bretonen gesungen hatte, gab es für ihn keinen Grund, gegenüber den Slowaken dieselben Einschränkungen zu machen, wie die soeben geäußerten. Noch sei nichts endgültig entschieden, sagten uns die beiden, man müsse mal sehen ...

Der Zug rollte dahin, und wir tauschten nur noch Allgemeinplätze aus. Dennoch war etwas Ungewöhnliches und Entscheidendes geschehen, ohne daß es einer von uns beiden gemerkt hätte. Ich selber sollte bis zum Jahre 1969 warten müssen, bevor ich das Puzzlespiel lösen und die zwei entscheidenden Bruchstücke einfügen konnte. Und dann mußte ich noch bis 1974 warten, bevor ich die Bestätigung dessen erhielt, was ich 1969 entdeckte und 1966 nicht hatte sehen wollen.

Die zwei entscheidenden Bruchstücke waren die beiden Namen, die im Abstand von einigen Sekunden gefallen waren. Der Name der Witwe von Slansky und der Name Bratislawa.

Ich hatte den Namen von Frau Slanska ausgesprochen. Das hatte für mich etwas von dem schwarzen Humor gehabt, wie er in Warschau üblich gewesen war. Die beiden hatten mit entsetztem Schweigen reagiert. Sie hatten von Bratislawa gesprochen. Ich hatte darauf keinerlei Reaktion gezeigt. Bratislawa – das sagte mir gar nichts. Bevor sie es uns erklärten, wußte ich überhaupt nicht, wo diese Stadt lag.

Sie aber wußten genau, wo Bratislawa lag, und sie wußten auch sehr gut, daß ich Beziehungen zu Bratislawa hatte. Ihnen war das bekannt; mir jedoch in jenem Zugabteil noch nicht.

Entdecken sollte ich das erst am folgenden Tag. Ich hatte eine Kusine in Bratislawa. In Neuilly-sur-Seine hatten wir über die Verwandschaft in Mitteleuropa nie Buch geführt. Es war völlig normal, daß ich von der Existenz meiner Kusine in Bratislawa nichts wußte. Sie rief mich am Tage nach unserer Ankunft in Prag im Hotel Alkron an.

Sie sprach Englisch mit mir. Sie erklärte mir kurz, in welcher Weise sie über meine Großmutter väterlicherseits mit mir verwandt war. Sie hatte in den Zeitungen Bratislawas gelesen, daß Montand dort eine Vorstellung geben würde, und freute sich sehr darauf, uns zu treffen. Als ich ihr sagte, daß das noch nicht mit Sicherheit feststehe, schien sie überrascht zu sein... Es war offiziell angekündigt worden. Es lag etwas derartig Drängendes in der Art, wie sie absolut damit rechnete, uns zu begegnen, daß ich sie beim Auflegen des Hörers unter jene unvermeidlichen Wichtigtuer einordnete, die in ihrem Bekanntenkreis damit glänzen wollen, daß sie mit berühmten Leuten verwandt sind. Sie hatte mir ihren Namen gesagt. Ich hatte ihn schon wieder vergessen. Ich vergaß auch den Telefonanruf sehr schnell.

Das Hotel Alkron war die Drehscheibe der Welt des Ostens und auch der des Westens. In der Eingangshalle und im Restaurant wimmelte es stets von ausländischen Pressekorrespondenten und tschechischen Journalisten, von Leuten, die auf dem Weg nach Peking oder auf der Rückreise von Moskau Zwischenstation machten, von Industriellen aus dem Westen, Schriftstellern und Botschaftsattachés. Die Halle des Hotels Alkron war gleichbedeutend mit dem Flore, dem Fouquet's oder dem Algonquin in New York ... aber das wußte ich noch nicht. Auch war die Halle des Hotels Alkron ein Gebiet, das man nur schwer durchqueren konnte, ohne von Leuten angesprochen zu werden, die einem meistens nichts zu sagen hatten, einen aber aus nächster Nähe sehen wollten.

Montand sang in einem sehr großen Saal – es war kein Theater, sondern eine Kongreßhalle. Die Abgesandten der Polizei und der Armee hatten wir nicht wieder gesehen. Sie hatten sicherlich Bericht erstattet, und wir waren bestimmt nicht sehr gut angesehen. Jedenfalls, ich glaube es war am dritten Abend, sang Montand nicht. Mit einem kurzen und außerordentlich unhöflichen Telefonanruf wurde ihm um sechs Uhr abends mitgeteilt, daß der Saal leider nicht frei sei. Die Regierung brauche ihn für eine Sondersitzung... Wenn er wolle, könne er woanders singen. Nein, Montand hatte keine Lust, woanders zu singen ... er würde aussetzen. Am nächsten Tag hatte er seinen Saal wieder, aber niemand gab uns eine Erklärung. Auch von Bratislawa war nicht mehr die Rede. Seit Ostberlin betreute uns ein anderer Mitarbeiter der Künstler- und Schriftstelleragentur, Monsieur Lenoir, aber auch ihm wurde keine Erklärung dafür gegeben.

Während des Tages kamen wir mit vielen Leuten zusammen. An der Universität hatten uns die Studenten der Filmakademie um einen Besuch gebeten. Sie waren sehr amüsant und sehr lebendig. Sie waren es, die der Welt später den tschechoslowakischen Film schenken sollten – die Filme von Forman, Pesser, Kadar – und sie erinnerten mich später an diesen Besuch, der sie geprägt hatte, zu einer Zeit, als sie noch Heranwachsende waren. Jiri Trnka führte uns in seinem kleinen Studio einige Trickfilme vor, die immer noch nicht in den Kinos gezeigt wurden... Er schenkte mir einen seiner Stars aus dem *Sommernachtstraum*, eine kleine hölzerne Ziege, die sich noch recht gut auf ihren dünnen Beinchen aus Birkenholz hält, in einer Vitrine in Autheuil, wo sie russische Ostereier, mexikanische Engelchen und bulgarische Flöten zu Nachbarn hat. Er hoffte, mit einem von Marionetten gespielten Shakespeare weniger Schwierigkeiten zu haben als mit zeitgenössischen Themen.

Eines abends speisten wir mit Nazim Hikmet; vielleicht weil es der Tag war, an dem Montand seinen improvisierten freien Abend hatte. Montand hat das vergessen und deshalb behauptet er in dem Film von Chris Marker, daß er Nazim Hikmet, dessen Lied *Comme un scorpion, mon frère* er singt, nie getroffen hat (die Präzisierung gebe ich, damit man mich nicht einer Erfindung bezichtigt). Wir aßen im Alkron zu Abend. Nazim Hikmet war schön und riesengroß; er hatte in der Türkei lange Jahre im Gefängnis verbracht, weil er war, was er eben war: der größte revolutionäre Dichter seines Landes und seiner Generation. Er redete sehr, sehr laut in diesem Speisesaal. Er sprach von der Freiheit, aber auch vom Mangel an Freiheit. Er war auf dem Wege nach Moskau, wo er sich über irgend etwas beklagen wollte. Er legte Wert darauf, daß es jeder erfuhr. Der tschechische Schriftsteller, der ihn begleitete, fragte sich sichtlich, ob dieses kleine Essen ein guter Einfall gewesen war.

Eines Tages aßen wir in der französischen Botschaft zu Mittag, in einem herrlichen Barockpalais. Ich habe ganz zu erwähnen vergessen, daß der Quai d'Orsay seit den zwei Schluck Portwein bei den Dejeans in Moskau offenbar grünes Licht gegeben hatte, und daß die französischen Botschafter in allen Ländern, die wir von nun an bereisen sollten, stets aufnahmebereit und herzlich waren. Der französische Botschafter in der Tschechoslowakei besaß sehr schöne Wandteppiche von Lurçat und erzählte uns, in welche Verlegenheit die führenden Männer der Tschechoslowakei kamen, wenn sie zu Besuch kamen und entdecken mußten, daß Lurçat, dessen mangelnde Neigung zum sozialistischen Realismus sie verabscheuten, ein altes Mitglied der Kommunistischen Partei Frankreichs war.

Die Woche ging ihrem Ende zu. Eines abends, als Montand nach der Vorstellung in Bratislawa fragte, von der nicht mehr die Rede gewesen war, sagte irgend jemand, daß aus Bratislawa mit Sicherheit nichts mehr würde. Zu kompliziert... auch sei die Hin- und Rückreise zu anstrengend. Die Slowaken hätten sicher Verständnis... Ja, gewiß.

Am nächsten Morgen rief meine Kusine aus Bratislawa an. Sie hatte soeben in den Zeitungen gelesen, daß Montand beschlossen habe, nicht in Bratislawa aufzutreten. Das sei sehr schade, sagte sie. Ich mußte ihr sagen, daß dies nicht Montands Entscheidung gewesen sei, sondern daß alles viel zu kompliziert und die Hin- und Rückreise zu ermüdend sei. Ich konnte ihr schließlich nur mitteilen, was man uns gesagt hatte. Sie bestand darauf, daß es wirklich sehr schade sei. »It's too bad, it's too bad«, murmelte sie. Ihre Stimme klang sehr traurig. Da sagte ich ihr, daß aufgeschoben schließlich nicht aufgehoben sei, oder irgend etwas in der Art wie: »Eines Tages treffen wir uns sicher noch...« Sie sagte: »Vielleicht...«

Als ich den Hörer auflegte, sagte ich mir, daß wir sicher den Anblick einer sehr schönen Stadt versäumen würden, indem wir nicht nach Bratislawa gingen, aber wenn wir gleichzeitig um das Familienessen herumkamen, das meine Kusine gewiß organisiert hatte, so habe das auch seine guten Seiten. Und wir verließen mit völlig ruhigem Gewissen Prag, die Stadt, in der sich in jener Woche so viele Dinge ereignet hatten, von denen manche angenehm, andere unerklärlich waren und vor allem ungeklärt blieben.

Eines Tages im Jahre 1966 in London, als ich mich gerade anschickte, in der Rolle von Lady Macbeth zu leiden – gemeinsam mit einigen Puristen der Sprache Shakespeares – rappelte mein Nachttischtelefon, wie es das in den Zimmern des Savoy-Hotels zu tun pflegt. Eine Mrs. Sophie Langer fragte nach mir... Mrs. Sophie Langer sagt, sie sei ihre Kusine aus Bratislawa... Neun Jahre, nachdem sie mich in ihrem Heimatland verfehlt hat, taucht sie nun in London wieder auf, dachte ich mir. Ich nahm das Gespräch entgegen, schickte aber gleich voraus, daß ich sehr viel zu tun hätte. Das sei ihr klar, sagte sie, aber sie sei mit ihrer Tochter in London und würde sich sehr freuen, wenn wir uns endlich treffen könnten. Der Besuch wurde für den nächsten Tag um drei Uhr vereinbart.

Zu jener Zeit war ich maßlos egozentrisch. Ich war dabei, etwas zu tun, wozu mich meine Eitelkeit oder meine Sorglosigkeit getrieben hatte. Ich machte das nicht sehr gut (von dem Abenteuer mit *Macbeth* wird noch die Rede sein), und ich war nur für mich selbst disponibel. Meine Kusine aus Bratislawa konnte ich genau so gut brauchen wie den Papst, wenn er um eine Audienz gebeten hätte. Ich interessierte mich nur für mich selber, d. h. für Lady Macbeth, und war den ganzen Tag damit beschäftigt, auf meinem Text herumzukauen. Das passierte mir zum ersten Mal im Leben, und ich habe nichts von diesen Wochen vergessen, in denen ich so weltabgewandt war wie alle die Leute, denen ich so leichtfertig mit Verachtung ihre Gleichgültigkeit vorwerfe.

Meine Kusine war eine sehr schöne Frau. Ihre Tochter war zierlich und charmant. In London hielten sie sich auf, weil die Kleine eine Au-pair-Stelle in einer englischen Familie ergattert hatte. Bravo, bravo, sagte ich, und wiederholte dabei im Kopf die Sätze, die ich später auf der Bühne des Royal Court wiedergeben sollte. Und sonst? Sonst wollte mir meine Kusine doch gern noch ihre Lebensgeschichte erzählen. Sie und ihr Mann hatten als junge tschechische Sozialisten das Land nach dem Einfall der Nazis verlassen und während des Kriegs in Amerika im Exil gelebt. Bereits 1945 waren sie eilends zurückgekehrt, um beim Aufbau des Sozialismus mitzuhelfen. Ihr Mann, Oskar Langer, von Beruf Anwalt, war wie viele andere um 1952 wegen Abweichlertums verhaftet worden... Sie wollte fortfahren, als ich – nicht um sie zu unterbrechen, sondern wohl um zu zeigen, daß ich auch etwas wußte – bemerkte: »In New York hätte er sicher auch Schwierigkeiten bekommen.«

Sie sprach nicht mehr weiter. Ich forderte sie auf, ihre Geschichte weiterzuerzählen. Sie sagte mir, daß sich das nicht mehr lohne. Sie trank ihren Tee aus, gab ihrer Tochter ein Zeichen, entschuldigte sich dafür, daß sie mich gestört hatte und verließ mein gemütliches kleines Appartement, nicht ohne mich merken zu lassen, daß Leute wie wir überhaupt von nichts eine Ahnung hatten. Der Wichtigtuerin, die ich mir in Prag vorgestellt hatte, ähnelte meine Kusine nicht, aber ich fand sie nicht besonders liebenswürdig. Und ich mußte ja schließlich auf die Bühne, Theater spielen! Daß sie übrigens in London war, mitsamt ihrer Tochter, hieß ja wohl, daß das alles nur alte Geschichten waren. Es mußte sich wohl eher zum Guten gewendet haben, in der Tschechoslowakei, da die Leute ja reisen konnten, wie sie wollten. So!

Das dachte ich, als ich die Tür hinter ihnen zumachte. Ich kehrte zurück vor meine große schwarze Tafel, auf die ich mit riesiger Schrift geschrieben hatte:

Wouldst thou have *that*
which thou *esteem'st* the ornament of *life*

ein schwieriger Satz, der in einer längeren Passage enthalten war, die im übrigen nicht weniger schwierig war. Und ich verschwendete keinen Gedanken mehr auf meine Kusine oder auf ihre Tochter, und auch nicht auf ihren Mann, dessen Geschichte sie nicht zu Ende erzählt hatte. »Wouldst thou have that...« Sie hatte noch von einer anderen Tochter gesprochen, die Sängerin war, war das nicht zu

Beginn des Gesprächs gewesen? Ach was: »Wouldst thou have...«

Im Herbst 1968, bei der Rückkehr aus Stockholm, wo ich *Die Möwe* gedreht hatte, fand ich in einem ganzen Haufen Post einen Brief, der in Deutschland aufgegeben worden war. Ihm entnahm ich zwei Blätter rosa Luftpostpapier. Der Brief war auf den 30. August datiert und wartete schon seit einem Monat auf mich. Er war in Englisch geschrieben, ich habe ihn glücklicherweise aufgehoben und kann die wichtigsten Sätze wiedergeben:

»... ich hatte beschlossen, nie mehr mit Dir in Verbindung zu treten, so offensichtlich war es, daß Du nichts von uns wissen wolltest... Alles, was Du mir sagen konntest, als ich versuchte, Dir meine Geschichte zu erzählen, war, daß uns als Kommunisten ebenso mitgespielt worden wäre, wenn wir in den USA geblieben wären. Ich hoffe, Du hast *heute* begriffen, daß es einen Unterschied gibt. Es sind jetzt achtundvierzig Stunden her, daß ich die Grenze überschritten habe, zwischen russischen Panzern und Gewehren hindurch. Was wir hinter uns haben, ist ein Alptraum: von nun an wird er in der Tschechoslowakei auf Dauer herrschen. Wir haben das Land verlassen mit zwei Koffern und dank eines kleinen Wagens, den wir mit dem *Blutgeld* für meinen Mann bezahlt haben, mit dem Geld, das uns bei seiner Rehabilitierung ausbezahlt worden ist...«

Beim Lesen dieses Briefes fühlte ich mich nicht wohl in meiner Haut. Und das war wohlverdient. Ich hätte an die Adresse in London schreiben können, die sie für die nächste Woche als möglich angegeben hatte. Ich tat es nicht. Ich rechnete mir aus, daß ein Monat ins Land gegangen war. Ich unternahm keinen Versuch, die Spur meiner Kusine Sophie Langer wiederzufinden. Den Brief aber warf ich nicht weg. Ich legte ihn nur zur Seite und packte meine Koffer, um mit Montand nach Los Angeles zu fahren.

Im März 1969, als ich nach Paris zurückkam, las ich nacheinander *Das Geständnis* von Arthur London, *Les Nôtres* von Elisabeth Poretski und die Autobiographie von Josepha Slanska. In dem Buche von Slanskys Witwe konnte ich die Geschichte meines Vetters Oskar Langer nachlesen, genau die Geschichte, die ich in London nicht hatte anhören wollen. Ich schämte mich furchtbar. Ich suchte die zwei rosa Luftpostblätter wieder heraus, und wie man eine Flaschenpost ins Meer wirft, schrieb ich an jene hypothetische Adresse in London, die nunmehr sieben Monate alt war. Ich schrieb einen Brief, in welchem ich für meinen Egoismus und für meine aus Unwissenheit begangenen Unterlassungssünden um Verzeihung bat.

Aus Vätseras in Schweden erhielt ich eine Woche später einen eng getippten Brief von vier Seiten. Es ist ein erschütterndes Dokument, welches verdiente, vollständig übersetzt zu werden. Sie verzieh mir. Sie dankte mir. Sie bedauerte, daß wir nach zwölf Jahren entdeckten, was wir schon mit ihrer Hilfe hätten feststellen können, wenn wir nur nach Bratislawa gekommen wären. Im Jahre 1957 war ihr Mann noch im Gefängnis gewesen. »Ihr beide hättet seine Haftzeit verkürzen und seine Lebenszeit verlängern können, und sei es nur deswegen, weil ›sie‹ wußten, daß ich die Beweise für seine Unschuld und infolgedessen für die Unschuld vieler anderer in der Hand hielt... Es hatte Fälle gegeben, wo ›sie‹ auf ihnen wohlgesinnte Ausländer einen guten Eindruck machen wollten.« Ich mußte entdecken, daß sie nach Prag gekommen war und in der Halle des Hotels Alkron gesessen hatte. Sie hatte nicht gewagt, uns anzusprechen, sie wußte, daß man ihr folgte und wollte nicht »die lästige Kusine« sein. Zu diesem Zeitpunkt war sie noch des Glaubens gewesen, wir würden nach Bratislawa kommen. Ihre Tochter trat unter einem anderen Namen als dem ihres Vaters, des »Verräters«, als Sängerin in der Bar des Hotels auf, in dem wir höchstwahrscheinlich abgestiegen wären. Sie durfte nicht mehr dem Orchester angehören, bei dem sie früher Solistin gewesen war. Sie hatten einen Plan aufgestellt, wie sie uns informieren wollten. Aber dann waren wir gar nicht nach Bratislawa gelangt, und aus der Ferne hatten sie die einzige Hoffnung entschwinden sehen, wohlmeinende Menschen aufzuklären, die getäuscht worden waren, genauso wie sie sich selber während der Moskauer Prozesse hatten täuschen lassen. Sie kam immer wieder auf diese zwölf Jahre zurück, die wir verloren hatten, und auf das Schweigen, das sich um die Menschen ausbreitete, die in Haft waren, und von denen manche erst 1964 rehabilitiert wurden. Sie sagte auch: »Trotz allem, was ich durchgemacht hatte, ließ ich mich im Januar 1968 von neuem zur Begeisterung hinreißen...«

Inzwischen war sie dabei, Schwedisch zu lernen, ihre siebte Sprache. Ihr Brief schloß wie folgt:

»Entschuldige, daß ich so einen langen Brief geschrieben habe. Vielleicht liegt es daran, daß ich hier nur Leute treffe, mit denen ich Konversation machen kann, aber ich habe niemanden, mit dem ich mich aussprechen kann. Vielen Dank dafür, daß Du mir geschrieben hast, das hat mir ein wenig von meinem früheren Glauben wiedergegeben, vom Glauben an die Würde des Menschen. Oh, wie sehr ich früher daran geglaubt hatte, wie unendlich groß dieser Glaube damals gewesen ist. Love So.

Letztes Jahr ist meine Kusine Sophie nach Paris gekommen. Wir haben einen Tag miteinander verbracht. Inzwischen spricht sie Schwedisch. Wir haben Englisch-Französisch-Deutsch miteinander gesprochen, um keine Zeit damit zu verlieren, nach einem Wort zu suchen, soviel hatten wir einander zu sagen. Häufig hatten wir Tränen in den Augen, abwechselnd von zweierlei Art: Tränen der Rührung und Lachtränen. Sie war acht Jahre älter als in meinem kleinen Salon im Savoy. Ich auch. Sie war siebzehn Jahre älter als in der Halle vom Hotel Alkron. Aber in dieser Hotelhalle hatte ich sie nicht gesehen. Seit dem Brief aus Vätseras hatte ich mir diese Nahaufnahme vorgestellt. Die Nahaufnahme von dem Gesicht einer Frau, die die einzigen Menschen an sich vorbeigehen sieht, mit denen sie reden möchte. Die Menschen, die man ohne viel Aufsehen daran hindern wird, nach Bratislawa zu kommen, ohne daß sie wissen warum. Den Mann, von dem man eine Galavorstellung für die Polizei und die Armee erpressen wollte, von der man dann wahrscheinlich gesagt hätte, sie sei auf eigenen Wunsch erfolgt. Sie ist da, sie sitzt da, und kann nichts tun, nichts, nichts, nichts. Wir lächeln gewiß, wir haben es eilig, wir schütteln Hände, wir sehen sie nicht. Wir gehen vorbei. Ich habe an die Blicke der Russen gedacht, die mir nicht entgangen waren. Den Blick meiner Kusine hatte ich nicht bemerkt. Jetzt war sie da, saß vor mir, und erzählte. Sie konnte sich wieder in ihre Angst und Sorge von damals hineinversetzen, und es war wunderbar, daß ich das, was ich um ein Haar niemals mehr hätte tun können, wenigstens jetzt, siebzehn Jahre zu spät tun konnte: Sie anhören und sie umarmen.

Mit Hilfe ihres und meines Gedächtnisses gelang es uns, das Puzzle vollkommen zu rekonstruieren, dessen verschlungenes Bild in einem fahlen Licht vor uns erschien. Heute bin ich überzeugt davon, daß während dieser Woche im Februar 1957 in Prag alles angeordnet, oder bisweilen umgeordnet wurde, um ein Zusammentreffen zwischen der Frau des politischen Häftlings Oskar Langer und deren Kusine, der Frau des Sängers Yves Montand, unmöglich zu machen. Der Auftrag war erfüllt worden. Angefangen hatte es, als man sich schon von der Grenze ab mit uns beschäftigt hatte. Beendet war es, als die neun Mitglieder unserer Truppe im Flugzeug, das uns nach Bukarest bringen sollte, die Gurte anschnallten. Erst in diesem Augenblick müssen die mit dieser Aufgabe Betrauten ein erleichtertes »Uff« ausgestoßen haben.

Ohne es zu merken, hatten wir acht Tage lang Kafka gespielt, und vom Himmel herab blickten wir noch einmal auf die majestätische Stadt Prag.

Auch Bukarest besitzt einen Wolkenkratzer von echt rumänischer Abstammung. In Bukarest heißt die Moskauer Universität Kulturpalast. Wir waren dorthin vom Kultusminister eingeladen worden, einer charmanten und sehr klugen Frau. Sie kündigte uns an, daß die Regierung uns ein Abendessen geben würde, sie hatten von dem kleinen Souper von Moskau reden hören und wollten nicht schlechter dastehen als der große Bruder. Sie riet uns, uns alle Fragen zurechtzulegen, die wir Lust hätten, ihnen zu stellen und versicherte uns, daß sie willkommen seien.

Ein junges Paar war uns im Hotel besuchen gekommen. Er war Franzose, sie war Rumänin; er war wegen einer Reportage für das französische Fernsehen gekommen, wollte sie heiraten und nach Frankreich mitnehmen. Es wurde ihnen verboten. Wenn das kleine Moskauer Souper auch nur bewirkt hatte, daß Martin du Gard auf russisch herauskam, so hat das große Diner von Bukarest wenigstens dazu gedient, diese Heirat möglich zu machen.

Am Abend vor unserer Abreise fanden wir einen Brief vor, der auf den Rücken eines sehr schönen chinesischen, um einen Bambusstab gewickelten Stichs geschrieben war, und von dem ich nur den Schluß wiedergebe, wegen der hübschen Formulierung:

Mögen eine kleine Simone und ein kleiner Yves in der nächsten Zukunft die schönen Früchte unseres Glücks sein, daß Sie zuwege gebracht haben. Worte werden nie stark genug sein, um Ihnen sagen zu können, wie dankbar wir Ihnen sind. Sie sollen aber trotzdem wissen, daß unsere besten Wünsche und unsere herzlichsten Gefühle immer für Sie sein werden.

Die Unterschrift war Plinie Cretu und Henri Chapuis, und das Datum der 22. Februar 1957. Auch der Stich befindet sich in Autheuil, nicht weit entfernt von der Ziege von Trnka. In Bukarest war es uns gelungen, eine Ehe zu stiften – in Prag hatten wir jemand im Gefängnis schmachten lassen.

Anna Pauker hatte weniger Glück als unser Brautpaar. »Es geht ihr sehr gut«, erhielten wir zur Antwort. »Sie ist sehr gealtert, sie ruht sich aus.« Die alte Revolutionärin »ruhte« tatsächlich aus.

Anna Pauker auf einer Rednertribüne, Madame Lupesku beim Rennen von Chantilly, der arme König Carol im Exil, das war Vorkriegswochenschau im Kino Le Chézy in Neuilly. Anna Pauker mit ihren kurzen Haaren und ihren Männerhemden, Madame Lupescu mit ihren großen Hüten und Füchsen, der arme traurige König, ebenfalls in Chantilly.

Während dieser Woche in Rumänien war ich sichtlich nicht die einzige, die mit der Nostalgie spielte.

Wir haben Rumänien nicht gesehen. Wir haben die Rumänen gesehen. Nicht die armen Bauern, von denen Panait Istrati erzählt. Die Rumänen von Bukarest, die man nicht lange bitten mußte, um sie dazu zu bringen, davon zu erzählen, wie lustig Bukarest früher gewesen war. Es war ein kleines Paris. Mit der Eisernen Garde, der Allianz mit Hitler. In Bukarest liebte man die Russen nicht, ganz wie in Warschau. In Bukarest hatte man sich auch nicht dafür entschieden, sozialistisch zu werden. In Prag schon.

Auch Sofia besitzt seinen Wolkenkratzer rein bulgarischer Herkunft. »Sofia andere Sitten, andere Leute.« In Sofia ist die Moskauer Universität ... ich schwanke zwischen dem Pressehaus und dem Haus der Medizin. Ich weiß es nicht mehr. In Sofia liebt man die

Russen. Das geht weit zurück vor Chruschtschow, Stalin oder Lenin. Das geht bis auf die Romanows zurück. Die Russen haben sie von den Türken befreit.

Das Mausoleum von Dimitroff ist zu Ehren eines Revolutionärs errichtet, der sich geweigert hat, sich im Reichstagsbrandprozeß für schuldig zu erklären. Er war Bulgare. Das war 1933.

Kostow ist der einzige Angeklagte der falschen Schauprozesse, der versucht hat, die Intrige aufzudecken. Er war Bulgare. Das war 1949. Gehenkt wurde er trotzdem. Aber immerhin hatte er es versucht.

In Sofia will man wegen Grenzkonflikten weder von den Griechen noch von den Jugoslawen etwas wissen, und man verabscheut die Türken, die die Griechen verabscheuen, welche wiederum die Jugoslawen nicht besonders mögen, die ihrerseits die Bulgaren verabscheuen, welche die Ungarn nicht mögen und die Deutschen hassen.

Es war in Sofia, der fünften Etappe im sozialistischen Lager seit unserer Abreise von Moskau, als wir eines Abends bei Tisch nach dem Chansonabend zu dieser Schlußfolgerung kamen. Wo war die Zeit hingekommen, wo ich mir auf dem Wege nach Babelsberg diese große Gemeinschaft und den brüderlichen Austausch regionaler Produkte vorstellte: »Gib' mir ein wenig Kohle, ich werde euch Uran dafür geben, teilen wir unsere Äpfel, unseren Kaviar, unser Brot und unser Salz...«

In Sofia hatten wir starke, ruhige und frohe Leute getroffen. In der Halle unseres Hotels hatten wir auch Kanapa bemerkt. Er hat uns nicht gesehen. Er wußte wahrscheinlich nicht, daß wir in der Gegend waren, und daß Montand gerade in dieser Woche Ende Februar 1957 in dieser Stadt sang.

(Wir schreiben den 28. Februar 1975. Gestern morgen hat Franco fünf junge Männer erschießen lassen. Und ich werde ihre Namen angeben, damit sie länger auf gedrucktem Papier bleiben als in den Zeitungen dieser Woche und vielleicht noch der nächsten: Antel Ortaegui, José Humberto Baena, Ramon Garcia Sainz, José Luis Sanchez Bravo und Pareder Manot. Und ich werde auch die Namen derjenigen angeben, die am 22. September nach Madrid und zurückgeflogen sind, um persönlich einen gemeinschaftlich verfaßten Text von Sartre, Malraux, Aragon, Mendés-France und François Jacob zu überbringen, weil weder der *Express* noch *Paris Match* über die Sache berichtet hatten. Sie heißen Costa-Gavras, Régis Debray, Michel Foucault, Jean Lacouture, R. P. Landouze, Claude Mauriac und Yves Montand. Sie sind nicht auf ihrem Sofa sitzengeblieben, und spanische Polizeiautos haben sie an ihr Flugzeug zurückgebracht.)

Belgrad verfügt über keinen Wolkenkratzer rein serbokroatischer Herkunft... In Belgrad gibt es keine Moskauer Universität. Im Restaurant des Hotels waren zwei Zigeuner, die Kalitka, kleines Pförtchen hinten im Garten sangen...

Wo wir schon bei Liedern sind, nun habe ich doch tatsächlich vergessen, über die Vorstellung meines Mannes zu reden. Es ist langweilig und für eine Ehefrau unbescheiden, wenn ich wiederhole, daß es auch hier wie überall sehr gut lief. Das macht nichts, ich wiederhole es trotzdem nochmal.

In Belgrad zeigten die Kinos Filme aus allen Ländern der Welt in Originalfassung. In Belgrad habe ich die *Hexenjagd* von einer kroatischen Truppe gespielt gesehen und alles verstanden.

Aber in Belgrad haben wir vor allem Monsieur und Madame Broz getroffen.

Eines Morgens sagte uns eine Stimme am Telefon: »Unser Marschall und Madame Broz würden sich sehr freuen, Sie morgen nachmittag für eine Tasse Tee zu empfangen. Ein Wagen wird Sie gegen drei Uhr im Hotel abholen.« Die Einladung erfolgte genauso formlos, und der Wagen, der uns am nächsten Tag um drei Uhr erwartete, war ein alter Ford ohne besondere Kennzeichen, wenn man davon absieht, daß er eben alt war. Ein Mann saß am Steuer, ein anderer ließ uns hinten einsteigen. Weder der eine noch der andere sprachen Französisch, sie lächelten, und wir auch. Wir fuhren durch Belgrad, dann fuhren wir aus Belgrad hinaus, dann durch die Vorstädte von Belgrad und dann durch einen sehr dichten Wald... Und da fingen Montand und ich an, *Le Mort en fuite* zu spielen. In *le Mort en fuite* spielen Jules Berry und Michel Simon zwei verkrachte Schauspieler, und irgendwann wird Berry irrtümlich von einer Ustascha-Gruppe entführt und landet in den Karpaten...

War es die Müdigkeit, die sich in langen Monaten angesammelt hatte? Oder die gewisse mysteriöse Atmosphäre, die uns in der letzten Zeit im Osten doch recht oft umgeben hatte? Plötzlich geriet ich in Panik. Jedoch nur innerlich... Dieses Auto sah gar nicht so aus wie das eines Staatschefs, und die zwei jungen Kerle glichen keinen offiziellen Abgesandten... Die Stimme am Telefon, die uns eingeladen hatte, war anonym gewesen... Der Wald wurde immer dichter... Und in diesem Augenblick sagte Montand zu mir: »Eh! Aber wo fahren wir denn hin? Und was sind das für zwei Typen?« Unsere Gedanken waren, wie man so sagte, in die gleiche Richtung gegangen. Es war ganz einfach, wir hatten dort, wo wir gewesen waren, zuviel geredet, wir wußten zuviel, also würde man uns um die Ecke bringen. Und wo? Genau auf dem Territorium des ehemaligen Verräters Tito, der vor kurzem rehabilitiert worden war. Das alles ergab einen Sinn, wir waren Kinder, daß wir nicht daran gedacht hatten, und Montand sagte leise zu mir: »Hab' keine Angst, ma chérie. Beobachte du den Kerl, der chauffiert, ich werde mich mit dem anderen befassen; wenn er anfängt, langsamer zu fahren, springe ich ihm an den Hals.«

Das Auto fuhr nicht langsamer, der Wald lichtete sich, und hörte dann ganz auf. Es wurde eine Straße, von schönen Gärten gesäumt, in denen hinten schöne Villen standen, die bisweilen von einer Ordonnanz bewacht wurden. Vor der schönsten Villa standen zwei. Auf der Vortreppe erwarteten uns drei Personen: Der Marschall Tito, seine Frau und ein sehr großer und sehr würdiger Herr.

Tito hatte einen dunkelgrauen Flanellanzug an, echter englischer Schick, und auf seiner Krawatte strahlte ein großer Diamant. Madame Broz war in Schwarz und trug Schmuck wie ein junges Mädchen, das zur ersten Kommunion geht. Sie sahen beide sehr eindrucksvoll aus. Der große vornehme Herr übersetzte uns den Willkommensgruß. Madame Broz streckte uns beide Hände hin, während der große Herr übersetzte: »Das ist wunderbar, ich fühle mich wie im Kino.« Ich bat den großen Herrn, zu antworten: »Wir auch, wie in der Wochenschau.«

In der Nische eines kleinen Salons stand der Tee bereit, aber Tito schlug Champagner vor. Die Flaschen waren schon kalt gestellt. Auf den Etiketten war zu lesen: »Réserve du maréchal Tito«, und Tito redete zwei Stunden lang.

Zunächst stießen wir mit den Gläsern an; wir fragten uns, mit wem er wohl hatte reden wollen, als er uns in seiner zweiten Residenz, en famille zum Champagner einlud: mit einem Sänger und Schauspieler und einer Schauspielerin, deren Filme er und seine Frau gesehen hatten? Mit Weggefährten der kommunistischen Partei Frankreichs? Mit Reisenden, die gerade in sechs Ländern gewesen waren, in denen man bisweilen Menschen wegen Titoismus gehängt hatte? Mit Menschen, die mit dem Präsidium des Obersten Sowjets vor drei Monaten soupiert hatten? Oder mit denen, die in einigen Tagen in Budapest landen sollten? Wir waren das alles gleichzeitig, und mit allen von uns hat er geredet.

Da er uns für Parteimitglieder hielt, fragte er uns mit etwas spöttischem Sarkasmus, ob wir nun davon überzeugt seien, daß er nicht mehr der vom Imperialismus gekaufte Verräter sei, der er zwischen 1948 und 1956 gewesen war. Wir konnten ihm antworten, daß wir im Hinblick auf seine Person nie von irgend etwas überzeugt gewesen seien, das sei im übrigen auch einer der Gründe gewesen, die uns davon abgehalten hätten, Mitglieder der Kommunistischen Partei Frankreichs zu werden. Nicht der einzige Grund, aber die anderen lägen mehr auf kulturellem Gebiet. Diese Klarstellung hat bestimmt den Verlauf des Gesprächs in andere Bahnen gelenkt... Wiederum bot sich uns eine Chance, uns vor dem Betroffenen selbst zu definieren, wenn ich so sagen darf.

Tito, seine Frau und der große Herr waren überrascht und sehr froh. Man hatte sie falsch informiert. Das sei verständlich, sagten wir. Ohne das Mitgliedsbuch zu haben, hatten wir uns an vielen Dingen mit den französischen Kommunisten beteiligt, worunter vermutlich auch manche waren, die ihn betrafen, aber schließlich, voilà... Er hatte keine Mitglieder der französischen Kommunistischen Partei zu sich eingeladen. Wir hatten nie an Zellensitzungen teilgenommen, auf denen die Titoisten ausgeschlossen wurden, und wir waren auch keine Titoisten gewesen. Wir waren frei gewesen, frei genug, uns auch bisweilen zu irren.

Der große Herr übersetzte. Ein Draht hing aus seinem Ohr und führte zu einem kleinen schwarzen Kästchen, das auf dem Tisch stand. Er regelte die Lautstärke, nachdem einige Sätze gesagt worden waren. Und ich dachte: wenigstens ist das offen und ehrlich. Sie nehmen das auf, aber vor unseren Augen. Und dann bat mich Montand, nachdem er mir ein paarmal fruchtlos auf den Fuß getreten war, mich ein wenig lauter auszudrücken. Der große Herr war taub. Das Mikrofon war ein Hörgerät. Wir waren nicht mehr im Wald, wir spielten nicht mehr *le Mort en fuite*. Wir saßen bei Marschall Tito, der Lust hatte, über Paris zu sprechen.

Er schien der Haltung der kommunistischen Partei Frankreichs ihm gegenüber während der letzten acht Jahre sehr große Bedeutung beizumessen. Diejenigen, die ihn verurteilt hatten, kannten ihn sehr gut; er pflegte sie zu treffen, wenn er als illegales Parteimitglied in der Vorkriegszeit und während des Spanienkriegs nach Frankreich kam. Besonders Jacques Duclos nahm er sein Buch *le Traitre Tito et sa Clique* übel, und da er zwei Franzosen an der Hand hatte, nutzte er die Gelegenheit, um es ihnen zu sagen. Seine Rehabilitierung war erst vor kurzem erfolgt – und er hatte ein ausgezeichnetes Gedächtnis.

Er sprach von Paris, von dem er in den Jahren der Illegalität nur die Vororte und ein kleines »sicheres« Hotel bei Genossen kennengelernt hatte. Heute kannte er dort nur einen Palast und ein Palais. Paris kannte er immer noch nicht.

Er sprach auch von den Pariser Bahnhöfen. Häufig waren es die Bahnhöfe, wo die illegalen Revolutionäre von der Polizei geschnappt wurden. Er hatte ein System, das er heute noch allen jüngeren Revolutionären empfahl. Man müsse sich anständig anziehen, nun eben wie alle Leute. Und vor allem müsse man sich einen Hund zulegen. Die Polizisten, die auf die Ankunft mancher Züge lauern, die aus ganz bestimmten Ländern kommen, sind nicht auf einen Reisenden im Konfektionsanzug gefaßt, der sich auf dem Bahnsteig die Zeit nimmt, seinen Köter ein Geschäftchen verrichten zu lassen. Und während ihre Augen über die Menge schweifen und den eiligen Mann in Lederweste und Proletenmütze suchen, strecke man in aller Ruhe seinen Fahrschein hin und gehe hinaus. Wenn der Hund ein schöner Hund ist, fällt er auf, was ganz hervorragend ist, da alle Welt weiß, daß einem Illegalen überhaupt nicht daran liegt, aufzufallen. Bei der nächsten Reise genüge es, den Hund auszuwechseln.

Tito erzählte das unter Lachen, der große Herr übersetzte lächelnd, wir lachten beim Zuhören, Madame Broz sah uns beim Zuhören und ihm beim Erzählen zu. Das war sicher nicht das erste Mal, daß sie seine Nummer über den perfekten Illegalen mitbekam, aber sie schien immer noch Spaß daran zu haben, wie das Frauen eben können, die ihren Mann lieben. Und da ich sehr romantisch bin, dachte ich daran, wie sie ihm wohl zum ersten Mal zugehört hatte, als er seine Lektion in Illegalität erteilte. Das war vielleicht im Gebirge, als sie noch eine junge Partisanin war.

Und dann redete er vom Kino. Sie hatten alle Filme zu Hause gesehen, in einer privaten Vorführung.

Und dann schimpfte er über Molotow.

Und dann sprach er über die ungeheuren wirtschaftlichen Schwierigkeiten seines Landes. Sein »Verrat am Sozialismus« (er betonte das . . .) hatte sie nicht alle gelöst. Das jugoslawische Volk, oder vielmehr die Völker hatten schwierige Zeiten erlebt, und es war noch nicht vorüber. »Wenigstens«, sagte er, »habe ich ihnen reinen Wein eingeschenkt. Ich habe sie nie angelogen. Das ist der Grund, weshalb sie mich gern haben und mir vertrauen, und warum sie mich nicht im Stich ließen, als ich 1948 ganz allein dastand.«

Und dann sprach er über die bulgarischen Partisanen, die im Krieg das Gebirge besetzt hielten, aber den jugoslawischen Partisanen den Durchzug verweigerten. Das kannten wir bereits: die Bulgaren erzählten dieselbe Geschichte mit umgekehrten Vorzeichen. Und dann sprach er über die Liquidierung der polnischen Partei durch Stalin: auch das war uns bereits bekannt, Monsieur Chruschtschjow hätte uns bereits während des kleinen Abendessens darüber informiert, sagten wir. »Ach, sieh' mal einer an! Und hat er Ihnen auch erzählt, wie er sich geweigert hat, Gomulka zu erkennen, als er im Oktober in Warschau war? – Nein, aber die Polen haben uns das erzählt, in Polen. – Hat er über die Spanier gesprochen? – Ja, er hat über die Spanier gesprochen. – Über die, die liquidiert worden sind? – Ja, er hat davon gesprochen.«

Und er zitierte Namen, die uns nichts sagten, zählte sie auf, und nach jedem spanischen Namen kam dasselbe Wort, das der große Herr übersetzte: »Liquidiert . . . liquidiert . . . liquidiert . . .« Für uns waren das Namen, für ihn Gesichter. Es war ein wenig wie in Mexiko, einige Monate zuvor, bei den Veteranen des Spanienkriegs. Und für diesen Mann von 65 oder 66 Jahren war das genau wie für sie eine Art, sich die Zeit von vor 20 Jahren in Erinnerung zu rufen, vor Ignoranten, die viel zu jung waren, um das alles kennengelernt zu haben. Er sprach von einer Familie, von seiner eigenen, der kommunistischen Internationale, fast wie ein Onkel, über den man dem gläubigen Neffen die übelsten Geschichten erzählt hat, und der plötzlich wieder aufgetaucht ist, um die wahre Familiengeschichte zu erzählen. Er war der »Vetter Josip gewesen, der im Ausland seine Jugendstreiche verübt hatte...« Inzwischen war er der Onkel Josip, und er wußte sehr viel über die Dinge, die man den gläubigen Neffen nie erzählt hatte.

Der Kreis war geschlossen. Wir tranken noch ein kleines Glas Champagner. Einen Trinkspruch in Worten gab es nicht. Wir stießen mit den Gläsern an und lächelten uns zu. Madame Broz, die nur sehr wenig gesprochen hatte, fragte mich, wie es Catherine ginge. Ich glaube, daß sie sich über das Leben der Stars auf dem Laufenden hielt. Ein Fotograf nahm Gruppenfotos auf. Wir sagten auf Wiedersehen. Madame Broz umarmte mich.

Am nächsten Tag brachte eine Stafette drei Fotos ins Hotel. Das eine davon war uns von Marschall Tito und Madame Broz zugeeignet. Im anderen Umschlag befand sich derselbe Satz von drei Fotos mit einer kleinen Notiz, die uns bat, unsererseits eine Widmung daraufzuschreiben. Auch wenn Montand und ich daran gewöhnt sind, waren wir doch ein wenig in Verlegenheit, die passende Formel zu finden, die genau der Erinnerung an diesen wunderbaren Nachmittag entsprechen würde. Also schrieben wir: »Merci«.

Im Jahr darauf drehte Montand die Außenaufnahmen zu einem Film an der dalmatischen Küste. Schlau wie ich war, hatte ich in meinem Gepäck das Foto mit Widmung, es war damals mehr wert als alle Pässe der Welt. Und so kam es, daß Catherine und ich in aller Ruhe an einem kleinen Strand baden konnten, von dem uns ein Ortsgendarm hatte verjagen wollen, unter einem Vorwand, der in einer Sprache formuliert wurde, die ich nicht verstand.

Ich hatte dieses vielsagende Foto in meiner Tasche. Ausgenutzt habe ich es nur bei dieser Gelegenheit.

Wenn man in der zweiten Märzwoche 1957 nach Budapest kam, war das ungefähr so, wie wenn man das Haus einer Witwe vier Monate nach dem Tode ihres Mannes betritt. Es herrscht dort keine Trauer mehr, sondern Halbtrauer. Und die Witwe, auch wenn ihr Kummer noch so groß war, als das Unglück geschehen ist, mag nicht mehr erzählen, wie es sich abgespielt hatte. Fragen Sie doch Madame Jacqueline Onassis, ob sie vier Monate nach Dallas immer noch ein Gesicht wie Antigone hatte. Budapest war seit dem Monat November die berühmteste und die auf der Welt am meisten gefeierte Witwe gewesen. Auch die am meisten manipulierte und am schlimmsten verratene. Und zwar von beiden Seiten. Die Tragödie war von allen ausgenutzt worden. Die Ungarn waren ihrer Starrolle sichtlich müde.

Mit einer Art traurigem Humor zogen sie vier Monate danach Bilanz: »Jetzt sind wir die Lieblinge, die Nahrungsversorgung ist viel besser als vor dem Monat November, und unsere Frauen können die Hüte und die Kleider kaufen, die ihnen so fehlten. Denn unsere Ungarinnen sind sehr kokett. Jetzt ist Budapest das Schaufenster des Ostens. Die Besucher können sehen, daß wir am meisten verwöhnt werden, weil wir nämlich jetzt ganz brav sind. Wir sind so brav gewesen, daß wir zum ersten Mal seit dem Jahre 1945 in einigen Tagen unseren Nationalfeiertag begehen dürfen. Unter den Genossen Rakosi und auch Gerö war das verboten. Wir dürfen ihn feiern, während wir in die Fabrik gehen, ins Büro, oder während wir die Straße fegen, weil es kein arbeitsfreier Tag sein wird, aber am Abend bekommen wir ein großes Geschenk. Zum Nationalfeiertag kommen die Chöre der Roten Armee extra zu uns, um uns ihr Repertoire vorzusingen...« Das war ungefähr der Ton, den mancher anschlug.

Und es stimmte, daß die Läden sehr viel voller waren als in Warschau, Prag, Bukarest und vor allem als in Belgrad. Und es stimmte auch, daß dieser sehr schöne Männerchor ihnen in seinen schönen Uniformen ein Ständchen bringen sollte (Montand wollte sich ein Flugzeug nehmen, um seinem Freund Nikita mitzuteilen, daß er schon wieder dabei war, eine große Dummheit zu begehen...).

Diejenigen, die so redeten, verlangten von uns nicht, daß wir uns definierten. Das verlangten sie von niemand mehr. Vor allem nicht von den Leuten im Westen, deren Sender sie angefeuert hatten, während »der Ereignisse« (sie vermieden die Worte »Revolution« und »Konterrevolution«) zu kämpfen, und sie dann hatten fallen lassen. Sie haßten gleichermaßen die Amerikaner, die Engländer, die Franzosen und die Schweizer, wie sie diejenigen ihrer Mitbürger haßten, die in den Westen geflohen waren. Sie hatten nur sich selbst gern. Was deswegen noch lange nicht zu heißen schien, daß sie sich auch untereinander gern hatten. Sie kamen nicht gruppenweise, um mit uns zu reden. Wir begegneten ihnen in den Kulissen, sie waren Journalisten oder sie arbeiteten für den Rundfunk, und ihr Humor endete immer mit einer Bemerkung wie: »Jetzt ist hier alles gut«, und zwar vor allem in dem Augenblick, wo einer ihrer Kollegen erschien. Sie hatten ihre Arbeit und legten keinen Wert darauf, sie zu verlieren. Wenn sie Tote gehabt hatten, so waren die bereits beerdigt.

Sie hatten keine Lust, von den Tagen im Oktober/November zu erzählen. Oder wenn sie davon erzählten, widersprachen sich die Berichte häufig. Das war im Verhältnis etwa das, was ein Pariser über den Februar 1934 hätte erzählen können, je nachdem, ob er sich am 6. Februar mit dem Oberst de la Rocque an der Place de la Concorde befand, oder in den folgenden Tagen an der Place de la République mit den Leuten, die später die Führer der Volksfront werden sollten. Die *gardes mobiles* aus meiner Kindheit spielten dabei auf ihren Pferden damals die Rolle, die die sowjetische Armee soeben auf ihren Panzern gespielt hatte. Das heißt, sie schossen in die Menge. In eine Menge von Ungarn. Es hatte indessen den Anschein – und hier deckten sich die Berichte – daß die in den Garnisonen von Zentralasien rekrutierten Panzereinheiten sich in Suez glaubten. Aber vielleicht war das bereits eine dieser Geschichten, die während dem Krieg und danach in Umlauf gebracht werden. Schließlich habe ich auch erzählt, wie die drei berittenen Bauern aus Hannover Angst vor dem Meer bekommen hatten, als sie sahen, wie es sich 1940 in Saint-Gildas bei Ebbe zurückzog.

In einem bestimmten Teil der Stadt gab es noch zerstörte Gebäude, und der Fahrer, der uns herumfuhr, behauptete, daß das von einem Brand herrühre, der zufällig in der Vorwoche ausgebrochen sei. Die Dame aber, die uns begleitete, bestätigte uns, daß es sich hier um das Werk der Panzer vom November handelte. Das aber sagte sie nicht vor dem Fahrer... Dieser Fahrer nämlich war uns vom Kultusministerium zur Verfügung gestellt worden, das sich ihn bestimmt aus dem Innenministerium beschafft hatte. Die ungarische Dame, die uns begleitete, sprach sehr wenig im Auto.

Sie sprach auch sehr wenig in unseren Zimmern. Sie zog es vor, im Park des Hotels zu sprechen.

Das Hotel war ein Palast auf der Insel, die zwischen Buda und Pest liegt. Er stammte noch aus der Glanzzeit Österreich-Ungarns. Und in diesem Rahmen für einen Film von Ophüls teilte sie uns allerhand mit. Nicht über die Vergangenheit, sondern über die Gegenwart.

Seit November waren es die Kommunisten, die verhaftet wurden. Faschisten gab es natürlich noch in dieser Stadt, die die erste faschistische Stadt Europas gewesen war, deren Pfeilkreuzler die Vetter der rumänischen Eisernen Garden gewesen waren – aber die waren nicht mehr gefährlich. Sie waren nicht mehr jung, und ihre kleinen fehlgeschlagenen Komplotte störten niemand. Nötigenfalls halfen sie.

Wer störte, waren die Kommunisten, die nicht mitmachen wollten. Im Gefängnis saßen in Budapest im März 1957 die gleichen Leute wie die, die in den Straßen von Warschau frei herumliefen und sangen. Seit Mitte Januar hatte Kadar die Polizeiüberwachung verstärken lassen, und zur selben Zeit, wo unsere Begleiterin mit uns sprach, waren neben einigen leitenden Betriebsräten, die ebenfalls verhaftet worden waren, etwa 15 Schriftsteller im Gefängnis. Sie wollte, daß wir das erführen, da uns das der Kulturminister bestimmt nicht sagen würde, wenn wir ihm überhaupt begegnen sollten.

Wir sind ihm begegnet. Er hatte ein schönes trauriges Gesicht. Unter Rakosi hatte er einige Jahre im Gefängnis gesessen, er war krank und empfing uns in einem Rollstuhl sitzend. Er fragte mich, ob ich Gyulia Illyes bei guter Gesundheit angetroffen hätte...

Gyulia Illyes ist ein großer ungarischer Schriftsteller und Dichter, er ist Agrarsozialist, kein Kommunist; er war damals kaltgestellt, aber man konnte ihm nicht ans Leder. Ich hatte ihn tatsächlich gesehen, aber außer der Person, die mir seine Botschaft überbracht hatte, daß ich ihn besuchen sollte, wußte niemand etwas über diesen Besuch. Ich kam gerade von Illyes zurück, der auf dem Land wohnte, und Madame Illyes hatte mir ein Geschenk für eine »Person« mitgegeben, die zu ihrer Familie gehörte und im Ausland lebte. Das war alles. Illyes hatte mir bestätigt, daß tatsächlich 15 kommunistische Schriftsteller seit Ende Januar im Gefängnis saßen.

Da ich überrascht schien, daß der Minister erfahren hatte, wo ich einen Teil meines Tages verbracht hatte, sagte er zu mir: »Illyes hat uns angerufen, um uns zu sagen, daß er Sie getroffen hat...« Ich konnte den kranken Minister nicht als Lügner bezeichnen, aber plötzlich sah ich das Gesicht von Illyes wieder, als er das meines Fahrers erkannt hatte. Dieser Fahrer war in den Kreisen der ungarischen Kulturschaffenden wohlbekannt... Ich sagte dem Minister, daß ich Monsieur und Madame Illyes bei sehr guter Gesundheit vorgefunden hatte. »Ausgezeichnet, ausgezeichnet, wissen Sie, das ist unser größter Dichter. Aber was führt Sie sonst zu mir?« Da stellte Montand seine Frage über die kommunistischen Schriftsteller im Gefängnis.

Er wurde noch trauriger, man habe uns getäuscht. In den Gefängnissen von Budapest gab es nicht einen einzigen kommunistischen Intellektuellen. Vielleicht gab es dort einige falsche faschistische Intellektuelle, die diese Konterrevolution geschürt hatten, die nur durch die providentielle Ankunft der Roten Armee erstickt werden konnte. Wir sollten ihm das unbedingt glauben. Im Namen all' dessen, was er selber als Mitgefangener des Genossen Kadar und vor allem des Genossen Rajk erlitten habe, der zu Unrecht hingerichtet worden sei. Diese Zeiten seien vorbei. Die politischen Gefangenen, wenn es solche gab, waren Faschisten. Im übrigen könne er sich nicht auf Schriftsteller unter denen besinnen, die sich eventuell im Gefängnis befanden.

Er war überzeugend, in seinem Rollstuhl. Wir aber wußten nicht mehr, was wir davon halten sollten.

Das Publikum war ein freudiges und junges Publikum. Vielleicht schockiere ich, wenn ich so über die Stadt rede, über die noch so viele Tränen vergossen wurden. Das Publikum entsprach absolut nicht dem, was uns unsere ersten Gesprächspartner erzählt hatten. Vor allem nicht die Mädchen. Sie waren zufrieden, daß sie sich besser anziehen konnten, sie waren häufig sehr hübsch, sie schienen eine große Freiheit zu genießen. Die ungarische Dame, die mit uns nur im Park sprach, konnte das sehr gut erklären. Die jungen Leute waren die Überlebenden und sie wollten das auch ausnutzen. Die jungen Molotow-Cocktail-Werferinnen vom November, die im übrigen gelernt hatten, Bomben zu basteln, weil sie viele sowjetische Filme gesehen hatten, die die revolutionären Tugenden von 1917 feierten, hatten entdeckt, daß es alles nichts genützt hatte, und sie wollten sich einfach amüsieren. Sie hatten ihre revolutionäre Kluft gegen weite plissierte Röcke vertauscht, weil endlich weite plissierte Röcke in den Schaufenstern lagen. Sie hatten weder großen Respekt für ihre Eltern, noch für ihre Großeltern. Ihre Großeltern waren unter Horthy Faschisten gewesen, und ihre Eltern unter Rakosi Stalinisten. Sie selber waren im November Revolutionäre gewesen. Sie hatten beschlossen, die Zeiten so zu nehmen, wie sie kamen. Sie . . . sie . . . ich spreche von denen, die die Groupies dieser Woche in Budapest waren. Offensichtlich hielt sie niemand davon ab, zu tun, was sie wollten und dorthin zu gehen, wohin sie wollten. Sie waren jeden Abend im Theater, sie vergötterten Musik und liebten die Musiker sehr. Sie liebten auch den Sänger sehr; aber zu ihrem Leidwesen, und vielleicht auch zu seinem, war die Urahnin aller Groupies da und hockte in der Künstlergarderobe, wie im Théâtre de L'Étoile.

Sie hatten überhaupt keine Lust, von den Tagen der »Ereignisse« zu erzählen. Sie konnten sich nicht mehr erinnern.

Den einzigen Bericht über den Verlauf des 23. Oktober 1956, der in Budapest alles ausgelöst hatte, hatten wir im Verlauf eines Abendessens in der französischen Gesandtschaft gehört. Aus dem Munde eines jungen Kulturattachés, der alles mitbekommen hatte, während er sich in der Stadt herumtrieb. Seiner Meinung nach war eine große Menschenmenge von echten Sozialisten – und nicht von Konterrevolutionären – voller Begeisterung und Freude darüber, daß man nach so vielen Jahren wieder frei reden durfte, auf die Straße gegangen. Alles hatte sehr lustig mit Liedern angefangen. Die Leute waren mit ihren Kindern dahergekommen. Sie hatten einen Augenblick vor der Statue von Kossuth haltgemacht, dann waren sie weiter marschiert, und ihr Anhang war immer größer geworden.

Alle Leute schlossen sich dieser Menschenflut an, ohne irgendwelche konterrevolutionäre Absichten. Die Nachmittagszeitung kam an den Kiosken etwa um vier Uhr heraus, und viele Demonstranten hatten sich von der Demonstration gelöst, um die Zeitung zu kaufen: sie wollten sehen, ob von ihnen die Rede war. Sie waren sehr erstaunt, als sie sahen, daß sie nicht einmal erwähnt wurden. Das machte sie wütend, und die Stimmung wandelte sich. Es fing an Nacht zu werden. Sie beschlossen, zum Rundfunk zu ziehen, zu fordern, daß sie von den Nachrichtenredakteuren empfangen würden, und zu verlangen, daß man sie anhörte. Die Masse von Menschen kam vor dem Rundfunkhaus an, und im Innern entstand eine große Verwirrung. Irgend jemand hatte, so schien es, den Befehl gegeben, die Straßenbeleuchtung auszuschalten. Die Leute standen plötzlich im Dunkeln, und dann wurden Fackeln angezündet, aus eben der Zeitung, die sie gerade gekauft hatten. Im Innern des Rundfunkhauses nahm die Unruhe immer mehr zu: nun zündeten sie sogar Feuer an. Ganz plötzlich ging ein Schuß los, von dem nie jemand sagen konnte, wer ihn abgefeuert hatte. Von diesem Augenblick an war die Katastrophe da.

Über die gegenwärtige Situation in Budapest und über die politischen Häftlinge schien man in der Gesandtschaft nicht viel zu wissen.

Ich hatte Lila de Nobili versprochen, ihren Onkel und ihre Tante zu besuchen. Sie waren sehr alt und hatten in ihrem langen Dasein als Ungarn so viel erlebt, daß sie nichts mehr zu sagen hatten. Ihr Wohnviertel war unversehrt geblieben, sie waren während der »Ereignisse« nicht ausgegangen. Alles das war sehr weit von ihnen entfernt geschehen. In einem entzückenden kleinen Salon mit Troddeln, der seit der *Belle époque* nie renoviert worden war, wollten sie, daß ich ihnen von Lilas Dekorationen erzählte.

Diesmal packten wir endgültig. Wir fuhren nach Hause. Die Groupies saßen in der Halle des Hotels. Und die ungarische Dame begleitete uns zum Flughafen.

Fünf Minuten vor dem Besteigen des Flugzeugs näherte sich uns eine Frau. Vielleicht hatte ich sie bereits unter den Journalisten und den Rundfunkreportern gesehen? Sie schien uns etwas zu sagen zu haben. Sie sagte es sehr schnell und sehr leise. Ob wir Aragon kannten? Ob wir ihn treffen würden? Und ob!!! Dann sollten wir ihm etwas bestellen. Ein Freund von ihm, ein ungarischer Dichter, saß zusammen mit einigen anderen Schriftstellern seit Januar im Gefängnis. Weder sie, die seine frühere Frau war, noch seine jetzige Frau erhielten auch nur die geringste Auskunft über das Schicksal, das ihm bevorstand. Bereits vor eineinhalb Monaten war ein Brief abgeschickt worden, um Aragon zu alarmieren. Aragon kannte das Leben von Tibor sehr gut. Auch Elsa. Tibor war während des Kriegs, im Jahre 1942 in Frankreich, wo er seit 1938 politischer Flüchtling war, Mitglied der illegalen Kommunistischen Partei geworden. Aragon müsse unbedingt etwas tun, denn er wisse, daß Tibor kein Faschist sei. Ich versprach ihr, daß ich das bestellen würde. Ich versprach ihr nicht, daß Aragon etwas tun würde. Da sah sie mich einen kurzen Augenblick an, ohne etwas zu sagen, dann faßte sie mich an beiden Händen und sagte: »Dann verlangen Sie von ihm, daß er mindestens eine Nacht lang nicht schläft.« Ich schrieb den Namen auf: Tibor Tardos.

Das Bild rundete sich. Alles hatte vor vier Monaten begonnen, und ich hatte einen Grund mehr, das Telefon in der Rue de la Sourdière so lange klingeln zu lassen, bis er antworten würde.

Jetzt hatte ich viel Zeit.

Zwei Tage nach unserer Rückkehr schritt Louis Aragon, wie er sich gern so hervorragend beschreibt, in dem großen Zimmer des »Zigeunerwagens« hin und her, und überprüfte jedesmal in dem Spiegel über meinem Kamin beim Umdrehen sein Spiegelbild. Er war schön, er war verbindlich. Ich war todmüde, aber ich versuchte, seine Verbindlichkeit zu kopieren. Dieses eine Mal waren die Rollen vertauscht.

Frage Nr. 1: Hatte er in einem eleganten Salon kurz vor unserer Abreise erklärt, daß diese Abreise »inopportun« sei, oder nicht?

Antwort: Er erinnerte sich tatsächlich dunkel an ein Abendessen, wo er auf die Frage von einem der Tischgäste eingeräumt hatte, daß der Augenblick vielleicht nicht gut gewählt sei . . . »Inopportun, ich muß mal nachdenken...« Ja, das sei wohl das Wort gewesen, das er verwendet habe, da es doch treffend war, oder nicht?

Frage Nr. 2: Erinnerte er sich noch an jenen Abend des 7. November, an dem er in zwei Minuten die Möglichkeit von sich gewiesen hatte, den Termin der Tournee dadurch zu verschieben, daß er mit den Russen sprach? Und wie er angesichts meiner lächerlichen Hartnäckigkeit bewiesen hatte, daß die einzige Einstellung, die man dazu haben konnte, darin bestand nichts zu ändern und vor allem abzureisen? Erinnerte er sich noch daran, daß er anschließend stundenlang über Claudel geredet hatte, und wir dann auseinandergegangen seien, wobei er uns »Kopf hoch und gute Reise« gewünscht habe?

Antwort: Ja, ja natürlich, aber er erinnere sich ein wenig dunkel, das sei schon lange her, er erinnere sich vor allem daran, daß Elsa an diesem Abend eine Grippe hatte und er beunruhigt war.

Frage Nr. 3: Wie habe er, angesichts dessen, was er wußte, Prozesse wegen Verleumdung und übler Nachrede gegen Leute wie Krawtschenko oder Koestler anstrengen können, weil sie gewagt hatten, auszusprechen, daß es Lager gab, von denen Chruschtschjow selber sagte, daß sechzehn Millionen Menschen dort umgekommen seien? Und wie habe er das immer leugnen können! Immer leugnen!

Antwort: Wieso sechzehn! Sie scherzen, meine liebe Freundin, es waren keine sechzehn, es waren achtzehn Millionen Tote! Leugnen, natürlich mußte man leugnen, »ich hatte doch dort Familie«.

Ich sah seine schönen blauen Augen, sein Lächeln, und ich sah wieder die bestimmten russischen Blicke, bei denen man wachsam sein mußte, wenn man sie ausmachen wollte. Ich hatte große Lust zu weinen. Ich wollte nicht vor Aragon weinen, ich wollte nicht Gefahr laufen, von Louis Aragon getröstet zu werden.

Da habe ich den Auftrag der früheren Madame Tardos ausgerichtet. Den ersten Teil des Auftrags. »Tardos?... Tardos? Er suchte in seinem Gedächtnis. »Ja, Tardos, Tibor Tardos, Aragon, ein Dichter – Ach ja, der kleine Dichter, ich wußte nicht, daß er im Gefängnis ist, aber was soll ich tun? Ich bin Franzose, und das was in Ungarn vorgeht, geht mich nichts an...« Aber ja natürlich... Eh bien, das sei ja ausgezeichnet, da wir bereits für ihn geantwortet hätten und mich eine andere Reaktion seinerseits sehr überrascht hätte. Voilà. »Aber da ich es dieser Frau geschworen habe, werde ich Ihnen das sagen, was sie mich beim Weggehen gebeten hat, von Ihnen zu verlangen. Sie verlangt von Ihnen lediglich, daß Sie wenigstens eine Nacht lang nicht schlafen.« Aragon fuhr mit seiner schönen Hand durch das Grau seiner schönen Haare und sagte zu mir: »Aber, meine liebe Freundin, das sind nun jetzt schon zwanzig Jahre, daß ich nicht schlafe!«

Ich habe Aragon an die Tür meines Hauses gebracht, ich habe ihm gesagt, daß ich ihn nie mehr im Leben sehen wollte, habe ihn vor die Tür gesetzt und habe nie mehr ein Wort mit ihm gesprochen.

Ich habe ihm dennoch ein paar Worte geschrieben, nach dem Tod von Elsa. Aber das war wegen einem alten Herrn aus Belgien, der schon seit Jahren mit seiner Frau immer in die Colombe d'Or kam. Eines Tages kam er ganz allein und setzte sich an den Tisch, an dem sie beide gewöhnlich gesessen hatten, er sah mich an meinem Tisch, versuchte mir zuzulächeln und fing an zu schluchzen. Es war wegen dieses Witwers, daß ich dem Witwer von Elsa diese Zeilen geschrieben habe.

(Vor einigen Monaten habe ich Tibor Tardos getroffen. Er lebt inzwischen in Paris. Damals, als ich Aragon den Prozeß machte, saß er verborgen in seinem Gefängnis in Budapest. Bei seinem eigenen Prozeß – bei ihrem Prozeß müßte ich sagen, beim Prozeß Dery-Hay-Zelk-Tardos –, der im November 1957 stattfand, überbrachte dennoch ein Zeuge eine Botschaft von Aragon und Elsa. Er hatte sie in Moskau getroffen, und sie hatten sich beunruhigt nach Tibors Schicksal erkundigt. Sie wollten dem Gericht zur Kenntnis geben, daß der Tardos, den sie in jungen Jahren kannten, ein sehr ordentlicher Mensch gewesen sei. Der Überbringer der Mitteilung erklärte dazu, daß dieses Urteil nicht die Gegenwart betreffe... Tibor Tardos hat mich nichtsdestoweniger aufgefordert, darauf hinzuweisen, daß diese vorsichtige Intervention ihm sicherlich seine Strafe gemildert hat. Er kam im April 1958 aus dem Gefängnis heraus. Und Aragon hat ihm 1965 die Spalten der *Lettres françaises* zur Verfügung gestellt, mit einer von ihm selbst geschriebenen Einführung: »Tardos lebt und arbeitet in Frankreich als ungarischer Schriftsteller: es wäre gut, wenn diese Kategorie zahlreicher würde, das ist loyal, das ist gerecht.« Also das wär's, Tibor, ich hab's ausgerichtet!)

Schließlich war Aragon auch der einzige, der die zusammenfassende Bilanz von diesen vier Monaten gehört und vielleicht auch vernommen hat.

In derselben Woche mußten sich die *Humanité* und *Paris Match* aus entgegengesetzten Gründen der Wohnung an der Place Dauphine verweisen lassen. André Stil wollte einen »lebendigen Bericht über aufregende Erlebnisse« von Montand und *Paris Match* »einen aufregenden Bericht über erlebte Erfahrungen« und außerdem ein paar Worte gegen die Kommunistische Partei Frankreichs.

Wir hatten weder den einen noch den anderen etwas zu sagen. Wir hatten unsere Familie, Catherine, unseren Freunden über Dinge zu berichten, die schließlich nur uns angingen. Unsere Feinde vom November sollten nicht die Befriedigung haben, unsere Bitterkeit genießen zu können, und unsere Freunde vom November auch nicht die Freude, sich mit unseren angeblichen Begeisterungsausbrüchen großzutun.

Was uns begeistert und was uns erbittert hatte, war nicht einzuordnen und sollte in keinem Fall benutzbar werden. Das war alles, was wir wußten, aber das wußten wir sehr gut.

Es war schön, die Place Dauphine wiederzusehen, Madame Paul, Monsieur Lavaux, den Buchbinder, die Stufen des Justizpalasts, Mademoiselle Danloux, die Bibliothekarin. Es war schön, die kleinen Gegenstände auszuwickeln, die ich in den Schubladen des Schrankkoffers mitgebracht hatte, sorgsam umhüllt mit den Kleenex, die mich bei der Abreise meine westliche Vorsicht getrieben hatte, haufenweise mitzunehmen. Die »babas«, die kleinen Keramikbärchen, die traditionellen Püppchen, die jugoslawischen Gürtel, Vögel aus bemaltem Holz, winzig klein und polnisch, die ukrainischen Bänder, die Prager Kuchen in Form von Eichhörnchen oder schlafender Kinder, die Miniatur einer bulgarischen Zither, die nur halb so groß war wie meine Hand und aus bemaltem Balsaholz, genau in der Größe ihrer Schwester, der mexikanischen

Gitarre, und die Eier, die ausgeschlürften oder ausgepusteten, wild bemalten Eier. Eier aus Rußland, Polen, Bulgarien und Rumänien, auf denen Fresken zu sehen sind.

Wenn man auspackt, heißt das zunächst, daß man sich vergewissert, daß alles unversehrt ist, was man zurückgebracht hat. Wenn man nur Firlefanz, Tand und Eier mitgebracht hat, ist man um so besorgter, wenn man die Schubladen des Schrankkoffers aufzieht. War der Schrankkoffer ein guter Schrankkoffer gewesen und das Kleenex ein gutes schützendes Kleenex, dann freut man sich. Man wickelt diese kleinen Gegenstände aus, die wirklich preislos sind: sie kosten nichts. Sie sind preislos, weil sie von Händen und mit Blicken geschenkt worden sind, die man nie vergessen wird.

Das bedeutet auspacken, und das gilt nur für die, die in ihr Gepäck nur das eingepackt haben, was sie nicht vorziehen, vor der Abreise im Schrank des Hotels zu verstecken, um den Glauben zu erwecken, sie hätten es vergessen. Das sind im allgemeinen die großen Stücke, die man mit Sorgfalt vergißt. Die schweren lackierten Schachteln, die nur noch dazu da sind, großspurig zu wirken. Die offiziellen Geschenke, die sicher sehr teuer waren, die man aber mit keinem Gesicht in Verbindung bringen kann. Die kleinen Spielereien aber hängen alle an einem unsichtbaren Faden. Er ist abertausende Kilometer lang und es gibt immer eine Hand, die diesen Faden am anderen Ende festhält. Und von diesem Netz wollen die Leute nichts hören, die einen ausfragen, wenn man aus den Ländern des Ostens im Jahre 1957 zurückkommt. Sie wollen Fakten, Schlußfolgerungen, Erklärungen.

Sie mußten ohne sie auskommen.

Francois Chalais und Frédéric Rossif waren die ersten, die in ihrer Fernsehsendung Montand die Gelegenheit gaben, sich über seine Tournee, die Umstände der Abreise und die Ergebnisse auf künstlerischer Ebene vollkommen frei auszusprechen. Damals war das die einzige uneigennützige Gelegenheit, die ihm geboten wurde. Er ging darauf ein und tat sehr recht daran. Es wurde eine ehrliche Sendung, in der er frei von der Leber weg sprechen konnte, man verlangte von ihm nicht, irgend jemand zu dienen oder zu schaden. Es war erfrischend.

Ebenfalls erfrischend, aber im anderen Sinne, wurde die finanzielle Bilanz am Ende des Jahres 1957. Die Konten der Tantiemen und der Verleih-Erträge des Films *les Sorcières de Salem* (über den wir einen Vertrag auf Beteiligungsbasis abgeschlossen hatten, woran ich auf die Gefahr hin erinnere, fürchterlich habgierig zu erscheinen) wurden mit einer derartigen Diskretion geführt, daß sie genauso unzugänglich zu sein schienen wie Kafkas Schloß (sie sind es übrigens bis heute geblieben). Die Tournee, die so viel Druckerschwärze und so viel Tränen gekostet hatte, wurde vom Finanzministerium nach dem offiziellen Kurs der Zlotys, Rubel, Lei, Leva, Kronen und Ostmark veranschlagt, auf die Montand Steuern bezahlen mußte, die in wirklich harten Währungen zu entrichten waren. Das wurde so lächerlich, daß wir uns eines Tages mit Papier und Bleistift hinsetzten und versuchten, uns daran zu erinnern, wie man eine Division macht – wir haben ganz schön lange dazu gebraucht –, wir haben uns ein wenig darüber gestritten, wie man das hinschreibt. Ich meine damit: ». . . wie oft geht 4 in 9; zweimal; 2 schreib' hin, eins im Sinn . . .« Nach einigen Stunden, in denen es nach Kreide und Tinte roch, saßen wir an dem schönen Tisch in unserem schönen Salon in unserem schönen Haus von Autheuil mit einem Ergebnis, das sich nach Berücksichtigung aller »subtrahiere 4, behalte 3, usw.« auf die Summe von 2650 alten Francs pro Gage belief, wie das bei den Schauspielagenturen heißt.

Es war auch lustig, sich sagen zu können, daß von dem Moskauer Gold nach Bezahlung aller Kosten, der Gage für die Musiker und der Hotelzimmer, in der Bettlerschale des Sängers nur noch der Lohn eines Handlangers verblieb. Ich benutze das Wort »lustig« im besten Sinne: ich höre Françoise Sagan, wenn sie sagt: »Es ist lustig.«

Nur die Felle der unglücklichen kleinen Zobel, die ein böser sibirischer Trapper gefangen hatte, legen Zeugnis für das Moskauer Gold ab. Sie wurden den Herren Kürschnern, den entfernten Vettern des alten Herrn im Kaufhaus GUM zur Begutachtung vorgelegt. Ehrfürchtig bliesen sie auf die toten Felle. Sie waren hervorragend. Hellbeige mit einem etwas wattigen Grund, in der Mitte braun und an den Spitzen ein wenig weiß. Schöne und tapfere kleine Zobel. Sie bedauerten, daß ich nicht mehr davon hatte. Es reichte, um daraus eine nette Stola zu machen.

Das wurden sie auch, aber da die Stola nicht unbedingt das ist, was ich am meisten liebe, wurden sie zu einem großen Schalkragen ... Das war auch nicht das, was ich wirklich wollte. Der große Schalkragen taugt dazu, sich für das Titelblatt einer Wochenzeitschrift fotografieren zu lassen, wobei man mit zwei Fingern den schönen Pelz festhält. Also ...

Sie wurden zu einer abnehmbaren Verzierung dank eines Druckknopf-Systems, das die ganze Welt dazu bringen sollte, zu glauben, jedes meiner kleinen Schneiderkostüme habe seine eigene Zobelgarnitur. In dieser Rolle waren sie mir sehr von Nutzen. Zwischen ihnen und mir lagen die Dinge sehr einfach, wenn ich sie auf ein neues Kostüm aufknöpfte. Sie spielten immer eine neue Rolle, einmal auf Schwarz, einmal auf Beige, einmal auf Musselin, auf Samt oder Jersey. Sie stammten aus dem GUM, und sie haben sehr viel mehr Länder gesehen, als ihre kleinen Geschwister, die sich ihr ganzes Leben lang auf den Schultern von Liliane de Rethy oder auf denen der Maharani von Kapurthala langweilen mußten. Sie sind kleine Komplizen gewesen, die geholfen haben, ein ganz einfaches Kleid aufzuputzen. Frauen haben einen Blick dafür, und sie erkennen sofort, was Zobel ist. Selbst auf Baumwolle, vor allem auf Baumwolle.

Soviel zum Moskauer Gold.

Und dann, wie am Ende von *Onkel Wanja*, beschlossen wir, uns auszuruhen. Trotz der Rechnungen des Finanzministeriums hatten wir die Möglichkeit, uns wirklich auszuruhen. Und das taten wir denn auch.

9

Für Schauspielerinnen hat das Wort Ausruhen mehrere Bedeutungen. An spielfreien Tagen ruht man sich aus. Man ruht sich auch aus nach einem schwierigen Film. Ausruhen ist ein geheiligter Brauch.

Wenn das Ausruhen ewig dauert, ist es nicht mehr geheiligt. Dann heißt es auch nicht mehr Ausruhen, sondern Arbeitslosigkeit.

Arbeitslos zu sein bedeutet für eine Schauspielerin, daß sie noch nicht einmal mehr eine Rolle ablehnen kann, daß sie keine Drehbücher oder Stücke mehr zu lesen braucht, weil man ihr nichts vorschlägt. Kurz gesagt, es bedeutet, daß man ein Telefon hat, das nicht klingelt.

Da wir die bildhafte Sprache lieben, nennen wir solche Zeiten schamhaft »Wellentäler« ... Manchmal gibt es Grundwellen.

Mein Wellental dauerte neun Monate. Niemand hatte Verlangen nach mir. Ich war weder frustriert noch verbittert. Für mich selbst rekapitulierte ich die Frauenrollen, die ich gespielt hatte; es war eine schöne Sammlung von dem kleinen Dienstmädchen in *Démons de l'aube* bis zu Mrs. Proctor. Ich hatte Montand, ich hatte Catherine, hatte meine alten Freunde, das Leben war reich und bunt gewesen, und wir waren nicht arm. Ich wurde bald siebenunddreißig, die Zukunft gehörte den jungen Mädchen und den hübschen jungen Frauen, und ich begriff recht gut, daß man keine Verwendung hatte für eine reifer werdende Frau, vor allem, wenn sie aus den Ländern des Ostens zurückkam. Ich war im Tal der »Nouvelle Vague«.

Bis eines Tages das Telefon klingelte. Der Anruf kam aus London. Ich sollte mich, ohne es noch zu wissen, auf dem Wellenkamm der »New Wave« wiederfinden ...

An einem Frühlingsmorgen des Jahres 1958 begleiteten mich Montand und Catherine an die Gare du Nord. Ich stieg in den Zug, den man den »Goldpfeil« nennt. Das ist ein Zug, der zum Schiff und dann von Dover bis London wieder zum Zug wird. Ich hatte keine Ahnung, daß ich in einem Zug saß, der mich an einem Apriltag im Jahr 1960 nach Hollywood bringen würde, um dort vor Millionen von Fernsehzuschauern und dreitausend Menschen in roten Samtsesseln »thank you« zu sagen bei einer Zeremonie, auf die man in Frankreich in den Filmateliers immer dann zu sprechen kommt, wenn man eine Einstellung zum zweiten Mal dreht: »Die drehen wir noch einmal, die ist für den Oscar.«

Ich hatte diese Art zu reisen gewählt, weil ich von den Flughäfen einigermaßen genug hatte und vor allem weil ich mir meine Rückkehr nach England so arrangieren wollte, daß sie meiner ersten Reise glich, der, die ich machte, als ich sechzehnjährig zu Audry fuhr, die nur ihr Pony Pixie liebte.

Ich fuhr nach London, um einen englischen Film zu drehen, dessen Szenario mir sehr gut gefallen hatte. Er hatte den Titel *Room at the Top* (Der Weg nach oben). Dem Eigensinn Peter Glenvilles verdanke ich, daß ich diesen Film drehte, der meine anscheinend beendete Karriere wieder in Gang brachte. Glenville, den ich nicht kannte, war eines Tages zu mir gekommen und hatte mir vorgeschlagen, einen Film in Hollywood zu machen. Das war kurz nach unserer Rückkehr aus dem Osten gewesen, und ich hatte ihm, noch vor der Lektüre des Drehbuchs, sehr höflich erklärt, daß er nur unnötig Zeit verschwende. Ich hatte kein Visum für Amerika, ich hatte nie um eines nachgesucht, und auch dann, wenn manchmal die Rede davon gewesen war, daß ich in amerikanischen, in Frankreich gedrehten Produktionen spielen sollte, waren die Verhandlungen immer sehr rasch abgebrochen worden... Peter Glenville hatte mir geantwortet: »Aber McCarthy ist tot!«

Bill Goetz, sein amerikanischer Produzent, war in Paris und wollte mich kennenlernen; Mr. Goetz kam also. In der Zwischenzeit hatte ich das Drehbuch gelesen. Es war ein Lustspiel. Ich fand mich weder jung noch frivol genug, dieses charmante, typisch französische, von sich selbst eingenommene Wesen zu verkörpern. Ich sagte ihnen das. Das machte ja gar nichts! Man würde die Figur verändern. Fifi oder Loulou oder Madeleine – ich weiß es nicht mehr genau – sollte eine Art Mischung zwischen Madame Curie und Simone de Beauvoir werden, ganz auf mich zugeschnitten. Daraufhin wiederholte ich Mr. Goetz gegenüber, was ich schon Glenville erklärt hatte. Er bekräftigte, daß McCarthy wirklich tot sei, das alles seien alte Kamellen... Er selbst habe eine Art Stockholmer Appell unterschrieben, er sei stolz darauf, ein Freund Picassos zu sein, den er jedesmal, wenn er in Frankreich sei, besuche und von dem er mehrere Gemälde besitze. Mr. Goetz war ein liberaler Amerikaner, und niemand hatte ihn je daran gehindert zu engagieren, wen er wollte. Er war ein charmanter aufrichtiger Mann, der seinem britischen Regisseur einen Gefallen tun wollte, denn der wünschte mich für seinen Film.

Montand führte uns alle zum Essen bei Allard aus, und während ich mein Pökelfleisch mit Linsen aß, sagte ich mir, es sei ein ziemlich prickelndes Gefühl, sich bitten zu lassen, einen Film in Hollywood zu drehen, während in meinem eigenen Land die Leute meines Fachs sich hüteten, an mich zu denken, eben weil sie sich bei den Amerikanern nicht in die Nesseln setzen wollten!

Wir kamen überein, daß man mir sehr rasch ein neues Drehbuch vorlegen würde. Der Rest: Routinekleinigkeiten! Visum, Arbeitserlaubnis, Zustimmung der Schauspielergewerkschaft, das alles würde ohne Schwierigkeiten abrollen. Das einzig Wichtige war, daß mir die neue Fifi-Loulou gefiele, die sie auf der Stelle umarbeiten wollten. Am nächsten Tag reisten sie zurück nach Hollywood.

Kurze Zeit später erhielt ich – eben aus Hollywood – ein langes Telegramm in Fortsetzungen. Bill Goetz erklärte mir, aus Gründen, die er nicht erklären könne, müsse sein und Peter Glenvilles Traum, mich als Gast in dem Film zu haben, den sie drehen würden, im Augenblick leider Traum bleiben. Ich sollte aber wissen, daß die Sache nur aufgeschoben sei, daß alles einmal ein Ende habe und daß er nie die anregenden Stunden vergessen würde, die er mit mir und meinem Mann in dem malerischen kleinen Bistrot im alten Paris verbracht hatte. Im übrigen: Auf bald! Hier oder anderswo! Ich sollte mir auch klar sein, daß ich einen neuen Freund auf der Welt hätte. Ein Film sei immer nur ein Film, aber ein Freund sei etwas Kostbares. Warmest regards.

Ich war kein bißchen traurig. Fifi-Loulou hatte keinerlei Chance, eine Figur zu werden, die man leidenschaftlich gern spielt, für mich jedenfalls war es so, selbst wenn sie von den besten Drehbuch-Schönheitschirurgen revidiert und korrigiert wurde. Die Episode hatte nur ein paar Tage gedauert. Sie fand ihren natürlichen Abschluß. McCarthy war nicht tot, auch wenn seine Mitbürger meinten, er sei begraben.

Ich vergaß also sehr bald dieses einzige Arbeitsangebot, das mir in der langen Ruhezeit gemacht worden war. Meiner Meinung nach würde ich weder Bill Goetz noch Peter Glenville je wiedersehen. Immerhin war ich zufrieden, daß ich ihnen vorher gesagt hatte, wie es mit mir stand. Sie hatten versucht, mich einzuschmuggeln, das war nicht gelungen, ich hatte sie gewarnt. Meine Selbstachtung hatte keinen Schaden gelitten.

Für die Selbstachtung Peter Glenvilles aber war es ein schwerer Schlag. Er war britischer Staatsbürger, einer der berühmtesten Regisseure des englischen Theaters; niemand hatte je gewagt, ihm bei der Rollenverteilung eine Wahl oder einen Verzicht aufzuzwingen. Er hatte es sehr übel aufgenommen, daß jemand die Macht besaß, ihn daran zu hindern, mit einer Schauspielerin seiner Wahl zu arbeiten. Deshalb klingelte kurze Zeit später das Telefon aus London.

In Wirklichkeit klingelte es aus Orly, und so ist es auch viel hübscher. Glenville war für ein paar Stunden in Paris und wollte mich gleich sprechen. Eine halbe Stunde später war er im »Zigeunerwagen«. Er hatte für das Lustspiel, dessen Dreharbeiten er in der nächsten Woche beginnen sollte, einen Ersatz für mich gefunden; jetzt kam er von London und flog noch am selben Abend nach Hollywood weiter. Den Abstecher nach Paris hatte er gemacht, um mir eine Rolle in dem Film anzubieten, den er anschließend drehen wollte. Das war ein englischer Film mit einem englischen Produzenten. Das war kein amerikanischer Film. Das Drehbuch war noch nicht geschrieben, aber er brachte mir das Buch mit ... Er hatte seine Rede abgespult, ohne mir Zeit zu lassen, ihm zu sagen, daß ich es nett fand von ihm, daß er wiedergekommen war, und noch netter, daß er sich in den Kopf gesetzt hatte, mit mir zu arbeiten trotz der Komplikationen, die mein Name möglicherweise nach sich ziehen würde. Als guter Regisseur hatte er seinen Auftritt im voraus durchdacht. Er öffnete seine Reisetasche und zog ein Buch heraus, dessen Titel er eine Sekunde lang verdeckte. Er sagte: »This is the book«, und legte einen dicken, kartonierten Band auf das niedrige Tischchen; der Titel lautete *Room at the Top* (Der Weg nach oben), von John Braine.

Dieses Buch hätte auf jedem niedrigen Tischchen in jedem Haus einer jeden englischen Schauspielerin meines Alters Jubel ausgelöst. *Room at the Top* war der Bestseller der englischen Buchproduktion dieses Jahres. Die Filmproduzenten hatten sich um die Verfilmungsrechte geschlagen, vor mir lag das von meinen Berufskollegen jenseits des Kanals am meisten begehrte Thema. Peter Glenvilles Clou hatte nicht ganz den erwarteten Erfolg: Ich hatte weder von *Room at the Top* noch von John Braine je etwas gehört.

Glenville füllte meine Wissenslücken, empfahl dringend eine rasche Lektüre, kündigte den baldigen Besuch seines Produzenten James Woolf an und entschwand so schnell, wie er gekommen war.

Ich habe *Room at the Top* nicht unter der Leitung von Peter Glenville gedreht, Jack Clayton hat den Film inszeniert. Aber es ist mir unmöglich, nicht Peter mit der Wende zu verbinden, die dieser Film für mein Berufsleben bedeutete. James Woolf (es fällt mir schwer, James zu sagen wo er doch für uns unser Freund Jimmy werden sollte; aber an diesem Tag war er Mr. Woolf) kam aus London, um mit mir über den Film zu sprechen. Das Buch gefiel mir. Es war sicherlich nicht das Meisterwerk der zeitgenössischen Literatur, aber es war eine großartige Geschichte. John Braine, der glückliche Autor, ein Bibliothekar aus Leeds, hatte offensichtlich emsigen Umgang mit den Herrschaften in seinen Regalen gepflogen, vor allem mit Balzac, Stendhal und Colette, vielleicht auch einen Blick auf *Eine amerikanische Tragödie* von Dreiser geworfen. Wie dem auch sei, die Geschichte des jungen Emporkömmlings aus der Arbeiterklasse Nordenglands, der entschlossen ist, sich durchzusetzen, gleichgültig durch welche Mittel, war aufregend.

Vor allem aufregend war seine Liebesgeschichte mit einer nicht mehr ganz jungen Frau (einer Vierzigerin) mit Namen Alice. Alice Aisgill. Diese Alice war klug, großzügig, verständnisvoll, mütterlich, sexuell frei, ohne soziale Vorurteile, eine Gestalt also, die alles hatte, was man sich wünschen kann, inklusive einen Tod vor dem Ende des Romans. Alice zu spielen war Zucker (ich vergaß zu sagen, daß sie zu alledem mit einem Muffel verheiratet war). Was sage ich, Zucker! Es war eine Zuckertorte, wie man ihr in seiner Karriere selten begegnet.

Ich hatte keinerlei Lust, mit Mr. Woolf das so rasch abgebrochene Abenteuer mit Mr. Goetz zu wiederholen. »Fifi-Loulou« war mir aus Washington-bedingten Gründen entgangen. Wenn ich »Alice« verlieren sollte, dann wollte ich es lieber gleich wissen. Darauf bezog sich meine erste Frage, oder vielmehr, so kam ich zur Sache. Ich hätte große Lust, die Alice zu spielen, andrerseits wüßte ich, daß, falls die Amerikaner an der Produktion des Films beteiligt seien, es keinen Sinn habe, daß wir zu verhandeln anfingen. Man würde mich die Alice nicht spielen lassen.

Jimmy sah mich lange an. Er erklärte mir, daß sein Bruder John und er unabhängige Produzenten seien, und er selbst habe sich nie groß um Leben oder Tod dieses Mr. McCarthy gekümmert. Er freue sich, daß ich die Alice spielen möchte. Ich sollte meinen Vertrag nach der Lektüre des Buches unterschreiben, das Drehbuch sei noch in Arbeit. Ob ich lieber eine Gage hätte oder eine Beteiligung? Gage, sagte ich, gewitzt durch die Erfahrung mit *Hexenjagd* (nebenbei gesagt, habe ich damit die schönste Finanzoperation meiner Karriere verdorben; ich wurde sehr gut bezahlt, aber hätte ich mich für eine Beteiligung entschlossen, wäre ich heute steinreich). Bevor er mich verließ, sagte er mir noch folgendes: »Von den Amerikanern bin ich unabhängig; damit ich Sie engagieren kann, brauche ich nur zwei Genehmigungen, eine vom Arbeitsministerium und eine von der Schauspielergewerkschaft. Ich bitte Sie zu berücksichtigen, daß dieser Vertrag, den wir eben mündlich abgeschlossen haben, erst nach der Bewilligung dieser beiden Anträge in Kraft tritt.« Und Mr. Woolf fuhr nach London zurück.

Das Arbeitsministerium gab der ausländischen Arbeitskraft die Erlaubnis, auf britischem Boden zu drehen, und die Schauspielergewerkschaft schluckte es, daß eine der schönsten Rollen des Filmrepertoires von einer Französin gespielt wurde.

Die Alice im Roman war Engländerin; um zu rechtfertigen, daß ich sie spielte, wurde sie eine mit einem Engländer verheiratete Französin.

1953 hatte mir die britische Filmbranche ihre höchste Auszeichnung verliehen für *Goldhelm*. 1958 tat sie dasselbe noch einmal für

Hexenjagd, und nun erhielt ich die Genehmigung, die Alice in *Der Weg nach oben* zu spielen, für dessen Interpretation man mir 1959 zum dritten Mal den »Academic Award« gab. Niemand wird sich wundern, daß ich nicht englandfeindlich bin...

Der »Goldpfeil« rollte durch die englische Landschaft. Der Geruch nach Zitronen duftender Desinfektionsmittel, gemischt mit dem Rauch von Players-Zigaretten stieg mir wieder in die Nase, und ich las noch einmal mit großem Genuß das Drehbuch mit der Unterschrift Neil Paterson. John Braine hatte mehr Glück gehabt als seine Kollegen Dostojewski, Balzac oder Durrell: das Drehbuch war besser als der Roman.

Nachdem ich in London auf einem anderen Bahnhof in einen anderen Zug eingestiegen war, traf ich in Bradford (Yorkshire), der Hauptstadt der Wollindustrie, mit den Leuten zusammen, die für dreieinhalb Monate meine Arbeitsgefährten und meine lebenslänglichen Freunde werden sollten. Jack Clayton, Laurence Harvey, Heather Sears, Jimmy Woolf und Freddie Francis als Kameramann, dazu all die anderen und ich, wir haben diese Geschichte, über die in England und Amerika so viele Tränen vergossen wurden, unter viel Gelächter gedreht. Ich sagte schon, daß man nur, wenn man komplizenhaft zusammenhält und daher auch den gleichen Humor hat, eine ernste oder gar tragische Geschichte erzählen kann. Noch einmal wiederholte sich das Wunder der Außenaufnahmen. Wenn man eine Familie gründen will, muß man ein gemeinsames Dach finden. Ein Film-Ensemble muß, wenn es gut arbeiten will, eine Familie sein. Einen Film mit den Außenaufnahmen zu beginnen, ist das beste Mittel, die Fundamente dazu zu legen. Das Dach kann das des Grand Hotels in Monaco im hellen Sonnenschein sein, aber auch das des Hotels für Handlungsreisende in Wollkrempel-Maschinen am Bahnhof in Bradford (was Harvey veranlaßte, jeden Morgen zu fragen, um wieviel Uhr das Hotel im Bahnhof von London einfahre).

Bradford und Leeds, die Heimatstadt von John Braine, sind ein wenig wie Lille-Roubaix-Tourcoing auf England übertragen. Und dabei spielt Leeds die Rolle von Lille und Bradford diejenige von

Roubaix-Tourcoing. Das besagt zur Genüge, daß sich der Industriequalm mit dem lokalen Nebel mischt und großer Reichtum unmittelbar neben großem Elend steht. Auch das wollte Clayton in seinem Film erzählen, und um es gut zu erzählen, war es besser, wenn man an Ort und Stelle drehte. Und da man schon an Ort und Stelle war, lebte man am besten auch unter einem Dach, einem provisorischen Dach, unter dem man die gleichen Gewohnheiten annimmt wie die unter dem eigenen Dach. Gemeinsame Mahlzeiten, Schlafenszeit und Wecken werden abhängig gemacht von den Stunden gemeinsamer Arbeit. Es gibt auch jenen Hauch von Schuldgefühl, der einen am Ende des Tages einen Augenblick lang plagt, weil man fern vom eigenen Dach ist. Doch das wird rasch neutralisiert durch den täglichen Telefonanruf. Es hat nicht gebrannt, niemand ist krank geworden, bravo, auf morgen...

Ohne das tägliche und beruhigende Ferngespräch mit seinem wirklichen Leben wären die Außenaufnahmen der Nährboden für Entfremdung und Bruch. So aber festigen sie den Bund. Wenn man die Möglichkeit hat, mit seiner wirklichen Familie wirklich im Dialog zu sein, durch den man den anderen – der einen versteht, weil er in der gleichen Situation ist – daran teilhaben läßt, daß man zufrieden ist, glücklich darüber, tun zu können, was man gern tut, mit Menschen, die man gern hat und die einem für den Augenblick als Familie dienen, dann sind Außenaufnahmen großartig.

Montand drehte in Italien. Wir verstanden uns sehr gut. Wir liebten uns sehr dafür, daß der eine wie der andere das, was er gerade machte, gern machte.

Auch die Leute von Bradford mochten uns sehr gerne. Zum ersten Mal bildete ihre Stadt den Hintergrund für etwas anderes als langweilige Dokumentarfilme über Wollekrempeln. Die Leute der »oberen Stadt« übersahen uns, ihre Festungen blieben für uns verschlossen. Wahrscheinlich hatten sie das Buch gelesen. Dagegen standen uns die Häuser in den Arbeitervierteln weit offen. Wir drehten dort, und ich erinnere mich an zwei Nächte, während denen unaufhörlich in den kleinen, tadellos sauberen Küchen Wasser kochte, um die Teekannen neu zu füllen, mit deren Inhalt wir uns aufwärmten. Die Leute von Bradford, mindestens diese hier, waren fröhlich und sehr humorvoll. Ich entdeckte den Norden Englands, und bald sollte alle Welt es mir gleichtun: aus dem Norden kamen die meisten von denen, die das kulturelle und künstlerische Leben in Großbritannien revolutionierten, die »Angry young men«, die als erste gegen das »Establishment« in den Krieg zogen. In London, während der Innenaufnahmen, habe ich es entdeckt, aber die drei Wochen in Yorkshire hatten mich gut darauf vorbereitet.

1947 war ich drei Monate in London gewesen, um *Against the Wind* zu drehen. Damals gab es noch große Bombenkrater und für manche Waren Bezugscheine. Die Juweliere der Burlington Arcade boten eine ungewöhnliche Zahl von Hofdiademen und altem Schmuck zum Verkauf an, von dem die Gentry, so hatte man mir erklärt, sich getrennt hatte, um während des Krieges ihren Unterhalt zu bestreiten. Elf Jahre später gab es keine Bombenlöcher und keine Bezugscheine mehr, aber immer noch ebenso viele Hofdiademe und alte Schmuckstücke in Burlington Arcade. Das wird mir als eines der Geheimnisse von London in Erinnerung bleiben ... aber mit *Der Weg nach oben* hat das nichts zu tun.

Oder doch! Nicht selten stieß ich, wenn ich abends gegen halb acht Uhr aus den Shepperton Studios zurückkam und schmutzig, halb abgeschminkt und in Arbeitskleidung von der großen Halle des Savoy verschluckt wurde, auf Gruppen von Damen in langem Kleid, mit einem Diadem über der Stirn, und Herren im Smoking, die sich gemessenen Schrittes zum Grill begaben. Alles war dabei, sich zu verändern, unmerklich und hinter ihrem Rücken.

Bei uns in Frankreich hatte sich alles verändert, und nicht nur unmerklich! Ich habe die Ereignisse von 1958 nur am Radio erlebt. Übrigens muß ich, auf die Gefahr hin, mich zu wiederholen oder einen schlechten Eindruck zu machen, sagen, daß ich in dieser Zeit hauptsächlich das Leben der Alice Aisgill lebte.

Die Freundschaft und der Zusammenhalt zwischen Jack Clayton und seinem Team wurden immer stärker. Die Arbeitstage im Atelier endeten wie in Bradford. Es fiel uns allen schwer, uns zu trennen. Im allgemeinen endeten sie in einem kleinen Pub, wo wir eine Kleinigkeit aßen, ehe wir früh zu Bett gingen. Ich verließ mein Apartment im Savoy gegen halb sechs Uhr morgens. Zu dieser

Stunde »saugten« die Zimmermädchen die Gänge. Während ich auf den Aufzug wartete, machten wir einen kleinen Schwatz. Nach einiger Zeit brauchte ich nicht mehr zu warten: mein Freund, der Nacht-Liftführer, wußte, wann ich kam, und wartete an der Aufzugtür. Er nützte die sechs Stockwerke, um den Faden seiner Geschichte dort aufzunehmen, wo er am Vortag unterbrochen worden war. Es ging um seine Kriegserinnerungen in Frankreich, in Armentières, wo er 1914 bis 1918 Infanterist gewesen war. Da die Erinnerungen reichhaltig waren und der Lift im Savoy ziemlich schnell fährt, reichten die drei Monate morgendlicher Reisen kaum aus, um sie erschöpfend zu behandeln. Manchmal fragte er mich trotzdem, ob ich mit meiner Arbeit zufrieden sei. Alle im Savoy fragten mich danach. Es mußte auf meinem Gesicht geschrieben stehen, daß ich es war.

Ich war zufrieden, weil ich einen großartigen Regisseur hatte, der uns ohne Arroganz, ohne Brüllerei, ohne mit den Füßen zu stampfen dahin brachte, daß wir genau das taten, was er wollte. Und da die Vorführungen bewiesen, daß das, was er wollte, richtig und echt war, machte mich meine Arbeit glücklich.

Ich hatte einen Produzenten, der keine Krämerseele war, sondern ein Mann, der den Film liebte und die Leute, die für ihn arbeiteten, respektierte. Ich hatte einen Partner, von dem man mir schauderhafte Dinge erzählt hatte und mit dem ich mich sehr gut verstand. Sonntags traf ich mich manchmal mit meinen Freunden von den Ealing Studios, Michael Truman oder Gordon Jackson. Montand nützte eine kleine Pause in seinen Dreharbeiten und kam für ein Wochenende. Catherine war in Autheuil, wo ich mich jeden Abend vergewisserte, daß es nicht gebrannt hatte.

Es kamen die letzten Drehtage. Der letzte war traurig, wie gewöhnlich. Vielleicht noch ein wenig trauriger, denn nun würden uns weder die gleiche Stadt noch die gleiche Sprache mehr verbinden.

Ich kehrte nach Hause zurück.

Als die Leute mich fragten, wo ich die ganze Zeit gewesen sei, sagte ich: »Ich habe in London einen Film gedreht.« Meine Antwort machte keinen großen Eindruck. Jedermann hier wußte, daß es keinen englischen Film mehr gab. Ich brachte schüchtern vor, daß ich meiner Meinung nach trotzdem ein sehr gutes kleines Filmchen gemacht hätte. Man wollte nicht unfreundlich sein, schließlich war ich noch immer in dem berühmten Wellental. Es wäre nicht sehr barmherzig gewesen, mir den Kopf unter Wasser zu tauchen.

Seit ich wieder zu Hause war, verließ mich Alice Aisgill jeden Tag ein wenig mehr, Stückchen um Stückchen. Einige Zeit lang frisierte ich mich noch wie sie und trug ihren bei Simpson gekauften Konfektions-Blazer. Dann ließ ich mir einen anderen Haarschnitt machen und holte meine schönen Schneiderkostüme von Hermès wieder hervor. Eines Tages war mir klar, daß sie nun endgültig aus meinem Leben gegangen war.

Montand hatte beschlossen, wieder mit einem Chansonprogramm im Etoile herauszukommen, und ich wurde wieder ganz natürlich zum Groupie. Der Sommer 1958 ging seinem Ende zu. Die Musiker etablierten sich in Autheuil. Als der Herbst begann, war Premiere im Etoile. Etwas weniger als zwei Jahre nach unserer »unstatthaften« Abreise.

Es war einiges Wasser die Seine hinabgeflossen. Die großen Zornesausbrüche, die echten und die gespielten, hatten sich gelegt. Die Leute hatten Montand wieder, und er hatte die Leute. Er sang alte Lieder und auch neue. Die alten, die immer Erfolg hatten, waren dabei. Außer einem.

Montand konnte ehrlicherweise nicht mehr singen *C'est à l'aube*. Darin ist von »Welten der Hoffnung« die Rede. Er wußte nicht mehr, wo er diese Welten suchen sollte. So sang er *Le Chat de la voisine*, das viel mehr darüber aussagte. Wieder blieb Montand sechs Monate hintereinander im Etoile. An einem Novembertag riefen mich Jimmy Woolf und Jack Clayton aus London an. *Room at the Top, Der Weg nach oben*, war zur Premiere bereit. Alice Aisgill tauchte aufs neue in meinem Leben auf. Ich packte ein schönes Kleid und ein paar von meinen wandernden Zobeln ein und vertauschte für achtundvierzig Stunden die Eisenbetongänge im Untergeschoß des Etoile mit den weich ausgelegten Korridoren des Savoy Hotels.

Das Personal, das mich drei Monate lang in Blue jeans, mit meinem Drehbuch unter dem Arm, hatte kommen und gehen sehen, gratulierte mir zu meinem Abendkleid, als ich Punkt halb acht in die Halle hinabkam. Ich ging zur Galapremiere des Streifens, den ich während der Sommermonate mit so sichtlichem Vergnügen gedreht hatte. Ein wenig war es auch ihr Film. Jedermann wünschte mir »Good luck«, und ich verschwand in dem gemieteten Rolls-Royce, den Jimmy mir geschickt hatte. Er konnte vielleicht die Hotelgäste täuschen, aber nicht den Chefportier, der seine Mütze ziehend und mir die Wagentür öffnend zumurmelte: »Heute abend machen die's aber richtig, Miß! Good luck!«

Wirklich, sie machten es richtig. Vor allem aber hatten sie es sehr gut gemacht; sie – wir – hatten einen sehr guten Film gedreht. Um Mitternacht waren wir, die Leute von *Room at the Top*, die Könige von London. Ich verwende absichtlich solch phrasenhafte Ausdrücke. Die, die nie wie Könige umjubelt und gefeiert wurden, wenn das Licht im Saal wieder anging, mögen den ersten Stein werfen. Wenn alle Zweifel, auch die, die mit der zurückgekehrten Nüchternheit wiederauftauchen werden, weggefegt sind von der restlosen Zustimmung des Publikums, ist es sehr schwierig, die Huldigung zurückzuweisen, die einen zum König macht.

In dieser Mitternacht waren wir, zu Recht oder zu Unrecht, Könige und Königinnen. Wir hatten diesen Film gemacht und gedacht, er würde einigen von unseren Freunden gefallen. Und nun waren viele, viele Leute, die nicht mit uns befreundet waren, begeistert von dem, was wir mit Vergnügen gemacht hatten. Für grämliche Gemüter hätte das beunruhigend sein können. Wir waren nicht grämlich, wir waren ganz einfach glücklich. Am nächsten Morgen feierte die ganze britische Presse das, was sie die Erneuerung des englischen Films nannte. Das Personal des Savoy spielte Presseausschnittbüro und schob mir die Kritiken unter der Tür hindurch ins Zimmer. Die Stellen, die von Alice Aisgill handelten, waren rot unterstrichen. Jimmy Woolf las mir am Telefon Kritiken vor, die ich schon kannte. Ich fand das so nett, daß ich ihn nicht unterbrechen wollte und ihm nicht sagte, daß ich sie schon gelesen hatte. Seltsamerweise enthielten die, die er mir vorlas, immer einen Hinweis, der mir entgangen war. Jedesmal erklärte der Federheld in seinem Artikel: »Das hat man seit Greta Garbo nicht gesehen.« Einmal stand der Satz am Anfang, einmal stand er am Ende, das heißt da, wo er am meisten auffällt. Beim dritten Mal hatte ich begriffen... nun las ich ihm ein paar gefälschte Sätze eigener Fabrikation vor, die ihn als den größten Produzenten der Welt seit Irving Thalberg feierten.

Clayton rief jede Viertelstunde mit anderer verstellter Stimme und neuen Namen an und bat um Interviews für eine Fachzeitung für Geflügelzucht oder für Gewächshauskultur von Tropenpflanzen. Es waren die Späße, wie man sie am Tag nach bestandenem Abitur macht. Wir hatten das Recht, uns nicht ernst zu nehmen. Angesichts der englischen Presse, die uns alle an diesem Morgen sehr ernst nahm, hatten wir sogar die Pflicht dazu.

In einem Zustand verblödeter Euphorie tauchte ich am selben Abend wieder in den Kulissen des Etoile auf, gerade rechtzeitig, um mitzuerleben, wie mein Mann sich vor seinem Publikum nach seinem letzten Chanson verbeugte. Die Leute riefen: »Zugabe!« und er wußte noch nicht, daß es Greta Garbo war, die ihm sein Tuch zum Abtrocknen reichte...

Weder er noch die anderen Leute in Frankreich. Der Erfolg von *Room at the Top* blieb ein Insel-Erfolg, bis der Film emigrierte und sich in der Neuen Welt solide verankerte. Jimmy ließ mir Presseausschnitte aus amerikanischen Zeitungen zukommen, deren Code ich nicht kannte; wie *Variety* zum Beispiel. Man lebt seit Jahren friedlich an der Place Dauphine und soll eines Tages plötzlich ein Stück Zeitungsartikel dechiffrieren, von dem einem in einem Begleitbrief versichert wird, er sei ein unschätzbares Dokument. Und man liest: »Room, Boffo!« Dann Zahlen in Dollars. Da man auch nicht mit dem Wechselkurs vertraut ist, sieht man einfach Zahlen mit einer Art Äskulapstab davor. Nun versucht man, sich ein wenig zu informieren bei seinen amerikanischen Freunden, die seit der McCarthy-Ära auf den Schwarzen Listen stehen und die übersetzen. Da sie sich sehr für einen freuen und auch sehr froh sind, sich nostalgisch mit einem Vokabular befassen zu können, das ihnen seit ihrem Exil genommen ist, weihen sie einen aufgeregt, freudig, humorvoll und nationalstolz ein. Nach der ersten Lektion ist man dann in der Lage zu übersetzen.

»Room, Boffo!« heißt Triumph.

Montand hatte seinen »Boffo« schon seit zwei Monaten an der Avenue Wagram, als Norman Granz mit dem Vorschlag herausrückte, er solle zu Beginn des Herbstes 1959 sein Programm am Broadway herausbringen.

Norman Granz gehörte zu den wenigen amerikanischen Impressarios, die in Frankreich bekannt waren. Er war der glückliche Vertreter von Ella Fitzgerald, Oscar Petterson, der Besitzer von Verve-Record und der Erfinder von »Jazz at the Philharmonic«. Wir waren noch nie mit ihm zusammengetroffen, aber wir hatten in unserer Plattensammlung in Autheuil ein wunderbares Album vom Jahr 1952, dessen Schöpfer er war. Er hatte den großartigen Einfall gehabt – zwanzig Jahre vor der Retrospektiven-Mode –, Fred Astaire zu bitten, alle Lieder und alle Tanzeinlagen aller seiner Filme neu aufzunehmen. Als Begleiter hatte er ihm Oscar Petterson und die Musiker von »Jazz at the Philharmonic« gegeben, und wir brachten Stunden um Stunden damit zu, nicht nur die Musik unserer Jugendjahre zu hören, sondern auch die Fotos und Zeichnungen zu betrachten und die Texte zu lesen, die aus dem Ganzen eine Art Zauberkästchen des guten Geschmacks, der Klugheit und Liebe machten. Unser Exemplar war numeriert und signiert von Fred Astaire. Georges Beaume hatte es uns 1953 aus Amerika mitgebracht.

So war denn an diesem Abend in der Garderobe Norman Granz für uns vor allem der Mann, der den Einfall zu dieser »Astaire-Story« gehabt hatte, die wir mit so viel Stolz unser eigen nannten. Norman Granz ist nicht immer umgänglich, oft eher kurz angebunden. An diesem Abend in der Garderobe war er die Freundlichkeit selbst und sehr offen. Er wußte, daß die Amerikaner viele Male versucht hatten, Montand nach New York zu holen, er wußte, daß die großen Kabaretts ihn zu Galaveranstaltungen in der Art »April in Paris« hatten einladen wollen, er wußte vom Wunsch Gene Kellys, ihn für seinen Film zu haben, obwohl das sehr lange her war, er wußte sogar die alte Geschichte mit Jack Warner, er wußte von der Reise in den Osten, vom Stockholmer Appell, von den Rosenbergs, er wußte alles von uns.

Was er Montand vorschlug, war nicht das elegante Nachtlokal oder die Galavorstellung für die American Legion. Es war etwas

Gleichwertiges zu dem, was er im Etoile hatte: ein Theater, ein wirkliches Theater, am Broadway, und er machte sich anheischig, ein Visum für ihn zu bekommen. Die Dinge hätten sich geändert, sagte er, und er wolle uns das beweisen.

Norman Ganz ist nicht immer umgänglich, er ist oft kurz angebunden, aber er ist eigensinnig.

So fanden wir uns ein paar Tage später wieder vor Formularen mit zwei- oder dreiundzwanzig Fragen, auf die wir nach bestem Wissen und Gewissen antworten sollten. Man braucht ein gutes Gedächtnis, um sich an alle die Orte zu erinnern, an denen man sich möglicherweise in den letzten zwanzig Jahren aufgehalten und an alle Krankheiten, die man nicht gehabt hat. Man muß viel Humor haben, um zuzugeben, daß man nicht die Absicht hat, irgendwen während seines Amerikaaufenthalts zu ermorden, und nicht viel Selbstachtung, um eine Frage wie die zu beantworten: »Haben Sie sich schon der Prostitution hingegeben?«

Und dann kam die Frage Nr. 20: »Sind oder waren Sie Mitglied der Kommunistischen Partei oder Mitglied einer Organisation, die möglicherweise gemeinsame Aktivitäten mit der Kommunistischen Partei hatte?« Der erste Teil der Frage betraf uns nicht; der zweite Teil dagegen paßte ganz genau auf unsere Situation. Sowohl die Friedensbewegung wie die CGT (wir schrieben den vollen Namen: Confédération Générale du Travail, damit es nicht so aussähe, als wollten wir uns für Seeleute der C.G.T. = Compagnie Générale Transatlantique* ausgeben) standen bei uns als Antwort auf die Frage Nr. 20.

Nach der Frage Nr. 20 kam die Frage Nr. 21. Sie lautete folgendermaßen: »Haben Sie den Sinn von Frage Nr. 20 verstanden?« Wir hatten vollkommen verstanden.

Dieses interessante Curriculum vitae wurde der Visum-Stelle der Botschaft der USA übergeben. Ich hatte von allen unseren Antworten eine Kopie gemacht, um nicht zu riskieren, eine Adresse oder einen Aufenthalt auszulassen, falls wir in Zukunft diese Seite noch einmal würden schreiben müssen, weil unsere Antworten zufällig ein erstes Mal mißfallen hatten.

---

* Größte französische Schiffahrtsgesellschaft.

Sie mißfielen. Eine junge Kulturattaché-Dame der Botschaft rief uns einige Tage später an. Sie war sehr traurig über den Auftrag, uns sagen zu müssen, wie sehr der Konsul betrübt sei; er wolle uns persönlich sprechen, um uns zu erklären, warum uns die Visa verweigert worden seien. Ob wir in seinem Büro vorbeikommen könnten?

Ich tröstete sie und beauftragte sie, den Konsul zu trösten. Was den Besuch in seinem Büro anging ... Nein, die Einladung sei sehr liebenswürdig, aber wir hielten es nicht für nötig hinzugehen, um uns dort erklären zu lassen, warum wir nicht zulässig waren. Sollte der Konsul indessen uns etwas zu sagen haben, so sei er an jedem beliebigen Spätnachmittag bei uns willkommen, nicht zu spät allerdings, denn mein Mann ginge sehr früh in sein Theater.

Am folgenden Tag waren sie alle beide bei uns im »Zigeunerwagen«. Ich glaube, sie übertraten damit den Diplomaten-Codex, aber sie waren in vollem Einklang mit dem ihres Gewissens.

Der Zufall wollte, daß zur gleichen Zeit, als man uns zurückwies, eine Dame, die während der Nazi-Besetzung die Geliebte Lafonts, des Chefs der französischen Gestapo in der Rue Lauriston, war (eine so treue Geliebte, daß sie sogar eben dieses Gebäude in der Rue Lauriston bewohnte), daß diese Dame also in die Vereinigten Staaten flog, ausgestattet mit einem Dauervisum.

Wir wußten das, alle Welt wußte es, man machte viele Witze darüber. Für den jungen Konsul war es kein Anlaß zu Witzen, seine Frau war französische Jüdin. Sie kommentierte wohl mit ihm zusammen die Pluspunkte, die zu vergeben oder zu verweigern er beauftragt war.

Er hatte uns unseren Pluspunkt verweigern müssen wegen unserer Vergangenheit. Ich sagte verschmitzt zu ihm, ich hätte vielleicht etwas mehr Nachdruck auf meine Episode bei *Nouveaux Temps* legen sollen. Da hellte sich sein Gesicht wieder auf, er konnte wieder Spaß verstehen, und wir waren, wieder einmal, absolut nicht traurig. Schließlich war der Gedanke, an den Broadway zu gehen, nicht von uns gekommen, es war ein amerikanischer Einfall, er war großartig und verlockend, aber wenn unsere Antworten mißfielen ... was machte das aus!

Es folgte ein kleines Exposé von Montand und mir, aus dem hervorging: wenn wir hätten schwören können, ohne meineidig zu werden, daß wir in den verflossenen zwanzig Jahren niemals auch nur ein einziges Mal zu den Geschehnissen der Welt und vor allem Europas Stellung genommen hätten (und zwanzig Jahre bedeutete seit 1938), dann wäre dem Herrn Konsul wohl nur das Vergnügen geblieben, seine Pluspunkte an Gemüsepflanzen, Stühle, Ektoplasmen oder Schirmquallen auszuteilen, anstatt an menschliche Wesen. Genau das wollte er uns sagen.

Norman Granz ist nicht immer umgänglich, er ist oft kurz angebunden, sehr eigensinnig und sehr stolz. Norman Granz hatte entschieden, daß er als erster Montand nach New York importieren würde zur Eröffnung der Herbstsaison 1959. Im Augenblick waren wir nicht *grata,* wie man sagt, wenn man auf die eine oder andere bestimmte *persona* anspielt. Wir sollten bald erleben, mit welchem Brennstoff sich der amerikanische Staatsbürger Norman Granz aufheizte. Er empfand die Verweigerung des Visums als persönliche Beleidigung. Zusätzlich zu alledem, was ich von ihm sagte, ist Norman Granz auch empfindlich.

Monsieur Benassy, unser Englischlehrer in Neuilly-sur-Seine, hatte eine kleine Broschüre vervielfältigen lassen mit dem Titel *Beware of deceitful friends.* Sie enthielt eine kurze Liste von Wörtern, die, weil sie in beiden Sprachen gleich geschrieben werden oder jedenfalls ähnlich, einen, wenn man nicht aufpaßt, in Gefahr bringen, Dinge zu sagen, die man gerade nicht sagen wollte, oder noch schlimmer, das Gegenteil von dem bedeuteten, was man sagen wollte. »Deceitful friends« – falsche Freunde!

»Actually« war eines dieser Verräterwörter, »actually« bedeutet »tatsächlich« und keineswegs »aktuell«. Schwierig ist es auch, wenn ein Wort eine ganze Skala von Bedeutungen hat. »Susceptible« etwa kann zugänglich, empfänglich, aufnahmefähig heißen, aber keineswegs wie auf französisch empfindlich.

Norman Granz gehört zu den seltenen Menschen, auf die beide Bedeutungen zutreffen.

Er ist empfindsam und zugänglich, aber auch empfindlich. Und er nahm übel. Man würde schon sehen, was man sehen würde! Er hatte andere Dinge erlebt, alles, was recht ist ... Es war gut, daß er sich so lange im voraus an die Sache gemacht hatte, man war immerhin erst im Dezember 1958.

Ein paar Tage später waren wir schon *nach* dem 10. Dezember 1958. Am 10. Dezember 1958, gegen fünf Uhr nachmittags, fand mein Bruder Alain auf hoher See vor der Insel Sein den Tod; es war der Tod, der die Menschen bedroht, über deren Leben er dabei war, einen Film zu drehen.

Der Tod der Fischer von der Insel Sein.

Der kleine Halbjude, den der Pastor Ebersholt »wegen der Papiere« zum Protestanten gemacht hatte, ruht auf dem sehr katholischen Seemannsfriedhof der Ile des Veuves, der Witwen-Insel. Seither ist mir immer bewußt, daß alles, was ich an sehr Traurigem oder ungeheuer Lustigem erzähle, entweder vor dem 10. Dezember 1958 geschah oder danach. Dieses Datum ist eine Schwelle.

Es war Ende Januar, glaube ich, als Norman Granz – der in Stockholm gefrühstückt und in Rom zu Mittag gegessen, seinen Kaffee in einem Flugzeug der British Airlines und seinen Champagner-Cocktail in einer Maschine der Air France zu sich genommen hatte, die ihn gerade rechtzeitig von London nach Paris brachte, damit er in einem Bistro zu Abend essen konnte an einem am Vorabend von Lausanne aus für Viertel vor zwölf reservierten Tisch – uns wissen ließ, daß wir uns wieder an unsere Fragebogen-Schreibarbeit machen konnten.

Drei Tage später hatten wir das, was wir für ein Visum hielten. Unsere Pässe trugen sehr offizielle Stempel. Das besagte, daß wir berechtigt waren, zwischen dem 15. Juli und dem 15. Dezember 1959 den Fuß auf amerikanischen Boden zu setzen. In sehr großen roten Buchstaben war da von Hand geschrieben der Vermerk: »One Entry«; ganz klein und in Blau, ebenfalls von Hand: eine lange Folge von Zahlen und Buchstaben, eingefaßt von Klammern. Es sah ein wenig wie eine Gleichung oder eine pharmazeutische Formel oder ein Fragment vom Obelisk auf der Place de la Concorde, seitwärts gelesen, aus.

Wir waren weder Einstein noch Louis Pasteur noch Champollion. Norman sagte uns, es sei ein »Waver«. Das war ein hübsches Wort. »To wave« bedeutet ein Zeichen geben, winken, vor allem mit einem Fähnchen oder einem Taschentuch. Es klang ein wenig wie: »Kommt, kommt! Willkommen! Endlich seid ihr da. Wir winken schon so lange. Welcome! Welcome!«

Da das Bild mir gefiel, bat ich um keine Erklärung des Textes und vergaß das Wort.

Vor sehr kurzer Zeit – ehrlich gesagt vor einer Stunde – wurde ich doch neugierig und nahm ein gutes Wörterbuch zur Hand.

Waver, Verb., wanken, schwanken, zögern, unentschlossen sein usw.

WAVER: »Vorsicht – gez. Washington, D.C.«

Ich hatte das Wort falsch verstanden, hatte mich 1959 in der Orthographie geirrt, aber seltsamerweise trotzdem vollkommen im voraus verstanden, was sich ein paar Monate später zutragen sollte.

Vorderhand verfertigte Norman, der am nächsten Mittag in Montreal und gegen achtzehn Uhr in Los Angeles sein sollte, mit Jacques Canetti den Gesellschaftsvertrag, der aus ihnen die Produzenten einer Veranstaltung machte, die »An evening with Yves Montand« heißen sollte und deren Premiere auf die zweite Hälfte des September 1959 festgelegt wurde. Sie sollte in New York (Staat New York) stattfinden, in einem Broadway-Theater, dessen Kapazität, Akustik und Ruf garantiert allerersten Ranges sein würden.

Norman lächelte. Seine Brauen, deren äußerste Spitzen er so pflegt, wie manche andere ihre Schnurrbärte zwirbeln, gaben einer Hälfte seines Gesichtes das Aussehen von Tarass Boulba. Plötzlich fiel ihm ein, daß er, wenn er in Genf umstieg, noch die Verbindung Genf–Montreal mit der Air France erreichen konnte. Norman liebt die Air France. Für ihn ist das eine Möglichkeit, französisch zu leben – und französisch zu essen. Norman Granz ist nicht immer umgänglich, er ist oft kurz angebunden, er ist sehr eigensinnig, er ist stolz, er ist empfindsam – großzügig – empfindlich; er ist auch ein Feinschmecker.

Als er uns an diesem Abend verließ, erzählte er mir die letzten Neuigkeiten über Alice Aisgill. In *Variety* waren wir nicht mehr »Boffo«, wir waren »Whaaaam!« geworden. Wieder mußte ich die

Linguisten von der »Black-list« zu Rate ziehen, um zu begreifen, daß die Sache ernst wurde. *Room Whaaaam*«, na also, was sagt ihr dazu!

Ende Februar montierten Nino und Maryse den grauen Tüllvorhang ab, er verließ den Schnürboden des Etoile, und im März landete die Quadrilla, das Groupie und Jacques Canetti in Tel Aviv.
 Unten an der Gangway warteten eine Menge Fotografen. Unter ihnen war einer, der wild gestikulierte und uns zulächelte, was ihn so in Anspruch nahm, daß er vergaß, seinen Apparat zu bedienen, der ihm um den Hals hing; währenddessen verewigten uns seine Kollegen, bevor wir die Treppe hinuntergingen, in einem Blickwinkel der für das Zeichen der Fluggesellschaft El Al besonders günstig war. Er war noch immer fuchsrot, er hatte sich nicht verändert, nur waren seine Farben durch die Sonne kupfern geworden. Seinen kleinen Sohn hatte er nicht mitgebracht, aber Fotos, die er das letzte Mal gemacht hatte. In Wilna.
 Am nächsten Tag kam er in unser Appartement im Hotel Dan. In neu erlerntem Englisch und noch nicht verlerntem Jiddisch sagte er uns all das, was er zweimal uns mitzuteilen versucht hatte auf dem an tolstoische Zeiten erinnernden Flughafen. Zu jener Zeit hatte er sehr gehofft, daß unser Besuch, zuerst beim Kommen, dann bei der Rückkehr, ihm helfen würde, aus dem Land zu gelangen. Über eine Warschauer Verbindung war es ihm schließlich gelungen, sein Geburtsland Litauen zu verlassen. Er war mit seiner Familie durch Frankreich gereist, hatte Marseille erreicht, ein Schiff gefunden und war endlich auf dem Boden des Gelobten Landes angekommen, dessen Bürger er nun war.
 Stalin hatte er nicht geliebt, aber er gab zu, daß während des Krieges im unbesetzten Gebiet, in das man die jüdischen Bürger evakuiert hatte, auf öffentlich zur Schau getragenen Antisemitismus Gefängnisstrafe stand.
 Er hatte auch die Zeit nach Stalin nicht schön gefunden wegen ihres Antisemitismus – auf den noch immer Gefängnisstrafe stand –, der sich aber täglich in den Straßen von Wilna breitmachte.
 Nun fragte er sich langsam, ob ihm sein noch recht neues Vaterland ganz gefallen würde.

Er war nicht traurig, er war lustig. Es ist nicht unmöglich, daß wir ihn eines Tages irgendwo in der Welt wieder unten an einer Gangway stehen sehen.

Wir sind seit 1959 nicht mehr in Israel gewesen. Immerhin haben wir schon 1959 eines Tages den sehr ungewöhnlichen Besuch einer Gruppe von fünf Menschen bekommen, alle fünf Sozialisten, die aus sozialistischen Ländern gekommen waren wie unser Freund aus Wilna, nur waren sie trauriger. Sie wollten uns alarmieren über die Lage der Palästinenser; sie sprachen von Lagern...

In Tel Aviv aßen wir beim französischen Botschafter, Monsieur Gilbert – einem Botschafter, der sich die Mühe gemacht hatte, das moderne Hebräisch zu lernen –, mit Ben Gurion und seiner Frau. Frau Ben Gurion war die perfekteste Illustration von dem, was man in der Folklore eine »Jiddische Mamme« nennt. Sie hatte Montand am Vorabend gehört und gesehen, und obgleich er keineswegs Jude war, liebte sie ihn ungeheuer. Bei mir... schwankte sie. Sie beäugte, prüfte, überdachte mich. Die Tatsache, daß ich Halbjüdin war, sprach nicht zu meinen Gunsten. Schließlich war meine Mutter keine Jüdin... Kann man denn wissen, ob mein Vater wirklich mein Vater war. Das sagte sie nicht. Sie sagte überhaupt nichts zu mir. Doch dann, nach dem Käse, hatte sie plötzlich Lust, sich an mich zu wenden. Mit einem herrlich polnisch-russischen Akzent fragte sie mich plötzlich auf englisch: »And you, what kind of an actrrrress arrrre you? A good one orrr a bad one?«*

Ich wollte eben eine Antwort formulieren, die gleichzeitig normannisch und talmudisch sein sollte, als Ben Gurion, mit beiden Händen von den Schläfen aus durch seine Mähne fahrend, sagte: »Mamma, Mamma, please... I am surrrre, she is a verry good actrrrress.« – »And how do you know?«** gab sie zurück. Ich habe versucht, Anekdoten zu vermeiden. Aber hier konnte ich es doch nicht lassen. Im übrigen betrifft diese hier schließlich nur zwei recht

---

* »Und Sie? Was für eine Schauspielerin sind Sie? Eine gute oder eine schlechte?«
** »Mama, Mama, bitte... Ich bin sicher, daß Sie eine sehr gute Schauspielerin ist.« »Und wieso weißt du das?«

junge Pioniere, die mit dem Protokoll noch wenig vertraut waren...

Achtzig Kilometer von Tel Aviv entfernt machten wir Bekanntschaft mit dem Leben in einem Kibbuz. Es war ein armer Kibbuz. Es gibt auch reiche, aber das war ein armer Kibbuz. Zwei männliche Wesen waren in einem nicht ganz neuen Jeep gekommen, um uns abzuholen. Zuvor hatten sie uns angerufen. Sie wußten, wann Montand vorstellungsfrei war, sie waren von niemand ferngesteuert, wollten uns einfach zum Essen einladen. Es würde weder Presse noch Rundfunk oder Fernsehen dabeisein, sie wollten uns nur zum Abendbrot einladen. Es war ein Kibbuz, in dem man französisch sprach, ein Kibbuz von marokkanischen Juden.

Wir kamen zu der Zeit an, als die Kinder, die eine Stunde mit ihren ausgeruhten, geduschten, ihnen ganz zur Verfügung stehenden Eltern verbracht hatten, im Begriff waren, in ihren eigenen kleinen Kibbuz, das Kinderhaus, zurückzugehen. Die Kinder waren lebhaft und lachten viel. Ich kann mir nicht denken, daß man ihnen beigebracht hatte, lustig zu sein wegen der illustren Besucher. Ein junger Mann von sieben Jahren beschloß, mir ein Geschenk zu machen: einen Pinguin aus einem großen Kieselstein, auf den er alles, was dem Stein, der genau die Form eines Pinguins hatte, noch fehlte, um ein Pinguin zu sein, schwarz aufgemalt hatte. Die Kinder waren voll Übermut, frei und glücklich.

Die Eltern waren weniger lustig, sie waren ernst, klug, nicht fromm, nicht rassistisch. Sie waren nach Israel gekommen, weil sie lieber unter diesem Himmel lebten als unter dem eines Staates, dessen Untertanen sie waren, den sie aber nie kennengelernt hatten und der sie annektiert, zum Militär eingezogen, verschmäht und dann von neuem umworben hatte. Sie hatten es satt, Franzosen zu sein, aber doch keine echten Franzosen, weil sie Juden waren, und sie hatten es satt, für die Araber allzu französische Juden zu sein. Sie durchschauten alles recht gut. Sie waren weise.

Der Speisesaal sah einer Kantine ähnlich. Sie freuten sich, daß wir da waren. Nach dem Essen tanzten sie. Die Rhythmen und die Musik waren ganz slawisch, und sie sahen alle aus wie Italiener, Araber und Spanier. Sie klatschten in die Hände wie Kosaken. Und Montand tanzte mit ihnen die Hora, als ob er sein ganzes Leben lang nichts anderes getan hätte.

Die beiden Männer im Overall fuhren uns nach Tel Aviv zurück. Sie waren achtzig Kilometer gefahren, um uns zu holen, achtzig, um uns hinzubringen, achtzig, um uns wieder abzuliefern. Nun blieben ihnen noch einmal achtzig für ihren Rückweg.

Vor dem Hotel Dan schlugen wir ihnen vor, noch etwas mit uns zu trinken, bevor sie wieder abfuhren. »Einen Kaffee gern«, sagten sie. Der betreßte Aufseher, der vor der Tür des Nachtlokals im Untergeschoß des Hotels Wache hielt, machte eine Kopfbewegung, die etwa das zum Ausdruck brachte, worauf man im Crillon gefaßt sein konnte. Die Overalls mißfielen ihm. Montand sagte zu ihm, ohne die Leute im Overall hätte es wahrscheinlich keinen Staat Israel gegeben. Unsere Freunde würden ihren Kaffee mit uns trinken. Er lächelte, und die Kibbuzniks tranken ihren Kaffee an einem Ort, wo sie flüchtig und zum ersten Mal seit langem mit einer Welt in Berührung kamen, deren Immer-noch-Vorhandensein sie sorgsam übersehen hatten.

In Tel Aviv, Jerusalem und Haifa begegneten wir jungen »Sabres«, die von den letzthin Angekommenen, den Einwanderern der fünfziger Jahre, als Soap Jews sprachen. Damit bezeichneten sie die Menschen, die passiv die Möglichkeit der Razzien und der Deportation hingenommen hatten und schließlich auch die Umwandlung des bißchen Fett, das ihnen auf den Knochen verblieben war, in ein Stück Seife, wie man es im Museum der Naziverbrechen sehen kann.

In Measchearim, dem orthodoxen Ghetto von Jerusalem, hörte ich, wie eine alte Krämerin, die Schnürsenkel und Säckchen voll heiliger Erde, speziell für amerikanische Touristen, verkaufte, jiddisch murmelte, Hitler hätte ganz recht gehabt: das jüdische Volk habe durch Unglauben viel gesündigt, es habe bezahlt!

Auf dem Weg nach Jerusalem nahmen wir einen Anhalter auf. Er war sehr schön, sprach in der ersten Viertelstunde kein Wort und erzählte uns in den restlichen eineinhalb Stunden seine Lebensgeschichte. Er war Amerikaner; 1945 gehörte er zu den ersten, die ins Lager Bergen-Belsen eindrangen. Nach der Entlassung vom Militär war er heimgekehrt, um seinen Vater und seine Mutter in New York zu umarmen. Acht Tage nach der Rückkehr zu dem, was er für das Land seiner Vorväter gehalten hatte, landete er auf diesem Boden hier, den er von da an urbar gemacht, bewässert und verteidigt hatte.

Im Israel des Jahres 1959 war im übrigen außer den »Sabres« alle Welt von irgendwoher gekommen, und alle Welt hatte eine Geschichte zu erzählen. Je nach dem Alter der Erzählenden veränderte sich der Akzent. Die ältesten erzählten in slawischem Singsang, die weniger alten sprachen teutonisch abgehackt, die jüngsten konnten einen polnischen, kolonialfranzösischen, ungarischen, englischen, rumänischen, bulgarischen, belgischen oder Pariser Akzent haben. Natürlich sprachen sie modernes Hebräisch. Manche hatten es vor sehr langer Zeit gelernt: die Pioniere. Die anderen hatten sich darangemacht, und die Neulinge waren eben daran. Für alle aber waren ihre ersten Worte, die Worte der Kindheit, keine hebräischen gewesen.

Und die Musik, die Wiegenlieder, die Abzählverse, die Ringelreihen, dumme Kehrreime und flotte Schlager – all das hatte sich für immer in ihren Kinderohren eingenistet. Für manche war es *Kalitka, kleines Pförtchen hinten im Garten,* für andere *Siegfrieds Hornruf* oder das *Wiegenlied* von Mozart oder das Tango-Duett aus der *Dreigroschenoper* oder auch *Düsterer Sonntag* in seiner ungarischen Originalfassung. *Tea for two, Bei mir bist du schön, J'ai ta main dans ma main,* der *Lambeth Walk,* helle Kleinmädchenstimmen, die Prokofieff singen, Musikfetzen von Bartok, *Paris reine du monde, Ploum ploum tra-la-la, la Jeune Garde,* die *Pastorale, les Petits Pavés. Eine kleine Phrase von Vinteuil* oder die *Internationale* und *Deutschland, Deutschland über alles...*

Für Montand hieß, vor allen diesen Menschen zu singen, etwa das gleiche wie in zehn Städten Europas zu singen an ein und demselben Abend.

In Tel Aviv erwischte mich dummerweise mein achtunddreißigster Geburtstag, aber als Ausgleich dafür erhielt ich am folgenden Tag einen Anruf aus London, der mir verkündete, daß Alice Aisgill gewonnen hatte. Ich war die beste englischsprachige Schauspielerin des Jahres. Einige Wochen später erhielt ich in Cannes aus den Händen von André Malraux, dem französischen Minister für Kultur, die Goldene Palme für meine Interpretation der Rolle der Alice in einem Film mit dem Titel *Les Chemins de la haute ville*. Ich sagte zu ihm: »Thank you.«

Les Chemins de la haute ville hatte in Frankreich nicht den gleichen kommerziellen Erfolg wie *Room at the Top* in den angelsächsischen Ländern. Und ich begriff sehr gut, warum. Der Norden Englands mit seinen alten Vorurteilen und seinen Anzeichen für Veränderung, seinen Erinnerungen an Bomben, seinen auch im Zivilleben gültigen Forderungen nach Respekt vor dem Vorgesetzten, die etwas prätenziöse Mediokrität einer noch ganz ihrem Woll-Baron ergebenen Kleinbürgerin, all das machte den Franzosen keinen großen Eindruck. Auch der Yorkshire-Akzent – den nur sehr wenige in der Originalfassung erkennen konnten und dessen Eigenart in der Synchronfassung ganz unterging – weckte bei ihnen keinerlei Echo. Sie konnten wohl kaum lächeln über das armselige kulturelle Leben dieser Amateurtruppe, die höchst ernsthaft das Repertoire eines bestimmten »eleganten« und typischen »Londoner« Theaters probte und dann herzlich schlecht nachspielte. Blieb die Liebesgeschichte. In London und in New York brach *Room at the Top* Tabus. *Les Chemins de la haute ville* erregte kein Erstaunen in Paris, wenn darin zwei Liebende in einem Bett gezeigt wurden; das Thema der reifen Frau, einer Verwandten von Lea und Madame de Rénal, die eine letzte, unglückliche Liebe mit einem jungen Ehrgeizling erlebt, überwältigte niemand durch seine Kühnheit. In gewisser Hinsicht fasse ich damit zusammen, wie der Film nach Cannes von der Kritik aufgenommen wurde. Niemand machte mir meinen Preis für die Interpretation der Rolle streitig, aber ich war ein wenig traurig, daß der Film im ganzen nicht die gleiche begeisterte Zustimmung fand.

Vor ein paar Tagen ließ ich in Autheuil *Sunset Boulevard* laufen, und ich bat Montand und Chris Marker, mir die 16-mm-Kopie von *Room at the Top* einzulegen (ich weiß nicht, wie man das technisch macht). Ich wollte, da ich hier davon spreche, wissen, wie ein Film, der einem sehr gefallen hat, achtzehn Jahre später aussieht.

Weder mein Mann noch mein Sabot-Bleu- und Jugendfreund sind Muster an Diplomatie und mondäner Höflichkeit. Man riskiert sehr viel, wenn man sie bittet, einen alten Film mit anzusehen. Manchmal kann es schon nach der ersten Spule aufhören mit einem Kommentar wie etwa: »Willst du das da wirklich weiter anschauen?« Manchmal bin ich scheinheilig genug, nachdrücklich darauf hinzuweisen, daß ich durchaus nicht beleidigt sein würde, wenn sie mich das, was ich sehen wollte, allein ansehen ließen, falls es sie langweilte, es mit mir zusammen zu sehen. Ich würde sie dann um Hilfe bitten, wenn die Spule ausgewechselt werden müsse. Und manchmal tun sie genau das, was ich ihnen vorgeschlagen habe. Sie sind sogar so gewitzt, daß sie die Zeit für eine Spule abschätzen können und ich sie nicht einmal rufen muß. Der eine oder der andere kommt und wechselt aus, wie es die guten Filmvorführer machen, schweigend und völlig gleichgültig gegen das, was der Apparat, den sie mit so sicheren, raschen Bewegungen bedienen, auf die kleine, weiße Leinwand projiziert.

Manchmal befolgen sie meinen Vorschlag auch nicht und bleiben. Dann kann sich zweierlei zutragen: wenn es ihnen gar nicht gefällt, bleiben sie und kommentieren halblaut, aber unmißverständlich; oder aber es gefällt ihnen sehr gut, dann sind sie still, oder lachen, wenn es am Platz ist, oder sagen: »Sieh mal, wie gut das nach all den Jahren geblieben ist!«

Ich habe zwei Zeugen, die mir letzte Woche bestätigt haben, was ich von Anfang an dachte. Ich hatte vor langer Zeit an einem schönen Film mitgearbeitet, der gut war, ist und bleibt.

Am Abend der Preisverteilung in Cannes (mein Bruder war schon sechs Monate tot) war die Feierlichkeit schon sozusagen zu Ende, als die Fotografen – die heftig gearbeitet hatten, als André Malraux mir die Palme überreichte – ohne sichtlichen Grund zurückkamen und sich noch einmal um mich scharten. Dann erhob sich jemand am Tisch der Offiziellen und verkündete, daß dem jungen französischen Filmschaffenden Alain Kaminker, der bei seiner Arbeit den Tod gefunden habe, posthum ein Preis verliehen worden sei. Genau in dem Augenblick, als mich der Schlag ins Herz traf, gingen die

Blitzlichter los. Und diese Fotos erschienen in einem Großteil der Presse mit Legenden wie dieser: »Wahnsinnig vor Freude kann sie ihre Rührung bei der Verkündung ihres Interpretationspreises nicht zurückhalten.«

Ich sage bewußt: in einem Großteil der Presse, denn *Match* hatte mir zwar einen sehr netten jungen Mann geschickt, der mich fünf Stunden lang im Garten von La Colombe fotografierte, aber in seiner Nummer über das Festival von Cannes und die Preisverteilung brachte das Blatt das Kunststück zustande, den Preis für die beste weibliche Rolle nicht zu erwähnen. Was die Fotos angeht, die ich nie zu Gesicht bekam, möchte ich jedenfalls den fraglichen jungen Mann wissen lassen, daß es mir – falls er die Negative noch hat – Freude machen würde, sie zu bekommen, um sie meinem Enkel Benjamin zu zeigen. Mémé im Garten von La Colombe, mit hellblond gebleichtem Haar, das könnte ihn amüsieren.

Nun blieb uns nur noch, die Abreise nach New York vorzubereiten. Die Pflichten wurden zwischen uns beiden recht gleichmäßig aufgeteilt.

Montand probte mit den Musikern und arbeitete mit großer Energie an kleinen englischen Texten, die ihm unsere Schwarze-Listen-Freunde fabriziert hatten und die als Einleitung für seine vor dem amerikanischen Publikum auf französisch gesungenen Lieder dienen sollten. Es waren kleine Meisterwerke voll Humor und Liebe, die die Handlung oder Stimmung des Liedes zusammenfaßten. Vor allem für die Chansons-Sketches war das wichtig, solche die in drei kleinen Akten eine Geschichte erzählen. Nicht alle Schwarze-Listen-Autoren hatten notwendigerweise Talent, und nicht alle Leute mit Talent standen notwendigerweise auf einer Schwarzen Liste – die unsrigen vereinigten beides. Die kleinen Texte hatten also gute Autoren, und Montand lernte sie, probte sie, kaute an ihnen herum, nahm sie auf, schrieb sie auf kleine Zettel und schwarze Tafeln. Er verwendete für die Wörter, die er betonen sollte, verschiedenfarbige Tinte oder ging brutal zur phonetischen Methode über, was den Zetteln und Tafeln das Aussehen von thailändischen Gedichten oder bretonischen Gebeten verlieh. Das alles nahm viel von seiner Zeit in Anspruch, und das aus gutem Grund: Damals sprach und verstand er kein Wort englisch. Ich meinerseits war überbeschäftigt. Ich probierte schöne Kleider bei Lanvin, schöne Kostüme bei Hermès und schöne Schuhe, eine halbe Nummer größer als meine normalen, bei Monsieur Capobianco, der mich viel fröhlicher fand als zur Zeit der pelzgefütterten Stiefel und der aus dem Mund eleganter New Yorkerinnen wußte, daß die Füße in New York wegen des feuchten Klimas dort ärgerlicherweise leicht anschwellen. Man sieht, daß auch ich meine Sorgen hatte.

Die Abreise war für Anfang September vorgesehen; davor, im Juli, wollte Montand eine Seebäder-Tournee machen, um in Form zu bleiben. Es war eine wahre Tour de France, die in Nizza begann und in Deauville aufhörte. Ich erinnere mich, daß Laureen Baccall, die später für uns Betty werden sollte, sich in Biarritz mit uns zur Premiere in New York verabredete; das kam uns ganz merkwürdig vor. Poiret und Serrault in Shorts schrieben in La Baule neue Sketche. Und ebenfalls in La Baule bekam ich einen Anruf aus New York, vom Büro eines Mannes, dessen Namen ich kannte, Ed Murrow. Es handelte sich um eine Sendung »Small World«, Näheres würde man uns erklären, wenn wir dort seien. In Saint-Malo war der Flügel nicht gestimmt, weil der Pfarrer Montand nicht mochte. Er hatte dem Klavierstimmer – der auch, glaube ich, der Gemeindeorganist war – verboten, die Schäden zu beheben, die die Feuchtigkeit verursacht hatte; sie war den Saiteninstrumenten ebenso abträglich wie den Füßen der New Yorker Damenwelt. Und ebenfalls in Saint-Malo schlug man mir auch mitten in der Nacht telefonisch vor, am Broadway *Chéri* zu spielen. In Deauville haben die Mondys, Girardot, Carbonneau, die Jeansons, Montand und ich uns geschüttelt vor stundenlangem Lachen, aber ich kann den Clou der Geschichte nicht erzählen (»Donnerwetter, welche Brigade!« wurde zum Stichwort unter Eingeweihten...).

Es war ein seltsames und frohes Gefühl, gleichzeitig schon von »drüben« beobachtet und noch so ganz hier bei uns zu sein.

Es war Juli 1959, der Strand des Atlantiks und des Ärmelkanals hatten alle Tugenden meiner Kinderzeit bewahrt. Es wurden viele Sandburgen gebaut, und die jungen Leute fuhren mit dem Fahrrad herum wie zu der Zeit in Saint-Gildas. Die Pazifierung in Algerien nahm allmählich eine seltsame Wendung. Wieder einmal müßte ich mich eigentlich schämen, es auszusprechen: Wir, die Verfechter aller »gerechten Sachen«, wir machten uns natürlich Gedanken darüber, aber vielleicht nicht so viel, wie unser Ruf es glauben machen möchte. Während dieses Juli 1959 dachten wir vor allem an uns selbst. An das, was uns geschehen war, und an das, was uns erwartete.

Da rief uns ein ganz kleiner Zwischenfall zur Ordnung. Die eigentliche Tour de France war zu Ende, wir überschritten die Grenze und kamen in Ostende an. Während Montand die Beleuchtung im Theater ausprobierte, ging ich spazieren. Und plötzlich sah ich *La Question, La Question, La Question* – ein ganzes Schaufenster *La Question* von Henri Alleg. Wir mochten wohl Urlaub genommen haben von den gerechten Sachen, aber doch nicht so sehr, daß wir uns nicht entrüstet hätten, als die französische Regierung dieses Buch einstampfen ließ, das über die von der französischen Armee praktizierte Folter berichtete, und genauer gesagt über das, was den Tod von Maurice Audin verursacht hatte.

Eine Sekunde lang glaubte ich, über Nacht sei das Einstampfen wie durch ein Wunder rückgängig gemacht worden, dann fiel mir ein, daß ich mich nicht in meinem Land befand.

Die Buchhandlung war weiträumig und pompös, wie es die Gebäude und Geschäfte in diesem Biarritz des Nordens sind. Der Buchhändler war nicht mehr jung, er hatte einen Kopf wie ein Buchhändler und nicht wie ein Bücherkrämer. Ich bat ihn um drei Exemplare von *La Question*; er sah mich ziemlich lange an, dann nickte er: »Sie tun gut daran, drei davon zu nehmen«, sagte er, »Sie kommen ja aus einem Land, wo man die Bücher nicht mehr lesen kann.« Er sagte das ohne mit der Wimper zu zucken, mit absoluter Geringschätzung und kaltem Zorn. Als er mir mein Geld herausgab, fügte er hinzu: »Und was tun Sie außer Bücher kaufen im Hinblick auf das, was in Ihrem Namen geschieht?« Ich murmelte: »Nicht viel.« Er sagte nicht auf Wiedersehen, übersah einfach, daß ich hinausging und wandte sich wieder ganz dem Buch zu, in dem er vor meinem Eintreten gelesen hatte.

Ich stand auf dem Gehweg einer fremden Stadt, in der zum ersten Mal in meinem Leben jemand so zu mir gesprochen hatte, wie ich so oft selbst zu anderen gesprochen hatte. Das war neu. Das war nicht angenehm. Das war heilsam.

Wir haben *La Question* gelesen. Wir setzten die drei Bücher in Umlauf. Ich kenne Leute, die Teile daraus vervielfältigt haben. Das war wenig, aber besser als gar nichts.

Die Abreise rückte näher. Wieder konzentrierten wir uns ganz auf uns selbst. Das war nur natürlich. (Der Buchhändler aus Ostende war dennoch nicht aus unserem Leben verschwunden, ich will gleich sagen, warum.) Es war natürlich, denn wir wußten, daß wir in eine Stadt kommen würden, wo alles sich an einem einzigen Abend entscheidet.

Wir hatten Catherin gesagt, wie die Dinge lagen. Sie wußte, wenn Montands Premiere ein Erfolg war, würde sie zu uns hinüberkommen, und sie wußte auch, wenn es ein Reinfall wurde, könnte sie ihre Familie achtundvierzig Stunden später heimkommen sehen.

Es hatte Beispiele für eine solche übereilte Heimkehr gegeben von Leuten mit Talent oder von solchen, die glaubten, Talent zu haben, oder auch von Künstlern, deren Talent überall über die Rampe kam, nur nicht am Broadway. Die Anekdoten häuften sich. Alle hatten sich oben auf der Gangway fotografieren lassen (immer aus dem günstigsten Blickwinkel für die Fluggesellschaft, die übrigens nie jemand kostenlos transportiert), kurz vor dem Abflug. Sehr wenige waren bei der Rückkehr so empfangen worden.

Wir dachten daran, während wir die üblichen stupiden Gesten auf der Schwelle der Kabine machten. »Auf Wiedersehen, Paris, Guten Tag New York«, würden die Bildunterschriften lauten, die sich seit der Abreise von Sarah Bernhardt um kein Komma geändert haben.

Es ist seltsam, wie sehr eine Abreise nach Amerika oder vielmehr nach New York etwas Symbolisches, Veraltetes behalten hat, unberührt von Zeit und Vernunft. Für Theaterleute jedenfalls.

Vielleicht wegen des Risikos. Der Gefahr des Durchfallens.

In dieser Stimmung haben auch wir diese Bewegungen gemacht, die unsere Vorfahren hundertmal wiederholt hatten, und ich bin nicht sicher, ob nicht eine Zeitung die Titelzeile brachte: »Uns beiden soll New York gehören!«

10

Die Gentlemen der Einwanderungsstelle beugten sich in ihren Glaskäfigen lange Zeit über die verschlüsselten Botschaften, die unsere Pässe schmückten, dann suchten sie in zwei dicken, schwarzen Bänden etwas, was sie fanden oder nicht fanden, ohne den Blick zu den beiden Reisenden zu erheben, die noch ganz verblüfft waren von der Feststellung, daß sich Manhattan von hoch oben wirklich als Insel erwies. Dann kamen sie zu den Hieroglyphen zurück. Und schließlich stempelten sie, als würde es ihnen leid tun, mehrmals die kostbaren Dokumente. Als sie sie uns gaben, ließen sie uns zum ersten Mal ihre sehr blauen Augen sehen und brummelten ein: »Welcome to USA«.

Unser »waver« war nicht das fröhliche Willkommenwinken, wie ich es zuerst geglaubt hatte, das habe ich schon gesagt. Es war aber auch nicht ein »Achtung, sind zu überwachen«. Unser »waver« war kein »waver«, es war ein »waiver«.

Erst seit wir gestern mit James Baldwin gegessen haben, also siebzehn Jahre später, bin ich endlich in der Lage, diesem Wort seine wirkliche Bedeutung zu geben, dessen Etymologie ursprünglich schon etwas mit Meereswellen und Handbewegungen gespielt hat.

»Waiver, subst.: Aufgabe eines Rechtes, Verzicht auf eine Forderung«.

WAIVER: »Man wäre vollauf berechtigt, nein zu sagen, aber man erteilt Ihnen Dispens. Gruß und Kuß – gez. Washington, D.C.«

Heute verstehe ich das Bedauern dieser Beamten besser. Indem sie stempelten, »gaben sie ihr Recht auf«, so stand es schwarz auf himmelblau. Eine Zahl, 28, in Klammern gesetzt, inmitten der

Gleichung, die unser Leben resümierte, gab ihnen den Befehl dazu. Sie gehorchten, aber sie machten sich dennoch ihre Gedanken.

Der dicke Schmöker hatte mich daran erinnert, wie bei meiner Rückfahrt von Dax im Jahr 1943 der Zug auf freier Strecke hielt. Wieder sah ich das zerstörte Gesicht von Maréchal vor mir. Und ich fragte mich, ob die Dame aus der Rue Lauriston, diejenige mit dem Dauervisum, ein freudigeres »Welcome to USA« bekommen habe, als es uns eben zugestanden worden war.

Aber die Glaskäfige dauerten nur einen Augenblick, und gleich nach diesen Formalitäten fanden wir uns wieder bei unserem Gepäck, wo uns recht lustige Burschen baten, es aufzumachen. Nichts wurde durchwühlt, es ging ganz gemütlich zu, zu der Zeit mindestens. Das »You don't have to open that one, Baby« kam gleich nach dem Satz: »We know you, are you in show bizz or something?« – »Did I see you in *Room at the Top*? I didn't understand those British accents.« – »You, Italians?«* Es klang fast familiär, jedenfalls fehlte alle Unterwürfigkeit. Es war ein angenehmer Grenzübertritt. Hinter dem Zoll erwartete uns Norman. Er lächelte wie der Onkel, der seine Provinzneffen erwartet, um ihnen die Großstadt zu zeigen.

Das Erstaunliche an New York, wenn man die Stadt vom Flughafen kommend durchquert, um zum Herzen vom Broadway zu gelangen, ist, daß man sich eigentlich nicht wundert; oder eher, man ist erstaunt, daß man sich nicht fremd fühlt. New York gleicht für Franzosen, die gern ins Kino gehen und die Stadt zum ersten Mal erleben, einer Montage aus dem Filmarchiv, für die Langlois Stückchen aus *Narbengesicht, Mr. Deeds geht in die Stadt, Lebenskünstler, King Kong, Angels with Dirty faces, Stadt ohne Maske, Frühstück bei Tiffany, Easter Parade* und *Die zwölf Geschworenen* zusammengeklebt hätte. Alle Dekorationen sind an Ort und Stelle: die Eisentreppen an den Außenseiten der Häuser, das schicke Zeltdach, das die Portale bis zum Fahrdamm verlängert, wo eine große Limousine auf die vom betreßten Portier gegrüßte Dame wartet. Drei leere, Angst einflößende Straßen, in denen nichts zu leben scheint,

---

* Das »Sie brauchen das nicht aufzumachen, Baby« kam gleich nach dem Satz: »Wir kennen Sie doch, arbeiten Sie nicht im Show-Geschäft oder so was?« – »Hab ich Sie nicht in *Der Weg nach oben* gesehen? Ich habe nichts bei diesem englischen Akzent verstanden.« – »Sind Sie Italienerin?«

und um die Ecke eine breite Avenue, in der sich »jung« gekleidete alte Männer und Frauen drängen. All das konnte man während dieser kleinen Reise sehen oder vielmehr wiedererkennen. Am Ende war das Algonquin.

Ein paar sehr snobistische Amerikaner hatten uns ins Gesicht gelacht, als wir ihnen vor unserer Abreise erzählten, wir hätten das Hotel Algonquin für uns gewählt. Das Algonquin!!! Vor zwanzig oder dreißig Jahren hätte man da absteigen müssen! Als der Sowieso und die Soundso da wohnten, ihre Stücke schrieben, ihre Musik komponierten, auf der Ecke der Bartheke die furchtbare Kritik auskochten, die die Aufführung des Sowieso erledigte ... Da wir weder den Sowieso noch die Soundso kannten, hatten wir sie reden lassen und waren, statt in einem Super-Palasthotel abzusteigen, wie sie es anpriesen, dem Rat von Onkel Norman gefolgt. Unser Hotel war das Algonquin, auf die Gefahr hin, daß man uns für altmodische Provinzler hielt.

Im Algonquin gibt es wie in der Colombe eine Familie: die Familie Bodné. Ich glaube nicht, daß wir, wären wir im Waldorf-Astoria abgestiegen, die Freude gehabt hätten, Herrn Waldorf oder Fräulein Astoria zu begegnen. Im Algonquin erwartete uns die Familie Bodné in der Halle.

Die Halle hatte etwas vom Rauchsalon des Savoy an sich durch das Mahagoniholz und die schönen, breiten Sessel, etwas von der Halle des Alkron durch das lebhafte Kommen und Gehen, und etwas von einem Wiener Kaffeehaus durch die gedämpfte, manierliche Art dieses Kommens und Gehens.

Mrs. Bodné sagte zu uns, sie sei sicher, daß Catherine uns bald nachkommen werde. In einem einzigen Satz sagte sie alles: Seien Sie willkommen, ich kenne Sie nicht, aber eigentlich kenne ich Sie doch, Ihr Programm wird ankommen, Sie werden sehen, und weil ich weiß, daß Sie die Kleine nur kommen lassen, wenn es gutgeht, ist das meine Art und Weise, Ihnen »Good luck« zu wünschen.

Der Kalifornier Norman, der an New York nur die Jazz-Musiker und den Aufenthalt im Algonquin mag, wo ihm das Büro als Sekretariat dient und die Familie Bodné als eigentliche Familie, Norman hatte uns gut beraten ...

Eine Viertelstunde später waren wir in dem kleinen Appartement

1005–1006, im zehnten Stock, das heißt im obersten des Algonquin und damit nur wenig über dem Zwischenstockwerk der meisten New Yorker Hotels. Norman machte uns mit dem Funktionieren der Türgriffe vertraut, die die Tür verriegeln, wenn man auf einen kleinen Knopf drückt, dem Verstellen der Dusche, je nachdem, ob man das Wasser lauwarm, heiß oder kalt möchte, ob sie sanft regnen oder prickeln soll, dem Auf- und Zuziehen der Vorhänge, der Bedienung des Fernsehapparates und der langen, terpentingetränkten Streifen, die dazu da waren, daß man sich die Schuhe putzte, den Listen, auf denen einem alle möglichen Arten von Frühstück angeboten werden (man muß nur das Kreuz ins richtige Kästchen setzen), und denen, auf der man die gewünschte Wäschepflege angeben kann, ob Seide, Nylon, Baumwolle oder Kunstfaser (man muß nur ... usw.), kurzum, mit all dem, was heute jeder Franzose kennt, wenn er eine Nacht in einem Novotel verbracht hat.

An diesem Septemberabend des Jahres 1959 aber war Norman wie Nadia, André, Sascha und Slawa. Er zeigte uns Dinge in seinem Land, die wir nicht kannten.

Bevor wir schlafen gingen, fragte Montand, wo das Theater sei. »Gehen wir zu Fuß hin«, sagte Norman. Das Algonquin war in der 44. Straße West; wir hatten nicht gemerkt, daß wir mitten im Broadway-Viertel waren. Drei Minuten später zeigte uns Norman etwas aus seinem Land, das wir kannten, kannten, kannten, das alle Schauspieler der Welt kennen: Wir waren am Times Square. Lunapark, der Jahrmarkt von Neuilly, Feuerwerk, Glühbirnen, die aufleuchten und erlöschen. Ein Platz, der wie ein goldenes Tor den Zugang zu neun kurzen, aber magischen Straßen bildet, den Theater-Straßen. Straßen, die von Triumphen oder Pleiten erzählen, je nachdem, ob die Fassaden hell erleuchtet oder dunkel sind. Das Henry Miller's Theater in der 43. Straße hatte eine lichtlose Fassade. Im Licht, das vom Nachbargebäude herüberschien, konnten wir von außen einen Blick in den Raum werfen, in dessen Mitte eine Kasse thronte: die Eingangshalle. In einem schlechten Film würde man hier akustisch das Geräusch der schrillen Klingel einblenden, die verspätete Zuschauer aufruft, ihre Plätze einzunehmen, damit das Spiel beginnen kann. Ich weiß nicht, ob schlechte Filme nicht einfach sehr echte und sehr natürliche Reaktionen ungeschickt wiederholen ...

Monsieur Capobianco hatte sehr recht gehabt mit seiner halben Nummer größer. Nicht vorausgesehen aber hatte er, daß bei der ganz besonderen New Yorker Septemberhitze die Pfennigabsätze den fatalen Hang hatten, im Asphalt hängenzubleiben, was den Gang der Touristin verlangsamte, das sehr empfindliche weiße Chevreauleder für immer verdarb und den ersten Spaziergang mit einer punktierten Linie markierte, die wie eine Fährte aussah.

Wäre ein Spürhund an diesem Morgen nach unserer Ankunft der punktierten Linie gefolgt, hätte er uns in einem großen Gebäude in Manhattan vorgefunden, und wäre er mit seiner Suchaktion bis zum Äußersten gegangen, hätte er festgestellt, daß wir uns in einem kleinen Raum befanden, dessen Haupteinrichtungsgegenstand ein Zahnarztstuhl war, auf dem Montand seine ersten Worte der englischen Umgangssprache lernte. »Do I hurt you?« »Gum«, »Jaw«, »tooth« und notwendigerweise auch »teeth«.* Der Unterricht wurde von Dr. Weinstein erteilt, der das Privileg hatte, als erster New Yorker der Kehle des französischen Sängers Laute zu entlokken, dessen Chansonabend erst in zwei Wochen angekündigt war. Die rasenden Zahnschmerzen hatten frühmorgens eingesetzt, am Abend zuvor ging noch alles sehr gut.

Montand hatte sehr, sehr große Schmerzen. Ich konnte ihm nicht helfen, nur seine Qualen ins Englische übersetzen und die Anweisungen und Fragen Dr. Weinsteins ins Französische. Von meinem Stuhl aus konnte ich auf dem First eines großen Gebäudes *Time-Life* lesen, und die Flohsprünge des Sekundenzeigers auf einer erleuchteten elektrischen Uhr verfolgen, die wie ein Zeichenfilm von MacLaren aussah. Meine Erinnerungen sind so präzise, weil wir leider zehn Tage lang Gelegenheit hatten, jeden Morgen gratis diese Uhr zu sehen. Dr. Weinstein behandelte Montand so gut, daß er immer weniger Schmerzen hatte und immer mehr Fortschritte machte in der Handhabung eines Vokabulars, das ein wenig speziell war und sich in der gängigen Konversation nur schwer verwenden ließ. Immerhin lernt man mit dem Wort »wisdom-tooth« – Weisheitszahn – gleichzeitig, daß »wisdom« Weisheit heißt, was immer von Nutzen sein kann.

---

* »Tue ich Ihnen weh«, »Zahnfleisch«, »Kiefer«, »Zahn«, »Zähne«.

Die täglichen morgendlichen Besuche bei Dr. Weinstein waren in dem sehr sorgfältig lange vor unserer Ankunft ausgetüftelten Arbeitsplan nicht vorgesehen gewesen. Es genügte, eine halbe Stunde früher aufzustehen und die erste Verabredung am Morgen um eine Dreiviertelstunde hinauszuschieben, um das von Norman und Richard Maney so liebevoll errichtete Gebäude nicht zum Einsturz zu bringen.

Richard Maney war nicht jung. Er hatte die blauen Augen eines Iren, wenn er lächelt, das heißt, wenn er nicht in einem Glaskäfig der Einreisebehörde arbeitet. Er war für das Schaugeschäft am Broadway, was Paul Poiret für die französische Mode gewesen sein muß. Es gab um ihn eine Legende, die er selbst nicht erzählte. Er war der beste Publicity-Agent am Broadway. Seine Methoden waren alt, aber nicht veraltet. Sie machten nicht viel Lärm, waren aber wirkungsvoll. Sie waren seriös.

Er hatte also die Vormittage Montands in einzelne Scheiben aufgeteilt, und die Vormittage waren der Presse gewidmet. Je nach ihren Verdiensten hatte diese Presse Anrecht auf eine Viertelstunde, zwanzig Minuten, eine halbe oder eine ganze Stunde. Die Journalisten gaben sich in dem kleinen Wohnzimmer des Appartements 1005–1006 die Türklinke in die Hand

Einer kam nach dem anderen. Dank *Time-Life* und MacLaren hatten wir nie Verspätung und konnten den ersten gegen halb elf Uhr empfangen. Zu dieser Stunde war es oft der unbedeutende junge Mann oder das unbedeutende junge Mädchen, die nur auf zwanzig Minuten Anrecht hatten, der Anfänger oder die Anfängerin, die eifrig die Antworten auf vorbereitete Fragen aufschrieben und den schwarzen Kaffee kalt werden ließen, um ja keine Sekunde zu verlieren. Selten ging es über Fragen wie diese hinaus: »Wie lange sind Sie verheiratet? Wie kommt es, daß Sie in Monsummano geboren sind? Und Sie in Wiesbaden?« Sie hatten ihre Zettel eingehend studiert, ihre Fragen richteten sich direkt an Mr. Monntaing, Mrs. Monntaing übersetzte sie für Mr. Monntaing, Mr. Monntaing teilte die Antworten Mrs. Monntaing mit, die sich Mühe gab, nichts Sinnwidriges zu erzählen bei der Übersetzung einer kleinen Lektion in europäischer Geschichte, die aus einem in der Toscana und einer im besetzten Rheinland Geborenen zwei typisch französisch wirkende Wesen gemacht hatte. Das brauchte nicht wenig Zeit. Und wenn dann der junge Mann oder das junge Mädchen schließlich zum Kern der Sache kam und Fragen über den Chansonabend stellen wollte, stand der Assistent Maneys, der sich stumm um den schwarzen Kaffee oder den Tee mit Zitrone gekümmert hatte, auf, zeigte auf seine Uhr und murmelte mit einem Lächeln: »Sorry, Joe – oder Suzie – but time is over, I am afraid.« Die Anfänger suchten ihre Papiere zusammen, tranken ihre Tasse nicht aus, dankten. Manchmal sagten sie, schon in der Tür, errötend und ganz schnell, sie hätten im Studio-Kino ihrer Universität *Lohn der Angst* gesehen oder sie wüßten den Text von *Les feuilles mortes* auswendig, und das auf französisch.

Dann war es zehn Uhr fünfundfünfzig, wir hatten fünf Minuten Pause. Schlag elf Uhr begannen die Fragen aufs neue, das Zeremoniell war dasselbe, zu dieser Zeit ist es noch angebracht, Tee oder Kaffee anzubieten.

Bei dieser Scheibe Zeit zwischen elf Uhr und Mittag waren die Leute, die einander ablösten oder sich die Scheibe im ganzen leisten konnten, älter als ihre Vorgänger. Auch sie hatten ihre Zettel studiert, aber sie kamen schneller zum Kern der Sache. Sie wollten wissen, wie viele Chansons Montand singen würde, an den Stil welches französischen oder amerikanischen Sängers Montand möglicherweise erinnern könnte, tatsächlich wollten sie, daß er sich selbst definiere. Ich übersetzte. Ihre Fragen waren nie indiskret, aber sie befanden sich in einer unmöglichen Situation. Sie hatten den Auftrag, Artikel im voraus zu schreiben über jemand, den sie nie hatten arbeiten sehen; und wenn auch manche von ihnen ein paar Plattenaufnahmen gehört hatten, konnten sie doch kaum verstehen, warum in den von mir übersetzten Antworten Montand plötzlich von Tanzschritten sprach. Und sie wollten freundlich sein, sie erwähnten den großen Erfolg von *Room at the Top,* der Film werde immer noch im gleichen Kino gespielt.

In Paris war Montand Montand und ich war ich, und wir waren Mann und Frau. In Moskau war ich die Frau Montands gewesen. In New York war in diesen Tagen vor der Premiere meine große Angst, man könnte Montand für den Mann einer Schauspielerin halten.

In der Stundenplan-Spanne von zwölf bis ein Uhr hatten wir es gewöhnlich mit Fachleuten zu tun. Je nach ihrem Alter hatten sie Montand gesehen, die einen bei Carrère, nach der Befreiung, andere im Etoile, und einer sogar im ABC, als er die erkrankte Piaf ersetzte. Diese Leute stellten ihre eigenen Fragen, im allgemeinen hatten sie selbst darauf bestanden, den Mann zu treffen, der sie an ihre Pariser Wochen oder Jahre erinnerte. Sie wußten auch, daß *Room at the Top* nicht mein erster Film war. Zu dieser Tageszeit reichte der Assistent Maneys in dem kleinen Salon von Nr. 1005–1006 Gläser mit Bloody-Mary oder Scotch-on-the-rocks herum, und die Zeit wurde ihm etwas lang beim Zuhören, wie die Journalisten Refrains von Liedern summten, die bei ihm keinerlei Nostalgie erweckten.

Und dann kam die Luxusscheibe Zeit. Das Essen unten im Speisesaal des Algonquin, mit den großen Tieren. Mit denen, die sich hier zu Hause fühlen wie andere in Paris bei Lipp. Mit denen, die der Oberkellner bei der Begrüßung mit dem Vornamen nannte. Wir kannten sie nicht besser, als wir die anderen kannten. Wir kannten überhaupt nichts. Aber an den respektbeladenen Blicken von den Nachbartischen konnten wir ermessen, wie beträchtlich der Niveauunterschied war.

Er war es wirklich. Diese Leute hatten sich ihre Position nicht umsonst errungen. Es waren große Journalisten, und sie waren höflich, amüsant, vielsprachig, liberal, neugierig und nicht hinters Licht zu führen. Bei einem dieser Essen stellte uns ein großgewachsener junger Mann von *Time-Magazine* die eigentlichen, wesentlichen Fragen. Wenn er lächelte, sah man achtundvierzig Zähne, er hatte Schultern wie ein Baseball-Spieler, trug einen Wappenring, der auf europäische Herkunft hinwies, und in seinem klaren Blick war ebensoviel Offenheit wie Spott. Er machte sich an seine Muscheln, und nach ein paar Bemerkungen über die Hitze, die wir wohl nicht gewöhnt seien, stellte er uns die Frage, warum wir erst nach so langer Zeit nach Amerika gekommen seien.

Ich übersetzte das für Montand. Montand bat mich, seine Antwort Satz für Satz zu übersetzen. Sie lautete etwa so:

»Wir könnten Ihnen antworten, daß wir mit Tourneen, Filmen und Modeschauen so beschäftigt waren, daß uns nie Zeit blieb, an eine Amerikareise zu denken...« (Ich übersetzte.)

»... aber wenn Sie wirklich zur Redaktion von *Time-Magazine* gehören, enthalten ihre Dossiers über die Leute bestimmt mehr Auskünfte als die der Polizeipräfektur von Paris, des FBI und des KGB zusammen...« (Ich übersetzte.)

»... und infolgedessen wissen Sie sehr wohl, warum wir hierher nicht früher gekommen sind. Und ich wäre Ihnen sehr dankbar, wenn Sie diese Gründe Ihren Lesern auseinandersetzen würden.« (Ich übersetzte.)

Wir zählten alles auf, was uns so lange Zeit von Amerika ferngehalten hatte. Manchmal fügte er ein Detail hinzu, das wir vergessen hatten. Es verblüffte ihn, daß wir so offen waren.

Wir waren offen. Wir waren nicht schlau. Wir waren klug. Es war besser, wir versuchten nicht, in der meistgelesenen Wochenzeitschrift Amerikas als etwas gelten zu wollen, was wir nicht waren. Wir waren, was wir waren, Amerika hatte sein Urteil revidiert. Das war's, was sich aus dem Artikel des jungen Baseball-Spielers (der vielleicht ein Examen in Philosophie gemacht hatte) ergab; *Time-Magazine* brachte ihn ein paar Tage vor der Premiere.

Aus diesen von Richard Maney in Scheiben geschnittenen Vormittagen war eine Art Blütenlese entstanden, von nichtssagenden Klatschnachrichten, amüsanten und weniger amüsanten Interviews, rasch hingeworfenen Karikaturen, Leitartikeln, Betrachtungen über Europa, Beschreibungen darüber, wie Montand und ich bei den Interviews angezogen waren – kurz das, was man ein Pressedossier nennt. Der alte Maney hatte gute Arbeit geleistet, New York wußte, daß es einen Music-hall-Sänger mit Namen Yves Montand beherbergte.
Nun war er am Ball.

Der Nachmittage Montands hatte sich Norman angenommen. Sie wurden nicht in Scheiben geschnitten, abgesehen von der »Viertelstunde des Musikers«, der kleinen Pause, die in allen Sprachen und Breiten praktiziert wird.

Montand probte mit einem neuen Orchester. Bob Castella war als einziger französischer Musiker von der New Yorker Gewerkschaft zugelassen worden; er durfte ihn am Klavier begleiten. Hubert Rostaing, der für die Orchestrierung zuständig war, hatte die Erlaubnis bekommen, die Neuen ein paar Tage lang einzuweisen.

Diese Neuen waren von Norman ausgesucht worden. Es waren großartige Jazz-Musiker. Den richtigen »Swing« hatten sie. Aber sie mußten etwas Neues dazulernen, das genau im Gegensatz stand zu dem, was sie ihr Leben lang immer besser zu machen gelernt hatten. Sie waren daran gewöhnt, mit ihren Instrumenten eine Geschichte ihrer eigenen Inspiration und Stimmung folgend zu erzählen. Montand erwartete von ihnen, daß sie ihm halfen, seine Geschichten zu erzählen, also seiner Inspiration und Stimmung zu folgen und sich oft an schon lange festgelegte Dinge anzupassen, vor allem bei den komischen Chansons, deren Wirkung ohne diese Anpassung verlorengehen konnte. Um das zu begreifen, mußten sie den Ablauf der kleinen Handlungen kennen. Montand erzählte sie ihnen, so gut er konnte, die Texte unserer »Black-list«-Freunde taten Wunder. Seine neuen Musiker wurden sein erstes Publikum, ein gutes Publikum.

Nach einigen Tagen hatten sich die verschiedenen Traditionen »vermählt«, Blues, Valse Musette, Ragtime und Commedia dell'arte feierten Hochzeit.

Ich ging nicht mit zu den Proben, meine Gegenwart war vollkommen überflüssig. Sie verstanden sich alle ohne Dolmetscher.

Die Abende wurden von niemand aufgeteilt. Die Tagesarbeit war hart, die morgendlichen Sitzungen bei Dr. Weinstein verlangten frühes Aufstehen, und Montand hatte es satt, sich anzustrengen, um sich verständlich zu machen und selbst zu verstehen. Wir nahmen das Abendessen also im Algonquin ein.

Das Bedienungspersonal bestand dort größtenteils aus Italienern, daher nahm es unsere Bestellungen auf italienisch auf und erkundigte sich italienisch nach unserem physischen und psychischen Befinden. Manchmal teilten andere altmodische Provinzler – Laurence Olivier, Luis Buñuel oder Peter Brook, die auf der Durchreise in New York waren – das »Pastrami« mit uns.

Auch Ella Fitzgerald und Oscar Petterson waren »Guests« im Algonquin, und das war weder der geringste Vorzug in unseren

Augen, noch das, was uns am wenigsten anzog an den Ort, wie das Ehepaar Bodné seine Aufgabe als Hoteliers und amerikanische Bürger auffaßten. Ella und Oscar tranken ein Glas mit uns, während wir zu Abend aßen. Ihre Show begann gegen zehn Uhr.

Norman betrachtete seine kleine Familie. Ella und Oscar, das waren sichere Treffer, schon lange wußte man, wie genial sie waren, aber er hatte dazu beigetragen, daß sie auch als Menschen respektiert wurden in einem Land, wo sie noch 1959 weder Herr Waldorf noch Fräulein Astoria in ihre Gästeliste aufgenommen hätten.

Montand war noch kein sicherer Treffer. Der Count-down begann. Ich bin sicher, daß er daran dachte, er sagte es nicht. Er schien sich nur zu freuen, daß er uns alle beisammensitzen sah. Auf verschiedenen Ebenen hatte er zwei Tabus gebrochen.

Schließlich kam die Premiere.

Wäre ich eine große Meisterin des Filmschnitts, würde ich mich am Tag nach der Premiere von »An Evening with Yves Montand« in Henry Miller's Theater im Direktionszimmer des französischen Gymnasiums von New York zeigen, wo ich in einem Sessel sitzend die Schülerin Allégret Catherine für die Quarta anmelde. Ich würde dann einen Schnitt machen auf das Zimmermädchen im zehnten Stock, das das Zimmer Nr. 1007 im Algonquin, das mit dem Appartement 1005–1006 in Verbindung steht, zurechtmacht, und damit wäre durch ein paar Bilder gesagt, daß der Abend ein triumphaler Erfolg war.

Ich würde Aufnahmen von Marlene Dietrich, Ingrid Bergman, Lauren Bacall, Marilyn Monroe, Adolph Green, Goddard Liebersohn, Sidney Lumet und Monty Clift einmontieren und von vielen weiteren Leuten, deren Gesicht sich für mich nicht mit einem Namen verband, die aber einen hatten, und damit würde ich den Artikel des berühmtesten aktuellen Berichterstatters von New York zusammenfassen.

In einer Rückblende würde ich den einzigen Abend, den wir im Sardi's verbrachten, zeigen; das war ein paar Tage zuvor gewesen, und da hatten wir uns mit einem Mal so provinziell gefühlt, daß wir beschlossen, das kleine Fest nach der Premiere nicht dort zu feiern, in diesem Tempel einer Welt, die noch nicht die unsere war.

Ich würde die Rückblendenfolge abschließen (bevor ich mich wieder auf meinem Sessel vor dem Direktor des New Yorker französischen Gymnasiums wiederfände, im Begriff, meine Kleine anzumelden) mit einem Blick auf die Halle und die beiden Speisesäle des Algonquin, brechend voll von Menschen, die Montand umarmten, mich umarmten, sich umarmten.

Zwei Uhr morgens gingen die letzten Korrekturfahnen, die eine Korrespondentin von *France-Soir*, der Assistent von Maney und ein Freund des Ehepaars Bodné aufgetrieben hatten, von Hand zu Hand. Sieben Kritiken werden noch in der Nacht in New York gedruckt, sie sind es, die am frühen Morgen darüber entscheiden, ob die Lichter am Theater hell bleiben oder ausgehen. Diese Kritiken werden von Leuten geschrieben, die für ihre Premieren-Plätze bezahlt haben wie übrigens auch alle anderen, von Leuten, die sich nicht unbedingt für das von Richard Maney zusammengestellte Pressedossier interessieren und denen es mehr als egal ist, ob man lieber einen Pullover oder einen Smoking trägt. Sie sind auch nicht neugierig zu erfahren, was man über den Kalten Krieg denkt oder über die Freuden und Schwierigkeiten eines zehnjährigen Ehelebens. Diese Kritiken werden von Fachleuten geschrieben, denen man nichts vormacht.

Sie kommen, um zu hören und zu sehen und um über das, was sie gesehen und gehört haben, zu berichten. Sie verlangen nicht viel. Sie wollen dem Alltag entrückt, unterhalten, gerührt werden, sie wollen lachen und verstehen, vor allem, wenn es nicht ihre Sprache ist. Sie wollen staunen, sich überrascht dabei ertappen, daß sie in die Hände klatschen und eine Zugabe fordern, wenn es zu Ende ist. Die sieben Kritiken waren fabelhaft. Es war ein großes Fest im Algonquin. Gegen halb drei Uhr früh gehörte Montand zur Broadway-Familie.

Hätte Montand mit gleichem Erfolg in einem großen New Yorker Kabarett debütiert, wäre er nicht in die Familie aufgenommen worden, jedenfalls nicht in die große Familie. Die schicken Leute von New York wären in die schicken Viertel gekommen, wo diese schicken Nachtlokale sind. Ein paar große Bühnen-Stars hätten sich ihren Tisch reservieren lassen, ein paar Abgebrannte hätten alles zusammengekratzt, um den Scotch zu bezahlen, der rasch lauwarm wird und den man mit Wasser verlängert, weil er angesichts der Preise den ganzen Abend reichen muß. Es hätte ebensoviel Lampenfieber gekostet, vierzehn Chansons zu singen wie sonst vierundzwanzig, und hätte noch eine mit lachs- oder cremefarbener Seide ausgeschlagene Garderobe eingebracht, als Kulisse zum Entgegennehmen von Komplimenten bestimmter Leute, die gekommen wären, um den Abend in einem Mode-Lokal zu beenden.

Henry Miller's Theater war nicht in Mode. Es war ein Theater, das schon früher helle und dunkle Zeiten gekannt hatte und bei dem es auch in Zukunft so weitergehen würde. Es war klar, mit »An Evening with Yves Montand« würde es eine Zeitlang hell bleiben. Die Garderobe war im Untergeschoß und bestand aus Eisenbeton wie alle anderen in diesem Viertel. In diesen neun Straßen gab es Katakomben, in denen zu gleicher Zeit verschiedene Sekten sich daranmachten, zu singen, zu tanzen, Shakespeare oder Tennessee Williams zu spielen.

Auf dem Weg vom Algonquin zum Theater gab es einen winzigen Kramladen. Der Staub, der das Schaufenster von innen bedeckte, lag so dicht, daß man unmöglich erkennen konnte, was da irgendwann einmal wohl verkauft wurde. Der Staub an der Außenseite war zu einer schmierigen Schicht geworden. Wenn man sie mit einem Kleenex-Tuch abwischte, kam eine in der linken Ecke angeklebte Karte zum Vorschein, auf der von Hand geschrieben stand: »Aqui se habla yiddish.«

An den Mauern und Türen des Viertels gab es viele Inschriften. Sie waren noch nicht psychedelisch; es waren oft Verabredungen und auch einige Schweinereien natürlich, die 42. Straße ist nicht weit. Die schönste davon aber las nicht ich, sondern Pierre Olaf: »Nostalgia is not anymore what it used to be« (Die Nostalgie ist auch nicht mehr das, was sie einmal war). Pierre Olaf las das, weil er da war, und er war da, weil *La Plume de ma Tante* im Viertel ein Glückstreffer war. Die Dhérys und die ganze Truppe waren einige Monate früher in die Familie aufgenommen worden. Und Catherine Dhéry war schon eine Alteingesessene am französischen Gymnasium.

Unsere Catherine kam drei Tage nach den wunderbaren Kritiken an. Colette begleitete sie, Colette, die junge verwitwete Verlobte meines Bruders. Die Nummern 1005-1006-1007 begannen ein wenig dem »Zigeunerwagen« zu gleichen.

Innerhalb von achtundvierzig Stunden hatte Catherine gelernt, sich in Manhattan zurechtzufinden. Man mußte nur die Zahlen lesen können und aufpassen, ob die Adresse, die man sucht, westlich oder östlich der Mittelachse, der Fifth Avenue, liegt. Ich hatte dazu eine gute Woche gebraucht. Einmal hatte ich mich in einer 83. Straße, die der Rue de Puteaux an der Défense vor dem Bau der großen Komplexe glich, wiedergefunden, während ich irgendwo erwartet wurde, wo es etwa wie im Faubourg Saint-Honoré aussah ... Ich mußte mir angewöhnen, das E oder W der Adressen, die man mir angab, nicht zu übersehen.

Catherine nahm ihren Bus, aß mit ihren Kameraden in einem Drugstore, wußte, daß sie nach vier Uhr nachmittags nicht mehr in den Park gehen sollte, und lernte bei Mrs. Bodné, den Portiers, dem Aufzugführer, den Kellnern (auch wenn es ein wenig italienisiert klang, es war New Yorkerisch) mehr Englisch als in drei Jahren auf der Berlitz-School.

Am Donnerstag wurde das zehnte Stockwerk des Algonquin, die Treppenabsätze des achten und neunten und die Treppen dazwischen der Schauplatz zum Versteckspielen. Manchmal ging sie zum Spielen und Übernachten zu ihrer Freundin, der kleinen Laporte, der Tochter des französischen Konsuls. Zur Zeit von Raymond Laporte und seiner Frau war das französische Konsulat in New York ein echtes Haus, keine Verwaltungsstelle.

Der Direktor vom Miller's Theater hatte wirklich Mut bewiesen, als er mit Norman wegen »An Evening with Yves Montand« verhandelt hatte. Den brauchte er, um eine zweieinhalb Stunden lange Ein-Mann-Show ganz in französischer Sprache unter sein Dach zu nehmen. Der Mut hatte einer Art Panik Platz gemacht, als jemand aus der Umgebung des Direktors ihm gesprächsweise sagte: »I hear, you're expecting Yves Montand, that's great! SHE is fabulous!«*

---

* »Ich höre, daß Yves Montand bei Ihnen auftreten wird – großartig! SIE ist phantastisch!« (*Yves* spricht man so aus wie das englische »Eve«.)

Da hatte der Direktor sich den Rückzug gesichert, wie man leicht verstehen kann.

So sah uns nach drei Wochen die Kassiererin vom Miller's, die ihre Zeit damit zugebracht hatte, Leute abzuweisen, kummervoll zu, als wir mit unseren paar Sachen umzogen. Sie, der Direktor, die Logenschließerinnen und die Feuerwehrleute würden nun die Neuen in Empfang nehmen, die, mit denen der vorausschauende Direktor abgeschlossen hatte »für den Fall eines Falles«. »An Evening with Yves Montand« zog ins »Long Acre«, wo es eben gerade eine Pleite gegeben hatte... »An Evening with Yves Montand« blieb so lange im Long Acre, daß wir erleben konnten, wie im Miller's, vier Straßen davon entfernt, die Lichter wieder angingen und sehr rasch erloschen: das Stück war durchgefallen.

Was ich eben erzählt habe, klingt boshaft, aber in Wirklichkeit ist das, was ich eben erzählt habe, sehr nett. Nirgends auf der Welt habe ich Theater- und Show-business-Leute getroffen, die mit soviel guter Laune, mit so viel Anstand und ohne jede Eitelkeit, Triumph oder Pleite hinnehmen.

Da die Zeit unserer provinziellen Schüchternheit vorüber war, passierte es, daß wir doch an manchen Abenden zu Sardi's gingen. Hier landeten die letzten Korrekturfahnen auf den Tischen, an denen eine Premiere gefeiert wurde.

Wir haben Leute erlebt, die Stücke, an die sie zu Recht oder zu Unrecht glaubten, die sie geprobt und endlich gespielt hatten und nun das Fallbeil der Guillotine sausen hörten, als sie die Kritiken lasen. Sie lasen sie laut vor und verkündeten, daß sie von jetzt an, zwei Uhr früh, arbeitslos seien. Sie machten Witze darüber oder taten wenigstens so, was gar nicht so leicht ist. Die Tische taten sich zusammen, man brachte Trinksprüche aus: »To the biggest flop of the year, cheers...« – »Auf den größten Reinfall des Jahres – prost...«

Sie wußten, man mußte einen Strich drunter machen und etwas anderes anfangen. Vielleicht weinten sie, wenn sie nach Hause kamen. Jedenfalls in der Öffentlichkeit und unter ihresgleichen lachten sie.

Und dann war es vor allem wirklich so, daß sie etwas anderes anfingen. Die Aussichten waren so, daß es immer Arbeit genug für alle gab. Angesichts von Theater, Film, dreizehn Fernsehkanälen, Tourneen, der Dezentralisation und den Off-Broadway-Produktionen, die anfingen, immer größere Bedeutung zu gewinnen, mußte man furchtbar schlecht oder sehr faul sein, wenn man nach einem Durchfall arbeitslos blieb – oder auch eine allzu schwarze Haut haben, um gleich wieder Beschäftigung zu finden, jedenfalls zur damaligen Zeit.

Nach den Vorstellungen im Henry Miller's und im Long Acre klopften manchmal Leute an die Garderobentür, die zu den ganz großen Namen der New Yorker Szene gehörten. Am Gesicht, das Pat Saunders, der Garderobier Montands machte, konnten wir ermessen, wie groß unsere Ignoranz war. Sie nannten ihre Namen, aber wir waren genauso ländlich unbedarft wie der Freund des Direktors, der von Yves Montand gesagt hatte, *sie* sei großartig. Man frage nur einmal die meisten Franzosen, ob sie Jack Benny oder Buddy Hackett, Zero Mostel oder Tallulah Bankhead kennen.

Eines Abends ging die Tür auf, ein großer, sehr gut aussehender Mann trat ein und sagte: »My name is Henry Fonda.« Zu ihm sagten wir: »Das wissen wir.« Wir umarmten ihn, er hatte auf alle Fälle ein paar Makkaroni bei sich zu Hause vorbereiten lassen; wenn wir nichts Besseres vorhätten, würde er sich freuen, uns zum Essen mitzunehmen. Es gab ein Wiedersehen mit Miller, den wir an einem trübseligen Novembernachmittag 1956 in Paris in der Rue Francœur zum letzten Mal gesehen hatten; zur Premiere hatte er nicht kommen können, aber zur zweiten Vorstellung kam er mit Marilyn, die schon einmal allein dagewesen war. Auch sie hatten ganz zufällig ein kleines Abendessen in ihrem großen, ganz weißen Appartement vorbereitet; mit ihnen war Norman Rosten und seine Frau.

Zum Schönsten aber gehörte, wenn die kamen, die die Taxichauffeure, die Millionärsväter, die verrückten Tanten, die Stationschefs der von Indianern bedrohten Eisenbahnstrecken, die reichen und abgewiesenen Anbeter, die Inhaber anrüchiger Bars, die Zeugen der letzten Stunde, die vertrauenswürdigen Kumpel, die skrupellosen Reporter oder die komplizenhaften Kellner gewesen waren ... Sie traten ein und sagten: »You don't know me, my name is . . .« – »Sie kennen mich bestimmt nicht, ich heiße . . .« und Montand stoppte sie. Er zählte alles auf, was er seit seiner frühen Jugend im Kino gesehen hatte und spielte ihnen ihre besten Rollen vor. Er kannte sie alle. Sie feierten Triumphe in der Garderobe, und das war für alle sehr erhebend.

Schon lange habe ich nicht mehr von dieser alten Alice Aisgill gesprochen. Bei unserer Ankunft in New York und bis zu Montands Premiere hatte ich sie in unserem gemeinsamen Leben etwas lästig gefunden. Sicher, es war wunderschön, sagen zu hören: »Hello Saïmonn« oder »Are you Miß Signorett?« oder »Hi, Alice«, und das von Taxichauffeuren, in den Geschäften oder auf den Straßen einer Stadt, in die man zum ersten Mal kommt. Aber wir waren nicht da, um den unglaublichen Erfolg von *Room at th Top* zu stützen, eines Films, der nun schon ein Jahr im selben Kino lief. Wir waren da wegen »An Evening with Yves Montand«, und unsere einzige Sorge war, daß das Unternehmen nicht als »*One* Evening with Yves Montand« endete.

Montand hatte seine üblichen Angstzustände vor einer Premiere, seine Sprachprobleme, seine Probleme mit dem neuen Orchester und auch seine bösen Zahnschmerzen. Ich hatte letzten Endes nur eine Angst, aber die war nicht klein.

Wäre die Premiere je eine Pleite geworden, hätte ich Alice Aisgill zu hassen begonnen; ich hätte sie illoyaler Konkurrenz bezichtigt, diese Frau, die jeden Tag zur gleichen Stunde die gleiche Vorstellung gab und unabänderlich sechsmal hintereinander wiederholte, weil die besten Aufnahmen eines vor eineinhalb Jahren gedrehten Films geschickt zusammengeklebt worden waren. Damit wurde sie zur guten Bekannten der Taxichauffeure, die Schwesterseele nicht mehr ganz junger Damen, die ein spätes Abenteuer mit einem jungen Mann erlebt hatten oder es zumindest glaubten, oder der Inbegriff der erfahrenen Geliebten, von der die Jungen träumen. Es konnte heiß sein, es konnte regnen, es konnte ziehen im Kino, sie war unverwundbar.

Mein Mann war das nicht. Er war und würde für diesen einzigen

Abend derjenige sein, der weder das Recht hatte, sich durch die Hitze beeinträchtigen zu lassen, noch sich im Regen zu erkälten, noch durch einen Luftzug einen Hexenschuß zu bekommen, sein Gedächtnis durfte ihm keinen Streich spielen und auch nicht die Beleuchtung, er durfte nicht das kleinste bißchen schlecht sein...

Außerdem mußten die Leute, vor denen er auftrat, guter Stimmung sein, es durfte ihnen nicht zu heiß sein, sie durften sich nicht im Regen erkältet oder im Luftzug einen steifen Hals erwischt haben (siehe oben...).

Ich sah mir auch das berühmte System »Alles entscheidet sich an einem einzigen Abend« genauer an. Es war die Wahrheit, aber eine etwas jesuitische Wahrheit. Sicher, am Broadway entschied sich alles an einem einzigen Abend vor der Kritik des Broadway, aber erst nach einer Tournee durch die tonangebenden Städte. Eine Premiere am Broadway war nie eine echte erste Vorstellung, oft war es die fünfzigste. Und oft gab es überhaupt keine Premiere, ein Theater blieb wieder einmal dunkel, weil das Programm unterwegs gestorben war, in Boston oder in Pittsburgh.

Diese Entdeckung war so groß wie meine Angst. Ich hütete mich, sie mit meinem Mann zu besprechen.

Mein häufigster Alptraum war, nach einer Katastrophe aus dieser Stadt abzureisen, in der Alice weiterhin für mich arbeiten würde, während mein Mann hier seinen Auftritt verhauen hatte. Man kann sich demnach vorstellen, mit welcher Erleichterung Alice und ich am Tag nach der Premiere die alte Freundschaft erneuerten.

Es war ein komisches Gefühl, mit achtunddreißig Jahren entdeckt zu werden. Ich war ein wenig traurig, als mir klar wurde, daß abgesehen von ein paar Filmfreunden im »Village« niemand *Goldhelm* gesehen hatte.

Lustig war es, wenn wir zu dritt zu Festen kamen: Yvess, Saïmonn und Alice. Sie war nicht mehr lästig, mein Mann ertrug sie recht gut.

Die Feste... Manchmal waren es Essen für sechs oder sieben, manchmal waren hundert Menschen da. Aber es waren immer Feste. Ein wenig wie noch heute in Frankreich auf dem Lande, wenn nach dem Mahl jeder sein Liedchen, sein Tänzchen oder sein Histörchen zum Besten gibt.

In Paris sparen die Theaterleute ihr Talent für das Theater auf. Es widerstrebt ihnen, sich zu produzieren. Es entspringt einem gewissen – oft falschen – Schamgefühl, einer – manchmal gespielten – Schüchternheit und einem Stolz, den man auch Eitelkeit nennen könnte ... Jedenfalls sind wir eben so.

In New York – vielleicht durch die Tradition des Zusammenrückens heimwehgeplagter Einwanderer – sind sie zugänglich, haben Sinn für Späße, lieben es, sich gemeinsam zu unterhalten. Das hat nichts zu tun mit einer bestimmten »Hast-du-mich-gesehen?«-Mentalität, es ergibt sich so und ist großartig. Es ist Lagerfeuer mit Stars, Gala des Schauspielerverbandes in einer Wohnzimmerecke, Hora in einem Kibbuz, der nicht unbedingt ganz jüdisch ist ...

Bevor ich New York verlasse, von dem ich mit dem Egoismus, dem Partnerstolz und der typischen Oberflächlichkeit der Leute gesprochen habe, die ein in der Zeitgeschichte bedeutungslos untergehendes Abenteuer erleben, möchte ich folgenden Personen danken für die kostbaren Erinnerungen, die sie in meinem Gedächtnis wachgerufen haben:

Betty Bacall, Adolph Green und seiner Verlobten, Goddard Liberson und seiner Frau Brigitt (die sehr Vera Zorina ähnlich sieht, und das mit gutem Grund: sie ist es), dem berittenen Polizisten, der zu seinem Pferd sagte: »Say good evening to Alice«, Leonard Bernstein und seiner Frau, Ruth Gordon und Garson Kanin, dem Herrn von der französischen Buchhandlung, Jane Fonda, Mike Nichols, dem Herrn armenischen Schneider, Lillian Hellman, Duke Ellington, Sidney Lumet, Lotte Lenya, der Columbia-Universität, Richard Seaver und seiner Frau und natürlich den Einwanderungsbehörden am Flugplatz.

Wir verließen also New York, das heißt, ein paar privilegierte Straßen und ein paar vornehme Wohnviertel die außerhalb liegen, Restaurants, die gerade in Mode waren, den Rand von Harlem, wo wir an einem Abend ein Nachtlokal aufgesucht hatten, speziell für gute Weiße, die guten Jazz lieben. Wir ließen das Lachen mit neuen

Freunden hinter uns, eine Menge Weidenkörbe, in denen herrliches Obst gelegen hatte, zugedeckt mit Brautschleiern aus Zellophan, und die Abteilung Hermès bei Sach's in der Fifth Avenue. Wir gingen schon lange nicht mehr zu Dr. Weinstein, aber ich mußte oft denken, wie wohl der erste Morgen eines Einwanderers aussehen mochte, der die Landessprache nicht spricht und mitten in Brooklyn oder der Bronx mit rasenden Zahnschmerzen aufwacht...

Catherine ließen wir in New York zurück. Sie sollte ihr Trimester am französischen Gymnasium beenden. Colette, Mrs. Bodné und die Familie Laporte waren Garantie genug, daß ihr nichts zustieß. Dann würde sie nach Paris zurückkehren, und Weihnachten wären wir dann alle wieder beieinander. Für Montand blieb dreierlei zu tun: eine Woche in Kanada und Kalifornien, eine Woche in Hollywood und eine Woche in San Francisco.

Kanada war anscheinend noch immer das von Mallet und Isaac, und von Gallouëdec und Maurette, mit den Wolkenkratzern als Zugabe. Aber die Maria Chapdelaines begannen, sich zu emanzipieren, schon gab es Félix Leclerc und die Bozos, und wenn Charlebois und Gilles Vignaud auch noch kurze Hosen trugen, sie waren immerhin schon geboren. Auch andere, und sie sollten es bald beweisen. Die Provinz Quebec begann sich zu rühren, man mußte, wie in Moskau, sehr aufmerksam beobachten, um die »Oppositionellen« herauszufinden. Immerhin gab es auf der »feindlichen« Seite – bei den »Anglois« – den »National Film Board«, wo der geniale MacLaren arbeitete und viele andere, wie die Leute, die *City of Gold* gedreht hatten; davon überließ uns der »Film Board« für 50 Dollar eine neue 16-mm-Kopie, die eines der Glanzstücke unseres Filmarchivs in Autheuil ist.

Nun blieben uns noch zwei Wochen in Amerika vor unserer Rückkehr nach Hause. Ich habe weitere zwanzig, Montand weitere zweiunddreißig dort verbracht.

»Hollywood«. Ich setzte es in Gänsefüßchen, denn »Hollywood«

ist selten Hollywood. Das kann Beverly Hills sein, Burbank, Westwood, Malibu, Culver City, Down-town, Venice, Watts, Santa Barbara und auch Hollywood. Das ganze heißt Los Angeles, bei den Einheimischen L. A.

Ich bin keine Einheimische und werde also L. A. weiterhin »Hollywood« nennen in Erinnerung an die Zeit, als ich sechzehn war, an das Studio Harcourt, an die Liebe auf den ersten Blick von Annabella-Tyrone Power, an Mireille Balin, die hier zugrunde ging, weil sie Tino Rossi liebte, der in Paris geblieben war, an Danielle Darrieux, der man hier für *Coqueluche de Paris* einen Lockenkopf frisiert hatte, den ich zwischen zwölf und zwei Uhr, vor der Lateinstunde von Vantieghem auf meinem eigenen Kopf nachzumachen versuchte, jene Korkenzieher-Löckchen, über die in *Pour vous* so viel Tinte geflossen war (man mußte bloß eine Brennschere über die kleingestellte Flamme des Gas-Badeofens halten, das ergab die Korkenzieher und hinterließ im Bad wie auf dem Kopf des Schulmädchens einen brandigen Geruch...), in Erinnerung an den Tod von Jean Harlow, den ersten Filmkuß von Deanna Durbin, den Selbstmord von Lupe Velez, die Haarsträhne von Carole Lombard, die eine häßliche Narbe verdeckte, die goldenen Schlüssel zum Gartentor von Simone Simon, und die Wimpern, wie sie sonst nirgends wachsen und die riesige Schatten auf die Backenknochen von Marlene, Greta, Katharine, Kay, Irene und Barbara (Dietrich, Garbo, Hepburn, Francis, Dunn, Stanwick) warfen.

Man sieht, ich lebte nicht im Heute, oder vielmehr, ich lebte meinem eigenen Heute, während das Flugzeug dies kleine Stück von Los Angeles überflog, wo man von oben in Blockschrift, wie von einem Kind geschrieben, lesen konnte: HOLLYWOOD.

Mir tun die Leute leid, die die Geschenke ablehnen, die ihre Jugendzeit in ihrem Gedächtnis hinterlassen hat. Ich war dabei, mir einen ganz großen Bissen aus dem Vergangenheitskuchen zu gönnen. Natürlich wußte ich, daß das, was wir da unten vorfinden würden, nicht dieses »HOLLYWOOD« war, aber es machte Spaß, an Neuilly-sur-Seine zurückzudenken. Infolgedessen tun mir auch bestimmte Franzosen sehr leid, die nie einen Fuß anderswohin setzten als nach Le Lavandou, auf den Boulevard Saint-Germain, oder nach Zürich, und die erklären, Hollywood (Verzeihung, L. A.) zu überfliegen würde sie ganz kühl lassen. Besonders, wenn sie gleichaltrig mit mir sind und behaupten, sie liebten den Film. Entweder bluffen sie, oder sie lügen, wenn sie sagen, sie liebten den Film. Wahrscheinlich gehörten sie zu den kleinen Kindern, die lang bevor ihre Spielkameraden es ihnen erzählen, wissen, daß es den Weihnachtsmann nicht gibt, die nachweisen, daß eine Bohne keinen Stengel treiben kann, der so stark wird wie straffes Seil, und die höhnisch grinsen, wenn man ihnen darlegt, daß ein sehr armes und sehr schönes Mädchen allein durch die Größe seines Schuhs identifiziert werden konnte, den sie beim zwölften Glockenschlag um Mitternacht verloren hatte.

Die Armen!

Die Armen, denn sie unterwerfen Mythen der Zensur. Wir im Flugzeug, wir schwelgten in Mythen, ohne miteinander darüber zu reden, mit dem Lächeln und der Weisheit von Leuten, die ihre Arbeit anderswo getan hatten und für die es sehr lustig war, im Mekka ihrer Jugendträume zu landen, ohne daß dieses Mekka jemals die Verantwortliche, die Mutter oder auch nur die Taufpatin dessen gewesen wäre, was der eine wie der andere hatte tun können.

Bei der Landung in L. A. hatte weder der einstmals bei Jack Warner Engagierte, noch die einstmals bei Howard Hughes »unter Vertrag Stehende« irgendwem Rechenschaft abzulegen, sie waren, was sie waren, sie waren nicht zehn Jahre früher gekommen, sie wollten acht Tage hier verbringen.

In meinem Leben gibt es fünf Hollywoods: 1959–1960, 1964, 1965, 1967, 1968–1969. Keines davon gleicht dem anderen.

Man kann sagen, daß die Ereignisse nicht auf sich warten ließen. Vor unserer Abreise aus New York hatte Anne Douglas, eine der drei Französinnen in Hollywood (die beiden anderen sind Quique Jourdan und Véronique Peck) uns angerufen und gesagt, sie werde für den Tag nach unserer Ankunft ein kleines Fest für uns geben. Das kleine Fest, wie es unsere Freunde liebevoll arrangiert hatten, war eine einzige Verlängerung unserer Jugendträume. Anne und

Kirk hatten wirklich »ganz Hollywood« eingeladen. Es war grandios und gleichzeitig intim. Der unglückselige Richard Nixon, der im Wahlkampf um die Vizepräsidentschaft stand, gab am selben Abend ebenfalls in einem großen Hotel der Stadt ein kleines Fest zu seinen persönlichen Ehren. Angesichts der Zahl der Gäste, die sich in den Räumen und um den Swimming-pool der Douglas drängten, konnte man sich fragen, wer an diesem Abend wohl der Einladung des künftigen Expräsidenten der USA gefolgt war. Vielleicht machten ein paar Leute noch einen kleinen Abstecher zu Nixon vor dem Schlafengehen, wer weiß? Ein einziger hatte den Mut, ganz unschicklich die Wahrheit zu sagen: Jack Warner, der verkündete, er komme von Nixon und werde auch dorthin zurückkehren, aber er habe doch sehen wollen, wie es »that son of a bitch«, diesem Hurensohn, gehe, den er 1949 mit so viel Mühe zu importieren versucht habe. Er war grob und komisch, er war unter McCarthy der schlimmste Hexenjäger der Filmindustrie gewesen, und er war stolz darauf und nahm es denen, die durch ihn Unrecht erlitten hatten, nicht übel. Bevor er wieder ging, um der Sache seines Kandidaten zu nützen, erklärte er immerhin, bei den Douglas sei es amüsanter als dort...

Es stimmt, es war amüsant. Walt Disney wurde von Montand gefragt, warum er nie auf den Brief geantwortet habe, den er ihm aus La Cabucelle geschrieben hatte, als er dreizehn war. In einer Ecke des Raums sang Judy Garland, Romain Gary erklärte, man dürfe der »angeödeten« Miene nicht trauen, zu der ihn seine konsularische Stellung zwinge. Er langweile sich nie, das solle man sich gesagt sein lassen. An einem einzigen Abend machten uns die Douglas mit der ganzen Stadt bekannt, und sie brachten uns mit den paar Leuten wieder zusammen, die wir schon kannten.

Unter all den berühmten Gästen (den Coopers, den Kellys, den Pecks, den Wilders, den Hathaways, Georges Cukor, Dean Martin und all jenen, deren Namen ich nicht aufzählen kann, weil die Liste zu lang würde) war eine kleine Dame, die nicht zu den berühmtesten gehörte, die aber unser Auftritt in dieser Welt mit Genuß erfüllte. Es war Minna, Minna Wallis. Immer wieder erinnerte sie sich daran, wie sie 1950 unter dem Orangenbaum von La Colombe bei uns gewesen war, bereit, unverrichteter Sache abzuziehen, bereit, sich beschimpfen zu lassen, weil sie ohne mich zurückkam, und wie sie mir nach zwei Tagen Belagerung recht gab. Sie strahlte, daß sie uns endlich hier sah. Sie neigte dazu, ihr persönliches Abenteuer mit den Fürsten des Festes – besser gesagt, der Fürstin und dem Fürsten –, als die noch nichts als verliebte Niemande gewesen waren, recht oft zu erzählen.

Auch Mr. Goetz war da und seine Frau Eddie. Ich sollte bald feststellen, daß Eddie Goetz die Herzogin de Guermantes war in dem, was von dem Mythos Hollywood überlebt hatte. Bill Goetz rechtfertigte sein Telegramm in Fortsetzungen. Er habe mir doch gesagt, die Sache sei nur aufgeschoben.

Auch Charlie Feldman war da, dem gegenüber ich mein Versprechen gebrochen hatte, als ich Minna nicht gefolgt war. Capucine war da und erzählte mir, wie in einem sehr feinen Haus die private Vorführung von *Room at the Top* nach zwei Spulen wegen Ginrummy abgebrochen worden war. Die Besitzer hatten sich mir soeben in die Arme geworfen und versichert, ich sei »fantastic« gewesen, hätte »a great job« vollbracht und sei bestimmt »an Oscar nominee«.

Und dann war auch Dalio da. Marcel betrachtete seine alte Freundin von »Dédé d'Anvers«, er betrachtete den großen Jungen von einst, der »Moi, je m'en fous« im Club des Cinq gesungen hatte, als die Befreiung ihn, Marcel, nach Paris zurückbrachte; die letzten fünf Jahre hatte er damit verbracht, kleine Rollen als italienischer Oberkellner in dieser Stadt zu spielen, die vergessen oder niemals gewußt hatte, daß er der Rosenthal in *La Grande Illusion* (Die große Illusion) oder La Chesnaye in *La Règle du jeu* (Die Spielregel) gewesen war.

Man sieht, unsere Freunde Douglas hatten ihre Sache gut gemacht. Sie hatten sie mit Liebe gemacht...

Montand sang im Huntington Hardford im alten Hollywood. Es war ein riesiges Theater. Noch einmal hatte er neue Musiker, die kalifornischen Gewerkschaftsvorschriften verbieten New Yorker Musikern den Zutritt. Wieder hatte Norman die besten ausgesucht. Nach den New Yorker Erfahrungen war die Inszenierung leichter.

Die ganze Woche sang er vor ausverkauftem Haus. Wir waren schon in San Francisco, als ein Anruf aus Hollywood kam: man bat Montand, er möge noch einmal vorbeikommen. Ich werde gleich sagen, warum.

Das Theater in San Francisco war ganz in Gold und Samt, die Garderobe mit dunkelrotem Damast bespannt und mit troddelnverzierten Polstersesseln ausgestattet. Die Spiegel waren geschliffen, und wenn man gut gesucht hätte, wären sicherlich Inschriften zum Vorschein gekommen, die man vor langer Zeit dort eingeritzt hatte mit Diamanten, die eine Diva von Abenteurern aus dem Wilden Westen geschenkt bekommen hatte.

Das Golden Gate war wirklich so, wie alle Welt es kannte. Und im obersten Stockwerk des »Top of the Mark«, wo man die ganze Bucht überblickte, fühlte man sich, als sei man Jeannette MacDonald und Clark Gable.

Am Abend der Premiere gab es eine zusätzliche Attraktion: Harry Bridges, der berühmteste Docker Amerikas, war im Zuschauerraum. Er war der Mann, der durch einen einfachen Telefonanruf alle Häfen der Westküste lahmlegen konnte. Das war einmal passiert: als die Kommission für antiamerikanische Umtriebe ihn hatte verhaften lassen. Eine Stunde später ließ man ihn frei. So lautete jedenfalls die Legende.

In San Francisco haben wir einen Taxichauffeur sehr böse gemacht; er wollte uns zwingen, die Gefangenen von Alcatraz durch die großen Ferngläser zu betrachten, die sich zur Freude der Touristen direkt dem häßlichen Felsen gegenüber befinden. Er machte einige Bemerkungen über die Ausländer, die sich erlauben, keinen Gefallen an amerikanischen Gefängnissen zu finden.

In einem kleinen Kino in San Francisco zeigte man »Triumph des Willens« von Leni Riefenstahl. In der Vorhalle gab es Schaukästen und in den Schaukästen Hakenkreuzarmbinden, SS-Abzeichen, Eiserne Kreuze und Koppel, mit Dolchen geschmückt. Die beiden Platzanweiser waren sehr groß und sehr blond und das Publikum streng arisch.

In San Francisco wurde auch die Sendung aufgenommen, wegen

der Ed Murrow in La Baule mit mir in Verbindung getreten war. Sie hieß »Small World«. Aber ich werde auf dieses Zwischenspiel, das schließlich für mich eine unerwartete Bedeutung bekam, später zurückkommen.

Wir reisten also noch einmal nach Hollywood. Die 20th Century Fox, aufmerksam geworden durch den Widerhall der »One man show« im Huntington und die Post, die die »Chevy(Chevrolet)-Show« von Dinah Shore im ganzen Land ausgelöst hatte, schlug Montand einen Film vor. Es handelte sich um *Let's make love* (Machen wir's in Liebe), inszeniert von Georges Cukor. Seine schon engagierte Partnerin sollte Marilyn Monroe sein.

Ich glaube, wenn ich versuchen wollte, ein Drehbuch zu verkaufen, das der Geschichte folgt, die ich hier erzähle – ob ich sie nun in La Cabucelle und in Neuilly anfinge oder erst 1956 oder aber bei dem Glaskäfig im Flughafen von New York –, würde ich ein höfliches Dankeschön von den Fachleuten erhalten mit der Erklärung, die Literatur von Delly sei überholt...

Kolportagegeschichte oder nicht, der Vertrag wurde unterzeichnet und Catherine davon unterrichtet, daß ihre Eltern nicht so bald zurückkehren würden. Der Bungalow Nr. 20 in den Gartenanlagen des Beverly-Hills-Hotels wurde zum kleinen Bruder des »Zigeunerwagens« und zum Vetter der Nr. 1005–1006 im Algonquin, zum Neffen des »Gästehauses« in Babelsberg und zur Kopie der sechsten Etage im Savoy Hotel.

(Da bin ich wieder in meinen Tick verfallen: Hotels, über sie rede ich mehr als über die Qualen der Schauspieler, die Freuden des Schaffens, die Motivation der Rollen und die verschiedenen Paradoxa, alles Dinge, über die ich ziemlich schlecht reden kann. Und über die ich lieber gar nicht spreche, damit sie ihr Geheimnis behalten. Ein Versuch, diese Geheimnisse zu erhellen, würde mich in große Gefahr bringen, sie zu verlieren, weil ich zuviel davon weiß. Ich wäre in großer Gefahr, nicht mehr selbst überrascht zu sein, wenn sie zünden. All das, um zu sagen, daß wir im Bungalow Nr. 20 in den Gartenanlagen des Beverly-Hills-Hotels wohnten.)

Die Bungalows des Beverly-Hills-Hotels sind nicht das, was der

Durchschnittsfranzose, der sich für Safaris interessiert oder Kipling gelesen hat, denken mag. Nur selten sind es einzelne kleine Häuschen. Wenn sie einzeln stehen, sind es Appartements mit fünf Räumen und zwei Badezimmern.

Der Bungalow Nr. 20 befand sich im ersten Stockwerk eines kleinen Vorort-Hauses. Er bestand aus einem Wohnzimmer, einer kleinen Küche, einem Schlafzimmer und einem Badezimmer. Auf dem gleichen Treppenabsatz war der Bungalow Nr. 21. Hier wohnten Arthur und Marilyn.

Im Erdgeschoß des Hauses befand sich der Bungalow Nr. 19. An dieser Stelle der Erzählung für mein unverkäufliches Drehbuch würde man mich rausschmeißen. In dem Bungalow Nr. 19, der größer war als seine beiden kleinen Kameraden im ersten Stock, wohnte, hinter herabgelassenen Jalousien, Howard Hughes und seine Familie.

Niemand wußte es, und doch war es allgemein bekannt. Seine Leibwächter schlenderten als falsche Spaziergänger durch die Alleen, die den kleinen Block am Ende des Parks umgrenzten. Der kleine Block, das waren zwei Vororthäuser, die Nummern 16, 17, 18 und 19, 20, 21.

Ich habe Babys weinen gehört, die Töne kamen aus Nr. 19. Eines Tages sah ich Jean Peters, sie nahm auf dem Rasen vor ihren Fenstern ein Sonnenbad. Ich konnte sie erkennen, weil ich *Niagara Falls* gesehen hatte. Sie sagte »hello« zu mir und verschwand hinter ihren Jalousien.

Howard Hughes habe ich nur einmal in meinem Leben gesehen. Arthur Miller hat ihn mir gezeigt. Ich greife hier vor, das geschah nach wochenlangem gemeinsamem Leben in dem kleinen Haus. Aber ich kann es ebensogut gleich erzählen. Arthur und ich waren übereingekommen, daß er mich aufwecken würde, wenn er mir beweisen konnte, was er mir erzählt hatte. Eines Abends um Mitternacht klopfte er an die Tür. Ich solle nur auf den Küchenbalkon gehen und schauen. Von dem Holzbalkon, der nach hinten hinaus ging, hatte man Ausblick auf ein kleines Sträßchen, in dem seit unserem ersten Tag in Hollywood ein alter Dodge (oder Ford) stand, der offensichtlich von seinem Besitzer aufgegeben worden war. Die Wagenfarbe war irgend etwas zwischen Grau und Beige.

In dieser Nacht verbanden schlangenartige Heizungs-, Belüftungs- und Telefonleitungen den alten Klapperkasten mit der Zentrale, dem Bungalow Nr. 19. Hinten im Wagen saß ein Mann, beide Füße lagen auf der Kopflehne des Vordersitzes. Ein kleines Lesepult diente als Schreibtisch. Howard Hughes wickelte seine Geschäfte ab. Vielleicht machte er sich auch das Vergnügen, uns etwas vorzuspielen.

Aber kommen wir auf unsere Hammel zurück, wie Spyro Skouras gesagt hätte.

Spyro Skouras gab nämlich eine Monster-Cocktailparty im riesigen heimatlichen Saal. 1959 war er der große Chef der Fox. Ein paar Monate zuvor hatte er sich beim Besuch Nikita Chruschtschjows in dem Atelier, wo *Cancan* gedreht wurde, durch eine Rede hervorgetan, die mit folgender schlauer Bemerkung endete – ich wiederhole sie aus dem Gedächtnis, so wie man sie mir erzählt hat: »Sehen Sie mich an, Herr Präsident, ich war ein armer griechischer Hirte, heute bin ich der Chef von 35 000 Angestellten. Das ist Amerika! Wer bietet mehr?«

»Ich«, antwortete Chruschtschjow, »ich war ein armer ukrainischer Hirte und bin heute der Chef von 200 Millionen Bürgern. Das ist die UdSSR!«

Spyro Skouras also gab eine Monster-Cocktailparty in dem riesigen Speisesaal der Fox-Studios, um das Engagement und die Vertragsunterzeichnung von Montand zu feiern. Er hatte weder mit Champagner noch Scotch noch Wodka, weder mit Törtchen noch Sakuskis geknausert. Die Fotografen – es waren mindestens fünfzig – knauserten ebensowenig mit ihren Filmen. Im Laufe dieses Nachmittags wurden die meisten der Aufnahmen gemacht, die uns alle vier lächelnd zeigen, Marilyn, Montand, Miller und mich. Diese Fotos sollten ein paar Monate später das Glück von ein paar üblen Journalen ausmachen.

Am 31. Dezember 1959, beim zwölften Glockenschlag zur Mitternacht, gingen in einem bekannten Restaurant die Lichter aus, ich küßte meinen Mann, das Licht wurde wieder angeknipst, eine Hand legte sich auf meine Schulter, eine andere auf die Montands – es war Gary Cooper, der als erster zu uns sagte: »Happy New Year.« Und dann sagte er: »Ich hinke ein bißchen, aber darf ich mit Ihrer Frau tanzen?« Montand antwortete: »Natürlich«, und ich verbrachte die ersten Minuten des Jahres 1960 in den sehr keuschen Armen des schönsten Mannes der Welt. Es stimmte, er hinkte ein wenig, ich tanze nicht sehr gut, und die Musik war ein Slowfox aus den Vierzigerjahren ...

Drei Jahre zuvor waren wir genau zur gleichen Stunde im Sankt-Georgs-Saal des Kreml, wo der ehemalige ukrainische Hirte uns im Dunkel überraschte. Hier war es Gary Cooper, und das Restaurant hieß Chez Romanoff (Hier wird das Drehbuch schlichtweg ungenießbar).

Gary Cooper »of course« antworten können, sich im Alltagsleben mit aufgeschnappten Wörtern durchschlagen, verstanden werden, wenn man kleine einleitende Texte für die Chansons völlig richtig artikuliert, in denen man auf jeden Fall anbringt, was man ausdrücken möchte – das ist eine Sache.

Dialoge lernen, das heißt Fragen stellen und auf Fragen antworten, die Fragen an die Gestalt, die man darstellen soll, und das, wenn alle diese Fragen und Antworten lauter Rätsel sind, zu lesen in einem Skript, das man bekommen hat, weil man in einer Geschichte spielen soll, die einem erzählt wurde – das ist etwas ganz anderes.

Cukor nein zu sagen, wäre Wahnsinn gewesen. Und es war verrückt, daß er ihm ja gesagt hatte.

Er war verrückt und er hatte recht. Die Wände im Bungalow Nr. 20 bedeckten sich wieder mit Notizen und kleinen bunten Papierbogen. Die thailändischen Gedichte und bretonischen Gebete traten wieder in mein Leben.

Zu der Stunde, wo die Hollywood-Stars sich nach ihrem Arbeitstag im Studio entspannen und sich mit Wohlbehagen ihren Bullshot oder Bourbon genehmigen, also gegen 18 Uhr, arbeitete Montand. Nach einem Tag voll Arbeit.

(Ich muß sehr aufpassen, wenn ich im Zusammenhang mit Montand das Wort Arbeit benütze. Sein ganzes Leben lang hatte es ihn sehr gereizt, wenn man seine »Arbeitskraft« rühmte, das »minutiöse Uhrwerk« seines Programms. Im allgemeinen waren das falsche Einschätzungen. Die »Arbeit«, die in der Anordnung bestand, kam immer erst, nachdem er instinktiv den glücklichen Treffer gefunden hatte. War der Fund gut, mußte man ihn pflegen, damit er sich entfalten konnte. Ihn irgendwie »festhalten«, damit er jeden Abend auf die wirkungsvollste Art wieder da war. Nicht im Wirrwarr, nicht im Rausch. Der Rausch ist unerläßlich im Augenblick des Erschaffens. Man muß ihn respektieren, ihn jeden Abend wiederfinden. Und man ist kein Uhrmacher, wenn man ihn pflegt, um ihn besser wiederzufinden. Es ist ein Gruß an das, was einem einmal eingefallen ist, an einem Tag, in einem ganz bestimmten Augenblick. Es ist eine Zeremonie, die ihrer eigenen Zeit gehorchen muß und, da sie gut geplant ist, beim letzten Zuschauer ebenso gut ankommt wie beim ersten. Man muß nur die Frische wiederfinden. Das wird oft »Arbeit« genannt. Es ist Liebe.)

Hier aber mußte man wirklich von Arbeit reden, und zwar mit einem Werkzeug: mit Worten. Aber Worten, die man in der Kindheit nie hörte, die nichts als Klänge sind, und die man scheinbar ungezwungen benützen soll, wie einer, der sie von jeher im Munde führt. Die auswendig gelernten Worte sollen klingen, als kämen sie unmittelbar aus dem Inneren, und dabei sind sie doch nichts als die getreue Wiedergabe von Geräuschen, die man einem einschärft, deren Gefangener man ist, wenn man nicht riskieren will, nicht verstanden zu werden. Und dabei soll man auch noch natürlich bleiben, entspannt, souverän, zärtlich, kapriziös und naiv wie Gary Cooper oder James Stuart, an die Norman Krasna sicher gedacht hatte, als er das Drehbuch schrieb, das letzten Endes die charmante Neuauflage eines Märchens darstellt, in dem wieder einmal der Prinz das Hirtenmädchen heiratet...

Mein Mann also *arbeitete*.

Ich war Hausfrau. Das heißt, ich war da, wenn er vom Studio heimkam, ich hielt das Streichholz unter die Holzscheite, die das Personal des Beverly-Hills-Hotels in einen Kamin geschichtet hatten, dessen Gaszuleitung ein so schön flammendes Feuer garantierte, wie man es bei Dickens lesen kann. Ich bestellte per Telefon das Abendessen beim Room Service, ich schaute nach, ob die vom Laundry Service gewaschene Wäsche wirklich die unsere war. Wie man sieht, war ich eine wirklich häusliche Frau.

Meine Tage verliefen angenehm, viel angenehmer als die vieler

Schauspielerfrauen in Hollywood. Sie mußten sehr früh aufstehen, um ihre Kinder in die Schule zu fahren. Die gutherzige schwarze Kinderfrau oder die irische Nurse waren schon lang aus dem Bühnenbild verschwunden. Sie machten ihre Einkäufe selbst. Die Verwalterin–Haushälterin–Köchin gab es nur noch in ganz wenigen Häusern und auf den Bildschirmen, wenn dort Filme aus den Dreißigerjahren liefen. Im allgemeinen hatten sie, um die riesigen nachgemachten Haziendas, Rokkoko-Lusthäuser oder Trapperhütten zu unterhalten, Damen, die ihnen Stunden gewährten. Sie schenkten ihnen diese Stunden, wenn man so sagen darf. Es konnte keine Rede davon sein, daß eine Dame, die ein paar Stunden vergab, um die Küche zu besorgen, die Vorstellung akzeptiert hätte, auch die Fenster zu putzen. Und diejenige, die bereit war, das Geschirr in die Spülmaschine zu tun, wies es weit von sich, zu bügeln.

Das war ihr gutes Recht, aber es komplizierte das Leben dieser Musterhausfrauen beträchtlich, die nacheinander ganz verschiedene Personen kommen sahen und ihnen je nach ihren Talenten und persönlichen Stundenplänen ganz verschiedene Aufgaben übertragen mußten. Ich habe manche Schauspielerfrauen in Hollywood kennengelernt, die letzten Endes lieber alles selbst machten, als eine Art Vorarbeiterin zu werden. So arbeiteten sie also viel, ganz im Gegensatz zu den goldenen Legenden. Und wenn die Karikatur sie oft mit Lockenwicklern auf dem Kopf am Steuer ihres Wagens zeigt, dann deshalb, weil sie es auch noch fertigbrachten, sie sich vor dem Einkaufen auf den Kopf zu praktizieren. Und wenn sie einen zum Essen empfingen, waren sie gut frisiert.

Bei großen abendlichen Festen griffen sie auf Aushilfsdiener zurück. Die spielten gern die Rolle eines alten Familienfaktotums. Ich habe einen gekannt, den ich überall antraf und der überall den Ton des jeweiligen Hauses annahm, etwa den von Rémy bei Tante Irène und Onkel Marcel, Square Lamartine. Dreimal habe ich so getan, als erinnerte ich mich nicht, ihn schon in drei verschiedenen Häusern gesehen zu haben. Und dann haben wir aufgehört, »Rendezvous de Senlis« zu spielen, wir begegneten uns ganz unbefangen und verglichen die Vorzüge und Frische der verschiedenen Buffets.

Diese Frauen, von denen ich spreche, fanden auch manchmal die Zeit, wieder zur Schule zu gehen. Sie schrieben sich an der Universität (UCLA) ein und nahmen die Studien wieder auf, die sie zu Beginn ihrer Ehe aufgegeben hatten. Oft waren es New Yorkerinnen, deren Männer nach einem großen Broadway-Erfolg nach Hollywood geholt worden waren. Manchmal zuerst für einen Film. Sie hatten ihre Wohnung in New York behalten und in Hollywood für vier Monate ein erstes Haus gemietet. Und sie hatten Heimweh gehabt nach dem Lärm, den Lichtern, dem Schnee und auch nach den Nächten in New York. Das verhehlten sie nicht. Gleichzeitig war da die Stille, die Kolibris, die Kojoten, die das Tal durchstreiften, die jeden Morgen strahlende Sonne, die Ungezwungenheit der Verkäuferinnen in den Läden, die schönen Strände am Pazifik, die »Brunches« (Frühstücks-Mittagessen) am Swimming-pool, die Freude zu sehen, wie ihre Kinder über den weißen Zaun zu den Spielkameraden auf dem Nachbarrasen kletterten, die Heimkehr ihrer Männer aus den Studios, die in ihren Jeans und aus Italien importierten Pullis viel entspannter waren als nach einem letzten Glas bei Sardi's – all das begann zu wirken und sie schließlich zu verlokken.

Wenn der Film beendet war, kehrten sie nach New York zurück. Doch beim ersten neuen Ruf aus Hollywood gaben sie die Wohnung an der Ostküste auf, und wenn die Dinge für den Mann einigermaßen gut liefen, beschlossen sie, ein Haus nicht mehr zu mieten, sondern zu kaufen. Und damit wurden sie Besitzerinnen dieser Haziendas, Rokkoko-Lusthäuser und Trapperhütten. All diese Häuser hatten ihre Geschichte; sie waren für die großen Stars der großen Epoche gebaut worden und daher riesig und oftmals verrückt. Am Anfang fand man es lustig, vorübergehend in der Stadt weilenden Freunden die Spiegel an der Decke des Schlafzimmers von X oder das Flaschenversteck von Y zu zeigen.

Und dann begann der ewige Sonnenschein, die luxuriöse Routine, die irisierende Seifenblase, in der sie lebten, sie zu belasten, ganz abgesehen von der zu dieser Zeit noch bestehenden Schranke zwischen den Neu-Kaliforniern und denen der Dreißigerjahre. Also machten sie sich wieder ans Lernen.

Ich aber war in meiner Periode »Sonne, Kolibri, Kojoten, ungezwungene Verkäuferinnen, Stille«. Ich hatte keinerlei Haushaltssorgen. Der Room Service stand vierundzwanzig Stunden am Tag bereit. Mir gefiel die irisierende Seifenblase durchaus. Da ich viel Zeit hatte, vertrödelte ich sie mit gutem Gewissen, es war mein gutes Recht zu trödeln. Ich tat nichts und langweilte mich nicht eine Sekunde. Zu Mittag aß ich im Polo Lounge des Hotels, das war zu jener Zeit etwa ein Vetter von Fouquet's oder Lipp. Jimmy Woolf und Lawrence Harvey und Jack Clayton waren nach Hollywood gekommen, um zu sehen, wie *Room at the Top* lief. Im Garten des Restaurants war es wieder wie in London, manchmal auch wie in New York; die Leute des Show-business machen gern einmal die Hin- und Herfahrt Ostküste–Westküste, so wie wir schnell einen Abstecher Paris–Nizza machen.

Und dann war es auch wieder wie in Hollywood, sogar in dem bewußten HOLLYWOOD. Ich fühlte mich in meiner Seifenblase wohl, weil sie nur ein vorübergehender Aufenthaltsort war. Oft mußte ich denken, wieviel Glück ich gehabt hatte, daß ich nicht zu jener Zeit in dieses große Dorf gekommen war, als man mich dorthin rief. Zehn Jahre zuvor.

Zehn Jahre zuvor hatte ich noch nicht genug geleistet, um nicht genau das zu tun, was ein Vertrag legitim von mir verlangt hätte. Zehn Jahre zuvor hätte ich möglicherweise geglaubt, daß die Seifenblase das Leben sei. So schwierig, widersprüchlich, erregend und enttäuschend auch diese »Kalter Krieg« genannte Periode in Europa gewesen sein mochte, ich tat mich gütlich an den Erinnerungen, die mir in den Kopf kamen, während ich in kalifornischer Sonne zu Mittag aß.

Ich war zweitausend Jahre und vierzehn Jahre alt.

Walter Wanger war Produzent. Er mochte uns gern, Montand und mich. Er war ein wenig sonderlich, wie man sagt. Weil er auf den Geliebten seiner Frau geschossen hatte, war er im Gefängnis gewesen. Wanger hatte den Geliebten nicht getötet, aber das Gefängnis kennengelernt. Und seither verausgabte er sich ohne Maß neben seiner Tätigkeit als Produzent für die Sache inhaftierter Menschen.

Der berühmteste Gefangene jener Zeit war Caryll Chessmann. Er war ohne Beweise wegen Vergewaltigung und Mord zum Tode verurteilt worden und hatte im Gefängnis ein Buch geschrieben.

Der elektrische Stuhl wurde immer wieder aufgeschoben.

Eines Morgens fragte mich Walter Wanger, ob es mir Spaß machen würde, mit einem Erzbischof zu essen. Gegen dreizehn Uhr, nachdem ich die Leibwächter Howard Hughes gegrüßt hatte – sie spielten wie immer Spaziergänger in den Alleen, über die die Bewohner von Nr. 19, 20 und 21 zum Polo Lounge gelangten –, saß ich mit Walter Wanger und dem Erzbischof zu Tisch. Es war ein sehr liebenswürdiger Erzbischof. Wanger hatte ihn eingeladen, weil er von ihm eine Unterschrift unter eine Petition erhoffte, die Gnade für den zum Tod Verurteilten verlangte. Ich war Statistin. Einmal, weil ich von der Affäre Chessmann nichts wußte, dann, weil Wanger meine Anwesenheit nur erbeten hatte, um nicht mit dem Erzbischof allein zu sein.

Wangers Argumente entsprachen ganz genau dem, was wir selbst so oft und in aller Aufrichtigkeit zu Hause bei Leuten anzubringen versuchten, die uns das nicht »abnahmen«. Das ging von Henri Martin bis zu den Rosenbergs.

Der Erzbischof war sicher ein guter Erzbischof. Er hörte zu, er schien das Leben und das Schicksal dieses interessanten Gefangenen erst richtig zu entdecken. Wangers Sätze begleitete er mit Kopfschütteln. All das war sehr schmerzlich und die Menschheit gar nicht schön ... Er trank seinen Kaffee, lehnte es höflich ab, seinen Namen unter die Petition zu setzen, und ging davon zu seinen Schäflein, die nicht im Gefängnis saßen.

Wanger war wie von Sinnen. Er glaubte an Chessmann. Ich wußte nichts darüber. Man weiß nie etwas über die tatsächliche Unschuld der Menschen, für die man Partei ergreift. Meistens ergreift man Partei gegen die Menschen, die sich im Recht glauben, wenn sie gegen Angeklagte Partei ergreifen. Und die dazu keinerlei Recht haben.

Walter Wanger war niedergeschlagen, so niedergeschlagen, wie man es ist, wenn eine Aktion schiefgeht, die im »Hilfskomitee«, »Verteidigungskomitee« oder »Freundeskreis von ...« als Fehlschlag verbucht wird.

Der Erzbischof war out. Seine Unterschrift würde schrecklich fehlen. Walter rührte seinen Zuckerersatz (eine Art Sacharin wie 1942 im Café Flore) in seinen koffeinfreien Kaffee und rief mich zum Zeugen an für die Gleichgültigkeit der Kirchenleute gegenüber Leben und Tod ihrer Nächsten.

Da stellte ich ihm mit all dem weiblichen Charme, den mir zu dieser Zeit meine schönen Kostümchen und hübschen Schuhe verliehen, die Frage:

»Walter... (Pause) ... für die Rosenbergs, was haben Sie da getan?«

»Nichts«, war die Antwort.

Walter Wanger sah sehr gut aus, er war nicht mehr ganz jung, er war sehr herzlich und kultiviert. Sein »nichts« mit dem blauäugigen Lächeln dazu, besagte viel mehr als alle Entschuldigungen, die zu liefern er keine Lust hatte.

Diese kleine Geschichte soll nur zeigen, daß ich keine Zeit hatte, mich zu langweilen...

Es gab natürlich auch die großen Häuser, von denen ich vorher sprach. Dort fand man noch, auch wenn der Sohn schon vierzig war und in New York wohnte, die alte schwarze Kinderfrau, die ihm die ersten Fläschchen gegeben hatte. Und man lief nicht Gefahr, den Haushofmeister beim Nachbarn wieder anzutreffen.

Es war der Faubourg Saint-Germain von Hollywood. Da gab es wirklich echte Renoirs, echte van Goghs und echte Picassos an den Wänden. Es gab Vorführungsräume für 35-mm-Filme, die ein gewerkschaftlich organisierter Fachmann, der gekommen war, um den Apparat zu bedienen, nach dem Abendessen vorführte. Das waren die Feste an den Freitag- und Samstagabenden, den einzigen in der Woche, an denen die Stadt nicht um halb elf Uhr schlief.

In diesen Häusern herrschten die Frauen. Es waren die Frauen, oft auch die Töchter legendärer Produzenten. Sie hatten alles von Hollywood gewußt, erzählten von der abenteuerlichen Zeit, als man vom Stumm- zum Tonfilm überging. Sie reisten für jede neue Modekollektion nach Paris, und sie gingen nie ins Kino, sie ließen es sich nach Hause kommen, um einem begrenzten Publikum von treuen Stammgästen und in Mode gekommenen Neuankömmlingen als erste einen Film zu zeigen, der meist das jüngste Kind der Konkurrenzfirma ihres Mannes war. Sie waren huldvoll wie Fürstinnen und manchmal launisch wie Kaiserinnen. Es hatte bei ihnen – übrigens völlig platonische – Leidenschaften gegeben, die damit endeten, daß das Objekt verstoßen wurde.

Manche dieser Häuser verschlossen sich für immer, weil ein verfeindetes Haus sich erlaubt hatte, seine Pforten den Neuankömmlingen zuerst zu öffnen. Die Häuser waren verfeindet aus Gründen, die im allgemeinen auf die Zeit von Rudolph Valentino und den Hund Rintintin zurückgingen. Für Neulinge blieben sie dunkel, den Pionieren waren sie allgemein bekannt, und sie hielten es gewöhnlich nicht für nötig, sie ihnen zu erklären. Es war eben so. Von jeher sprach Mrs. X nicht mehr mit Mrs. Y, man mußte also wissen, daß man den Namen von Mrs. Y im Haus von Mrs. X nicht erwähnen durfte, und umgekehrt. Daran mußte man sich gewöhnen.

Es gab auch das Haus von Georges Cukor. Hier fand man keinen Vorführungsraum, aber überall Schätze von Fotografien, die aus dieser Flucht kleiner viktorianischer Salons ein Archiv machte. Und in dem Haus gab es Cukor selbst. Er weiß alles über Film, den von vorgestern, gestern und morgen. Er ist hundert Jahre und achtzehn Jahre alt. Und er ist auch der einzige Mann, den ich kenne, der einen um 19 Uhr 26 anruft und sich ärgert, wenn er einen noch im Bungalow antrifft, wo doch das Essen, zu dem er eingeladen hat, auf 19 Uhr 30 festgesetzt ist. »You are late«,* sagt er dann. Man wohnt fünf Minuten entfernt von ihm, aber er liebt es, daß man eventuelle Reisezufälle in Betracht zieht. Er ist auch der einzige Mann, den ich kenne, der kurz vor 22 Uhr 30 erklärt: »Time to go to bed«,** so glänzend auch die Gesellschaft sein mag. Schließlich ist er der einzige Mann, den ich kenne, der in den vier Stunden, die er beschlossen hat, seinem Arbeitsleben vorzuenthalten, so amüsant, großzügig und aufmerksam ist, der sich grausam zeigt gegenüber den Boshaften, boshaft gegenüber den Dummköpfen, höhnisch gegenüber den Prätenziösen, spöttisch gegenüber den Klatschmäulern, voll Liebe zum Talent, grob im Umgang mit Snobs und unendlich zartfühlend mit den Leuten ohne Amt und Würden.

Es gab kleine Häuser im Valley, weit weg von den noblen Vierteln. Dort lebten noch Drehbuchautoren oder Regisseure oder un-

* »Sie kommen spät«
** »Es ist Zeit, zu Bett zu gehen«

abhängige Produzenten, die noch immer nicht mit ihrem eigenen Namen zeichnen durften...

Wie man sieht, war ich für eine häusliche Frau ziemlich viel unterwegs! Wenn ich nicht unterwegs war, las ich. Ich las Szenarien, na also Szenorios! Sie waren in etwas abgenützten Stoff eingebunden. Fast immer handelte es sich um stupide Geschichten, in denen die Frau eine bewundernswerte Rolle spielte. Angesichts des abgenutzten Einbands waren es nicht ganz neue Drehbücher. Ich stellte mir vor, wie sie aus den Händen von Bette Davies in die von Joan Crawford übergegangen waren, um schließlich bei Ingrid Bergman zu landen. Manche hatten wohl auch einen Abstecher zur Magnani gemacht, auch Ingrid Thulin mochte sie gelesen, Ava Gardner sie zwischen zwei Stierkämpfen durchgeblättert haben. Jetzt lagen sie im Bungalow Nr. 20, und ich schwöre, daß ich ein paar davon in dem Stoß wiederfand, der sich bei meiner Freundin Anouk Aimée am Swimming-pool von La Colombe häufte, als sie nach dem Erfolg von *Un homme et une femme* (Ein Mann und eine Frau) 1967 von Hollywood zurückgekehrt war. Diese Bücher wurden nie verfilmt.

Andere waren nicht schlecht, vor allem eines, das aber auch nie gedreht wurde. Es war kein Stoff, der speziell für einen »Star« gepaßt hätte, sondern eine schöne Geschichte mit vielen Leuten. Und dann gab es oft Drehbücher ohne Titelseite. Sie war sichtlich herausgerissen; und wenn ich sage sichtlich, meine ich offensichtlich. Kein Titel, kein Autorenname, kein Name des Regisseurs. Das roch nach Schatzfund, aber auch nach Schwefel. Im allgemeinen waren diese Drehbücher genauso uninteressant wie die anderen. Jemand ganz Geriebener hatte irgendwo beschlossen, ihnen das Etikett zu geben: »Ich kann nicht mit Namen zeichnen, aber ich bin es.« Diese Bücher waren selten von meinen Freunden geschrieben, die in den armseligen Häuschen im Valley wohnten, oder wenn sie es doch waren, dann hatten meine Freunde nicht das Talent, das ihnen durch ihren Status als Opfer des McCarthyismus nach göttlichem Recht zustand...

Es gab auch das Château Marmont. Das war zu jener Zeit das Hotel für New Yorker, die für zwei oder drei »Gagentage« in einem Hollywood-Film herkamen. In diesem Jahr bewohnten Paul

Newman und Joanne Woodward, die beiden kleinen Mädchen und die schwarze Kinderfrau, die Joanne aufgezogen hatte, das oberste Stockwerk. Sie waren keine »Gagisten«, aber sie hatten sich noch nicht entschlossen, Kalifornier zu werden. Sie waren lustig, herzlich, temperamentvoll. Und sie sind es noch immer.

Ich kam und ging zwischen meinen reichen und meinen armseligen Häusern, meinen englischen Frühstücken und meinen »Brunches«, meinen Erzbischöfen und französischen Freundinnen. Ich entdeckte den »Farmer's Market«, die schicken Geschäfte von Beverly Hills. Es war nicht selten, daß von einer Woche zur andern ein kleines Schallplattengeschäft in einen Schuhladen umgewandelt wurde, und es war komisch, wenn man den Schallplattenverkäufer zwei Straßen weiter in einem Spezialgeschäft für indische Webereien wiederfand.

Im Bungalow Nr. 21 hörte ich Millers Schreibmaschine knattern. Marilyn war seit halb sechs Uhr früh im Studio, Montand seit halb acht. Gegen halb zwölf Uhr öffnete sich bei meinem Nachbarn die Tür, er klopfte bei der Nachbarin. Das war ein Ritus. »I made some coffee«, sagte Arthur. Er hörte mir zu, während ich ihm meine Pläne für den Tag erzählte. Ich redete, wir tranken unseren Kaffee, ich ging auf meine Entdeckungsreisen und versprach, ihm am Spätnachmittag darüber zu berichten. Arthur kehrte an seine Schreibmaschine zurück. Er setzte nie einen Fuß in das große Dorf.

Draußen arbeitete Alice Aisgill für mich. Sie arbeitete sehr gut. So gut, daß ich an einem schönen Tag im Februar oder April – das weiß ich nicht mehr – eine »Nominierte« für den Oscar wurde.

Und jetzt will ich auf »Small World« zurückkommen, die Sendung Ed Murrows, an der ich etwa zwei Monate zuvor in San Francisco mitgewirkt hatte, zu einem Zeitpunkt, als ich dachte, zwei Wochen später sei ich wieder in Frankreich. Die Techniker hatten sogar versprochen, sie würden mir eine Kopie nachschicken, wenn sie fertig sei.

»Small World« ging eines Abends über den Fernseher. Es war sehr kurze Zeit vor den »Nominierungen«. Ed Murrow, den ich nie gesehen, mit dem ich aber während der Sendung viel gesprochen hatte, gehörte zu den wirklich guten Amerikanern, die es gibt, die es gegeben hat und die es geben wird. Er war während des ganzen Krieges als amerikanischer Rundfunkkorrespondent in London geblieben. Nach seiner Rückkehr hatte er seinen Mitbürgern, die niemals andere Sirenen als die der Polizeiautos gehört hatten, von einer anderen Welt erzählt, der Welt, in der er gelebt hatte. Er besaß das große Privileg, daß er einer von den Amerikanern war, die man nicht plötzlich mitten in der Unterhaltung fragen kann: »Übrigens aus welchem Ghetto oder welchem sizilianischen Dorf sind Ihre Großeltern gekommen?« Er war ein unmittelbarer Erbe der Gedanken, die man noch heute auf der gesprungenen großen Glocke im Museum von Philadelphia lesen kann: »Proclaim liberty throughout all the land unto all the inhabitants thereof«* (Lev. 25, 10). Er war das, was man bei uns einen »alt eingesessenen« Amerikaner nennen würde, und er hatte zudem den Vorteil, ein Weißer zu sein.

So beschloß er eines Tages, als das Fernsehen an die Stelle des Rundfunks getreten war, McCarthy zu töten. Das war einfach, man mußte nur auf den Gedanken kommen: es genügte, den interessanten Senator, der schon ziemlich lange den Torquemada spielte, um ein ausgedehntes Interview zu bitten. McCarthy, sehr erfreut, sich manifestieren zu können, manifestierte sich. Ganz Amerika empfing im eigenen Heim das Bild eines Geistesgestörten, der nicht mehr wußte, was er sagte. Drei Wochen später war McCarthy physisch gestorben. Ich sage nicht tot, ich sage gestorben.

All das hatte man mir in Frankreich erzählt. Und schon in La Baule, während der Sommertournee, hatte ich gewußt, daß ich mich nicht mit Hohlköpfen zusammenfinden würde, wenn ich für »Small World« zusagte.

Die Sendung »Small World« beruhte auf folgendem Prinzip: Vier Personen unterhielten sich wie am Telefon von vier verschiedenen Städten aus über ein Thema, das Ed Murrow lancierte. Die vier Personen wurden gefilmt, jede in der Stadt, in der sie sich aufhielt. Vier Kameras nahmen also gleichzeitig auf – das heißt zu verschiedenen Uhrzeiten im Verlauf des täglichen Lebens, wie es die Zeitverschiebung mit sich brachte.

* »Verkündet Freiheit über das ganze Land und alle, die darin wohnen.« (3. Mose)

Ich wußte, wer meine Partner bei diesem Gespräch sein würden: Hedda Hopper aus Los Angeles (mehr denn je sollte ich Hollywood sagen), Agnes de Mille aus New York, Ed Murrow aus London. Ich sprach von San Francisco aus.

Hedda Hopper war eine verkrachte Schauspielerin, die zum Journalismus übergegangen war. Sie hatte in der Hearst-Presse ihre tägliche Kolumne, wo sie Lob und Tadel in Form von kleinen Skandalgeschichten austeilte, je nachdem, ob jemand ihr paßte oder nicht. Sie terrorisierte die Stadt von jeher, sie hatte Ehen kaputtgemacht und auch Verträge. Ihre Artikel verfaßte sie mit Hilfe von kleinen Spitzeln, die ihr Tips lieferten. Sie rührte sich nie vom Fleck, um ihre Interviews zu machen, sie ließ die Leute zu sich kommen und vergaß nie, einfließen zu lassen, daß der Missetäter oder die Dirne oder das Genie sich die Mühe gemacht hatten, ihr einen Besuch abzustatten. In der Zeit des McCarthyismus hatte sie viel denunziert.

Agnes de Mille war die Nichte von Cecil B. de Mille; sie war Choreographin und hatte, da sie auf der Schwarzen Liste stand, acht Jahre nicht arbeiten können. Ed Murrow war so, wie ich eben erzählt habe, und ich war eine sehr späte Entdeckung der siebten Kunst, fremd in Hollywood, fremd im Land.

Die erste Frage Murrows lautete folgendermaßen: »Halten Sie diese Presse hier für wichtig für eine Karriere?« De Mille und Hopper, die einiges miteinander abzurechnen hatten, gerieten sich sofort in die Haare, und ich hütete mich, in ihre Dinge mich einzumischen, das waren rein amerikanische Angelegenheiten. Ich sagte nur, ich sei mit der Art Presse, von der hier die Rede sei, noch zu wenig vertraut, als daß ich sie mit der in meinem Land vergleichen könnte.

Dann kam die zweite Frage Murrows, der sehr gut wußte, worauf er hinaus wollte: »Sollen Künstler Politik machen?« Ohne Zögern antwortete Hedda Hopper: »Ja, durchaus, vorausgesetzt, es ist die richtige.« Die Atmosphäre zwischen ihr und Agnes de Mille vergiftete sich noch mehr. Und da fragte mich Murrow nach meiner Meinung als Europäerin. Ich sagte, ich würde mich hüten, zwischen Miß Hopper und Miß de Mille den Schiedsrichter zu spielen. Ihre Meinungsverschiedenheit gehe mich nichts an. Von meinem Land dagegen könne ich sprechen und sagen, daß es unmöglich gewesen sei, mit zwanzig Jahren in dem von Nazis besetzten Frankreich zu leben, ohne – ob man nun Lust dazu hatte oder nicht – zu dem gedrängt zu werden, was manche Leute Politik nennen. Und ich erzählte vom Krieg und von den Kommunisten und den Nichtkommunisten, den Erschossenen, den Razzien, von der Angst und dem Hunger. Eine Fülle von Bildern kamen mir in den Sinn, anachronistisch in dem schönen Raum, dessen Fenster auf die Bucht von San Francisco gingen und der fünfzig Meter entfernt war von dem Kino, wo ich am Abend zuvor *Triumph des Willens* gesehen hatte und die Hakenkreuze in den Schaukästen ... Ich war sehr ehrlich, und ich war sehr gut, wie man es ist, wenn man wirklich an das glaubt, was man sagt. Murrow, de Mille und Hopper hörten zu.

Die im Dezember aufgenommene Sendung ging in den Schneideraum und wurde im Februar oder März gesendet. Die ganze Stadt schaute zu. Murrow hatte in seinem Schnitt die stummen Bilder derer, die dem vierten, Redenden zuhörten, behalten, ebenso die sehr nahen Großaufnahmen von mir, als ich über die Besatzungsjahre erzählte, und – unglücklicherweise für sie – auch Miß Hoppers stille oder hörbare Reaktionen. Sie trug einen ihrer berühmten Hüte, man sagte, sie habe zweihundert davon; unter dem Hut war ihr Gesicht, und das war nicht sanft. Jedenfalls stand sie mutig zu ihrer Überzeugung, die Sendung verleugnete das nicht: »It is not a secret, that I was all for McCarthy«,* hatte sie von sich gegeben während ihres Disputs mit Agnes de Mille. Ihre Schlußfolgerung, die gleichzeitig den Abschluß der Sendung bildete, war ihr entschlüpft, als sie zweifellos der Meinung war, die Kamera laufe nicht mehr. Kurz zusammengefaßt sagte sie: »Ich hätte auf der Hut sein sollen, ich bin den Liberalen in die Falle gegangen.« Das Adjektiv »liberal« hat verschiedene Bedeutungen, je nachdem ob man die »richtige« oder die »falsche« Politik macht – im vorliegenden Fall war es die falsche nach den Vorstellungen von Miß Hopper. Der kleine Schlußsatz wurde in Hollywood reichlich kommentiert. Alle Leute, die seit Jahren vor ihr gezittert und die nicht immer die Möglichkeit oder den Mut gehabt hatten, »Scheiße« zu ihr zu sagen, fühlten sich gerächt.

* »Es ist kein Geheimnis, daß ich ganz für McCarthy war«

Ich war die große Nutznießerin der Sendung. Hedda Hopper verzieh mir »Small World« nie. Sie hatte zwei Waffen: Worte, die verletzen, oder Schweigen, das tötet. Da sie nicht mehr ganz jung war und glaubte, sie lebe noch in der guten alten Zeit, wählte sie die Waffe, die jahrelang so gut gewirkt hatte, die zweite.

Es war ein Fehlgriff.

Alle Zeitungen meldeten das Ergebnis des Kampfes am Tag nach den Nominationen, die seriösen, die gewichtigen, die oberflächlichen. Wir waren fünf »nominierte« Schauspielerinnen: Katharine Hepburn, Doris Day, Elizabeth Taylor, Audrey Hepburn... und Simone Signoret.

Miß Hopper verfaßte ihre Chronik über die Nominierungen etwa so wie *Match* es gemacht hätte: sie nannte meine vier Konkurrentinnen und vergaß mich auf der Liste.

Sie ritt sich immer tiefer hinein, und mich strich sie damit heraus. Ich verdanke ihr viel. Einige Monate später sollte sie sich an Montand rächen. Da war ich nicht mehr da, ich war nach Europa zurückgekehrt.

Ich verdanke ihr viel, denn so groß die Verdienste von Alice Aisgill in *Der Weg nach oben* gewesen sein mögen, überwältigend waren sie gewiß nicht im Vergleich zu denen meiner vier Konkurrentinnen. Wir waren im Alter verschieden und spielten verschiedene Fächer, und wir hatten uns tapfer geschlagen für die Gestalten, deren Darstellung man uns anvertraut hatte: Katharine Hepburn und Liz Taylor in *Plötzlich im letzten Sommer,* Doris Day in *Bettgeflüster* und Audrey Hepburn in *Geschichte einer Nonne.*

Der Weg nach oben war der einzige Film, der nicht der lokalen Produktion entstammte, und ich die einzige Schauspielerin, die ihre Karriere nicht Hollywood verdankte. Ich muß mir darüber im klaren sein, daß all das zu meinen Gunsten sprach und daß auch das Totschweigen Miß Hoppers dabei eine Rolle spielte, genau wie der Zeitpunkt der Sendung »Small World«.

Ich war sehr froh, und ich war verblüfft. Keinesfalls glaubte ich, daß es mit dem Oscar enden würde, es war so schon großartig. In den Wochen nach der Nominierung pflegten die netten Leute, die bis dahin gesagt hatten: »Du wirst sehen, sie nominieren dich!« zu sagen: »Ich habe es dir gleich gesagt, daß du nominiert wirst.« Ich weiß natürlich, daß »nominiert« barbarisch klingt und es besser wäre zu sagen »vorgeschlagene« oder »gewählte« Kandidatin, aber damit verließe ich den Lokalton...

In den zwei Wochen vor der Verleihung der Oscars änderte sich die Formel. Jetzt hieß sie: »Du bekommst ihn...« Das »You're going to get it, you're going to get it...« wurde mir aus Autos zugerufen, wenn die Ampel auf Rot stand, von der Telefonistin des Beverly-Hills-Hotels, wenn ich mein Frühstück bestellte, von meinem Freund, dem Groom vom Polo Lounge, und ich entdeckte, daß dieses große Dorf bald sein alljährliches großes Fest feiern würde, das Fest des Films, bei dem man wie beim Toto Wetten abschließt, seine Kandidaten anfeuert und seine erklärten Feinde hat.

Ich war der Kandidat des Beverly-Hills-Hotels. Darüber wurde nicht abgestimmt, weder in einem ersten, noch in einem zweiten Wahlgang. Aber bei unserer Rückkehr in den Bungalow Nr. 20, frühmorgens nach dem bewußten Aprilabend, als wir den Oscar auf den Kaminsims stellten neben das große Foto von unserem schönen Haus in Autheuil, lasen wir unzählige kleine Zettel vom Boden auf, die man nach der Übertragung der Feierlichkeit im Fernsehen unter die Tür geschoben hatte. Darauf stand in Englisch, Italienisch oder Spanisch hingekritzelt: »Bravo und Dankeschön, durch Sie habe ich 10, 20 oder 50 Dollar gewonnen...«

Denen, die wirklich für mich gestimmt hatten, konnte ich nicht persönlich Dankeschön sagen. Sie hatten alle in geheimer Wahl abgestimmt. Ich habe nie erfahren, wem unter den zweitausendfünfhundert Filmleuten ich meine Nominierung im ersten Wahlgang verdankte, und ich werde auch nie wissen, wer mir von den fünfundzwanzigtausend Berufskollegen dann den Sieg im zweiten einbrachte.

Jedenfalls werde ich nicht so schnell das Freudengeschrei vergessen, das in dem großen Kino losbrach, als Rock Hudson – damit betraut, den Umschlag zu öffnen, der einen Namen aus der Liste der fünf »Nominierten« enthielt, regelrecht brüllte: »Simoooone Signorä«, und ebensowenig den Weg zwischen den Sitzen hindurch, noch, wie ich das Treppchen links hinaufstieg und schließlich auf der Bühne die legendäre Statuette in Empfang nahm, die einen zu Recht oder zu Unrecht, aus guten oder schlechten Gründen, für ein

Jahr in der Hauptstadt des Films zur »besten Schauspielerin der Welt« weiht.

Ich wäre eine abscheuliche Heuchlerin, wenn ich sagen würde, das sei nur ein beiläufiges Ereignis gewesen. Es war großartig! Es war mein Sieg, es war ein Salut. Und es war der Sieg derer, die für mich gestimmt hatten, die Antwort auf das Schweigen Hedda Hoppers ebenso wie auf zwei Artikel, die am Tag nach meiner Nominierung erschienen waren und viel Aufsehen erregt hatten; im einen hieß es, die Wählenden hätten sich entehrt, indem sie meinen Namen vorschlugen, der ebenso anstößig klinge wie der von Frau Goebbels im Jahr 1938 (!!!), im anderen wurde ich aufgefordert, meine Mitgliedsnummer bei der Kommunistischen Partei anzugeben, und gebeten zu erklären, was ich bei der DEFA in dem Film eines gewissen Bertolt Brecht getan hätte.

Unter den Oscars des Jahres 1960 war ein Oscar, den sich ein kleiner Ort in Nordamerika, HOLLYWOOD, selbst verliehen hatte, der damit kundtun wollte, daß er wieder die Freiheit hatte, zu tun und zu lassen, was ihm gefiel. Das drückte das Geschrei im Saal aus, das besagten die Telegramme, die sich am nächsten Morgen im Bungalow Nr. 20 häuften, und ebenso die vielen Blumen, von denen die ersten Katharine Hepburn geschickt hatte.

Die Zeremonie selbst lief nach einem wohl festgelegten und seit langem ausgefeilten Ritual ab. In diesem Jahr war Vincente Minelli der Organisator der Veranstaltung, die gleichzeitig Stadtfest, Preisverteilung an die besten Schüler in allen Fächern eines bestimmten Berufes und die luxuriöseste Varieté-Show auf einer Bühne war.

Es ist ein Fest der Stadt, denn gleich nach Sonnenuntergang beleuchten riesige, sich überkreuzende Scheinwerferbündel den Himmel über Los Angeles und erinnern alle Einwohner daran, daß an diesem Abend etwas sehr Wichtiges passieren wird und sie in Massen dorthin kommen können, wo das geschieht. Das heißt, sie können ihre augenblicklichen Idole oder auch die ihrer Jugend und sogar ihrer Kindheit aus den großen Limousinen aussteigen sehen, bevor sie in der Kinohalle verschwinden. Und sie kommen, sie schreien, sie pfeifen aus Zustimmung: sie haben ihr Fest.

Es ist eine Preisverteilung für die besten Schüler jeder Klasse, denn es gibt einen Oscar für den besten von fünf Requisiteuren,

Musikern, Kameraleuten, Kostümbildnern, Librettisten, Toningenieuren, Cuttern, Nebenrollen, Autoren ausländischer Filme, Regisseuren von Kurzfilmen, Trickfilmen – vielleicht habe ich welche vergessen, aber die Organisatoren der Preisverteilung vergessen keines der Fächer, vom unscheinbarsten bis zum auffallendsten. Die drei glanzvollsten werden zuletzt aufgerufen: »Bester Schauspieler«, »Beste Schauspielerin«, »Bester Film«.

Und es ist die luxuriöseste auf einer Bühne gezeigte Varieté-Show, die man über das Fernsehen im ganzen Land verfolgen kann, weil zwischen jedem Öffnen eines Umschlags, das vier Menschen unglücklich und einen sehr glücklich machen wird, ein anderer Topstar singt, tanzt oder eine Geschichte erzählt. Der Umschlag selbst wird jedesmal von einem anderen Star geöffnet, den der Zeremonienmeister – in diesem Jahr Bob Hope – vorstellt.

Montand und ich saßen im Fond der großen Limousine, die uns gegen zwanzig Uhr im Beverly-Hills-Hotel abgeholt hatte. Wir betrachteten die sich kreuzenden Scheinwerfer am Himmel und sahen nach, ob wir auch nicht unsere Karten verloren hatten, alle die Karten mit dem goldenen Signet der magischen Statuette; die waren unsere »Wegweiser«. Eine Karte gab die Platznummer an. Eine zweite, was zu tun war im Fall des Sieges – das heißt, falls man auf die Bühne gehen mußte. Die Platzkarte zeigte an, daß jeder »Nominierte« in einem Sessel Platz nehmen würde, der sich direkt neben dem Mittelgang befand, damit nach dem Öffnen des Umschlags keine Zeit verlorenging. Eine weitere Karte lud alle, Sieger wie Verlierer, zu einem Riesen-Souper ins Beverly-Wilshire ein.

Montand hatte zu all diesen Karten noch die Karte »Performer«, die ihm erklärte, welchem Fahrplan er folgen und zu welchem genauen Zeitpunkt er den Sessel neben dem meinen verlassen sollte, um sich hinter die Bühne zu begeben und dann zwei Lieder zu singen, wie es Vincente Minelli von ihm erbeten hatte.

Wir zwei in der Limousine hatten zweimal doppeltes Lampenfieber. Und auch ein wenig einen Lachkrampf. La Cabucelle und Neuilly-sur-Seine blinzelten uns zu. Unsere Dienstlimousine setzte uns vor dem Kino gleichzeitig mit einem jungen Mann ab, der viel bekannter war als wir – wer es war, weiß ich nicht mehr –, und das half uns, diskret in die Halle zu kommen.

Etwa um halb elf war mein Lampenfieber für ihn und sein eigenes Lampenfieber vergessen. Bob Hope hatte – nach dem Oscar für die beste Filmmusik, glaube ich – Fred Astaire auf die Bühne geholt und ihn gebeten, auf eben dieser Bühne »Yvess Montaing« vorzustellen. Yves sang *Un garçon dansait,* die Geschichte eines armen Schmierenkomödianten, der glaubt, er könne tanzen wie Fred Astaire. Diese hübsche Fabel sang er vor Fred Astaire, und dann kam *A Paris*. Nun waren es schon zwei Lampenfieber weniger.

Zu Minelli, der ihm vorschlug, ihn in den Saal zurückbegleiten zu lassen zu seinem Sessel neben mir, sagte er: »Ich möchte lieber hier auf sie warten.« Minelli gab zur Antwort: »Wollen wir hoffen, daß sie kommt.« Aber das hat er mir erst später erzählt. Blieb also noch mein eigenes Lampenfieber und seins für mich.

Von Beginn des Abends an sammelte »Ben Hur« alle Oscars ein. Beim Preis für Spezialeffekte hatte man zu Beginn der Feier drei Requisiteure auf die Bühne kommen sehen, die sich als Team nicht voneinander trennen wollten und alle drei solidarisch die Statuette hielten; das war sehr hübsch. Bei den Trickfilmen wurden die Namen von Faith und John Hubley mit einer großen Ovation begrüßt. Ich habe erst viel später erfahren, daß diese Ovation, die mich nicht wegen ihrer wahren Gründe beeindruckte, in Wirklichkeit der Befreiung der beiden begabtesten und einfallsreichsten Menschen der amerikanischen Trickfilmgeschichte aus dem McCarthy-Fegefeuer galt. Abgesehen von ihnen und *Le Poisson rouge* von Lamorisse für die Kurzfilme, ging alles an die großartige Super-Produktion *Ben Hur*: für Kostüme, Musik, Schnitt, jedesmal, wenn die berühmten Hände einen Umschlag öffneten, war es *Ben Hur, Ben Hur, Ben Hur.*

Ben Hur war bei seinem neunten Oscar angelangt, als der Umschlag für den besten Schauspieler des Jahres geöffnet wurde. Es war Ben Hur, es war Charlton Heston.

Mein Mann war hinter den Kulissen geblieben. Neben meinem »Nominiertensessel« war ein leerer Platz. Hinter mir saß ein »Nominierter«, der eben verloren hatte. Vor mir saß eine »Nominierte«, die vielleicht gewinnen würde. Man war bei der Wahl der besten Schauspielerin angekommen. Ich machte mich ein bißchen kleiner in meinem schönen Kleid aus schwarzem Tupfen-Voile. Es gab keinerlei Grund, daß dieselben Stimmen, die so oft die große Super-Produktion gewählt hatten, gleichzeitig auf die alte Alice in einem kleinen, mit magerem Budget in den Shepperton Studios hergestellten Film verfallen sollten. Und dennoch, sowie es »Simooo...« erklang, schlug mir jemand auf die Schulter, der »Nominierte«, der hinter mir saß – ich stand schon auf den Beinen, ich rannte... (Fortsetzung siehe oben).

Das ist das Ende des unverkäuflichen Drehbuchs.

11

An einem Abend im August 1962 rief mich Montand von Paris aus in Toulouse an, während ich mit Costa-Gavras und Claude Pinoteau, damals die beiden ersten Assistenten von René Clément für *Le Jour et l'Heure,* beim Essen war. Ich kam zurück an unseren Tisch und sagte zu ihnen: »Marilyn ist tot.«

Ich war sehr traurig. Nicht überrascht.

Eine halbe Stunde später unterrichtete mich der Hoteldirektor davon, daß er Pariser Journalisten Zimmer verweigert habe, nachdem sie ihn gefragt hatten, wo man mich finden könnte.

Noch heute bin ich ihm dafür dankbar. Er hat verhindert, daß ich an der Neuauflage einer (jetzt posthumen) kleinen Geschichte beteiligt wurde, die die Presse zwei Jahre zuvor bis zum Letzten ausgeschlachtet hatte.

Es ist schade, daß eben diese Presse – die sich für uns vier, Marilyn, Montand, Miller und mich, nur interessierte, um uns in Rollen zu zeigen, die wir nicht gelernt, und in einem Stück, das wir nicht gelesen hatten – nicht sehen konnte, wie wir vier Monate lang lebten, die Leute von Nr. 20 und die Leute von Nr. 21. Sie hätte weder die blonde Ehebrecherin noch den schönen Liebhaber, weder den Bücherwurm noch die bewundernswerte, sich würdig zurückziehende Gattin vorgefunden; das eben waren die Rollen, die man uns in der Folge spielen ließ.

Aber es ist auch schade, daß Arthur Miller, zu dem ich eine große Zuneigung hatte, eines Tages »Nach dem Fall« schrieb. Nach dem Tod.

Ich bin nicht Norman Mailer, und ich jedenfalls werde über jemand reden, den ich wirklich gekannt habe. Nicht von einem Mythos, nicht von einem »Poster«. Ich will von einer Nachbarin sprechen, die ihre Nachbarin sehr gern mochte und mit ihr nachbarlichen Umgang hatte, wie es in allen Sozialwohnungen der Welt üblich ist, ob Luxusklasse oder nicht.

Montand kam als erster vom Studio zurück, er duschte und stürzte sich dann verbissen auf den Text, den er für den nächsten Tag lernen mußte. Dazu schloß er sich in sein Zimmer ein, wo er eine gute Stunde lang vor dem Abendessen arbeitete, oft in Gesellschaft seines »Coach«, der seine Aussprache und Betonung überwachte.

Wenn dann Marilyn kam, fand sie uns, das heißt Arthur und mich, entweder bei sich zu Hause oder bei mir zu Hause. Es war die Stunde, während der ich von meinem Tag berichtete, die Stunde für einen guten Scotch und auch die Stunde, in der Arthur am liebsten die Geschichten aus der fernen oder nahen Vergangenheit dieses seines Landes erzählte, das ich so wenig kannte.

Sie war noch geschminkt, sagte: »Ich nehme ein Bad und bin dann gleich da.«

Wenn sie zurückkam, trug sie einen Morgenmantel aus vergißmeinnichtblauer, weißgetupfter Kunstseide. Abgeschminkt und ohne falsche Wimpern, barfuß, was sie ein wenig kleiner machte, hatte sie das Gesicht und den Gang der schönsten aller Bäuerinnen der Île de France, wie man sie seit Jahrhunderten besingt.

Die Haarsträhne über der Stirn – unnatürlich und starr, weil sie von der Friseuse vor jeder Aufnahme gegen den Strich gekämmt wurde – war verschwunden. Marilyn hatte sie mit Gewalt nach hinten gebürstet.

Damit kam die kleine Spitze am Haaransatz zum Vorschein.

Es war eine kleine, sehr hübsche Spitze, etwas lockig, die ihre Stirn in zwei gleiche oder fast gleiche Hälften teilte. Sie haßte sie, betrachtete sie mit Verachtung und Mißtrauen. Das Mißtrauen kam daher, daß es seltsamerweise viel schwieriger war, die Wurzeln dieser feinen Härchen, die so flaumig waren wie die eines ganz kleinen Kindes, platinblond zu bleichen; die anderen Haarwurzeln machten weniger Schwierigkeiten. Die schöne Strähne, die anscheinend zufällig, in Wirklichkeit aber durch wiederholtes Wellen übers Auge fiel, war ein Schild, gegen diese Haarwurzeln, die bei sehr nahen Großaufnahmen verräterisch sein konnten. Das hatte sie mir gleich zu Anfang unserer Nachbarschaft erzählt. So, wie sie auch zu mir gesagt hatte: »Schau, alle meinen, ich hätte schöne lange Beine. Ich habe X-Beine, und die sind zudem noch kurz.« Schon in ihrem Morgenmäntelchen aus dem Billigwarenhaus stimmte das kaum. Und es stimmte überhaupt nicht mehr, wenn sie sich auf »Marilyn« zurechtmachte. Als »Marilyn« habe ich sie nur dreimal in vier Monaten gesehen. Einmal auf dem Monster-Cocktail bei Spyro Skouras, einmal, als wir das einzige Mal zu viert in die Stadt essen gingen, und das letzte Mal, als sie sich zurechtmachte, um den Golden Globe in Empfang zu nehmen, die einzige künstlerische Ehrung, die diese Stadt ihr je gewährte.

Um ihre Haare platinblond zu färben und die dunklere widerspenstige Spitze wegzubringen, ließ sie auf ihre Kosten eine sehr alte Dame aus San Diego kommen. Diese Dame war eine im Ruhestand lebende Haarbleicherin der Metro-Goldwyn-Mayer. San Diego liegt an der mexikanischen Grenze, und San Diego hatte diese Wasserstoffsuperoxyd-Künstlerin als Ruhesitz gewählt. Sie war es gewesen, die Jean Harlow während ihrer kurzen Karriere die Haare blondiert hatte. Zumindest behauptete sie das.

Und aus diesem Grund sagte Marilyn jeden Freitag abend, wenn sie uns verließ, zu mir: »Also morgen, um 11 Uhr in meiner Küche.«

Jeden Samstagvormittag bestieg die Haarbleicherin der verstorbenen Jean Harlow ihr Flugzeug in San Diego und landete in L. A.; Marilyns Wagen erwartete sie am Flugplatz und brachte sie bis zur Küche oder besser zur Kochnische des Bungalows Nr. 21.

Bevor sie ihre alten, von der modernen Technik längst überholten Wasserstoffsuperoxyd-Fläschchen aus ihrer alten Einkaufstasche holte, klopfte Marilyn (die ein kleines Buffet, eine Art »Brunch« oder »Cocktail party« hergerichtet hatte, dem die reisende Dame gut zusprach) an meine Tür. Ich solle schnell mit meinen Frotteetüchern von Bungalow Nr. 20 kommen, das Bleich-Fest werde gleich beginnen.

Die alte Dame lebte auf. Wir beide wurden immer blonder, während sie uns erzählte, welchen Farbton sie vor dreißig Jahren den Haaren Jean Harlows gegeben habe und wie er ihren Erfolg sicherte. Ihre Schilderungen waren voll von genauen Beschreibungen duftiger Musseline-Kleider, Weißfuchspelzen, von Goldlamé-Schuhen und Festen, und es gab auch schweigendes Übergehen... denn sie fand es besser, nicht alles zu erzählen, was sie hätte erzählen können. Am Ende kam unweigerlich das Leichenbegängnis der »Platinblonden«. Wir beiden verschlangen die alten Geschichten, wir blinzelten uns zu, wenn die alte Frau vor allzu großer Rührung innehielt. Das Stäbchen mit dem von der kostbaren Flüssigkeit durchtränkten Wattebausch an der Spitze wirbelte in der Luft herum, statt sich auf unseren teuren Haarwurzeln niederzulassen, und es bestand die Gefahr, daß die unbedingt nötige Einwirkungszeit für den sogenannten Bleichprozeß sich bedrohlich verschob. Marilyns einzige Sorge war die kleine Spitze, sie mußte unbedingt ihre Dosis bekommen. Die übrige Zeit ließ sie sich von den Anekdoten der alten Dame einlullen, doch wenn es darum ging, die feindliche Spitze anzugreifen, wurde sie unversöhnlich: da durfte das Stäbchen nicht mehr wirbeln.

Sowie die kleine Spitze ernsthaft und schweigend behandelt worden war, nahm die alte Dame, die ihre Rede mit »Deary«, »Sweetie« und »Sugar« interpunktierte, was ebenso gut hätte »Schätzchen«, »Liebchen« oder »Kindchen« lauten können, den Faden ihrer Erzählung wieder auf. Wenn man sie hörte, konnte man meinen, Jean Harlow hätte sich vierundzwanzig Stunden am Tag die Haare bleichen lassen, denn diese Dame war immer dabei, sie fehlte nicht eine Minute im Alltags-, Liebes- oder Eheleben ihres Stars, nicht einmal in der Todesstunde.

Am frühen Nachmittag, nach einem weiteren kleinen Imbiß, flog sie nach San Diego zurück. Wir beide waren makellos blond, Marilyn platin-hell, ich etwas kupferfarben, das paßte zu meinem Fach. Dann räumten wir die kleine Küche auf; die Künstlerin hatte viele wasserstoffgetränkte Wattebäusche fallen lassen.

Es reizte mich zum Lachen, wenn ich mir vorstellte, daß mich die Dame blondiert hatte, die behauptete, die Schöpferin eines in den Zeitschriften meiner Jugend breit behandelten Mythos zu sein. Meine Nachbarin lachte nicht darüber. Sie hatte die Adresse der im Ruhestand Lebenden nicht zufällig ausfindig gemacht; sie glaubte an sie, sie hatte sie gern, und sie achtete sie. Sie bezahlte ihr den Hin- und Rückflug zur mexikanischen Grenze, die Autofahrten, die Kaviar-Toasts. Es war so etwas wie eine durch diese Mittelsperson hergestellte Verbindung zwischen der ersten »Blondine« und der »Blondine«, die sie selbst geworden war. Es könnte auch – aber das ist eine Überlegung von heute – so gewesen sein, daß sie einer Vergessenen die Hand entgegenstreckte, vergessen, wie man so oft die Techniker vergißt, die als unentbehrlich gelten, solange sie der Kamera, dem Ton, dem Make-up oder der Frisur nach der neuesten Mode dienen: die Menschen, die – für das Publikum unsichtbar, für die Produktion aber unerläßlich – die Erscheinung des Modestars mitbestimmen.

Die beiden Zwillings-Kochnischen dienten nicht nur als Frisiersalons, manchmal wurden sie auch als Küchen benützt. Selten, das muß ich zugeben, aber ein oder zweimal ist es doch vorgekommen, daß wir kochen gespielt haben. Da gab es vor allem einen Makkaroni-Festschmaus, den wir mit Hilfe unserer erlernten Kenntnisse – ihrer bei der Familie Di Maggio, meiner bei der meines Mannes – fabrizierten, was uns beim Verzehr des Mahles viele Komplimente einbrachte. Miller und Montand waren stolz auf ihre Frauen. Nach dem Essen wuschen wir das Geschirr ab und sortierten die Küchengeräte, Teller und Gläser wieder auseinander, die wir für dieses Ereignis zusammen benützt hatten. Wir hatten Puppenküche gespielt.

Sie hatte noch einen anderen Morgenmantel, ein großartiges, bodenlanges Ding aus karmesinrotem Samt. Er war ein Geschenk Millers zum 1. Januar 1960. Wenn sie ihn statt des Kunstseidenmäntelchens anzog, sprach sie darüber wie andere von einem Nerz sprechen würden, den sie in ihrem Nikolausstiefel gefunden hätten und übrigens auch fanden. Zu diesem Morgenmantel trug sie auch um den Hals oder als Diadem im Haar eine kleine Kette aus Natur-Bernstein; das war das einzige Schmuckstück, das ich je an ihr sah, abgesehen von einem Paar riesengroßer Straß-Ohrgehänge.

Ich spreche von dem, was Marilyn im Bungalow Nr. 21 trug. Denn sie verließ den Bungalow Nr. 21 nur, um sehr früh am Morgen zur Arbeit zu gehen und nach beendeter Arbeit dorthin zurückzukehren; sie ging weder samstags noch sonntags aus.

Sie verließ das Haus nur, um eine Arbeit zu verrichten, die sie augenscheinlich nicht sehr liebte. Sie liebte sie nicht, weil in ihrem Leben eine ganze Legion von Leuten nacheinander ihr eingehämmert hatten, sie sei alles, nur keine Schauspielerin. Sie hatten ihr in den Kopf gesetzt, daß sie – ohne die Hilfe dieser Leute – noch nicht einmal richtig sagen könnte: »Es wird wohl regnen.« Schließlich war sie davon überzeugt. Sie kosteten sie ein Vermögen, und Marilyn zahlte.

Sie zahlte auch dafür, daß sie ein Starlet gewesen war in dieser Stadt, die ein enormes Kapital verschlungen hatte, um aus ihr einen Star zu machen. Sie hatten gefunden, die kleine Marilyn, das Starlet, sei »cute«, – »entzückend«. Sie haßten sie dafür, daß sie die Monroe geworden war, sie gingen nicht sehr zart um mit ihr. Und deshalb blieb sie lieber zu Hause.

Aber es gab noch anderes. Und deshalb muß ich auf meine Plaudereien am künstlichen (durch Gaszufuhr im Bungalow Nr. 20 oder 21 garantierten) Kaminfeuer mit meinem Nachbarn, unserem Autor, ihrem Mann, meinem guten Freund Arthur Miller zurückkommen.

Wie gut er erzählte, auf welche Weise sie ihn aus den Anti-McCarthy-Katakomben herausgeholt hatte im Jahr 1955! Wie sie inkognito mit ihm nach Washington gereist war, als er vor der Kommission für antiamerikanische Umtriebe erscheinen mußte. Wie sie sich bei seinem Anwalt versteckt hatte. Und wie die Presse Wind davon bekommen hatte, daß »die Blonde« in der Stadt sei, so daß sie das Haus des Anwalts regelrecht belagerten. Wie sie sich die Zeit nahm (es kostete sie drei Stunden, ich weiß es, ich habe es selbst erlebt), sich in »Marilyn« zu verwandeln, und vor diesen dreihundert Haien erschien, so wie die sie erwarteten, ganz ihrer Legende entsprechend, zierlich und manierlich.

Und zierlich und manierlich hatte sie, vor dem Portal des Hauses, auf dem Gehweg einer Straße in Washington, die Journalisten gefragt, mit welchem Recht sie es sich herausnähmen, von ihr Rechenschaft zu verlangen über ihre Gefühle für einen Mann, den sie liebe. Wenn sie ihn liebe, dann deshalb, weil er Achtung verdiene, weil er gut und anständig sei – und deshalb stelle sie die Frage: Warum und in wessen Namen war er eben jetzt gezwungen, als Angeklagter vor einem Tribunal halbfaschistischer Hampelmänner zu erscheinen?

In diesem Augenblick hatte sie alles aufs Spiel gesetzt. Es konnte zweierlei passieren: entweder ihre eigene totale Vernichtung oder die Rehabilitierung eines Mannes in der öffentlichen Meinung, der wie viele andere keinen Paß mehr hatte und dessen Werke weder aufgeführt noch veröffentlicht wurden. Es war im Grunde der Anfang des ersten Sterbens von McCarthy.

Ich erzähle das alles so, wie Miller es mir erzählt hat. Nach der großes Aufsehen erregenden Eskapade von Washington hatte Spyro Skouras »die Blonde«, die es sich erlaubt hatte, aus ihrer Rolle als unter großen Publicity-Kosten fabriziertes Objekt herauszuschlüpfen, vor die Alternative gestellt: Wenn sie Miller weiterhin offiziell lieben wolle, werde der gleiche kostspielige Publicity-Aufwand in Gang gesetzt werden, um das zu vernichten, was er geschaffen hatte.

Marilyn antwortete darauf dem ehemaligen griechischen Hirten: »Vernichten Sie mich, wir gehen dann nach Dänemark.«

Dänemark stand wohl gleichzeitig für Helsingör und für einen König, der mit dem gelben Judenstern durch die Straßen gehen wollte. Der einstige Hirte registrierte die Antwort »der Blonden«. Wahrscheinlich machte er einige Umfragen und beschloß am Ende, weiterhin auf sie zu setzen. So bekam Arthur Miller seinen Paß und sein Staatsbürgerrecht zurück. Auf sehr angenehme Weise, das heißt, er mußte niemand denunzieren. Das wäre wohl einen Akt, eine Szene oder ein paar Dialoge wert gewesen in dem Stück, das »After the Fall«, »Nach dem Fall«, heißt.

»After the Fall« wurde von Elia Kazan in New York inszeniert, 1964. Marilyn war seit zwei Jahren tot.

(An einem anderen Abend am Kamin hatte ich Miller gebeten, mir das Wort »Gadge« zu übersetzen, das in einem Einladungstelegramm zu einem Fest im Romanoff stand. In einer schlechten Synchronisierung würde die Übersetzung etwa so lauten: »Hoffen, Sie feiern mit uns Rückkehr von Gadge hierher. Herzlichst, The Straßbergs.« Miller übersetzte mir »Gadge« mit großem Ernst. »Gadge« war für jedermann, abgesehen von mir, der Unschuld vom Lande, Kazan.

Es sei keine Frage, sagte Miller zu mir, daß wir, Yves und ich, teilnehmen an einem Fest zu Ehren von . . . Ich unterbrach ihn sofort, ich brauchte seine Warnungen nicht, ich war seit langem informiert. Mit Elia Kazan bin ich nie in meinem Leben zusammengetroffen.

Ich finde es sehr traurig, daß Kazan und Miller sich wiederfanden über einem Kasten, den man Sarg nennt, dem Sarg einer »Blonden«, die sie halb verfälscht, auf jeden Fall aber verraten haben, indem sie ihr nahmen, was das Beste in ihr war.)

Manchmal hat mich Marilyn auch angeödet. Es war ein wenig langweilig anzuhören, wie glücklich und begeistert sie gewesen sei während der Monate, als sie eine Fotoserie für Avedon aufnahm. Es war die, im übrigen bemerkenswerte Serie, in der sie alle großen Stars der Dreißigerjahre darstellte. Wenn man sie so hörte, konnte man meinen, die einzigen Freuden, die sie jemals als Schauspielerin erlebte, hätten in den Verkleidungen bestanden, die sie einmal zu Marlene, einmal zur Garbo oder zur Harlow machten. Sie sprach von diesem Posieren, wie Schauspieler von ihren Drehtagen sprechen.

Andere gute Erinnerungen an ihren Beruf hatte sie nicht. Nichts von den komischen Geschichten, über die man sich mit den anderen totlacht, nichts von Mystifikationen und Streichen, die man einander spielt, nichts von den ungestümen Umarmungen nach einer Szene, die einem – man spürt es – zusammen gut gelungen ist. All das war ihr fremd. Ich war ganz erschlagen.

Sie brachte mich dazu, meine eigenen Geschichten zu erzählen, die weder origineller, noch komischer oder umwerfender waren als alle Schauspieler-Geschichten in allen Ländern der Erde. Es waren Geschichten, in denen man herrlich zusammenhält wie die Spitzbuben in der Schule.

Möglicherweise hat sie dieses Zusammenhalten zum ersten Mal in ihrem Leben kennengelernt, als sie mit Montand drehte, und das würde vieles erklären, was später geschah. Sie brachte mich auch dazu, ganz einfach Geschichten zu erzählen; so erzählte ich ihr »La Sauvage«, »L'Hermine«, alle Mädchenrollen bei Anouilh, für die ich sie wie geschaffen hielt, das merkte ich jeden Tag, den ich mit ihr zusammen verlebte, mehr. Sie war genau wie sie voller Angst und Bitternis.

Und an einem Abend erzählte ich ihr »On achève bien les chevaux«. Ich gab ihr den Rat, sich rasch die Rechte für das Buch zu sichern, das ich genau kannte, denn ich hatte es in einer Rundfunkfassung 1946 gespielt, als ich mit Catherine schwanger war.

An diesem Abend, als sie mir zuhörte, während Montand im Hinterzimmer seine »Sentenzen« für den nächsten Tag büffelte, kochte sie uns eine Sache aus, die nur ein einziges Mal passierte.

Miller war in Irland, bei Huston, für eine Woche von Gesprächen über *The Misfits (Nicht gesellschaftsfähig).* Er hatte uns Marilyn anvertraut. Es wurde spät. Spät für Hollywood. Zu spät für sie, die um fünf Uhr früh aufstand. Es war gegen elf Uhr, Yves schaute rasch im Wohnzimmer herein und sagte, er gehe jetzt schlafen. Meine Geschichte war zu Ende, ich riet ihr, auch ins Bett zu gehen. Sie wollte noch eine hören; ich hatte wirklich das Gefühl, ich hätte ein kleines Mädchen vor mir, das den Augenblick hinauszögern will, wo man ihm das Licht auslöscht. Schließlich hörte sie auf mich, umarmte mich und ging nach Hause.

Am nächsten Vormittag gegen zehn Uhr rief mich Montand vom Studio aus an. Sie war nicht gekommen, der Wagen hatte seit halb sechs wie jeden Morgen in dem kleinen Sträßchen unten an der »Küchentreppe«, vor dem alten Büro-Auto von Howard Hughes auf sie gewartet. Schließlich war der Chauffeur hinaufgegangen und hatte an die Küchentür geklopft. Dann ging er um das Haus herum und klopfte an die Wohnungstür. Und dann ging er in die Gärten, um von dort aus die Fenster zu beobachten. Am Ende fuhr er unverrichteter Dinge zur Fox zurück.

Gegen acht Uhr hatte die Fox angefangen, im Beverly-Hills anzurufen. Die Telefonistin erhielt keine Antwort aus dem Bungalow Nr. 21. Jetzt war es zehn Uhr. Die Fox hatte es mindestens zwanzigmal versucht: noch immer keine Antwort. Und jetzt hatte man Angst, das ganze Team hatte Angst.

Ich ging hinüber und klopfte bei meiner Nachbarin. Zuerst klopfte ich, dann hämmerte ich gegen die Tür, etwa wie die Polizei oder die Feuerwehr. Dann rief ich sie, und dann versuchte ich es von der Küchenseite aus, und als sich auch da nichts rührte, bekam auch ich es mit der Angst zu tun.

Meine Freundin vom Hotelbüro beruhigte mich; der Bungalow Nr. 21 antwortete tatsächlich nicht, aber der Bungalow Nr. 21 hatte inzwischen ein Gespräch angemeldet.

Ich rief Montand bei der Fox an.

Dreiviertel Stunden später war er wieder zu Hause. Der ganze Arbeitstag war verloren, wenn sie sich weiterhin nicht meldete. Man würde ihn anrufen, wenn es etwas Neues gebe, aber jedenfalls wäre er, da er ja nebenan wohnte, der erste, der etwas erfahre.

Daraufhin machte sich Montand, nachdem er mich um einige Tips, das Vokabular betreffend, gebeten hatte, daran, ein Briefchen zu schreiben, das etwa folgendermaßen lautete: »Du kannst mit Spyro Skouras und der Fox und allen Produzenten dieser Stadt tun, was Du willst, wenn Du ihnen böse bist. Aber wenn Du herumtrödelst und den Geschichten zuhörst, die Dir meine Frau erzählt, statt ins Bett zu gehen, weil Du schon entschlossen bist, morgen nicht aufzustehen und ins Studio zu gehen, dann sag es mir vorher! Und laß mich nicht stundenlang an der Szene arbeiten, von der Du schon weist, daß Du sie morgen nicht drehen willst. Ich bin kein Scheusal, ich bin Dein guter Freund, und Kleinmädchenlaunen haben mich nie sehr amüsiert. Schönen Gruß.«

Wir öffneten unsere Tür zum Treppenhaus ohne das geringste Geräusch, barfuß gingen wir auf dem dichten Teppichboden hinüber und schoben das Briefchen unter der gegenüberliegenden Tür hindurch, wobei wir darauf achteten, daß etwa die Hälfte außen sichtbar blieb. Unsere Tür ließen wir offen. Schweigend lagen wir auf der Lauer, wie in Western-Filmen oder Krimis. Es verging nur kurze Zeit, und die ganze Botschaft verschwand im Innern des Bungalows Nr. 21. Das ging im Zeitlupentempo vor sich, die noch sichtbare Hälfte bewegte sich Millimeter um Millimeter, als ob der Mensch hinter der Tür, an den sie gerichtet war, so vorsichtig sei wie die Nitroglyzerin-Transporteure in *Lohn der Angst*.

Nun machten wir unsere Tür so geräuschlos zu, wie wir sie aufgemacht hatten. Und wir warteten auf die Antwort. Da keine kam, fand Montand, es sei nun genug. Der stumme Spannungszustand war beendet, und sehr laut, damit man es auf der anderen Seite des Treppenabsatzes auch hörte, vertraute er mir auf französisch – oder besser: auf franzenglisch – an, daß wir, wenn der Arbeitstag ohnehin futsch sei, besser daran täten, uns ein gutes Mittagessen in der Stadt zu genehmigen: er habe frei, weil bestimmte Leute fehlten ... Die Schlüsselworte wurden englisch in die Kulissen gebrüllt.

Wir aßen auswärts. Ich glaube, wir sind auch noch ins Kino gegangen. Auch das Abendessen nahmen wir in der Stadt ein. Ich war sicher, beim Heimkommen würde ein Briefchen unter der Tür liegen.

Nichts lag da.

Gegen elf Uhr abends, wir waren schon schlafen gegangen, klingelte das Telefon. Es sei »Mr. Miller, aus Dublin« sagte mir die Telefonistin.

»Wenn du schon geschlafen hast, entschuldige, daß ich dich wekke. Jetzt, wo du wach bist, tu mir den Gefallen und klopfe bei Marilyn; sie steht hinter der Tür, sie hat mir alles erzählt, sie weiß nicht, was sie tun soll, sie schämt sich.«

Ich stand auf, ich klopfte und hielt in meinen Armen ein schluchzendes Mädchen, das immer wieder sagte: »I am bad, I am bad, I am bad, I won't do it again, I promise!«* Das alles passierte auf dem kleinen Treppenabsatz, Montand im Morgenrock tätschelte ihr den Kopf und sagte: »OK, OK, versuche, morgen pünktlich zu sein.«

Über diese Geschichte habe ich niemals lachen können. Allerdings habe ich ein paarmal in Gesellschaft damit geglänzt, solange Marilyn am Leben war. Die Pointe der Geschichte hatte immer großen Erfolg: »Man ruft Dublin an, damit Dublin die Nachbarn anruft«; das gefiel sehr. Es klang ein wenig wie: »Hallo New York? Ich möchte die Nummer 22 in Posemuckel . . .«

Nach Marilyns Tod habe ich die Geschichte nicht mehr erzählt. Oder wenn ich es tat, dann bei Menschen, von denen ich wußte, daß daß sie nicht lachen würden.

(Nach dem Zusammentreffen auf dem kleinen Treppenabsatz haben wir nie mehr über diesen »ausgefallenen« Tag gesprochen. Ich habe es nie gewagt, sie zu fragen, um wieviel Uhr sie beschlossen hatte, nicht hinunterzugehen und in den wartenden Wagen zu steigen, wann sie sich im Schweigen verfing, im Scheintod, im Nichtmehr-da-Sein. Ich werde auch nie wissen, wie lange sie hinter der Tür sitzen blieb, ehe sie sich entschloß, die Botschaft zu lesen, die immerhin ein Faden zur Außenwelt war, ein Faden, den sie wahr-

---

* Ich bin schlimm, ich bin schlimm, ich bin schlimm, ich will es nie wieder tun, das verspreche ich.

scheinlich diesen ganzen Tag lang für abgerissen gehalten hatte, da sie allein unfähig war, die beiden Enden wieder miteinander zu verknüpfen.)

All dies trug sich lang vor meiner Nominierung für den Oskar zu. Sie lag nur in der Luft, und das freute Marilyn. Jedenfalls fühlte sie sich dafür verantwortlich, auch wenn sie ganz im stillen alle die Rollen rekapitulieren mochte, die sie gespielt hatte und die nie mit der geringsten offiziellen »Nominierung« honoriert worden waren. Sie brachte mir als erste die Notizen, die sie in den »Bibeln« (*Daily Variety* und *Hollywood Reporter*) las, nachdem sie mit dem Frühstück gebracht worden waren.

Da man sie auch mir auf das Frühstückstablett gelegt hatte, war mir nicht entgangen, daß jedesmal, wenn ich als aus dem Ausland gekommene »Diva« gefeiert wurde (das Material lieferte der Pressedienst für die Propagierung von *Room at the Top*), seltsamerweise immer etwas Schlechtes über Marilyn gesagt wurde. Man zitierte Dummheiten, die sie in aller Öffentlichkeit begangen haben sollte, Aussprüche, die ihr angeblich in einem Mode-Restaurant entschlüpft sein sollten ... Es war alles nicht wahr. Sie konnte gar keine Dummheiten in der Öffentlichkeit begehen: sie ging praktisch nie aus dem Haus. Und was die Moderestaurants anging, so sah man sie dort schon lange nicht mehr (abgesehen von dem einen, in das wir ganz pompös ausgegangen sind, so wie sich eine Provinzler-Familie entschließt, einen Abend ins Maxim zu gehen; bei dieser Gelegenheit hatte sie sich als Marilyn zurechtgemacht.)

Ich sagte, sie hätte mir als erste die Notizen der »Bibeln« überbracht; von einem bestimmten Zeitpunkt an brach nämlich ein Schauspieler-Streik aus: da blieben wir tagsüber beisammen.

Es war ein sehr wichtiger Streik, dessen Hauptforderung das Recht auf Tantiemen für die Übertragung vor Jahren gedrehter Filme im Fernsehen war. Es war eher der Streik einer Zunft als der einer Gewerkschaft, wie wir sie verstehen. In Amerika ist es so, daß die Gewerkschaften Zünfte sind.

Ganz Hollywood befand sich also im Streik. Es war nicht gerade wie 1936 in Paris und nicht wie 1905 in Odessa, aber was die Einigkeit eines Berufsstandes angeht, so war es musterhaft. Es gab weder Demonstrationen noch Aufmärsche. Man verweigerte einfach die

Arbeit. Das ging von Gary Cooper über den Neuankömmling Paul Newman bis zu Gregory Peck, von Elizabeth Taylor zu Debbie Reynolds und bis zu Marilyn . . .

Das erklärt also, warum wir von einem bestimmten Zeitpunkt an dauernd beisammen waren und sie mir als erste die Notizen aus den »Bibeln« brachte. Wir hatten Stubenarrest in unseren Bungalows, die andern in ihren schönen Villen, Haziendas, normannischen Bauernhäusern, Lustschlößchen und viktorianischen Landsitzen.

Sie waren alle völlig im Recht. Wir standen der Sache etwas unbeteiligter gegenüber, ihrer Sache jedenfalls. Mein Mann war im Streik, ich war die Frau eines Streikenden. Die monumentalen Entschädigungen, die gerade ausreichten, die monumentale Rechnung für den Bungalow Nr. 20 zu bezahlen, ermöglichten uns, durchzuhalten.

Es war komisch, in Hollywood im Streik zu sein, aber ich mache mich zu Unrecht darüber lustig, denn dieser Streik veränderte den Status des ganzen amerikanischen Filmwesens von Grund auf, ob es sich um die großen, die mittleren oder die Gar-nicht-Stars handelte. Es war nur mein eigenes Bild, das der Frau des im Streik stehenden Yves Montand, das mir einen Augenblick lang komisch vorkam. Der Streik zog sich endlos hin. Arthur, der schon einige Zeit aus Dublin zurück war, beschloß, sie würden das Ende der Verhandlungen »Fernsehen – Gewerkschaft« in New York abwarten. Ich war eben nominiert worden, sie freuten sich für mich, sie freuten sich gegen Hedda Hopper, sie freuten sich für die Proctors. Marilyn war froh und wahrscheinlich ein wenig hin und her gerissen. »Das ist sehr gerecht«, sagte sie, und wahrscheinlich dachte sie, daß es nicht ganz gerecht war.

Am Morgen ihrer Abreise haben wir uns auf dem Treppenabsatz alle vier geküßt, und dann gingen wir auf den Balkon des Wohnzimmers und winkten ihnen »Ciao« und »A bientôt« zu. Sie wandte sich um und rief mir zu: »Good Luck! I know! I know! you 're going to get it.« (»Viel Glück! Ich weiß, ich weiß! Du wirst ihn kriegen!«) Und sie holte Arthur in der Gartenallee wieder ein. Sie trug ihre hochhackigen Schuhe und ihren weißen Konfektions-Nerzmantel; er hatte einen großen, steifen Kragen, den sie immer ändern lassen wollte.

Das ist das letzte Bild, das ich von ihr im Gedächtnis habe, ich habe sie lebend nie wieder gesehen.

Ich habe von der erzählt, die ich kannte, sie war bestimmt dieselbe, als sie zurückkam und ihre Arbeit wiederaufnahm, nachdem der Streik zu Ende war.

Da war ich schon abgereist. Ich erfüllte einen alten Vertrag, dessen Realisierung immer wieder aufgeschoben worden war: ich drehte in Italien *Adua et ses compagnes*. Wir schufen kein Meisterwerk, aber ich wäre eine schmutzige Heuchlerin, wenn ich die Dame spielen wollte, die sich schrecklich grämt, weil sie von ihrem Mann getrennt ist und weil der im Bungalow Nr. 20 wohnt, gleich neben dem Bungalow Nr. 21.

Ich genoß den römischen Frühling, das Wiedersehen mit Europa, das Essen mit den Leuten vom Team in den Trattorias, unter den Lauben. Die Leute vom Film, die männlichen wie die weiblichen, waren lustig, zärtlich, alt wie die alte Welt und jung wie die jungen Mädchen, die im Damensitz hinten auf den Lambrettas saßen und die Arme um die jungen Fahrer schlangen. Es gab schöne Sonnenuntergänge, die man vom Balkon im Appartement des Excelsior im siebten Stockwerk beobachten konnte. Alle Terrassen Roms waren golden. Ich wußte immer, mit wem ich zu Abend essen würde. Ich war mit der Würde ausgestattet, die mir die berühmte Statuette verlieh. Ich amüsierte mich großartig mit Leuten, die ich sehr gern mochte. Und zum erstenmal seit über zwei Jahren spielte ich wieder in einer Komödie. Ich spielte in meiner Muttersprache, man würde mich nachher synchronisieren: es gab also keine Sprachprobleme. So verbrachte ich drei herrliche Monate in Rom, die es mir noch heute verbieten, darüber zu urteilen, was sich während der Wochen, die ich in Rom und Miller in New York war, möglicherweise zwischen einem Mann, meinem Mann, und einer Frau, meiner guten Freundin, zutrug; sie arbeiteten zusammen, lebten unter demselben Dach und teilten infolgedessen ihr Alleinsein, ihre Ängste, ihren Humor und ihre Erinnerungen an eine Armeleute-Kindheit. Deshalb verweise ich die Liebhaber solcher alltäglicher Episoden auf die Lektüre der damaligen Journale. Sie haben es sich zur Aufgabe gemacht, eine Geschichte, die in allen Betrieben, allen Häusern und beim Drehen vieler Filme passieren kann, in ein Ereignis zu verwandeln.

Oft sind solche Geschichten zart und entwaffnend, manchmal leidenschaftlich. Je nach ihrer Intensität enden sie sanft und freundlich, durch die Macht der Dinge, oder sie führen zu einem Bruch mit dem vorherigen Leben.

Es kann auch geschehen, daß sie sich mit der Zeit in eine Freundschaft verwandeln, die fester ist als jedwede flüchtige Leidenschaft.

Nur selten wird man finden, daß die Arbeitskollegen und Nachbarn nicht klatschen. Sie tun es nicht boshaft, sondern mit der Nachsicht von Leuten, die das auch erlebt haben und im geheimen bedauern, daß diese Zeit vorbei ist.

Aber da »es nicht in der Zeitung steht«, da es nie »in der Zeitung stand«, lesen die Helden dieser Geschichten ihr Urteil aus den mitfühlenden oder mißbilligenden Blicken, denen sie in der Kantine oder auf der Treppe ihres Hauses begegnen. Und meistens sind sie frei, selbst darüber zu entscheiden, was sie aus dieser Geschichte machen wollen, die zuerst nur sie anging und jetzt auch das Atelier und die Hausbewohner beschäftigt. (Ich verweise meine Leser auf das Kapitel 9 dieses Buches, wenn sie überhaupt noch folgen . . .)

Aber wenn es »in der Zeitung steht« und wenn die Zeitung zu »den Zeitungen« wird und wenn der »Scoop« durch alle Rotationsmaschinen läuft, von denen es sehr viele gibt, wenn sie sich für die Hearst-Presse drehen, der Miß Hopper ihre Papierchen liefert – dann ist die kleine oder die schöne oder die großartige Geschichte verpfuscht und verdorben. Sie gehört einem nicht mehr, sie ist auch nicht mehr die des Gefährten, sie wird zum Eigentum dessen, der die Zeitung kauft. Und infolgedessen ist sie zur »Affäre« der Zeitungsbesitzer geworden*.

Diese Geschichten verkaufen sich sehr gut, man übersetzt sie in alle Sprachen. Je nach der Gemütslage der verschiedenen Länder, in denen das Stück gespielt wird, in dem man ohne eigenes Wissen mitwirkt, klingen die Sätze, die man nicht gesagt hat, nach Melodrama, Tragödie oder Vaudeville.

---

* Es wäre nicht gerecht, wenn ich nicht die sehr schönen Fotos und langen Artikel erwähnen würde, die die Zeitung *Match* uns zwei Wochen hintereinander widmete.

Das ist betrübend, und es ist zum Sterben blöde. Es ist zum Sterben blöde, wenn man mit seiner Post Briefe bekommt, die einen aufmuntern, »gut durchzuhalten«, die einem seitenlang erzählen, »auch ich habe gelitten, aber ich habe es verstanden, meinen Mann zurückzuerobern, und zwar so . . .«, oder »meine Rivalin war blond wie sie . . .« Es ist zum Sterben blöde, wenn man sich von einer Kurzwarenhändlerin auf die Schulter klopfen lassen muß, bei der man neunzig Zentimeter Durchziehgummi gekauft hat (in Auxerre, wo ich *Les Mauvais Coups* drehte und mich mit den Kollegen sehr gut amüsierte), und sie mit einem ermutigenden Blinzeln sagt: »Er wird zu Ihnen zurückkommen, Sie werden es erleben«, während der betreffende Mann, der in Paris dreht (wir sind nämlich inzwischen schon im Oktober) Abend für Abend anruft . . .

Dieses Stück lief monatelang. Es war nicht betrübend, aber es war stinkfad.

Danach kam eine Art von Briefen, die zu den beiden Eigenschaften »betrübend« und »zum Sterben blöde« eine dritte hinzufügten: sie waren anonym.

Es waren die, die sich gleichzeitig mit meinem »Unglück« und meiner Unterschrift unter das Manifest der 121 befaßten.

Mit hohen Ehren bedacht war ich in meine alte Welt zurückgekehrt. Ich hatte eine Menge Geschichten zu erzählen über die Monate, die ich in der irisierenden Seifenblase verbracht hatte. Die Freunde kamen einer nach dem anderen, um sich zeigen zu lassen, wie das in Wirklichkeit aussah, ein Oscar. Ich hatte den Teint der Kalifornierinnen, kleine Ensembles und Hosen von Jax, perlenbestickte Mokassins, angeblich in den Reservaten hergestellt, in denen die Indianer so glücklich sind; ich war frivol, ein wenig als käme ich von einem anderen Stern. Man machte sich rasch daran, mich in mein angestammtes Milieu zurückzubringen . . .

Claude Lanzmann nahm das auf sich. Er müsse mich sofort sehen, er habe Auftrag von Sartre, ob er vorbeikommen könne? An seinem Ton ließ sich klar erkennen, daß er nicht kam, um die Statuette zu bewundern, und auch nicht, um sich den Sunset-Boulevard beschreiben zu lassen. Als er sein Papier aus der Tasche zog, wußte ich schon, daß alles von vorn anfing. Die Ferien waren zu Ende. Ich las. Der Text war knapp, mutig und – im guten Sinn des Wortes – so herausfordernd, daß er nicht unbeachtet bleiben würde. Hier die letzten Zeilen:

Die Unterzeichner in der Meinung, daß jeder Stellung nehmen muß zu Taten, die man nicht mehr als interessante Einzelheiten eines individuellen Abenteuers betrachten kann, in der Meinung, daß sie selbst, an ihrem Platz und nach ihren Möglichkeiten die Pflicht haben einzugreifen, nicht um den Menschen, die sich persönlich angesichts so schwerer Probleme entscheiden müssen, Ratschläge zu erteilen, sondern um die, die sie beurteilen, zu bitten, daß sie sich nicht irreleiten lassen von der Doppeldeutigkeit der Worte und Werte, geben folgende Erklärung ab: Wir respektieren es und halten es für gerechtfertigt, wenn man sich weigert, gegen das algerische Volk zu den Waffen zu greifen.

Wir respektieren die Haltung der Franzosen, die es als ihre Pflicht empfinden, den im Namen des französischen Volkes unterdrückten Algeriern Hilfe und Schutz zu gewähren, und halten dies für gerechtfertigt.

Die Sache des algerischen Volkes, die entscheidend dazu beiträgt, das Kolonialsystem zu vernichten, ist die Sache aller freien Menschen.«*

---

* Unterzeichnet von Arthur Adamov, Robert Anthelme, Georges Auclair, Jean Baby, Hélène Balfet, Marc Barbut, Robert Barrat, Simone de Beauvoir, Jean-Louis Bédouin, Marc Begbeider, Robert Benayoun, Maurice Blanchot, Roger Blin, Arsène Bonnafous-Murat, Geneviève Bonnefoi, Raymond Borde, Jean-Louis Bory, Jacques-Laurent Bost, Pierre Boulez, Vincent Bounoure, André Breton, Guy Cabanel, Georges Condominas, Alain Cuny, Jean Dalsace, Jean Czarnecki, Hubert Damisch, Bernard Dort, Jean Douassot, Simone Dreyfus, Marguerite Duras, Yves Elleouet, Dominique Eluard, Charles Estienne, Louis-René des Forêts, Théodore Fraenkel, André Frénaud, Jacques Gernet, Louis Gernet, Edouard Glissant, Anne Guérin, Daniel Guérin, Jacques Howlett, Edouard Jaguer, Pierre Jaouen, Gérard Charlot, Robert Jaulin, Alain Joubert, Henri Krea, Robert Lagarde, Monique Lange, Claude Lanzmann, Robert Lapoujade, Henri Lefebvre, Gérard Legrand, Michel Leiris, Paul Lévy, Jérôme Lindon, Eric Losfeld, Robert Louzon, Marcel Péju, Olivier de Magny, André Mandouze, Maud Mannoni, Jean Martin, Renée-Marcel Martinet, Jean-Daniel Martinet, André Marty-Capgras, Dionys Mascolo, François Maspero, André Masson, Pierre de Massot, Jean-Jacques Mayoux, Jehan Mayoux, Théodore Monod, Marie Moscovici, Georges Mounin, Maurice Nadeau, Georges Navel, Claude Ollier, Hélène Parmelin, Jean-Paul Sartre, Florence Malraux, André Pieyre de Mandiargues, Ernest Pignon, Bernard Pingaud, Maurice Pons, J.-B. Pon-

Einen ersten, sehr kurzen Augenblick lang sagte ich mir beim Lesen: »Wie schön ruhig lebt es sich da drüben in den Gärten des Beverly...«; einen zweiten, ebenso kurzen Augenblick beschimpfte ich mich: »Du magst dir wohl die Finger nicht schmutzig machen, wie? Versuchst, einen Ausweg zu finden, dich an ein Wort zu klammern...« Und ich las und las noch einmal. Claude sagte nichts, er schaute mich an, und plötzlich sah ich Ostende. Ostende! Den alten Buchhändler, grausam, aber gerecht, unhöflich und verächtlich. »Und was tun Sie außer Bücher kaufen im Hinblick auf das, was in Ihrem Namen geschieht?« Kein Aufwiedersehen und kein Dankeschön, als er mein Geld herausgab...

Jetzt hatte ich meine Rache! So unterschrieb ich das Papier, das unter der Bezeichnung »Manifest der 121« berühmt geworden ist.

Ich konnte es nicht verantworten, den Namen Montands dem meinen hinzuzufügen; das haben wir nie getan, ohne daß der andere das zu unterzeichnende Papier gelesen oder mindestens angehört hatte. Aber er befand sich am anderen Ende der Welt, und wegen der Zeitverschiebung und der Arbeitszeiten konnte ich ihn nicht mehr erreichen vor der drängenden Veröffentlichung dieser verbalen Bombe, die alle Welt störte und denen, die sie unterzeichneten, ungeheuer viel Ärger einbrachte.

Als Montand heimkam, nahm er es mir übel, daß ich seinen Namen nicht neben den meinen gesetzt hatte, aber als er heimkam, war man auch dabei, uns unsere Rollen in dem Stück spielen zu lassen, von dem ich oben sprach. Alles vermischte sich: im Geist mancher Leute – es waren keine sehr vornehmen Geister – wurde das Fehlen seines Namens neben dem meinen, zum erstenmal nach so viel Jahren, während deren wir immer gemeinsam unterzeichnet hatten, als eine Art von moralischer Scheidung betrachtet. Die Schikanen

talis, Jean Pouillon, Denise René, Alain Resnais, Jean-François Revel, Paul Revel, Alain Robbe-Grillet, Christiane Rochefort, Jacques-Francis Rolland, Alfred Rosmer, Gilbert Rouget, Claude Roy, Marc Saint-Saens, Nathalie Sarraute, Renée Saurel, José Pierre, Claude Sautet, Jean Schuster, Robert Scipion, Louis Seguin, Geneviève Serreau, Simone Signoret, Jean-Claude Silbermann, Claude Simon, René de Solier, D. de la Souchère, Jean Thiercelin, René Tzanck, Vercors, Jean-Pierre Vernant, Pierre Vidal-Naquet, J.-P. Vielfaure, Claude Viseux, Ylipe, René Zazzo. (Es handelt sich hier um die ersten Unterzeichner, denen sich in der Folgezeit viele andere anschlossen.)

wurden offiziell, sie wurden zu Repressalien, sie standen gedruckt auf Anschlägen in Rundfunksendern, Fernsehanstalten, Theatern und Produktionsbüros. Jede Person, die diesen Text unterschrieben hatte, was auch immer ihr Beruf sein mochte (es folgten die Namen), war verboten für Sendungen, Bühnenaufführungen und in der Fernsehtagesschau. Arbeitgebern, die dieses Verbot nicht beachteten, würden die Regierungssubventionen gestrichen.

Auf diese Weise wurde bei Barrault-Renaud eine Claudel-Inszenierung gestoppt. Laurent Terzieff, Alain Cuny und Pierre Boulez waren verboten.

So sah sich auch mein freundlicher Produzent R. Thuillier, der mich für *Les Mauvais Coups* engagiert hatte, plötzlich ohne die Regierungshilfe für seinen Film, auf die er Anrecht hatte.

Und deshalb brachen Frédéric Rossif und François Chalais ihre Sendung »Pour le cinéma« ab und kündigten in aller Form an, daß sie sie erst an dem Tag wiederaufnehmen würden, wenn sie wieder jedermann interviewen könnten. Sieben Monate später nahmen sie sie tatsächlich wieder auf, und ich war in der ersten Sendung.

Deshalb stellte Jacques Prévert, der nicht zu den Unterzeichnern gehörte und der zwei Stunden Sendezeit angeboten bekam, ganz naiv die Bedingung, daß alle Unterzeichner teilnehmen sollten, von Danièle Delorme bis François Truffaut.

Und deshalb weigerte sich selbstverständlich auch Montand, an irgendwelchen Programmen zum Jahreswechsel mitzuwirken, zu denen man ihn aufforderte.

Aber es war trotzdem die Zeit der betrübenden, blöden, anonymen Briefe. Sie waren pornographisch, obszön und patriotisch zugleich. Im allgemeinen hieß es darin, mein Mann habe ganz recht, wenn er mir eine so frische Blondine vorziehe. Ich solle eben zu den Arabern zurückkehren, deren Fähigkeiten als Liebhaber ja bekannt seien. Oft war hinzugefügt, es geschehe auch dem Juden Miller recht. Und in dieser schmutzigen Atmosphäre endete das Jahr, das so hübsch angefangen hatte.

Von der echten Arbeit, dem Lampenfieber in New York, davon, daß wir uns nichts vergeben hatten und wir selbst geblieben waren in einem Land, dessen Zugang uns so lange verwehrt worden war, von den langen Stunden der Mühe mit den thailändischen Gedichten und bretonischen Gebeten schien nichts mehr übrigzubleiben. Weggefegt! In der Vorstellung gewisser Leute war es fast so, daß wir nur nach Amerika gereist waren, um eben diese Publicity zu erreichen.

Wahrscheinlich wäre ich auf diese sechzehn Jahre alte Schmutzkampagne nicht zurückgekommen, wenn nicht seit einiger Zeit und immer häufiger soziologisch angehauchte Geschichtsschreiber – gewiß nicht völlig ohne eigenes Interesse – dicke Bücher über diese junge Tote veröffentlichen würden, die zu ihren Lebzeiten niemand ernst nahm. Unweigerlich kommt auch das Kapitel, das uns betrifft, und die alten Zitate werden hervorgeholt wie etwa das: »Schoolgirl crush on me«*; es hätte, sowohl seiner grammatikalischen Form wie seiner Ausspracheschwierigkeiten wegen von Montand acht Tage Arbeit erfordert, wenn er es wirklich vor Hedda Hopper geäußert hätte, wie sie es behauptete, als sie beschloß, sich zu rächen.

In diesen psychologischen Studien finde ich auch Namen wieder, Namen von Leuten, die über Marilyn reden. Darunter sind einige, die zu den Leuten gehören, die sie sehr mochte und die auch sie gern hatten, leider auch ein paar andere, deren Träger sie verabscheuten. Mir hatten sie das gesagt in den glücklichen Zeiten der Bungalows Nr. 20 und Nr. 21. Sie hat nie davon erfahren.

Und sie wird auch nie etwas erfahren von meinem Kummer an jenem Abend im August 1962.

Sie wird nie wissen, wie wenig mir je in den Sinn kam, sie zu hassen, und wie gut ich diese Geschichte verstand, die außer uns vieren niemand etwas anging, und mit der sich in einer so verworrenen Zeit voll wahrlich wichtigerer Ereignisse die ganze Welt befaßte.

Sie ist fortgegangen, ohne zu wissen, daß ich immer noch das champagnerfarbene Musselin-Tuch trage, das sie mir einmal für eine Fotoreportage als Kopftuch auslieh und das sie so gut passend zu meinem Kostüm auswählte, daß sie es mir schenkte.

Es ist jetzt ein wenig abgenutzt, aber wenn man es sorgsam auf eine bestimmte Weise faltet, ist das nicht zu sehen.

* Schulmädchen fliegen auf mich.

12

Ich habe angefangen, mich selbst bei der Hand zu nehmen zu dem Zeitpunkt, als meine Mutter mit mir zu Friseuren ging, die ihre Instrumente nicht über die Flamme hielten, bevor sie mir die Haare kurz à la Jeanne d'Arc schnitten, und ich ließ mich selbst viele, viele Schwellen überschreiten, bis ich gestern abend auf meiner Schreibmaschine die Erinnerung an mich als vierzigjährige Wasserstoff-Blondine zurückließ.

Ich war so eins mit mir, der Wasserstoffblonden (was für eine Strapaze, das Erinnern!), daß ich sehr betroffen im Spiegel eine zu rundliche, ergrauende, um nicht zu sagen weißhaarig werdende Person erblickte, die mir gleichsam zurief: »Guckguck, ich bin's!«, als ich mir die Zähne putzen wollte.

Im Lauf der sechzehn Jahre, die diese beiden Personen trennen, sind viele Dinge geschehen, es gab noch ein paar weitere Schwellen zu überschreiten, vielleicht sollte ich lieber Zollgrenzen sagen.

Von den echten Grenzlinien habe ich erzählt. Die wirklichen Entdeckungen, der berufliche Aufstieg, bewußte Stellungnahme, Lieben und Freundschaften, entscheidende Bücher, nicht mehr rückgängig zu machende Entschlüsse, all das spielte sich in den ersten vierzig Jahren ab.

Und es spielte sich so gut ab, daß der Rest, diese sechzehn Jahre bis heute, Überfluß ist, ein Geschenk, eine ans Wunder grenzende Verlängerung, Staunen, daß es weitergeht, Dankbarkeit für die guten und sogar die schlechten Stunden. Es ist die Fortsetzung der Reise in einem gut auf den Schienen liegenden Erster-Klasse-Wagen, während man den Zug mit zwanzig Jahren in einem Dritter-Klasse-Abteil bestieg, das über bucklige Geleise holperte, zu beiden Seiten immer wieder Bahnwärter-Barrieren und Bahnhöfe, auf denen man zum erstenmal ausstieg.

Die Bahnhöfe, auf denen ich von jetzt an aussteige, sind solche, die ich schon von früher kenne, sind Orte des Wiedersehens, des Feststellens, selten die von Neuentdeckungen. Nur bei einem war es anders: dem, der mich zum erstenmal im Leben zur Großmutter machte, am 28. März 1970. Guten Tag, Benjamin!

Überfluß, Geschenk, verlängertes Wunder... Die Roberte sein in *Les Mauvais Coups,* nachdem man zu all den in abgenutzten Stoff eingebundenen Drehbüchern nein gesagt hatte, von denen nicht eines eine so schöne Rolle in einer so schönen Geschichte bot, und sich mitten in Burgund während des eiskalten Winters 1960 glücklich zu fühlen. In Irland und endlich unter der Leitung Peter Glenvilles die Frau Laurence Oliviers zu spielen. Im Lastwagen, in der Metro, im Zug, mit dem Fahrrad fahren, von Rethel zur spanischen Grenze, drei Monate lang unter der Leitung von René Clément.

Natürlich manchmal an Kalifornien denken – an die Kolibris, die Koyoten und das Geräusch der Eiswürfel in den »Pimps« –, an ein Land, in das man vermutlich nie wieder kommen wird, um plötzlich 1964 wieder da zu sein und die Contessa im *Narrenschiff* von Stanley Kramer zu spielen.

Mein Hollywood von 1964 ist denn auch voll von neuen Dingen. Da ist der Strand von Trancas, wohin mich Katharine Hepburn mitnahm, sehr früh am Morgen, wenn ich nicht drehte. Sie stand wie eine Pioniersfrau mit der Sonne auf, und wenn sie es inzwischen nicht selbst erzählt hätte, würde ich nie von ihrem Leben mit Spencer Tracy sprechen, den sie wie ein junges Mädchen liebevoll umsorgte. Sie arbeitete nicht mehr, damit sie bei ihm bleiben konnte, der nicht mehr arbeitete, seit ihn ein Schlaganfall versicherungsunfähig gemacht hatte. So ließ Stanley Kramer am Drehplatz einen sehr schönen Fauteuil mit dem Namen Spencer Tracy aufstellen, und jeden Morgen gegen neun Uhr nahm der schönste weißhaarige Ire des amerikanischen Films seinen Platz als sogenannter Supervisor ein und brachte uns fast zum Totlachen... Wenn ich nicht drehte, war ich mit ihr zusammen, wenn ich drehte, mit ihm.

Es gab die Weekends bei Lee und Betty Marvin mit ihren vier Kindern, in einem kleinen gemieteten Haus am Strand. Da war das

Rauschen des Meeres, wie ich es seit Saint-Gildas nicht mehr so nahe bei meinem Bett gehört hatte. Am Sonntagmorgen kam Georges Segal mit seiner Frau, seinem Baby und seinem Banjo. Man picknickte oder kochte etwas; das glich Saint-Gildas noch mehr. Für Lee Marvin bedeutete *Das Narrenschiff* das Ende der Nebenrollen, seit zwanzig Jahren hatte er darauf gewartet. Für Georges Segal war es der erste Film . . .

Wenn man an den Strand wollte, mußte man an einer bestimmten Stelle zwischen zwei hohen roten Felswänden hindurch. An einem Morgen sagte mir Katharine Hepburn, ich solle nach oben schauen, und dort entdeckte ich in schwindelnder Höhe weiß aufgemalte Herzen und Initialen, entsprechend denen, die bei uns in Manns- und in Frauenhöhe mit dem Messer in Kastanienbäume oder Platanen eingeschnitten werden. Unter Lebensgefahr waren Kletter-Asse mit einem Farbtopf in der Hand hinaufgestiegen, um da oben Worte hinzuschreiben wie »Jane + Bill = Love«, und das Datum . . .

Das alles hätte nur folkloristisches oder anekdotisches Interesse, wenn ich nicht bei jeder Rückkehr nach Kalifornien festgestellt hätte, daß die gefahrvoll angebrachten Inschriften stets gleich verliebt klangen, aber daß von 1966 an sehr oft »Love and Peace« dort stand.

1968–1969 glichen die roten Wände riesigen Totems. Das »Jane + Bill« wurde nicht mehr in Herzen eingeschrieben, es waren wohl trotzdem Herzen, aber sie hatten die Form eines Kreises, in dem ein schematisch gezeichneter Semaphor-Träger die Arme senkte: das Friedenszeichen; Vornamen und Datum galten als Nachweis statt eines Poststempels.

Ich mache damit eine Voraus-Blende, aber wenn ich schon von den schönen roten Felswänden spreche, kann ich auch ihre Geschichte erzählen, denn so ist sie mir in den Sinn gekommen.

1964, während *Das Narrenschiff* gedreht wurde, war Wahlkampf. Barry Goldwater erschien im Fernsehen, von seinen Anhängern begrüßt mit dem Lied »Hello Barry, nice to see you, Barry«. Es waren dieselben Leute, die die chemischen Formelzeichen für Gold und Wasser (Au H_2O) an das Rückfenster ihres Wagens klebten. Die Leute, mit denen ich arbeitete, hatten keine ungeheure Vorliebe für

Johnson, aber schließlich konnten sie sich nichts anderes aussuchen. Alles eher als Goldwater! Wurden sie auf der Straße von einem Wagen mit dem feindlichen Gold- und Wasser-Zeichen überholt, gaben sie Gas, um es ihrerseits zu überholen oder an einer Ampel bei Rot einzuholen; dann wurden von Fahrer zu Fahrer obszöne Gesten ausgetauscht, die eher europäisch als kalifornisch waren. Die Dinge hatten sich verändert im Lande der Kolibris ...

Kennedy war ermordet worden, sein Bild war überall zu sehen, wo die Leute aufriefen, Johnson zu wählen. Oder eher, gegen Goldwater zu wählen.

Die Leute, mit denen ich arbeitete, aßen nie in einem Restaurant, in dem es kein Porträt Kennedys gab. Eines Tages indessen fand ich auf dem Tisch eines seltsamen kleinen, als »Kneipe« aufgemachten Lokals, in das ich mich verirrt hatte, eine winzige Porzellanbüste Kennedys; es war ein Salzstreuer, und die Löcher befanden sich genau dort, wo die Geschosse – aus einem oder mehreren Gewehren – seinen Kopf getroffen hatten.

(In Autheuil hängen über dem Klavier zwei gerahmte Briefe nebeneinander. Der eine ist unterzeichnet mit Kennedy, Präsident der Vereinigten Staaten; er dankt Montand, daß er freundlicherweise die Einladung angenommen habe, beim zehnten Jahrestag des Konvents der Demokratischen Partei zu singen, und ist datiert vom 20. Januar 1963. Der zweite Brief ist von Pastor Martin Luther King unterschrieben; er dankt Montand für das große Treffen an der Porte de Versailles, dessen Anreger und Organisator er war und bei dem Martin Luther King den Franzosen erklärte, welche Kämpfe seine Brüder ausfochten. Er trägt das Datum des 5. April 1966.)

1964, in Hollywood, kaufte Stanley Kramer lange im voraus etwa zwanzig Karten für sehr gute Plätze im großen Stadion von Los Angeles, mietete einen Kleinbus und verfrachtete alle Schauspieler des *Narrenschiffs* ans andere Ende der Stadt. Anlaß war das »Track Meet«.

Das »Track Meet« ist ein Sporttreffen. Dies hier war von besonderer Art, es war das erste sowjetisch-amerikanische auf dem Boden der USA.

Einen ganzen Samstagnachmittag und einen ganzen Sonntagnachmittag lang führten junge, starke Menschen vor 75 000 Zuschauern ihre Sportwettkämpfe durch: Hochsprung, Weitsprung, Langstreckenläufe, Kurzstreckenläufe, sie sprangen über immer höhere Hürden und gaben sich Staffetten weiter wie Fackeln.

Die amerikanischen Sportler waren Weiße und Schwarze. Die sowjetischen waren Russen, Ukrainer, Georgier . . . Auf dem Programm standen neben ihren Namen ihr Geburtsdatum und ihr Geburtsort. Sie waren alle zwischen zwanzig und dreiundzwanzig Jahre alt.

Es passierte, daß ein schwarzer Riese, geboren in Montgomery (Alabama), also im Ghetto, drei Minuten lang ununterbrochen umjubelt und zum Helden ganz Amerikas wurde, repräsentiert von diesen 75 000 Kaliforniern, von denen zu der Zeit sehr wenige damit einverstanden gewesen wären, ihm in ihrem Haus eine Tasse Kaffee anzubieten.

Es passierte, daß ein sowjetischer Sportler höher sprang als alle anderen, und man fragte sich, wie dieser großgewachsene junge Mann so stark sein konnte, war er doch 1943 in Stalingrad ein neugeborenes Kind gewesen.

Wahrscheinlich hatte Stanley, damit wir uns diese Fragen stellen sollten, einen Kleinbus gemietet und die teuren Karten im Stadion gekauft.

Am Ausgang verteilten Mitglieder der Birch Society und der American Legion sehr luxuriös gedruckte Traktate: darin stand, die sowjetischen Sportler seien gekommen, um zwischen zwei Sprüngen und drei Speerwürfen zu spionieren . . .

1964 gab Vivien Leigh in Hollywood Diners, in dem großen Haus, das sie von London aus gemietet hatte. Sie wollte diese Essen prunkvoll, und sie waren es. Sie war nicht mehr die Frau Laurence Oliviers, aber sie wollte Lady Olivier bleiben. Sie bat uns um entsprechende Garderobe, und meine kleinen wandernden Zobel arbeiteten oft in ihrem Heim. Im Schein von Kerzenleuchtern wurden von einem echten Meisterkoch zubereitete Gerichte von einem Haushofmeister aufgetragen; beide waren keine Aushilfsdiener, sondern für die Dauer des Films fest engagiert. Sie war ebenso schön wie zur Zeit von Scarlett O'Hara, sie hatte wunderbare Erinnerungen an diese Stadt, und sie klammerte sich daran. Am Ende des Abends spielte das Tonbandgerät das Hauptthema des Films *Vom Winde verweht*; das machte sie traurig, aber sie tat es absichtlich. Von einer Stunde zur andern war sie voll sprühender Laune oder hoffnungslos verzweifelt. Sie war sehr krank. *Das Narrenschiff* war ihr letzter Film, und sie ist darin überwältigend.

1964 gab es in Hollywood schon eine Einrichtung, die sich Synanon nannte, was für die Drogenabhängigen das Äquivalent für die Anonymen Alkoholiker war; ich habe dort mit Oskar und Stanley Kramer einen Besuch gemacht. Das durchschnittliche Alter der Kandidaten für eine freiwillige Entziehungskur lag zwischen sechzehn und achtzehn Jahren, das hier war ihre letzte Zuflucht nach Kliniken, Krankenhäusern und Gefängnis – sie hatten alle etwa mit vierzehn angefangen.

Als ich das bei meiner Rückkehr nach Frankreich den Leuten erzählte, die sich amüsierten, wenn sie sahen, wie ihre Kinder an den ersten »joints« zogen, lachten sie mich ganz einfach aus . . .

1964 hatte ich in Hollywood manchmal Luxus-Samstage. Ich ließ mich zum Leona Drive in den Hügeln fahren; ich läutete an einer Tür und fand das viel aufregender, als wenn ich bei Greta Garbo geklingelt hätte: Jean Renoir öffnete mir.

Ich trat in einen französischen Provinz-Salon ein, manchmal hingen Renoirs an den Wänden, manchmal nicht, je nachdem, ob sie für Ausstellungen ausgeliehen oder in Sicherheit gebracht worden waren, weil Dido und Jean Renoir eine Reise gemacht hatten. In einem Wandschrank befand sich ein etwas ausgeleierter 16-mm-Projektionsapparat, aber da es einen guten Schraubenzieher gab, funktionierte das Ding immer wieder; in einem anderen Wandschrank war eine tragbare Leinwand und in einem dritten Filmspulen untergebracht.

Hier, mitten in den Hügeln der Hauptstadt des Films, mit Jean und Dido Renoir als Vorführern, machte ich mir das Geschenk von *Das Verbrechen des Herrn Lange*. Auf der Leinwand defilierte meine Welt, die des Café Flore, als sie dreißig Jahre jünger war und ich sie noch nicht kannte. Sie sprach schon die Worte Jacques Préverts. Da war sogar Sylvain Itkine, der ein paar Jahre später zu Tode gefoltert werden sollte, vielleicht von dem prachtvollen blonden Jungen mit der Hakenkreuzbinde, mit dem die letzte Einstellung des *Narrenschiffs* endet.

1965 hatte Stanley Kramer Oskar Werner und mich zur Premiere nach Hollywood kommen lassen. Wir verlebten eine Woche herrlich und in Freuden, es gab kleine Diners und viel Wiedersehensfreude. Die Kritiken waren großartig, und wieder einmal lagen Nominierungen in der Luft (ein paar Monate später wurden Oskar, Vivien und ich tatsächlich »nominiert«, aber diesmal verfehlten wir die Statuette; doch das tat nichts, wir hatten Kramer gewonnen). Ich wollte heimreisen, meine Koffer waren praktisch schon gepackt, als mir ein junger Mann namens Bob Littmann das Buch eines einstündigen Dramas brachte, das für das Fernsehen gedreht werden sollte.

Es war ein Zwei-Personen-Stück, ein junger Autor und eine berühmte Schauspielerin, die diskutieren und sich streiten über die Gestalten des Stücks. Das Ganze war sehr schön, sehr klug, sehr à la Pirandello, aber wenn schon, dann ist es besser, sich von Pirandello inspirieren zu lassen als von Ponson de Terrail ... Alles spielte sich auf der leeren Bühne in einem leeren Theater ab. Das Stück hieß *A Small Rebellion,* und der Regisseur war der beste Fernsehregisseur dieser Zeit, Stuart Rosenberg; es war seine letzte Tele-Inszenierung, er ging zum Film.

Ich telefonierte mit meinem Mann, packte meine Koffer wieder aus und machte mich an die Arbeit. Wegen der Termine Rosenbergs und meiner eigenen mußten wir sofort anfangen. Ich habe keine Ahnung, wie ich es fertigbrachte, mir diese langen schwierigen Dialoge einzuprägen – oder vielmehr, ich weiß es: ich machte mir alle Kollegen dienstbar, damit sie mir das Stichwort gaben, besonders Georges Maharis, der es mir in Wirklichkeit zu geben hatte. Wir haben ein einstündiges Fernsehspiel in sechs Tagen gedreht, und ohne Proben. Selten habe ich so hart gearbeitet. Ich wurde dafür belohnt: *A Small Rebellion* brachte mir die »Emmy« ein, den Oscar des Fernsehens; ich teilte ihn in jenem Jahr mit Frank Sinatra.

Überfluß, Geschenk, verlängertes Wunder.

Aber in diesem Sommer 1965 geschah etwas viel Wichtigeres in Hollywood als die Inszenierung von *A Small Rebellion*. Es gab etwas, das man »an enormous case of rebellion« nennen könnte: den Aufstand von Watts.

Wie alle mondänen Leute mit künstlerisch-folkloristischen Anwandlungen kannte ich von Watts nur eine friedliche kleine Straße, in die Leslie Blanch, die damalige Frau von Romain Gary, Montand und mich an einem Sonntagnachmittag im Jahr 1960 geführt hatte.

In dieser friedlichen Straße befanden sich zwei Türme und eine Art Krypta inmitten eines etwas verwilderten Gartens, der aber von Schranken umschlossen war. Die beiden Türme und die Krypta waren mit Mosaiken bedeckt. Wenn man näher trat und sie berührte, bemerkte man, daß sie aus Millionen Scherben von Tellern und Kaffeekannen, aus Flaschensplittern und Coca-Cola-Kapseln bestanden. Aus der Ferne gesehen blinkte es in der Sonne wie die Türme von Byzanz. Das war das Werk, das Lebenswerk eines einheimischen Sonderlings. Seit seinem Tod stritten sich zwei junge Schnittmeister, ich weiß nicht mehr, aus welchem Studio, mit der Stadtverwaltung, die die Türme abreißen wollte.

Ich hatte von Watts nichts anderes gesehen, ich wußte nichts anderes von Watts, als daß die Stadtverwaltung diese Hinterlassenschaften eines verrückten, friedfertigen und hartnäckigen Träumers beseitigen wollte. Vielleicht befaßte sich die Stadtverwaltung zu viel mit den Türmen und zu wenig mit den von ihr Verwalteten, jedenfalls rebellierten die betreffenden Verwalteten Anfang August 1965, und so machte ich die Entdeckung, daß Watts das Ghetto von Los Angeles war.

Wenn mich meine Erinnerung nicht trügt, begann alles in der Nacht von einem Mittwoch auf einen Donnerstag. Am Abend des Donnerstag zeigte das Fernsehen die Feuersbrünste. Am Freitag im Atelier hatten Mechaniker und Elektriker die Ohren an ihren Transistorradios kleben und kommentierten die Nachrichten. Sie hatten Angst, und sie wollten, daß ich mit ihnen Angst hätte. Watts sei ganz nahe, sagten sie, auf der Autobahn eine Viertelstunde vom

Beverly-Hills-Hotel. Das Radio spreche von »Niggerbanden«. Ich solle mich heute nacht vor allen Dingen gut einschließen in meinem Bungalow. Ein hochgewachsener Mechaniker, der Stiefel im Stil von John Wayne und seinen Hammer wie einen Colt trug, erklärte Stuart Rosenberg und mir, die beste Lösung wäre eine ganz kleine Atombombe, speziell ausgetüftelt, so daß sie nur Watts treffen würde ... Am Freitagabend war dem Kanal 7 das Wunder gelungen, alle Programme zu streichen. Sämtliche Käufer von Sendezeit für Varietés und Theater, für literarische Diskussionen und politische Streitgespräche hatten die schon von ihnen bezahlte Zeit zur Verfügung gestellt. Ein Hubschrauber überflog pausenlos das Viertel, an Bord war ein großartiger Kameramann. Die Maschine ging so tief hinunter, daß man sehen konnte, wie die Brandstifter Feuer legten, flohen, in Geschäfte eindrangen, wo man schon begonnen hatte zu plündern. Ein anderes Team hielt sich ständig im Hauptquartier der Federal Police auf. Alle Viertelstunde lang verkündete hinter diesen Bildern eine Stimme, daß wir dank dem Bier Soundso oder der Autofabrik Dingsda, die freundlicherweise ihre Sendezeit abtraten, von unseren Sesseln aus in Watts sein konnten, als wären wir wirklich dabei, und sie fügte hinzu, sie fordere uns dringend auf, unsere Sessel nicht zu verlassen ... Und auch nicht unsere Häuser, wo wir uns auch befinden mochten, in einem Umkreis von 80 Kilometern um die Stadt.

Ich beschimpfte mich selbst und fand mich sehr verächtlich, aber ich verriegelte dennoch meine Tür an diesem Abend. Am Samstag drehte ich nicht. Der Kanal 7, der an diesem Tag die größte Publikumszahl des Landes auf sich vereinigt hatte, fuhr mit seinen Nonstop-Berichten fort. Soziologen und liberale Geistliche wechselten sich auf dem Bildschirm zwischen den Hubschrauber-Aufnahmen ab und sagten sehr vernünftige Dinge über die tieferen Gründe, die all diese Unvernunft ausgelöst hatten. Sie gingen mit der Stadtverwaltung nicht eben sanft um und noch weniger mit dem Bürgermeister von Los Angeles.

Da war der Bürgermeister einverstanden, sich interviewen zu lassen. Ich weiß nicht mehr, wie er hieß, er war groß, stark und trug einen weißen Texanerhut. Plötzlich erinnerte mich sein Anblick an etwas. Fünf Jahre zuvor hatte ich die Rückreise nach Frankreich gelegentlich eines Jungfernflugs der Air France gemacht. An Bord befanden sich viele offizielle Gäste aus Frankreich, die für den Hin- und Rückflug eingeladen worden waren. Unter ihnen war Senatspräsident Gaston Monnerville. Während des Flugs stellte er mir Fragen über die langen Monate, die ich in Kalifornien verbracht hatte. Mein Bericht war idyllisch, ich hätte wahrhaftig kein Recht gehabt, mich zu beklagen. Der Präsident hörte lächelnd zu, wie ich alle die Vorzüge aufzählte, doch bevor er wieder seinen Platz neben Madame Monnerville einnahm, fragte er mich, ob ich Gelegenheit gehabt hätte, dem Bürgermeister von Los Angeles zu begegnen. »Nein«, sagte ich. »Nun, ich auch nicht; wir hatten zwar eine Verabredung, aber er ließ mich von seinem Stellvertreter empfangen . . .«, antwortete mir der Präsident des französischen Senats ganz nebenbei, während er mir mit dem schönsten Lächeln die Hand tätschelte.

Auf dem Bildschirm beruhigte der Mann mit dem weißen Hut seine Völkerschaften und versicherte, er werde Befehle geben, damit wieder Ordnung einkehre.

Sie kehrte ein. Am Sonntag war alles vorüber. Das Viertel war abgeriegelt, und der Kanal 7 sendete nur noch Aufnahmen endloser Schlangen von Schwarzen, die man in die Grüne Minna verlud. Im Gegensatz zu dem, was die Leute im allgemeinen tun, wenn man sie verhaftet, gaben sich die meisten von ihnen große Mühe, lange genug vor den Kameras zu bleiben, damit sie eine Großaufnahme bekommen konnten. Man mußte sie stoßen, daß sie weitergingen. Dann machten sie eine Handbewegung, die etwa besagte: »Es ist nicht aus!«

1966 drehte ich *Games* von Curtis Harrington; es war, auf dem Papier, eine sehr gute Mörder- und Gaunergeschichte. Der Film wurde im »Universal«-Tempo gedreht, das heißt ganz, ganz schnell, und ich wurde ganz und gar nicht »nominiert«. In diesem Film debütierten zwei Schauspieler, James Caan und Katherine Ross. Dank der Vorführung von *Games,* die ich für Mike Nichols mit Erlaubnis von Curtis machte, holte sich Katherine ihre Rolle in *Le Lauréat.*

Ich erwähne das nur, weil sie selbst es unaufhörlich erzählt, in London wie in Rom oder Paris. Von anderen, die nie davon erzählen, spreche ich nicht, aber von ihr zu reden, ist meine Art, ihr Danke zu sagen für ihr gutes Gedächtnis.

1966 gab es weniger große Feste. Die Seifenblase irisierte immer weniger, sie wurde bleiern. Die Leute kamen immer noch zusammen, aber es geschah selten, von einem bestimmten Zeitpunkt ab, daß man während des Essens nicht auf Vietnam oder die »civil rights«* zu sprechen kam. Im Haus von Gregory Peck wäre es eines Abends fast schlecht ausgelaufen, als einer der Gäste – ein sehr bekannter Mann – für die Vietnamesen das Wort »Feinde« gebrauchte. »Feinde von wem?« fragte Peck ruhig, mit Würde und Festigkeit.

In denselben großartigen Villen, um die gleichen Swimmingpools herum, wo sechs Jahre früher der üble Klatsch von Hedda Hopper oder die schlechte Kritik des Sowieso oder die angemaßten Meriten des einen oder anderen Schauspielers Gegenstand erregter und erregender Gespräche gewesen war, redete man nur noch von Vietnam und dem Problem der Schwarzen.

1966 in Hollywood, unter der strahlenden Sonne, beim leisen Gezwitscher der Kolibris und angesichts der immer seltener durch die Hügel streifenden Koyoten (sie wurden durch die sich weiter ins Land fressenden Bauten vertrieben) wurde mir ganz deutlich, daß die Filmleute, die einzigen, mit denen ich zusammenkam, viel betroffener, aktiver und mutiger waren als die Filmleute, mit denen ich Umgang hatte in meinem eigenen Land zur Zeit unserer eigenen »Pazifizierung«.

Sie waren nicht die einzigen in Amerika, natürlich nicht, auch die Studenten rührten sich, aber ich war nicht auf einem Campus, ich war in HOLLYWOOD, und ich hörte im Polo Lounge des Beverly-Hills-Hotels Äußerungen, die ich zehn Jahre früher bei Fouquet's vermutlich nie gehört hätte, vielleicht nicht einmal bei Lipp.

Ich werde nie die drei jungen Schauspieler – zwei Jungen und ein Mädchen – vergessen, die im Bungalow Nr. 17 weinten an dem Abend, als sie erfuhren, daß die Bombardierung Hanois wieder be-

---

* Bürgerrechte.

gonnen hatte (nach einer Art Waffenruhe zur Ehre des Herrn . . . Es war Vorweihnachtszeit) mit verzehnfachter Stärke, wie das Radio sagte.

Und ich werde nie den schwülstigen Dummkopf von Luxustaxi-Chauffeur vergessen, der mich am nächsten Tag nach Malibu-Beach zu Jane Fonda und Vadim fuhr, bei denen ich diesen etwas zu früh von den amerikanischen Bomberstaffeln geschändeten Weihnachtsabend verbringen wollte. Er war kriecherisch, was Amerikaner selten sind, und glaubte seine Aufgabe als Privat-Chauffeur eines Mietautos gut zu erfüllen. Er erklärte mir die Landschaft, die ich schon auswendig kannte, riet von der Straße ab, die zwischen den hohen roten Felswänden hindurchführte, als ich ihn bat, sie zu nehmen. Ich war gefangen, das würde mich schon lehren, nicht selbst fahren zu wollen. Und die ganzen fünfzig Kilometer lang, die übrigblieben, bis ich bei meinen Freunden war, teilte er mir seine Sorgen mit.

»It is a shame«, begann er. Das kann man übersetzen: »Es ist sehr schade«, oder »es ist eine Schande«, oder »Es ist skandalös«. Bei seinem Gesicht und seinem Tonfall waren alle drei Bedeutungen gleichzeitig gemeint. Denn diese »shame« war von Wichtigkeit. Das Rosenfest würde nicht wie vorgesehen in Pasadena stattfinden. In seinem Rückspiegel vergewisserte er sich, daß ich die Nachricht tatsächlich aufgenommen hatte. Ich hatte sie verstanden, aber da er wohl keine Niedergeschlagenheit von meinem Gesicht ablesen konnte, nahm er seine Rolle als nachsichtiger Einheimischer wieder auf, der – obgleich er selbständiger Privat-Chauffeur ist, den man nach Kilometern bezahlt – die freiwillige Zusatzleistung, den kulturellen Fremdenführer zu spielen, nicht ablehnt.

Also: Jedes Jahr warf eine Flugzeugstaffel, oder eben ein paar Flugzeuge, über Pasadena Tonnen um Tonnen von Rosenblütenblättern ab. Und in diesem Jahr war der Blütenblätterregen abgesagt worden; man sollte bloß wissen, warum. Hatte das Wetter alles verpfuscht? Oder waren es schlechte politische Einflüsse, die die Leute von Pasadena daran hindern wollten, sich als freie Bürger zu fühlen und ihr Leben zu leben, wie sie es bis heute gelebt hatten? . . . Er selber kam nicht aus Pasadena . . . hatte nie einen Fuß in diese Stadt gesetzt . . . Seine Frau und er hatten immer fest vorgehabt, ein paar Tage dort zu verbringen, eben zum Rosenfest. Im nächsten Jahr dann. Wenn die Dinge wieder in Ordnung sein würden, was so, wie die Zeiten sich anließen, allerdings nicht sicher war. Glücklicherweise war jetzt Ronald Reagan Gouverneur des Staates. Ob ich Reagan kenne? fragte der Rückspiegel ... Als Schauspieler reiche er natürlich nicht an John Wayne heran ...« Oder an Sie, Miß Signorett ... – meine Frau hat so geweint in *Room at the Top* ... Nein ... Sie und John Wayne, Sie sind echte Künstler ... Aber als Gouverneur ist Ronald Reagan genau das, was wir brauchen ...« Er wolle sich nicht herausstreichen, aber, in gewissem Maße habe auch er zum Erfolg des Gouverneurs beigetragen ... bescheiden, aber auf seine Art ... Das Taxi, dasselbe, in dem er die Ehre habe, mich zu fahren, habe mehrmals am Wahlkampf teilgenommen. Als er Anhänger des Gouverneurs Reagan gefahren habe, sei er durch die Äußerungen, die er dabei hörte ... in die einzumischen er sich im übrigen nicht erlaubt habe ... überzeugt worden, daß »Ronnie« sicherlich »the right guy«* sei. Aber vielleicht langweile er mich mit all der Politik ... Schließlich sei ich Französin ... Er entschuldigte sich. Ob es bei uns in Frankreich Rosen gebe? Er sei nie da gewesen, in Frankreich ... Er wäre vielleicht hingekommen, aber als er eingezogen werden sollte, habe der Krieg gerade aufgehört ... Er sei auch nicht im Pazifik gewesen, er bedauere das. Er habe keinen Sohn, aber wenn er einen hätte, wären er und seine Frau stolz darauf, ihn im Dienst des Landes nach Vietnam zu schicken und ein Ende zu machen mit diesen Schweinen ... Ob mir zu heiß sei? Er könnte seine Klimaanlage regulieren ... Sehr gut ... Im Rundfunk seien für den Abend Nebelschwaden angesagt worden ... Vielleicht seien sie am Ende daran schuld, daß die Flugzeuge nicht starteten ... Dann würde sich ja alles erklären für Pasadena ... Aber trotzdem ... »It was a shame«, die vielen Tonnen Rosenblätter, die nun welkten, statt auf die Leute von Pasadena herabzufallen ...

Es ist mir schon passiert, daß ich mitten in Paris in der Hauptverkehrszeit nach einem Viertel der Strecke, die ich angegeben hatte, aus dem Taxi ausstieg und zum Chauffeur sagte: »Halten Sie, ich will Ihnen nicht mehr zuhören, was bin ich Ihnen schuldig?« Und

* Der richtige Bursche.

mich dann am Rand des Gehwegs befand, elendiglich um das hypothetische Anhalten eines anderen Fahrzeugs bettelnd, entschlossen, daß mich diesmal die Äußerungen des Chauffeurs, gleichgültig, wie sie sein mochten, in Anbetracht des Stoßverkehrs eiskalt lassen würden.

Hier, auf der Autobahn nach Malibu, fehlte mir der Mut. Ich konnte es mir einfach nicht vorstellen – oder vielmehr, ich stellte es mir eine Sekunde lang vor –, wie ich, behängt mit meinen kleinen Weihnachtsgeschenken, die zusammen große Pakete ergaben, und mit meinem Einkaufskorb, in dem sich mein Nachthemd, meine Zahnbürste und mein schöner Weihnachts-Abend-Hauskleid-Morgenmantel befanden, als angejahrter Hippie Anhalter spielen würde. Ich habe es nicht getan, ich war schrecklich feige. Ich habe zugehört, nie geantwortet, nur mit dem Kopf genickt. In seinem Rückspiegel faßte er mich haargenau ins Auge. Er hatte das Gefühl, er interessiere mich. Und ich dachte, er würde heute abend seiner Frau erzählen, wie gepackt Miß Signorett von seinen Kommentaren gewesen sei und wie sehr auch sie die Absage des Rosenfestes bedauert habe. Jedesmal, wenn er von Rosenblättern sprach, sah ich in Rückblende Titine Roux vor mir, an unserem Hochzeitstag im ersten Stock von La Colombe, als wir vom Bürgermeisteramt zurückkamen, wie sie über Montand und mich rosa, rote, weiße und gelbe Rosenblätter herabschneien ließ, nicht gerade eine Tonne, aber ein paar Hände voll waren es schon. Und wie er von seinen Flugzeugen nicht loskam, so kam ich nicht los von Hanoi – aber das sah man nicht im Rückspiegel.

Vor dem Haus am Strand setzte er mich ab. Ich fürchtete nun nichts mehr, ich war angekommen. Nachdem ich ihm die Fahrt bezahlt hatte, ließ ich mit etwas verspäteter Mutaufwallung ein paar verlegene Sätze los, die lapidar klingen sollten und aus denen hervorging, daß Flugzeuge manchmal Rosen und manchmal Bomben abwarfen... Er meinte zustimmend: »It was a shame«, und seufzte. Dann gab er mir seine Karte für den Fall, daß ich ihn für die Rückfahrt brauchte, und wünschte mir mit breitem Lächeln: »Merry Christmas« – Frohe Weihnachten.

Ich bin meinen Freunden ein wenig auf die Nerven gegangen mit dieser Geschichte vom Privat-Chauffeur-Unternehmer. Aber es war wirklich ein »Merry Christmas«. »Papa« war da, und Papa, das war »Hank«, wie man sagt, wenn man aus der Gegend ist, und da ich noch immer nicht aus der Gegend bin, sage ich Henry, sogar Henry Fonda.

Auch Peter war da, der kleine Bruder, und sein Freund Dennis. Die beiden sprachen sehr viel von ihrem Freund Jack, von einer Geschichte, die sie schrieben, und von dem Film, der daraus werden würde. Mit etwas herablassender Nachsicht hörte ich diesen jungen Dilettanten zu. Ihre Äußerungen und Pläne erschienen mir ebenso wolkig und ungewiß wie alle die, die ich von jeher zwischen dem Café Flore und dem Montana hatte hören können. Sehr demütig, höchst überrascht und mit großer Freude umarmte ich daher zwei Jahre nach diesem Weihnachtsfest 1966 Peter Fonda, Dennis Hopper und ihren Freund Jack Nicholson, als in einem kleinen Vorführungsraum der »Columbia Studios« das Licht wieder anging. Sie hatten mir die erste Fassung von *Easy Rider* gezeigt.

Da waren wir im Jahr 1968. Oder besser gesagt, wir waren »im Nach-Mai 68«, wir Franzosen.

Wir waren im »Nach-August 1968«, was die Tschechen anging. Und was die Amerikaner anging, waren wir am Jahresende 1968.

Amerika hatte Priester, die im Gefängnis saßen – die Berrigan Brothers –, weil sie Einberufungsbefehle verbrannt hatten. In HOLLYWOOD ließen sich die am meisten gefürchteten Haie der Filmindustrie Haare und Bärte wachsen, um den Kontakt mit der Jugend nicht zu verlieren. Die Jugend warf ihnen *Easy Rider* an den Kopf. Auch die offensichtlich unpolitischsten Familienväter erzählten, wie sie morgens zum Briefkasten gingen, um sich zu überzeugen, daß »the draft« (die Einberufung) nicht dort gelandet war. Wäre sie dagewesen, hätte auch der Scheck bereitgelegen für die Reise des Jungen nach Kanada oder Schweden. In der populärsten Fernsehshow »Laugh In« sagte einer der Sprecher: »Wünschen wir nur, daß dieser Krieg zu Ende geht und unsere Boys nach Hause zurückkommen können aus . . . Montreal.« Ebenfalls im Fernsehen traten auf dreizehn Kanälen in dichter Folge alle möglichen Gegner der Regierungspolitik auf, Sängerinnen und schwarze Schauspielerinnen, denen man bisher sehr wenig Rollen angeboten hatte und deren Haare früher für teures Geld entkraust worden waren: jetzt zahlten sie ein Sündengeld für Perücken im »Afrolook«.

Wie beim allerersten Mal war ich Hausfrau, Montand drehte mit Minelli, und ich war immer rechtzeitig zu Hause, um das Streichholz unter die Scheite im Kamin des Bungalows Nr. 8 zu halten. Der Bungalow Nr. 8 war nicht bloß ein Stockwerk . . . er war eine kleine Villa, ein Bungalow eben! Und es gab einen Gashahn im Kamin wie bei den Nachbarn.

Genau wie beim allerersten Mal war ich viel unterwegs, so wie man es kann in einem Dorf, wo man schon alte Freunde hat. Neun Jahre waren seit dem ersten Mal vergangen, aber an diesem Bahnhof war ich oft wieder ausgestiegen, und mir fielen die Veränderungen weniger auf als Montand.

Eines hatte sich nicht verändert, übrigens bis heute nicht: die Zahl 28, die zwischen den Hieroglyphen unserer Pässe steht. Jedesmal, wenn wir jetzt wiederkamen, sagten die Gentlemen vom Einwanderungsbüro nicht mehr »Welcome to USA«, sondern »Welcome Home«. Und dann, nach raschem Blättern, stießen sie auf die Schand-Seite, die schlimme Wahrheit. Große Trauer und so etwas wie Ungläubigkeit zeichnete sich auf ihren Gesichtern ab. Meine Antwort war immer schon bereit: »I am special«, sagte ich. »You sure are« (Das kann man wohl sagen!), antworteten sie und drückten ihren Stempel in den Paß; manchmal lächelten sie auch.

In diesem Jahr 1968 hatte uns eine »gentlewoman« in Empfang genommen, Montand und mich. Sie saß in dem Glaskäfig des Flughafens von Los Angeles und mochte weder Männer noch Frauen, noch Paare oder Spezialfälle, weder Ausländer noch vermutlich sich selbst. Sie sagte absolut kein »Welcome« und machte einem Lust, sich gleich das Rückflug-Ticket zu besorgen bei der erstbesten Fluggesellschaft, die noch zwei freie Plätze hatte. Die »gentlewoman« war keine freundliche Dame. Aber auch diesmal war da ein liebenswertes Gesicht, das uns von jenseits des Glaskäfigs zulächelte.

Wenn diese Dame Ausländer nicht mochte, mußte sie in diesem Jahr viel gelitten haben. HOLLYWOOD war Hollywood-sur-Seine geworden. Am Alpine-Drive stand ein kleines Haus; im Rahmen des rechten Fensters konnte man auf einem Schild lesen

»Place de la Sorbonne«. Im Innern traf man, wenn man, wie es mir etwa fünfmal in der Woche passierte, zum Essen eingeladen war, Agnès Varda, Jacques Demy, Rosalie und Monique la Nantaise.

Jacques hatte einen Film gedreht, der vielleicht der hübscheste über das Hollywood von 1967 ist, wie es ein Ausländer sah; er heißt *Model Shop* und ging nicht gut, aber es wäre zu wünschen, er käme neu heraus. Agnès war von einem in der Stadt Fremden hinters Licht geführt worden, er verduftete unter Hinterlassung ungedeckter Schecks; so hatte sie den Plan, ein großartiges Drehbuch zu verfilmen, aufgegeben, sich aber unverzüglich wieder an die Arbeit gemacht. In drei Wochen drehte sie, fast »illegal«, *Lion's Love*; das Buch hatte sie in vierzehn Tagen geschrieben. Monique la Nantaise hatte Auto fahren gelernt und brachte aus den Supermarkets die Zutaten für Spezialgerichte der verschiedenen Provinzen. Ich meine damit: unserer französischen Provinzen. Und Rosalie, die etwa neun Jahre alt war, wurde in aller Ruhe zweisprachig, da sie in die Volksschule von Beverly-Hills ging.

Noiret, Monique Chomette, ihre Tochter und eine Dame, deren Name ich vergessen habe, bewohnten ein Haus in den Hügeln, dessen Besitzerin oft kam, um die Möbel zu inspizieren. Sie hatte als vorige Mieter eine Pop-Gruppe gehabt, und die Bestandsaufnahme danach war hart gewesen . . . Philippe drehte mit Cukor und mit Hitchcock, zerschlug keine Möbel und kochte an freien Tagen.

Anna Karina drehte mit Cukor und hatte das Haus gemietet, in dem Agnès später *Lion's Love* drehen sollte. Es gehörte der gleichen pingeligen Dame wie das von Noiret. Nichts wurde während der Dreharbeiten kaputtgemacht, aber alles in einer Nacht voll Handwerksarbeit verändert, bis hin zur Farbe des Swimming-pools, der psychedelisch geriet.

Anouik Aimée drehte mit Cukor.

Piccoli drehte mit Hitchcock.

Dirk Bogarde drehte mit Cukor.

Montand drehte mit Minelli.

Michel Legrand schlug sein Winterquartier auf in dieser Stadt, in der er jährlich sechs Monate lebt. Das hat er sich so angewöhnt.

Ingrid Bergman kam zum erstenmal seit langer Zeit zurück und drehte *Quarante Carats* bei der Columbia.

Polanski feierte Feste in dem nachgemachten normannischen Bauernhaus, das später das Haus des Verbrechens werden sollte. Vadim, Gegauff, Serge und Christian Marquand fingen Fisch im Pazifik, der nach stundenlangen Beratungen in der Küche des Hauses am Strand zu mittelmeerischer Bouillabaisse wurde.

Jane beschäftigte sich mit ihrer Tochter Vanessa und auch mit ihrem nächsten Film. Sie bereitete sich mit einem Ernst, einer Liebe und Energie darauf vor, die nicht alltäglich sind. Es war *On acheve bien les chevaux*. Ohne es noch zu wissen bereitete sie sich auch darauf vor, ihrem Leben eine neue Richtung zu geben.

Eine stolze, fröhliche, nachdenkliche, lustige und wohlerzogene Jane Fonda empfing uns, Montand, Piccoli und mich, an jenem 25. Dezember 1968 am Familientisch. Natürlich war »Papa« da, natürlich Peter, und Papa betrachtete Peter, der mit seinen Freunden Dennis und Jack doch etwas verändert hatte in dieser Stadt. Und Papa war fassungslos, stolz und besorgt zugleich.

In einem kleinen Haus im Valley wohnte auch James Baldwin, der ein Drehbuch über das Leben und den Tod von Malcolm X schrieb. Ich habe ihn oft allein hinten im Montana gesehen zu der Zeit, als die Rue Saint-Benoît zum erstenmal Atem holte, gleich nach dem Krieg, und damals hatten wir uns gefragt, ob dieser schwarze junge Mann Jazz-Trompeter oder Deserteur oder vielleicht beides sei. Wir sprachen ihn nicht an, er sprach uns nicht an, wir lächelten einander zu. Das war vielleicht nicht genug.

Es war sogar bestimmt nicht genug, und – wieder einmal – sehr betreten entdeckte ich eines Tages, daß der junge Neger, der einst hinten im Montana saß, einer der größten amerikanischen Autoren unserer Zeit geworden war.

James Baldwin schrieb ein Drehbuch über das Leben und den Tod von Malcolm X, das war immerhin ein Fortschritt drei Jahre »nach Watts«. Aus Gründen, die nicht mit dem zusammenhingen, was viele wollten, wurde Leben und Tod von Malcolm X schließlich doch nicht verfilmt. Zu mindest bis jetzt nicht.

Es regnete drei Tage lang. Der Regen verwandelte sich in eine Sintflut, Beverly-Hills wurde zum Katastrophengebiet, man sprach davon, die Bungalows zu evakuieren, und Agnès packte schon ein kleines Fluchtbündel für den Fall, daß der Alpine-Drive überflutet werden sollte. Sehr schöne Wohnsitze, die aus Marmor erbaut schienen, schmolzen in einer einzigen Nacht dahin, wenn sie dort standen, wo der Sturzbach von den Hügeln herabtoste.

Im Fernsehen traten nacheinander die Wortführer von Sekten auf, die das Ende der Welt verkündeten. Das sei die Strafe dafür, sagten die einen, daß wir den Herrn nicht genug geliebt hätten; es sei die Vergeltung dafür, sagten die anderen, daß der Marihuanaverkauf nicht freigegeben worden sei; das habe man sich mit dem Vietnam-Krieg eingehandelt, sagten die meisten.

Und dann schien wieder die Sonne.

Damit höre ich auf, von meinen Hollywoods zu erzählen. Ich habe sie sehr gern gehabt. Und sie haben es mir vergolten. Und eine kleine Nummer 28 wird mich nicht dazu bringen, etwas anderes zu sagen.

Gestern hat Rom, hat Frankreich, hat die Welt und Hollywood um Lucchino Visconti getrauert. Und ich erinnerte mich an das letzte Mal, als wir – er, Montand und ich – miteinander lachten. Das war in Amerika: da er seinen Paß bei sich hatte, verglichen wir unsere Nummern 28 . . .

Es hat mir gut gefallen, daß die Legende Gary Cooper mich Sylvester 1960 zum Tanz aufforderte in einem legendären Restaurant, das es nicht mehr gibt. Es hat mir gut gefallen, wie ich mit Spencer Tracy gelacht und wie ich miterlebt habe, als Paul Newman nach und nach nicht mehr ein zweiter Marlon Brando war, sondern Paul Newman. Es hat mir gut gefallen, einem Anfänger namens Jack Nicholson zu begegnen. Und es hat mir ungeheuer gefallen, dieses Hollywood, das Jane Fonda 1973 den Oscar zuerkannt hat; es hat mir gut gefallen, als ich davon in meiner Pariser Zeitung las und ihr Filmbild sah neben einem Reporterfoto an der Seite von Angela Davies und einem weiteren auf Alcatraz bei den Indianern: sie waren inzwischen an die Stelle der Gefangenen gerückt, die wir zum großen Verdruß unseres Taxichauffeurs in San Francisco nicht hatten durchs Fernrohr beobachten wollen.

13

Vor ein paar Jahren nahm ich in einer Straße von Courbevoie gewissenhaft meine Ausgangsstellung für eine letzte Bewegungsprobe wieder ein. Es war bei den Außenaufnahmen für den Film *Le Chat* von Granier-Deferre, mit Jean Gabin. Am Vorabend war im Fernsehen »Les Diaboliques« (Die Teuflischen) gelaufen. Zwei Herren aus dem Viertel redeten mich mit breitem Lächeln an: »Tag, Simone . . . Wie geht's, Simone . . . Wir haben Sie gestern im Fernsehen gesehen . . . na ja . . . jünger sind Sie nicht geworden . . .«

Ich sagte: »Natürlich nicht!« und lächelte, und ich hütete mich wohl, dazuzusetzen: »Und Sie, sind Sie jünger geworden?« Und ich habe mich auch gehütet, sie zu fragen, ob sie diesen Satz ihrer nach zwanzigjährigem Exil heimgekehrten Kusine gesagt hätten. In solchen Fällen lautet die Formel eher: »Es ist unheimlich, du hast dich gar nicht verändert . . .«

Jenseits der Vierzig, nun ja, sagen wir, mit fünfundvierzig hat man zwei Möglichkeiten: entweder man klammert sich an Rollen, die den Typ der Fünfunddreißig-, Sechsunddreißigjährigen verlangen, oder man verhält sich wie alle Welt und nimmt liebenswürdig hin, daß diese fünfundvierzig Jahre eher zu sechsundvierzig als zu vierundvierzig führen.

Wenn man an den Rollen hängenbleiben will, in denen man ehemalige Jugendliche mit schon sich lichtender Stirn gerührt, fasziniert, verzaubert oder erschüttert hat, Männer, die einen mit Sätzen wie »Meine Güte, wie war ich verliebt in Sie als Gymnasiast . . .«, traktieren, dann ist man dran zu spielen. Aber was zu spielen?

Wenn man beschließt, es wie alle anderen zu halten, wie die Kusine dieser Herren, wie ihre Mutter, ihre Concierge, ihre Hausärztin, ihre Klassenkameradin und ihre gesetzlich angetraute Frau –

auch da ist man dran zu spielen. Aber mit vollem Einsatz, auf die Gefahr hin, sie zu kränken, wenn sie auf mehr oder weniger sorgfältig zurechtgemachten Großaufnahmen die Falten und Augensäckchen wahrnehmen, die sie selbst auch haben.

Sie gehen nicht zum Schönheitschirurgen. Wir, wir könnten zu einem gehen. Ich glaube, daß der Augenblick, in dem wir die Wahl treffen, es zu tun oder nicht zu tun, entscheidend ist für das Geschenk-Überfluß-Wunder, von dem ich vorher sprach.

Ich bin nicht zum Schönheitschirurgen gegangen. Ich bin nicht hingegangen, weil ich nie ein Star war, nie eine Frisur zur Mode für alle machte, nie eine Sprechweise oder einen Kleidungsstil »diktierte«. Daher brauchte ich mich auch nicht darum zu sorgen, daß ein Bild am Leben erhalten blieb, das oft ähnlich wie ein schönes Lied, für immer eine bestimmte Zeitspanne der Jugend festhält. Ich habe selbst viel zuviel in Mythen geschwelgt, um nicht zu wissen, wovon ich rede.

Es ist sehr schwer, ein Star zu sein. Und es ist sehr schwer, ein Star zu sein, dem man immer weniger Talent zuerkennt, nur deshalb, weil er ein Star geworden ist; während er doch ohne anfängliches Talent niemals ein Star geworden wäre. Und es ist sehr schwer, ein Star zu bleiben. Entsetzlich muß es sein, wenn man aufhört, als Star zu gelten.

Es ist sehr leicht, weiter seine Arbeit zu tun im gleichen Rhythmus wie die Zeitgenossen, mit ihnen reifer zu werden und dann zu altern.

Und es ist wunderbar, zu immer schöneren Rollen zu kommen, und zu immer stärkeren, beladen von den Erinnerungen und persönlichen Erfahrungen, die einem die Falten ins Gesicht geschrieben haben. Es sind Narben von Lachen und Tränen, von Fragen, von Erschütterungen und Gewißheiten, die auch die Zeitgenossen erlebt haben.

Für die meisten Frauen sind diese Narben etwas Feindliches. Sie machen Jagd auf sie, spüren sie auf, versuchen, sie zu vertreiben, verschwinden zu lassen. Wie gut ich sie verstehe! Man verbrüdert sich nicht mit dem Feind, wenn der Feind einem nichts einbringt, wenn man sich seiner nicht bedienen kann.

Für die Stars sind diese Narben mörderisch, die amtliche Aufforderung, ein Land zu verlassen – das der Träume. Sie müssen dieses Land verlassen aus Angst, sie könnten die Träume vernichten, die sie ein paar Jahre lang zu schenken wußten. Manchmal ist es viel Eigenliebe, die dazu führt, manchmal auch viel Hochachtung, Dankbarkeit und Liebe zum Film, für die Millionen anonymer Verehrer, die ihnen der Film zu Füßen legte und die sie nicht desillusionieren wollen.

(Am Ende von *Chéri* ist Léa traurig, weil Chéri nach jahrelanger Trennung zu ihr kommt, ohne sich anzusagen, als sie in ihren Fünfzigern ist. Sie hat sich verändert. Chéri hätte es nicht bemerkt, daß sie sich veränderte, wenn er dageblieben wäre. Aber er war nicht da, er findet sie verändert.)

Für Leute wie mich, die weder die Kraft noch die Lust noch den Mut hatten, den Beruf eines Stars auszuüben, waren diese Narben Verbündete, sogar Alibis.

Die beiden Herren von Courbevoie waren eine Art von *Chéri*, wenn sie mich seit *Die Teuflischen* aus den Augen verloren hatten. Sie folgten mir bei meinem Probengang, um sich einen Spaß zu machen und mit Sicherheit ihre gute Bemerkung anbringen zu können; das war für sie wichtiger, als mir wirklich etwas zu sagen.

Und dabei haben sie mir etwas gesagt, was mich selbstsicherer gemacht hat. Jawohl! Ich war nicht jünger geworden, aber ich war immer noch da. Ich war die Fortsetzung jener fadendünnen Bürgerin von Theben, die psalmodierte: »Jokaste, die Königin Jokaste ist tot . . .«, ehe sie vor die Tür gesetzt wurde und die Rue des Mathurins entlangging, in den geliehenen, echt ledernen Griechensandalen, angeblich schon von Jean Gabin-Pontius Pilatus getragen, der eben hier in *Le Chat* meinen Mann spielte . . .

Ich war, ich bin, ich bin gewesen und ich hoffe, ich werde jemand sein, der nicht aufhört, sich zu verkleiden, wie eine Schauspielerin in einem Ensemble, der man verschiedene Rollenfächer anbietet und die sich wundert, daß man sie ihr noch immer anträgt.

Und wenn ich in bezug auf die Falten von Verbündeten oder Alibis spreche, will ich damit sagen, daß das Älterwerden mir geholfen hat, Zollgrenzen zu überschreiten, und daß meine mangelnde körperliche Disziplin mir die Alibis geliefert hat. Das ist eine Frage, die sich Maurice Pons vermutlich nicht getraut hätte, mir zu stellen. So wie er auch sicherlich nicht gewagt hätte, mich etwas zu fragen, was ich hier beantworten will, weil ich mir selbst diese Frage stelle: Spielt man besser, wenn man älter wird?

Man spielt nicht besser, man spielt überhaupt nicht mehr, man ist. Und die Lobpreisungen von Menschen, die vom »Mut« reden, »sich mit einem wenig schmeichelhaften Aussehen zu zeigen«, sind pietätvolle Denkvorstellungen. Es geht dabei nicht um Mut, sondern um eine Art von Stolz, von Eitelkeit, würden sogar manche sagen, sich so zu zeigen, wie man ist, um damit besser der Gestalt zu dienen, die zu spielen man einem das Geschenk gemacht hat.

Danke, François Leterrier, für die *Mauvais Coups,* danke, René Clément für *Le Jour et l'Heure,* danke Stanley Kramer für *Das Narrenschiff,* danke Costa-Gavras für *Compartiment Tueurs,* danke, Sydney Lumet für *Call from the Dead* und für *Die Möwe,* danke Jean-Pierre Melville für *L'Armée des ombres,* danke René Allio für *Ein schwerer Tag für die Königin,* danke Granier-Deferre für *Le Chat* und *La Veuve Couderc,* danke Patrice Chéreau für *La Chair de l'orchidée*, danke Alain Corneau für *Police Python.* Und Dankeschön all den Frauengestalten, durch die ich, auf eine natürlich-chronologische Weise in aller Ruhe vom Fach der »noch Liebenden und geliebt Werdenden« zu dem der »noch immer Liebenden« übergehen und schließlich bei den Großmüttern landen konnte. Danke dafür, daß ich die Möglichkeit hatte, nacheinander Randerscheinung, Großbürgerin, Revolutionärin, durchgefallene Schauspielerin, Ost-Spionin, gaullistische Widerstandskämpferin, hinkende Alkoholikerin, Bäuerin aus dem Land um Dijon, Putzfrau in Aubervilliers, lächerliche Lady Vamos, allmächtige Paralytikerin zu sein . . .

Man könnte das für ein Werbeblatt halten, das man bei einer Theateragentur hinterläßt, um Arbeit zu finden. Aber es ist nur ein Fächer, ein Fächer von geleisteten Arbeiten, auf die ich stolz bin. Es gibt auch andere . . .

1962 machte es mir großes Vergnügen *Little Foxes* (Die kleinen Füchse) von Lillian Hellman zu übersetzen. Das Stück war 1936 geschrieben worden, doch die Handlung spielt in der Zeit nach dem Sezessionskrieg, kurz vor 1900.

Die tatsächlich um 1900 geschriebenen Stücke – die von Ibsen, Tschechow, Strindberg oder Becque – sind keinesfalls überholt. Manche Leute finden sie verstaubt, sie vergessen, daß sie zu dem Zeitpunkt, als sie herauskamen, avantgardistisch waren. Sie behandeln Sorgen und Anliegen ihrer Zeit, die heute sicherlich überholt sind, vielleicht übrigens dank dieser Autoren, die mit ihrer Zeit lebten und die Dinge in Bewegung brachten. Diese Stücke sind Protokolle, Zeugenaussagen.

Little Foxes, das gegen 1900 spielt, wurde also 1936 geschrieben von einer Autorin, die in dieser Rückblende ihre eigenen Sorgen und Anliegen als amerikanische Liberale der Dreißigerjahre zum Ausdruck brachte. Sie erzählt, wie die Leute im Süden in den ersten Jahrzehnten des Wieder-Zusammenlebens mit dem Norden waren. Es ist *Vom Winde verweht* mit umgekehrtem Vorzeichen, es ist *Vom Winde verweht,* gesehen mit den Augen eines Menschen, der sich erinnert, daß seine Großeltern Sklaven besaßen, kauften und verkauften, und wie vorteilhaft die Verbrüderung mit den Yankees sein konnte. Die Heldin ist nicht die umwerfende Scarlett, sondern die abscheuliche Regina. *Die kleinen Füchse* bedeutet die Entzauberung des »Gallant South« (siehe *Strange Fruit*).

Ich bin noch heute der Meinung, daß alles, was im 1936 entstandenen Stück *Little Foxes* gesagt wird, die Amerikaner auch heute betrifft. Es gibt noch immer einen Süden und einen Norden, und ein Alabama und Little Rock und Watergate und die Lockheed-Affäre und ITT und Dallas.

In Frankreich wurde *Little Foxes* 1962 wie ein schönes altmodisches Melodram aufgenommen, wie ein Stück von Mirbeau nach der Zeit von Mirbeau.

Ich habe nicht recht daran getan, die Rolle der Regina in *Les Petits Renards* zu spielen. Die Art, wie ich die Dialoge verfolgte, hatte nichts zu tun mit der Aufmerksamkeit, die man seinem Partner schuldet, wenn er mit einem spricht. Ich hörte zu und überwachte. Ich wollte nicht – jedenfalls am Anfang –, daß man mir meine schöne Übersetzung ruiniere.

Aber wir haben vollkommen recht daran getan, *Les petits Renards* zu spielen. Sechs Monate lang kamen wir – Flon, Bozzufi, Sabatier, Pellegrin, Josée Steiner, Claude Berri, Jean Michaud, Gordon Heath und Darling – Abend für Abend zusammen und freuten uns, beieinander zu sein. Und wir waren recht traurig, als wir nach sechs Monaten aufhörten, das Stück zu spielen.

Es ist noch nicht sehr lange her, daß ich ein Buch von Lillian Hellman las, ein großartiges Buch, *Pentimento*. Sie erzählt darin fast beiläufig wahre Geschichten, umwerfend in ihrer alltäglichen Banalität und infolgedessen befrachtet mit dem, was letzten Endes das Leben ausmacht. Als ich dieses Buch las, hatte ich schon beschlossen zu vergessen, wie sie am Vorabend der Premiere von *Les Petits Renards* ankam. Hier fand ich die Frau wieder, die ich achte und sehr gernhabe, die zu McCarthy gesagt hatte: »Rutsch mir den Buckel runter!« Und die uns, als wir in New York bei ihr zu Abend aßen, bat, nicht zu laut zu sein, sie habe da oben einen Kranken: D. Hammet, der im Sterben lag.

Beim Lesen von *Pentimento*, einem Buch über ihr Erinnerungsvermögen, sah ich mich wieder in den dunkelroten Samtsesseln ihrer Wohnung sitzen, umgeben von ihren schönen Mahagony-Möbeln, ich hörte ihr etwas rauhes und sehr herzliches, manchmal aber auch sehr böses Lachen, wenn es böse Leute betraf. Ausgelöscht war die Erinnerung an den Vorabend der Première in Paris, übrigens der erste nach ihrer Ankunft aus New York.

Freudig fuhr ich fort mit meiner Lektüre, als ich plötzlich auf ein paar Seiten stieß, die mir gewidmet waren. Leider habe ich *Pentimento* nicht zur Hand, und das ist sehr schade, ich hätte gern wörtliche Zitate gebracht. Im großen und ganzen stand da, ich sei eine charmante Filmschauspielerin, aber in der Pariser Inszenierung von *Little Foxes* sei ich eine miserable Regina gewesen. Schön, das mochte noch hingehen. Daß die besagte Inszenierung die schlechteste gewesen sei, die sie je habe erdulden müssen, und Gott wisse, wie viele schlechte sie bei jeder Neuaufführung ihres Meisterwerkes erlitten habe, auch das ging noch, denn genau das hatte sie dem versammelten Ensemble gesagt, mit einigen persönlichen Kommentaren für bestimmte Leute unter uns, Kommentare, die ich meinen lieben Kollegen übersetzen mußte, da Miß Hellman kein Wort französisch sprach. Flon, Sabatier und Berri bekamen gute Zensuren; Bozzufi hatte einen großen Fehler, er glich nicht genug dem »Uncle Benjamin«, der eben der Onkel der Autorin gewesen war und den sie als Modell für den gräßlichen Ben, den Bruder der abscheulichen Regina genommen hatte. Bozzu bat mich zu übersetzen, er sei untröstlich, aber er habe Onkel Benjamin nie kennengelernt... Die Inszenierung von Mondy und das Bühnenbild von Jean-Marie Simon, kurz, das Ganze wurde als »bad, bad, bad« abqualifiziert. All das erzählt sie in *Pentimento*. Es war nicht angenehm zu lesen, aber schließlich hatte sie uns genau das an jenem Abend gesagt. Und es war ihr gutes Recht, genau in ihrem Gedächtnis zu kramen und der Welt den heftigen Kummer mitzuteilen, den sie an einem Dezemberabend 1962 in Paris (France) auszustehen hatte. Man hatte ihr Kind getötet. Ich glaube, sie spricht auch von der Übersetzung. War sie gut, war sie schlecht? Jedenfalls war meine Übersetzung von drei, durch Miß Hellman ausgesuchte Spezialisten untersucht worden, unter ihnen befand sich Professor Guicharnaud, Ordinarius für Dramaturgie an der Yale-Universität. Ihm hatte sie gut gefallen. Übrigens sind wir in der Zwischenzeit gute Freunde geworden, aber das ist eine andere Geschichte.

Ich erinnere noch einmal daran, daß wir am Vorabend der Première waren. Wir spielten für sie, für sie allein. Von Beginn der Proben an hatte ich sie gebeten, nach Paris zu kommen, auch wenn sie sofort wieder nach New York zurückreisen müßte. Sie könne nicht, sagte sie, und sie habe volles Vertrauen zu uns. Gut.

Etwa zwei Wochen vor der Generalprobe baten wir sie noch einmal zu kommen. Sie könne nicht und habe volles Vertrauen zu uns. Sehr gut.

Der Nachmittag, an dem wir für sie spielten und an dessen Ende alles »bad, bad, bad« war, war der ihres ersten Tages nach der Ankunft von New York. Das Ensemble traf mit der Autorin erst vierundzwanzig Stunden vor der Begegnung mit dem Publikum und der Kritik zusammen. Das war ein wenig spät für Änderungen. Schwankend zwischen blanker Verzweiflung, einen falschen Weg eingeschlagen zu haben, und nervösen Lachkrämpfen über die kalte Dusche, die wir eben erhalten hatten, führten wir Miß Hellman aus zu Dreher, gegenüber vom Sarah-Bernhardt, wo sie die ersten Seeigel ihres Lebens aß. Meine Freunde, denen gegenüber ich die großen menschlichen Qualitäten dieser von mir bewunderten Frau gerühmt hatte, bedachten mich mit Bemerkungen, die von »Sehr lustig, deine kleine Lilly« bis zu »Ich würde sogar sagen, ein kleiner Schelm« reichten. Miß Hellman entdeckte, daß die Seeigel nach Jod schmeckten, und fand das gut. Ich übersetzte es meinen Kameraden, daß es ihr schmecke. »Dann ist sie wenigstens nicht umsonst gekommen«, war die Antwort. Ich hielt es nicht für vorteilhaft, wortgetreu zu übersetzen. Miß Hellman hüstelte. »Wenn sie uns bloß nicht krank wird . . .« Das löste wieder ein Wahnsinnsgelächter aus, wie es nur Schulkinder zustande bringen oder von Müdigkeit, Bammel und echter Angst erschöpfte Schauspieler – denn morgen würde alles auf dem Spiel stehen. Dann fragte uns Miß Hellman, wo man in diesem Paris, in dem sie so lange nicht mehr gewesen sei, schöne Kleider kaufen könne. Da war es passiert. Die bisher nach Jod schmeckenden Seeigel wurden immer salziger. Lachtränen fielen in die Halb-Stachelschweine. Man ließ ein paar Ratschläge los: »Im Versandhaus La Redoute, aber da muß man vorher hinschreiben«, oder: »Ich habe einen Vetter in der Konfektion, aber der ist gerade im Gefängnis.« Es war nicht sehr geistreich, aber die Blödelei tat uns gut. Auch wenn wir sehr traurig waren. Nach den Seeigeln gingen wir ins Theater zurück und probten, probten, probten. Miß Hellman, die durch die Zeitverschiebung müde war, ging ins Crillon zurück, um sich hinzulegen.

Ich hätte diese Geschichte ganz sicher nie erzählt, wenn nicht die Seiten in *Pentimento* gewesen wären. Dort sieht sich Miß Hellman gute zwei, drei Wochen vor der Première (ich muß das Buch wiederfinden, wenn ich es nicht wie sie machen und etwas zusammenfabulieren will) in Paris. Angewidert von dem, was sie im Théâtre Sarah-Bernhardt sich zusammenbrauen sah, und entmutigt durch unser verschiedenartiges Unvermögen, ihre legitimen Forderungen zu begreifen, habe sie sich lieber schlicht und einfach zurückgezogen und die hilfreiche Gegenwart eines alten Freundes genossen, der sie durch Paris führte und sie tröstete, da wir sie jedenfalls nicht verstanden.

Pentimento fiel mir aus den Händen. Ich habe es dennoch zu Ende gelesen, aber jede Zeile ist mir danach, auch wenn sie noch so schön sein mochte, suspekt erschienen. Vergißt man? Arrangiert man? Arrangiert man sich? Das ist eine Frage, die ich ohne Zögern auch mir selbst stellen werde. Vielleicht werden andere sie mir stellen. Heute stelle ich sie Lillian Hellman. Nicht Miß Hellman, wie ich sie plötzlich in meinem boshaften, aber wahren Bericht zu nennen begann. Lillian, du weißt genau, daß du erst am Tag vor der Première zu uns kamst. Ich weiß nicht, ob du dieses Buch lesen wirst, es ist auch kein Buch, in dem abgerechnet wird. Vielleicht hätte ich dir nach der Lektüre von *Pentimento* einen Brief schreiben sollen. Ich habe es nicht getan. Im Augenblick fand ich es nicht wichtig genug. Aber jetzt, da es sich um mein Gedächtnis handelt, sehe ich nicht ein, warum ich es nicht mit dem deinen konfrontieren sollte . . .

Es gibt auch Rollen, die ich nicht gespielt habe, und darüber bin ich gar nicht stolz.

Da ist vor allem eine, die Rolle der Bubulina in dem Film von Michail Cacoyannis *Alexis Sorbas*. Ich habe eben sehr abgeklärt über das Älterwerden gesprochen und über die Vorteile, die sich – hat man ein gewisses Alter überschritten – daraus ziehen lassen. Vor zwölf Jahren war ich genau in diesem Alter, dem Alter, in dem man sich entscheiden muß. Ich war schon dreiundvierzig. Ich war erst dreiundvierzig. Ich hatte akzeptiert, mir fünfzehn weitere Jahre ankleben zu lassen, und ich habe es ehrlich versucht – mit künstlichen Mitteln, die vom falschen Po bis zum falschen Hängebusen gingen, von Watte in den Kinnbacken, einem falschen Goldzahn, einer Plastikwarze, lächerlichen kleinen Löckchen, die mir Alex mit der Brennschere machte, bis zum Verschwinden meiner Brauen, an deren Stelle erbärmliche Striche traten, die Monique nachzog (das war sehr hart für meine beiden alten Freunde, die sich immer den Kopf zerbrochen hatten, wie sie mich verschönern könnten) – ich schwöre, ich habe es versucht. Ich drehte nur ein paar Tage, und ich hätte durchgehalten, wenn nicht ein kleiner Zwischenfall alles in Frage gestellt hätte.

Der junge Bühnenbildner des Films schlug vor, ein Foto der jungen Bubulina in der Dekoration anzubringen. Die Vorbereitungen für dieses Foto dauerten den ganzen Vormittag. Alex und Monique trällerten vor sich hin, während sie das Make-up abschatteten und mir etwa die Frisur von *Goldhelm* machten. Der Fotograf war sehr begabt, und was da aus dem Entwicklerbad herauskam, wurde eine der schönsten Porträtserien von mir. Ich war nicht mehr dreiundvierzig Jahre alt, mindestens zehn davon waren verschwunden ...

Und da machte ich nicht mehr mit. Am nächsten Tag fehlte mir die Freude zur Arbeit. Ich wollte die arme Bubulina nicht mehr sein, ich habe sie am Strand von Kreta verlassen. Dort hat sie Lila Kedrova aufgelesen, die mutiger war als ich und dafür königlich belohnt wurde im folgenden Jahr mit dem Oscar für die beste Interpretin einer Nebenrolle. Ich bin für meine Feigheit nicht bestraft worden, Michail war mir nicht böse: am Abend vor meiner Abreise haben er, Irene Papas, Anthony Quinn, Alan Bates und das ganze Ensemble mit mir Gläser zerschlagen, wie man es in den Filmen sieht, die die griechische Folklore feiern ...

Aber über griechische Folklore – oder sollte ich besser griechische Mythologie sagen? – habe ich etwas zu erzählen.

Ein paar Tage vor meiner Abreise nach Kreta erhielt ich den Besuch eines sehr jungen Korrespondenten der Athener Presse, der wissen wollte, was mich veranlasse, die Bubulina zu spielen. Mit einer Eitelkeit, über die ich mich heute noch schäme, antwortete ich auf seine Frage: »Ist es Ihnen nicht unangenehm, sich älter zu machen?« mit Nein. Ich glaube, es war die erste Frage, die er mir stellte. Die anderen, die ich danach beantwortete, waren von der Art: »Spielen Sie lieber Theater oder machen Sie lieber Filme?« und »Wie spielt sich das Leben eines Schauspieler-Ehepaars ab?« usw. Es waren etwa fünfzehn Fragen, die üblichen eben. Der junge Mann war sehr schüchtern, er schien überrascht, daß ich keine goldenen Schuhe trug, und auch darüber, daß der »Zigeunerwagen« so klein war. Ich merkte wohl, daß er sich Künstler nicht so vorgestellt hatte. Indessen sah er alles, und den Beweis dafür bekam ich, als ich einige Zeit später in Athen ankam. Auf jeden Fall mußte er den Spiegel über dem Kamin bemerkenswert genau betrachtet haben, jenen Spiegel, vor dem Aragon auf und ab zu gehen liebte zu der Zeit, als er zu uns kam. Es stecken da zwischen dem Mahagonyrahmen und dem Glas eine Reihe kleiner Andenken und ein paar Fotos, ohne die die Kaminecke vermutlich an vornehmer Nüchternheit gewinnen, aber sicher an Gemütlichkeit verlieren würde.

Unter diesen Foto-Andenken war eines, etwa von der Größe eines Paßbildes. Es steckt da seit dem Jahr 1953 und zeigt einen sehr gut aussehenden jungen Mann, der lächelt und eine Nelke in der Hand hält. Unter seinem Gesicht stehen die Worte: »Ruhm den Helden von Athen«.

Dieses kleine Foto war in Millionen Exemplaren vervielfältigt worden, als Beloyanis und seine Kameraden hingerichtet wurden; alle waren Helden des griechischen Widerstandes während des Krieges gewesen und gleich zu Beginn des Kalten Krieges von der monarchistischen Polizei verhaftet worden. Millionen Menschen in aller Welt hatten dieses kleine Foto am Kragenaufschlag getragen während des Scheinprozesses, der damit endete, daß Beloyanis und seine Kameraden heimlich an eine Wand gestellt und im Scheinwerferlicht von Dodge-Lastwagen erschossen wurden. Und aus diesem kleinen Foto sollte eine Zeichnung von Picasso werden mit dem Titel »Der Mann mit der Nelke«.

Yael Dayan, die Assistentin von Cacoyannis und Tochter des Generals, erwartete mich bei meiner Ankunft in Athen unten an der Gangway. Außerdem eine Dame, die Kulturattaché der französischen Botschaft war, ein Vertreter der 20th Fox und etwa zwanzig Journalisten. Alles war gut organisiert, wie es sich gehört, für die künftige Ex-Bubulina. In der VIP-Lounge fand eine Pressekonferenz statt. Ein junger Mann, dessen Gesicht mich stark an jemanden erinnerte, gesellte sich zu der Gruppe: es war Costas Bruder, der kam, um mich auf dem Boden zu empfangen, den mein Freund Costa aus eigenem Entschluß seinen Ahnen überlassen hatte ...

Zuerst fielen ein paar Fragen wie: »Haben Sie das ganze Werk von Kazantzakis gelesen? Kommen Sie zum erstenmal nach Griechenland?« Und dann, in einen Augenblick des Schweigens hinein, begann ein Mann, gekleidet in einen sehr abgetragenen Regenmantel, langsam den Satz zu formulieren: »Wir haben in einer griechischen Zeitung gelesen, daß Sie über Ihrem Kamin das Porträt eines griechischen Helden aufbewahren. Können Sie uns sagen, um wen es sich da handelt?«

Wenn man 1964 zum erstenmal im Leben in Athen ankommt, fest entschlossen, sich nicht in etwas einzumischen, was einen nichts angeht, und dazu gebracht wird, als erstes den Namen Beloyanis auszusprechen, dann ist das etwa so diplomatisch, wie wenn man bei der Ankunft in New York auf die Frage: »Kennen Sie berühmte Amerikaner?« geantwortet hätte: »Ja, die Rosenbergs«, oder auf die gleiche in Moskau gestellte Frage: »Ich kenne nur einen Russen, und das ist Leo Davidowitsch Trotzki!«

Ganz schnell tauchten dieselben Versuchungen in mir auf wie damals, als ich das Manifest der 121 unterzeichnen sollte. Sie spulten in meinem Kopf ab . . . Ein Held? . . . Nein, nicht daß ich wüßte . . . Ach ja, ich habe eine sehr schöne Kopie einer Achilles-Büste . . . Das Schweigen dehnte sich, sie sahen mich an, ich sah sie an, einen nach dem anderen. Etwa die Hälfte bettelte mit den Augen um die Antwort, in den anderen Blicken las ich die herausfordernde Frage, ob ich es wohl wagen würde . . . Vielleicht hätte ich, wenn der Bruder Costas nicht dabeigewesen wäre, einfach gesagt: »Nein, ich erinnere mich nicht.« Aber vor einem Zeugen, der mich verpetzen konnte, war das nicht möglich. Ich antwortete also: »In der Tat, wir haben über unserem Kamin das Porträt eines griechischen Helden. Ich könnte Ihnen sagen, es handele sich um einen Helden der Mythologie. Aber ich sage Ihnen, daß es das Foto eines Mannes ist, der Beloyanis hieß.«

Keiner schrieb etwas in sein Notizbuch. Sie sahen mich an, keiner den anderen. Die Dame von der Botschaft betrachtete ihre Schuhe und der Knabe von der Fox, dem der Name nichts sagte, spürte, daß der berühmte Engel durch den Raum ging, und blickte fragend zu Yael Dayan.

Da faßte der Typ im Regenmantel all seinen Mut zusammen und fragte weiter: »Können Sie uns sagen, warum Sie dieses Bild aufbewahrt haben?«

Diese Frage hatte ich mir nie gestellt. Ich sagte ihm das. Aber jetzt, da er sie mir stelle, scheine es mir ganz klar zu sein, daß das Bild eines Mannes, eines sehr gut aussehenden Mannes, der eine Nelke vor den Lippen hält und lächelt in dem Augenblick, da man ihm verkünden wird, er sei zum Tod verurteilt, und der dann von Mörderhand stirbt, kein Gegenstand ist, den man in den Papierkorb werfen mag. Man bewahrt es auf.

Vielleicht erwartete er mehr, Stärkeres, oder gar eine Erklärung zum Gedächtnis »des Genossen Beloyanis . . . betrauert von allen Kommunisten der Welt . . .« Er mußte sich mit meiner Antwort begnügen, es war die einzige der Wahrheit entsprechende, die ich geben konnte. Die Pressekonferenz ging sehr rasch zu Ende.

Das kleine Zubringerflugzeug, das die Verbindung Athen – Kreta aufrechterhält, startete erst am nächsten Morgen. Yael, ein wenig besorgt, durchkämmte die Zeitungen. Niemand hatte gewagt, den Namen Beloyanis zu drucken, aber alle spielten darauf an. Die Rechtspresse, indem sie von einem gerechten Urteil vor ein paar Jahren sprach, die Linkspresse, indem sie von Helden und vor allem viel von Nelken schrieb.

Wir warteten zu zweit darauf, an Bord zu gehen. Zwei sehr junge Mädchen näherten sich mir, jede hatte eine Nelke in der Hand. Sie sagten kein Wort, sie streckten sie mir nur entgegen.

Trotz der Nelken stürzte das kleine Flugzeug nicht ab. An der Endstation wartete eine große, dunkle Gestalt, um die umgekehrte Reise anzutreten: Mikis Theodorakis. Er sagte zu mir: »Danke, danke, danke.« Das Telefon zwischen Athen und Kreta hatte funktioniert.

Ich starb vor Angst, Cacoyannis würde mich anpfeifen. Er wollte vor allem in Ruhe seinen Film drehen. Es hätte ihm lieber sein können, die Pressekonferenz wäre mehr auf *Alexis Sorbas* eingegangen als auf alte, vergangene Geschichten. Yael war mein Zeuge, ich hatte nicht damit angefangen. Cacoyannis glaubte uns, aber er riet mir immerhin, meine Erinnerungsgegenstände etwas näher in Augenschein zu nehmen, bevor ich in meinem Haus Pressekorrespondenten des Landes empfinge, in dem ich mich anschickte zu drehen. Das habe ich ihm nicht versprochen.

Den schüchternen jungen Mann habe ich seit 1964 nicht mehr wiedergesehen. Wenn er je in sein Land zurückgekehrt ist, hoffe ich, daß ihm nichts passiert ist nach der Machtergreifung durch die Obristen 1967.

Die Botschaft, die er offensichtlich in seinem scheinbar harmlosen Interview hatte übermitteln wollen, habe ich nie wirklich vor Augen bekommen. Ich weiß auch nicht, in welchem Augenblick des Interwiews er Zeit hatte, das »Porträt des Helden« zu erspähen. Vielleicht, als ich ans Telefon gerufen wurde oder in die Küche ging, um etwas zu trinken zu holen. Das Foto ist so klein, daß man meinen könnte, er habe es eher wiedererkannt als entdeckt.

In Z hängt, als Lambrakis-Montand das kleine Komitee-Büro in Besitz nimmt oder vielleicht auch als er nach dem ersten Nackenschlag dorthin zurückgebracht wird – das weiß ich nicht mehr genau –, ein riesiges Porträt an der Wand. Es ist die zehntausendfache Vergrößerung des kleinen Bildes, das ich Costa auslieh. Er hat es mir unversehrt zurückgegeben, und während es außer Hauses war, überließ er mir eine Reproduktion des »Mannes mit der Nelke« von Pablo Picasso.

Wenn die griechische Jugend kommt und Nelken niederlegt an der Stelle, wo Lambrakis in Z (gedreht 1968) ermordet wurde, dann deshalb, weil ein junger Autor, Vassili Vassilikos, 1964 die Zeitungen las. So nahm er ganz selbstverständlich das Thema der Nelke von Beloyanis wieder auf, als er beschloß, die Geschichte Lambrakis in seinem Buch Z zu erzählen. Und es ist ganz selbstverständlich, daß im Film Z Nelken vorkommen. Das hat mir Vassili erzählt. Vielleicht wird man eines Tages auch vom Tod Pannagoulis erzählen . . .

Wenn Vassili sich nicht zum Glück in Rom befunden hätte, als die Obristen putschten, wäre das Manuskript von Z, das noch nicht aus dem Griechischen übersetzt war, Costa nie in die Hände gekommen.

Wenn Costa und Semprun nicht unverzüglich angefangen hätten zu arbeiten, um aus diesem großartigen Buch ein großartiges Drehbuch zu machen, das dann alle französischen Produzenten ablehnten, damit sie sich nicht bei den Amerikanern in die Nesseln setzten . . .

Wenn Perrin sich nicht entschlossen hätte, die Produktion unter Gewinn-Beteiligung aller Mitwirkenden zu übernehmen . . .

Wenn alle diese Leute sich nicht gegenseitig vertraut hätten gegen alle und trotz aller Ratschläge, die ihnen die Offiziellen der Filmindustrie freigebig erteilten, wäre Z nie ein Film geworden.

Sicherlich hat nicht der Film Z den Anstoß gegeben zum Sturz des Regimes der Obristen, aber er hat ihr Ansehen in der Welt nicht verbessert.

Vor allem nicht in Amerika, wo die Anspielung auf die Rolle des CIA beim Tod von Lambrakis offensichtlich nicht so schockierend empfunden wurde wie bei den französischen Produzenten. 1969 erhielt Z zwei Oscars: für den Schnitt und für den besten ausländischen Film des Jahres.

Verzeihung, William Shakespeare, ich werde es nicht mehr tun.

Nicht um mich zu rühmen, wie man bei Labiche sagt, aber ich glaube wirklich, daß ich diejenige bin, die am meisten an der Rolle der Lady Macbeth gearbeitet hat auf der ganzen Welt. Das hat nicht verhindert, daß ich meine Sache total verhauen habe.

Ursprünglich war es nicht meine Sache. Es war eine Sache, die 1966 Freunde in London, die mir sehr wohlwollten, ganz freundschaftlich ausgetüftelt hatten. Alec Guiness hatte Lust, noch einmal Macbeth zu spielen, was an sich schon als Ereignis genügen konnte. Sir Alec, der große Filmstar, kehrte zu den Klassikern zurück in einer Inszenierung, die von Traditionen entstaubt sein sollte ... Engländer, Engländerinnen, Shakespeare-Liebhaber und -Liebhaberinnen aller Länder lesen das in den Zeitungen und lassen sich unverzüglich zwei Monate vor dem Beginn des regelrechten Kassenverkaufs im Royal Court Theatre Plätze reservieren.

Wenn dann Engländer, Engländerinnen, Shakespeare-Liebhaber usw. einige Tage später lesen, die Lady Macbeth werde gespielt von *Casque d'Or*-Alice Aisgill stellen sie sich Fragen, aber sie sichern sich dennoch ihre Plätze im Royal Court Theatre, etwa so wie man sich Plätze sichert für eine Gala-Vorstellung der Schauspieler-Union, in der man einem eine Trapeznummer ohne Netz hoch oben in der Kuppel, ausgeführt von einer Blues-Sängerin, versprochen hat.

Es passiert mir noch immer, daß ich an manchen Morgen aufwache und denke: »Was für ein Glück, heute abend spiele ich nicht die Lady Macbeth.«

Bei einer Galavorstellung der Schauspieler-Union läuft man Gefahr, abzustürzen. Manche sind abgestürzt, und es vergingen Jahre, ehe sie wieder auf den Beinen waren, nur weil sie, an einem einzigen Abend, zu beweisen versucht haben, daß sie über die Grenzen ihres eigenen Fachs hinausgehen können, indem sie sich rasch und gierig eintrichterten, was andere von der Wiege an gelernt hatten. Viele sind nicht abgestürzt, zum Glück. Sie haben mit einem tiefen Seufzer der Erleichterung den Fuß wieder in den Sand der Manege gesetzt, mit dem sie nicht von Kind an vertraut waren.

Ich habe nie den Mut gehabt, Trapezakte, Tierdressur, Seiltanzen, den Todessprung in einen Waschbottich voll Feuer, Rollschuhlaufen, Fahrradartistik, die Kunst des Fußjongleurs oder Conférenciers zu lernen. Was hat mich eigentlich zu der Annahme verleitet, ich würde imstande sein (für eine »Galavorstellung der Schauspieler-Union«, die einen Monat lang als »Sonderaufführungen« dauern sollte) eine Lady Macbeth auf die Bühne zu bringen, angesichts meiner Unfähigkeit, die synkopierten Klänge wiederzugeben, auf die die Leute ein Recht haben?

»Feifhöndert varen uir, als uir aufbrecken,
Dreittausen Mann, als uir das Zill errecken.«

klingt nicht ganz so wie

»Fünfhundert waren wir, als wir aufbrachen,
Dreitausend Mann, als wir das Ziel erreichten.«

Selbst wenn Laurence Olivier sich eigens aus London herbemüht hätte, um seine persönliche Auffassung des Cid darzubieten. Was ihm allerdings nicht zustoßen wird, das weiß ich: er selbst hat es mir mit großem Zartgefühl und Humor am Tag der Première gesagt . . .

Wahrscheinlich habe ich die Stärke meines Akzents in dem Beispiel, das ich zu geben versuchte, übertrieben. Er ist ganz erträglich, mein kleiner französischer Akzent im Englischen, er war mir sogar schon recht dienlich. Da ist nur eines: fließend englisch zu sprechen bedeutet nicht Shakespeare zu sprechen, Shakespeare zu singen, Shakespeare zu skandieren, Shakespeare zu spielen! Auch dann nicht, wenn man eingeladen worden ist, in einer entstaubten und antikonformistischen Inszenierung mitzuwirken, wie es die des Royal Court war.

Immerhin hatte ich meine Sache sehr ernst genommen. Ausgestattet mit sechs verschiedenen Ausgaben von *Macbeth* hatte ich mich nach Autheuil zurückgezogen, um meinen Text zwei Monate vor Probenbeginn zu lernen; die Proben selbst sollten wiederum zwei Monate in London dauern, ehe die berühmte Reihe von dreißig Sondervorstellungen beginnen würde.

Sechs verschiedene Ausgaben ... das war die typische Idee einer Ausländerin. Ich glaube nicht, daß eine Schauspielerin rein angelsächsischer Herkunft auf den Gedanken gekommen wäre, solche Textvergleiche vorzunehmen, die nur zu dem Ergebnis führten, die Mysterien zu verdichten, die die Shakespeareliebhaber ein für allemal beschlossen haben nicht zu beachten, zu ignorieren oder mit gutem Recht liebevoll zu hegen.

In einer Ausgabe war ein Satz von Lady M. mit einem Fragezeichen versehen, in einer anderen stand er zwischen Gänsefüßchen wie ein Zitat, in noch einer anderen endete er mit einem Schlußpunkt. In allen war vollkommen klar ausgedrückt, daß die Ehe der Macbeth immer kinderlos war; in einem bestimmten Augenblick aber sprach Lady M. von jenem Kind mit noch zahnlosen Kiefern, das sie ihrer nährenden Brust beraubt habe. Unter dem Himmel der Normandie versuchte ich, diese Rätsel zu lösen. Ich langweilte mich nicht eine Sekunde. Meine Freunde, die mich besuchten, gerieten in eine Falle wie die Gäste der »Auberge des Adrets«. Sie entgingen mir nicht. Ich hielt ihnen eine meiner sechs Ausgaben entgegen, und sie mußten mir meine »Rezitation« abhören. Da es sehr schwierige Stellen gab, war es ein wenig so wie Ambassadeur spielen. Jeden Abend während des entsetzlichen Monats der »Sondervorstellungen«, wenn ich sagte: »Nor place, nor time«, erschien vor mir das schöne Gesicht meiner Freundin Françoise Arnoul, wie sie mir ihre Uhr zeigte, um mich auf das Wort »time« zu bringen, das mir nicht in den Sinn kam.

Mit »gelerntem Text« stellte ich mich zur ersten Leseprobe des Stückes ein. Ich war sehr stolz, aufzusagen, was ich »auswendig gelernt« hatte. Aber alle schlechten Angewohnheiten saßen damit fest. Ich glaubte zu skandieren, ich skandierte falsch; ich hatte alles verkehrt angepackt. Erst heute weiß ich, wie sehr die Arroganz, einen gefährlichen Sprung ausführen zu wollen, einen dazu bringen kann, alles zu vergessen, was der Instinkt einen gelehrt hat, seit man Theater spielt.

Zwei Monate lang war ich jeden Tag ein wenig mehr, ohne es zu merken, in die Falle geraten, die die schlechten Schauspieler bedroht und erfaßt. Die Schauspieler, die die Worte wissen, ohne sich je darum zu kümmern, was die von ihnen gespielten Gestalten dazu bringt, sie auszusprechen. Ich war so weit, daß ich den Satz: »Sagen Sie mal, da brauchen Sie aber ein gutes Gedächtnis, um das alles zu behalten!« vollkommen rechtfertigte.

Ich will nicht sagen, daß ich nicht auch meine kleinen Vorstellungen über Lady M. gehabt hätte. Ebensowenig, daß sie mir durch meine vergleichende Lektüre nicht verständlich geworden wäre. Ich würde sogar so weit gehen zu sagen, daß ich sie, Lady M., zerpflückte, psychoanalysierte, in die Enge trieb. Nur war es eben so: die Umstände bedrängten mich. Zuerst mußte man die Worte wissen. Und danach erst konnte man sich fragen, warum sie sie sagte.

Gatskill, unser Regisseur, Alec Guiness und seine ganze Truppe taten alles, um mir zu helfen während der zweimonatigen Probenzeit, mich von den schlechten Angewohnheiten abzubringen, die ich mir zugelegt hatte in der Meinung, ich bereitete mich darauf vor, pietätvoll Shakespeare zu dienen. Ich habe oft gedacht, wie niedergeschmettert sie alle gewesen sein mußten nach der ersten Leseprobe. Vielleicht sprachen sie unter sich darüber in dem Pub neben dem Probensaal. Sie hofften wohl, daß sich das geben, daß ich es lernen würde, das schöne Lied. Schließlich hatte man noch zwei Monate Zeit . . .

Nach einer Woche glaubte ich, ich hätte große Fortschritte gemacht. Sie auch, zum mindesten sagten sie das. Das war wahrscheinlich der Zeitpunkt (es war noch nicht zu spät), an dem weniger freundliche Menschen mich höflich nach Hause zurückgeschickt hätten. Für die Presse und den Kartenverkauf hätte man immer eine Entschuldigung finden können. Es gibt so unvorhergesehene Grippeerkrankungen, die man sich in den Kulissen holt und die den Künstler daran hindern, seinen Vertrag zu erfüllen . . . Ich glaube übrigens, ich wäre sehr wohl imstande gewesen, auf Fragen zu antworten im Fall, daß man mich rausgeschmissen hätte. »Nein«, hätte ich gesagt, »ich kann die Lady M. nicht spielen, entschuldigen Sie, irren ist menschlich, wie allgemein bekannt.« Wenn so etwas Anfängern passiert, ist es grauenhaft. Wenn es Leuten passiert, die, wie man sagt, ein Renommee haben, ist es bitter, aber man kann es schlucken.

Da meine Freunde jedoch wirklich nett waren, wiesen sie einen solchen Gedanken, wenn er sie angewandelt haben sollte, weit von sich. Vielleicht gewöhnten sie sich auch so sehr an meine Fehler, daß sie sie gar nicht mehr bemerkten, ja sogar gern hatten. So etwas nennt man kollektive Verirrung. Es ist wie ein großes, unsichtbares Gespenst, das im ersten Rang des leeren Theaters hockt, in dem man voll Euphorie probt. Um es auszumachen und umzubringen, genügt oft Ohr oder Auge von einem, der – ohne zum Ensemble zu gehören – ein wahrer Freund der Familie ist. Einer, der keine Angst hat, scheel angesehen zu werden, wenn er die Wahrheit sagt: »Hört auf mit dem Massaker, Kinder, ihr seid auf dem falschen Weg.«

Niemand kam, um das Massaker aufzuhalten, solange noch Zeit dafür war. Die Leute, die das Vorrecht hatten, bei unseren letzten Proben dabeizusein, dachten sicherlich, nun sei es zu spät, die Alarmglocke zu läuten. Montand war für vierundzwanzig Stunden herübergekommen, als es noch Zeit war: zwei Wochen vor der Première. Seine Vorbehalte waren zutreffend, aber ich beschloß, sie zu ignorieren aufgrund meiner angelsächsischen Bildung . . .

Und die Lady M., die bei der Première auftrat, war zwar halbtot vor Lampenfieber, aber sicher, daß sie recht daran getan hatte, die Sache zu versuchen. Vom nächsten Tag an war sie ein armseliges Geschöpf, das Millionen dafür gegeben hätte, anderswo zu sein.

Die Presse, mit etwa einer oder zwei Ausnahmen, war sich einig im Verriß der ganzen Inszenierung. Gatskill, dessen antikonformistische Kühnheiten schockiert hatten, wurde grausam behandelt. Mit Alec Guiness, dessen Auffassungen man gelegentlich überraschend fand, ging sie nicht gerade sanft um. Was mich anging, war sie so schlimm, wie man es sich kaum ausdenken kann. Sie war nicht grausam, nicht verletzend, sie war ganz einfach untröstlich. Tief bekümmert waren sie, und es koste sie viel, sagten sie, die mich so liebten. Aber, wahrhaftig . . . ich sei unmöglich, unhörbar und nicht anzuhören. Ein paar hatten mich immerhin verstanden. Sie verkündeten, wie sehr sie gelitten hatten, als sie sahen, wie ich mich mit den Worten quälte. Ich hatte sie erbarmt. Das ist im allgemeinen nicht das Ziel, das sich eine Schauspielerin setzt, die danach trachtet, Angst zu erwecken durch ihre eiskalte Entschlossenheit.

Am Tag nach der Première blieben mir dreißig Tage, ein Jahrhundert, an denen ich Abend für Abend vor einem Tribunal erscheinen mußte, da sämtliche Plätze ausverkauft waren seit der Ankündigung der guten Nachricht, man werde im Royal Court »shakespearen«.

Ich habe davon gesprochen, daß ich Millionen darum gegeben hätte, anderswo zu sein (nebenbei sei bemerkt, daß wir, Alec und ich, zum Volkstheater-Tarif bezahlt wurden: sieben Pfund pro Tag). Tag für Tag hätte ich sie aufzutreiben versucht, die Millionen, damit ich nicht mehr auf diese Bühne müßte, nicht mehr vor all die Leute treten, die schon wußten, daß ich mit dieser Sache nicht fertig wurde, die aber trotzdem gekommen waren, weil sie ihre Plätze im voraus reserviert hatten. Sie saßen da, und ich sah, wie sie die Worte gleichzeitig mit mir sprachen und viel besser als ich. Immerhin kamen gelegentlich ein paar Japaner, auf ihrer London-by-night-Tournee. Sie jedenfalls schien ich nicht zu stören.

Das Ensemble war ungeheuer nett zu mir, sie sahen alle, wie mir vor dem Auftritt die Zähne klapperten, während ich meinen Brief in der Hand hielt. Jenen Brief, den Lady M. dem Publikum vorlesen muß, weil er eine Zusammenfassung der vorangegangenen Handlung ist und auf die kommenden Verbrechen hinweist, man hätte ihn mit der beherrschten Leidenschaft und kühlen Ruhe gebieterischer Frauen vorlesen müssen. Das ist sehr schwierig, wenn einem das Blatt Papier in den Händen zittert wie die Morgenzeitung auf der Autobus-Plattform.

Am dritten Tag waren mir die letzten Kritiken kurz vor meinem Auftritt unter die Augen gekommen, man könnte sagen, auf den Kopf gefallen. Es gab keinen Grund anzunehmen, dachte ich, daß all diese Leute im Saal sie nicht gelesen haben sollten. So kam es, daß ich in meiner ersten Szene mit Guiness, bei der dritten oder vierten Replik, hängen blieb. Er begriff und rettete mich. Er warf mir die Antwort zu: »If we should fail« (Wir werden uns doch nicht den Hals brechen, wie?), die viel später in der Szene vorkam. Er benützte sie, um seine Kollegin zu retten, die dabei war unterzugehen; er brachte mich wieder in Gang, und da wir vor Kennern spielten, hatten wir Applaus. Als er mir zum zweitenmal sagte: »If we should fail« (Und wenn wir scheitern sollten?), im richten Kontext, wurde wieder geklatscht.

Im Lauf der vier Wochen muß ich dennoch einige Fortschritte gemacht haben. Und dann bekamen wir, wie es oft geschieht, wenn man heftig verrissen wird, auch unsere Verteidiger, sogar unsere Fans.

Trotz alledem, ich schwöre, daß ich es nie wieder tun werde.

Ich behalte von diesem Oktober 1966 die Erinnerung an große Kälte, Kälte, die die Angst verursacht.

Ich behalte auch die Erinnerung an große Wärme. Die Wärme meiner Kollegen und die meiner Freunde im täglichen Leben: Jack Clayton, Haya Hararit, Betsy Blair, Karel Reiss, Gordon Jackson, Michael Truman, Sean Connery, Dirk Bogarde, die Loseys. Sie haben mich in ihren Häusern gehätschelt und gespeist, und sie haben mich zum Lachen gebracht.

Ich sehe mich auch in meinem kleinen Appartement im Savoy. Das Personal fand Lady M. weniger fröhlich als Alice Aisgill, auch sie lasen die Zeitungen.

Aber wenn ich mein kleines Appartement wieder vor mir sehe, dann sehe ich auch meine Kusine aus Bratislawa wieder ...

14

Es waren die Fragen von Maurice Pons, die im Verlauf eines sechs Tage dauernden Non-stop-Interviews mein Gedächtnis angeregt haben. Beim Lesen der Tonbandniederschriften, ein paar Wochen später, bemerkte ich, wie oft ich rasch geantwortet hatte, wie man im Verlauf eines Gespräches antwortet, und wie oft ich das Wesentliche einer Antwort auf eine mir gestellte Frage ausließ. Deshalb habe ich mich, zu Recht oder zu Unrecht, an die Maschine gesetzt und mit der nötigen Zeit zu überlegen versucht, auf dem Papier zu sprechen.

Überlegen soll nicht heißen: Aufpassen auf das, was man sagen will, aus Vorsicht oder Diplomatie. Überlegen ist das Gegenteil von Konversation machen. Es bedeutet, sich selbst die Fragen noch einmal stellen.

Oder sie sich überhaupt stellen, denn Maurice Pons ist kein Inquisitor und hat infolgedessen nicht gewagt, sie zu stellen.

Wenn ich von *L'Aveu* (Das Geständnis) spreche, brauche ich ein solches Überlegen nicht und nehme also den Tonband-Dialog wieder auf. Komm wieder, Maurice, ich langweile mich ein wenig so ganz allein, und auch wenn es so aussieht, als würde ich hier schon Gesagtes wiederholen, habe ich Lust, es so aufzubewahren, wie es mir in den Sinn kam und wie es wieder kommen würde bei den gleichen Fragen.

> Je mehr wir von Ihren Filmen sprechen, um so stärker habe ich das Gefühl, daß Sie immer eine Wahl treffen. Sie sagen, Sie hätten es gern, daß man Sie auswählt, Sie aber behalten das Recht abzulehnen. Ihre Filme folgen einer bestimmten Linie, der Linie eines Engagements.

SIMONE SIGNORET: Ich wäre unfähig, meinen Kopf, meine Augen, meine Stimme, also mich selbst für ein Unternehmen herzugeben, das gegen meine tiefsten Überzeugungen geht. Ich kann ohne weiteres einen Gestapo-Spitzel in einem antifaschistischen Film spielen. Aber nicht eine bewundernswerte Mutter oder eine große Liebende in einem faschistischen Film. Ich kann es nicht, und ich habe es nie getan.

> Sie wählen eher das Gesamtvorhaben als die Rolle?

SIMONE SIGNORET: Ich wiederhole Ihnen, ich wähle überhaupt nichts, man wählt mich. Es gibt viele Rollen, die ich gern angenommen hätte, aber man bot sie mir nicht an. Ich war nur immer so frei, Dinge nicht zu tun, sie nicht anzunehmen – das hat mich Prévert gelehrt.

> Unter den Filmen, die sie aufgrund eines inneren Engagements gedreht haben, denke ich besonders an *L'Aveu*, Das Geständnis, den Sie 1969 machten . . .

SIMONE SIGNORET: Ja, dieser Film hat für uns alle Probleme aufgeworfen. *L'Aveu*, das Buch von London, war gerade erschienen. Für viele Kommunisten und Linke unserer Generation war das ein Donnerschlag und eine ungeheuer schmerzliche Überraschung. Das Buch kam zuerst in der Tschechoslowakei heraus, die Tschechen haben es veröffentlicht. Die tschechische Partei ließ das Buch erscheinen, sie wollte, daß es herauskam. Am Anfang sollte der Film also eine französisch-tschechische Koproduktion werden. Aber das dauerte nicht lange; es war nicht nur keine Rede mehr davon, daß die Tschechen diesen Film mitproduzierten, es war sogar nicht einmal mehr die Rede davon, daß man das Buch von London weiterhin lesen konnte. Es bedeutete für uns eine sehr schwere Verantwortung, diesen Film zu drehen, und beinahe hätten wir das Projekt aufgegeben. Aber damals geschahen Dinge, die man wissen muß: London war 1967 rehabilitiert worden, man hatte ihm seine Auszeichnungen und alles wiedergegeben, was ihm bei seinem Prozeß – seinem Scheinprozeß – genommen worden war. Was ihm nicht wiedergegeben wurde, waren seine Lungen: nur ein Sechzehntel einer Lunge war ihm geblieben. Und den Schlaf hatte man ihm auch nicht zurückgegeben. Zurückbekommen hatte er das Recht auf eine Art Mini-Leben . . .

Und nun, 1969, ging man daran, ihm alles wieder zu nehmen. Man entschied, er sei kein tschechischer Staatsbürger mehr, und man begann wieder, über ihn in der Tschechoslowakei die Lügen und Verleumdungen zu schreiben, die in dem Scheinprozeß als Argumente gedient hatten! Wir fanden, das sei reichlich viel – und daß uns das sehr stark berührte –, weil wir diese ganze Zeit miterlebt und uns auf eine gewisse Weise dabei kompromittiert hatten. Sie erinnern sich vielleicht an den berühmten Satz von Éluard: »Ich habe zuviel mit Unschuldigen zu tun, die ihre Unschuld hinausschreien, als daß ich mich mit Schuldigen befassen könnte, die ihre Schuld beteuern . . .« Es handelte sich damals um den Slansky-Prozeß und wir hatten diese Erklärung mitunterzeichnet! Ich sehe noch das Hotelzimmer in Angers vor mir, wo uns Jaeger während einer Tournee Montands von Paris aus anrief: er bat uns, mit bei den Unterzeichnern zu sein. Das sind Dinge, die zu schlucken wir in der Folgezeit große Mühe hatten.

L'Aveu ist ein antistalinistischer Film. Wenn man darin am Ende Aufnahmen von Panzern in den Straßen Prags sieht, so ist das kein Regieeinfall, sondern es sind Wochenschauaufnahmen; wenn man auf der Leinwand liest: »Lenin, wach auf, sie sind verrückt geworden«, ist das keine Erfindung des Szenaristen, sondern die Übersetzung einer Inschrift in den Straßen von Prag.

Montand spricht sehr gut über *L'Aveu*, sehr viel besser als ich. Ich weiß nicht, wer die Rolle des London so wie er hätte spielen können. Man mußte innerlich so zerrissen sein, wie er es war. Auch er hatte damals den Text Éluards unterschrieben. Man mußte sich selbst entsetzlich schuldig fühlen, um so spielen zu können, wie er spielte; das ging so weit, daß er zwölf Kilo abnahm in sechs Wochen, um buchstäblich zum Skelett zu werden. Man mußte von einem viel stärkeren Gefühl beseelt sein, als dem, das einen einfachen Schauspieler bewegt. Er mußte wissen, wovon er sprach, er mußte erschüttert sein beim Gedanken an das, was er zur Zeit dieser Verbrechen nicht geahnt hatte.

Für Costa, der viel jünger ist als wir, war das nicht so. Aber es war so für Semprun, der monatelang in einem Nazi-Konzentrationslager gesessen hatte und der Kämpfer war, wie ihn Montand in *La guerre est finie* (Der Krieg ist aus) von Resnais darstellt. Er wußte sehr wohl, wovon er redete.

Trotzdem, der Film hat ein sehr unterschiedliches Echo gefunden. Gab es nicht um Sie herum zu diesem Zeitpunkt, eine Art Versuch, Terrain zurückzugewinnen?

SIMONE SIGNORET: Böse Zungen hätten zum Beispiel behaupten können, nach *L'Aveu* seien unsere Probleme mit Amerika aus der Welt geschafft und dafür bekämen wir nun ein Visum. Nun, wir haben noch immer kein amerikanisches Dauer-Visum, ich lege Wert darauf, das zu sagen. Wir bekommen unsere Visa von Mal zu Mal. Wenn ich meine Freunde in Los Angeles besuchen möchte, kann ich nicht hinreisen, weil ich nicht um die Genehmigung bitten werde, den Boden der Vereinigten Staaten betreten zu dürfen. Oder stellen wir uns vor, meine Tochter ginge hinüber und würde dort krank, ich könne nicht nach Orly fahren und ein Flugzeug nach Amerika besteigen, während jeder beliebige amerikanische Mafioso im Kennedy Airport in New York abfliegen und in Paris landen kann, weil Amerikaner kein Visum brauchen, um zu uns zu reisen.

Um auf *L'Aveu* zurückzukommen: der Film wirkt stärker als ein Buch, das weiß ich wohl. Es ist schrecklich, im Bild mit anzusehen, wie ein Dossier immer dicker wird, aus nichts, dabeizusein bei den ständig wiederholten Verhören, die damit enden, daß Akten entstehen, aus nichts. Es ist schrecklich mit anzusehen, wie ein Angeklagter die Antworten auswendig lernt, die er in seinem Prozeß geben muß, damit er verurteilt wird. Das alles zeigt das Bild. Es ist sehr wichtig, einen Schein-Prozeß auseinanderzunehmen, es ist wichtig für alle Länder der Erde, für jedweden Scheinprozeß, wo er sich auch zutragen mag. In *Hexenjagd* verlangt man von Proctor zu unterschreiben, daß er schuldig sei und Beziehungen zum Teufel gehabt habe. Und er unterschreibt. Und er zerreißt sein Geständnis im letzten Augenblick mit den Worten: »Ich will nicht, daß meine Kinder die Kinder eines Verräters und eines Abtrünnigen sind.« Warum konnte man das erzählen, warum kann man erzählen, wie Lambrakis ermordet wurde, weil er ein anständiger Linker war, und warum sollte man nicht erzählen können, daß anderswo elf ehrenhafte Männer der Linken gehängt wurden? Warum? Warum immer nur in einer Richtung anprangern?

In der Trilogie von Costa findet man die Antwort. In *Belagerungszustand* legt er die Tätigkeit des CIA in Lateinamerika bloß und zieht sie ans Licht. Diesen Film drehte er mit Hilfe Allendes in Chile, bevor Chile fiel. Ohne Allende hätte er diesen Film niemals drehen können, und nie wurde ein so erschreckendes und hartes Filmdokument über den CIA gezeigt. Ich glaube, daß man alle Rechte hat von dem Augenblick an, da man Tatsachen anprangert, von denen man absolut überzeugt ist und die wahr sind.

Diese Geschichte mit *L'Aveu* ist zwischen den Kommunisten und uns noch nicht zu Ende. Sie haben den Film als erste gesehen. Kein Journalist, niemand sah ihn vor ihnen. Wir hatten für sie allein eine Vorführung an einem Nachmittag in Boulogne organisiert; Andrieu, Aragon, Daix waren da, ich weiß nicht mehr, wer sonst noch. In den *Lettres françaises* wurde der Film nicht heruntergemacht, weit gefehlt. Dazu muß man sagen, daß Daix, der Chefredakteur, zufällig auch der Schwiegersohn Londons war. Er hat jenes kleine Mädchen, das man im Film sieht und das eben begriffen hat, daß sein Vater im Gefängnis ist, später geheiratet. Françoise London hat das ganze Drama als Kind erlebt, und das Gedächtnis eines Kindes ist ausgezeichnet: sie erinnert sich, daß man sie aus der Schule nehmen mußte, weil ihre kleinen Kameraden ihren Vater als Verräter beschimpften. Daix ist nicht gerade das, was man einen Reaktionär nennt! Auch er hat seine Zeit in Nazi-Konzentrationslagern abgesessen, weil er Kommunist war. In der ganzen Gruppe sind nur Montand und ich nicht in einem Lager und nie Kommunisten gewesen.

Wie haben Ihre kommunistischen Gäste auf diese erste Vorführung reagiert?

SIMONE SIGNORET: Sie haben es uns nicht gesagt. Der Film wurde ihnen gezeigt, und sie sind weggegangen. Aber Montand hat ganz ungewöhnliche Post von militanten Kommunisten bekommen, die ihm dankten: »Danke, dieser Film mußte gemacht werden.«

Dieses Gespräch fand vor fast zwei Jahren statt. Seither ist viel geschehen. Manche Leute haben anscheinend sogar ihr Urteil revidiert. Ich weiß wirklich nicht, wie heute die Kommunistische Partei Frankreichs auf das Erscheinen eines Films wie *L'Aveu* reagieren würde.

Die Leute, die *L'Aveu* gemacht haben, wurden damals, als sie ihn machten, von der Kommunistischen Partei Frankreichs verfolgt. Dieser Film, der 1969 gedreht wurde und 1970 herauskam, muß mit seinem Datum versehen werden. Ebenso wie das, was ich vor zwei Jahren zu Maurice sagte, seine etwas schwerfällige Form und seine Wiederholungen behalten soll.

Das kleine Appartement im Savoy erinnerte mich an meine Kusine aus Bratislawa, und meine Kusine aus Bratislawa bringt meine Gedanken zum August 1968. Während sie die tschechische Grenze am Steuer ihres »mit dem Blutgeld der Rehabilitierung« bezahlten Wagens passierte, verlebte ich mit ein paar anderen in Schweden auf dem Land einige Wochen, wie ich sie vielen wünsche. Ich und die anderen, das waren wir, die Leute von der »Möwe«.

Ich habe schon vor langem in diesem Buch, das zu keinem Ende kommt, von der Liebe gesprochen, die uns beim Drehen von *Goldhelm* umgab. Ich bin unfähig, noch einmal mit dem anzufangen, was man für eine einstudierte Nummer halten könnte: aber es ist trotzdem so gewesen. Während der Monate August und September 1968 gab es am Ufer eines Sees, vor einer Datscha-Kulisse, über die echte Möwen hinwegflogen, eine Familie, die im Jahr 1896 lebte. Sie hatte einen Vormund in Bluejeans, der Sydney Lumet hieß, und einen Vater mit Namen Anton Tschechow, der die gleichen Kostüme trug wie wir.

Es gibt Leute, die nehmen LSD, um auf Reisen zu gehen. Wir nahmen Tschechow, und die Welt konnte in Stücke gehen. Wir hatten Urlaub von unserer Welt. Wir waren dabei zu erzählen, wie die, die wir eben jetzt darstellten, schicksalhaft zugrunde ging. Wir waren dabei zu erzählen, wie in diesem Stück »Die Möwe« niemand den Menschen liebt, von dem er geliebt wird, wie man die Ländereien vernachlässigt und sich fern von Moskau langweilt und wie man Notizen macht, wenn man Schriftsteller ist und wie man sich umbringt und sich verpfuscht und wie es einem am Ende doch gelingt, wie man sich für eine Schauspielerin hält, wie man eine »Schauspielerin« ist, wie man die Zeit verrinnen sieht und nichts tut. Wie man 1896 im zaristischen Rußland sein Leben lebt.

Die Welt konnte in Stücke gehen. Sie ging in Stücke. In Stockholm sah man 1968 im Fernsehen Bilder von jungen Tschechow-Männern auf stehenden Panzern, die ganz offensichtlich nicht begriffen, warum junge Mädchen, auch Tschechow-Gestalten, ihnen zu erklären versuchten, daß sie in Prag nichts zu suchen hatten.

Es gab Gruppen von weißen und schwarzen Amerikanern, die in Stockholm herumspazierten, amerikanische Deserteure. Auch sie sah man im Fernsehen.

Wir betrachteten diese auf schwedisch kommentierten Bilder. Es war vor dem Abendessen. Wir sprachen ein wenig darüber auf englisch, aber nicht lange. Wir kehrten rasch in unsere eigene Welt zurück, wir wünschten nicht gestört zu werden. Die keuschesten Leidenschaften machten uns unentbehrlich füreinander. Wir alle lebten unter einem Dach, wir alle teilten Brot und Salz während dieser zwei Monate bei jeder Mahlzeit. Als der Count-down der Dreharbeiten begann, waren wir dabei, vollkommen verrückt zu werden vor gegenseitiger Zärtlichkeit, gegenseitigem Verständnis. Wir schliefen nicht miteinander, aber wir küßten uns, hielten uns bei den Händen, wir waren so russisch, russischer gings nicht mehr. Niemals wollten wir uns verlassen. Eigentlich haben wir das auch nie getan. Wir, die Leute von der *Möwe,* können uns zu jeder Tages- oder Nachtzeit anrufen, von einem Kontinent zum anderen: wir antworten. Unsere geliebte *Möwe* machte in Paris nur einen kleinen Versuchsflug in einem kleinen Filmkunst- und selbstverständlich Experimentierkino (als ob die Namen Sydney Lumet, Vanessa Redgrave, James Mason, David Warner und der meine als Darsteller eines Tschechow-Stücks nicht die Ehre eines kleinen bißchens Reklame verdienten, damit die Leute wußten, das werde irgendwo nicht weit vom Pantheon gespielt). Frisch und fröhlich fliegt sie seit 1969 auf dem ganzen amerikanischen Kontinent von Universität zu Universität.

Aber darum geht es mir hier nicht. Anscheinend sind die Landungen nach LSD-Reisen manchmal schmerzhaft. Von Tschechow zurückzukommen war nicht schmerzhaft, sondern es zerriß einem das Herz, und wenn ich auch nicht die beste Arkadina war, die es gab, so sage ich mir doch an manchem Morgen, im Gegensatz zu der Sache mit Lady M.: »Schade, heute drehe ich nicht *Die Möwe*.«

Bei der Rückkehr, nach der Landung, fand ich den Brief meiner Kusine aus Bratislawa, auf dünnem rosa Papier geschrieben, und mit dieser einen Monat alten, zweifelhaften Adresse. Erst bei der Rückkehr, nach der Landung, wurde ich gebeten, freundlicherweise wieder im Jahr 1968 zu leben, wieder Zeitungen in meiner eigenen Sprache zu lesen und in meiner Sprache zu hören, wie in Prag ein Frühling gestorben war, wie dort die »Normalisierung« begonnen hatte und wie man zum erstenmal – die Nachricht war über die Grenzen gedrungen – auf dem Roten Platz sowjetische Bürger verhaftet hatte, die nicht damit einverstanden waren.

Montand aber hatte, während wir unter den großen Bäumen am Seeufer in Tschechow schwelgten, unseren »Tschai« schlürften, den der Requisiteur zwischen allen Aufnahmen kochte, damit der Dampf »stimme«, Montand hatte ganz und gar nicht in Tschechow gemacht. Er war mit beiden Beinen im zwanzigsten Jahrhundert. Während ich Arkadina war, war er Lambrakis in Z. Ich war noch immer Arkadina, als er im September von neuem im Olympia auftrat, wo ich zum erstenmal in meinem Leben als Groupie, Tschechows wegen, nicht an der Premiere teilnahm. Catherine vertrat mich, sie hat von klein auf gelernt, sie ist ein gutes Groupie. Ich weinte sehr, als Sydney mich bat, nicht die Reise Stockholm – Paris – Stockholm zu machen, die er mir doch versprochen hatte. Sicher hatte er recht. Es wäre Arkadina gewesen, die sich an diesem Abend vor und nach der Premiere in der Garderobe befunden hätte, nicht ich.

Catherine war da gewesen in den Tagen der Proben, des Feilens, der Ängste und Zweifel. Sie holte den »Tee mit Schinkenbrot« im Bistro nebenan. Sie war es, die zu schweigen wußte, wenn es nötig war, und zu antworten, wenn sie gefragt wurde. Hätte Sydney mich für einen Abend weggelassen, wäre ich eine Fremde auf der Durchreise gewesen, gerade gut genug, um sich zwischen zwei Flugzeugen fotografieren zu lassen. Und vielleicht wäre am nächsten Tag eine der *Möwe* Entfremdete am Seeufer gelandet.

Aber dann, an einem Oktoberabend, war ich es und nicht Arkadina, die sich ohne vorherige Ankündigung, begleitet von Vanessa, die nicht mehr Nina war, in den Saal des Olympia schmuggelte. Der Film war zu Ende, Arkadina und Nina tot. Aber Vanessa und ich, wir waren am Leben, und es fiel uns sehr schwer, uns zu trennen. Also hatte sie beschlossen, einen kleinen Abstecher nach Paris zu machen, ehe sie nach London zurückkehrte, und mit mir diese Vorstellung zu besuchen, die für mich zum erstenmal seit fast zwanzig Jahren etwas war, das ich ganz neu entdecken sollte.

Es war ein ausgezeichnetes Programm. Ich war gleichzeitig eifersüchtig, weil ich bei den Vorarbeiten nicht dabeigewesen war, und ungeheuer stolz, daß damit ein für allemal die Legende zerstört wurde: »Er singt... aber hinter den Kulissen ist sie.« Ich war nicht hinter den Kulissen gewesen. Ich war stolz, die Frau dieses Mannes zu sein, der mich verblüffte, der meine Freundin verblüffte und ganz offensichtlich etwa dreitausend Menschen im Saal. Und zum erstenmal seit fast zwanzig Jahren öffnete ich nicht von innen die Garderobentür, ich klopfte, der Künstler öffnete, er hatte gehört, wir seien im Saal... Ich war wieder zu Hause.

Es ist also ganz natürlich, daß ich nach ein paar Tagen die zwei Monate lang aufgegebenen Gewohnheiten wiederaufnahm und mich wie jedermann im Jahr 1968 wiederfand. Und so haben wir alle zusammen dieses Telegramm an den Herrn Botschafter der UdSSR geschickt, dessen Text wir aufgehoben haben. Es ist datiert vom 16. Oktober 1968. Jetzt war es nicht mehr Herr Winogradow wie 1956, sondern Herr Sorin. Und es war nicht mehr Budapest, sondern Prag:

Wir sind heute hier zusammengekommen und möchten Ihnen dieses Telegramm schicken. Herr Botschafter, wir bitten Sie, dem sowjetischen Volk, das Sie vertreten, unsere herzlichen Glückwünsche zu übermitteln. Mit großer Erleichterung stellen wir fest, daß es bei Ihnen noch Menschen gibt, die den Mut besitzen, Erben einer Tradition zu sein, die die Welt seit 1905[*] in Bewunderung versetzt,

---
[*] Zeitpunkt des ersten Versuchs einer Revolution in Rußland.

und die Legionen von Männern und Frauen geprägt hat, die in Opposition standen zu den Hammelherden überall auf der Erde. Wir wollen natürlich von Pavel Litwinow, Larissa Daniel, Constantin Babizky, Wladimir Delaunay, Wadim Dremliuga sprechen. Es ist ein Glück für die Völker der Sowjetunion, daß es diese fünf Menschen gibt und daß sie sowjetische Bürger sind*. So wie es für das amerikanische Volk ein Glück ist, daß die neun von Baltimore – Daniel Berrigan, Philip Berrigan, David Darst, John Hogan, Thomas Lewis, Marjorie Melville, Thomas Melville, George Mische, Mary Moylan – und auch Dr. Benjamin Spock** auf amerikanischem Boden geboren sind. Und wie es ein Glück ist für Frankreich, daß Gabriel Péri, d'Estienne d'Orves, Manouchian l'Arménien, Henri Martin und Maurice Audin Franzosen waren***.
Wir schicken eine Kopie dieses Telegramms an Zeitungen, die es veröffentlichen werden, aus guten oder schlechten Gründen, aber sie werden es veröffentlichen, und das ist das einzig Wichtige für uns.
Gezeichnet: Yves Montand, Alain Renais, Jorge Semprun, Vanessa Redgrave, Simone Signoret.

Alle Zeitungen brachten das Telegramm, ausgenommen die der französischen Kommunistischen Partei.

Die *Herald Tribune* druckte unter der Überschrift »Celebrities protest« nur das erste Drittel. Wir, die »Berühmtheiten«, hörten zu denken auf nach dem Satz: »Es ist ein Glück für die Völker der Sowjetunion, daß es diese fünf Menschen gibt und daß sie sowjetische Bürger sind.« Ich rief die *Tribune* an und verlangte, mit dem Chefredakteur zu sprechen. Ich kannte ihn nicht, ich kenne ihn immer noch nicht. Ich will damit sagen, daß ich nie mit ihm zusam-

---

* Es handelt sich um fünf sowjetische Intellektuelle, die in Moskau verurteilt wurden, weil sie versucht hatten, auf dem Roten Platz gegen die Invasion der Roten Armee in die Tschechoslowakei zu demonstrieren.
** Diese amerikanischen Intellektuellen (Dr. Spock ist ein weltberühmter Kinderarzt) wurden verurteilt, weil sie junge Amerikaner dazu »anstifteten«, den Wehrdienst in Vietnam zu verweigern.
*** Die drei Erstgenannten sind Helden des Widerstands, die hingerichtet wurden, Henri Martin war im Gefängnis, weil er den Kriegsdienst in Indochina verweigerte, Maurice Audin, der die Folter in Algerien anprangerte, wurde nach seiner Verhaftung unter ungeklärten Umständen getötet.

mengekommen bin. Aber ich habe ihn trotzdem an diesem Tag kennengelernt. Ich weiß nicht, ob er immer noch seinen Posten hat, aber in der Art und Weise der guten Amerikaner war er ein guter Amerikaner.

Zuerst war er sehr unangenehm. Der Text, den er veröffentlicht habe, sei genau der der Depesche, die auf seinen Schreibtisch gekommen sei, er sehe nichts, worüber wir uns beklagen könnten. Ich schlug ihm vor, *Le Monde*, *Combat*, *France-Soir* und *Le Figaro* zu lesen und die Information, die er seinen Lesern darbot mit der in anderen Zeitungen zu vergleichen. Er sagte zu mir, das werde ein paar Augenblicke dauern, ich antwortete ihm, ich hätte Zeit. Darauf sagte er: »OK«. Er konnte mich gar nicht leiden, ich hatte ihm den Tag kaputtgemacht.

Er nahm den Hörer wieder auf, nachdem gut fünf Minuten vergangen waren, und ich stellte mir vor, wie er während dieser Zeit die Papierkörbe des Redaktionssaales durchwühlen ließ, um die Überbleibsel der französischen Presse vom Vortag aufzufinden. Ich habe nur acht Monate bei einer Zeitung verbracht, aber diese Papierkörbe, in die eine Menge von Informationen fallen, die man für wenig wichtig oder inopportun hält, sind mir in Erinnerung geblieben.

Er nahm das Gespräch wieder auf. Oder vielmehr es war ein anderer Mann, der es wiederaufnahm. Der mochte mich sehr, der sagte mir Dankeschön, dem hatte ich nicht den Tag kaputtgemacht. Er habe den ganzen Text gelesen, und ich hätte recht daran getan, ihn anzurufen. Damit er den Irrtum ausbügeln könne, brauche er einen Brief von uns mit der Forderung nach einer Richtigstellung. Da die Zeit drängte, fabrizierten wir ihn gemeinsam, er und ich, am Telefon, und am nächsten Morgen erschien unter der Überschrift »Amputation« unser Telegramm noch einmal mit vollem Text. Voran ging unser Brief, unterzeichnet mit Montand, Redgrave, Resnais, Semprun, Signoret, aber das war ein Brief, zu sechst verfaßt... Unter diesem Brief stand ein kleiner Text, den ich wiedergeben möchte:

Herald Tribune agrees and apologizes. The report of the Telegram was that of United Press International, as the article indicated. The »Amputation« was done by UPI, the telegram itself was not made available to the *Herald Tribune*. (*Herald Tribune* stimmt zu und entschuldigt sich. Die Wiedergabe des Telegramms stammte von United Press International, wie im Artikel angegeben. Die »Amputation« wurde von UPI vorgenommen, das Telegramm selbst war der *Herald Tribune* nicht zugänglich gemacht worden.)

Ich rief ihn an, um ihm zu danken, daß er so wirksam und auch so rasch gehandelt habe. »Ich danke Ihnen«, sagte er zu mir, »Sie haben mir dazu verholfen, Namen zu entdecken, die ich nicht kannte. Ich habe meine Boys beauftragt, eine Untersuchung anzustellen. Jetzt und für immer weiß ich, wer Gabriel Péri, d'Estienne d'Orves, Manouchian, Maurice Audin waren und wer Henri Martin ist. Ich habe ein Stück französische Geschichte gelernt. Und UPI . . . werde ich von jetzt an überwachen.«

Welchen Gebrauch die Agentur Tass von diesem dreistöckigen Telegramm machte, haben wir nie erfahren.

Wir haben auch nie erfahren, ob Herr Sorin unsre Glückwünsche nach Moskau übermittelt hat. Ich hoffe, ein Nachhall ist an die Ohren von ein paar ehemaligen Zuhörern im Tschaikowsky-Theater gedrungen, unter denen sich vielleicht auch die fünf Gefangenen befanden.

Daß die Neun von Baltimore und Dr. Spock die Botschaft erhalten hatten, erfuhren wir.

Aber in welches Papierkorb-Verlies der ganze, von der Agence-France-Press verbreitete Text unseres Telegramms bei der *Humanité* verschwand, wissen wir nicht.

Erst heute, beim Wiederlesen dieses Telegrammtextes, bemerke ich, daß wir das Bild der »Hammelherde« benutzt haben. Wir taten es unbewußt, wahrscheinlich weil Montand sein Programm mit dem Gedicht von Nazim Hikmet begann »Wie der Skorpion, mein Bruder«, wo es dann weiter heißt: »Wie der Hammel, mein Bruder«. Erst heute wird mir das klar.

Nazim Hikmet, das ist der Speisesaal des Alkron. Der Brief auf dem dünnen rosa Papier, das ist die Kusine aus Bratislava. Ich weiß es noch nicht, ich werde es erst später erfahren: aber vielleicht ist sie an diesem Abend in der Halle des Alkron, während wir uns mit Hikmet im Speisesaal aufhalten. Hikmet, der nach Moskau will, um sich im Namen der Freiheit zu beschweren. Auch wenn sie uns aus der Ferne sieht, kann sie uns doch nicht hören. Und sie kann sich uns nicht nähern. Nazim Hikmet, das ist der, der sagte: »1917 waren wir glücklich, fröhlich, wir waren arm, wir waren schön, gut angezogen in Lumpen«, und als er wir sagte, sagte er wir, Majakowski und Jessenin. Vanessa hatte vor der *Möwe* die Isadora Duncan gespielt, dort heiratete sie Jessenin. Semprun schrieb *La Seconde Mort de Ramon Mercader*, Renais hatte *Der Krieg ist aus* von Semprun inszeniert, Montand sang Hikmet und Eluard, Prévert und Desnos und auch Aragon. Alle Gespenster verhöhnter Freiheit, die sehr schöne Lieder ergeben, mußten uns an jenem Tag, einem spielfreien Tag, umschwebt haben. Und so bekamen wir wahrscheinlich Lust, zusammen den Text des Telegramms aufzusetzen. Sicherlich wegen der Bombardierungen in Vietnam, sicherlich wegen *Z*, den Costa gerade dabei war zu schneiden, was sein Nichtdabeisein an diesem Tag erklären würde, sicherlich auch ein wenig wegen Tschechow, aber ganz sicher nicht, um der Kommunistischen Partei Frankreichs weh zu tun.

In diesem Herbst 1968 wollten wir solidarisch sein mit allen, die den Mut aufbrachten, nicht zuzustimmen zu dem, was man in ihrem Namen tat, im Westen wie im Osten. Das ist alles.

Am Anfang des Herbstes 1969 haben wir begonnen, *L'Aveu* (*Das Geständnis*) zu drehen. Auch das geschah nicht, um der französischen Kommunistischen Partei wehzutun. Wir hatten Kommunisten unter uns. Sie standen alle mit Namen im Vorspann – mit einer Ausnahme: eine Technikerin, die, nachdem sie fast dreißig Wochen lang ihr Gehalt bezogen hatte, als der Film herauskam lieber inkognito bleiben wollte. Trotzdem hatte sie sehr gut gearbeitet.

Das einzige sozialistische Land, in dem *L'Aveu* lief, ist Jugoslawien. Dort ist es nicht verboten zu erzählen, wie man 1953 wegen »Titoismus« an den Galgen kommen konnte. In Moskau soll es angeblich eine Kopie von *L'Aveu* geben, die sich ein paar Privilegierte manchmal ansehen. Ich denke, der Film ist im gleichen Regal untergebracht wie seine Kameraden, die dem sowjetischen Publikum nie gezeigt wurden: *Hexenjagd, Z, Belagerungszustand, Goldhelm* und der gute, alte Film *Das Salz der Erde,* von dem wir nie erfahren haben, ob die Synchronisierung endlich fertig geworden ist. Auch wenn ich dies hier heute niederschreibe, habe ich nicht die Absicht, der französischen Kommunistischen Partei weh zu tun.

Ich will mich wieder dem jetzt schon alten Gespräch mit Maurice zuwenden. Das Siezen könnte überraschen. Eben habe ich geschrieben: »Komm wieder, Maurice.« Das Sie ist indessen nicht bloß eine elegante Stilmarotte. Als wir unser Gespräch begannen, kannten wir uns nicht. Auch dich kannte ich nicht, Dominique, die das Tonband bediente. Von einem bestimmten Augenblick an aber wäre es sehr erstaunlich gewesen, wenn wir nach einem sechstägigen Ausflug in eine uns gemeinsame Vergangenheit alle drei die respektvolle Distanz in der Sprechweise aufrechterhalten hätten.

Ich bin von uns dreien die älteste. Wenn ich von der Besatzungszeit erzählte – da mußt du, Maurice, dich noch als sehr jungen Mann gesehen haben, und du, Dominique, wenn du überhaupt auf der Welt warst, konntest noch nicht sprechen. *L'Aveu* hat mich veranlaßt, wieder die Nase in diese Niederschrift zu stecken. Das Siezen ist mir ganz und gar unpassend vorgekommen – es macht nichts, ich werde es beibehalten.

Ich habe auch bemerkt, daß die Antworten, die man für persönliche und originelle Antworten auf persönliche und originelle Fragen halten konnte, jetzt nach ein paar Monaten, ausgeleiert klingen und die Fragen auch nicht mehr taufrisch sind.

Alles geht so schnell, sagte ich in einer endlosen Unterhaltung, die darauf hinauslief zu erklären, daß die Information nicht mehr dieselbe ist, seit die Platten nicht mehr achtundsiebzig Umdrehungen machen und alle Welt einen Fernseher hat . . . Jeder weiß das. Und um nicht Gefahr zu laufen, Ähnlichkeit zu haben mit einer Heldin von Claire Bretécher, will ich euch beiden sagen, daß ich mein Gefasel über bestimmte Themen nicht wiederaufnehmen werde, auch wenn sie mir sehr am Herzen lagen; sie liegen mir noch immer sehr am Herzen, aber es sind olle Kamellen geworden. Das könnte beweisen, daß Gemeinplätze ihren Ursprung in neuen Gedanken haben und daß sie, wenn es gute Gedanken sind, ihren Weg machen, bis sie eben Gemeinplätze und Konversationsthemen werden.

Also, kunterbunt durcheinander: Umweltverschmutzung, Frauenbefreiung, Psychoanalyse, Drogen, Rassismus. Man drehe nur den Fernseher an, darüber gibt es schöne Diskussionen, großartige Gespräche.

Neue Gedanken, habe ich gesagt. Ich hätte sagen sollen: sehr alte Gedanken. Nicht einmal Gedanken, sondern Begriffe, die ich lernte, als ich noch sehr jung war, was bedeutet, daß sie jetzt alt sind.

Mit der Umweltverschmutzung beginnt es, wenn man nicht das Glück hat, daß einem die eigene Mutter beibringt, Eier- und Orangenschalen nach dem Picknick aufzulesen, auch im Bois de Boulogne und noch viel mehr in Saint-Gildas am Strand. Die Frauenbefreiung beginnt in dem Augenblick, da man zu seiner Situation als uneheliche Mutter steht, ein soziales Nichts ist und zu der Wohltätigkeitsdame »Scheiße« sagt, die einem freundlicherweise Bezugscheine für kakifarbene Babywolle geben will. Durch einen Anti-Männer-Rassismus wird nichts erreicht.

Die Psychoanalyse hat bei den Christen den Pfarrer, bei den Juden den Rabbiner und bei den anderen den Freund ersetzt, den man rufen konnte, wenn es einem nicht gutging. Diese Helfer taten allerdings ihren Dienst kostenlos.

Drogen: Auf Seite 366 erzählte ich von meinem Besuch im »Synanon«.

Schwangerschaftsabbruch: Die Kämpfer der Bewegung »Laßt sie leben« setzen sich gleichzeitig für die Beibehaltung und Anwendung der Todesstrafe ein.

Rassismus: Da ist es wieder wie bei der Umweltverschmutzung: wenn man nicht das Glück hat, daß einem die Mutter schon im Alter von vier Jahren verbietet, Wörter wie Makkaroni, Böhmack, Saujude, Dreckszigeuner, Polack und sogar Boche zu benützen, gleichzeitig und auf derselben Ebene wie sie einem beibringt, nach links und rechts zu schauen, bevor man über die Straße geht, sein Vesperbrot zu teilen, niemand zu verpfeifen und sich die Zähne zu putzen, wird man sich schwer tun. Und nun mal los!

Haben Sie sich im Mai 1968 »mobilisiert« gefühlt?

SIMONE SIGNORET: Ich war im Mai 1968 nicht in Paris. Ich war in Saint-Paul. Als der Mai 1968 mit der Affäre Langlois begann, war ich noch in Paris, und ich war mit ein paar anderen Filmleuten vor dem Palais de Chaillot, als Godard seine Brille verlor beim ersten Krawall dessen, was Mai 1968 werden sollte. Ich glaube, das war noch im April. Im Mai war ich in Cannes, im Saal des Festivals, an dem Morgen, als der Wind der Revolution über das Palais wehte, und am selben Abend, in Saint-Paul, wohin ich wieder zurückgefahren war, erhielt ich die Bestätigung dessen, was man am Morgen angekündigt hatte: Das Festival wurde abgebrochen. Am Morgen hatten nacheinander Truffaut, Malle, Godard und Polanski auf dem Podium erklärt, warum es unpassend wäre, weiter ein Filmfest zu feiern angesichts dessen, was in Paris geschah. Am nächsten Tag verließen alle Gäste La Colombe. Es war wie im Juni 1940.

Ich war nicht wegen des Festivals gekommen, ich wollte in Saint-Paul sein. Ich blieb in Saint-Paul. Durch mein Nicht-Zurückreisen nach Paris habe ich gewiß manches verpaßt, das ist sicher: aufregende Sachen. Die Leute, so schien es, nahmen »Kommunikation« miteinander auf. Da ich von jeher für »Kommunikation« war, hätte ich sicher mit Freude gesehen, wie diese, schon vor langer Zeit angenommene alte Gewohnheit – als man sie noch Miteinander-Reden nannte – plötzlich auf die Straßen gegangen war. Wenn ich etwas verpaßt habe, dann habe ich damit, glaube ich, auch viele Dummheiten vermieden, die ich sicherlich begangen hätte. Zu jener Zeit schrieb ich einen Brief an mich selbst, den ich aufbewahrt habe. Er erklärt viel besser, als ich es heute könnte, was ich im Mai 1968 empfand:

Saint-Paul, 2. Juni 1968

Ich bin nicht zurückgefahren. Ich habe alles hier erlebt. Weil ich mir selbst antworten und auch meine Antworten für die anderen vorbereiten muß, mache ich heute diese Hausaufgaben am Sonntagnachmittag. Ich bin nicht zurückgefahren. Alle Entschuldigungsgründe können mich entschuldigen. Ich allein weiß, daß ich hätte zurückkehren können, man kann immer zurückkehren, wenn man es unbedingt will. In Augenblicken der Leidenschaft, und die kenne ich, gibt es keinen Verkehrsstreik, der einen zur Unbeweglichkeit zwingt. Mit Hilfe der Umstände habe ich mich also zur Unbeweg-

lichkeit gezwungen, und ich möchte wissen, warum.
Das ist es, was mir am meisten zu schaffen macht.
Lust zurückzufahren
Sie ist in raschen Wellen in mir gekommen und gegangen. Krampfartig. Stoßweise. Die alte Lust, dabeizusein, da zu sein, zu schauen, und auch der Bammel, man könne für gleichgültig gehalten werden, nachdem man so laut geschrien hatte, niemand habe das Recht, gleichgültig zu sein. Die Angst, von den künftigen Veteranen dieses Mai 1968 gefragt zu werden: »Und Sie, wo waren Sie?« in der gleichen Art und Weise, wie ich die Leute frage, wo sie waren zwischen 1940 und 1944. Scham, sich Sonnenkrem auf die Haut zu schmieren, weil am Schwimmbecken die Sonne scheint, und dann mit François ein »Scrabble« anzufangen, während es in Paris Barrikaden gibt, während es in Paris sicher viel zu tun gäbe . . .
Lust nicht zurückzufahren
Viel zu tun. Wo und mit wem?
In die Sorbonne hätte ich wahrscheinlich nicht mehr als einmal den Fuß gesetzt. Zur großen Freude aller schnell verwechselt mit den Alten, die auf den Zug der Jungen aufspringen wollen, mit den Links-Mondänen, mit bestimmten Schauspieler-Damen, die fotografiert werden möchten, mit den Frauenrechtlerinnen vom Dienst; abgelehnt von den Jugendlichen, manchmal vielleicht angewidert von einigen ihrer Redensarten und dennoch versuchend, sie zu rechtfertigen. Ich sage es noch einmal: nach allem, was ich jetzt gesehen und gelesen habe, hätte ich nur ein einziges Mal den Fuß in die Sorbonne gesetzt, und dann wäre ich heimgegangen.
Mich zu meinesgleichen gesellen, das heißt zu den Schauspielern? Warum? Aufgrund welches plötzlichen Sinns für Verantwortung sollte diese soziale Gruppe das Wort führen in dieser Revolution, während sie – abgesehen von ein paar Ausnahmen – jedesmal, wenn ihr angesichts so klarer und einfacher Vorkommnisse wie etwa kleine Abschreckungsmorde oder Kolonialkriege Gelegenheit geboten wurde, ihre Meinung zu sagen, sich hinter dem Satz versteckte: »Ich bin Schauspieler, ich mache keine Politik«? Ich habe alle Zeitungen gelesen, es gibt da überraschende Namen in der Rolle von Saint-Just und Robespierre. Die Namen Paul Crauchet oder Jacques Rispal habe ich jedoch nicht gelesen. Sie haben Politik ge-

macht, sie saßen sogar im Gefängnis dafür, weil sie Politik machten. Wenn ich zurückfahren würde, wäre es nur, um unausweichlich in irgendeine Falle zu tappen. In der Leidenschaft des Augenblicks, die von einer bestimmten Nachricht ausgelöst wird. Aus nicht zu unterdrückender Empörung über eine Äußerung.
Also bin ich, mit Hilfe des Klimas, des Streiks, der guten und schlechten Ausreden, nicht zurückgefahren. Im Grunde, weil ich mich allein, ohne Gerede, ohne Ratschläge, ohne Druck, einer tiefgehenden Prüfung des Ganzen überlassen wollte. Mir Rechenschaft geben über die Dinge, die zu unseren Gunsten sprächen in einem Prozeß, in dem wir, in dem meine Generation angeklagt wäre vor der Jugend als Richter. Und dann ließ ich diesen Stand der Dinge hinter mir. Ich verstehe sie so gut, die Jungen. Alle Beweise für guten Willen, Anstand und Mut sind verbunden mit einer Vergangenheit, mit der sie nichts anzufangen wissen, und sie aufzuzählen wäre wie eine Parade von Kriegsversehrten. Sie haben gute Gründe, uns alle in einen Topf zu werfen, auch wenn es in dem Topf gute Leute gibt. Und dann ertappte ich mich dabei, daß ich, ohne es zu wissen, ungefähr das gleiche sagte wie sie. Zum Beispiel, wenn ich traurig bin über die Tatsache, daß, seitdem die Autobahn Paris mit Autheuil verbindet, man nie mehr sagt: »Ach, Rosny, da nahm Marie immer die Fähre, als sie noch klein war«; oder: »Jetzt sind wir in Bonnières, Catherine, was macht man in Bonnières bei Singer?« . . . »Singdrosseln natürlich.« Man spricht nicht mehr miteinander in einem Wagen, der so schnell fährt auf der Autobahn, weil es da keine Anhaltspunkte mehr für das Gedächtnis gibt. Man muß schon schrecklich à la Proust sein, wenn man um den Autobahngebühren-Schalter einen kleinen Roman dichten will.

De Gaulle
Ich bin fertig mit der Sentimentalität, die mich im geheimen trotz allem nicht losgelassen hatte seit 1940. De Gaulle ist das geworden, was man von ihm behauptete, oder vielleicht war er immer so, wie seine Feinde von ihm sagten, daß er sei. Es ist unbegreiflich, daß er in keinem Augenblick ein Wort voll Stolz, ein sehr französisches nach Victor Hugo, für diese Jugend übrig hatte, in der er doch den Nationalgeist nicht verkennen konnte. Den Geist der Nation. Ich unterstreiche diese Worte.

Die anderen
Die alten Gewerkschafter, Kommunisten und Sozialisten gleichen ebenfalls dem Bild, das ihre Feinde von ihnen zeichnen. Es kotzt einen an. Die alten Reaktionäre sind sich gleich geblieben und konsequenterweise konsequent.

Es ist traurig, von etwas ausgeschlossen zu sein, zu dem man sicher gehören würde, wäre man zwanzig, und es ist frustrierend, daß man es ihnen nicht sagen kann. Aber es ist ungeheuer und zerreist einem das Herz, von hier aus, unter sonnigem Himmel, aus der Entfernung, zu sehen, wie sie sich in ein paar Tagen Hörner aufsetzen ließen.

Entdecken, daß man hier in Saint-Paul noch nie einen Sonderpolizisten und noch weniger eine Kette von solchen Sicherheitspolizisten im Kampfanzug gesehen hat und daß sie die Schlüsselbegriffe der Pariser Geografie nicht kennen und infolgedessen auch nicht den tieferen Sinn erfassen, warum man in bestimmten, ausgewählten Vierteln demonstriert.

Beim Anhören des Radios alle Schlagworte aus der Vorkriegszeit wiedererkennen. Von neuem hören »Frankreich den Franzosen«, und um den armen Malraux eine Träne weinen, der durch ein vorhersehbares Zusammentreffen von Umständen den Zug anführt . . .

Es ungeheuer wichtig finden, daß die Söhne der Bourgeoisie den Boulevard Saint-Germain hinaufziehen und rufen: »Wir sind alle deutsche Juden!« Aber bemerken müssen, daß das einige Leute schockiert, weil sie es zuerst für Antisemitismus halten. Hören, wie Pierrot hinter seiner Bartheke ohne Touristen verkündet, Mitterrand sei zum Gesundheitsminister ernannt worden, weil er eben in seinem Transistorradio hörte: »Mit-ter-rand-à-la-San-té! Mit-ter-rand-à-la-San-té!*, und dann von zwei eben eingetretenen italienischen Touristen die Erklärung vernehmen, die nebeneinander flatternden roten und schwarzen Fahnen, das seien die vereinigten Kommunisten und Faschisten . . .

Und dann ist da Hans Hartung, ein Deutscher, kein deutscher Jude,

---

* La Santé ist ein Pariser Gefängnis.

der in Frankreich 1939 in ein Lager gebracht wurde, der dann in die Fremdenlegion eintrat, um gegen Hitler kämpfen zu können, der ganz junge Hartung mit seinen sechzig Jahren. Ich beobachte ihn vom Fenster aus. Gestützt auf die Krücke, die ihm das 1945 im Elsaß verlorene Bein ersetzt, versucht er, einen Marienkäfer, der im Schwimmbecken am Ertrinken ist, zu retten – den Käfer entdeckt hat seine Frau. Vor einiger Zeit waren sie sehr froh und zufrieden. Jetzt sind sie es weniger, alle Bilder der Ausstellung, die Malraux eröffnen sollte, liegen irgendwo zwischen Tokio und Paris fest. Und dann, seit 1933 . . . allmählich haben sie genug von alledem. So sieht Saint-Paul aus im Juni 1968.

> Haben während dieses Monats und bevor Sie an sich selbst schrieben, Leute mit Ihnen Kontakt aufgenommen und Sie gefragt, warum Sie nicht zurückkämen?

SIMONE SIGNORET: Natürlich, aber das waren eben gerade Leute, die nie, niemals irgendwelche Stellung bezogen hatten, und ich fiel aus allen Wolken, als ich entdeckte, daß sie mit einemmal Revolutionäre geworden waren. Montand war in Paris, er rief mich an, solange das Telefon funktionierte. Im Grunde das einzige, was mich ärgerte, war, daß ich all das Aufregende in den Straßen nicht mit ihm teilen konnte. Er erlebte sie, die images d'Epinal. Ich nicht. Aber in der Sorbonne, im Odeon und bei der Tagung der Filmleute ist er kein Fouquier-Tinville geworden. Er sah zu, hörte zu. Er rief mich an, am Abend von Charlety, und las mir den Text von Mendès-France vor. Er erzählte mir von den Diskussionen, die er auf dem Pont-Neuf mit den jungen Leuten führte. Als ich einhing, war ich praktisch bereit, zu Fuß von Saint-Paul aufzubrechen. Eigentlich hat mich das am meisten gequält in meiner Periode der Unbeweglichkeit. Diese Zeit nicht mit ihm zu teilen. Das war das einzige, was mir fehlte. Ich hatte nie den Eindruck, wie man es mir einreden wollte, ich wäre desertiert. So viel zu meiner »Nicht-Mobilisierung« 1968.

> Stellten Sie bei Ihrer Rückkehr nach Paris fest, daß sich etwas verändert hatte?

SIMONE SIGNORET: Der Löwe von Belfort war noch rot angemalt.

Die Inschriften hatte man noch nicht alle abgewaschen, es gab noch Löcher im Pflaster der Rue Gay-Lussac. Das fiel mir auf bei der Rückfahrt von Orly. Aber die Menschen hatten sich verändert. Manche auf eine nicht wieder rückgängig zu machende Weise.

> Kannten Sie die jungen Leute, die in den Maitagen 1968 berühmt wurden?

SIMONE SIGNORET: Keinen. Ich habe sie sozusagen am Fernseher entdeckt. An den beiden Abenden, an denen sie Gelegenheit hatten, mit Georges Séguy und dann mit Jean Ferniot, glaube ich, zu diskutieren, im Verlauf zweier Operationen, in denen man ihnen nacheinander Zuckerbrot und Peitsche gab. Wenn ich mich recht erinnere, waren Cohn-Bendit, Sauvageot, Geismar und Castro dabei. Aus diesen beiden Konfrontationen sollte einige Zeit später Séguys Satz hervorgehen: »Cohn-Bendit? . . . kenn ich nicht.«

> Haben Sie sie nach Ihrer Rückkehr kennengelernt?

SIMONE SIGNORET: Keineswegs. Ich bin mit Leuten zusammengekommen, die erzählten, wie sehr diese Tage sie verändert hatten. Junge Leute, die noch immer fassungslos waren vor dem ersten Abenteuer ihres Lebens. Mütter, die die vom Tränengas entzündeten Augen ihrer Söhne behandelten. Verbitterte Leute von gestern, die ein paar Tage lang sehr viel Angst gehabt hatten und nun tiefe Seufzer der Erleichterung ausstießen. Und dann fuhr Montand weg, um Z zu drehen, und ich *Die Möwe*. Die Ehemaligen vom Mai 1968 haben wir erst viel später kennengelernt. Da waren sie nicht mehr aktuell, manche hatten sogar lange Monate im Gefängnis gesessen. Ihr Prozeß, wie der von Jean-Pierre Le Dantec und Le Bris, der von Geismar und von Christian Riß, hatte sich abgespielt, während wir in Amerika waren. All das konnten wir nicht verfolgen.

> Wie haben Sie sie kennengelernt?

SIMONE SIGNORET: Vor etwa vier Jahren, glaube ich, gab es einen Hungerstreik in der Sorbonne und gleichzeitig einen weiteren in der Kapelle des Bahnhofs Montparnasse. Das ergab zwei, drei kleine Kurzmeldungen in der Presse, aber die Gründe für diese beiden parallel laufenden Hungerstreiks wurden überhaupt nicht erklärt, ebensowenig erfuhr man etwas über die, die in diese Hungerstreiks getreten waren. An einem Sonntagmorgen sagte Montand plötzlich beim Frühstücken: »Es ist eigentlich widerlich, daß ein paar Schritte von uns Leute seit sechzehn Tagen im Hungerstreik sind, und man weiß nicht einmal, warum!« Wir riefen Costa an und gingen zu dritt zur Sorbonne. Wir fühlten uns ein bißchen lächerlich, als wir dort ankamen, und sagten zu ihnen: »Wir fallen Ihnen etwas unvermutet ins Haus... Erzählen Sie uns.« Wir merkten, daß sie sehr froh waren, uns zu sehen. Etwas überrascht, aber froh. Sie bekamen nicht so oft Besuch, und es waren sehr gute Leute. Sie erklärten uns, sie wollten versuchen, eine Reform des Strafvollzugs zu erreichen. Nicht nur für politische Häftlinge, sondern für alle. Wir fragten: »Was können wir tun? Wir können nicht das Essen mit Ihnen teilen, aber wie können wir sonst nützlich sein?« »Sie könnten uns nützen, indem Sie die Presseblockade brechen. Bestimmte Zeitungen berichten ein wenig von uns, aber die große Presse schweigt.« Wir versprachen, es zu versuchen, gingen Mittagessen, und dann riefen wir Lazareff an, wie wir es übrigens sehr oft getan haben.

Was für Beziehungen hatten Sie zu Lazareff?

SIMONE SIGNORET: Lazareff ist eine Persönlichkeit, die schon zu meiner Kindheit gehört, denn er war ein Freund meines Vaters. Ich traf ihn nach dem Krieg wieder, und ich kannte ihn, wie alle Schauspieler Frankreichs ihn kennen – vielleicht ein wenig besser aufgrund der Tatsache, daß ich ihn schon als kleines Mädchen kannte. Ich habe Lazareffs Dienste immer wieder in Anspruch genommen: Er war der Herr über eine Presse, über die sich vieles sagen ließe, aber persönlich gehörte er zu den großmütigsten Menschen, denen ich je begegnet bin.

Hatte er tatsächliche Macht?

SIMONE SIGNORET: Er hatte sagenhafte Macht. Für uns selbst haben wir uns dieser engen Beziehung zu Lazareff nie bedient. Das war sogar ein wenig lächerlich, denn manchmal begegneten uns im Beruf wichtige Dinge, von denen nur eine einzige Zeitung nicht oder kaum berichtete: *France-Soir*. Aber ich habe Lazareff nie in flagranti dabei erwischt, daß er sich drückte vor einem Appell, der uns nicht betraf, aber ihn zwang, sich selbst in die Nesseln zu setzen. Als wir ihn baten, über das Buch von Georges Arnaud und Vergès über die Folter von Djamila Bouhired zu berichten, schrieb er selbst am nächsten Tag ein Editorial; als wir ihn um Hilfe für den Film *Loin de Vietnam* baten, den eine ganze Gruppe von Cineasten unter der heimlichen Leitung von Chris Marker produzierte, tat er es und stellte ihnen sogar ein Büro zur Verfügung; am Tag vor der Erschießung Grimaus durch Franco, als er noch gerettet werden konnte, widmete er dem Ereignis einen besonderen Platz, und er ließ Frau Grimau in *Cinq Colonnes à la Une* interviewen.

Ich denke, ich war ein wenig sein Ventil für ein gutes Gewissen. Ich hatte einen bestimmten Code mit ihm; ich rief ihn an und sagte: »Hör mal zu, Pierrot, ich habe eine gute Sache für dich!« Er lachte sich eins und wußte, daß ich ihn herausfordern würde, eine Stellung zu beziehen, die man nicht von ihm erwartete. Er hat sich nie gedrückt.

Lazareff war ein Mann, der seinen Freunden immer treu blieb, und ich glaube nicht, daß es in Paris einen einzigen Menschen gibt, der sagen könnte: »Lazareff hat sich gerächt« oder »Lazareff hat mir gegenüber eine Schweinerei begangen«. Natürlich leitete er auch diese Zeitung mit Namen *France-Dimanche*. Wir waren sogar gezwungen, ihm wegen eines Artikels in *France-Dimanche* einen Prozeß zu machen, den wir übrigens gewonnen haben. Das waren die ärgerlichen Seiten seiner Persönlichkeit, auf die er selbst nicht sehr stolz war.

(Ich habe eben gesagt, wir hätten den Prozeß gegen *France-Dimanche* gewonnen; da habe ich etwas leichtfertig dahergeredet. Wenn Georges nicht unser Freund wäre, hätte ich gesagt, Rechtsanwalt Georges Kiejman habe ihn gewonnen. Wenn wir, Montand und ich, viele Prozesse geführt hätten in unserem Leben, dann wäre der Name unseres Anwalts Georges Kiejman, im Lauf dieses Berichtes oft vorgekommen. Aber nun eben: es gab nur diesen einen. Er bedeutete überhaupt nichts für die Karriere von Georges Kiejman. Was jedoch etwas bedeutete für unser Leben und das von Georges, das sind all die Jahre, in denen er ohne Verfahren oder Verteidigungsrede, ohne Presseberichte und ohne Honorar ganz einfach unser Freund war. Ich hätte von dem sehr jungen Kandidaten erzählen können, der sich mit einer winzigen Unstimmigkeit über das Ende des Drehbuchs von *Ombre et Lumière* befaßte – das war 1950 –, und dann von dem jungen Rechtsanwalt in Amt und Würden, der da war, als die »121« zu Angeklagten werden sollten, und immer wieder von ihm, wenn die Dinge schwierig waren. Das ist mir nicht in den Sinn gekommen. Es ist klar, daß er da war. Heute würde es so aussehen, als wollte ich mich rühmen, wenn ich sage, der großartige Verteidiger von Pierre Goldman in Amiens sei einer meiner ältesten jungen Freunde.)

Um zu den Lehrern zurückzukommen, die im Hungerstreik waren: In einer Ecke des Salons von Louveciennes, der wie jeden Sonntag gestopft voll von Leuten war, verkündete ich Pierrot mit gedämpfter Stimme, daß ich wieder »eine gute Sache« für ihn hätte. Am selben Abend noch schickte er einen Reporter und einen Fotografen in die Sorbonne und in die Saint-Bernard-Kapelle. Am nächsten Tag berichtete man endlich von der ersten Ausgabe an fünfspaltig über sie in *France-Soir*. Um ein Uhr gingen Montand, Costa und ich zur Kapelle. Die ganze Presse war da samt dem Rundfunk. Auch Clavel, Foucault, Claude Mauriac, Joris Ivens, die sie die ganze Zeit besucht und unterstützt hatten, waren anwesend. Unter den Streikenden befanden sich Michèle Vian und Geneviève Clancy; sie waren sehr bleich, konnten kaum sprechen und zitterten sehr; sie haben Folgeerscheinungen dieses langen Fastens davongetragen. Im Klartext: diese Menschen waren dem Tod nahe. Foucault bat sie, ihren Streik abzubrechen. Von diesem ersten Hungerstreik, außerhalb eines Gefängnisses durchgeführt von Nicht-Häftlingen, die so eine Art erste Christen waren, rühren die Anfänge dessen her, was man »Strafvollzugsreform« nennt. Man kann sagen, daß Montand an jenem Sonntag, als er beim Frühstück beschloß, hinzugehen und nachzusehen, was dort vor sich ging, einen guten Einfall hatte.

> Wären Sie auch hingegangen, wenn man Sie dazu aufgefordert hätte?

SIMONE SIGNORET: Das weiß ich nicht. Wahrscheinlich wäre es von Tag und Stunde abhängig gewesen, von unseren Möglichkeiten oder besser, von unserer Bereitwilligkeit. Auch von der Art, wie man uns darum gebeten hätte. Wer es getan hätte. Bestimmt aber weiß ich, daß wir, wären wir nicht hingegangen nach einer Aufforderung, uns nicht sehr wohl gefühlt hätten in unserer Haut, wäre ein Mann oder eine Frau dabei zu Tode gekommen – was durchaus möglich war. Ich erinnere mich, daß ein Bursche vom Sender »Europe No. 1« uns fragte, was wir da machten, und wir haben ihm geantwortet, wir wollten lieber da sein, während das alles passiere, als einige Zeit später ein sehr schönes Drehbuch in Empfang zu nehmen, das im Falle eines Unglücks unweigerlich geschrieben werden würde. Schließlich kann man nicht behaupten, daß damals, als Gabrielle Russier im Gefängnis saß, ganz Frankreich laut die Stimme erhoben habe, um etwas für sie zu tun; aber ganz Frankreich ging ins Kino, um sich das anzusehen, und man weinte sehr ... Ich selbst habe mir nie verziehen, daß ich ihr nicht schrieb, als sie in den Baumettes saß. Einen Vormittag lang habe ich mich mit dem Gedanken getragen, aber getan habe ich nichts.

Warum?

SIMONE SIGNORET: Aus Angst, lächerlich und indiskret zu sein. Aus Angst, mich wichtig zu machen. Schließlich mußte diese junge Sprachlehrerin nicht unbedingt wissen, wer ich war. Aber als ich am Rundfunk von ihrem Selbstmord hörte, war ich mir nicht sehr sympathisch, daß ich ihr nicht die Hand entgegengestreckt hatte. Mein Brief, ich hätte ihn ein wenig komisch geschrieben, wäre vielleicht rechtzeitig angekommen.

Die fünf Spalten in »France-Soir« brachten uns in der 68er Jugend, die inzwischen vier Jahre älter war, einen guten Ruf als Blokkadebrecher bei der Presse ein. So wurde ich einige Zeit später – Montand war nach Saint-Paul gefahren – in sehr dringender Form gebeten, drei Hungerstreikende, Arbeiter bei Renault, aufzusuchen. Ich wollte nicht hingehen, weil ich selbst nicht Arbeiterin bei Renault bin. Die Lage des Arbeiters ist ein Bereich, in den die Nase zu stecken ich meinem Gefühl nach kein Recht habe, denn ich wüßte kaum, wovon ich rede. Es besteht keinerlei Möglichkeit, daß ich eines Tages Arbeiterin bei Renault werde, während dagegen wir alle, allesamt, Gefahr laufen, uns eines Tages im Gefängnis wiederzufinden, und daher sind die Bedingungen des Strafvollzugs Angelegenheit jedes einzelnen.

Wer forderte Sie auf?

SIMONE SIGNORET: Jean-Pierre Le Dantec, den Sartre zu mir schickte. Ich erklärte ihm das alles. Er wußte das alles auch, aber sie interessierte nicht meine Persönlichkeit als unechte Proletarierin, sondern die eventuelle Möglichkeit, die Presse zum Reden zu bringen. Kein Mensch, niemand hatte von ihnen gesprochen. Sie hatten Gründe für diesen Streik, der schon zehn Tage dauerte. Sie jedenfalls hatten ihre Gründe, und sie wollten, daß jemand sie anhöre. Also bin ich in dem alten Auto von Jean-Pierre losgefahren (den ich eine Stunde zuvor noch nicht kannte und der unser Freund geworden ist) und bin in einer kleinen Straße in Billancourt vor einer modernen Kapelle gelandet. Dort hingen Transparente, auf denen stand: »Kommt herein, wir werden euch sagen, warum wir im Hungerstreik sind.« In dieser kleinen Straße gab es nicht viele Passanten, man mußte entweder sehr fromm oder sehr maoistisch sein, um diesen Ort ausfindig zu machen. In der Sakristei der Kapelle waren drei Feldbetten und darauf lagen drei Burschen, die noch nicht so aussahen wie die Leute in der Sorbonne oder in der Saint-Bernard-Kapelle, aber sie waren immerhin nicht mehr so lebhaft wie wohl eine Woche zuvor. Als sie mich kommen sahen, waren sie weniger überrascht als die anderen, denn sie hatten ja nach mir geschickt. Sie waren sehr zufrieden und erwarteten, daß am nächsten Tag *France-Soir*, *Aurore*, *Express* und – warum auch nicht? – *Match* von nichts anderem mehr schreiben würden als von ihnen. Ich sagte ihnen, darauf sollten sie nicht allzu sehr zählen, manchmal funktioniere es und manchmal funktioniere es nicht.

Warum waren sie im Hungerstreik?

Zwei von ihnen waren entlassen worden. Der dritte befand sich mit ihnen im Solidaritätsstreik. S . . . Ben M . . ., ein Marokkaner, und J. D., ein Portugiese, waren entlassene Facharbeiter. Ich nenne ihre Namen nicht, weil sie vielleicht heute nicht sehr zufrieden wären, dort, wo immer sie sich befinden mögen, Ärger zu riskieren. Der dritte war Christian Riss, ein Lehrer und keineswegs ein Facharbeiter: Bei ihm glaube ich nicht, daß ich es riskiere, ihm Ärger einzuhandeln. Immerhin war es so, daß ich sie verließ mit dem Versprechen, mein Bestes zu tun, und ich ging ruhigen Gewissens nach

Hause zurück. Ich dachte, ich sei nur für einen einzigen Besuch in diese Kapelle gegangen. Ich bin alle Tage dorthin zurückgekehrt.

Wenn man anfängt, sich für Menschen zu interessieren, die eine so schwierige Sache unternehmen: überhaupt nicht mehr essen, dann bildet sich zwischen dem Streikenden und dem Besucher eine Art Strömung. Der Besucher, der selbst ißt, kehrt nach Hause zurück, in sein eigenes Leben und wird schließlich jedesmal zur Essenszeit an diese drei Menschen denken, die nichts essen. Das schafft Beziehungen, die nichts mit Politik oder sozialem Gewissen zu tun haben – es sind fast organische Beziehungen. Ich war einmal hingegangen, sie zu besuchen, und am nächsten Tag sagte ich mir: »Sie essen nicht . . .« und bin wieder hingegangen. Schließlich hatte ich es mir angewöhnt, sie zu besuchen, und sie waren gewohnt, mich bei sich zu sehen. Ich weiß nicht, wie weit das eine echt menschliche Beziehung ist. Zwei Wochen lang ging ich jeden Tag zu ihnen, und ich kam nicht mit guten Nachrichten, denn ihr Hungerstreik interessierte absolut niemand. Es hatte wohl ein paar kleine Hinweise im *Nouvel Observateur* gegeben, glaube ich, aber in der großen Tagespresse nichts. Nichts in kommunistischen Zeitungen, vielleicht zwei, drei Worte im *Combat,* ein bißchen in *Le Monde,* aber einen wirklichen Durchbruch gab es nicht. Wieder einmal war ich sehr egoistisch und benützte die Begebenheit, um etwas dazuzulernen.

Das half mir einmal mehr – und es war sehr heilsam –, mich selbst zu definieren im Hinblick auf solche Menschen. Die hungerstreikenden Arbeiter hatten ebensowenig wie Chruschtschow tatsächlich je mit Schauspielern zu tun gehabt, sie hatten eine falsche Vorstellung von ihnen. Wenn man zu ihnen kam, mußte man vorsichtig sein, gleich im voraus Flagge zeigen und ihnen die Wahrheit sagen. Es war dringend nötig, sie wissen zu lassen, daß ich keine Revolutionärin bin, daß ich sehr gut meinen Lebensunterhalt verdiene – was sie wohl ahnten – und daß ich ihre Forderungen verstand, aber nicht teilte, da sie nicht die meinen waren, daß ich Hochachtung hatte vor ihnen, weil sie große Entbehrung auf sich nahmen für Dinge, die an meinem eigenen Leben nichts ändern, die mich aber doch interessierten und die ich kennenlernen wollte. Aber ich gehörte nicht zu den Ihren, und ich wollte mich nicht als eine von ihnen ausgeben. Ich meine, man kann Menschen durchaus helfen, erfolgreich zu kämpfen, auch wenn man ihnen ehrlich sagt, daß man nicht zu den Ihren gehört und nicht ihr Leben lebt.

Ich habe gesehen, wie diese drei Männer von Tag zu Tag elender wurden, wie immer weniger Leute kamen. Es gibt Hungerstreiks, die ihren Zweck erfüllen, und andere, die es nicht tun, das ist dann der Fehlschlag, das Fiasko. Im Lauf der Zeit kümmerte sich niemand mehr um sie außer mir, und ich verhielt mich ein wenig wie die russischen Damen, wenn sie vor 1905 Revolutionäre in ihren Schlössern empfingen. Ich war etwas lächerlich und gleichzeitig gar nicht lächerlich: ich spielte ihnen meine Nummern vor und machte mich selbst lächerlich, denn es war eine durch und durch verkehrte Situation. Nach einiger Zeit sah man um ihr Lager nur noch ein paar Facharbeiter von Renault, Joris Ivens, der kam und ihnen Filme vorführte, und Sartre. Alles das paßte gar nicht zusammen und führte zu nichts. Ich fuhr hin im Taxi, die Fahrer setzten mich vor der Kapelle ab, sie sahen die vom Regen verwaschenen Transparente, und zweimal sagte ein Chauffeur zu mir: »Ich gehe mit Ihnen hinein, ich will sehen, warum sie im Hungerstreik sind.« Und ich brachte Leute mit, ich brachte Régis Debray, Costa-Gavras, Michel Drach, Chris Marker . . . Ich besuchte meine hungerstreikenden Freunde, wie man in den Kitschbüchern seine Armen besucht.

Einmal sagte ich zum Spaß – wenn sie schon nicht aßen, so sollten sie doch wenigstens lachen –: »Im Grund müßte es einem von euch dreien wirklich dreckig gehen, er müßte sich sogar Mühe geben zu sterben. Dann könnte man vielleicht die Presse in Trab bringen . . .« Damit hatte ich gar nicht sehr danebengehauen. Am neunzehnten Tag beendeten sie ihren Hungerstreik, ich habe sie ihr Bündel packen und ins Krankenhaus fahren sehen; der Pfarrer war da. Er war großartig, der Pfarrer. Am nächsten Tag ließ sich Pierrot Overney, der nicht zu den Streikenden gehörte, von Herrn Tramoni, einem Angehörigen des bewaffneten Werkschutzes der Renault-Werke, über den Haufen schießen. Jetzt endlich sprach man auch von den Hungerstreikenden.

Wie François Mitterrand in seinem Buch schreibt, ist das französische Fernsehen zur Familie Nogrette gegangen, nachdem der Mann wenig später entführt worden war (ich bin kein Anhänger von Geiselnahmen), aber nie zur Familie von Pierrot Overnay.

Pierrot Overney wurde zum »Aufmacher«. Ich hatte Tag um Tag das absolute Desinteresse der Leute für alle Forderungen erlebt; als ich plötzlich gewahr wurde, daß jemand sterben mußte, damit die Presse in Gang kam, war ich entsetzt. Und dann kam die Beerdigung von Pierrot Overney. Ich bin nicht begierig nach Beerdigungen, es muß der Familie schon sehr viel Freude machen, daß ich komme. Ich gehe nicht zur Beerdigung von Menschen, die ich geliebt habe, aber manche Beerdigungen werden zu Demonstrationen, die etwas anderes ausdrücken wollen, als sich einfach sehen zu lassen. Ich ging also zu dieser Beerdigung, immer mit dem Gefühl, lächerlich zu wirken, die Dame, die Schauspielerin zu sein, die zu so etwas hingeht, was auf der Straße passiert . . . Ich habe auf ziemlich luxuriöse Weise teilgenommen, denn ich war schon nach Saint-Paul zurückgekehrt und machte den Hin- und Rückflug in einem Tag. Wahrscheinlich habe ich an diesem einen Tag etwa den Monatslohn eines Arbeiters bei Renault ausgegeben. Ich würde es sehr gut verstehen, wenn man sich darüber lustig macht; übrigens erzähle ich es, weil ich mich selbst über mich lustig mache.

Der junge tote Overney war von der französischen Kommunistischen Partei streng getadelt worden, man nannte ihn einen Provokateur. Dieser kleine Provokateur hatte es hingekriegt, sich umbringen zu lassen, und man durfte vor allem nicht zu seiner Beerdigung gehen – das habe ich nicht erfunden, sondern gelesen. Sogar der Pfarrer war angegriffen worden, er tue nicht seine Pfarrersarbeit, man griff ihn an, weil er den Hungerstreikenden Asyl gewährt hatte. Ich bin sicher, daß es am Morgen der Beerdigung herzbrechende Szenen in den Küchen der Vororthäuschen und Wohnblocks gab, zwischen manchen alten Ehepaaren militanter Kommunisten; zum erstenmal erlebte ich bei einer solchen Demonstration Gruppen, die nur aus Frauen bestanden. Bei der Beerdigung der Opfer von Charonne hatte ich Paare gesehen, Leute, die zu zweit kamen; hier gab es Gruppen von Frauen meines Alters und noch älteren, die nicht alle Witwen waren, sie trafen sich auf der Place Clichy. Es waren keine Bürgersfrauen, es waren keine alten Maoistinnen, es waren Proletarierfrauen. Sie versammelten sich mit herausfordernder Miene, es waren Frauen, die gesagt hatten: »Ich gehe trotzdem hin.« Marie-José Nat, Michel Drach, Maurice Clavel und ich hörten sie sprechen, während wir zum Père Lachaise zogen. Ich glaube, das war auf seltsame Weise eine der ersten faßbaren Manifestationen der veränderten Stellung der Frau im Proletariat. Man hatte einen Jungen von zwanzig niedergeknallt, der sicherlich krakeelt hatte, gewalttätig war; er hatte eine Eisenstange in der Hand gehabt, gewiß, aber er war nicht gerade dabeigewesen, sie dem Herrn Tramoni über den Kopf zu schlagen. Der Herr Tramoni hatte ihn mit einem Revolver umgelegt. Das sah trotz allem nach einem Mord aus, man kannte das ja. Es war ganz offensichtlich, diese Frauen wollten der Instruktion nicht gehorchen, sie waren gekommen, den Jungen zu Grabe zu bringen. Auch wenn er ein Maoist war . . .

Ich habe auch alte militante Kommunisten gesehen, die sich begegneten mit Tränen in den Augen und einem traurigen und zugleich frohen Lächeln: »Aha, auch du bist trotzdem gekommen.« Ich sah auch jemanden vorbeigehen, dessen Gesicht mir recht vertraut vorkam. Er grüßte mich mit einer Handbewegung, und ich antwortete. Ich brauchte zwei Minuten, um zu merken, daß es jemand war, den ich nie persönlich kennengelernt hatte: der Kommandeur der Résistance-Einheit FTP, den man in *Le Chagrin et la Pitié* sehr lange sieht. Bis ich mich daran erinnerte, hatte ich ihn schon aus den Augen verloren.

    Haben Sie bei dieser ganzen Geschichte wirklich das Gefühl gehabt, zu etwas nützlich zu sein?

SIMONE SIGNORET: Ehrlich gesagt, nein. Aber was alles nützlich sein kann, dazu will ich Ihnen eine kleine Geschichte erzählen.

Vor etwa zwei Jahren wurde Alain Krivine verhaftet und ins Gefängnis gebracht, weil er zu einer Demonstration gegen ein von der Bewegung Ordre nouveau (Neue Ordnung) organisiertes Treffen aufgerufen hatte. Ich bin kein »Kind des Mai 68«, ich bin keine Trotzkistin, ich verstehe nichts von den Richtungskämpfen, die die verschiedenen trotzkistischen Bewegungen zerreißen, ich würde sogar so weit gehen zu sagen, daß sie mir schnuppe sind. Ich hatte den jungen Mann, den man ins Gefängnis gesteckt hatte, nie gesehen, aber ich sah nicht ganz ein, was er dort sollte.

Eine Delegation, die aus Personen »verschiedener Berufe, verschiedener Konfessionen, Tendenzen und Glaubensrichtungen« bestand, bemühte sich um Montands Teilnahme, um vom Herrn Justizminister »die unverzügliche Freilassung« des Gefangenen zu bewirken.

Mein Mann war in London, und so akzeptierte ich es, in Begleitung meiner Kollegen Reggiani und Piccoli Intelligenz-Statisterie zu machen, neben ein paar Universitätsprofessoren, ein oder zwei Kämpfern aus der Zeit der Befreiung, Vertretern der Liga der Menschenrechte, Sprachlehrern, repräsentativen Repräsentanten der Gewerkschaften und Geistlichen verschiedener Religionen. Wir sollten uns um 16 Uhr auf der Place Vendôme, vor dem Justizministerium, treffen. Die Delegation sollte nicht umfangreich, aber sorgfältig ausgewählt sein.

Gegen 15 Uhr 55 setzte ein Taxi Serge und mich vor dem Portal des Justizministeriums ab. Wir hatten »Chez Paul« gegessen, und ein Herr, der nicht wußte, daß wir ihn hören konnten, hatte uns erkannt und gesagt: »Manda und Goldhelm! Ich kann es einfach nicht ertragen, daß die Leute älter werden . . .«

Aber das nur nebenbei. Es war 15 Uhr 55, wie ich schon sagte. Ich habe auch gesagt, daß die Delegation nicht umfangreich sein sollte. Sie war es so wenig und so sorgsam ausgesucht, daß sie überhaupt nicht vorhanden war. Es standen zwei Wachtposten vor dem Portal, aber nur ihr Schatten war auf dem schönen Pflaster des schönen Platzes zu sehen. Da hörten wir einen vertrauten Pfiff. Ein hochgewachsener Mann in Schwarz lehnte an dem Gitterzaun um die Vendôme-Säule (ich werde bestimmt keinen Courbet erzählen . . .). Es war, ganz in Alpaka-Wolle gekleidet, prächtig, mit Schlips und Kragen, Piccoli!

Es war komisch und angenehm, daß wir drei uns sagen konnten, die pünktlichsten beim Treffen seien noch immer die Gaukler.

Gegen 16 Uhr und 7 Minuten, als wir noch immer keinen Schatten eines antirassistischen Lehrers oder Pastors auftauchen sahen, begannen wir uns Fragen zu stellen.

Gegen 16 Uhr 10 gingen die Halbmondfenster im Zwischenstock des Justizministeriums ein wenig auf, und wir sahen Lockenköpfe oder solche mit langen, glatten, bis auf die Schultern herabfallenden Haaren, die sich in Trauben drängten und uns betrachteten.

Piccoli nahm die Operationen in die Hand. Er informierte sich bei dem einen Wachtposten: »Erwartete man eine Delegation im Innern des Gebäudes?« Der Posten kam zurück. Der Pförtner wußte nichts. Aber wenn wir so freundlich wären, ihm Autogramme für seine Tochter zu geben ... Es war gut Viertel nach vier, als ein junger Mann in der gestreiften Jacke und Hose eines künftigen Hausportiers großer Palasthotels aus dem Ritz herausgelaufen kam, das wie jedermann, der Proust und Hemingway gelesen hat, weiß, neben dem Justizministerium liegt. Er hatte die Hände voll von schönem gehämmerten Papier und wollte ebenfalls Autogramme.

Um 16 Uhr 18 prüften wir unser Gedächtnis. Hatten wir vielleicht die Zeit falsch verstanden oder das Datum verwechselt? Wir wollten den andern bis 17 Uhr eine Chance lassen, danach würden wir heimgehen. Was aber sollten wir inzwischen tun?

Es war uns peinlich, auf diesem großartigen, leeren Platz unter den Augen der Stenotypistinnen im Zwischenstock, die uns freundschaftlich zuwinkten und immer mehr Mädchen herbeiholten, wie bestellt und nicht abgeholt herumzustehen.

Was also tun? Etwas trinken gehen, bis es 17 Uhr war und man wissen konnte, ob man sich in der Zeit geirrt hatte.

Etwas trinken gehen, wenn man auf der Place Vendôme »am Platz« sein muß und nicht riskieren kann, seinen Kampfposten zu verlassen, »ohne auf gefährliche Weise der eingeleiteten Aktion zu schaden«, bringt Probleme mit sich.

Meine beiden Freunde und ich beschlossen nach einer kleinen Beratung, in der Nähe zu bleiben.

Der junge Mann im gestreiften Jackett kehrte auf seinen Posten zurück, beide Hände voll von Autogrammen für seine Schwestern, seine Vettern und seine Mama. Mutig sprachen wir ihn an. Gab es im Hotel Ritz eine Bar, in der wir etwas zu uns nehmen konnten während der Wartezeit bis 17 Uhr?

Da er sehr nett war, offensichtlich frisch von der Hotelschule gekommen, sagte er uns, die »Bar auf der Cambon-Seite« würde uns sicher bedienen. Aber da er nett war und eben von der Hotelschule gekommen und außerdem nicht dumm, fügte er hinzu, wenn er uns irgendwie nützlich sein könnte, wäre es ihm ein Vergnügen ...

Piccoli, der noch immer der Anführer war, bat ihn, auf den Platz zu achten und uns zu benachrichtigen, wenn eine Gruppe – klein, aber würdig – sich vor dem Portal des Ministeriums versammeln sollte. Er nahm seine Aufgabe an mit der Bemerkung, er habe gut Zeit, die Place Vendôme zu überwachen, dies sei nicht die Saison, in der die Palasthotels überfüllt wären. Es war die Saison der Omnibusreisenden.

Er beschrieb uns den Weg, den wir einschlagen mußten, um zur »Bar auf der Cambon-Seite« zu kommen. Wir gingen zu dritt über dicke Teppiche. Die »Bar auf der Cambon-Seite« war nicht die nächste Tür. Von links und rechts machten uns in diesen engen Korridoren die Vitrinen unserer Stammgeschäfte Hermès, Lanvin, Cartier eine lange Nase. Wie sie es nie getan hätten in irgendeinem anderen Palasthotel, wären wir dabeigewesen, einem amerikanischen Kollegen auf der Durchreise in Paris einen Besuch abzustatten. Da wir aber nicht an der Place Vendôme waren wegen eines Blitzbesuchs von einem lieben alten Freund aus Hollywood, sondern aus einem Grund, den Sie wissen, wurden die paar Meter Korridor zu Kilometern, weil wir immer wieder vor Lachen stehenbleiben mußten.

Der Barmann akzeptierte uns. Aber wir störten ihn ganz offensichtlich. Der Zeitpunkt war nicht normal, um nicht zu sagen unpassend. Er war dabei, Oliven und kleine Gaumenkitzler auf Schälchen zu verteilen, die für seine Stammkunden bestimmt waren. Die kamen gewöhnlich gegen 18 Uhr. Ich bin nicht sicher, daß er die drei »berühmten Schauspieler« erkannte, die die Schreibmädchen an der Place Vendôme identifiziert hatten. Jedenfalls reizte der Ton, in dem er uns fragte, was wir zu nehmen wünschten, zu der Antwort: »Drei Bockbier«, nur um zu sehen, wie er reagierte.

Im Zusammenhang mit unseren »drei Bockbier« muß ich sagen, daß wir immer noch Bauchschmerzen vor Lachen hatten, seit dem langen Gang über den Korridor, der uns unserer Wirklichkeit und unseren Widersprüchen gegenübergestellt hatte, und daß unser Eindringen in die verlassene heilige Stätte der alten »Cambon«-Tradition sicherlich schockierend wirkte.

Piccoli nahm wieder die Sache in die Hand, mit der Eleganz eines alten Freundes von Mademoiselle Chanel, die er im übrigen nie kennengelernt hatte, und bestellte drei Fernet-Branca. Keine Rede mehr von Bockbier, das war ein vornehmer Magenbitter, jedenfalls für jemand, der in Italien gewesen war.

Der Barmann servierte sie und kehrte zu seinen Oliven zurück. Wir machten uns gerade an unsere Fernet-Branca, als unser Freund, der junge Absolvent der Hotelschule, völlig außer Atem auftrat, wie ein Chorführer in einer Imitation antiker Tragödien:

»Der Herr Direktor erwartet Sie!« verkündete er.

Der Barmann ließ einen Augenblick seine Oliven und spitzte die Ohren, und genau so lange überlegend wie wir, übrigens gar nicht lange, dachte er an den Hoteldirektor. Natürlich, so war es, wir mußten Lieferanten sein, das hätte er sich doch denken können, kommt man in die »Bar Cambon« um 16 Uhr dreißig, wenn man nicht ein Bauer aus dem Cantal ist? Im vorliegenden Fall drei, darunter eine Bäuerin.

»Wir haben nicht danach verlangt, mit dem Direktor des Ritz zusammenzutreffen«, schmetterte Piccoli. Der junge Mann wurde deutlicher. Es handelte sich um den Kabinettsdirektor des Herrn Justizministers. Unsere dreifache Anwesenheit war ihm gemeldet worden. Die Posten, die Schreibmädchen aus dem Zwischenstock, der Pförtner hatten wohl im Innern des Gebäudes darüber gesprochen. Und der Herr Kabinettsdirektor hatte einen Posten geschickt, der uns im Ritz verschwinden sah. Er ließ uns durch den jungen Mann im gestreiften Jackett sagen, falls wir eine Audienz wünschten – denn es war ja offensichtlich, daß wir nicht als Touristen da waren –, werde er uns erwarten.

Wir hatten die Delegierten nicht gefunden, innerhalb derer wir intelligent figurieren sollten. Wir hatten weder eine Denkschrift zu verlesen, noch echte Daten, die Punkt für Punkt aufgezählt werden konnten. Wir wußten nur, daß wir gekommen waren, weil es uns mißfiel, daß man einen jungen Mann ins Gefängnis gesteckt hatte, der eine Rückkehr zum Rassismus nicht hinnahm, jenen Rassismus, gegen den wir schon unaufhörlich demonstriert hatten, lange bevor dieser junge Mann geboren wurde. Zwischen diesem Faktum und dem, als eine nur aus dreien bestehende Delegation aufzutreten, lagen Kilometer. Wir baten den Chorführer, die Antwort zu überbringen, wir würden es uns überlegen.

Er rannte zurück. Der Barmann betrachtete uns mit anderen Augen, wir waren weder Lieferanten noch Bauern, aber zu seiner Kundschaft gehörten wir immer noch nicht.

Und da beschlossen wir, daß wir dumm wären, jetzt, da man uns dazu einlud, nicht die gebotene Chance zu nützen und die Wahrheit zu sagen, so wie wir sie eben unter uns definiert hatten. Dies eine Mal würden wir nicht in den Zeitungen stehen, in guter oder schlechter Absicht benützt, und die echte Botschaft, die wir überbringen wollten, konnten wir so selbst überbringen, unabhängig von den Thesen, die uns vielleicht nicht unbedingt befriedigend erschienen wären in den Reden der offiziellen Partner, die uns aufgefordert hatten zu kommen und die nun nicht da waren.

Serge, Michel und ich sagten also dem Barmann auf Wiedersehen, gingen zurück durch die Gänge, vermieden es, in die Vitrinen zu schauen, trafen unseren neuen Freund, den Chorführer, wieder und baten ihn, die Nachricht zu übermitteln, wir kämen.

Der Chorführer rannte davon. Die Schreibmädchen waren an den Fenstern des Zwischenstocks, der Pförtner begrüßte uns und führte uns zu einer Tür, auf deren Schwelle uns ein sehr gut aussehender Mann erwartete mit den Worten: »Treten Sie ein.«

Er lächelte, hatte offensichtlich nicht die geringste Ahnung, was uns in dieses Stadtviertel führen konnte, aber er wußte sehr genau, wer wir waren; sehr artig rief er aus: »Welcher Sternenhimmel!«

Er führte uns in die Sitzecke eines riesigen Büros, dessen Fenster auf einen hübschen Garten gingen. Wir waren beim Kabinettsdirektor des Justizministers, aber er wollte uns den Eindruck vermitteln, als sei dies ein Freundschaftsbesuch. »Worum handelt es sich?« fragte er.

Wir hatten nicht viel Zeit zum Proben gehabt auf dem kurzen Weg von der Bar des Ritz in dieses luxuriöse Salon-Büro, den wir überdies im Laufschritt zurücklegten, aber wir waren übereingekommen, daß Piccoli zu reden beginnen und als erstes sagen sollte, daß wir uns sicher im Datum geirrt hätten, um auch nicht den geringsten Zweifel an der Seriosität der FO (freundlichen Organisatoren) der berühmten Delegation aufkommen zu lassen. Es konnte nicht angehen, der Legende Nahrung zu geben, bei den Linken herrsche das große Durcheinander.

Piccoli erklärte also, wir seien Künstler und zerstreut wie alle Künstler, wir hätten sicher nicht recht hingehört, was man uns gesagt habe, daß aber die Delegation, an der teilzunehmen wir zugesagt hätten, sicherlich in den nächsten Tagen kommen werde und man uns, auch wenn wir nicht dabeisein sollten, als anwesend betrachten möge. Der Direktor hörte lächelnd zu und sagte: »Selbstverständlich.«

Und dann sagten wir alle drei dem Direktor, was wir miteinander in der »Bar auf der Cambon-Seite« gesprochen hatten. Wir hatten keinen Text zu überbringen, waren keine Mandatsträger irgendeiner Organisation, wir wären vielleicht gar nicht zu einer Demonstration gegangen, die Krivine organisierte, aber es gefiele uns nicht, daß Krivine im Gefängnis sitze, weil er »Ordre Nouveau« nicht mochte, denn in diesem Fall müßten wir auch ins Gefängnis gesteckt werden, wir liebten »Ordre Nouveau« auch nicht.

Das war vielleicht einfältig, aber es hatte den Vorteil, einfach zu sein, und es war ein anderer Ton als der, an den der Direktor offensichtlich gewöhnt war. Jedenfalls schien er sich keine Sekunde zu langweilen.

Als wir ihm dankten, daß er die Initiative ergriffen habe, uns zu empfangen ohne verabredetes Treffen, dankte er uns seinerseits, daß wir ohne Zögern frei von der Leber weg gesprochen hätten, und machte sogar ein paar sehr richtige Bemerkungen über den Wert spontaner Aussagen und den der Improvisation im Vergleich mit einer vorher eingeübten Ansprache.

Wir kamen auf die paradoxe Lebensform des Schauspielers zu sprechen, und ich sah schon den Augenblick kommen, da sich der Büro-Salon ganz einfach in einen Salon verwandeln würde, als einer von uns dreien, ich glaube, Serge, die wohlbekannte Formel benützte: »Wir wollen Ihnen nicht Ihre Zeit stehlen« und das Signal zum Aufbruch gab.

Der Direktor begleitete uns wieder zur Tür, er versprach, unsere Botschaft an den Minister weiterzuleiten, wir dankten uns noch einmal gegenseitig – und fast hätten wir gesagt: »Auf bald . . .«

Wenn Sie Nobelpreisträger sind, Chefarzt in einem Krankenhaus, in dem viele Menschenleben gerettet werden, Widerstandskämpfer oder Professor an der Sorbonne, und Sie stehen zu dritt an einem schönen Nachmittag auf der Place Vendôme, weil man vergessen hat, Ihnen zu sagen, daß das Treffen um achtundvierzig Stunden verschoben wurde, ist die Chance gering, daß die Schreibmädchen sich an den Fenstern drängen und das Personal des Hotels Ritz Ihnen seine Dienste anbietet. Es kann sogar sein, daß der Wachtposten Sie nach einiger Zeit auffordert, Sie möchten bitte weitergehen. Sie hätten also keine Möglichkeit, drinnen im Justizministerium Ihr Herz auszuschütten, Sie blieben ewig zu offiziellen Reden verdammt. Und die Moral von der Geschicht: Machen Sie Filme!

Wenn Sie filmen und man bittet Sie, bei einer Demonstration für oder gegen etwas als Statist zu figurieren, machen Sie sich keine Illusionen, oder vielmehr hämmern Sie sich ein, daß eine Mehrheit von Leuten sagen wird, sie seien hergekommen, um sich fotografieren zu lassen und für Ihre Publicity zu sorgen.

Im übrigen, wenn Sie Filmschauspieler sind und man sieht, wie Sie aus dem Hotel Ritz herauskommen, um den Justizminister zur Freilassung des jungen Revolutionärs Alain Krivine aufzufordern, haben Sie große Chancen, an diesem Tag nicht über den Fotografen von *Minute* zu stolpern. Ende der Geschichte.

> Hat der Mai 68 etwas an Ihren künstlerischen Entscheidungen verändert?

SIMONE SIGNORET: Überhaupt nichts. Wir haben der eine wie der andere weiterhin Dinge getan oder abgelehnt aus denselben Gründen, die uns bisher veranlaßt hatten, etwas zu tun oder abzulehnen. Montand hat sein Programm nicht umgearbeitet, um ein Nach-68-Mann zu sein. Er hat die Lieder gesungen, die er zuvor sang. Wenn Nazim Hikmet oder Desnos oder Prévert gut in die Zeit nach 68 paßten, war das um so besser, er hatte sie schon lange vorher gesungen.

Auch ohne den Mai 68 in Paris hätten wir *Das Geständnis* gedreht wegen des August 68 in Prag. Und wenn *Z* erst nach dem Mai 68 begonnen wurde, dann deshalb, weil sie es schon ein Jahr lang vorher versucht hatten, die Produktion in Gang zu bringen. Als Montand *Der Krieg ist aus* von Renais und Semprun drehte, schrieb man 1965. Und wenn Sie sich an diesen Film erinnern, dann waren darin schon die künftigen »Kinder des Mai« vorhanden. Nein, der Mai 68 hat an unseren künstlerischen Entscheidungen nichts geändert, so wenig wie an unserem Verhalten. Aus dem Mai 68 entstanden eine Reihe erstaunlicher Dinge, Dinge, die uns verblüfften, heilsame und vermessene Dinge. Die Jungen haben sie zustande gebracht. Die Leute unserer Generation, die sich bis dahin nicht die Zeit genommen hatten, hinzusehen und zuzuhören, und sich plötzlich auf dem ersten Raum-Drachen einschifften in Kostümen und Mähnen ihrer Kinder – von ihnen entliehen –, sind oft in die Irre gegangen. Wenn man das »in« nennt, so waren wir nicht »in«. Wir haben weiter getan, was wir immer taten. Das heißt auch, Geschichten erzählen, die nicht schaden, weil es schöne Geschichten sind, was noch lange nicht heißt, daß sie »demobilisierend« wirken. Ich weiß genau, warum ich dieses Wort hier benütze, das – wie Kommunikation, Repression, Fachidiot und Basis – zu dem schon »überholten« Vokabular gehört, das noch ein paar Fünfziger vom Theater oder aus dem Geschäftsleben verwenden.

Die Leute zum Lachen bringen oder sie rühren, das heißt noch lange nicht, sie zu demobilisieren. Ich habe die Leute nicht oft zum Lachen gebracht. Dabei hatte mir Solange Sicard eine Karriere als Komikerin vorausgesagt, wegen meines Sprachfehlers. Es ist schwierig, die Menschen zum Lachen zu bringen. Montand versteht das sehr gut, und er versteht es auch gut, sie zum Weinen zu bringen. Zuerst tat er das in der Music-Hall, zu einer Zeit, in der er nicht filmte. Während ich das sage, sehe ich uns vier – Clouzot, Vera, ihn und mich – in La Moutière wieder vor mir, als Montand an seiner Anouilh-Szene arbeitete. Er plagte sich, er stöhnte, er lernte die Worte . . . und dann rezitierte er sie. Er sagte: »Ich schaffe es nie, und warum mache ich mich fertig, um irgendwelches Zeug zu lernen, wenn ich in meinem eigenen Job machen kann, was ich will.« An diesen Nachmittagen tat es mir weh, ihm zuzusehen, er war genau so ungeschickt wie ich bei Solange Sicard, er wußte es und ich auch. Ich mußte erst wieder in dem Beton-Gang des Etoile sein, damit er mich aufs neue in Erstaunen versetzte. Heute versetzt er mich in Erstaunen, wenn ich ihn spielen sehe. Das verblüfft mich, einer, dessen Palette von *Diable par la queue* bis zu *Z*, von *César und Rosalie* bis zu *Das Geständnis,* von *Belagerungszustand* bis zu

Vincent, François, Paul und die anderen, von *Sauvage* bis zu *Police Python* reicht. Einer, der *Des clowns par milliers* im Theater spielen kann und bei gegebener Gelegenheit auf eine Varietébühne steigt und ein zweistündiges Programm bringt, wie er es 1974 für die chilenischen Flüchtlinge tat.

> Als er für die Chilenen sang, hat er da als militanter Linker gehandelt?

SIMONE SIGNORET: Nein. Ein militanter Linker ist jemand, der zum Handeln getrieben wird aus tiefster Überzeugung, der aber auch manchmal Befehle erhält, über die es nichts zu diskutieren gibt. Wenn er sie anficht oder gar verweigert, ist er kein echter Militanter mehr. Nein, wir nehmen weder Befehle, noch Instruktionen entgegen. Uns trifft es ins Herz.

Wenn Montand an einem Februarmorgen aufwacht und ankündigt: »Ich werde singen«, nachdem er fünf Jahre lang nicht mehr gesungen, eben einen Film beendet hat und in Kürze einen weiteren beginnen wird, wenn er, statt ein kleines Gedicht für diese oder jene Organisation zu rezitieren, ganz von sich aus beschließt, an einem einzigen Abend ein einziges Mal im Olympia aufzutreten, und alles Geld, restlos alles Geld den chilenischen Flüchtlingen zukommen zu lassen, wenn er zehn Tage Vorbereitungszeit hat, sich ins Zeug legt, hart arbeitet, seine Übungen an der Ballettstange wieder aufnimmt und das Olympia bis auf den letzten Platz füllt, wo die Leute bis zu zehntausend, bis zu fünfzigtausend Francs zahlen für den Orchestersessel, dann deshalb, weil es ihn ins Herz getroffen hat. Das ist etwas anderes als militante Gesinnung.

Costa-Gavras und er hatten *Belagerungszustand* in Chile gedreht. Ohne Allende hätten sie diesen Film nie drehen können. Sie blieben dreieinhalb Monate im Land, sie hatten Zeit genug, sich umzusehen und zu begreifen. Das Ende dieses Chile, der Tod Allendes, das Regiment Pinochets, das alles ist schon unannehmbar für Leute, die nie einen Fuß dorthin setzten. Aber für die, die dort einmal gelebt haben, ist es unerträglich. Ich habe Montand weinen sehen an dem Tag, als Allende starb. Man mußte etwas tun. Aber was? Das, wofür man begabt ist, das heißt, seinen Beruf ausüben. Man verschenkt seine Berufsarbeit, sein Talent, und das bringt

Geld. Das ist sehr wichtig, das Geld, in solchen Fällen; es kann zwar nicht die wieder auferwecken, die ermordet wurden, aber es kann denen, die im Exil leben, ein wenig helfen. Die chilenischen Flüchtlinge sind die letzten in einer langen Liste von Exilierten, denen wir immer wieder begegneten. Sie beginnt mit den Spaniern, ihnen folgten die Nordamerikaner in den Fünfzigerjahren, dann kamen die Ungarn, Griechen, Tschechen, Brasilianer – die allerersten, die meiner Kindheit, zähle ich nicht mit: die deutschen Juden. Davor hatte es auch die kleinen Weißrussen gegeben, die im Ternes-Viertel wohnten und deren Mütter sich in Kolonialwaren-Restaurants versorgten. Ich will hier noch anfügen, daß mich vor einiger Zeit ein nordamerikanischer Indianer besuchte, der kein Flüchtling war, sondern eine Reise durch Europa machte, um für die Befreiungsbewegung der Indianer zu werben. Er kam zu uns an die Place Dauphine, hatte eine Feder im Haar und hieß Vernon Bellecourt, aber außerdem hatte er auch einen indianischen Namen, den ich nicht aussprechen kann. Der Arme traf es schlecht in Paris, er kam zu einer Zeit, als sich ganz Frankreich über den ersten Konflikt bei Lip erregte und kein Ohr hatte für die Probleme der Indianer. Ich habe mein Scherflein gegeben und dann noch zwei Ratschläge: Einmal, Gilbert Bécaud aufzusuchen, dem dieses Problem sicher sehr naheging, wenn man an sein sehr schönes Chanson denkt, in dem er New York beschreibt, als es noch Prärie war. Ich weiß nicht, ob sie zusammengekommen sind. Außerdem riet ich ihm, bei den Herstellern von Rothaut-Ausrüstungen, die sich zu Weihnachten so gut verkaufen, sammeln zu gehen. Auch da weiß ich nicht, ob er meinen Rat befolgt hat.

Es ist ganz normal, daß die Leute bei uns landen. Als ich klein war, erzählte man mir, daß die Tippelbrüder geheimnisvolle Zeichen an den Türen der Bauernhäuser hinterließen, wo sie angeklopft hatten. Im Hinblick auf ihre Kameraden, die nach ihnen kommen würden. »Hier wird gegeben«, »Hier ist man bösartig«, »Hier gibt es etwas gegen Arbeit«, das besagten die Kreuze, Striche oder Rhomben, die mit dem Taschenmesser eingeritzt waren. An der Tür des »Zigeunerwagens« gibt es sicher eine Menge unsichtbarer Zeichen. Das ist gut, das ist sehr gut, wenn es sich gut trifft. Es ist grausam, wenn es sich schlecht trifft. An dem Tag, an dem es sich schlecht trifft, verliert man seinen schönen Ruf als großzügiger Altruist. Man verliert ihn, weil man überlastet ist. Es sind zu viele. Zu viele Unglückliche, zu viele, die eine Unterschrift wollen, oder Geld oder Aufmerksamkeit für ihren ganz persönlichen Fall. Gewöhnlich bezahlt der, der zuletzt kommt, für die anderen. Er ist nicht unbedingt der, der am wenigsten Interesse verdient. Aber er ist zu spät gekommen. Er wird die Tür möglicherweise mit einem bösen Rhombus versehen, und er hätte recht. Das gilt für die Flüchtlinge, das gilt auch für die Mitbürger im Unglück. Übrigens Unglück: ein Unglück ist es für den oder die, die am Tag vor dem Drehbeginn eines Films an die Tür klopfen. Der- oder diejenige wird bestimmt einen großen Rhombus an die Tür zeichnen, weil ich vielleicht gerade dabei bin zu überlegen, ob ich für *Le Chat* besser mit dem rechten oder mit dem linken Bein hinken sollte, und weil ich für mich allein hinken übe, als ob ich seit Jahren schon hinkte, während ich doch am nächsten Morgen zum erstenmal in meinem Leben hinken werde und nur für acht Wochen . . .

> Mit *Le Chat* und *La Veuve Couderc* sind Sie zur Interpretin von Simenon geworden . . .

SIMONE SIGNORET: Es sind Verfilmungen von zwei Simenon-Romanen. Man müßte Simenon fragen, ob er in den beiden Filmen seine Geschichten und Gestalten wiedergefunden hat. Simenon hat immer, wenn er seine Autorenrechte an den Film verkaufte, gleichzeitig den Käufern das Recht gegeben, um seine Themen und Helden etwas herumzudichten. Er gehört nicht zu den Autoren, die gleich Verrat brüllen. Im übrigen ist dieses Herumdichten selten Verrat. Es ist ein Anpassen, das letzten Endes der Welt Simenons dient. Es gibt nämlich eine Simenon-Welt, und der entkommt man nicht. Selbst wenn Clémence, die Frau des Ehepaars in *Le Chat,* einen anderen Namen hat (sie hieß Florence, aber das störte Gabin, dessen eine Tochter Florence heißt) und auch, wenn sie eine andere Vergangenheit hat (Granier-Deferre wollte, daß sie ehemalige Akrobatin sei, denn er hatte Bindungen an den Zirkus) und sogar, wenn sie davon spricht, wieder zu arbeiten (ich wollte die Szene Montand-Signoret unterbringen, die damals stattfand, als ich um Haaresbreite nicht Thérèse Raquin gespielt hätte) – diese Frau bleibt eine Simenon-Frau. Und wenn die Witwe Couderc auch keine alte Landfrau mehr ist, die nach jungem Fleisch giert und mit aller Gewalt noch verführerisch sein will, sondern eine Bäuerin mit ergrauendem Haar, verliebt in eine Art Sohn, den sie nie hatte, sie bleibt eine Simenon-Frau . . . das glaube ich, oder vielmehr, das hoffe ich. Jedenfalls war es das, was wir hofften, als wir diese von P. Jardin und Granier-Deferre auf Gabin und mich zugeschnittenen Rollen in *Le Chat* und auf Delon und mich in *La Veuve* spielten.

Haben Sie sich mit Gabin gut verstanden?

SIMONE SIGNORET: Großartig. Gabins Alltagsbeschäftigungen sind den meinen absolut entgegengesetzt. Ich habe keine Traber in Vincennes laufen, ich züchte keine Kühe, und wir haben über sehr viele Dinge nicht die gleiche Meinung. Nur über eines sind wir uns einig, aber da ganz: wie wir miteinander spielen. Wir haben uns zärtlich geliebt, als wir im Film spielten, daß wir uns haßten. In den Drehpausen erzählte er mir sein Hollywood, das er erlebt hatte, seinen Jean Renoir und seinen Jacques Prévert, und es war schön, in seinen Augen den Blick des Deserteurs in *Hafen im Nebel*, in seinem Lächeln das des Capitaine Maréchal in der *Großen Illusion* wiederzufinden.

Und mit Alain Delon?

SIMONE SIGNORET: Ebenfalls großartig. Ich hasse Feuerwaffen, meine Meinungen und Entscheidungen sind grundverschieden von den seinen. Seine Freunde sind nicht meine Freunde. Er ist verrückt, aber ein zartfühlender Verrückter, der sich den Anschein gibt, hart zu sein, und er ist ein großmütiger Verrückter. Wir sind glücklich, wenn wir zusammenarbeiten, denn wir arbeiten gut zusammen. Der andere Delon, der mit den Rennpferden und den großen Unternehmen, den kenne ich nicht. Aber den, der mir in der Drehpause erzählte, wie man ihn mit 17 zwang, sich als Freiwilliger zu melden, den kenne ich . . .

Ich sehe hier auf dem kleinen Tisch *Les Mémoires d'un révolutionnaire* von Victor Serge . . . ein Lieblingsbuch oder ein Filmprojekt?

SIMONE SIGNORET: »Dieses Buch hat uns zwar Jean-Pierre Melville geliehen, aber es gehört immer noch ihm . . .« Das steht auf dem Deckblatt dieses aus einem Brand geretteten Buches – es war der Brand in seinen Studios in der Rue Jenner. Auf dem kleinen Tisch liegt es, weil wir es dorthin legten, um es Melville zurückzugeben, als er hierherkommen sollte zum Essen und mit Montand über den Film reden wollte, den sie zusammen planten. Er kam nie, er starb in der Nacht zuvor. Das war am 2. August 1973. Wir haben das Buch nie woanders hingelegt.

> Montand hat mit ihm *Le Cercle rouge* gedreht, Sie *L'Armée des ombres*. Was bedeutete es für Sie, die Mathilde darzustellen, diese Heldin der Résistance?

SIMONE SIGNORET: Eigene Erinnerung rief es nicht wach, denn ich habe nichts Fabelhaftes oder Heroisches getan. Nichts von dem, was ihr widerfuhr, ist mir geschehen. Ich konnte mich nur von dem leiten lassen, was man mir erzählt hatte. Ich habe Frauen wie Mathilde gekannt, aber als ich ihnen begegnete, wußte ich nicht, wer sie waren. Dagegen kann ich Ihnen sagen, daß sie mir völlig »klar« war, diese Frau, daß sie mir die ganze Zeit, als ich sie spielte, klar erschien, um so mehr, als wir im Studio eine »Mathilde«, eine echte Mathilde hatten. Maud Begon war im ganzen neunzehn Monate in Festungs- und Lagerhaft. Sie war unsere Maskenbildnerin, das heißt, mich machte sie schöner und die, die die Folter hinter sich hatten, entstellte sie.

Bei ihnen griff sie sicher auf ihre Erinnerungen zurück, um ihre Arbeit gut zu machen. Aber sie erzählte nichts von ihren Erlebnissen – sie erzählt bis heute nichts davon. Maud ist eine zarte, heitere Person. Die Rosette der Ehrenlegion trägt sie nur an Tagen, wenn die Straßen sehr verstopft sind. Die Polizisten sind nachsichtiger mit Fahrern, die ihren Wagen falsch parken, wenn sie einen Orden tragen.

Ich könnte Ihnen Geschichten erzählen, die um diesen Film herum sich abspielten, ich kann Ihnen von Melville erzählen, von Lino, der sich gleich zu Beginn der Dreharbeiten mit Melville zerstritten hat: drei Monate lang haben sie nicht miteinander geredet, was, wie ich glaube, ungeheuer nutzbringend war. Ich meine in dem

Sinn, daß man sehr stark an die Einsamkeit dieses von Lino gespielten Mannes angesichts seiner Verantwortung glaubt, weil Lino so allein war im Atelier . . .

Melville war kein Regisseur, der den Schauspielern Anweisungen gab, er dirigierte einen, ohne daß man es auch nur bemerkte. Am Ende des Films wird Mathilde in der Avenue Hoche niedergeschossen. Wir probten die Einstellung, die ziemlich schwierig war. Ich war unter meinem Regenmantel gespickt mit kleinen Säckchen voll Hämoglobin, die platzen sollten, wenn man hineinschoß. Es war eine unglaubliche Situation. Wir drehten auf offener Straße, mindestens vierhundert Leute sahen zu, während man von allen Seiten Röhrchen in mich hineinsteckte, damit das Blut aus den für diesen Zweck vorgesehenen kleinen Löchern herausfließen konnte. Ich schämte mich, vor all den Leuten das mit mir anstellen zu lassen. Ich sollte aus einem Gestapo-Büro herauskommen und die Avenue hinauf davongehen. Wir proben, ich komme heraus und gehe mit gesenktem Kopf davon. Melville kommt zu mir her und sagt: »Gut so. Jetzt nichts mehr ändern, der Gang ist gut.« Und ich, die nie etwas erklären will, ich fühlte das Bedürfnis, zu sagen: »Nun ja, immerhin hat sie eben ihre Kameraden ans Messer geliefert . . .« »Aber wer sagt Ihnen das, daß sie Sie ausgeliefert hat?« »Ich habe das Drehbuch gelesen.« »Aber ich war nicht dabei! Ich weiß nicht, ob sie geredet hat!« »Sie werden sie trotzdem umlegen.« »Ja, sie werden sie umlegen, aber nichts beweist, daß sie geredet hat.« Das ist eine phantastische Anweisung und gleichzeitig seltsam doppeldeutig. Wenn die Kamera zu den vier Burschen im Wagen schwenkt, gibt es einen Blickwechsel zwischen Mathilde und ihren Kameraden; sie begreift, daß man sie niederschießen wird. Wenn Melville nicht unmittelbar davor so mit mir gesprochen hätte, wäre mein Blick sicher nicht derselbe gewesen: überrascht, erschreckt und verständnisvoll zugleich. Das war die Art, wie Melville mit den Schauspielern arbeitete: ein ins Gespräch geworfenes Wort, eine großartige Anweisung!

Auch René Clément arbeitet so. 1962, etwa eine Woche, bevor wir mit *Le Jour et l'Heure* begannen, ein Film, der auch in der Besatzungszeit spielt, kam René eines Abends gegen sieben Uhr ins Flore, um mit mir zu plaudern. Das Drehbuch war fertig, ich hatte meine Kostüme, ich war zwar noch nicht in die Schuhe der Thérèse geschlüpft, aber meine »Schulmappe« war bereit zur Abreise nach Rethel, wo Thérèse sie zum erstenmal anziehen würde. Ich kannte alle Abenteuer, die sie in den drei kommenden Monaten erwarteten und von der belgischen zur spanischen Grenze führen sollten. René sah mich an. Und dann sagte er plötzlich: »Weißt du, ich bin da nicht ganz sicher, aber vielleicht hat Thérèse vor langer Zeit in ihrer Jugend irgendeinen großen Kummer erlebt, entweder hat sie ein uneheliches Kind gehabt oder den Vater mehr geliebt als die Mutter, oder man ließ sie einen, den sie liebte, nicht heiraten . . . ich weiß nicht . . . so, und jetzt vergiß alles, was ich dir eben gesagt habe.« Das ist leicht gesagt! Diese Worte fielen nicht in taube Ohren.

Verstehen es Regisseure, die zum erstenmal einen Film drehen, auch so mit ihren Schauspielern zu sprechen?

SIMONE SIGNORET: Wenn sie begabt sind, ja.

Wieviel »erste Filme« haben Sie gedreht?

SIMONE SIGNORET: *Room at the Top* von Clayton, *Les Mauvais Coups,* von Leterrier, *Compartiment tueurs* von Costa-Gavres, *La Chair de l'orchidée* von P. Chéreau . . . Es gab noch ein paar Filme, in denen ich freiwillig mitgespielt habe . . . Ich bedaure nicht, daß ich Bozzufi geholfen habe, *L'Américain* zu machen und Pigaut *Compte à rebours.*

Hatten Sie manchmal das Gefühl, Sie seien als Darstellerin in Erfolgsfilmen zu einer Art Persönlichkeit des öffentlichen Lebens geworden? Hat Ihnen Ihr Triumph zu persönlichen Beziehungen mit denen an der Macht verholfen?

SIMONE SIGNORET: Wir haben niemals persönliche Beziehungen mit denen, die an der Macht waren, gehabt.

Auch nicht mit de Gaulle?

SIMONE SIGNORET: Die einzige Beziehung, die wir je zu ihm hatten, bestand in einem Brief, den wir eines Tages an ihn richteten, einen sehr offiziellen Brief, um unserem alten Freund Louis Lecoin zu helfen, dem kleinen Kobold Louis Lecoin, der mit über siebzig

Jahren zum x-ten Mal einen Hungerstreik begonnen hatte, um ein Statut für Kriegsdienstverweigerer aus Gewissensgründen zu propagieren. Louis Lecoin brachte nicht wenige Jahre Gefängnishaft zusammen, vierzehn waren es, glaube ich, weil er sich geweigert hatte, auch nur einen Tag seines langen Lebens eine Uniform zu tragen. Er war ein utopischer Pazifist mit Kinderaugen. 1972 starb er, das Krematorium des Père Lachaise war zu klein, um all die Menschen zu fassen, die gekommen waren und die sich gegenseitig sehr mochten dafür, daß sie gekommen waren. Von General de Gaulle bekamen wir keine Antwort, aber da zu jener Zeit sehr viele an ihn schrieben, nehme ich an, daß er nicht die Möglichkeit hatte, jedem einzelnen zu antworten. Indessen ließ er über einen Text abstimmen, der den Kriegsdienstverweigerern aus Gewissensgründen ein Statut gab, und das allein ist wichtig.

Nein, wir waren nie im Elysée-Palast. In diesem Jahr rief uns eines schönen Tages Marcel Carné an: der Präsident der Republik lud ihn zum Essen ein und hatte ihn gebeten, seine Tafelrunde zusammenzustellen. Carné lud also die Leute ein, mit denen er gearbeitet hatte. Ich glaube, wir haben ihm ein wenig weh getan, als wir seine Einladung ausschlugen. Wir schrieben ihm dann, um ihm die Absage zu erklären. Wir sind nicht ins Elysée gegangen, als de Gaulle uns einlud, wir sind nicht hingegangen, als Pompidou uns einlud, und wir würden auch nicht hingehen, falls Mitterrand der Einladende wäre.

Das entspricht einer Art Protokoll, das wir unter uns festlegten, nachdem wir von unseren Reisen nach Osten und Westen zurückgekehrt waren. Es bedeutet keine aggressive Haltung, es bedeutet nur eine gewisse Distanz denen gegenüber, die an der Macht sind. Welcher Macht auch immer. Das soll nicht heißen, daß für den Fall, ein Präsident der Republik – irgendeiner – käme eines Tages ein Studio besuchen, in dem wir arbeiten, er käme also zu uns und nicht wir kämen an seine Tafel, wir es ablehnen würden, mit ihm einen Schwatz zu halten oder ein Gläschen in der Kantine zu trinken. Auf unsere Kosten. Im übrigen gehen wir auch nicht mehr in die Botschaften, um bei den Russen die Oktoberrevolution oder bei den Amerikanern den 4. Juli zu feiern. Wir fühlen uns besser so.

Dieses Protokoll hätte durchlöchert werden können, aber nach einem Ereignis in Louveciennes bei den Lazareffs glaube ich, daß es keine möglichen Haken mehr gibt . . .

General de Gaulle hatte eines Tages alle französischen Künstler zu einem großen Fest im Elysée-Palast eingeladen. Es muß 1967 gewesen sein. Wir schickten unsere Einladungskarten mit dem höflichen Vermerk »Zur Zeit nicht in Paris« zurück. Das Fest fand an einem Freitag statt. Es ergab sich, daß ich am Sonntag darauf nach Louveciennes zum Essen ging. Sie könnten mir sagen, es sei eine Art Heuchelei, nicht ins Elysée zu gehen, aber zu Lazareff. Aber dazu habe ich mich schon geäußert.

Bei den Lazareffs war ich immer eingeladen, sogar als ich offiziell bestraft worden war, weil ich das Manifest der 121 unterschrieben hatte (und ich erinnere mich besonders an einen Sonntag im Jahre 1961, den Françoise Sagan auch nicht vergessen hat: auch sie war in Quarantäne; ich glaube, Pompidou und seine Frau waren da, auch der berühmte Maître Floriot, der uns beide etwa in dem Ton angriff: »Na, die kleinen Damen haben wohl sehr viel für die Araber übrig, wie?« Er war ein großer Rechtsanwalt, aber nicht immer von besonderer Seelengröße.)

An dem Sonntag, von dem ich jetzt spreche, war indessen niemand von großer Bedeutung unter den um den großen runden Tisch Versammelten. Es war familiär und lustig. Françoise Arnoul war dabei, die Brüder Gall und Gérard Lebovici, der damals noch ein ganz junger Mann war und nicht der wichtige Impresario von heute. Ich weiß nicht mehr, wer die anderen Tischgäste waren, aber ich weiß, daß gegen fünf Uhr nur noch die eben genannten und Hélène und Pierrot übrigblieben, dazu ich, als die Tür des Speisezimmers aufging und Malraux eintrat, der als Nachbar rasch hereinschaute, ohne sich vorher angesagt zu haben. Mit ihm waren seine Frau und sein Stiefsohn. Zu dieser Zeit war er Kulturminister, also Mit-Gastgeber des schönen Festes vom Freitag vorher, für das wir höflich abgesagt hatten mit der Begründung, wir seien nicht in Paris. Nachdem ich mich in Louveciennes erwischen ließ, hätte ich ja plädieren können, ich sei tatsächlich nicht »in« Paris . . .

Ich ließ mich also von meinem zuständigen Minister in flagranti bei einer Lüge ertappen. André Malraux war ich nur ein einziges Mal in meinem Leben begegnet, in Cannes, an dem Abend, als er mir die Palme für *Room at the Top* überreichte. Ich hatte ihm gedankt mit einem »Thank you«, das ich für geistreich hielt, und darauf hatten sich unsere Beziehungen beschränkt. Hélène stellte uns einander vor. Seltsamerweise kannte ich Madame Malraux, der ich einige Tage nach ihrer Hochzeit mit Roland Malraux und ganz kurz, bevor Roland von den Deutschen verhaftet wurde, begegnet war; er ging schließlich in einem Konzentrationslager zugrunde. Mit der sehr jungen Witwe, die später in zweiter Ehe ihren Schwager geheiratet hatte, war ich seither nie wieder zusammengetroffen. Aber sie erinnerte sich noch genau an jenen Abend im Frühjahr 1944.

Malraux tat gut zehn Minuten lang so, als wisse er gar nicht, wer ich sei. Er sprach mit Pierrot, mit Hélène und ins Publikum, bis er sich plötzlich an mich wandte und sagte: »Aber sagen Sie mal, warum hat man Sie Freitagabend nicht im Elysée gesehen?«

Hélène zeigte das etwas verkrampfte Lächeln einer Dame des Hauses, die fürchtet, einer der Gäste könnte eine große Dummheit begehen, und Pierrot saß auf seinem Stuhl wie ein Tischtennis-Fan, der darauf wartet, daß der Ballwechsel beginnt.

»Nein, tatsächlich, wir konnten nicht kommen. Sie wissen ja, wie das ist, ich hatte einen Sack schmutzige Wäsche, soo hoch, es sammelt sich an und sammelt sich an, und dann habe ich mich daran gemacht, ich merke nicht, wie die Zeit verging, und als ich auf die Uhr schaute, war es zu spät, ich hatte keine Zeit mehr, mich umzuziehen . . .«

Es war keine besonders geistreiche Antwort, aber mit entsprechenden Gesten war sie komisch. Malraux lachte in sich hinein, alle lachten, vor allem Hélène . . . vor Erleichterung.

»Ach, am Ende hat man ihnen viel zu trinken und zu essen gegeben, und dann habe ich vier oder fünf die Ehrenlegion verabreicht und sie sind recht zufrieden wieder abgezogen . . .« ließ Malraux nebenbei fallen mit der prachtvoll geringschätzigen Art, die er wie keiner zu handhaben weiß.

»Nun, wenn man Sie so reden hört, Herr Minister, ist man ganz froh, daß man Waschtag gemacht hat.«

Wir wußten von denen, die hingegangen waren (unter dem Vorwand, sich endlich aussprechen und im Namen der Kultur Forderungen stellen zu können), daß niemand Gelegenheit gehabt hatte, mit de Gaulle oder Malraux zu sprechen, daß sich alles in einem kleinen Kabinett abgespielt hatte, wo die Gäste einzeln vorgelassen wurden, nachdem man sie aus den großen Salons herausholte, und daß die Gespräche sich auf ein »Hocherfreut, Sie zu sehen« beschränkt hatten, was keinesfalls Butter auf das Brot der Kulturhäuser oder der Filmhilfe bedeutete . . .

Hier waren wir nicht in einem kleinen Kabinett, hier konnten wir reden. Malraux machte Bemerkungen über einige unserer Stellungnahmen, und da sein Humor ein anderes Niveau hatte als der von Maître Floriot, war er ungeheuer komisch. Schließlich sagte ich zu ihm, wenn ich über gewisse Dinge so dächte, wie ich denke, dann vermutlich, weil ich *La Condition humaine* gelesen hätte, als ich ganz jung war. Der Nachmittag endete großartig, er zeigte sich so faszinierend, wie er es in seinen großen Fernsehinterviews war, erschütternd, wie er es für Jean Moulin gewesen ist. Da sich das vor 1968 zutrug, konnte ich ihn nicht fragen, wie er sich fühlte, als er rief: »Frankreich den Franzosen«.

Die Malraux' blieben lange. Schließlich gingen sie. Hélène und Pierrot begleiteten sie zur Treppe. Ich blieb einen Augenblick allein im Speisezimmer, während Françoise und die anderen ihre Mäntel holten. Ich überdachte die vergangenen zwei Stunden. Da erschien Malraux noch einmal auf der Schwelle. Er trat zu mir, klopfte mir auf die Schulter und sagte: »Gestehen Sie, ich habe Sie verblüfft, nicht wahr?« Er lachte, ich lachte und sagte: »Ja.«

Er war schon wieder gegangen. Ein Zusammentreffen wie dieses zählt viel mehr als zehn offizielle Begegnungen, und es war entscheidend für den Beschluß, unser Protokoll nicht durchlöchern zu lassen oder Orden anzunehmen, die man »verabreicht« bekommt.

Vor einiger Zeit hat man Montand vorgeschlagen, ihn für die Ehrenlegion »vorzuschlagen«. Der Brief war sehr liebenswürdig, er kam vom Centre du Cinéma, beigelegt war eine vorgedruckte Gebrauchsanweisung. Man braucht sich nur einige Stunden lang an einen Tisch zu setzen und sich zu erinnern versuchen an all die bewundernswerten Dinge, die man im Lauf eines musterhaften Lebens vollbracht hat: Mutige Handlungen, Dienste, die man der Nation und der Kunst erwiesen hat, im Ausland errungene Erfolge, die zum guten Ruf Frankreichs beitrugen usw. Und alles das bei jeder entsprechenden gedruckten Frage niederzuschreiben. Es ist ein wenig, wie wenn man ein Visum beantragt. Danach unterzeichnet man mit seinem Namen eine Formel, die etwa besagt, aufgrund alles dessen, was hier aufgezählt sei, *ersuche* man um die Ehre, in den Rang eines Ritters der Ehrenlegion erhoben zu werden.

Vor etwa fünfzehn Jahren sagte unser Freund François Périer einmal plötzlich zu mir: »Ich bin sehr zufrieden, heute morgen habe ich meinen Brief geschrieben.« »Was für einen Brief?« »Den Brief, in dem ich die Ehrenlegion ablehne.« »Hat man sie dir angeboten?« »Nein, noch nicht, aber bei meiner Karriere wird man sie mir irgendwann anbieten, da kann ich den Brief schon im voraus schreiben. Und heute hatte ich Zeit dafür.« »Zeigst du ihn mir?« »Nein, ich zeige ihn dir dann, wenn man sie mir vorschlägt.« Die Jahre vergingen, an einem schönen Morgen rief mich François an: »Ich hoffe, ich habe dich nicht geweckt, Chérie, ich lese dir den Brief vor. Es ist soweit. Ich habe das Formular bekommen.«

Sein Brief war sehr höflich und von großer Würde. Es hieß darin, wenn er den Beruf ausübe, den er liebe, diene er dem Theater, aber er fühle sich einer Auszeichnung nicht würdig, die ihm immer für die bestimmt erschienen sei, die der Nation dienen.

Montands Brief zu verfassen war etwas heikler. Er erklärte, als Sohn naturalisierter Einwanderer sei er um so mehr berührt von der Ehre, die ihm zugedacht sei. Daß er, wären seine Eltern noch am Leben, sie möglicherweise schockiert hätte mit seiner Ablehnung; da er sie aber leider verloren habe, könne er sie nicht mehr schockieren. Etwa dieselben Kommentare wie die von François bildeten das Ende des Ablehnungsschreibens, das wir zu dritt – Montand, François und ich – verfaßten. Es war ein schöner Nachmittag, wir machten erst ein paar Entwürfe, die man eigentlich hätte aufbewahren sollen, ein paar waren sehr amüsant . . .

Ihnen hat man es nicht vorgeschlagen?

SIMONE SIGNORET: Nein.

Wann war das?

SIMONE SIGNORET: Etwa vor drei Jahren.

Wenn man es Ihnen heute vorschlagen würde?

SIMONE SIGNORET: Wir würden uns wieder zusammensetzen, Montand, François und ich, um einen Brief abzufassen . . .

Seit dem Beginn dieser Gespräche sagen Sie sehr oft »wir«, seltener »ich«. Waren Sie in siebenundzwanzig Jahren niemals uneins mit Montand?

SIMONE SIGNORET: Wir haben uns oft angeschnauzt, glücklicherweise, sonst wäre es tragisch. Das würde heißen, daß wir nicht mehr miteinander sprechen können. Daß wir nicht mehr um uns schauen, daß wir uns auch gegenseitig nicht mehr anschauen. Die Dinge mögen sich ändern, aber wir werden uns weiter anschnauzen und infolgedessen weiter lieben.

Was könnte sich ändern?

SIMONE SIGNORET: Ich habe nie gedacht, daß ein Paar vor einer möglichen Trennung sicher ist. Diese Art Gewißheit habe ich nie gehabt. Ich war immer ungeheuer erstaunt, jeden Tag, daß es weiterging.

Montand und ich sind gleich alt. Er hat erlebt, wie ich neben ihm älter geworden bin, ich habe erlebt, wie er neben mir reifte. Bei Männern sagt man das so. Sie reifen, die weißen Strähnen heißen »Silber-Schläfen«, Falten machen die Gesichtszüge »markanter«, und manchmal führen sie ihre fünfzig Jahre spazieren, wie Monsieur Vantieghem von der Oberschule in Neuilly, als ich siebzehn war. Wenn sie dazu gut Theater spielen und nebenbei auch singen, wenn sie zärtlich, lustig und stark, berühmt und reich sind, wäre es ganz und gar unnormal, wenn die Mädchen nicht nach ihnen schauten und sie nicht nach den Mädchen. Und es wäre sehr anmaßend, die Möglichkeit auszuschließen, daß sie sich ernsthaft verlieben, und das nicht unbedingt in eine Schlampe.

Ich glaube, ich kann sagen, wenn Montand sich in ein junges, schönes Mädchen verlieben würde, mit der er Lust hätte, ein neues Leben zu beginnen, das heißt, daß er mit ihr aufwachen möchte in einem Bett, das nicht ihres, sondern ihrer beider Bett wäre in einem

Haus, das ihnen beiden gehört, würde ich versuchen, keinen Druck auszuüben mit einem: »Du wirst mir das nicht antun nach alledem, was wir zusammen erlebt haben.« Ich glaube, daß ich das sagen kann. Vielleicht lüge ich, belüge ich mich selbst. Vielleicht bin ich die größte Heuchlerin, wenn ich das erkläre ... Aber ich erkläre es. Im ganzen genommen mache ich es ein wenig so wie François mit dem Brief wegen der Ehrenlegion. Ich treffe meine Vorbereitungen für den Fall, daß es passiert ...

Für den Fall, daß das passiert, hätte die Kleine mich auch ein wenig im Haus, selbst wenn ich nie den Fuß dorthin setzen würde. Es wäre ihr gegenüber nicht gerecht. Nicht gerecht, auf der Gegenwart und Zukunft der Menschen zu lasten im Namen der Vergangenheit. Aber wahrscheinlich wäre es trotzdem so ...

Ich spiele die Großartige. Ich möchte lieber, daß es nicht passiert. Wenn es doch geschehen sollte, wünsche ich mir, daß ich auf der Höhe meiner schönen Erklärungen von heute bin.

Keine Fragen mehr, Maurice?

Epilog

Ich werde nie wissen, nach wem, nach was oder nach welchem genauen Ort der New Yorker Graffito-Schreiber nostalgisch war. Er hatte das Bedürfnis, an eine Mauer zu schreiben, die Nostalgie sei nicht mehr das, was sie einmal war. Vielleicht sollte das heißen, daß er froh war, sie sich endlich vom Hals geschafft zu haben . . . oder traurig, daß er nichts mehr um sich herum fand, das sie hätte erwecken können.

Um diesen Sprung in die Vergangenheit zu machen, brauchte ich Gedächtnis. Ich habe keinerlei Verdienst daran: ich habe ein gutes Gedächtnis. Ich kenne keine Nostalgie.

Um mein Gedächtnis zu kontrollieren, bin ich von Autheuil an die Place Dauphine zurückgefahren auf der alten Straße, die schon so lang verlassen daliegt. Man muß auf ihr keine Gebühren bezahlen, aber sie heißt die »Route de Quarante sous« (Vierzig-Sous-Straße).

Mit Befriedigung habe ich festgestellt, daß man in Bonnières noch immer Singdrosseln fabriziert, daß es in Rosny noch immer eine Hauptstraße gibt, die die Schulkinder gegen halb zwölf Uhr bei roter Ampel überqueren. Ich habe nicht nachgesehen, ob die Fähre, die Marie immer nahm, noch im Dienst ist, aber die Statue Sullys ist nicht durch einen Wohnturm ersetzt worden. In Mantes-la-Jolie kann man, wenn man durch die Stadt fährt und sie nicht nur mit der Autobahn streift, immer noch am Kino »Normandie« vorbeikommen, in dem Montand an einem Abend 1953 oder 1954 sang; damals waren seine Plakate mit Teer beschmiert worden.

Und dann, am Ende, kommt Science-fiction City. Früher einmal hieß es Puteaux und Courbevoie. Es war der Schluß oder der Anfang des Festes von Neuilly. Es gab eine Straßenkreuzung und ein

Standbild, das Standbild der »Défense«. Heute ist das ein Stadtviertel, ein Ganzes, ein Komplex . . . »Unsere Büros sind an der Défense«, verkünden junge Organisatoren von Symposien und Colloquien. Sie wissen nicht, daß die Wurzeln ihrer klimatisierten Zellen in der dreiunddreißigsten Etage aus kleinen Kellern sehr bescheidener Zwei-Zimmer-Küche-Wohnungen herausgewachsen sind.

Diese Zwei-Zimmer-Küche-Wohnungen verließen morgens die Madames Albertines, die in Neuilly als Putzfrauen arbeiteten. Hierher kamen abends die Töchter der Madames Albertines zurück, wenn sie uns am Portal der Oberschule in Neuilly verließen. Sie kamen von der Volksschule, hatten dort ihre Abschlußprüfung gemacht. Sie machten sich an die höhere Schule mit perfekten Kenntnissen in Mathematik, Geographie, Grammatik und Rechtschreibung. Sie leisteten doppelte Arbeit, um uns in Latein einzuholen; die meiste Zeit gelang es ihnen. An den schulfreien Donnerstagen gingen sie nie mit uns aus, sie kamen nicht zu unseren Nachmittagskaffees und auch später nicht zu den ersten Überraschungs-Parties. Sie waren die aus Puteaux und Courbevoie. Das erfuhr man am ersten Schultag, als jede von uns ihren Namen und ihre Adresse angab. Sie kamen nicht zum Kaffee und nicht zur Überraschungsparty, weil sie vor allem nicht wollten, daß wir erwarteten, in Puteaux oder Courbevoie eingeladen zu werden. Sie waren ernsthaft, fleißig, stolz, und wahrscheinlich stellten sie im Wohnzimmer ein Klappbett auf, wenn das Geschirr abgewaschen und der schöne Aufsatz über Lamartine in die Schulmappe geräumt war. Der schöne, sauber geschriebene, richtig interpunktierte, gut gegliederte Aufsatz im Gedanken an die Volksschullehrerin, die eines Tages einer Madame Albertine erklärt haben mußte, es lohne sich, die Kleine weitermachen zu lassen.

Ich habe keinerlei Erinnerung an Puteaux und Courbevoie. Wir trauten uns da nicht hin. Das waren arme Vororte. Neulich morgens jedoch sah ich sie wieder vor mir, meine ehemaligen Mitschülerinnen, als ich ihr altes Stadtviertel durchfuhr, das heute den Konstruktionen gleicht, die Benjamin mit seinen »Lego«-Steinen immer höher und höher baut. Es gab nicht viele in meiner Klasse, ich erinnere mich an drei. Ihre Pullover waren nicht aus Kaschmirwolle, sie trugen Baumwollstrümpfe. Ihre gebraucht gekauften und sorgfältig mit Klebestreifen auf neu gemachten Schulbücher waren mit dunkelblauem Papier eingebunden. Mit feinen Auf- und starken Abstrichen stand auf einem Schild, ob es sich um eine lateinische Grammatik oder »Ausgewählte Stücke der Literatur des 19. Jahrhunderts« handelte. Sie malten nie Schnurr- oder Spitzbärte in die Gesichter von Caesar oder Brutus. Wenn das dunkelblaue Papier abgenutzt war, erschienen die Bücher mit neuem Einband. Sie hatten keine Jojos, sie waren Halb-Pensionärinnen und hatten keine Schulden bei Gladys, der Concierge der Oberschule. In der Pause wußten sie auf das Hörnchen und den Schokoladenhappen zu verzichten.

Abends rannten sie nach ihrem Omnibus, während wir in aller Ruhe zu Fuß in unser schönes Viertel zurückgingen. Weder in der Unter- noch in der Obersekunda kamen sie mit dem »Sabot bleu« in Berührung. Ihre Vornamen waren Véronique, Caroline, Mathilde. Namen, mit denen sich heute die Hostessen dieser klimatisierten dreiunddreißigsten Etagen »bei der Défuse« ausstaffieren. Aber in den Dreißigerjahren war es nicht leicht für ein junges Ding, Véronique zu heißen und in Puteaux oder noch schlimmer, auf der Ile de la Jatte zu wohnen, wenn man neben sich Micheline, Claudine, Simone oder Annie hatte, die in Neuilly-sur-Seine zu Hause waren. Noch weniger leicht war es, wenn der Papa sie nach der Vorprüfung, der Generalprobe, im blauen Anton auf dem Gehsteig gegenüber erwartete; in den Bürgerfamilien fragte man kultiviert: »Nun, was wollten sie von euch wissen?« Und in den Arbeiterfamilien hieß es: »Hast du die Antwort gewußt?«

Die Wolkenkratzer haben es fertiggebracht, daß ich mich an diese Mädchen erinnerte, an die ich eigentlich nie viel gedacht hatte, seit wir uns trennten, ohne uns je wirklich begegnet zu sein. Ich muß sie wohl »eingespeichert« haben, ohne es zu wollen . . .

Unsere Insel wird keine Wolkenkratzer erleben. Wir sind nicht sehr zahlreich, die wir das kleine Dreieck, Place Dauphine benannt, bewohnen. Wir kennen uns alle vom Sehen. Wir haben keine nachbarlichen Beziehungen in dem Sinn, daß wir uns gegenseitig besuchen. Aber wir lächeln uns zu, wenn wir »Chez Paul« nebeneinander sitzen. Unser wortloses Einverständnis gleicht dem, das in den spöttischen Blicken der Bretonen lag, wenn sie einst, in meiner Kinderzeit, den Strom der Sommergäste sahen und ein wenig später merkten, daß manchmal der »Sommergast« zu bauen begann.

Hier wird nichts gebaut, nichts zerstört werden. Es ist keine Insel mehr, es ist ein Inselchen. Überall ringsumher sind die Wohntürme. Sie rücken näher. Aber es gibt eine Grenze, die sie nie überschreiten werden, es sei denn, sie setzen zum Sturm an. Dann müßten sie den Pont Neuf überspringen.

Auf dem Dreieck hat man die Kastanienbäume neu gepflanzt. Sie grünen. Vielleicht tun sie das eines Tages nicht mehr wegen der Tiefgarage, die man darunter gebaut hat. Aber für uns Inselbewohner hat sich augenscheinlich nichts geändert und kann sich nichts ändern, und wir sind ganz dumm stolz darauf wie Belagerte, die eine Festung halten und wissen, daß sie nie fallen wird.

Wir haben unsere Geschichte und unsere Geschichten. Unsere Geschichte, das ist Heinrich IV., Ludwig XIII., die Französische Revolution, die Befreiung von Paris. Es ist die Geschichte aller, die Geschichte Frankreichs. Wir haben dreistöckige Keller, unsere Mauern sind über einen Meter dick und unsere Häuser haben oft zwei Ausgänge.

Unsere Geschichten handeln von der Gymnastik, die die alte Dame von Nr. 14 mit ihrem Arm treibt, weil man ihr den Gips abnahm, von der Eröffnung einer Teestube in dem kleinen Laden, wo eine schüchterne und keusche Näherin nach Maß arbeitete, vom mehr oder weniger langen Aufenthalt eines neuen Vagabunden auf einer der Bänke auf dem Platz, von der Geburt des zweiten Kindes bei einem ehemaligen »Klingelputzer« aus den Zeiten, als Catherine ebenfalls die Leute herausklingelte und weglief, von der Erinnerung an Georgette und Hubert, die beiden Clochards, die die Überschwemmungen von 1954 gezwungen hatten, die Seineufer zu verlassen, und die mit uns, den Inselleuten, zusammenwohnten, teils auf unseren Bänken, teils in unseren Kellergeschossen, je nach Wetter. Das Hochwasser hatte sie zu Emigranten gemacht, und es gefiel ihnen in ihrem neuen Land besser. Georgette hatte ihr Staatsexamen in Literatur gemacht, Hubert war Rechtsanwalt. Bei ihr war es Trauer um verlorene Menschen, bei ihm die Rückkehr aus der Deportation, die sie zu Clochards gemacht hatten. Die Polizei griff sie regelmäßig unter großer Mißbilligung der Inselleute auf. Sie stiegen in den Wagen, versehen mit belegten Broten und guten Wünschen für eine rasche Rückkehr. Ein paar Tage später setzte sie derselbe Wagen wieder ab. Sie waren hungrig, entlaust und durstig, und sie nahmen ihre Quartiere auf einer unserer Bänke wieder ein. Unsere Kinder verließen einen Augenblick die beiden großen Steinlöwen und die Stufen des Palais, die ihnen als Spielplatz dienten – wenn sie nicht gerade dabei waren, die Leute herauszuklingeln – und verkündeten die gute Nachricht: Hubert und Georgette waren wieder da!

Hubert und Georgette sind gestorben. Wir sprechen noch immer von ihnen. Wir haben vergessen, wie lärmend und übelriechend sie manchmal waren, und denken nur noch daran, daß sie sehr intelligent, sehr gebildet und sehr lustig waren. Es gab auch die große Simone mit ihrem Korsarenhut. Sie trank nicht. Sie nahm ihr tägliches Glas Milch an unserem Küchenfenster entgegen und wusch sich früh im kalten, sauberen Wasser des Rinnsteins. Als ich eines Morgens gegen halb sechs Uhr früh das Haus verließ, um in Meaux die Außenaufnahmen für *Goldhelm* zu drehen, sah ich sie splitternackt. Ihre Sachen und der Kinderwagen von 1930, der ihr als Schrankkoffer diente, standen um ihre Bank herum. Sie sagte zu mir: »Guten Tag, Simone«, ich sagte zu ihr: »Guten Tag, Simone«. In derselben Woche begegnete ich ihr auf den Champs-Elysées und sagte: »Guten Tag, Simone«; sie wollte mich nicht kennen, wir waren nicht zu Hause. Die große Simone ist verschwunden, aber wir reden noch von ihr. Wir werden immer mehr von ihr reden. Wir werden uns an unsere Legendengestalten klammern, an unsere eigene kleine Insulaner-Legende. Wir werden die Neuen bedauern oder vielmehr mit einer gewissen Herablassung behandeln. Ach, Sie wohnen an der Place Dauphine! Georgette, Hubert, Simone, sagt Ihnen das etwas?

Catherine, meine Tochter, wie auch das Viertel, das schöne Viertel sein mag, das du bewohnst, ich weiß im voraus, daß Benjamin, mein Enkel, nie so eng in Berührung kommen wird mit den Nachfolgern des mittelalterlichen Bettlervolks, den Vorläufern der Hippies, mit denen du in deiner frühen Kindheit zusammenkamst, Tag für Tag, ganz natürlich.

Es müssen schon besondere Prozesse stattfinden, damit wir uns daran erinnern, daß wir im Schatten dieses Palais, des Palais de Justice wohnen, das wir schon lang in die Reihe der Requisiten unserer Umgebung eingeordnet haben. Taxichauffeuren, die die Porte Dauphine und die Place Dauphine miteinander verwechseln, sagen wir oft: »Place Dauphine, beim Palais de Justice!« Diese feierlichen Worte »Palais de Justice« sprechen wir etwa so aus, wie wir als Kinder den Abzählvers sagten: »Weiß, blau, gelb, grün, rot, heute gibts kein Brot. Die Katz nur kriegt 'ne Maus, und du mußt raus!« Das heißt, ohne über den tieferen Sinn dessen, was man von sich gibt, nachzudenken.

»Palais de Justice«, das sind Worte. Die Stufen des Palais, die Steinlöwen aber werden in der Sprache der Inselmütter sehr rasch der Ort, wo man seinen Buben, sein Mädchen und die Brüder und Schwestern ganz sicher findet, wenn man sie zum Baden, Duschen oder Waschen am Spülstein in der Küche rufen will. Gegen sieben Uhr abends.

Aber »Palais« das bedeutet Schloß, Herrensitz, Domizil, Residenz, Königtum, es ist etwas ebenso Ernsthaftes, wie es nicht ernst zu sein scheint, daß »es heute kein Brot gibt«.

Es müssen also große Prozesse stattfinden, die an alle Restaurants der Place Dauphine das Schild »Besetzt« bringen, damit wir uns wieder daran erinnern, daß tagtäglich im Innern dieses Gebäudes ein paar Stunden lang Angeklagte, Ankläger, Schuldige, Unschuldige, Zeugen, falsche Zeugen, Richter, Geschworene, Zuschauer, Gerichtsschreiber und Polizisten beherbergt werden. Jeden Tag, ein paar Schritte von uns entfernt. Der Herr, der sorgenvoll dreimal um den Platz herumgeht und dabei mit sich selbst spricht, ist vielleicht der Mann der Ermordeten, der Bruder des Diebes, der in Kürze Geschiedene, der taktlose Rechnungsbeamte. Er geht immer wieder an unseren Vorhängen vorbei, die sich um Fingersbreite öffnen, wie in der Provinz. Wir sind daran gewöhnt. Die auf diesem Platz Fremden zeigen immer befremdliche Verwirrung. Wir bemerken sie gar nicht mehr. Wir wissen nur, daß sie vorübergehend hier sind. Gleich werden sie die Stufen hinaufsteigen. Sie sind dabei, für sich selbst die Wahrheiten oder die Lügen zu wiederholen, die sie beschlossen oder die man ihnen angeraten hat, unter Eid auszusagen und von denen letzten Endes Freiheit oder Unfreiheit, Leben und manchmal Tod – beschlossener, programmierter, gewünschter Tod – eines Menschen abhängen.

Ohne die großen Prozesse würden wir vielleicht vergessen, daß die Stufen des Palais nicht nur ein Spielplatz sind. Und doch spielt sich alles zwei Schritte von uns entfernt ab. Wir denken selten daran.

Im zweiten Stockwerk des Palais sind oft zwei oder drei Fenster bis tief in die Nacht erleuchtet. Wir betrachten sie, wenn wir spät nach Hause kommen. Wir wissen nicht, was hinter diesen Scheiben vor sich geht, aber wir sind sicher, daß es nichts Lustiges ist. Nie.

Und dann, am Morgen, vergessen wir. Wir wissen nicht einmal mehr, welche Fenster es waren, die durch die Nacht leuchteten. Am Tag sehen sie wieder alle gleich aus. Und am Tag ist alles heiter auf dem Platz. Immer. Wenn es regnet, sagen wir: »Was für ein Wetter!« Und wenn es schön ist, sagen wir: »Was für ein Wetter!«

Ich bin ins Haus zurückgekehrt. Ich stand in großer Gefahr, dem Chronik-Schreiben zu verfallen. Da hätte es nie ein Ende gegeben, keinen Grund, nicht weiterzumachen bis zu meinem Tod . . .

Mit einer gewissen Scheinheiligkeit habe ich mit den Worten Gedächtnis und Nostalgie gespielt. Beschwören kann ich nicht, daß ich ganz ehrlich war, als ich behauptete, ich kenne keine Nostalgie. Vielleicht sehne ich mich nach ungeteilten Erinnerungen.

Erinnerung kann nie ganz geteilt werden. Wenn man sie der Prüfung einer Konfrontation unterwirft, ist sie oft ebenso rein zum Verzweifeln wie ein Entlastungszeuge, der guten Glaubens versichert, das Kleid sei blau gewesen, während es doch grün war.

Für mich war es grün.

Für einen anderen hatte es keine Farbe.

Für einen Dritten war es blau.

Alle diese Menschen liebten sich. Sie sahen nicht die gleichen Dinge. Oder vielmehr, sie sahen die gleichen Dinge zusammen im gleichen Augenblick, aber sie sahen sie verschieden.

Wenn man erzählt, usurpiert man das Gedächtnis der anderen. Allein weil sie da waren, stiehlt man ihnen ihr Gedächtnis, ihre Erinnerungen, ihre Nostalgie, ihre Wahrheiten.

Wenn ich »wir« sage, habe ich Besitz ergriffen. Aber es geschah für den Bericht. Mein Gedächtnis oder meine Nostalgie ließen mich Fäden spinnen. Keine Ketten schmieden.